重钢年鉴编辑委员会

重钢年鉴

CHONGGANGNIANJIAN

2009

四川出版集团
四川科学技术出版社
成都·2009

图书在版编目(CIP)数据

重钢年鉴.2009年卷《重钢年鉴》编辑委员会编. －成都:四川科学技术出版社,2009.9
ISBN 978－7－5364－6879－5

Ⅰ.重… Ⅱ.重… Ⅲ.钢铁厂－重庆市－2009－年鉴 Ⅳ.F426.31－54

中国版本图书馆CIP数据核字(2009)第148665号

重钢年鉴2009

编著者	重钢年鉴编辑委员会
责任编辑	梅　红
责任校对	刘光军
责任出版	邓一羽
出版发行	四川出版集团·四川科学技术出版社
	成都市三洞桥路12号　邮政编码610031
成品尺寸	210mm×291mm
	印张22.5　字数800千　插页13
印　刷	四川新华印刷厂
版　次	2009年9月成都第一版
印　次	2009年9月成都第一次印刷
定　价	175.00元

ISBN 978－7－5364－6879－5

重钢宗旨　重钢精神　重钢形象　重钢愿景

报效国家　发展自我

“三峰”无限　攀登不止

钢铁品质　表里如一

建设精品基地　再造百年重钢

重庆钢铁集团

做精做强为目标　以人为本　构建和谐重钢为宗旨

重庆钢铁集团

二〇〇九年重钢集团四大战略任务

2009年重钢集团四大战略任务

- 现实生产持续递增
- 环保搬迁快速推进
- 资源开发拓展实施
- 企业改革不断深化

2009年重钢集团四大战略任务

2009年重钢集团

行政工作指导思想

以党的十七大和十七届三中全会精神为指导，以科学发展观统领企业发展全局，应对全球金融危机对实体经济的冲击，贯彻落实中央提出的进一步扩大内需，促进经济平稳较快增长的政策措施；把握机遇，进一步解放思想，扩大开放，增强危机意识，转变工作作风，继续统筹兼顾“现实生产持续递增，环保搬迁快速推进，资源开发拓展实施，企业改革不断深化”四大战略任务；以做精做强为目标，以以人为本，构建和谐重钢为宗旨；强化企业精细化管理，提高技术创新能力，大力发展非钢产业和循环经济；认真做好党建、稳定和精神文明建设等各项工作，开创重钢改革发展新局面。

党委工作指导思想

认真学习贯彻党的十七大和十七届三中全会精神，以邓小平理论和“三个代表”重要思想为指导，深入学习实践科学发展观，大力实施固本强基战略，加强基层党组织先进性建设，坚持解放思想、改革创新，围绕中心、服务大局，不断增强各级党组织的创造力、凝聚力和战斗力，为集团公司积极应对严峻经济形势、全面推进四大战略任务、实现又好又快发展提供可靠的政治和组织保障。

党委工作基本思想

加强五个建设。加强思想建设，用中国特色社会主义理论体系武装全体党员和干部；加强组织建设，培养造就适应重钢科学发展要求的党员、干部队伍和人才队伍；加强作风建设，密切企业党组织同职工群众的血肉联系；加强制度建设，健全完善保持共产党员先进性长效机制制度体系和适应现代企业制度的重钢党建工作目标责任体系、保证体系、考核体系；加强反腐倡廉建设，认真落实《重钢集团公司建立健全惩治和预防腐败体系2008～2012年工作规划》的阶段要求。

深化四项活动。围绕贯彻落实“314”总体部署、把重钢环保搬迁建成落实科学发展观的典范工程，开展深入学习实践科学发展观活动；围绕全面落实固本强基战略，深化“四好班子”、“五好”党组织创建活动；围绕集团公司第十一次党代会提出的奋斗目标，以“坚定信心迎挑战，科学发展渡难关”为主题深化厂情教育活动；围绕全面推进四大战略任务，深化“生产经营作表率，环保搬迁立新功”党内主题活动。

确保三大目标。确保集团公司2009年党的建设各项目标全面实现；确保集团公司2009年生产经营、环保搬迁、资源开发、企业改革目标任务的完成；确保集团公司总体稳定，促进和谐重钢建设，保持“全国文明单位”称号。

2009年重钢集团主要工作目标

◆ 主要生产经营指标

销售收入（汇总）190亿元
销售收入（合并）160亿元
利润3亿元

◆ 钢铁主业主要指标

焦炭149万吨
生铁313万吨
钢343万吨
钢材331万吨
主要技术经济指标改善率≥85%
产销率和贷款回收率100%

◆ 精神文明主要指标

保持全国文明单位称号

◆ 非钢产业主要指标

非钢收入比重≥20%

重钢职工基本行为规范

遵法纪　修品性

顾大局　树公心

爱企业　争先进

践诺言　守诚信

善协作　强执行

勤学习　勇创新

重质量　创精品

控成本　尚俭勤

育子女　孝双亲

守公德　讲文明

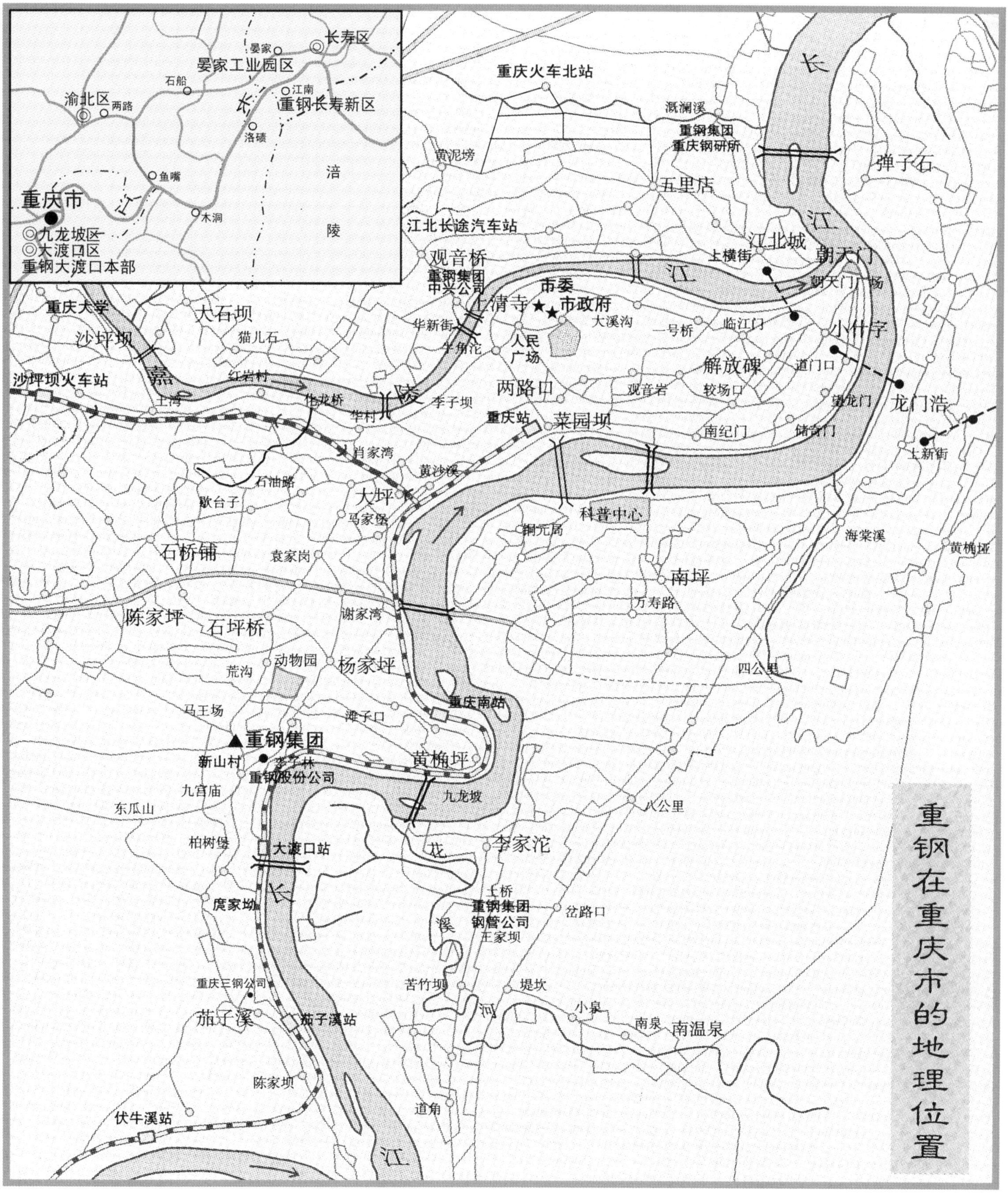

重钢在重庆市的地理位置

重钢年鉴 编辑委员会

主任委员　董　林　张再坤

副主任委员　刘加才　朱建派　潘向宇　罗福勤　李岚峰

袁进夫

委　　员　（按姓氏笔画排列）

王洪展　李红宇　张　培　罗嗣宏　夏　彤　罗　琳

秦娜莎　章金楠　黄二卫　游晓安　谭亚夫　谭敏剑

终　　审　李岚峰

重钢年鉴 编　辑　部

主　　编　黄二卫

副 主 编　刘光军

编　　辑　刘光军　方小容　王素兰　张　蓉　郝高潮

张　兵　温勇耀　陈雪梅　龙志敏　郑玉明

彭地富　王永全　唐克洪

新当选的中共重钢集团第十一届常委会委员（从左到右：王洪展、袁进夫、郭德勇、潘向宇、刘加才、董林、张再坤、朱建派、董荣华、李岚峰、谭亚夫）。

2008年7月10日，参加重庆青年人才论坛的重钢股份公司中板厂厂长管朝晖（右二）受到重庆市委书记薄熙来（左）的接见。

2008年5月22日，重庆市市长王鸿举（右三）在重钢集团202会议室布置支援『5.12』汶川大地震震后灾区建设活动板房工作。

2008年11月22日，国家档案局副局长李和平（右二）率专家组专程来重钢调研。

2008年12月29日，重庆市常务副市长黄奇帆（左二）视察重钢长寿新区。

2008年8月21日，重庆市常委、宣传部部长何事忠（中）到重钢调研企业文化建设，并参观公司厂情馆。

2008年11月27日，重庆警备区政委梁冬春少将（左二）率工作组到重钢视察民兵工作。

2008年7月14日，重庆市市长王鸿举会见评估重钢环保搬迁的国家发改委专家组成员。

2008年7月12日—15日，国家发改委专家组对重钢集团节能减排、实施环保搬迁工程项目进行评估审查。

2008年9月2日，在重钢环保搬迁工程环境影响报告书技术评估会上，由国家环境保护部环境评估中心组织的环评专家组一致认为：重钢环保搬迁工程项目可行。

2008年7月16日，中国钢铁协会会长张晓刚考察重钢。

2008年9月27日，重钢集团董事长董林（左二）视察中板厂。

2008年3月28日，重钢集团总经理刘加才（右）和重庆市档案局副局长郑永明为重钢厂情馆揭牌。

2008年2月5日，重钢集团副总经理、股份公司董事长罗福勤（右三）在四高炉慰问劳模。

2008年10月31日，重钢集团党委书记、副董事长张再坤（右）在动力厂五万燃机站调研。

2008年8月22日，重钢集团公司党委副书记、股份公司党委书记朱建派（右）到烧结厂调研。

2008年4月3日，重钢集团党委副书记、工会主席潘向宇（右）和重庆市摄影家协会主席冯建新为重钢职工摄影作品集《紫烟》揭幕。

2008年2月22日，重钢集团副总经理董荣华（左）代表重钢签署环保搬迁低温余热综合利用合同。

2008年12月26日，重钢集团副总经理郭德勇（中）出席集团公司职代会小组讨论。

2008年12月10日，重钢集团副总经理李岚峰（右二）出席重钢长寿新区炼铁项目重要工程节点开工仪式。

2008年12月15日，重钢集团副总经理、总会计师袁进夫（中）出席重庆国企与金融机构合作战略研讨会暨项目签约仪式。

重钢环保搬迁后将实现自有矿山铁矿石资源占50%以上。2008年12月28日，由重钢集团控股的陕西小金河磁铁矿采选工程开工建设。

重钢的环保产业发展迅速，其控股子公司重庆三峰卡万塔环境产业有限公司，2008年3月28日，签订保定热电项目供货合同；6月25日，获得成都九江发电厂环保项目特许权。

2008年3月，重钢股份公司中板厂月产量突破11万吨。

2008年1月28日，重钢环保搬迁焦化、烧结、炼铁、CDQ、热风炉等项目总承包合同签订。

2008年2月4日，重钢环保搬迁炼钢总承包合同签订。

2008年9月26日，重钢集团分别与中国节能投资公司、北京嘉恒公司签订合作协议。

2008年9月26日，重钢集团与中联重科签订设备融资租赁合同。

2008年3月25日，重钢与新日铁关于“重钢新区CDQ减排二氧化碳购销合同意向书”签订。

2008年3月28日，重钢环保搬迁4100毫米宽厚板项目举行进驻仪式。

2008年12月30日，重钢环保搬迁综合原料场项目（一标段）举行开工典礼。

2008年4月11日，重钢环保搬迁1780毫米热轧板带项目开工。

2008年7月2日，重钢长寿新区信息化规划汇报会召开。

2008年6月11日，重钢环保搬迁型钢技改方案审查会召开。

重钢环保搬迁改造工程平场工地。

重钢长寿新区规划建设3个原料码头，3个成品码头，2008年12月3日，大型浮吊船在成品码头5号泊位抛锚定位，它是运抵重钢长寿新区的第一台大型设备。

重钢环保搬迁焦化项目一号焦炉基础施工。

2008年12月5日，一号焦炉挡板开始进行混凝土浇筑。

2008年5月6日，重钢集团董事长董林（中）、副总经理李岚峰（右）视察重钢长寿新区。

2008年11月28日，重钢长寿新区经二路以东全景。

2008年12月12日，重钢环保搬迁炼铁项目热风炉炉壳第一钩吊装。

2008年12月10日，重钢环保搬迁炼铁项目2号高炉炉体第一带吊装。

重钢长寿新区的最高构筑——烧结项目部150米烟囱,2008年12月16日晚,开始基础浇筑。2008年12月18日，基础浇筑完成。

重钢环保搬迁指挥部的工程管理、质量监督、监理、项目部等部门协同督察，加强工程施工管理和监督。

纬三路承担着重钢长寿新区施工、设备运输的主要任务。

2008年11月11日，经三路以东全景。

2008 年 11 月 24 日重钢长寿新区经五路以西全景。

重钢环保搬迁炼钢项目厂房喷印跨吊装。

重钢环保搬迁 4100 毫米宽厚板工程厂房吊装。

2008 年 11 月 21 日，重钢环保搬迁 4100 毫米宽厚板轧机精轧牌坊从德阳起运。重钢环保搬迁 4100 毫米宽厚板项目基础施工。

为保障重钢环保搬迁工程顺利推进，重庆市国资委主任崔坚、副主任谢华骏等领导多次到建设现场协调。

2008年11月27日，重钢集团副总经理董荣华（中）陪同中国节能投资公司客人视察重钢新区。

重钢环保搬迁工程的建设者们，在恶劣的施工环境下，面对工作、生活的诸多困难，发扬艰苦奋斗、不畏艰难的拼搏精神，不仅在工程施工管理上细致管理，而且业余生活、学习的形式也丰富多彩。

1780毫米热轧板带项目基础施工

2008年，重钢集团以多种形式组织职工开展“解放思想、扩大开放”大讨论。

2008年是重钢迁渝建厂70周年，重钢以文艺演出、书画展等形式开展纪念活动，重庆市常务副市长黄奇帆出席纪念大会并讲话。

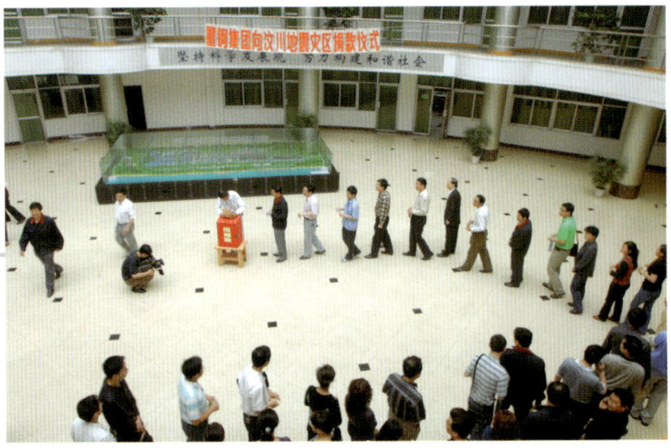

2008年5月17日，重钢集团为四川灾区捐款200万元。5月15日，重钢集团职工也积极向汶川地震灾区捐款，现场筹集善款289559元。

2008年4月23日，重钢“三峰书友会”揭牌。

编　　辑：张兵
版面设计：张兵
摄　　影：郑玉明　王　钢　张　兵　夏　彤　曹　帅　钱　峰
欧山洪　甘　泉　杨　昕　李清荣　王　华　卢宗蓉

编辑说明

《重钢年鉴》(2009)为重钢集团的第18部年鉴。《重钢年鉴》,载载奋勉,岁有其物;告往知来,别有情意;知真至诚,知实至准,众手劳作。

《重钢年鉴》以党的十七大精神为指导,坚持解放思想,坚持正确导向,坚持实事求是的思想路线;坚持用科学发展观指导实践,推动工作;弘扬与时俱进精神,构建和谐文化,不断开拓创新,努力创新出精品。遵循邓小平"编辑出版年鉴很有必要,这是国家的需要,四化建设的需要"之指示,"记录昨天留下历史真实,服务今天展示现实风貌,预测明天探索发展规律"。《重钢年鉴》先后荣膺"全国'最早出版的年鉴'""全国年鉴校对质量优秀奖""新闻出版总署优质产品""第一届全国年鉴编校质量优秀奖"等荣誉。在"第三届全国年鉴质量评比"中获"中国年鉴提名奖"及"框架设计一等奖""条目编写特等奖""装帧设计一等奖"等全部4个专项大奖。

《重钢年鉴》部目的设置,遵循相对稳定之原则,但不拘于成说,体现时代性、行业性是确定部目的依据;守正出新。《重钢年鉴》(2009)部目:特载、专文专论、重钢综述、大事记、企业管理、生产经营、环保搬迁、科学研究与应用、文化教育、党的工作、工会建设、职工生活、子公司、人物、媒体看重钢、统计资料、拾遗与补正、附录等18个。

《重钢年鉴》的特载部目,摈除全是领导讲话及文件刊载的粗糙旧习,突出"特要";《重钢年鉴·特载》(2009)有国家对重钢环保搬迁有关政策的复函批复、当年度领导视察、重钢集团改革开放30年情况等记载,特别记载应对汶川8.0级强烈地震,重钢职工救治地震灾区伤员、生产活动板房、自愿捐赠等抗震救灾行动。《重钢年鉴·统计资料》之资料,为重钢公司的主要经济技术指标及劳动、人事基本情况等资料,为专业部门提供,具有归口性、真实性与权威性;其他各部目之数据均为各单位提供,可供参考。其"拾遗与补正"部目,是《重钢年鉴》区别于其他年鉴的独特部目。

《重钢年鉴》由部目、分目、条目、子目组成,条目是主要表现形式。《重钢年鉴》为避免某些同一事物的记载交叉重复,在对条目删除保存的前提下,条目体现主次之别,详略之分。《重钢年鉴》不在条目中使用"公司""集团公司"等内涵外延较大的公用语言(保留"特载""专文专论""附录"等部目中原有资料的用法)。"重钢”“重钢公司”“重钢集团”“重庆钢铁集团”“重庆钢铁(集团)有限责任公司”均指一个单位,即“重庆钢铁(集团)有限责任公司”。“重钢”“重钢公司”“重钢集团”“重庆钢铁集团”“重庆钢铁(集团)有限责任公司”等称呼在不同的情况下作不同的称谓;其子公司或用全称或用规范的简称,杜绝“公司”指代各类公司。年鉴是史料工具书,使用作用大于宣传。条目的排列是按其内容而组合,不是排名的依据,更不体现“位置”。

“规范编纂,标准操作”是《重钢年鉴》始终不渝的工作方针。重钢年鉴编辑部关注国家政策法规,努力地标准化、规范化使用语言文字;重规范,严标准。在数字、标点符号、计量单位及拼音字母等诸多方面的使用上,也都严格以国家标准为依据,处处注意规范要求。毋庸置疑,《重钢年鉴》在这方面做得不够,诚盼读者指教。

《重钢年鉴》重视保密工作,其稿件均经过重钢集团保密委员会审查:“无泄密内容”。

重钢年鉴编辑部

2009 年 6 月

目录

2009 年重钢集团行政工作指导思想
2009 年重钢集团党委工作指导思想
2009 年重钢集团党委工作基本思路

编辑说明

1 特载

2 专文专论

3 重钢综述

◆概貌

◆概况

◆名录与机构

4 大事记

5 企业管理

◆职能管理

◆法纪管理

◆人才开发

◆工作机构

6 生产经营

◆主业生产

◆非钢生产

◆环境保护

7 环保搬迁

◆方案实施

◆工程建设

8 科学研究与应用

◆科技项目

◆新产品开发

◆专利发明

9 文化教育

◆教育

◆文化

◆报刊

◆编纂

◆体育

10 党的工作

◆党委工作

◆宣传思想工作

◆重庆钢铁集团矿业有限公司

◆太和铁矿

◆綦江铁矿

◆歌乐山矿

◆景星白云石矿

◆大宝坡石灰石矿

◆乐山耐火材料厂

◆重庆耐火材料厂

◆重庆钢铁集团三峰工业有限公司

◆重庆钢铁集团设计院

◆重庆钢铁集团生活服务有限责任公司

◆重庆钢铁集团铁业有限责任公司

◆炼铁厂

◆烧结厂

◆炼钢厂

◆高速线材轧钢厂

◆型钢厂

◆冷轧薄板厂

◆中板厂

◆动力厂

◆运输部

17 拾遗与补正

18 附录

◆文件选编

◆文件编目

◆荣誉

1

特载

重钢年鉴

2009

国家对重钢的重要指示

关于重庆钢铁(集团)有限责任公司实施节能减排环保搬迁项目建设用地预审意见的复函

(国土资预审字〔2008〕270号)

重庆市国土资源与房屋管理局,重庆钢铁(集团)有限责任公司:

《关于重庆钢铁(集团)有限责任公司实施节能减排环保搬迁项目用地的初审意见》(渝国土房管文〔2008〕201号)和《关于节能减排、实施节能减排环保搬迁工程建设项目用地预审申请的报告》(重钢文〔2008〕78号)收悉。经审查,现函复如下:

一、重庆钢铁(集团)有限责任公司实施节能减排环保搬迁项目符合《钢铁产业政策》和当地土地利用总体规划,同意通过用地预审。

二、该项目拟用地总面积534.54公顷,全部为国有建设用地。在初步设计阶段,应进一步优化设计方案,从严控制建设用地规模,节约和集约用地。

三、项目按规定核准后,必须按照《中华人民共和国土地管理法》和国务院文件的有关规定,办理建设用地相关手续。未办理建设用地相关手续的不得开工建设。

四、依照《建设项目用地预审管理办法》的规定,建设项目用地预审文件有效期为两年,本文件有效期至2010年9月18日。

中华人民共和国国土资源部

2008年9月18日

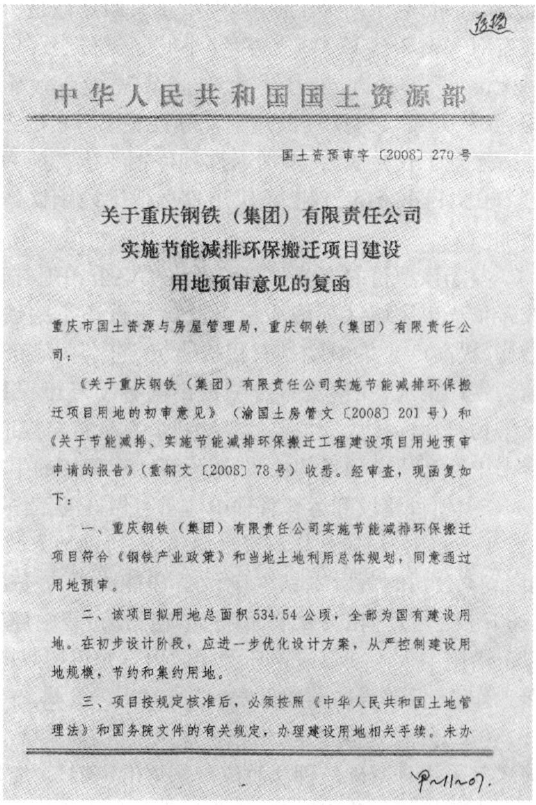

中华人民共和国国土资源部

国土资预审字〔2008〕270号

关于重庆钢铁(集团)有限责任公司
实施节能减排环保搬迁项目建设
用地预审意见的复函

重庆市国土资源与房屋管理局,重庆钢铁(集团)有限责任公司:

《关于重庆钢铁(集团)有限责任公司实施节能减排环保搬迁项目用地的初审意见》(渝国土房管文〔2008〕201号)和《关于节能减排、实施节能减排环保搬迁工程建设项目用地预审申请的报告》(重钢文〔2008〕78号)收悉。经审查,现函复如下:

一、重庆钢铁(集团)有限责任公司实施节能减排环保搬迁项目符合《钢铁产业政策》和当地土地利用总体规划,同意通过用地预审。

二、该项目拟用地总面积534.54公顷,全部为国有建设用地。在初步设计阶段,应进一步优化设计方案,从严控制建设用地规模,节约和集约用地。

三、项目按规定核准后,必须按照《中华人民共和国土地管理法》和国务院文件的有关规定,办理建设用地相关手续。未办

关于重庆钢铁(集团)有限责任公司节能减排及实施环保搬迁工程环境影响报告书的批复

(环审〔2008〕472 号)

重庆钢铁(集团)有限责任公司:

你公司《关于申请对重钢集团节能减排、实施环保搬迁工程环境影响评价报告进行评审的请示》(重钢文〔2008〕107号)收悉。经研究,批复如下:

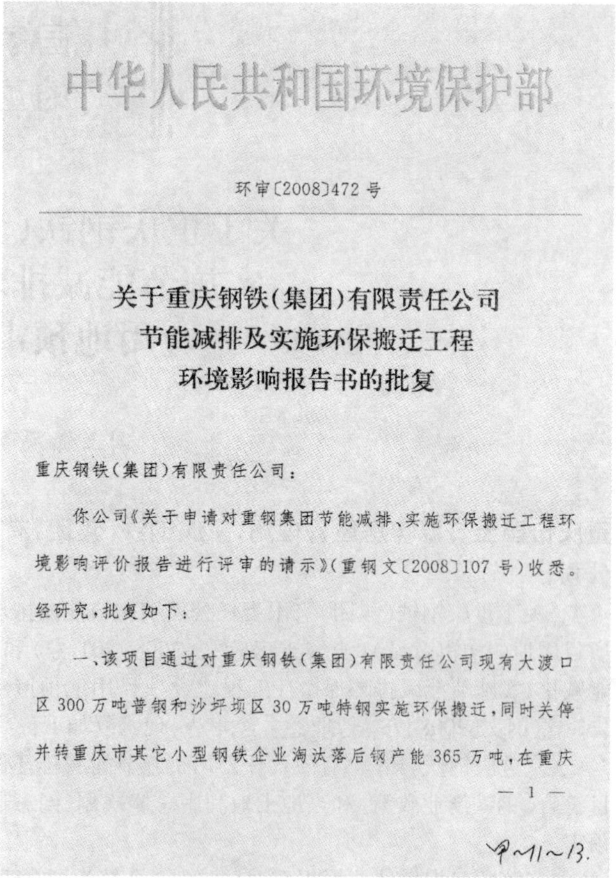

中华人民共和国环境保护部

环审〔2008〕472 号

关于重庆钢铁(集团)有限责任公司
节能减排及实施环保搬迁工程
环境影响报告书的批复

重庆钢铁(集团)有限责任公司:

你公司《关于申请对重钢集团节能减排、实施环保搬迁工程环境影响评价报告进行评审的请示》(重钢文〔2008〕107 号)收悉。经研究,批复如下:

一、该项目通过对重庆钢铁(集团)有限责任公司现有大渡口区 300 万吨普钢和沙坪坝区 30 万吨特钢实施环保搬迁,同时关停并转重庆市其它小型钢铁企业淘汰落后钢产能 365 万吨,在重庆

— 1 —

一、该项目通过对重庆钢铁(集团)有限责任公司现有大渡口区300万吨普钢和沙坪坝区30万吨特钢实施环保搬迁,同时关停并转重庆市其他小型钢铁企业淘汰落后钢产能365万吨,在重庆市长寿区江南镇新建产能为600万吨钢的生产线。主体工程主要包括:新建2台360平方米烧结机并从大渡口厂区搬迁改造1台240平方米烧结机,新建4座60孔6米焦炉、1套环冷面积150平方米的链蓖机－回转窑球团系统、3座2500平方米高炉、3座210吨转炉、1座210吨钢包精炼炉、3台板坯连铸机、1条1780毫米热轧生产线、1条4100毫米宽厚板生产线;辅助工程主要包括:原料场、石灰石焙烧、氧气站、空压站等工程,其中空压站搬迁改造大渡口厂区现有氧气站2套18000立方米/小时制氧机组;其他给排水、供配电、燃气设施、热力设施、机修设施、仓库设施等公用工程,除从大渡口区搬迁改造1×50兆瓦CCPP机组外全部新建。搬迁工程完成后,重钢炼铁和炼钢年生产能力将分别达到580万吨和615万吨,重庆市辖区范围内钢铁产能总体不增加。

鉴于该项目的实施对彻底解决重钢公司现有环境问题、改善重庆市主城区环境质量以及优化重庆市钢铁行业产业结构、提高产业集中度具有积极意义,符合国家产业政策和清洁生产要求,在落实报告书提出的各项环境保护措施后,污染物可达标排放。主要污染物排放总量符合当地环境保护部门核定的总量控制要求。因此,我部同意你公司按照报告书中所列建设项目的性质、规模、地点、采用的生产工艺、环境保护对策措施进行项目建设。

二、项目建设和运行管理中应重点做好的工作

(一)你公司应严格落实承诺措施,协助地方政府按期淘汰关停重钢现有生产大渡口区厂区、沙坪坝区厂区和重庆市12家公司的落后钢铁生产设备和能力。应按《关于切实做好企业搬迁过程中环境污染防治工作的通知》(环办〔2007〕47号)的相关要求,做好企业搬迁过程中环境污染防治,制订计划做好现有生产厂区土壤环境的污染消除工作。以上措施纳入本项目竣工环保验收内容并将按照进度要求逐一核查。重钢公司现有工程搬迁过渡期间,须加强各项环保工作,确保符合各项环保要求。

(二)焦化备煤系统、焦炉装煤系统、推焦系统、出焦系统均设置布袋除尘器,干熄焦装置采用集中地面除尘站。焦炉煤气采用真空碳酸钾法脱硫。焦炉出焦烟气、加热烟气、熄焦烟气分别由20米、135米和30米高排气筒排放。各类废气污染物排放应稳定达到《炼焦炉大气污染物排放标准》(GB16171－1996)二级标准要求。

烧结机机头、机尾烟气均采用静电除尘器进行处理,机头烟气均采用半干法烟气脱硫工艺进行脱硫。烧结机机头废气均由150米高排气筒排放,360平方米和240平方米烧结机机尾废气分别由70米和65米高排气筒排放。高炉煤气采用干法除尘后回收利用,热风炉烟气由80米高排气筒排放。转炉一次烟气采用LT干法除尘系统净化回收煤气,LF精炼炉及RH炉真空脱气烟气采用布袋除尘器进行处理,分别由60米和35米高排气筒排放。链蓖机-回转窑系统热烟气和低温含尘烟气分别采取多管除尘和电除尘措施。石灰窑废气采用袋式除尘器进行处理。废气污染物排放执行《工业炉窑大气污染物排放标准》(GB9078-1996)二级标准要求。

各工序破碎、筛分、配料系统生产的烟气分别由布袋除尘器进行处理,高炉矿槽、出铁场、煤粉制备系统烟气以及转炉铁水脱硫、二次烟气及上料烟气均采用布袋除尘器进行处理,精轧机氧化铁粉尘由湿式电除尘器进行处理,宽厚板冷矫直机含尘气体由布袋除尘器进行处理。废气污染物排放应稳定达到《大气污染物综合排放标准》(GB16297-1996)二级标准要求。

CCPP机组废气应稳定达到《火电厂大气污染物排放标准》(GB13223-2003)第3时段标准要求。

(三)按照"清污分流、雨污分流、分质处理、一水多用"的原则,优化设置项目排水系统。在设计阶段应进一步优化全厂生产用水和废水处理方案,进一步提高水的重复利用率,力争做到废水零排放。按生产工段、水质、回用要求对生产废水分别收集和处理。焦化产生的酚氰废水采用单独的处理系统,确保酚氰废水经处理达标后全部回用,不外排。全厂其他生产单元生产废水经处理达标后循环利用,少量循环系统排污水和生产零星废水排入中央污水处理厂生产废水处理系统进一步集中处理后立足于回用,确需外排的执行《钢铁工业水污染物排放标准》(GB13456-92)一级标准。设置独立的生活污水排水系统,生活污水经收集后送中央水处理厂生活污水处理系统集中处理后回用于绿化、洗车和道路洒水等,确需外排的执行《污水综合排放标准》(GB8978-1996)一级标准。

(四)按照国家和地方有关要求对固体废物进行分类收集和处置,固体废物应立足于综合利用。各工序回收的除尘灰及收集的氧化铁皮送烧结配料利用;脱硫废渣、高炉渣、钢渣等主要外销作水泥、建筑材料等原料;废耐火材料部分回收利用,部分送渣场处置;焦化工序的焦油渣、沥青渣和酚氰污水生化污泥等危险废物返回炼焦配煤系统,配入炼焦煤无害处理;废油用专用容器收集后送有关单位再生利用;中央水处理厂产生的污泥干化后送渣场处置。渣场的设计施工及运行管理应严格按照《一般工业固体废物贮存、处置场污染控制标准》(GB18599-2001)的要求进行,危险废物应严格按照国家有关规定执行转移联单制度,防止产生二次污染。

(五)优先选用低噪声设备,合理布置高噪声源。烧结破碎机、振动筛、高炉放风阀、余压发电机组及各类风机等高噪声设备均采用建筑隔声或设置消声器等降噪措施,确保厂界噪声达到《工业企业厂界环境噪声排放标准》(GB12348-2008)3类标准,防止噪声扰民。

(六)炼铁厂、焦化厂、烧结厂、石灰厂和渣场的防护距离分别为:1400米、1400米、600米、300米和500米。配合地方政府做好防护距离内的居民搬迁和规划控制工作,防护距离内不得新建环境敏感建筑物。

(七)加强环境风险防范,对危险化学品泄漏、焦炉荒煤气扩散、转炉煤气泄漏等环境风险制订应急预案,进一步完善与地方政府突发环境事故应急预案对接及联动的具体实施方案,确保风险事故得到有效控制,防止发生污染事件。化学品罐区设置围堰,苯、硫酸、种类废水(包括消防废水)应设置足够容量的事故收集池,严禁事故废水和化学品外排。煤气柜设置煤气自动检测报警功能,针对焦炉荒煤气扩散、转炉煤气泄漏、苯泄漏等各种风险环节制订应急预案,落实风险防范措施和应急救援措施,防止污染事故发生。

(八)加强施工期间的环境保护管理工作,落实防止水土流失的措施,防止施工期扬尘、噪声、废水和固体废物等对周围环境造成不利影响。

(九)按照国家有关规定设置规范的污染物排放口,安装烟气在线监测系统并与环保部门联网。设置规范的污染物排放口、贮存(处置)场。

三、项目建设必须严格执行配套建设的环境保护设施与主体工程同时设计、同时施工、同时投产使用的环境保护"三同时"制度。该项目竣工后,在试运行前向重庆市环境保护局书面提交试运行申请,经检查同意后方可进行试运行。在项目试运行期间必须按规定程序向我部申请环境保护验收。验收合格后,项目方可正式投入运行。违反本规定要求的,承担相应环保法律责任。

四、我部委托重庆市环境保护局负责该项目施工期间的环境保护监督检查工作。

五、你公司应在收到本批复后20个工作日内,将批准后的报告书分别送重庆市及长寿区环境保护局,并按规定接受各级环境保护行政主管部门的监督检查。

中华人民共和国环境保护部

2008年11月27日

领导视察

重庆市常务副市长黄奇帆视察重钢长寿新区

2008年12月29日上午，重庆市委常委、常务副市长黄奇帆率重庆市政府副秘书长、重庆市国有资产监督管理委员会主任崔坚，重庆市政府副秘书长谢华骏及重庆市相关部门负责人，到重钢环保搬迁工程长寿新区视察。黄奇帆一行在重钢集团董事长董林，重钢集团党委书记、副董事长张再坤，重钢集团总经理刘加才，副总经理董荣华、李岚峰等陪同下，从长明港乘车渡抵达长寿江南镇，先后视察了重钢环保搬迁工程在建的原料码头和成品码头、炼铁高炉区域、炼钢区域、4100毫米宽厚板区域、焦化区域施工现场。重钢集团领导逐一介绍了各项目工艺流程以及工程推进情况。中午，黄奇帆一行来到重钢江南指挥中心一会议室听取重钢集团领导汇报。黄奇帆高度评价重钢环保搬迁工程作为重庆市最大的工程项目以及市政府的重点工程，从现场实地察看建设情况非常好，土建、厂房基础施工和设备订货、制造、安装已全面推进，为2009年主体工程第一条生产线建成投产打下了基础。黄奇帆指出，重钢老厂的生产克服了金融危机、市场急剧萎缩带来的困难，充分发挥自身的竞争优势，在环保搬迁良好推进进程中，2008年创出9亿元利润，比上年增长70%，销售收入突破200亿元，比上年增长30%，创下重钢搬迁过程中最好的业绩，也是重钢历史上最好的业绩，成就重大。黄奇帆要求，重钢环保搬迁工程要引入国际先进的冶金生产工艺，提升企业规模，奠定重庆市材料供应的支柱基础地位；要抓好并解决铁矿石开发，国内远近距离的铁矿石配套供应要占50%；要达到2010年形成板材基地的总体工程目标；要用奋斗精神，去克服各种困难，将作为重庆市2009年一号工程的重钢环保搬迁工程建设好，为建国60周年献礼。

◆黎红英

行政工作报告

坚定信心迎难而上
以改革创新思路推进重钢持续发展

重庆钢铁(集团)有限责任公司2008年职代会
行政工作报告(摘要)

重钢集团总经理　刘加才

(2008年12月25日)

一、经济运行总体良好生产经营取得历史性突破

2008年，重钢公司抓住1~8月钢材需求旺盛、销售价格居高的有利时机，战胜铁矿石、煤炭、电、生铁、废钢等原燃材料价格大幅度上涨、铁路运输紧张以及年初南方低温冰雪灾害、“5·12”汶川大地震和8月以后钢材市场逆转、钢材价格急剧大幅下降等诸多困难，2008年，重钢钢、生铁、焦炭等主要产品产量继续保持规模生产，销售收入、利润大幅度增长，均创历史最高水平，销售收入跃上200亿元新台阶，利润突破9亿元，钢材产销率、货款回笼率均可实现100%。现实生产经营的良好业绩为重钢环保搬迁工程的顺利推进，提供了强有力的支撑。

1. 大部分子公司生产经营业绩稳定,态势良好。2008年,少数子公司受市场变化等原因影响,生产经营艰难外,大部分子公司生产经营业绩稳定、态势良好。2008年1~11月,纳入计划的24家子公司中有16家子公司提前完成全年利润目标,4家子公司利润达到年目标进度要求;4家子公司因多种原因出现亏损,亏损额5250万元,比去年同期亏损子公司亏损额增加2702万元、增幅106.04%。以钢铁股份公司为龙头的20家子公司盈利11.32亿元,比去年同期盈利子公司增加盈利4.81亿元,增幅73.8%。2008年1~11月,重钢产钢323.09万吨,生铁297.57万吨,钢材327.03万吨,焦炭144.12万吨;销售钢材328.83万吨,钢材产销率100.55%;货款、货币回笼率分别达到101.62%、94.5%;销售收入(合并)188.16亿元,同比增长36.17%,销售收入(汇总)229.87亿元,同比增长34.8%。预计全年产钢346万吨,生铁319万吨,钢材347万吨,焦炭155万吨,与去年同比基本持平。销售收入(汇总)240.47亿元、同比增长30.19%,销售收入(合并)200亿元,同比增长32.71%,实现利润9亿元,同比增长74.8%。

2. 钢铁主业效益持续递增。2008年,重钢的钢铁业子公司精心组织生产,认真抓好原燃材料的采购储备和产品的营销工作,进一步提高国内低价铁矿石配矿比例,加强煤气回收,增加自发电,按市场需求和效益原则调整产品结构,大力抓好节能减排和降耗降本工作,吨钢综合能耗、钢材成材率等主要技术经济指标继续得到改善和提高。特别是牢牢抓住上半年钢铁产品售价好的市场机遇,全力高效生产,满足市场需求,获得显著经济效益,对集团全年效益目标的实现作出了重要贡献。2008年1~11月,7家钢铁业子公司实现汇总收入187.46亿元,同比增长35.73%,占集团汇总收入的81.55%;实现利润7.89亿元,占集团利润的76.37%。但进入下半年,特别是8月以来,由于受世界金融危机的影响,我国经济增速明显减缓,钢铁市场出现逆转,需求逐月锐减,钢铁产品订单大幅萎缩,价格急剧下降,销售难度加大。钢铁产品价格总体比6月下跌40%以上,再加上原材料价格下降时间滞后于钢铁产品价格的下降,致使钢铁产品生产成本高于售价,钢材已无盈利空间。8月以来,钢铁业子公司赢利水平逐月大幅度回落,11月、12月重钢集团钢铁业呈现出亏损局面。

作为重钢集团的核心企业钢铁股份公司,继续发挥龙头作用,并带动相关产业同步发展。在市场未出现逆转的8月以前,保持了产销两旺的强劲增长势头,不断刷新月度历史水平或同期历史水平。市场逆转后,及时根据市场需求,调整好品种结构和轧机之间的生产量,对市场需求萎缩、效益差的生产线和品种进行了限产、减产,把损失减少到最低程度,为重钢集团销售收入跃上200亿元、利润突破9亿元新台阶,发挥出极其重要的作用。

3. 非钢产业平稳发展,盈利增加。非钢子公司全力做好为钢铁主业保产保供,以及承担环保搬迁改造工程项目等任务。绝大部分非钢子公司经济运行状况良好,2008年1~11月,重钢17家非钢子公司实现汇总收入42.41亿元,同比增长30.84%,实现利润2.91亿元,同比增长109.17%。预计全年可实现销售收入44.21亿元以上,同比增长20.89%,可实现利润3.28亿元,同比增长135.97%;有13家非钢子公司可超额完成年利润目标。重点非钢支柱产业中,矿业、环境产业、房地产产业发展良好,利润大幅增长,预计全年可实现销售收入20.22亿元,占非钢收入的45.74%、同比增长29.37%,可实现利润2.76亿元,占非钢利润的84.15%,同比增长126.23%。

二、财务、资金运转良好资产规模较快增长

1. 财务平稳健康运行,货款回笼良好,降欠目标超额实现。2008年,重钢集团预计营业收入200亿元,同比增加49.3亿元,增长32.71%,这是继2004年收入破100亿元后,仅用4年时间就实现翻番。预计实现利润9亿元,同比增加3.85亿元,增长74.76%;预计实现利税20.3亿元,同比增加4.75亿元,增长30.55%;预计年末归属于母公司的所有者权益46.6亿元,比年初增长16.79%。2008年1~11月,集团公司应收货款262.78亿元,实收货款267.03亿元,货款回笼率101.62%,其中货币回笼率94.50%。2008年1~11月,集团公司实现降欠6036万元,其中收回货币资金5937万元,占总降欠额的98.36%。

2. 对外筹融资取得新成绩。2008年,重钢公司继续加大筹融资力度,在融资难度增大的情况下,凭借重钢良好的资信,在保持原有授信额度的基础上,又获7家银行14.8亿元授信额度。收到渝富公司土地置换款40亿元;收到重庆市政府搬迁企业优惠政策,2007年度税费返还1.44亿元;在重庆市财政局支持下,获得矿山资源开发专项借款20亿元,已到位12亿元。2008年,1~11月,重钢集团新增银行借款26亿元,归还借款8.8亿元,净增加17.2亿元。

3. 资产管理工作取得新成效。重钢集团资产规模明显扩大、结构不断优化、质量继续改善、运营的效率和效益明显提高。截至2008年,11月末,资产总额259.79亿元,比年初增加62.66亿元,增长31.79%。2008年11月,资产流动比率为124.03%,同比提高22.61个百分点;2008年1~11月,净资产收益率13.24%,同比提升5.98个百分点。

4. 加强对外投资,优化产业结构。重钢集团对外投资十分审慎,建立了一套规范的对外投资内部控制决策程序。2008年,尽管资金紧张,但仍然拿出几亿元资金投入到市场前景好的环保产业和资源性产业中,以此来优化重钢集团的产业结构,增加企业抗风险的能力。投资1.21亿元控股成立成都九江环保发电公司(垃圾焚烧处理),投资0.83亿元控股成立重庆巫峡矿业股份公司，投资1.32亿元控股成立陕西三金矿业股份公司。

三、环保搬迁工程毫不动摇地按总体目标要求全力推进

2008年，是重钢环保搬迁改造工程全面推进并取得显著成效的重要一年。全体参建人员按照董林董事长提出的"坚定信心、改善作风、精细管理、精确服务"新要求，抓住工期、质量、安全和投资控制等关键环节，克服各种困难，采取各种有效措施，只争朝夕，全力以赴，坚定不移地将环保搬迁工程建设稳步推向前进，为确保4100毫米宽厚板生产线2009年三季度建成投产和2010年总体建设目标的实现，奠定了坚实的基础。

1. 工程建设阶段性成果卓有成效。完成了环保搬迁涉及的项目策划、方案优化、设计完善、技术工艺决策、技术经济分析、发展循环经济、征地拆迁安置和工程组织管理等一系列庞大系统工程，创造了国内钢铁新区庞大系统工程的建设奇迹。环保搬迁项目报批"三要件"："技术咨询报告书""环境影响报告书""建设用地预审"均已齐备，并已提交国家发改委核准。环保搬迁规划总图基本稳定，新区建设场平工程基本结束，场区道路建设、水电保障正按计划推进，码头建设具备较好工程形象，各主流程项目上部结构工程建设已全面铺开。重钢环保搬迁指挥部也于2008年5月中旬全面实现了工程管理重心前移，工程精细化管理得到进一步加强。按最新工程一级网络目标，部分项目虽有滞后，但总体工程建设已取得卓有成效的阶段性成果。

2. 各主流程项目全面进入实质性施工。2008年3月28日，随着4100毫米宽厚板项目在重钢长寿江南新区的开工建设，正式宣告重钢环保搬迁工程主流程项目全面进入实质性施工。4月11日，1780毫米热轧板带工程正式破土动工建设。5～7月，焦化项目、炼钢项目、炼铁项目和烧结项目相继开工建设。在全方位保证4100毫米宽厚板项目建设进度的同时，其余各主流程项目也分别按一期工程一级网络计划稳步推进。成品和原料码头、铁路等公辅配套和总图运输项目，以及指挥中心工程，钢韵湖堤坝工程，1#、3#、4#主排洪沟工程，施工水电管网工程，场区主干道路网工程等配套设施相继完成或全面进入施工状态，为主流程项目的建设提供了良好的保障条件。

3. 工程建设总体受控。一是严格工程计划管理，认真控制工程节点。在工程建设一级网络计划调整出台后，各项目部、相关总承包单位快速形成相应的项目一级网络计划，及分层次细化二、三级网络计划，并加强日常的检查和督促，对一些因受拆迁、征地、交通及气候影响，工期滞后的项目，及时重新审查施工组织方案，制订相应的强化措施，确保一级网络计划工程节点的完成。二是严格各项目各工序的质量检测检查，全面推行工程质量巡查制度和工程建设监理工作，对检查出的质量安全问题，及时召开现场质量评议会议，确定整改内容和整改时间，对典型的不良质量行为进行曝光。三是精打细算，认真做好环保搬迁招标和工程量清单的编制工作，加强对材料价差的控制、特殊措施费和甲供材料处理的管理。在项目招标中，采取总包项目采用综合单价包干、工程量按施工图计取并设定最高限价的原则，有效地对工程项目投资进行控制。四是致力于在规划设计、工程管理、施工技术等方面进行探索创新。例如，新区的总图平面布置，体现了工序间衔接紧密、物流路线短而顺畅、合理利用地形、节省大量投资等优点，在国内尚属首次。

4. 施工条件持续改善。一是努力创造场内交通、水电保障条件。场内交通主干道纬2路、纬3路、经5路和西南侧连接道完成路面沥青砼铺设，其余路段正按节点要求抓紧施工。南北管网已完成管道安装。施工所需的电力得到及时有效全力供应保障。二是建立完善协调机制，获取各方支持。重庆市政府、重庆市国有资产监督管理委员会多次召开专题协调会议，解决工程建设的保障问题。长寿区专门成立"支钢办"，形成固定协调渠道。

5. 加强资金管理，确保工程之需。环保搬迁工程开工以来，累计签订合同379个、金额140.21亿元，并按合同进度履约支付，无资金违规支付等情况。4100毫米宽厚板项目建设2009年投产为标志的相关工程建设资金保障，已筹措到位。

6. 进一步抓好工程招标和招商引资工作。坚持"公开、公平、公正"的原则，创造性地实施"一揽子招标"，使"EPC"总包模式和分段分项清单报价业主自主集成的优势得到有效整合。环保搬迁工程开工以来，共计招标186项，招投标金额125.85亿元，其中公招率达到73.55%。对邀请招标、直接发包都按重庆市和重钢集团的有关规定完善了相关审批手续。同时，按照重庆市政府规定，在重庆招商网上向全国进行"长寿新区气体制造"等10个项目的公开招商工作，已落实8个合作伙伴，引资20亿元。招商引资项目建设进度，能基本满足环保搬迁工程的整体推进进度。

四、资源战略取得实质性成效

2008年，重庆市政府明确表示重庆市境内的铁矿石资源，全部由重钢集团主导实施开发，这对于重钢资源战略的顺利实施有着重大深远意义。重钢的资源开发、矿山建设，在重庆市政府和重庆市国资委等相关部门的大力支持下，正按规划加快实施顺利推进。太和铁矿钒钛磁铁矿630万吨/年扩能改造工程，工艺设计已完成，设备型号已定，新选矿厂址的地勘工作接近尾声，新选矿厂主要设备已经陆续订货。陕西省旬阳县小金河磁铁矿的开发，已在9月份注册组建重钢控股的陕西三金矿业股份有限公司，正进行地质详勘和矿区前期建设工作。巫山桃花铁矿建设，已在9月注册组建重钢控股的巫峡矿业股份有限公司,已完成磁铁矿区详查阶段性成果报告和200万吨/年采选工程预可研报告,正作选矿试验研究。篆塘铁矿建设已完成角铁矿区可行性研究报告和矿区采样工作,正进行选矿试验。接龙铁矿建设已完成工程前期的“三通一平”,主平硐掘进施工进展顺利。

五、适时调整规划严控老区投资力争政策支持

1. 调整规划,适应发展需要。随着重钢环保搬迁的不断推进,2008年,重钢对“十一五”发展规划进行了适时调整。调整后的总体目标为:2010年前淘汰全部落后钢铁产能,通过关闭、兼并和重组,提高重庆钢铁产业集中度,将全部钢铁产能集中于重钢集团生产。通过搬迁改造,2010年,实现如下目标:生铁580万吨、钢(坯)600万吨、钢材571万吨,销售收入350亿元(钢铁产业300亿元、非钢产业50亿元),利税总额50亿元(钢铁产业45亿元、非钢产业5亿元),劳动生产率800吨/人年。

2. 认真审核,严控老区投资。严格坚持“老区保安保产,重点推进新区建设”的投资原则,主要投资是促进老区生产顺行和产能释放,做好新区原辅料保障和产业链延伸项目。到11月末,共计下达投资计划25项(批),计划总投资2.43亿元。全集团新开工建设项目17项(批),接转项目5项(批),到11月末,累计完成投资39.73亿元。环保搬迁项目至2008年11月止,完成投资36.27亿元,自开工累计完成投资47.27亿元,累计支付43.46亿元。

3. 积极争取政策支持,获取项目资金。“燃气石灰窑(代替烧煤窑)”等一批项目获得政府的专项资金资助;一些子公司通过办理国家鼓励类发展产业确认书,享受到“西部大开发政策”的优惠税率。

六、加强科技管理,推进科技创新

1. 科技项目管理和技术攻关达预期效果。重钢对科技项目管理办法进行了修订,按照与环保搬迁紧密结合,坚持突出重点、少而精的立项原则,对科技项目实行工程化管理。2008年1~11月,共下达科技项目计划40项,计划投资3289万元。开展了49项技术攻关、9项效益提成攻关、10个重点技术攻关和6个技术中心重点研发项目的攻关。2008年1~11月,74项各类攻关项目,基本按进度推进,达到预定目标计划。

2.“产学研”合作再结硕果。重钢在技术开发及推广应用、工艺设备引进、消化吸收再创新等许多项目上,都采取与国内科研院所进行技术合作的形式来开展。有目的地与大连理工大学、重庆科技学院和重庆大学进行合作,开展“烧结机烟气脱硫技术的研究与应用”等重大项目的研发,并进行相关新技术的技术储备工作。

3. 技术经济指标持续改善。2008年1~11月,重钢主要技术经济指标运行正常,在可比的27项技术经济指标中,破历史水平的有21项,指标刷新率达77.80%,与去年同期相比,有所改善的有22项,指标改善率为81.48%。

4. 新产品开发创新突破。2008年1~11月,重钢新产品及特殊要求产品试制完成71.82万吨,实现产值35.88亿元。与去年同期相比,产量增长7.27%,产值增长59.06%。成功开发70×180电极扁钢、CG210热轧圆管坯和11号矿用工字钢3个全新产品。特殊要求产品试制,其中球扁钢、硬线盘条、Z向板、优碳圆钢等几大主要品种,试制量均保持较高水平,特别是球扁钢试制量比去年同期大幅度提高。

5. 专利、科技成果及群众性技术创新工作成绩可喜。无论是专利申请量,还是发明专利占专利总申请量的百分比,以及授权专利量,均是重钢开展专利保护工作以来历史最好成绩。2008年1~11月,共申请专利77件,其中发明专利30件,占专利总申请量的39%;48件专利获授权,其中发明专利6件,实用新型42件。53项成果通过重钢集团鉴定并申报2008年度重钢科技进步奖,5项成果申报重庆市科技进步奖,3项成果申报冶金科技进步奖。职工提合理化建议10240条,实施5638条,创效益1400万元。创新工程立项1064项,实施842项,创经济效益1580万元。

6. 产品质量保持稳定,质量指标稳定中有升。重钢质量管理体系运行持续有效,未产生大额索赔性质量异议,吨钢质量异议损失明显下降。2008年1~11月,质量异议索赔损失共92.71万元,吨钢异议损失0.29元/吨,比去年同期减少0.05元/吨。共有11个“三新”产品通过公司辅料、耐材市场准入。20个QC小组(成果)、5个班组获得重庆市以上优秀QC小组(成果)和质量信得过班组称号,其中获得国家级优秀QC小组3个、国家级质量信得过班组3个。由重钢负责编制的“GB3531低温压力容器用钢板”、“GB/T711优质碳素结构钢厚钢板和宽钢带两项国家标准顺利通过审定。

7. 信息化建设强力推进。8个信息化项目申报重庆市信息产业局等部门的资金资助专项。特别是重钢设立了“重钢集团新区信息化建设组织机构”,正式启动实施并加快推进重钢集团新区信息化建设工作。

七、始终不渝地抓好安全生产和环境保护

1. 安全工作常抓不懈。一是抓好“隐患治理年”工作。2008年国务院确定为“隐患治理年”,重钢集团全面落实安全生产责任制,加大安全事故隐患排查治理力度,逐步建立起安全事故隐患排查治理的常态机制。“5·12”汶川大地震后,重钢立即组织对地震发生后可能出现的事故隐患进行全面排查;奥运期间,各单位加强对安全责任和安全措施的落实,明确责任人,强化重点目标、重大危险源的安全监管,确保重钢在奥运期间的安全生产。2008年1~11月,共投入

2233万元对隐患进行整改,整改率达到98.9%。重钢公司安全检查103次,厂安全检查3251次,查出隐患1892项,安全考核2863人次。开展厂级安全教育1448次,参加人数31607人次;对695名转岗人员和2994名劳务工进行了专门的安全教育。纳入重钢集团统计指标的死亡事故3起,死亡3人;重伤2人;轻伤事故36人,千人负伤率1.256‰。较去年同期,死亡事故下降4人,重伤事故持平,轻伤事故下降72人,千人负伤率下降2.198‰。

2. 加强环境保护,改善环境现状。重钢集团各环保设备运行正常,污染物综合排放合格率达88.91%,比去年提高0.38个百分点,环保设施完好运行达95%,各项环保指标水平均有所提高,环境质量有较大改善。2008年11月27日,国家环境保护部以环审〔2008〕472号文件,正式批复同意重钢环保搬迁项目通过环境评审。虽然钢铁主线即将面临环保搬迁,但在过渡期间,为保护环境,保护职工群众的身体健康,重钢仍继续投入,加强对环保设施进行完善和改造:股份公司投资360万元,矿业公司綦江铁矿和景星矿分别投资50万元、60万元,铁业公司投资1100万元实施环保项目。现有环保设施的正常运行和作用的有效发挥,改善了大渡口区环境空气质量,为大渡口区提前83天完成重庆市"蓝天行动"目标作出了贡献。积极推行清洁生产和ISO14000环境管理体系,完成股份公司冷轧厂"三合一"体系的监督性审核,股份公司炼钢厂、型钢厂、中板厂ISO14000环境管理体系的外审审核工作,股份公司焦化厂、炼铁厂、动力厂通过清洁生产企业验收。

八、加强设备管理,完成节能减排指标

1. 确保设备的安全、经济运行。通过严格区域设备的等级设备、点检定修精细化闭环运行管理,确保了设备安全经济稳定运行,实现了重特大设备事故为零的目标。钢铁股份公司荣获"2007年度重庆市设备管理优秀单位"。

2. 节能降耗成效明显。重钢继续认真贯彻落实国务院《节能减排综合性工作方案》,完成重庆市政府下达的节能减排指标,并建立起燃气管理信息系统。2008年1~11月,吨钢综合能耗628.08千克/吨钢,比去年同期降低24.82千克/吨钢,降幅达3.80%。自发电量从2007年1~11月4.8014亿千瓦时,提高到2008年同期的5.5492亿千瓦时,实现将富余煤气有效地转换为电能资源。2008年1~11月,TRT发电量达30.79千瓦时/吨铁,比去年同期增加4.87千瓦时/吨铁,增幅18.79%。转炉煤气回收2008年1~11月增加到62.45立方米/吨钢,全年预计达63立方米/吨钢。通过对焦化厂废水综合利用处理,焦化"废水"得到有效利用,解决了直接将污水排入长江的现象。

九、强化企业管理,深化企业改革

1. 经责制考核和统计工作有效开展。重钢集团与23家子公司、25个职能、党群部门和直属单位签订了资产经营责任书和工作目标责任书。2008年1~11月,有16家子公司完成了进度考核目标,职能、党群部门和直属单位全部达到进度考核目标要求。对4家子公司进行了专业责任制考核。统计工作渠道畅通,工作平稳。

2. 内部市场进一步规范,有序竞争的内部市场逐步形成。严格执行《重钢集团内部市场的管理规定》,对设备备品备件、工程、耐火材料外委外购严格审批,重钢内部能够制造的设备、备品备件、耐火材料和工程严格把关控制,对重钢环保搬迁项目,涉及三电、机械、土建安装等业务,内部子公司有承接能力的,以公开方式竞标。遵循公平竞争同等优先的原则,按照产业资源整合核定业务量,并严格按照核定的业务量及内部承接加工业务范围进行控制。对内部机械设备、备件加工、建筑、安装、检修工程、运输业务等企业的服务质量体系,按评价管理办法和标准进行了检查通报,总体情况比2007年都有很大提高。

3. 国土管理得到进一步加强。2008年9月18日,国土资源部以国土资预审字〔2008〕270号文件,正式批复同意重钢环保搬迁项目建设用地预审;重钢新区铁路专用线在渝怀线王家坝站接轨获得铁道部通过;重钢长寿江南新区建设用地的征地手续得到完善;协调解决新区用地中的矛盾,实施新区总图运输、厂内外道路、平场边坡及排洪沟等基础设施建设的宏观管理,修改、优化新区的总图布置及物流运输,科学合理地确定平场标高、各类边坡的处理、东西两侧连接道等技术难点,充分有效地利用宝贵的土地资源;办理移交重庆渝富公司土地资产手续25件、面积391.18公顷,办理土地变更登记手续207件,办理革新村、跃进村等19宗集体单位住宅用地移交手续,办理重钢集团各单位建设用地审批手续10件,办理重钢公有住房土地使用权手续300户,办理土地权属确定手续4件。对重钢公司国土资源进行综合开发和利用。盘活存量土地资产4万平方米,查处非法侵占重钢土地事件2起。

4. 企业改革改制重组和结构调整稳步推进。继续进行优化产业和组织结构调整,有步骤地推进组织结构调整和子企业改制工作。对负债过重、经营困难停产、且扭亏无望的重庆鑫腾冶金炉料有限公司,对早已停产、资产长期闲置的热陶瓷公司等列入重庆市破产计划,并已向法院提出破产申请,法院已立案受理鑫腾公司的破产。继续推进主辅分离辅业子企业改制,在对重庆金科再生资源有限公司职工按政策补偿、其国有股权按相关规定公开挂牌拍卖后,完成对金科公司由国有控股公司转变为完全民营化企业的民营化改制。经重庆市国有资产监督管理委员会批准,先后成立了环境产业的成都市九江环保发电有限公司、矿业的陕西三金矿业股份有限公司和重庆巫峡矿业股份有限公司等3家公司。按照在重钢环保搬迁完成时彻底解决集体企业方针，继续大力推进对集体职工实施享受环保搬迁政策分流，对集体企业实施改制等工作。2008 年 1 ~ 11 月，有 187 名集体职工、预计全年将有 480 名集体职工，通过享受政策实现分流安置。产业公司代管的材料总厂、绝热板厂完成改制，独立走向社会发展；机制公司代管的 3 家集体企业进行了合并，减少 2 家集体企业。基本完成铁合金公司破产终结后社会职能移交。5 项管理现代化创新成果获得 2008 年度重庆市企业管理现代化创新成果奖励。

5. 档案管理服务功能有效发挥。档案工作全面履行管理职能，有效发挥出服务大局的作用。完善了环保搬迁档案工作制度体系，建立了工作网络，同步收拍了新区影像。档案信息资源发挥出重要支撑作用，为公司科技创新搭建了数据平台，打造了高品质的对外窗口重钢厂情馆。档案工作获得国家级管理创新奖 1 个、国家优秀科技成果 1 个、重庆市管理创新奖 1 个、重庆市优秀科技成果 3 个。被授予全国档案工作优秀集体、重庆市档案工作优秀集体称号。

十、人力资源结构继续得到优化和改善

1. 采取多渠道、多方式招聘和吸纳各类人才，为环保搬迁和企业发展做好人力资源储备。引进急需专业技术人员 8 人，招聘高校毕业生 217 人；加大环保搬迁及公司发展所需人才储备，与有关院校签订大专生定向培养协议。2008 年，共招聘定向生 99 人，签订定向生 88 人、委培生 123 人；安置复员退伍军人 135 人，招聘优秀劳务工 230 人。

2. 推进高层次人才队伍建设，着力培养选拔一批在行业、市内有影响的专家人才及技能人才，造就一支公司各专业领域的技术技能人才队伍。先后共推荐 24 人申报重庆市学术技术带头人及后备人选、重庆市杰出（优秀）专业技术（技能）人才、国务院政府特殊津贴等高级专家人才，其中 3 人被命名为重庆市第二届学术技术带头人，1 人为后备人选，2 人被评为重庆市优秀专业技术人才。8 人获得正高级工程师职称资格。重钢集团公司已形成一支由 7 个专业 21 名正高级职称人员组成的高级专家队伍。继续推行子公司技术带头人、技能尖子的培养选拔。子公司新聘主任工程师 8 人，年底前部分单位还将完成技术带头人和技能尖子任期届满的重新推荐选拔工作。

3. 组织开展各类人员的培训，促进职工队伍素质整体提升。一是完善高层次人才知识储备。2008 年，送培 14 个专业工程硕士 38 人、工商硕士 13 人，推荐报考 2009 年工程硕士 71 人、工商硕士 19 人。参加中组部“西部之光”人才培养计划 1 人。10 名技术带头人（含主任工程师）、26 名技能尖子通过学历提升、项目研修考察等多种方式进行了专项培训。截至 11 月末，参加职业技能培训鉴定的职工达 3000 人，预计全年将新增高级技师 12 人、技师 59 人、高级工 650 人。重钢举办了第七届职业技能竞赛。有 2 人参加“振兴杯”全国青年技能大竞赛，4 人参加“太钢杯”全国钢铁行业职业技能竞赛，10 人参加重庆市青工车工、钳工技能竞赛。全年集中开办 6 个专题培训，培训 356 人次；进行储备性培训 296 人次。1 ~ 11 月，特种作业培训 4993 人次，岗位培训 14860 人次，继续教育培训 2312 人次。

4. 规范企业劳动用工，用好环保搬迁政策。通过调整劳动组织方式，规范劳务派遣工、非全日制用工、退休人员返聘等；制定《带薪年休假实施办法》；用好重庆市政府为重钢环保搬迁提供的人员安置政策，解决好困难企业和集体企业大龄职工的困难。2008 年上半年重钢办理“直通车”和提前退休 533 人，预计年底还将办理 884 人。

5. 企业年金方案完成，已报重庆市国有资产监督管理委员会。

十一、充分发挥监察、审计及法律事务的作用

1. 抓好领导人员廉洁自律工作，开展爱岗敬业、廉洁从业教育，积极开展廉洁文化建设。重钢制定领导班子《2008 年党风建设和反腐倡廉分工责任制》，强化领导人员的反腐倡廉责任。继续认真执行重点事项报告、“三谈两述”和礼金上交等廉洁制度。重钢公司 286 名副处级以上领导人员对个人有关事项进行了集中报告，其中重钢公司级领导 7 人次、处级领导 33 人次报告了因私出境、子女留学等情况。4 名厂处级干部报告了新购车、购房等重大事项。14 人次主动向集团登记上交礼品礼金近 20 万元。

2008 年 9 ~ 11 月，针对厂区系列偷盗案，暴露出的一些重要岗位和外部人员相勾结，里应外合损害重钢利益的问题，在重钢公司开展了“遵纪守法爱岗敬业”专题教育活动。

2. 强化环保搬迁的监督工作。对环保搬迁招投标工作实施全程监督。制定《重钢环保搬迁招投标工作若干要求》。按照重钢集团董林董事长“重点剖析一两个项目，指导面上的环保搬迁”的总体要求，组成专项检查小组，对 5 个项目进行专项检查，提出建议和意见 47 条。对环保搬迁工程资金使用情况进行了专项检查，保证环保搬迁资金的规范使用。制定《重钢环保搬迁现场监督工作实施办法（试行）》，并派监督人员进驻新区现场，通过参加环保搬迁现场工作会、现场巡查、接受现场举报等形式。在 2008 年 6 月，成立了重庆市国资委重钢环保搬迁监督领导小组，由重庆市国资委抽调专人和聘请的专家组成监督工作办公室进驻重钢。与大渡口区检察院联合成立预防职务犯罪工作组，对重钢环保搬迁实施检企联合监督。定期召开环保搬迁特邀监督员工作会议，充分发挥特邀监督员的监督作用。

3. 深入开展效能监察工作。继续开展大宗原辅料专项效能监察工作，加大对假冒伪劣矿石和计量作假的查处与打击力度，共查处有质量问题矿石60船，累计扣重3419吨，挽回直接经济损失460万元。对辅料采供实行市场准入招投标，对48家辅料、耐材供货单位进行了市场准入评价，取消了2家售后服务差，产品质量波动大的供应单位的准入资格，对100项辅料、耐材实行了招投标采购。通过招投标，确定集团内部两家单位负责葛老溪钢渣挖掘、加工、销售，并通过招投标方式对钢渣进行销售。有效推进了葛老溪钢渣资源的综合开发利用，取得了良好的经济效益。全面推进各子公司的效能监察工作，各单位围绕生产经营、环保搬迁等重点环节、重点部位和重点项目全面开展效能监察工作，重钢公司共立项92个，主要涉及原材料质量、设备采购、工程建设、闲置资产处置等多个领域。通过实施效能监察，建章立制253个，提出监察建议272条，避免和挽回经济损失5223.11万元。

2008年，重钢公司受理案件线索18件，其中立案处理5件，涉及处级领导2人，科级管理人员2人，收缴违纪所得3.61万元，挽回直接经济损失14.09万元。

4. 做好审计工作，发挥审计作用。2008年1～11月，完成2005～2007年审计项目整改落实情况后续审计等7个项目的审计，以及环保搬迁工程实施过程的监督检查，实现审计效益207万元。重钢二级审计机构完成审计项目27个，实现效益31.11万元，提出审计建议68条。并被审计署评为2005～2007年度全国内部审计先进集体。

5. 处理法律要案，防御企业风险。诉金源公司担保责任纠纷案（涉案标的额8700万元，涉及三个案件），重钢作为金源公司的最大债权人，已申请立案执行金源公司的财产，全力查找金源公司的财产。金源公司诉重钢、舞钢（承包）合同纠纷案（涉案标的金额：17000万元），正在最高人民法院二审诉讼中。中铁十一局诉特钢、重钢合同纠纷案（涉案标的额3750万元），重庆市国有资产监督管理委员会与重庆市高级法院非常重视，重庆市委领导也多次批示有关部门协调解决。在11月，重庆市国有资产监督管理委员会主要领导专赴北京向国务院国资委汇报重钢兼并特殊钢引发的法律纠纷，力争将重钢的法律风险降为最低。以上5个重大案件都需得到国务院国资委、最高人民法院的批示或判决，是重钢自身不能左右的，重庆市国有资产监督管理委员会已剔除5个案件对重钢的指标考核。重钢诉罗伯特公司合同纠纷案（涉案标的金额1150万元）执行长达10年，现已执行回736万元。由于对方已无财产可供执行，经慎重研究，已和重庆市中院达成今年底执行终结的一致意见。2008年1～11月，审理合同2215份，标的额138.3亿元，其中审理环保搬迁合同250份，标的额85.43亿元，未出现漏审、延审、误审的情况。加强商标管理，保护商标所有权。将“重钢”和“重钢厂徽”分别在18个类别申请36件商标注册，及时向国家商标局提请重钢的异议和商标注册申请。解决进入最艰难阶段的法律清欠。1～11月，收回欠款74万元，挽回经济损失258万元，预计全年完成清欠80万元，挽回经济损失300万元。

6. 开展职工民主监督，继续做好厂务公开，召开专题厂务公开发布会，进行重点公开。结合厂务公开10周年，对厂务公开民主管理工作先进单位进行了评选表彰。

十二、法人治理结构进一步完善，领导班子和干部队伍建设取得新成效

1. 法人治理结构进一步完善。充分发挥2名外部董事和监事的作用。完成对重钢股份公司等10家子公司董事会、监事会成员调整工作，完成新设立的3家新公司法人治理结构的建立。开展专项监事工作，加强对企业重大事项的监督。2008年9月下旬至10月底，对重钢集团本部及10家子公司，对2007年1月1日至2008年6月30日时间范围内的专项监事检查。企业1000万元以上（含长期股权投资）投资项目，有2家子公司和集团本部，共5项目，总金额33915.79万元。企业1000万元以上重大担保事项，只有重钢集团本部，共1项对外担保，担保总金额12480万元。

2. 切实加强领导班子的思想政治建设。坚持中心组学习制度，以深入学习党的十七大和十七届三中全会精神为重点，进一步解放思想。扎实开展“四好”领导班子创建活动，公司两级领导班子中，有48个单位被授予“四好”领导班子称号，“四好”领导班子达标率94.12%。

3. 大力加强领导班子和领导人员队伍建设，较好地实现了厂处领导班子和领导人员“双优化”的目标。全年完成19个厂处单位领导班子的调整充实；共调整交流厂处管理人员27人，其中厂处副职提正职6人、新提拔6人、退二线4人、免职2人。制定《重钢集团公司厂处管理人员兼职和退休返聘管理规定》，加强对厂处管理人员兼职和退休返聘的管理。集中对83个厂处单位的57个领导班子219名厂处级管理人员和54名调研员、专务员进行了民主测评和考核，并将年度考评情况进行了公开发布。共选派25名厂处管理人员参加国有大中型企业领导人员培训班；选派重钢公司有关领导、有关子公司负责人等6名职工参加了由中国钢铁协会、重庆市国资委等部门举办的专题讲座。

4. 大力推进后备人选队伍建设。制定下发《重钢厂处级管理人员后备人选管理办法》，2008年9～11月，在重钢集团80个厂处单位和机关处室开展了民主推荐厂处级管理人员后备人选的工作。近两年来，共有35名厂处后备人选走上了厂处管理岗位。

十三、加强宣传思想工作，开展精神文明建设活动

1. 加强政治理论学习，把握舆论宣传导向，营造好科学发展和谐发展的氛围。以重钢集团中心组为龙头，深入学习贯彻党的十七大精神，努力把全体党员和干部的思想统一到了党的十七大精神上来，把广大职工的行动落实到了推动重钢持续健康发展的实践中来。

2. 认真开展“解放思想，扩大开放”大讨论活动。重钢成立了大讨论活动领导小组，召开了“解放思想、扩大开放”大讨论动员会，听取了重庆市有关领导所作的“解放思想与科学发展”的专题报告，举行了“解放思想、扩大开放”专题党课报告会等一系列活动。

3. 以迁渝建厂70周年为契机，广泛开展以“传承光荣历史，再创重钢辉煌”为主题的厂情教育活动。

4. 坚持和不断完善职工思想状况调查分析制度，形成《职工思想调查分析报告》。

5. 加强文明单位创建，深化企业文化建设，继续开展“以保持全国文明单位称号为目标，以新创各级文明单位为重点，全面巩固和提高文明单位的创建水平”的创建工作。三峰卡万塔公司创建重庆市国有资产监督管理委员会文明单位已通过检查验收，东华特殊钢公司创建集团公司文明单位已通过检查验收。集团公司共同愿景“建设精品基地，再造百年重钢”已经正式确定并予以发布；《职工基本行为规范手册》也已编印下发。

十四、履行社会责任，关心职工生活，抓好企业稳定，构建和谐重钢

1. 以履行社会职责为己任，圆满完成抗震活动板房制作和伤员救治任务。“5·12”四川汶川大地震后，重钢集团坚决按照重庆市政府的要求，发挥国有企业主力军作用，从5月22日接到重庆市政府生产抗震活动板房任务开始，到6月16日停止生产，在这短短的26天时间里，按时保质地完成6000套灾区急需的抗震活动板房，为重庆市支援四川抗震救灾活动交出一份满意的答卷。重钢总医院精心救治和护理来自汶川地震中受伤的37名伤病员，使他们得到很好的医治和康复。重钢集团职工奉献爱心，支援四川抗震救灾，共捐款357.24万元，捐物1.3万件。重钢荣获“重庆市抗震救灾先进集体”。

2. 增加职工收入，共享企业改革发展成果。2008年上半年重钢职工收入实际增长18.3%，预计全年职工收入将比2007年增长22%。

3. 推进合作建房，抓好后勤服务，改善职工生活。第六批职工集资合作建房渝新花园共432户，已通过竣工验收，将于2008年内交付职工使用。2008年1～11月，重钢为职工缴纳住房公积金6572万元，比2007年增加443万元。办理发放职工配套公有住房产权证341个，职工集资合作建房产权证792个。配合大渡口区危旧房拆迁安置工作，重钢放弃拆迁范围内的直管公有住房产权，拆迁补偿全部给予职工住户，惠及职工住户，已拆迁建设村、百花村、新工村片区及袁茄路改造动迁旧房屋共162栋2132户、6.88万平方米。继续投入资金305万元对车家坪、革新村等片区房屋进行大修、污管改道、堡坎维修等。坚持长寿新区和重钢本部服务工作齐头并进，在长寿江南新区新建环保搬迁指挥中心临时食堂，并开展新区办公及生活物业管理服务。配合大渡口区重点开展文明城区、卫生城区创建活动，投入资金160万元，改造公厕30所、新购置2台垃圾车和20个垃圾箱等。绿化养护面积达20万平方米。重钢顺利通过重庆市卫生城区检查验收。

4. 医疗保险政策稳步运行，计划生育顺利开展。1～11月，重钢集团医疗经费支出10960万元，预计全年支出11982万元，保证了广大职工的看病就医。政策内生育率达到100%，确保无违法生育。对放弃再生育的186个家庭兑现奖励37万元。

5. 认真做好老干部和退休职工的服务工作。对重钢公司离休干部予以津贴补助。按时足额发放退休人员非统筹养老金，及时调整职工遗属生活困难补助。

6. 努力为职工办好事实事，尽力为职工排忧解难。2008年，重钢集团两级工会开展“庆、谈、访”活动32720人次，慰问金额187.82万元。为各单位办理职工特殊困难补助3573人次，补助金额115.7万元。对77名生活特别困难的职工实行重点帮扶，每人分3次共计得到4000元的帮扶基金。分层开展“金秋助学”活动，重钢集团利用特困帮扶基金对71名考上大学的特困职工子女给予14.47万元的资助。各子公司筹资共资助特困职工子女上大学417人，资助金额18.56万元。落实资金20万元，对口扶贫开县大进镇药材基地建设。

7. 正视矛盾，化解矛盾，做好信访稳定工作。重钢实现在“奥运会”期间安全稳定事件为“零”的目标。实现职工无非正常进京上访、无到市委市府集体上访、无到市国资委集体上访、无大规模群体性突发事件的“四无”目标。2008年，共接待处理信访总量3930件次，9353人次，同比下降26%、12%，处理集访29批，464人次，同比下降14%、44%。

8. 加强民兵建设，做好治安保卫消防工作。民兵积极参与急难险重任务、配合巡逻执勤、维护稳定等工作。通过治安保卫消防战线的努力，重钢集团2008年未发生涉枪、涉爆、涉毒等重大恶性案件，未发生重、特大火灾事故，要害部位未发生“三类”责任事故。

我们对取得的成绩既要倍加珍惜，对发展中的矛盾和问题，更需清醒的认识和准确的把握，并高度重视，认真对待，正确处理，着力加以解决。现阶段，重钢存在的矛盾和问题，主要体现在：一是现实生产经营持续发展与环保搬迁改造工程大力推进，两线兼顾并重的矛盾。二是生产规模的扩大与资源配置、节能减排的矛盾。三是钢材市场逆转与集团利润明显下降的问题。四是规划发展与筹融资进度的矛盾。五是企业结构再造与企业稳定协调发展的问题。六是企业现实管理与精细化要求的差距问题。七是非钢产业发展与集团钢铁主业发展同步规划的问题。八是新区管理提升，工艺技术的提高与员工素质尚不适应的问题。九是企业发展和市场竞争日趋严峻与干部职工精神状态、工作作风不适应的问题。十是新区产品定位精品化、差异化、高附加值化与技术储备和市场开拓准备不充分的问题。

重钢改革开放 30 年纪念

沐改革春风　展宏图大业

——在“重钢集团纪念改革开放 30 周年大会”上的讲话

重钢集团董事长　董林

（2008 年 12 月 26 日）

改革开放的 30 年，是中华民族 5 千年历史中，从衰落中崛起，重新走向辉煌的开端；重钢改革开放的 30 年，也必将成为重钢走向新生的开端。尽管与全国、与行业内先进企业的迅猛发展相比，我们存在差距，但前辈们勇于开拓新局面的精神，仍将永远值得我们尊敬和学习，仍将激励我们奋力拼搏向前。

当我们把时间从 2008 年向前推至 1978 年，30 年的改革开放，重塑了重钢人自立于钢铁行业之林的信心和决心。

当我们再把时间向前推至 1938 年，70 年的风风雨雨，重钢人为民族的生死存亡，为新中国的建设，所作出的牺牲和贡献，将永留史册。由此，我们再把时间上溯至 1890 年，那是重钢人近 120 年来所经历的生生不息、可歌可泣的历史长河的开端。我们为有这样的历史而自豪，我们为有今天的重钢而充满自信，同时，我们也为必须承担重钢继续发展的历史责任，倍感千斤重担的压力。

多少年来，重钢人历经坎坷。每当历史的关键时刻，每当困难和危机向我们压来时，重钢人从未向命运低头，为了生存、奋起，甚至在朦胧中奋起。今天，我们站在前人的肩上，站在高山之巅，心胸豁然开朗。我们近 120 年的历史和积淀的文化，以及由此而形成的核心价值观，不就是——重钢人永不向命运低头。对于挑战，我们永远“亮剑”。

很长一段时间以来，一些社会的杂音唱衰重钢，甚至妄言重钢的命运，如同给重钢下了死亡判决书。但重钢人不信邪，“亮剑”，主动“亮剑”，不是为了简单的生存和苟延残喘，而是为了创造更加辉煌的明天。

我们追忆过去、总结历史、缅怀先辈，是为了让历史照亮重钢未来发展之路，是为了更清醒地认识到我们应该和必须承担的责任。我们展望未来，是为了坚定信心、凝聚人心，把重钢的事业推向前进。今天是连接过去和通向未来的桥梁，是建设美好明天的基础。我们所有的工作都必须着眼于未来，着手于今天。

对于 2009 年的工作，刘加才总经理已在行政工作报告中，作了全面的布置。我再强调几点。

一、积极应对国际金融危机，确保重钢的生产发展

前不久，重庆市召开了经济工作会议，传达和贯彻中央经济工作会议精神。在分组讨论会上，我作了一个发言，用四句话把重钢如何应对国际金融危机的挑战作了归纳。这四句话是：认清形势、树立信心、把握机遇、准备发力。

1. 认清形势。这次由美国金融危机引发的经济危机，对全球、对中国、对重庆市，特别对钢铁行业的冲击是巨大的，所有钢铁企业，包括重钢无一幸免。我们正在承受，而且还将继续承受巨大的损失和压力。全体职工都应该清醒地认识到形势的严峻，作好应对困难的长期准备。

2. 树立信心。温家宝总理在谈到如何应对当前的国际金融危机时，强调指出：“信心比黄金还重要”。我在 9 月 28

日的环保搬迁工作会和12月4日的干部大会上，也反复要求全体职工，特别是各级领导干部，务必要树立战胜困难的信心，成为战胜困难的脊梁。大家要相信，今天的中国与过去的中国已不可同日而语，今天的中国有强大的经济基础作后盾，包括2万亿美元储备，居全球第一，有党中央的坚强领导和应对危机的正确措施；今天的重钢与过去的重钢也不可同日而语，不仅经济总量和效益大增，而且“四大战略”正在坚定不移地向前推进，绝不动摇。

3. 把握机遇。把握机遇的目的是战胜全球金融危机带来的冲击，其原则是积极防御，决不消极退守。

（1）国家和重庆市拉动内需的工作已经全面启动。其中，国家的启动资金是4万亿元，重庆在3年内也将启动1.5万亿元。最近，我到国家发改委为重钢环保搬迁工程的最后“核准”作专题汇报时，国家发改委办公厅负责人告诉我，在一个月之内，国家发改委就审批和签发了8000亿元的项目，真正贯彻了温总理“出手要快、出拳要重、措施要准、工作要实”的指示精神。同时，正在起草一些支持战胜金融危机的文件，其中，最先起草的是支持钢铁行业的文件，文件中就有关于重钢等企业的内容。（2）解决制约钢铁股份公司矿石供应的“瓶颈”问题。钢铁工业的发展长期受制于矿石原料，这次金融危机是我们极大的机遇，我们近期低价购进了大量的铁矿石，解决明年的生产需求。我们过去长期得不到澳大利亚和巴西的铁矿石，大量的矿石在全国各地购买，承受了高价之苦。这次金融危机，使澳大利亚和巴西向我们主动提出，与我们签订了大量增加矿石供应长期协议，这不仅仅是解决近期的问题，主要是为了解决重钢长远发展的问题。（3）争取在市场中心地域建立前沿基地。我们除了要应对近期的金融危机之外，明年上半年，我们还要主动出击，并购相关的企业。我们出击的行动得到了市领导和市政府相关部门的支持。同时，我们还要在长江下游建立矿石周转码头，具体地点是扬州或镇江，这也是重钢在金融危机中获得的机遇。（4）提前择机启动“二期工程”。前一段时间，我们对环保搬迁“一期工程”的计划，是到2010年时，先建成630万吨的规模，再来考虑重钢下一步的发展。现在情况有了变化，我们在推进环保搬迁工程的同时，准备引进外资，尽快启动“二期工程”，在长寿地区再形成350万吨的规模，使重钢在2012年就达到1000万吨的规模，建立起全国、乃至全球最大的船用钢生产基地。“二期工程”的350万吨钢，主要采用炼铁新技术来实现。（5）全面落实“一期工程”资金，积极筹集“二期工程”资金。“一期工程”630万吨所需的资金是200亿元，“二期工程”350万吨所需的资金，初步估算是110亿元。到今年9月份，“一期工程”的资金已经落实了100亿元，可以确保4100毫米宽厚板轧机在2009年三季度投产。“一期工程”的第二个100亿元已于今年12月初，在鸿举市长和奇帆常务副市长的指导下，同开发银行、工商银行、建设银行、华夏银行，签订了总额达110亿元的贷款协议。其中，开发银行55亿元、工商银行25亿元、建设银行20亿元、华夏银行10亿元。除了银行贷款，我们还辅之以其他形式的筹资，包括合资、包括债券的发行。债券的发行安排在明年上半年，计划发行20亿元，其目的是使重钢有更充足的资金来支撑发展。（6）在国家拉动内需的大规模投资中，也有巨大的商机，在等待其他子公司敏锐地去抓住。

4. 准备发力。我在12月4日的干部大会上提出了要求，应对这次金融危机，重钢不但要做到“严冬不死”，更重要的是做好“春来茁壮成长”的准备。近期钢铁市场低迷，重钢正好抓紧实施环保搬迁工程，我估计这一次市场低迷的周期是两年左右，一旦两年左右的经济低迷周期过去、市场复苏，重钢的生产规模、装备水平，已经旧貌换新颜，强大的市场竞争能力，将向世人展现一个崭新的重钢。

二、应对突如其来的经济危机，迫使我们彻底转变工作方式和工作作风

1. 精细化管理必须上台阶。在很多次会议上，我都强调了这项工作，在12月4日的干部大会上，我也严厉地批评了这方面存在的严重问题。我希望相关部门，相关负责人，不要再继续无所作为，必须迅速贯彻落实12月4日干部大会的精神，拿出办法、限期整改，堵塞管理中的漏洞。当然，有些问题不仅仅是漏洞，不是一次偶发事件，而是我们的机制和系统出了问题。

现在有必要强调，从2009年1月1日起，如果再发生长期以来屡禁不绝的一些问题，我们将严肃地追究相关责任者。

2. 再一次强调政令畅通、令行禁止，全集团一盘棋。绝不允许各自为政，在金融危机中，只考虑本单位、本部门的局部利益，更不允许为了本单位、本部门、甚至个人的利益，而损害集团的利益。这类问题在现实生产经营中，在环保搬迁过程中，都有所表现、有所存在。我们要告诫个别人，一定要识时务，一定不要自作聪明，明里和暗里干一些损害企业利益的事情，要相信集团班子集体的智慧，有能力对各种行为作出正确的判断。

3. 2009年对重钢来说，是一个非常的年头。我们对各级领导干部提出了更高的要求，希望大家在充满激情，朝气蓬勃地带领职工努力克服困难，实现工作目标的同时，一定要严格要求自己，以自己的工作和形象，来带领职工，凝聚人心。

三、对2009年经济工作的要求

2008年很快就要过去了，对于2008年的经济工作，可以用一句话来概括：干得好！但是，革命尚未成功，同志仍须努力。

1. 钢铁主业。尽管遇到了困难,但是我们的核心企业——钢铁股份公司,以及其他生产钢铁产品的子公司,仍然必须挺住,发挥核心企业的作用,发挥主阵地的作用,任何情况下,主阵地是不能丢掉的,也是丢不起的。

我完全同意刘加才总经理在行政工作报告中,对钢铁主业2009年生产经营的总体安排和总体要求。完成明年生产经营任务的关键在"两头",一"头"是原料,一"头"是销售。我昨天参加了这两个大组的讨论,干部和职工对完成2009年的生产经营任务信心十足,措施对路,并正在开始实施,令人欣慰。

2. 非钢产业。大家都非常清楚,尽管经济大环境处于低迷状态,但由于重钢近几年实施了大规模环保搬迁建设,基本建设投资强度前所未有,可以说这是重钢相当一部分非钢子公司发展的黄金时期。希望参与环保搬迁的相关子公司,一定要抓住机遇、锻炼队伍,培育和增强市场竞争力。同时,也应当在核心企业遇到困难的时候,挺身而出,掩护主阵地,为主阵地减轻压力,为集团公司2009年总体经济效益作出贡献。

上一周,集团公司班子审查了2009年的生产经营目标,一些子公司的经济指标没有通过,必须作出调整,有的子公司还应作出较大幅度的调整。希望大家顾全大局,重钢的发展大战略,正处于关键时期,效益的好坏,直接影响到国家和金融机构对重钢的支持,所以各个子公司的效益,必须真实的体现,并且尽可能体现在上半年,特别是一季度。

3. 长寿新区。长寿新区在2009年将开始对重钢总体经济效益作贡献。我们必须确保4100毫米宽厚板轧机及相关工艺设施在三季度投产,并且用3个月时间达产,争取当年生产50万吨,确保生产30万吨宽中板,取得10亿元以上的销售收入。集团公司要求4100毫米宽厚板项目部,以及相关项目部和环保搬迁指挥部的各职能部门,重钢已把在极其艰难条件下筹集到的第一个100亿元资金交给了你们,全集团职工、重庆市主要领导和市政府相关部门,都对你们寄予了厚望,你们一定要以出色的工作,用克服各种困难的顽强决心,交出一份合格的答卷。

2009年是中华人民共和国成立60周年,2009年也是重钢历史上一个非常重要的年头,从2009年开始,重钢新老区的生产将开始逐渐交替过渡,到2010年底,新区的"一期工程"也将全面建成。650万吨产能规模的新重钢,将向世人展示百年重钢的新风采,同时,"二期工程"也将全面推进。重钢在沐改革春风、展宏图大业的进程中,将提前向1000万吨产能规模迈进,老区也将完成70年光荣岁月的历史使命。

重钢改革30年的回顾及变化

重钢改革始于1978年,至2008年已有30年历史,大致可以分为4个阶段。

第一阶段从1978年到1984年,是推行以"放权让利"为主的企业改革阶段,以重钢作为全国首批扩大企业自主权的试点单位为标志。1978年10月,四川省决定选择重庆钢铁公司等6家地方国营工业企业进行扩大企业自主权的改革试点。试点主要内容是:扩权企业在国家计划之外,可以自主安排生产而不必经过国家批准;可以多渠道销售自己的产品,采购自己需要的物资;在企业增收的基础上,可以提取不同比例的利润留成,归企业自行支配等等。由于重钢等6家企业的扩权试点走在当时全国国有企业改革的最前面,起到"一块石子投入池塘"以打破计划经济一潭死水的重要作用,由此,拉开了国有企业改革的序幕。党的十一届三中全会召开后,重钢围绕扩大企业经营自主权进行了积极的探索。1979年2月,重钢颁发了企业改革的第一个文件《关于在第二炼钢厂试行扩大二级厂矿权限的决定》,给该厂下放人事劳资、财务、物资等3个方面14条权力;1980年2月,重钢将扩权二级厂矿扩大到34个。值得一提的是1979年8月,在当时钢材产量已上去而国家收购指标已用光的情况下,重钢运用扩权试点的特殊政策,在全国第一家自销钢材,至年底,自销钢材12.9万吨,占全年产量的23.7%;获利1788万元,占全年利润总额的32.9%。次年8月,重钢与香港维新贸易公司签订钢材外销合同,这是重钢对外贸易签订的第一个合同。1983年4月,重庆市决定对重钢实行利改税,确定从该年起,重钢完成年利润后,企业留利24.45%,3年不变。如超过上年利润,增长部分的调节税减半征收。1984年6月,重钢试行厂长(经理)负责制改革,不再实行党委领导下的经理(厂、矿长)负责制。同年7月,为贯彻落实国务院"扩权十条"精神,重钢颁发《进一步扩大二级单位自主权的具体办法》,确定在公司统一领导分级管理的原则下,给各二级单位以生产经营、财务管理、工资奖金、人事管理等4个方面21条自主权,更好地调动基层单位的积极性。

经过第一阶段的扩权改革,重钢初步有了一定的生产经营自主权,开始呈现出兴旺的迹象。到1984年年底,重钢生产钢、生铁、钢材、焦炭4大产品的产量分别为71.6万吨、58.5万吨、66.3万吨、58.3万吨,均创历史最高水平。销售收入达到5.56亿元,工业总产值达到5.57亿元,实现利润过亿元,分别比上年增长11%、14.60%和20.23%。

第二阶段从1985年到1993年,是以"转换机制"为主的企业改革阶段,以重钢全面推行承包经营责任制为标志。1984年10月,党的十二届三中全会作出了关于经济体制改革的决定。1985年1月,重钢批准下属设计院实行产值利润总承包,独立核算、自负盈亏,同时享有重钢扩权规定的各项权利。当月,重钢向冶金部上报《重钢1985~1990年总承包方案》,主要内容是重钢从5大方面提出承包,即包钢和钢材产量持续增长;包提高质量、扩大品种;包能耗降低;包基本建设投资和技术改造的总投资、总进度和总效益;包提高经济效益等。1986年1月,重钢公司经理授予34名不具备法人资格的厂(矿、处)长以法人代理人资格,使其在授权范围内独立处理对外事宜。当年,重钢"七五"期间(1986~1990年)的技术改造规划获得批准。规划分"三步走":第一步实施100万吨铁系统技术改造,第二步实施钢系统技术改造,第三步对能力相对薄弱的工序填平补齐。年末,为多渠道筹集技术改造资金,重钢与中国工商银行重庆分行联合,向社会发行债券1亿元;这是国有大型企业首次与银行联合发行企业债券,改变了国有企业搞技改只能由国家投资的惯例。1986年12月,重钢将所属重庆钢铁公司第四厂改制为股份制企业成立重庆东源钢业股份有限公司,对股份制改革进行了首次探索。1988年1月,重钢召开"深化企业领导体制改革工作会",决定在企业建立"厂长全面负责、党委保证监督、职工民主管理"的领导体制,这是企业自改革以来领导体制发生的第二次重大变革。同年8月,重钢与重庆市签订"两包一挂"承包合同,即包上缴利税、包技术改造项目按期按质完成,工资总额与经济效益挂钩浮动。从当年起,企业内部全面推行承包经营责任制。1992年12月,重庆钢铁集团成立,由核心企业、紧密层企业、半紧密层企业和松散层企业组成,有18个省市104个企业参加。到1993年,重钢开始实行母子公司管理体制。重钢在"八五"(1991~1995年)期间,为解决主要生产工序能力不平衡,炼铁、轧钢两头生产能力大、中间炼钢能力小的"马鞍形"状况,实施了炼钢系统技术改造工程。1993年8月,重钢所属的重庆恒达钢业股份有限公司创立。同年11月,重钢首家中外合资企业中法合资重庆液化空气有限公司成立。

推行"两权分离"的承包经营责任制是这一阶段企业改革的主题,重钢在这个阶段有新的进步,到1993年年末,销售收入达到47亿元,在中国500家最大工业企业中名列第33位;实现利润2.4亿元,钢、生铁、钢材、焦炭产量分别达到104.7万吨、112.3万吨、103.6万吨、95.1万吨。

第三阶段从1994年起到2005年,是推进以"制度创新"为主的企业改革阶段,以重钢成为全国百家现代企业制度试点单位为标志。1993年11月,党的十四届三中全会第一次明确提出国有企业改革的方向是建立现代企业制度,并指出现代企业制度的特征是产权清晰、权责明确、政企分开、管理科学。1994年11月,重钢经国务院批准成为全国百家现代企业制度的试点单位,并首批挂牌。这段时期,重钢作为全国百家现代企业制度试点单位,在建立完善法人治理结构、国家企业集团试点、母子公司管理体制、企业兼并与收购、主辅分离、社会职能移交、富余人员分流与实施再就业、股份制改造等方面进行了大量的艰辛探索。其主要改革事件有:1995年6月,重钢建立董事会、经理层和监事会的法人治理结构,实现企业领导体制的第三次重大变革;同时,按照国家和重庆市批复的现代企业制度试点方案,根据《中华人民共和国公司法》进行公司化改制,改制为国有独资有限责任公司。当年,重钢在重庆市政府的支持下,推进了中小学校移交的工作,到1996年12月,先后向江北区政府和大渡口区政府正式移交17所中小学、5所校办企业,中小学移交的"重钢模式"被全国很多国有企业学习和采纳。1997年8月,重钢继重庆东源钢业股份有限公司、重庆恒达钢业股份有限公司进行股份制试点之后,成立重庆钢铁股份有限公司,推进了钢铁生产经营主体部分的股份制改造;同年10月,"重庆钢铁"H股在香港上市,当期募集资金6.9亿元人民币,用于偿还银行贷款和实施12个技术改造项目,使企业渡过了十分困难的时期。2000年1月,根据国务院和重庆市指示精神,重钢对重庆特殊钢(集团)有限责任公司实施承债式整体兼并。兼并前,重钢总资产为86.36亿元,总负债为58.57亿元,资产负债率为67.82%。兼并后,重钢总资产为116.33亿元,总负债95.11亿元,因重特账面净资产为-6.57亿元,使得重钢资产负债率上升到81.76%。2003年4月,重庆市经济委员会发文撤销重钢对重特的"承债式整体兼并"。

这个阶段,重钢实施了"九五"(1996~2000年)、"十五"(2001~2005年)技术改造。"九五"期间推进以提高质量、优化产品结构为目标的系列技改工程,重点实施了高速线材工程建设和炼焦、炼钢设施的填平补齐等14个技术改造工程。"十五"期间按照实现年产钢300万吨规划目标,实施从炼焦、炼铁、轧钢及配套的供电、运输等系列技术改造,共投入经费17.9亿元。经过几次技术改造,到2005年年末,实现销售收入116.2亿元,利润3.45亿元,钢、生铁、钢材、焦炭产量分别达到266.2万吨、238.5万吨、269.2万吨、127.9万吨。"十五"期间,正是我国钢铁业快速发展的大好时机,然而,重钢没有抓住这次发展机遇,没有跟上国内钢铁企业的发展速度,逐渐被拉大了差距。据统计,我国钢铁企业在"十五"时期的产能平均增长率达170%,重钢的产能增长率仅仅只有50%,不到全国平均水平的1/3。2005年,重钢以销售收入计算名列"中国企业500强"第262位,比2004年的第228位下滑了34位。

第四阶段从2006年起到现在,是推进重钢"环保搬迁"为主的企业改革发展阶段,以彻底破除宿命论,确定和实施重钢新的发展战略为标志。2006年,重钢新一届领导班子在重庆市委、市府、市国有资产监督管理委员会的正确领导和大力支持下,团结带领广大干部职工树立科学发展观,进一步解放思想,冲破长期以来束缚企业发展的传统观念和传统思维方式,坚决果断地确定并不失时机地实施了重钢环保搬迁发展战略,开辟了企业改革发展的新航向。这个时期所取得的主要成果是:2007年2月,"重庆钢铁"A股在上海证券交易所挂牌交易,成为国内钢铁企业中第三家既有H股香港上市又有A股国内上市的企业(另两家为鞍钢和马钢)。A股的成功上市为重钢募集了10亿元的资金,极大地支持了企业技改工作。

从2006年到2008年,重钢生产经营稳步增长。近年来,重钢面对原燃材料和上游产品持续涨价、煤电燃气供应紧张,钢铁行业竞争白热化和钢材价格波动大的形势,克服各种困难,全力抓好生产经营。重点抓好采购价格的最优化、生产管理的精细化、销售利益的最大化、产品开发的市场化、技改组织的科学化,从而保证了企业生产经营目标任务的全面实现。2006年,钢产量首次突破300万吨,达到315.4万吨,销售收入实现124亿元,利税11.3亿元,利润2.6亿元;2007年,钢产量达到347万吨,销售收入实现149亿元,利税15.5亿元,利润5.1亿元;2008年,在国际经济衰退给国内钢铁行业带来严重影响的情况下,预计钢产量360万吨,销售收入200亿元,利润10亿元左右。

环保搬迁快速推进,使重钢抓住了脱胎换骨重获新生的不可再遇的机会,赶上了时代前进的潮流。"九五"到"十五"时期,重钢发展缓慢了,落后了。从落后开始追赶,最终实现反超,显然不能再走寻常路,要有新路子、新战略,并抓住机会实施。重钢环保搬迁战略就是改变企业命运、确保企业持续健康发展的新路子、新战略。同时,实施重钢环保搬迁是迎接我国钢铁工业由大转强的必然选择,也是推动重庆直辖市建设的重大举措。肩负着光荣使命的重钢人发扬"'三峰'无限、攀登不止"的重钢精神,以异乎寻常的毅力快速推进了环保搬迁改造工程,把企业的命运掌握在了自己手中。2007年5月17日,重钢环保搬迁工程正式在长寿区江南镇奠基,标志着重钢发展史上第二次战略转移的胜利启动。

资源开发全面推进,着力解决长期制约企业发展的瓶颈问题。矿石短缺一直是制约重钢发展的瓶颈。为了扭转企业长期依赖"百家矿""进口矿"的现状,我们充分发挥主观能动性,全力做好资源开发工作。原有矿山基地包括太和铁矿、綦江铁矿将在做好技术进步和资源有效利用的基础上得到扩展;现有矿山新基地如巴南接龙铁矿、巫山桃花铁矿的开发工作正有序推进;还积极参与国内新矿山如陕西安康铁矿的开发工作。通过资源开发战略的实施,重钢自有矿比例将达到50%以上。

企业历史遗留的重大问题逐步得以解决,为企业改革发展扫清了一个又一个障碍。2006年以来,针对多年遗留下来的重钢与金源公司系列纠纷案中的3个担保案,采取多种策略去解决,先后与第一联合资产公司、深圳市双双赢科技发展公司和招商银行达成相关协议,彻底解决了3个担保案的官司问题,挽回经济损失两亿多元。另外,妥善处理了重钢兼并重庆特殊钢公司、重钢热陶瓷公司债务等引发的一系列经济纠纷。

坚持改革成果共享,职工收入有较大幅度增长。近年来,在企业效益不断增长的同时,职工收入也逐年增长,据统计,2006~2008年上半年,重钢在岗职工(不含东华特殊钢公司)的平均收入分别比上年同期增长7.5%、14.9%、18.4%。2008年上半年是历年来职工收入涨幅最大的一次。

由于生产经营的良好发展态势和环保搬迁的实施以及两个文明的协调发展,企业形象彻底变化和提升。此期间,重钢先后获得了"全国文明单位""全国五一劳动奖状""全国厂务公开先进单位""重庆市最佳文明单位"等荣誉。

经过30年的企业改革,重钢这个百年老企焕发了青春,发生了根本性的变化。

变化一:从企业与政府的关系看,企业由过去的"政府附属物"转变为依法自主经营、自负盈亏的法人实体。改革开放以前,在传统计划体制下,政府扮演着国有企业的所有者和直接经营者的双重身份,重钢在产供销、人财物等方面几乎没有自主权,一切听命于上级政府部门,企业只是一个生产产品的单位。"十年内乱"末期,重钢有一座已停产多年的137立方米高炉。1977年8月8日,四川省省委作出对该高炉进行改造性大修,恢复生产,要求年产生铁6万吨交四川省、重庆市分配,以满足农业机械化对钢铁的需求。经过筹备,修复工程当月开工,1978年3月竣工。但高炉修复后因四川省内生铁供需情况变化、矿石供应未落实、预计高炉生产会亏损,四川省、重庆市又决定停开高炉。这个事例说明,在计划经济时期,企业生产什么、生产多少、生产出来的产品怎样分配,以及设备检修、使用和停用等,都由政府包揽,企业作不了主。1979年改革初期,重钢运用扩大企业自主权,自销了钢材12.9万吨。1980年,国家计委、国家经委联合下文,认定"钢材自销违反国家有关规定,必须坚决制止",反映了改革初期企业内在的渴求与计划体制的冲突。因此,在传统体制下,国有企业与政府的关系从本质上看是行政从属关系,企业只是"政府附属物"。

经过多年的改革开放,企业与政府的关系开始理顺。政企分开、政资分开、政事分开的改革得以推进,在转变政府职能、建立责权明确的国有资产管理、监督和营运体系的条件下,重钢按照现代企业制度的目标不断推进改革,由"国营企业"的身份转变为"国有企业",建立和完善了企业法人财产制度、企业法人治理结构,成为依法自主经营、自负盈亏、自我发展、独立承担民事责任的法人实体。

变化二:从企业与市场的关系看,企业由过去的"生产单位"转变为以市场为导向、积极参与市场竞争的市场主体。改革开放以前,由于把市场等同于资本主义,国有企业完全没有"市场"的概念。重钢实际上仅仅是一个生产单位,其唯一的任务是完成政府主管部门下达的各项计划,而这又是衡量企业工作绩效的根本标准。企业的所有资源都由国家配置。重钢计划管理从第一个五年计划开始,其生产计划由国家统一规定,实行高度集中,以完成国家下达的生产计划为目标。到"十年内乱"时期,重钢综合统计机构撤销,80%的统计人员被下放劳动或学习而脱离工作岗位。1978年扩权以后,企业生产计划才改为生产经营计划。1961年,重钢成立了销售处。然而,到1964年"四清"运动开始后,销售处被列为批判"资本主义经营作风"的重点,次年被撤销,过了整整15年到1980年才恢复。

改革开放以来,逐步建立和完善了社会主义市场经济体制,为国有企业的改革发展提供了良好有效的运行机制和市场基础。经过多年的企业改革,重钢转变为以市场为导向、积极参与市场竞争的市场主体,从认识市场、适应市场,到掌握市场、驾驭市场,使市场成为重钢赖以生存发展的沃土。如今,仅钢材销售这个环节,重钢就在北京、上海、广州、沈阳、南京、西安、昆明等地设立了10余个销售分公司,形成了一个辐射全国的销售网络体系。同时,企业所需的资源,主要是通过各类市场进行配置,市场风险也由企业自己承担。

变化三:从企业与员工的关系看,企业由过去的"员工保姆式的社区单位"转变为以劳动合同关系为纽带、构建与社会主义市场经济体制相适应的新型劳动关系的用人单位。改革开放以前,企业对职工承担了近乎无限的责任,而职工则全面依赖于企业。为此,重钢不仅成为安置职工终身就业的单位,还向职工提供医疗、养老、住房乃至子女入托、入学、就业等服务,承担了大量的社会职能。企业除了火葬场,什么部门都有;一个工作岗位非常珍贵,可以"世袭",父母退休之后子女能够顶替。职工也形成了"生是重钢人,死是重钢鬼"的依赖观念,致使重钢的劳动生产率低下,企业负担沉重。

经过分离企业办社会职能、对富余人员下岗分流和实施再就业工程,企业与员工的关系发生了显著变化。"市场不相信眼泪,竞争不同情弱者""岗位靠竞争,收入凭贡献"等新的观念在职工中树立。相当多的职工自觉投身于改革,自愿变更国有职工身份,使劳动力得以自由流动。1978年年末,重钢在册职工4.55万人,2000年因重钢兼并特殊钢公司使在册职工增加到6.3万人,到2007年年末,在册职工减为2.6万人,劳动生产率大幅度提高。重钢与员工都建立了劳动合同关系,明确了劳动合同双方当事人的权利和义务,保护劳动者的合法权益。

变化四:从企业自身发展看,企业综合实力明显增强,对国家和社会的贡献也越来越大。改革促进了重钢生产规模不断扩大,装备水平不断提高,经济指标不断刷新,企业综合实力得到明显提升,为国家和社会做出了重大贡献。通过1978年与2008年的一组数据比较:1978年年末,重钢的钢产量为43.6万吨,工业总产值为3.67亿元,上缴利润4000万元,企业总资产6.85亿元。到2008年,重钢将实现产钢350万吨,销售收入超过200亿元,利税20亿元以上,企业总资产250亿元,分别是1978年的8倍、54.5倍、50倍和36.5倍。改革30年来,重钢累计生产优质钢材4000万吨,实现利税143.7亿元,实现利润超过50亿元。

◆王洪展

重钢纪念改革开放30年活动

1.2008年5月6日,重钢集团根据中共中央和重庆市委《关于改革开放30周年纪念活动的通知》精神,以重钢党发〔2008〕19号文件《中共重钢委员会关于开展改革开放30周年纪念活动的通知》对纪念改革开放30周年的指导思想、重点活动进行安排部署。在纪念活动中,重钢集团利用《重钢报》、重钢电视台、《重钢》杂志等媒介,围绕党的十七大精神,按照中央确定的纪念活动主题和重庆市委关于开展改革开放30周年纪念活动的通知要求,大力宣传党的十一届三中全会的历史意义和深远影响。

2.2008年8月,重钢根据重钢党发〔2008〕19号文件安排,向职工征集重钢纪念改革开放30周年诗歌作品。征文要求作品能反映30年来重钢集团的改革开放走过的4个阶段:1978~1984年的"放权让利"阶段,1985~1993年的"转换机制"阶段,1994~2005年的"制度创新"阶段,2006年至2008年的"环保搬迁"阶段;收到诗歌作品26份。2008年12月5日下午,重钢集团在会议中心小礼堂举办了重钢集团纪念改革开放30周年诗歌朗诵会。

3.2008年12月12日,在重钢集团202会议室举行重钢集团纪念改革开放30周年座谈会。座谈会回顾了重钢集团在30年来的历史洪流中响应时代召唤与改革开放同呼吸共命运的实践历程,总结重钢集团及本单位本部门改革成功的经验教训,研讨如何结合实际进一步深化改革的方法措施,畅谈了改革开放30年来的历史变革中难忘的个人见闻和思考感悟,发行《解放思想深化改革为做精做强重钢集团而努力奋斗——重庆钢铁(集团)有限责任公司改革30年总结》论文册。

4.2008年12月26日,举行"重钢集团纪念改革开放30周年大会",重钢集团董事长董林在会上做题为《沐改革春风展宏图大业》的报告:"当我们把时间从2008年向前推至1978年,30年的改革开放,重塑了重钢人自立于钢铁行业之林的信心与决心。"

◆田毅

抗震救灾

重钢抗震救灾获先进

2008年5月12日14时28分,四川省汶川县发生里氏8.0级强烈地震。第二天,重钢就召开抗震救灾工作会,重钢集团党委书记、副董事长张再坤传达中央办公厅、国务院办公厅关于抗震救灾的文件精神,重钢集团总经理刘加才传达重庆市抗震救灾紧急电视电话会议精神,重钢对抗震救灾工作进行部署。5月14日,重钢发重钢经办发〔2008〕87号文件《关于全力做好抗震救灾工作的通知》,重钢集团成立抗震救灾应急指挥部。5月15日,重钢集团召开向汶川地震灾区捐款仪式,重钢集团董事长董林,重钢集团党委书记、副董事长张再坤,重钢集团总经理刘加才,重钢集团党委副书记朱建派,重钢集团副总经理罗福勤、董荣华、郭德勇、李岚峰,重钢集团总会计师袁进夫等现场捐款;因公外出的重钢集团党委副书记、工会主席潘向宇委托党委办公室代为捐赠;现场筹集善款289559元。

就在重钢对灾区捐款的当天,重钢总医院开始收治"5·12"汶川特大地震中受伤的伤员,第一名来重钢总医院门诊部治疗的伤员为四川省德阳市什邡湔氐中学学生王文英。三天之后的5月18日20时10分,由四川省绵阳市中心医院转至的来自北川、平武、安县和江油重灾区37名地震伤员送至重钢总医院;重钢总医院立即抢救。翌日上午,重钢集团董事长董林,重钢集团党委副书记、工会主席潘向宇,重钢集团总会计师袁进夫;重钢集团党委书记、副董事长张再坤,重钢集团总经理刘加才,重钢集团党委副书记朱建派等先后到重钢总医院看望来此治疗的在汶川大地震中受伤的伤员。重钢总医院接受的37名伤员,分别入住骨科、胸脑泌尿外科、普外科和重症监护室。37名伤员中重度伤情病人26名、中度伤情病人8名、轻度伤情病人3名。年龄最小的4岁半,最大83岁。8月28日,重钢总医院救治的最后两名地震伤员痊愈出院。重钢总医院救治的37名伤员中,1名伤员因急性肺栓塞死亡,8名转往上级医院治疗,其余全部痊愈。9月24日,重钢总医院派出一名儿科医生加入重庆市对口支援崇州地震灾区医疗队赴崇州支援。

5月19日14时28分,重钢职工在重钢集团所属场地与全国人民一起在哀笛声中为5月12日14时28分在汶川地震中遇难同胞肃穆致哀3分钟。

5月22日,重庆市市长王鸿举、重庆市常务副市长黄奇帆来重钢召开现场办公会,要求重钢制作彩钢活动板房支援灾区;重钢保质保量生产制作80万平方米彩钢活动钢板房,帮助汶川大地震灾区重建家园。重钢于当日,立即组织技术人员前往渝洲宾馆观摩板房样品,并派14名专业技术人员前往上海现场学习活动板房的制作。重钢启动6条生产线和1万平方米的生产、库房场地。重钢暂停重钢股份公司冷轧薄板厂作业,将其改为库房,存放所占面积较大的原料,200名职工全力以赴赶工期抢时间。原计划用0.30毫米×1200毫米的彩涂卷制作夹芯板板房,但此原料紧张,时间紧迫,重钢转而购买价格高出60%的0.50毫米×1200毫米型抓紧生产,此件成本为450元/平方米,比地震前高出100元。

5月26日,重钢集团董事长董林、总经理刘加才、副总经理李岚峰到长寿晏家三峰工业园区检查抗震救灾活动板房制造工作,董林明确提出8月10日前确保完成活动板房55万平方米、力争60万平方米的要求。6月10日,重钢职工抗震救灾赶制的第一批过渡安置房100套运往地震灾区都江堰,重钢集团举行首发交货仪式。另外,重钢于6月15日赶制的20间板房教室运往受汶川特大地震灾害影响的重庆灾区梁平县文化小学、文化中学、礼让小学,重钢集团建设公司对板房教室进行安装。重钢集团副总经理李岚峰6月17日到地震灾区都江堰市天马镇了解重钢职工抗震救灾制造安装过渡安置房安装情况。截至6月22日,重钢职工抗震救灾制造完工过渡安置房15.2万平方米、3000套及3组小配套并运往四川地震灾区。重钢生产有夹芯板,可搭建简易活动板房,使用寿命达3~5年,随拆随装,可抗6级地震、5级大风,并有隔热、隔音效果。按每20平方米/间,供三口之家使用,可解决灾区12万群众的住房问题。

在抗震救灾中,重钢各单位共产党党员纷纷交纳特殊党费用于抗震救灾,其中交纳1000元以上的党员就有133名。6月4日截止,重钢各单位党员交纳支援抗震救灾的"特殊党费"共577522.5元。

重钢精心医治伤员、抓紧抓好赶制活动板房、踊跃缴纳特殊党费等抗震救灾行为获得社会认可。2008年6月5日,重钢获中华全国总工会颁发的"抗震救灾重建家园'工人先锋号'"称号,获锦旗奖励。7月1日,重庆市委、市政府举行重庆市抗震救灾表彰暨先进事迹报告会,重钢的抗震救灾行动再次获表彰,重钢获"重庆市抗震救灾先进集体"称号。

◆刘光军

救治汶川大地震灾区伤员

1. 伤员医疗救治。2008年5月12日四川汶川大地震发生后，重钢总医院承担救治伤员、拯救生命、医治创伤的重任，立即成立抗震救灾领导小组和救治专家组。灾区伤员救治领导小组负责灾区伤员救治的组织、指挥、协调与指导，医疗救治专家组负责每天对灾区伤病员的查房、病案讨论、会诊、制订治疗方案；各相关科室亦成立以科室主任为第一责任人的救治小组。重钢总医院抗震救灾领导小组对灾区伤病员救治工作作出4点要求：一是救治灾区伤员是当前医院工作的重中之重；二是启动救治灾区伤员生命绿色通道，不惜代价、全力以赴救治伤病员；三是完善优化伤病员的救治方案，最大限度减少伤员损失，降低致残率；四是关注伤员的病情变化，克服救治中的困难。

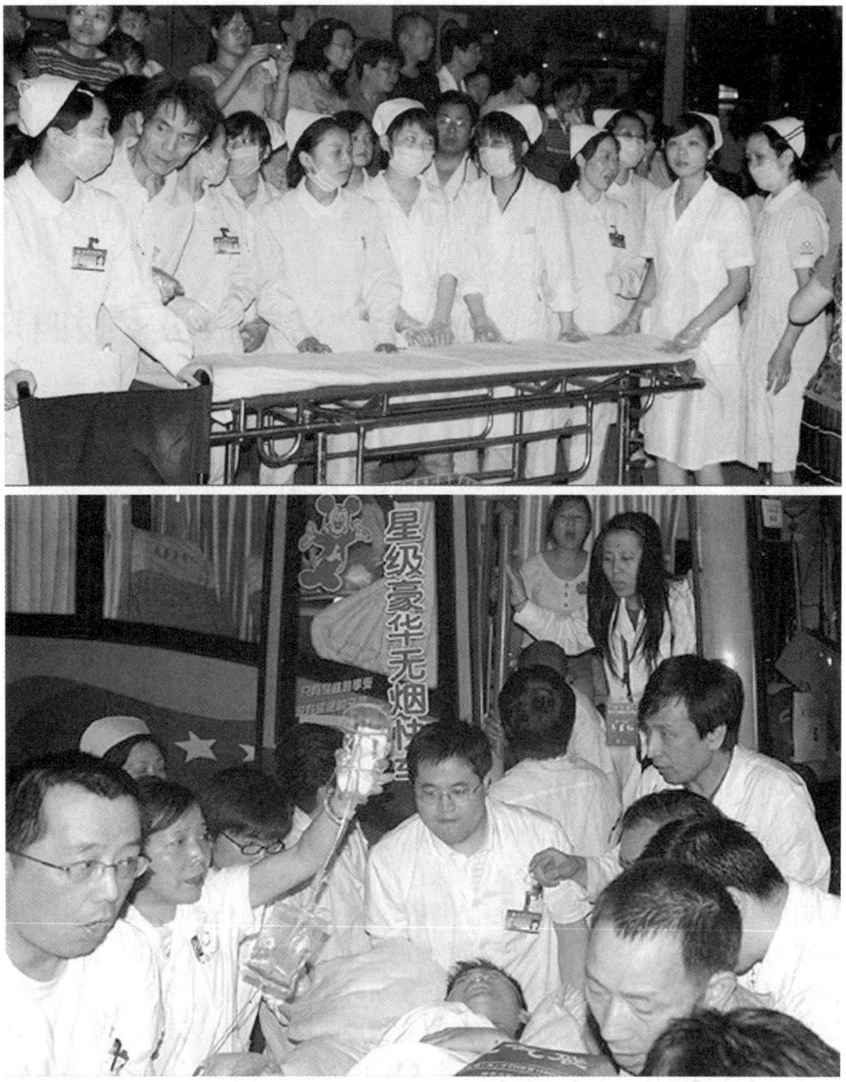

重钢总医院严阵以待救治"5·12"地震伤员　田协会　摄影

2008年5月18日20时10分，重钢总医院接受来自北川、平武、安县和江油等重灾区的37名伤员，分别入住重钢总医院骨科、胸脑泌尿外科、普外科和重症监护室4个科室。5月18日开始，重钢总医院对37名灾区伤员进行检查和诊断，全面掌握37名伤员的基本病情。伤情以骨折和较重的多发型伤为主，其中骨、关节外伤33名（胫骨、腓骨骨折12名、骨盆骨折7名、肋骨骨折7名、截肢病人4名），胸外伤7名，脑外伤3名，腹部挤压伤、软组织撕脱损伤9名，多发伤22名，颅颌面外伤3名，眼外伤1名，家属生病1名。37名伤员中重度伤情病人26名、中度伤情病人8名、轻度伤情病人3名。年龄最小的4岁半，最大的83岁。

2008年8月28日，重钢总医院救治的最后两名地震伤员唐天银、刘世林痊愈出院，重钢总医院救治地震灾区伤员工作圆满完成。37名伤员中，1名伤员因急性肺栓塞死亡，8名转往上级医院治疗，其余全部痊愈。总共为灾区病人进行了床旁各类清创、牵引手术9名。行择期各类骨折内外固定和清创植皮手术治疗20台次（在手术室）。门诊收治33人。

2. 疾病防疫。重钢总医院在救治汶川大地震伤员时严格执行预检分诊制度，接诊灾区伤员时采取"前移、隔离诊疗"原则，对7名开放性损伤病员深部伤口分泌物进行涂片革兰氏染色检查，排出了气性坏疽病例。启动传染病管理应急预案，随时通过电话和网络向区疾控中心汇报情况。对灾区每个伤员及家属进行传染病筛查，除发现1名家属（小孩）患有疥疮外，尚未发现其他传染性疾病；对这名小孩进行了治疗。及时转发重庆市《气性坏疽防止措施》《灾区伤病员救治中的传染病防治指南》《关于作好灾区伤病员来渝治疗期间疾病预防控制工作》等文件，以学习、掌握气性坏疽等传染性疾病的预防和治疗。设置地震灾区伤员专用病房，集中安置伤员；设置独立的病区和手术室，准备收治气性坏疽、破伤风等特殊传染性疾病病人；派专人用含氯消毒剂（500毫克/升）对医院外环境、电梯、病区通道及收治灾区伤员的病房地面每日1～2次进行消毒，每次消杀面积2万～3万平方米，对外环境进行杀虫3次；采取过氧乙酸浸泡、三氧机密闭照射、高压蒸汽灭菌等方式对灾区病员及家属自身衣物、自带物品等进行消毒;配置陪护人员洗手消毒液,定期更换。加强职业防护,强调帽子、手套、口罩一次性使用,防止院内交叉感染;配合大渡口区疾病控制中心对手术室、供应室、各外科、重症监护病房等科室进行环境卫生学、消毒灭菌效果监测。

3. 后勤保障。重钢总医院全面展开伤员医疗救治工作的同时,对伤员及家属的后勤保障工作全面跟进。专人负责灾区伤员饮食(伤员伙食标准每人每天20元),腾出转用房,集中安置并妥善解决伤员亲属的衣食住行(家属伙食标准每人每天15元);及时解决了伤员学生所需的课本及配套学习用具,并帮助和解决伤员的子女在重庆大渡口区上学读书;与中国移动一起在重钢总医院设立灾区伤员免费通话工作站,方便伤员及家属与家庭和亲友的联系;配合大渡口区民政和卫生行政部门做好爱心捐赠工作,建立健全抗震救灾专项款物的管理和使用;组织出院灾区伤员和家属重庆一日游;协助大渡区民政局做好伤愈灾民回家工作。

◆赵庆

重钢生产活动板房支援四川灾区

2008年5月22日上午,重钢集团将重庆市政府下达给重钢的"抗震救灾过渡安置房"的任务交给重钢集团三峰工业公司完成。三峰工业公司立即成立"抗震救灾过渡安置房"生产领导小组,成立"抗震救灾过渡安置房"生产物资采购领导小组。完成彩卷、镀锌板、聚苯乙烯、胶水等主材物资价值3967万元和6条压型机生产线、两条大板生产线价值500万元的设备采购。5月23日,三峰工业公司总经理黄健与重庆市政府有关领导到上海宝成机械厂订购6台压型机,到宝钢集团订购3000吨彩钢卷。由于设备供不应求,三峰工业公司抽调14名技术工人赶到上海无偿配合上海宝成机械厂设备制作,促成设备订货,并使设备交货期比原定时间提前7天。5月28日至6月5日,所有生产工艺全部打通。6月10日,三峰工业公司生产的第一批"抗震救灾过渡安置房"发往四川都江堰灾区。6月20日,达到日产量10000平方米的规模。截至6月16日,三峰工业公司共生产活动板房5000套,其中发送四川都江堰灾区3000套,在进行配套补发都江堰灾区、重庆梁平小学800套安置房及部分单板,剩余1200套。

在接到重庆市政府停产指令后,三峰工业公司立即停止了生产,迅速安排停产后的物资设备处理工作。为了解决已经生产的5000套房的墙面板不配套的问题,三峰工业公司向重庆市有关部门汇报情况,争取到将已经生产的5000套房的墙面板进行配套的任务,填平补齐配套生产了总量5000套活动板房,并将剩下的1200套由重庆市民政局采购作为救灾物资储备,暂由三峰工业公司代为保存。2008年9月23日,三峰工业公司就处理过渡安置房的剩余原材料及产品向重钢集团领导进行专题报告。在得到同意对剩余物质的处理批示后,三峰工业公司按照指示先后在《重钢报》、"重庆钢铁网"上进行公开招投标,根据投标情况进行比价选择购买商。截至2008年12月30日,三峰工业公司完成彩涂卷和镀锌卷、大板、产品、设备等的销售,并保证了所有物资变现处理资金的按时到位。重庆市有关部门与三峰工业公司办理了结算手续,并支付给三峰工业公司3000套板房的货款1890万元及剩余1200套的费用及损失补助633万元。通过向重庆市领导专题报告和派专人跟踪,获得重庆市政府对三峰工业公司停产给予的500万元补贴。

◆马云峰

机制公司承担过渡安置房制作

"5·12"汶川大地震后,重庆市委市政府决定由重钢集团承接援建四川灾区400000平方米型板(19500套活动板房)的过渡安置房的生产任务。重钢集团机制公司承担抗震救灾过渡安置房制作,负责白沫生产线和大部分压型板生产。机制公司成立以总经理为组长的"过渡安置房"领导小组及"抗震过渡安置房"项目部,在机制公司各分厂中抽调力量赶赴重庆长寿区,在重钢集团三峰工业公司厂房,投入"过渡安置房"的生产。时间紧,任务重,除80名正式职工外,还在长寿当地招聘110名临时人员,全力保证过渡安置房的生产。同时安排8名钳工奔赴上海帮助设备装配型板生产线,并要求厂家在发运设备的同时,技术人员同时到厂进行安装指导。生产线上所有机械设备都是每天24小时不间断运转,各条生产线加班加点组织生产,生产人员实行两班倒,一个班连续工作12个小时。根据压板生产线需要,不断提高泡沫大板制作及切割生产线产量规模,以确保夹芯板生产的泡沫量。2008年6月底,机制公司共计生产出大板2385块。6月16日,接国家住房和城乡建设部紧急通知,停止抗震救灾过渡安置房生产。

◆胡巍　陈遥

四钢公司生产彩钢原卷

“5·12”汶川特大地震发生后，重庆四钢公司接到重钢集团安排的支援抗震救灾制作活动板房所需彩钢原卷的生产任务。四钢公司在第一时间成立领导小组，召开动员大会。在极短的时间内，意向性采购彩钢原卷2万吨，择优选择彩钢原卷合同量13817吨，完全能按时满足重钢集团三峰工业公司活动板房的生产需求。四钢公司共生产抗震救灾彩钢卷11194吨，累计向三峰工业公司发运彩钢原卷2386吨。接到停止生产彩钢活动板房的指令后，一方面与原料供应厂家协商对还未执行的合同予以撤销或变更，另一方面对余留的9968吨彩钢原卷进行对外销售，降低资金占用。

◆牟炎田

重钢抗震救灾捐款

2008年5月12日，四川汶川发生8.0级特大地震。5月15日重钢集团召集各子公司负责人参加抗震救灾工作紧急会议，对重钢集团抗震救灾工作进行部署。当日，重钢集团党委、行政、工会联合发《向灾区人民献爱心捐款的紧急通知》。当日上午11时，重钢集团在机关大楼举行捐款仪式。重钢集团在家领导董林、张再坤、刘加才、朱建派、潘向宇、罗福勤、董荣华、郭德勇、李岚峰、袁进夫等带头捐款，各单位、部门的40名代表到场捐款。此次赈灾捐款共收到重钢集团在重庆市区域内47家子公司、厂处单位捐助的善款3572421.98元，其中单位捐款1556000元，职工个人捐款2016421.98元，参加捐款的职工为34528人。为切实帮助汶川地震灾区群众安全过冬，按照渝民发〔2008〕161号文件《关于组织开展2008年全市“送温暖、献爱心”向汶川地震灾区捐赠衣被活动的通知》及重庆市国有资产监督管理委员会的安排部署，11月14日重钢集团党委发出“送温暖、献爱心”向汶川地震灾区捐赠衣被活动的通知，11月14日至16日，共收到39家在大渡口本部的子公司、厂处单位捐赠的棉被419床，被套39套，服装12562套。重钢集团各单位结合自身的工作性质，参加抗震救灾活动：5月16日，重庆朝阳气体有限公司将12.5吨价值24750元的急救医用氧气紧急运送灾区；5月17日，重庆东华特殊钢公司在企业资金较紧张的情况下，拨专款紧急购买100顶价值7万元的帐篷，抢运至四川受灾企业德阳东方汽轮有限公司；重钢集团钢管公司在参加重钢集团捐助活动的同时，向重庆市巴南区慈善会捐助1万元、向四川省都江堰市蒲阳镇都江电力设备厂捐助2万元。

重钢集团抗震救灾捐赠表

序号	单　位	单位捐款(元)	个人捐款金额(元)	合计捐款金额(元)	捐衣被(套、床)
1	重钢集团机关		41036.80	41036.80	121
2	股份公司	1000000		1000000	
3	股份公司机关		41641	41641	98
4	股份公司焦化厂		42573	42573	85
5	股份公司烧结厂		99284.28	99284.28	105
6	股份公司炼铁厂		78020	78020	495
7	股份公司型钢厂		50655.2	50655.2	868
8	股份公司炼钢厂		103905	103905	307
9	股份公司中板厂		58489	58489	721
10	股份公司高线厂		18100	18100	121
11	股份公司运输部		34362	34362	115
12	股份公司动力厂		51765	51765	163
13	股份公司钢研所		17750	17750	189
14	股份公司质管处		37630	37630	317
15	股份公司装备处		12080	12080	248
16	股份公司原材料处		28400	28400	89
17	股份公司销售处		31700	31700	40
18	股份公司冷轧薄板厂		11000	11000	243
19	股份公司保卫处		8862	8862	200
20	产业公司	20000	132426	152426	928

续表

序号	单　　位	单位捐款(元)	个人捐款金额(元)	合计捐款金额(元)	捐衣被(套、床)
21	矿业公司	120000	152134.7	272134.7	985
22	四钢公司	10000	88724.8	98724.8	1603
23	三钢公司	10000	63986	73986	380
24	钢管公司	20000	23633	43633	208
25	建设公司	20000	102142	122142	439
26	朵力房地产公司	50000	25000	75000	
27	设计院	20000	16630	36630	70
28	机制公司	10000	35774	45774	260
29	朝阳公司	30000	39263	69263	130
30	电子公司	20000	67770	87770	649
31	运输公司	20000	34930	54930	127
32	生活服务公司	25000	31622	56633	168
33	新港公司	20000	18330	38330	
34	三环监理公司	20000	11580	31580	
35	东华特殊钢公司		112686	112686	1542
36	离休干部办公室		16050	16050	192
37	退工处		850	850	37
38	重钢总医院	20000	90184	110184	84
39	三峰传媒公司	10000	5865	15865	28
40	铁业公司	50000	47578.6	97578.6	596
41	职工培训中心	10000	18695.2	28695.2	
42	三峰卡万塔环境公司	20000	14410	34410	24
43	三峰科技公司	10000	5170	15170	
44	重庆钢研所	5000	11700	16700	
45	三峰工业公司	16000	22610.5	38610.5	
46	环保搬迁指挥部		19670	19670	11
47	鑫腾公司		15495	15495	
48	其他		429.9	429.9	
合计		1556000	1992592.98	3548592.98	13020

◆文伟

交纳“特殊党费”

2008年5月12日四川汶川发生特大地震灾害,5月18日,中组部发《关于做好部分党员交纳“特殊党费”用于支援抗震救灾工作的通知》,5月21日,重庆市国有资产监督管理委员会党委对中组部和重庆市委组织部关于交纳“特殊党费”支援抗震救灾的文件进行转发。5月22日,重钢集团党委发《中共重钢集团公司委员会关于做好部分党员交纳“特殊党费”用于支援抗震救灾工作的通知》。重钢集团党员在此前已在本单位向地震灾区进行了捐款,获得重钢党委的通知后,又踊跃交纳“特殊党费”。截至2008年7月23日,重钢集团党委组织部共收到各单位党员交纳的抗震救灾“特殊党费”920262元,交纳“特殊党费”的党员共8727人;其中交纳1000元以上“特殊党费”的有174人,计235296元。重钢集团党委组织部将代收的各单位党员个人交纳1000元以上的“特殊党费”直接汇入中组部党费专用账户,将各单位党员个人交纳1000元以下的“特殊党费”汇入重庆市国有资产监督管理委员会党委党费账户转交中组部,转往地震灾区支援抗震救灾。

◆尚伟

本部目责任编辑　黄二卫
本部目责任校对　龙志敏

2

专文专论

重钢年鉴

2009

当前形势和任务

在环保搬迁工作会议上的讲话

重钢集团董事长　董林

（2008 年 9 月 28 日）

今天召开环保搬迁工作会议，主要的议题是向同志们通报当前的形势和布置今后的任务。

一、国际经济形势

由于美国的次贷危机，给全球带来了极大的影响，也给中国带来了重大的影响，首先影响了中国的金融，影响了中国的股市，其次影响了中国的制造业，影响了中国的进出口，也直接影响了制造业中的骨干行业，如钢铁业。中国的钢铁业已经连续几年欣欣向荣，但是这次受到了沉重的打击，这个打击对中国钢铁业的影响是深远的。

当前美国的金融动荡，不亚于1929 年至 1932 年的经济萧条。美国政府的救市，也一反常态，按照美国的社会制度，不应该由政府来挽救这些大企业——两个房地产公司、一个保险公司，因为这是社会主义制度的作法。所以，西方各国也感到惊讶，自由经济怎么能由政府来“出手救市”。从美国政府的这一次“出手”就可想而知，它的金融危机达到了什么程度，已经“出手”了几千亿美元，估计还会更多。

美国人最骄傲的是他们的制度，所谓的人权，所谓的资本主义经济制度，现在到了拿政府的钱去救大企业的地步，相当于用纳税人的钱去救资本家。最近，华尔街很不平静，美国国民认为政府做得不对，这些大的房地产公司，大的金融集团，大把大把地赚了钱，但面对金融危机，却用纳税人的钱来“买单”。

中国政府是支持美国政府“出手”和“救市”的，因为中国有巨大的利益在美国的房地产市场和金融市场之中。中国政府一支持，就成了中国政府和美国政府在联手解决这一次全球性的金融危机。

这些现象，都说明全球经济确实进入了一个非常严峻的时期。这些影响波及中国，就给中国的股市，中国的金融，中国的制造业，都带来了重大的危机。沿海地区凡是定位不好的企业，都纷纷倒闭。

重钢之所以能够顶住当前的风浪，一个重要的原因在于前年作出了正确的决策。当时的决策是打好“四大战役”，其中一个战役就是抓好当期的生产经营，并将其定位为支撑重钢发展最主要的基础。现在看来，这个决策取得了实效。

前天晚上，老领导蒲海清同志非常着急地打电话给我，说他看了全国钢铁业的报表，形势严峻。当我把重钢的情况向海清同志作了汇报后，海清同志非常高兴，他说：在中国钢市出现大风浪的时候，重钢人能够顶住，我很欣喜。

二、重钢经济形势

当前，国内的经济形势也不容乐观，钢铁行业也进入了一个危险期。短短两个多月，每一吨建筑钢材的售价就垮了 1000 多元，重钢的建材基本上是每一吨亏损 700 元至 800 元，而且销路还不好。重钢现在销路最好的是中板，顶住了压力。

对于重钢近期的销售策略来说，今年还有 3 个月，明年还有一年，在这一年零 3 个月时间内，中板厂作为重钢的“中坚”企业，要考虑如何继续顶住压力。如果顶不住，不只是销售系统的损失，不只是中板厂的损失，也不只是钢铁股份公司的损失，而是将会引起整个重钢大战略的变化。因为重钢的环保搬迁目前还迫切地需要钢铁股份公司以搞好生产经营作支撑，所以不管在任何情况下，不能把钢材的平均销售价下降到亏损的程度。

现在的情况是，在国内钢铁企业中，8 月份已经有 2/3 的企业钢材售价出现了亏损，而重钢不但没有亏损，反而出现了“逆市”盈利。出现“逆市”盈利的主要原因是：

1. 产品定位方向正确。重钢的主导产品之一是船板，不管市场有什么波动，重钢一定要把船板拿上去。原因就在于，我们必须同新余、济钢、鞍钢等企业，打一场较劲的规模仗，他们的年生产规模已经上百万吨了，我们的船板也应当翻过百万吨这个“坎”，才能进入国内船板企业的“第一梯队”，才能让重钢这一国内“造船板基地”名符其实。

如果这几年不是对船板的正确定位，可以说重钢的日子会非常难过，单以售价计算，船板就比普板高出了1000 多元，也就是说，同样是板材，船板的效益就比普板高得多。

2. 全公司抓了精细化管理。重钢的精细化管理，是从源头抓起的，贯穿于焦化、烧结、炼铁、炼钢、轧钢的全过程，并全方位制定了措施、落实了责任、取得了成效。以钢铁股份公司为例，每一年都不断地压指标，把精细化管理落实到车间、班组和每一个职工的肩上。

3. 坚决抓住“两头”。“一头”是产品销售，“一头”是原料采购。对于产品销售，销售处的上上下下、各分公司，真正做到把握行情，顶住压力，始终保持全国最高售价，我也亲自在过问价格升降。原料采购也是如此，煤炭、矿石等也必须以最实惠的价格购入，才算恪尽职守。

4. 奋斗目标明确。全公司生产战线上的干部、职工的奋斗目标都非常明确，不但要使当期的生产经营以得良好的效益，而且还要通过正常运行，支撑环保搬迁工程的全速推进。当期生产经营的正常运行，不仅仅是为了取得一定的效益，它最重大的意义在于，是环保搬迁工程的支撑点。

去年重钢的销售收入是 150 亿元，今年将超过 200 亿元，去年重钢的利润是 5.2 亿元，今年 1 至 8 月份，已经实现了 9 亿元，全年可以达到 12 亿元。重钢生产战线上的广大干部和职工干出的业绩，为当期的生产经营、为整个环保搬迁、为实现重钢发展战略目标，作出了突出的贡献。我们良好的经营业绩，也驱动了十多家银行在重庆地区的分行不断增加对重钢集团的贷款，在重钢的主力资金（国家开发银行和工商银行的贷款）没有进入环保搬迁工程之前，这些银行对重钢的资金支持，意义重大，它使环保搬迁获得了坚实的资金支撑。可以这样说，任何银行对企业的贷款，都是“雪中送炭”，而我们的成效，把银行贷款变成了“锦上添花”，这就在于银行界看到了重钢的效益出奇的好。

重钢生产经营取得的巨大成绩，得到了市委、市府、市国资委的高度评价，鸿举市长、奇帆常务副市长等市领导相继关心过问重钢的工作，一是关心资金到位状况；二是关心环保搬迁现场相关问题；三是关心矿山资源开发情况；四是过问关闭落后“小钢铁”企业的进展。目前，重庆市政府主要领导都认为，能够为重钢环保搬迁工程尽心出力，是义不容辞的责任。而作为身处第一线的市经委、市国资委、市环保局、市国土局等部门更是全力支持。更让人高兴的是，就是在本月，到位资金达到了 30 亿元。由于重钢的自强，开创出了我们自身无限的生机。

大家关心的环保搬迁工程的项目核准批文，进展情况也比较顺利，新区建设用地，已经在 9 月中旬得到国土资源部的批准。前不久，国家发改委委托中钢集团“金信”咨询公司组织专家组，对重钢环保搬迁工程进行了项目评审，给予了非常高的评价。项目核准，可以为我们带来更广阔的融资渠道。

重钢环保搬迁工程虽然也遇到了暂时的困难，也遇到了曲折，但对于重钢而言，这并不是坏事而是好事，在困难和曲折面前，重钢人不但搞好了当期的生产经营，而且推进了环保搬迁工程的发展，这证明重钢人抓住了机遇，经受了考验。回顾这近两年来走过的道路，重钢人自己值得肯定的是：

第一、重钢的战略发展方向和产品结构调整，得到了各级领导的赞同和认可。根据环保搬迁工程一级网络图的进度，到明年 7 月，一条先进的4100 毫米宽厚板生产线，将在江南镇建成投产，这个信息已经深入人心。

第二、重钢没有因为资金问题耽误环保搬迁工程的推进。重钢已经为环保搬迁工程筹集了近百亿元资金，这是一件非常不容易的事情，因为一些钢铁企业的技改和扩建项目，就因为资金问题停了下来。市领导高度评价重钢在老基地的土地没有卖一亩，国家大银行的主力资金没有进来的情况下，环保搬迁工程仍然按计划推进，说明了重钢人具有很强的自力更生精神，重钢人干大工程的组织指挥能力、公关协调能力，确实远远高于其他企业。

第三、重钢承诺，在环保搬迁过程中，按市政府的规定和计划关掉自己的一家落后产能企业，这个举措得到了市政府的赞许，得到了国家主管部门的认可。目前，重庆市急需关掉的“小钢铁”还剩下 5 家，原有的 12 家中，因为其中 7 家钢铁业面临严峻考验的关头，已经没有支撑下去的能力，自生自灭了。现在，市经委已经正式发文，严令剩下的这 5 家“小钢铁”必须在规定时限内，彻底关停。

三、环保搬迁的新任务

目前，环保搬迁工程已经占尽了天时、地利、人和等有利条件，重钢人面临的任务，就是上下团结一心，克服千难万险，坚定不移地将环保搬迁工程推向前进，直到一座崭新的钢铁城在长寿区江南镇拔地而起。

在坚定不移地将环保搬迁工程推向前进时，重钢人还需认真把握以下几点：

1. 信心和目标。我们在干任何事情的时候，都应当充满自信和信心。鸦片战争为什么失败？一个很重要的原因，就是清王朝拥有几十万军队，却连战胜几千英国兵的自信和信心都没有，满朝文武官员，投降派论调占了上风。

毛泽东就是一个充满自信和信心的伟大人物，以抗美援朝为例，当时党内就有不同意见：小米加步枪怎么与面包加大炮对抗？林彪这个“常胜将军”也称病不前，但是毛泽东敢作敢为，派了志愿军入朝参战。结果如何？迫使美国侵略者在停战协议上签了字。

要实现环保搬迁工程的既定目标，就一定要充满自信和坚定信心。这两年来，就是因为重钢人有了坚定的自信心，有了明确的奋斗目标，才在生产经营上取得了巨大成就。我们的既定目标，就是要通过这一次环保搬迁，履行我们这一代人使重钢起死回生、凤凰涅槃的职责。

今天在座的厂处级领导有50多人，都是重钢主要生产战线和职能部门的负责人，如果大家对环保搬迁工程都充满信心和自信，环保搬迁工程就有了主心骨和成功的保障。

今天的中国，成功举办了奥运会、残奥会，“神七”又一飞冲天。通过媒体的宣传，中国人情绪高昂，自信心更强，底气更足，由此证明，外国人能够做到的，中国人也能做到，这就是自信心。我们从事的环保搬迁工程也是如此，只要重钢人坚定信心，乐观自信，就没有不获全胜的道理。

2. 作风和状态。作风是工作作风，状态是精神状态，我们的工作作风和精神状态需要做一些优化和改善。最近听到一些反映，有的同志虽然在干事情，也在积极地推进工作，但是精神状态却存在一些问题。外单位的同志也有一些看法，认为重钢参与环保搬迁工程的一些同志信心不足，而湘钢、首钢等企业参与大型工程的同志们，精神状态就极好，没有人讲泄气话。而我们队伍中的极少数同志，不但行动上迟缓，而且在言语中也表达了出来。例如，外单位同志问到环保搬迁工程的进度，我们的同志便回答：晓得哪一天搞得完哟！

说这种话的同志，不是积极向上，充满战斗力的精神状态。大家应当知道，参与环保搬迁的外来施工和设计单位，基本上都是国家级的“野战军”，包括了5冶、13冶、15冶、18冶、19冶、20冶，国内冶建战线上的几支王牌队伍都进入了新重钢建设基地。人家一看我们的精神状态、服务水平、协调能力，就知道重钢人的战斗力。

同样是在环保搬迁施工现场，外单位同志在上班，我们的同志在上网；外单位同志在施工，我们的同志在睡觉；外单位同志在开会，我们的同志在聊天。凡此种种现象，外单同志都看在眼里，为重钢人着急，同时向我反映，希望重钢在现场的同志们，一定要有干练的工作作风和良好的精神状态，否则，环保搬迁工程的竣工投产时间，将在重钢人自己手中延后和推迟。

从这些现象来看，就足以说明我们的精神状态不好，就足以说明我们的管理不严。外单位的同志甚至对我忠告：董总，你到现场时，看不到真实的拖拉，看不到真实的推诿，看不到真实的不到位，看不到真实的不尽力、不尽心。这些话是尖锐的批评，如果真的存在这些问题，我认为，就有必要来一次工作作风和精神状态的整顿。

我们项目部的工作是不是到位了？我们职能部门的工作是不是到位了？这里所说的到位，不是指人家反应了问题，你就动一下；人家没有反应，你就稳起不动。

参与重钢环保搬迁工程的外单位有6支冶建大军，他们工作的好坏，既受我们服务好坏的影响，也受我们精神状态的影响，如果我们自己都稀稀拉拉、一塌糊涂，还有人说风凉话，怎么能够激发他们的工作积极性呢？怎么能够要求他们做到“后墙不倒”呢？如果我们有紧迫感，有战斗力，有良好的精神状态，对他们就是一种感染力，就是一种正压力。

这两年来，我们在生产领域中，推行了精细化管理，在座的很多行政领导也参与了这项工作，大家都体会到了精细化管理带来的好处。那么，我们能不能在环保搬迁这场战略大转移中，也从上到下地开展和推进精细化管理呢？我认为是应该的，因为没有精细化管理，工作作风拖拉，精神状态不佳的弊端，就不可能被彻底革除。

环保搬迁是重钢历史上的一个大事件，在此之前还有两个历史大事件，一个是1890年汉阳铁厂的成立，另一个是1938年3月由武汉逆江而上向重庆的搬迁。能够参与到环保搬迁这一重大的历史事件中，一方面是我们承担了巨大的责任，另一方面是我们一生中的幸运，环保搬迁在我们手中成功，更是我们一生中的巨大荣耀。这种机遇对于我们来说，可能就仅此一次，所以，我们为什么不能够尽心尽力地大干，把全部身心都投入到这一个创造重钢历史的伟大业绩中来！

环保搬迁工程在王家坝车站接轨的商谈，在荣华的直接参与下，就干得非常出色，当然铁路部门也非常配合，可以说一个最大的难点得到了最后的克服。

我在班子会上也说过，环保搬迁的成败在于资金能否到位。因为重钢老基地的土地短时间内卖不掉，而环保搬迁工程又不能没有资金投入。现在的情况是，资金投入已经到位，如果在这种情况下还干不好，就是重钢人自己的责任了。

3. 标尺和项目。环保搬迁工程在2010年全面投产的目标和计划不会改变，在搬迁过程中，由于受运输、动力、总图等因素的影响，对一些项目的“微调”是必要的，不可避免的。

环保搬迁工程第一个竣工的项目，是2009年7月投产的4100毫米宽厚板轧机，我们要以4100毫米宽厚板轧机的投产为标尺，其他项目部都应当以这个标尺为参照数，全方位考虑本项目部的工作，面对这个标尺，你这个项目还有哪些工作需要抓紧？你这个项目部还有哪些进度没有跟上？各个项目部必须承担这个责任，指挥部各职能部门必须作好协调。

今天要再一次明确对各个项目部的考核，考核内容包括了两个方面，一是为4100毫米宽厚板轧机明年7月投产做了哪些工作？二是为环保搬迁工程2010年底全面建成投产做了哪些工作？各个项目的进度由项目部负责，由项目部经理承担责任。可以这样说，环保搬迁工程竣工投产之日，就是焦化、烧结、炼铁、炼钢、轧钢等工序的"鸟枪换炮"之时。

如何保证在这两个时间点实现项目部的目标，是项目部经理的职责，也是对项目部经理的考核指标。各个项目部要对工作进度进行细化，各个职能部门也要按照项目部的要求，拿出自己的工作计划，凡是配合不好、协调不好，就应拿职能部门负责人"问责"。

由此看来，环保搬迁工程的指挥系统，包括工程部、综合部、财经部、规设部、设备部等部门，承担的责任和压力，与各个项目部也是等同的。

4. 方案和优化。环保搬迁工程已经是"开弓没有回头箭"的态势，走到了这一步，我们还是应当对所有的方案作进一步的优化。优化当然有前提，从方案构思到方案设计，从方案论证到方案实施，对方案都有优化的余地。

最近关于煤场的方案优化，应当得到表扬，可以为环保搬迁工程节约近5000万元投资。对煤场的方案优化其实是指导思想的优化，很多年来，我们的指导思想传承的是苏联模式，首先想到的是留有"余量"，首先想到的是各种异常"状况"下如何确保生产，但是就没有想到如何不出现异常"状况"，这就是指导思想上存在的问题。

我们搞了几十年的工业建设，始终受到苏联模式的桎梏，这种指导思想误导了我们几十年。煤场原料仓，开始考虑的是20天的储量。为什么要考虑20天的储量？就是考虑到了"天灾""余量""保险系数"等因素。老实说，几十年能遇到一次"天灾"，是不是都需要保持"余量"？谁能说得清楚。这样做，既增加一次性投资，又增加运行成本，还增加管理费用。因此，在讨论方案时，我就提出：能不能不留20天的"余量"，只考虑10天的"余量"，如果真的遇到了不测事件，大不了就减产嘛、就停产嘛，其实，遇到不测事件的概率还是相当低的。

在我们论证方案和实施优化的思考中，必须树立前进的指导思想、进取的指导思想，一个企业老是想到"稳步"，一场战争老是想到"自保"，这个企业就不会进步，这场战争就只能退守。

如何对方案实行优化，是考验我们责任心、考验我们智慧的时候，在这个问题上，我认为环保搬迁工程各项目的实施方案，都有优化的可能性和必要性。集团公司把方案优化的责任交给了各个项目部经理，这样做，确实能够为环保搬迁节约投资，确实能够为环保搬迁开创局面。我们把投资控制得越好，今后运行的效果就越好。

5. 动力和交通。现在来看，动力和交通仍然是环保搬迁工程的"瓶颈"，这个"瓶颈"过去存在，这个"瓶颈"现在存在就是一笔"负资产"了，就是一个"负影响"了。

环保搬迁工程很快就要进入"立体施工"阶段了，如果动力和交通这个"瓶颈"问题不解决，环保搬迁工程的进度就会受到极大的影响，因为许多基础已经建成，许多厂房已经竖立，许多设备开始安装，如果这个时候还受到"瓶颈"的制约，"立体施工"就无法铺开作业面。

现在确实是到了下决心彻底解决动力和交通这个"瓶颈"问题的时候了，包括其他设施。成品码头希望能在11月份投入运行，它必须承担为施工服务的重任。

动力和交通这个"瓶颈"处理不好，势必影响全局的工作，势必影响大型设备的进场，所以，环保搬迁指挥部应当把解决"瓶颈"问题，作为当前的一项重中之重的工作来抓紧抓好。

6. 指挥前移。今天的会议结束后，除各专业指挥的岗位前移之外，集团公司领导的岗位也要前移。过去一年多时间，是荣华总代表集团公司在第一线指挥环保搬迁工程，从10月1日开始，刘加才总经理、郭德勇副总经理、李岚峰副总经理，每周必须有一天时间在"指挥中心"蹲点、督战，这样，铁前系统、轧钢系统、工程施工等相关子项目的具体工作，就有人当场拍板、当场议决了。

指挥前移的优势，就在于能够在现场及时处理和解决问题，解决问题的方式，可以是开各种类型的小会、可以是单独找项目部负责人调研。我因为还有其他重要工作不能分身，今年底之前，每半个月来现场一次，从明年开始，也每周到现场一次，逐渐实现指挥岗位的全部前移。

环保搬迁工程越往前推进，施工任务就越来越艰巨，需要协调，需要当场拍板的事情就越多，因此，不能像现在这样在"大本营"的班子办公会议上决策。今后，集团公司的许多重要会议，都可能安排在环保搬迁工程现场的"指挥中心"会议室召开，有的问题可以在现场处理后，再在班子会上认可，这样可以提高效率，激励参战将士们的热情和斗志。

认真学习贯彻党的十七大精神
努力打造重庆国企党建工作第一品牌

重钢集团党委书记、副董事长　张再坤

党的十七大是在我国改革发展关键阶段召开的一次十分重要的大会。大会举旗定向，在党的理论上继承发展，在党的事业上继往开来，在党的建设上改革创新，对推进改革开放和社会主义现代化建设、实现全面建设小康社会的宏伟目标作出了全面部署。十七大报告内涵丰富、思想深刻，是新的历史起点上坚持解放思想、改革开放，继续发展中国特色社会主义的政治宣言和行动纲领。十七大报告对在新时期新阶段加强党的自身建设新的伟大工程作出全面的部署，是指导国有企业改革发展稳定和党建工作的重要指针。

一、深入学习领会十七大提出的党的建设新任务、新要求

同中国特色社会主义事业“四位一体”的总体布局相对应，十七大报告适应世情、国情、党情的发展变化，首次提出了党的建设的总体布局。这就是：党要站在时代前列带领人民不断开创事业发展的新局面，必须以改革创新精神加强自身建设，把党的执政能力建设和先进性建设作为主线，坚持党要管党、从严治党、贯彻为民、务实清廉的要求，以坚定理想信念为重点加强思想建设，以造就高素质党员、干部队伍为重点加强组织建设，以保持党同人民群众的血肉联系为重点加强作风建设，以健全民主集中制为重点加强制度建设，使党始终成为立党为公、执政为民，求真务实、改革创新，艰苦奋斗、清正廉洁，富有活力、团结和谐的马克思主义执政党，报告还根据这一党的建设的总体布局，对今后五年党的建设作了具体部署。同时，大会通过了《党章（修正案）》，丰富和完善了立党、治党、管党的总章程。十七大报告在探索和回答“建设什么样的党、怎样建设党”的重大理论和实际问题的基础上，进一步回答了“建设什么样的执政党、怎样建设执政党”的重大问题。这一切，使党的自身建设新的伟大工程的路径更加清晰完整，为我们党在新的历史起点上全面加强和改进党的建设指明了方向。

十七大精神对国有企业党建工作具有很强的理论指导性和现实针对性。国有企业是国民经济的支柱，是我们党执政的重要经济基础，同时国有企业是产业工人最为集中、工人阶级性质表现最为突出的经济组织，集中了我们党的重要的阶级基础和群众基础。因此，加强国有企业党的建设从来都是我们党加强自身建设的重要内容。我们各级党组织和全体党员要学深学透，深刻把握十七大精神，充分认识以改革创新精神加强企业党的自身建设的重要性，毫不动摇地坚持党对国有企业的政治领导，着力推进党的先进性建设，充分发挥企业党组织的政治核心作用和广大共产党员的先锋模范作用，并做到学以致用、用以促学，不断完善党组织发挥作用的途径和方法，把实现国有资产保值增值、发展壮大重钢的任务完成好，确保重钢成为党的路线方针政策和国家法律法规的忠诚执行者，社会主义市场经济秩序的维护者，化解社会矛盾的先行者，社会资源和环境保护的捍卫者，职工物质文化生活的保障者，企业内部矛盾的协调者，地方经济发展的推动者，政府各种调控的支持者。各级党组织要紧密联系工作实际，着眼于推进党的建设新的伟大工程，着眼于企业改革发展稳定的重难点工作，着眼于推动科学发展、促进企业和谐，扎实抓好十七大精神的学习贯彻落实。要把干部职工的思想统一到十七大精神上来，把行动落实到推动重钢自主创新、开发资源、环保搬迁、优化结构、做精做强的实践中去，为重钢改革发展稳定提供坚强有力的政治思想保证和组织保证，推进重钢又好又快发展。

二、认清形势，明确重钢党建工作的基本任务

2008年钢铁行业面临的重大战略任务，就是按照中央经济工作会议要求，由总量增加向提升质量和效益转变，发展循环经济，实施节能减排，淘汰落后产能，提高产业集中度，着力推动产业结构优化升级，构建资源节约型、环境友好型现代钢铁企业。从钢铁市场发展看，供求矛盾更加突出，国家宏观政策调控效应逐步体现，资源、能源供应日渐紧张，原燃材料价格，运输费大幅上涨，钢铁行业利润向铁矿、煤炭等资源优势企业转移，向装备先进、节能环保先进、产品成本有竞争力、资金实力雄厚的优势企业集中。宏观经济形势和钢材市场走势对重钢而言，既是机遇也是挑战，但总体上机遇大于挑战。机遇是我们正在大力推进的环保搬迁符合国家政策要求，能够争取政策支持，可以按计划顺利实施；挑战则在于重钢最基本的厂情：“又老又小”。企业老，历史积淀丰厚，但历史遗留问题多；企业小，整体盈利能力不足，抗风险能力薄弱，应对市场急剧变化的风险抵御能力欠缺，市场竞争能力差。但我们要充分认识到，挑战更多地在于企业内部的决策、管理、执行等关键因素和原材料采购、产品销售等重要事项，是可控因素，只要我们下了决心，下了工夫，是能够应对挑战，实现发展的。这也是我们进一步解放思想，摒弃颓废思想和宿命观念的基本要求。

十七大报告指出："坚持生产发展、生活富裕、生态良好的文明发展道路，建设资源节约型、环境友好型社会，实现速度和结构质量效益相统一，实现经济社会永续发展。"对照十七大提出的要求，重钢当前存在的问题还很多，如生产规模扩大与资源保障、节能减排存在矛盾，原燃材料大幅涨价，产品结构还需优化等等。我们要解决这些影响和制约重钢生存发展的问题，实现重钢的可持续发展，必须坚持"发展是第一要务"的思想，坚持十七大指出的发展道路，深入贯彻落实科学发展观，用发展来解决前进中的问题；必须落实市委主要领导的要求，通过广大党员、干部、职工的共同努力，通过实施环保搬迁的系统工程，把重钢建成落实科学发展观的典范。

十七大报告指出："科学发展观，第一要义是发展，核心是以人为本，基本要求是全面协调可持续，根本方法是统筹兼顾。"当前，集团公司的工作重点集中体现在统筹推进四大任务上。一是当期生产经营，这是重钢生存发展的前提、持续发展的基础、加快发展的支撑；二是推进环保搬迁，这是重钢历史上的第二次战略转移，影响深远，是重钢站在更高起点上实现又好又快发展的希望工程；三是实施资源开发，加强矿山建设，增强资源保障能力，提高抵御市场风险的水平，打破制约重钢发展的瓶颈；四是深化企业改革，破除旧的管理体制带来的弊端，解决不符合不适应新形势任务要求的体制问题，与时俱进地推进重钢的发展。我们务必要增强贯彻落实科学发展观的自觉性和坚定性，深入学习、全面把握科学发展观的科学内涵和精神实质，着力转变不适应不符合科学发展观的思想观念，着力解决影响和制约科学发展的突出问题，进一步解放思想、坚定信心，以高度的使命感抓好生产经营和资源开发，以高度的紧迫感抓好自主创新和节能减排，以高度的历史责任感抓好环保搬迁和企业改革，万众一心，攻坚克难，在科学发展观指引下实现重钢又好又快发展。

贯彻党的十七大精神、落实科学发展观，需要我们进一步解放思想，把重钢加快发展作为第一要务，切实抓住环保搬迁带来的大好机遇，把握发展规律、创新发展理念、转变发展方式、破解发展难题、提高发展质量和效益，增强企业竞争力。需要我们坚持以人为本，努力构建和谐企业。充分发挥职工主人翁作用，依靠职工抓好生产经营、环保搬迁、资源战略、企业改革四大任务，让职工享受到企业发展的成果，让职工的收入、福利、待遇、工作生活环境得到比较全面的改善。需要我们在环保搬迁新区建设中，装备大型化，采用新工艺、高效型、节约型、清洁型、可循环型的方式，充分体现新型工业化的特征，实现集团公司真正意义上的全面协调可持续发展。需要我们把握好企业内外的统筹兼顾。把握好企业与社会的统筹兼顾，各项工作的统筹协调；企业内部环保搬迁资源与规模的统筹兼顾，钢铁主业与非钢产业的统筹兼顾，各工序能力的统筹兼顾，等等。需要我们不断提高自主创新能力，构建创新型企业。以企业为主体，以市场为导向，增强自主创新能力，充分发挥创新优势，突破制约发展的关键技术，把增强自主创新能力的要求贯彻到企业发展各个方面。需要我们扎实抓好节能减排，努力构建资源节约型、环境友好型企业。节能减排作为贯彻落实科学发展观、推动企业改革的重要手段，其目标必须实现，要根据国家钢铁产业发展政策，积极推进节能减排和发展循环经济，实现经济效益与社会效益的协调统一。

总体而言，我们要切实把统筹推进生产经营、环保搬迁、资源开发、企业改革四大任务作为全公司贯彻十七大精神、落实科学发展观的工作主线，努力做到规划围绕主线来展开，措施围绕主线来部署，资源围绕主线来配置，机制围绕主线来设计，干部围绕主线来选配。我们党建工作的基本任务，就是要坚持以经济建设为中心，以发展为第一要务，以党的先进性建设为主线，按照十七大提出的"六个着力"的任务和要求，抓思想，抓班子，抓团结，抓队伍，抓基层组织，抓廉政建设。进一步研究解决好如何以科学的思想理论武装广大党员干部的头脑，如何提高领导班子的领导水平和管理能力，如何为又好又快发展提供有力的人才支撑，如何充分发挥基层党组织的战斗堡垒和广大党员的先锋模范作用，如何保持和形成良好的党风作风，使党建工作更加紧密地围绕四大任务、更加有效地服务四大任务、更加有力地促进四大任务，为重钢又好又快发展提供可靠的政治和组织保障。

三、围绕推进重钢又好又快发展加强党的建设，努力打造重庆国企党建工作第一品牌

第一，坚持用十七大精神统领企业党建工作，促进重钢集团又好又快发展。国有企业作为党执政的重要经济基础，作为社会经济发展的骨干力量，学深、悟透、落实好党的十七大精神，意义更加重大。我们要深入推进十七大精神的学习贯彻落实，领导干部要学深吃透十七大的精神实质，把干部职工的思想统一到十七大精神上来，把行动落实到推动重钢自主创新、开发资源、环保搬迁、优化结构、做精做强的实践中去，全体党员和职工都要以做好自己本职工作的实际行动贯彻落实十七大精神，为把重钢建成落实科学发展观的典范而努力奋斗。各级党组织要坚持用十七大精神统领企业党建工作，努力提高运用科学理论分析和解决实际问题能力，提高服务经济发展的水平和能力，把党的政治优势内化为企业发展的动力，推动企业又好又快的发展；要充分发挥党组织在构建和谐企业中的重要作用，不断提高企业广大职工对党的凝聚力和向心力，推动企业健康和谐发展。

第二，坚持用科学发展观指导企业党建工作，提高党建工作服务经济工作的能力和水平。十七大报告指出：“使党的工作和党的建设更加符合科学发展观的要求。”各级党组织要用科学发展观武装头脑、指导实践、推动工作，把深入贯彻科学发展观与党在新世纪的历史任务和奋斗目标相结合，与加强和改进企业党的建设的任务要求相结合。牢固树立发展是第一要务的观念，紧密围绕企业改革发展开展党建工作，把促进企业改革发展稳定、提高经济效益、实现国有资产保值增值作为企业党建工作的出发点和落脚点，充分发挥党组织在生产经营活动中的保证、监督、支持、参与和领导作用。坚持以人为本，按照科学发展观的要求选好干部、带好队伍，把提高领导水平和管理能力作为领导班子建设的核心内容，不断提高两级领导班子贯彻落实科学发展观与建设和谐企业的本领；把广大党员的积极性、主动性、创造性引导到促进科学发展上来，使其真正成为科学发展观的坚定信仰者、忠诚实践者和科学发展的积极推动者；推进党内民主建设，尊重党员的主体地位，以扩大党内民主带动基层民主，以增进党内和谐促进企业和谐。坚持全面协调可持续发展，大力推进和谐重钢建设，始终把实现好、维护好、发展好广大职工群众的根本利益作为各项工作的出发点和落脚点，让广大职工群众共享企业发展成果。坚持统筹兼顾的原则，落实固本强基战略，抓好党的先进性建设“强根本”，抓好理论武装“强信念”，抓好领导班子和干部人才队伍建设“强骨干”，抓好基层组织和党员队伍建设“强基础”，抓好作风建设“强形象”，确保各级领导班子更加坚强，党的基层组织更加巩固，干部队伍素质更加优良，党员队伍先锋模范作用更加突出，永葆党的先进性；贯彻工业反哺农业、城市支持农村的方针，发挥国有重点企业的中坚和骨干作用，更加有力地支撑推动统筹城乡发展。

第三，坚持以改革创新精神推进新时期党建工作，努力把重钢集团打造成为重庆国有企业党建工作第一品牌。市国资委党委提出，要“着力打造重钢集团党建工作的品牌形象，把重钢集团打造成为重庆国有企业党建工作第一品牌，充分发挥重钢集团党建工作的示范和带动效应。”各级党组织要以改革创新精神全面推进党的建设，以党的先进性建设为主线，坚持解放思想、与时俱进，围绕中心、服务大局，落实“加强五个建设，深化四项活动，确保三大目标”的工作思路，不断增强企业党组织的创造力、凝聚力和战斗力。按照市国资委党委的要求，我们一是要不断推进党建工作的创新实践。要切实按照党的十七大部署，深入推进企业民主政治建设，巩固和发展基层民主，推进党务公开，营造党内民主讨论环境，实行党的代表大会代表任期制，继续推进“党代会常任制”试点工作，在条件适合的党支部换届时开展“两推一选”，全面落实“发展党员公示制、票决制和责任追究制”。二是要探索建立党组织和党员联系和服务群众的新体系。要充分发挥基层党组织和党员联系和服务群众的作用，始终把服务职工群众作为重要职责，从职工群众最关心、最直接、最现实的利益问题入手，在党组织服务群众的制度、形式、载体等方面进行探索，创新服务方式，扩宽服务领域，强化服务功能，形成服务机制。三是要探索企业和社区、企业和农村党组织的共建共管模式。思考利用环保搬迁的契机，与社区和农村党组织建立起良好的互动机制。探索利用社区平台，建立退休职工党员的关爱网络，让退休职工党员老有所为，老有所乐。四是要深入推进党风建设和反腐倡廉工作。筑牢拒腐防变的思想道德防线，切实加强反腐倡廉理论学习，完善反腐倡廉基本制度建设，坚持党风廉政责任制、个人重大事项报告、廉政谈话、述职述廉、厂务公开等行之有效的企业反腐倡廉基本制度，加强党内监督，完善职工民主监督，在企业内部形成用制度规范、按制度办事、靠制度管人的权力运行监督制衡机制。

着力提高自主创新能力
努力构建创新型企业

重钢集团总经理　刘加才

胡锦涛总书记在党的十七大报告中就提高自主创新能力、建设创新型国家作了精辟论述，强调指出：“这是国家发展战略的核心，是提高综合国力的关键。要坚持走中国特色自主创新道路，把增强自主创新能力贯彻到现代化建设各个方面。认真落实国家科学和技术发展规划纲要，加大对自主创新投入，着力突破制约经济社会发展的关键技术。加快建设以企业为主体、市场为导向、产学研相结合的技术创新体系，引导和支持创新要素向企业集聚，促进科技成果向现实生产力转化。充分利用国际科技资源。进一步营造鼓励创新的环境，注重培养一线的创新人才，使全社会创新智慧竞相迸发，各方面创新人才大量涌现。到2020年，我国的自主创新能力显著增强，科技进步对经济增长的贡献率大幅上升，进入创新型国家行列。

构建创新型企业的重大意义。针对党中央关于自主创新的重大战略要求，我们重钢这样一个国有大型企业，作为国家自主创新体系的重要组成部分，要认真学习贯彻十七大精神，落实国家自主创新的总体要求，充分领会自主创新的内涵，抓住现阶段国家“十一五”发展的大好机遇，以科学发展观统领全局，在推进企业“十一五”规划完成的同时，构建创新型企业，提升企业自主创新能力，从而提升企业的核心竞争力和综合实力。在不断创新的过程中，解决企业历史遗留问题，现实问题，并获得可持续发展。

深刻认识中国特色国家创新体系的特点、构成和体系结构，充分认识以企业为主体、市场为导向、产学研相结合的创新体系对提升自主创新能力、建设创新型企业的关键作用，使企业真正成为研究开发投入的主体、技术创新活动的主体和创新成果应用的主体，全面提升企业的自主创新能力。温家宝总理指出：“只有以企业为主体，才能坚持技术创新的市场导向，有效整合产学研的力量，加快技术创新成果的产业化。”在重庆市科学技术大会上汪洋书记也强调指出：“企业是市场竞争的主体，也是技术创新的主体。企业作为科技创新的直接受益者和长远受益者，应当在研究开发投入、技术创新活动、创新成果应用等方面真正发挥主体作用。”这充分确立了企业在国家创新体系中的地位和作用，明确了企业在国家创新体系中的重要职责，企业尤其是大型国有企业在建设创新型国家中责无旁贷。

企业自主创新的紧迫性。随着国家经济建设的快速发展，宏观调控力度的进一步加大，钢铁产业新政的出台，节能减排的举措，都为重钢的现实生产经营和发展蓝图提供了广阔的空间，提出了更高的要求。对照国家相关产业政策和重钢自身发展需要，现实形势对于我们既是机遇又是挑战。为此，加快发展，自主创新，增强企业自身实力是我们别无选择的方向。

我们面对的形势是，在经济全球化进程中，企业面临着越来越激烈的竞争压力，唯有提高自主创新能力才是根本出路。首先，当今社会，科学技术迅猛发展，并催生出信息化、数字化、网络化等代表时代特征的高新技术产业。这些高新技术产业现已进入传统产业的生产流程和管理流程，并改变着原有的生产和工作模式。可以预见，高新技术的快速发展和普及，必将进一步作用于我们的生产和管理流程。其次，企业的经济运行和持续发展，离不开资源的保障、能源的保障以及其他社会资源的保障。国家的竞争、企业的竞争，也体现在资源的竞争、能源的竞争和社会其他资源的竞争上。在这样的大环境下，企业对于自身的生存和发展，如何有利地获取资源、能源和其他相关资源，并能合理地管理和有效使用，生产出有竞争力的产品，是企业维持现实生产经营和规划发展的重大战略课题。建设资源节约型、环境友好型社会，发展循环经济的社会主旋律，也要求我们在生产过程中实施资源减量使用并循环再利用，大力实施节能减排，减少废弃物排放，保护环境，以全面协调可持续发展，促进生态文明。再则，在构建和谐社会进程中，企业较之原来承担着更大的社会责任(非传统意义的企业办社会)，工艺的合理有序，生产过程的环境达标、安全达标、职业卫生达标，以及产品的环境、安全、质量达标并无止境的提升而满足用户要求，都是企业面临的新课题。这些新课题，需要我们瞄准解决问题的着力点，在技术创新、制度创新、管理创新等方面实施企业自主创新，使构建创新型企业在发展和解决各种具体问题中得以实现。

找准企业自主创新的着力点，推进自主创新取得实效。提高重钢的管理创新、技术创新能力，提升重钢的创新能力和水平，建设创新型企业，使企业成为自主创新主体，必须从诸多方面采取具体有效的措施，积极努力，真抓实干。

明确和落实自主创新规划的目标任务。围绕重新调整的重钢“十一五”发展规划，集团公司已明确了当前及今后几年的四大战略举措，“确保现实生产经营及效益逐年递增，推进环保搬迁改造工程，全面深化企业改革，加快实施资源战略”，以及深入落实“自主创新，开发资源，环保搬迁，优化结构，做精做强”这一集团公司加快发展的战略思路，制定自主创新工作规划。在已有的工作基础上，深化创新体制和创新制度改革，发挥专业部门的职能作用；结合环保搬迁，优化工艺流程，提升装备水平，优化产品结构实施品牌战略，拓展市场；主辅并重，做大做强钢铁主业，发展非钢产业；以科技创新为重中之重，既要自主创新，获得自有知识产权，又要应用关键共性技术，以及引进消化吸收其他先进技术，进行应用创新，转换为现实生产力；组织结构再造，缩短管理链，精简高效；实施集团人才工程，为集团自主创新提供人力资源保障。围绕这些要求，规划集团公司自主创新工作，明确战略规划目标。对战略规划目标实现的追求，是一个企业发展的原动力，包括流程创新定位、市场目标定位、品牌战略定位、竞争能力定位等，把握这个关键，按照既定的目标推进，激发自主创新机制的活力。

钢铁主业的发展，既包括现实生产经营的持续递增，这一重钢继续发展的支撑基础；又包括环保搬迁改造这一“十一五”主体规划建设工程，自主创新应贯穿于规划设计、建设施工、调试达产的全过程，真正实现创新发展。以集团中厚板传统品牌优势为基础，在优化品种结构的同时，延伸优势产品生产链，拓展经济效益增长领域。1780毫米热轧板带生产线，4100毫米宽厚板生产线就是在现有的2700毫米中厚板生产线取得行业优势地位的基础上，进一步规划发展的新流程、新工艺、新产品。环保搬迁工程中，焦化、烧结、炼铁、炼钢、轧钢整个全流程，以及配套公辅设施的规划建设，既需要技术的创新，工艺流程的创新，又需要管理的创新，制度的创新以及观念的创新。唯如此，方能实现做精做强的目标。非钢产业是集团公司多年来，贯彻主辅并重，多种经营方针，逐步打造起来并对集团经济增长起着重要作用的产业，用创新的思维和方式推进集团非钢产业继续发展，仍然是集团公司“十一五”期间的重要工作。支持有发展前景，且与钢铁主业关联度紧密的非钢重点产业发展，突出产业特色，整合优势。鼓励多元投资，界定非钢产业与钢铁主业的关联程度，确定出资与持股比例，以公司治理结构的改革完善促进非钢产业的发展，通过改革改制实现自主创新目标。

资源战略是集团公司审时度势，面对日益严峻的资源形势而提出的确保集团公司持续发展的长远大计。资源短缺制约着冶金行业的整体发展，拥有资源才有后续发展的基础，资源掌控的竞争愈演愈烈。重钢集团的环保搬迁改造，要淘汰重庆市落后钢铁产能，实现适度的规模扩张，需要比目前更大的资源总量为保障。加快实施重钢资源战略，获取更多的矿山资源，是针对新问题采取的新举措，也是需要我们开拓创新的新课题。

积极探索适应国家创新体系的企业创新机制，走重钢特色的自主创新之路。技术进步需要机制，自主创新亦需要机制。机制的重要作用不言而喻，对此需要我们研究自己的创新之路，开拓自己的创新之路。结合重钢实际，针对研发体系目标，包括科技的、管理的、生产运行的诸多方面，不断完善有关政策、制度、评价和管理体制，完善奖惩激励体制，努力探索出适合重钢并具重钢特色的自主创新机制，用创新机制，持之以恒地推动和促进重钢的自主创新工作。一是建立组织保障机制，全员参与。明确的组织领导是开展自主创新的前提，集团公司负责科技开发、技术应用、企业管理、人力资源、经济运行、采购供销、宣传思想等机构，是推进自主创新的重点管理部门，在创新过程中加大职能管理作用和引导作用，发挥各子公司的创新主体作用，自上而下形成良性互动机制。二是建立自主创新运转环境机制。以信息化、自动化、过程控制等前沿技术的广泛应用为支撑，以共有企业文化价值观为灵魂，上下一心的统一思想为行动指南，和谐宽松的人际氛围，构筑创新体系的软硬环境。三是创新管理手段。管理创新是企业永恒的主题，研究、应用管理的方法、成果不胜枚举。集团公司新近大力倡导的精细化管理思想，就是促使我们整个企业的管理上档次，上水平，有关部门须进一步研究和推广这个管理理念。以精细化管理作为集团创新体系建设所依托的先进手段和方法，这是我们推进精细化管理的必然要求，是我们为达到做精做强目标的必然选择，是我们自主创新的必要保证。四是建立市场拓展机制，必须有很强的用户跟踪能力，需求判断能力，适应变化能力，创新思维、创新方法，才能将对用户服务的追求和要求（有制度的，有人文的），落实在实际工作中并取得实效。必须重视对用户的研究与服务，开发新产品，提高产品附加值，优化产品结构。市场占有不会轻而易举，我们必须服务到用户当中去，介入到用户的设计和研发中，具备超前掌握市场动态的能力，这是创新体制中不可缺失的一环。五是培养创新人才机制，发挥人力资源优势。企业创新要靠人力资源的支撑，深刻把握人才资源是最重要的战略资源这一观念，切实推进重钢自主创新队伍建设。要培养现有的人才队伍，并引进关键的人才。坚持尊重人、依靠人、团结人，全心全意地支持和充分发挥人的创新思维和创新能力。培养和造就一流创新人才、高水平的科技和管理人才，建设一支结构合理、流动有序、动态优化的创新队伍，使重钢成为人才辈出、人尽其才、才尽其用的大舞台。开创企业创新智慧竞相迸发，各方面创新人才大量涌现的新局面。六是发展创新型文化，培育创新人文机制。创新是一个国家兴旺发达的不竭动力，创新是一个民族进步的灵魂。创新亦是一个企业追求又好又快发展的精神所在。重钢的进一步发展以解放思想为根本，结合重钢实际，思想观念的突破，是我们求得企业生存发展的首要问题。我们长期以来习惯地认为，重钢受“地域限制、环境限制，资源限制”等思想束缚，总认为重钢不能发展，无法发展，致使企业发展停滞不前，错失了与国内钢铁行业同步发展的大好时机，集团公司在冶金行业的排名逐年靠后。针对重钢这样的实际情况，现阶段必须以解放思想，发展创新型文化，培育创新人文机制，加快发展来认识、处理、解决重钢的各种问题，坚持以发展的思路解决发展中的问题，才能开创企业发展的新局面。解放思想，是重钢集团发展观念的本质要求，解放思想，也是企业自主创新的思想前提。

结合重钢实际，以科技创新突出自主创新。科技创新是企业自主创新的核心内容，加大重钢科技创新力度，形成更快更强的创新能力，是重钢构建创新型企业的首要任务。明确科技创新体系的思路和方法，推动科技创新的具体措施，需要我们集合和突破原有的工作模式来开展工作。首先重钢应以自己的技术研究中心和下属机构、分支机构，作为科技创新体系核心，并与有实力的高等院校、科研院所合作构成合作体系，要加强国际交流与合作。经过结构和职责调整的重钢技术中心，以及新成立的7个专业研究所，是重钢专门从事技术创新的机构，是重钢技术创新的中坚力量，要紧密结合公司产业发展的需要，选好项目，选准课题，开展好工作，充分发挥作用，推动企业创新工作的有效开展。同时办好重钢博士后工作站，充分利用工作站引入的高端技术人才优势，解决重钢亟待解决的技术难题，发挥其在技术创新中攻坚克难的示范作用和效应。二是技术创新必须围绕持续做精做强展开。产品结构优化提升，品牌战略的实现，是将技术创新、管理创新作用于流程更新和工艺提升，作用于过程控制而取得的，最终是自主创新、科技创新、经济效益的体现。做精做强的实现过程就是战略目标精准，管理精细强化，技术应用深化，实施过程严密。关键设备要在引进、消化的基础上再创新。三是完善技术创新体制。在集团现行的技术中心框架下，强化技术部门的职责能力，提高专业人员的素质，是完善创新体制的前提。加强责任机制，疏通协调机制，让新技术、新成果的研发及推广应用，形成新的生产力和竞争力，得到有效的制度保证。创新能力要体现在从上到下都能够完成这一既定目标。在完成的过程中注重标准、规程、技术要点、操作等重点问题，能够迅速转化到工艺过程中。转化能力，优化能力，关键岗位精准的操作能力，这既是科技创新的组成部分，也是技术应用创新的体现。奖励、约束机制是这个能力的保证。四是加大科技投入，资金必须保证。企业的创新能力和技术实力，以其研究开发力量及研发投入为基础。有资料表明，多数创新型国家70%的研究开发投入来自企业。重钢要主动适应国家创新体系的需要，随着企业效益的增长，逐年加大对科技的投入，满足企业技术创新的资金需求，确保技术创新的发展后劲。同时积极争取政策扩大技术创新投入的资金来源渠道。五是切实贯彻实施重钢“十一五”科学和技术发展规划纲要。规划纲要在充分发扬民主，集思广益，科学论证的基础上，确定了重钢科学和技术发展的大政方针，确立了科学和技术发展的目标，是未来五年科学和技术发展的指导性文件，具有科学性和前瞻性。我们一定要很好地结合十七大报告关于自主创新的指导思想，国家的产业发展政策和重钢的实际，认真加以贯彻落实，并在实施过程中补充完善。

规划新区建设，实施节能减排、发展循环经济。党的十七大报告明确要求，加强能源资源节约和生态环境保护，增强可持续发展能力，促进国民经济又好又快发展。这是落实科学发展观的内在要求，也是构建和谐社会的需要，同时是我们大型国有企业承担社会责任的重要内容，必须纳入现实生产经营和企业规划发展认真加以落实。这一重大战略任务其工作内涵极具创新意义。

发展循环经济的指导思想。发展循环经济是重钢转变经济增长方式、实现新型工业化的重要途径。在加大产业布局、产品结构调整和技术改造力度的同时，积极推进清洁生产工艺技术，搞好节能降耗、环境保护、资源及其废弃物的综合利用。充分发挥企业钢铁生产、能源转换、废弃物处理及为相关行业提供原料等功能，延伸产业链，构建结构合理、资源节约、生产高效、环境清洁的运行管理模式，把重钢建设成资源节约型和环境友好型企业，实现可持续发展的战略目标。

重钢发展循环经济的思路。按“减量、再用、循环”的原则，将每一生产过程产生的废弃物都可变成下一生产过程的原料，所有物质都能得到循环往复的利用。整个生产组成了一个“资源－产品－再生资源－再生产”的反馈式物质循环过程，所有物质和能量在整个经济活动中均得到最大限度的合理和持久利用，从而把经济活动对自然环境的影响降低到尽可能小的程度。通过不断的技术开发，钢铁企业不仅可以向社会提供清洁、长寿命周期的钢铁产品，而且通过废物资源化治理，可以进一步拓展价值创造过程，成为清洁能源的再制和转换中心，成为以冶金炉渣为主要原料的清洁建材生产基地：不仅自身发展循环广阔，而且可以发挥钢铁生产高温还原的工艺优势，消纳多种废弃物，承担社会责任，成为社会循环经济链条上的重要一环，实现企业效益、社会效益、环境效益的和谐统一。

重钢循环经济发展目标。重钢新区将变革“大量生产、大量消费、大量废弃、大量污染”的传统增长模式，综合地解决包括质量、成本、能耗、物耗、生产效率等市场综合竞争力和包括资源—能源可供性、环境—生态和谐在内的可持续发展等系统问题。将逐步形成“以观念创新为先导、技术创新为支撑、管理创新为保证，实现资源高效利用、能源高效转化、代谢物高效再生，追求企业效益、环境效益、社会效益和谐统一，建设资源节约型、环境友好型、自主创新型企业”的钢铁企业循环经济模式。

创新领域需进一步探索，我们的思想必须适应新的发展，要想真正做到整合优势资源，集中主要精力，构建强有力的创新体系，思想观念需要进一步转变，使得我们认识的空间更宽，认识的问题更深，抓住问题更准，才能推动我们又好又快的发展。

重钢集团是一个具有百年历史的传统大型国有钢铁联合企业，将在做精做强的过程中实现企业的振兴与腾飞，自主创新是我们别无选择的必由之路。面对新的发展机遇，要充分把握形势，以科学发展观统领全局，着力提高自主创新能力，努力构建创新型企业，集中我们的精力和智慧开创重钢集团加快发展的新局面。

本部目责任编辑　黄二卫
本部目责任校对　龙志敏

3

重钢综述

重钢年鉴

2009

概貌

【自然环境】 重庆钢铁(集团)有限责任公司暨重庆钢铁集团位于重庆市大渡口区,坐落于重庆西南部,距重庆渝中区解放碑15公里,属重庆直辖市主城区。重钢在大渡口区的地方称之为重钢本部。重钢本部的生产区位于长江上游北岸,长江由南向北流淌。重钢在长江边建有3座码头。重钢本部厂区大地构造单元属四川盆地川东弧群褶皱带,厂区东为南温泉背斜高耸,西为中梁山背斜直立。阶地分四级:第一级阶地位于大渡村及高炉、焦炉一带,厂区标高195~200米,阶地前缘边坡为长江岸坡;第二级阶地标高220米,其边沿坡度40~50度,基岩基座的表面坡度为4度,向江倾斜;第三阶地成不连续分布,出露标高为260~278米,坡度5~7度,向江倾斜;第四阶地发育完整,出露标高为295~320米,组成物多为残积层,其前沿边坡大于45度。厂区物理地质现象有滑坡、河流冲刷、崩塌等。滑坡分为新滑坡、古滑坡,1959年提交的《重庆钢铁公司滑坡勘测报告》认为:“该古滑坡沿原滑坡动面是难以滑动的”。重钢公司于1960~1966年进行3期工程对新滑坡采取抛石反压措施滑坡现象被阻止。1986年1月,重钢公司利用钢系统改造对河流冲刷进行治理,各种冲沟修建下水道后填充。重钢本部所在地的长江段河面在枯水时江面最高宽度在700~1190米间;河床底部标高151.48~163.84米,个别洼地的水槽深4.88米,水槽在厂区地段偏左。

重钢本部冬湿夏热,夏秋多雨年平均气温为17.7摄氏度,7、8月气温在36.1~38.5摄氏度;年降雨量为1204.4毫米,6~9月雨水最多,降雨量在150.4~199.7毫米间。风向随季节变化,秋末冬初为北风;年平均风速为1.4米/秒,最大风速可达12米/秒;大气稳定以中性(D类)为主。

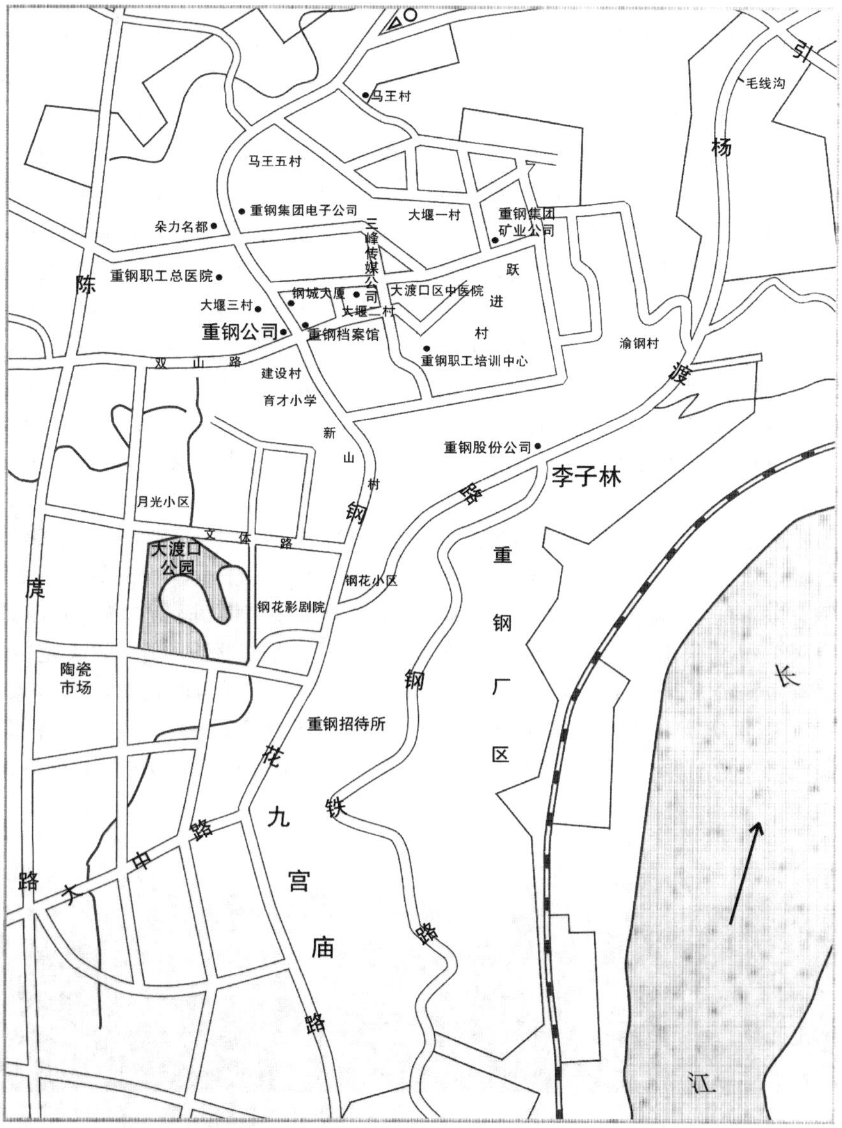

重钢本部的生产区三面环山，地呈月牙状；与九龙坡区毗邻，隔江与巴南区相望。袁茄路（袁家岗—茄子溪）、杨渡路（杨家坪—大渡口）、钢铁路（李子林—丁子路）、陈庹路（陈家坪—庹家坳）、内环高速公路等公路穿过重钢生活区、厂区。乘206、207、224、225、226、229、232、235、239、252、258、419、472、473、712、715、806、808、818、836、837、860、891、9833等路公共汽车，可从九坑子、菜园坝、朝天门、大坪、杨家坪、沙坪坝、南坪、石桥铺、重庆火车北站、黄泥磅、毛线沟、重庆大学、松树桥、红旗河沟、解放碑、牛角沱、直港大道、观音桥、新桥医院、重庆师范大学、重庆火车站、重庆长途汽车站、沙坪坝火车站、李家沱、重庆西站、中梁山、跳磴、伏牛溪、渔洞等地到达重钢大渡口本部。重庆二号轻轨（较场口—新山村）经过重钢公司办公区、生活区，其平安车站距重钢公司机关大院0.5公里。重钢向东北方向17公里可达朝天门码头，往西北2公里可进成渝高速公路；距内环高速公路2公里。

重钢公司的主要生产区在重庆市大渡口区重钢本部，重钢公司的核心企业重庆钢铁股份有限公司在重钢本部。重钢公司在其他地区还有生产单位：（1）重庆市江北区有重庆钢铁集团中兴实业公司、重庆钢铁研究所，（2）重庆市沙坪坝区有重庆东华特殊钢有限责任公司、重庆钢铁集团矿业有限公司歌乐山矿，（3）重庆市巴南区有重庆钢铁集团钢管有限责任公司，（4）重庆市长寿区有重庆钢铁集团三峰工业有限公司、重庆鑫腾冶金炉料有限责任公司、重钢股份公司冷轧薄板厂、重钢长寿新区，（5）重庆市江津区夏坝镇有重庆钢铁集团铁业有限责任公司，（6）重庆市綦江县有重庆四钢钢业有限责任公司、重庆钢铁集团矿业有限公司綦江铁矿，（7）重庆市万盛区有重庆钢铁集团矿业有限公司景星白云石矿，（8）在四川省乐山市有重庆钢铁集团矿业有限公司乐山耐火材料厂，（9）在四川省西昌市有重庆钢铁集团矿业有限公司太和铁矿，（10）在香港有重庆钢铁（香港）有限公司。

◆刘光军

【历史】 重钢的历史要追溯到19世纪90年代初洋务派创办新式工业时。光绪十五年（1889年）张之洞任湖广总督，光绪十六年七月二十二日（1890年9月6日）张之洞创办汉阳铁厂奏折奏准，汉阳铁厂创立；第二年1月，汉阳铁厂动工。光绪十九年九月（1893年10月），汉阳铁厂全部工程完工。光绪二十二年四月（1896年5月）盛宣怀以直隶道员越省代筹身份接办汉阳铁厂，汉阳铁厂改官办为官督商办。1898年盛宣怀开办萍乡煤矿。光绪三十四年二月（1908年3月），邮传部右侍郎盛宣怀将汉阳铁厂、大冶铁矿、萍乡煤矿组成“汉冶萍煤铁厂有限公司”，将官督商办变为完全商办，成为中国近代第一座钢铁联合企业。“九一八”事变后，国民政府保护民族工业，提出“将沿海或逼近战线之新式设备内迁”的决定；汉阳铁厂被重点列为西迁重庆的对象。1938年2月7日，国民政府经济部、军政部奉国民政府军事委员会委员长蒋介石“汉阳铁厂应择要迁移，并限三月底迁移完毕，为要”的手令，由兵工署、资源委员会共同筹备组建“钢铁厂迁建委员会。”1938年3月1日，由汉阳铁厂、大冶铁矿、六河沟铁厂及上海炼钢厂等企业组成的钢铁厂迁建委员会在汉口成立。钢迁会随即拆卸汉阳铁厂、大冶铁矿、六河沟铁厂的重要设备及已到达武汉的上海炼钢厂的主要设备，西迁重庆。经过一年半的时间，钢迁会逆水而上，结束由汉口至重庆的长江水路的搬迁，将5.68万吨货物送达抗日大后方重庆。1938年8月1日，钢迁会确定距重庆水路20公里的巴县与大渡口镇相接的长江上游北岸落中子、黄家湾一带为新厂厂址，征地222.4公顷土地建厂；厂名就是钢铁厂迁建委员会。1940年3月，钢迁会开始发电生产，20吨炼铁炉投产。1949年3月，钢铁厂迁建委员会更名为军政部军工署第二十九兵工厂。

1949年12月6日，中国人民解放军重庆市军事管制委员会接管二十九兵工厂，成立中国人民解放军重庆市军事管制委员会二十九兵工厂军代室。1949年12月至1952年12月，对工厂实行军事管制；军管会接管工厂时，厂名仍为第二十九兵工厂。1951年3月，二十九兵工厂更名为西南工业部第一零一厂；1955年2月，一零一厂、西南钢铁公司两家企业合并，称“西南钢铁公司”。西南钢铁公司直接领导一零二厂、一零四厂、一零五厂、贵州省遵义锰铁厂、綦江铁矿等。1955年4月，西南钢铁公司改称“重庆钢铁公司”，一零一厂改名为重庆

20世纪50年代末重钢厂貌　重钢档案馆供稿

第一钢铁厂、一零二厂改名为重庆第二钢铁厂、一零四厂改名为重庆第三钢铁厂、一零五厂改名为昆明钢铁厂，之前由贵州省遵义锰矿改名为遵义锰矿的名称不变。当年10月，重庆第一钢铁厂、綦江铁矿、遵义锰矿合组成立独立的计算单位及经济核算单位的重庆钢铁公司；重庆第一钢铁厂建制取消，重庆第三钢铁厂归重庆钢铁公司领导，为重庆钢铁公司的一个分厂，保留原计划与经济独立核算。重庆第二钢铁厂、昆明钢铁厂归国家重工业部钢铁工业管理局直接领导，但“由局委托陈登昆、刘柏罗两同志在西南地区基建和生产的工作安排力量，布置和互相支持等方面代表局加以照顾、指导。”1965年6月，四川省冶金工业局发文件，同意“原重庆市三江钢铁厂定名为重庆钢铁公司第四钢铁厂，刘家坝第二中板厂定名为重庆钢铁公司第五钢铁厂，原重庆第三钢铁厂定名为重庆钢铁公司第三钢铁厂，原綦江铁矿定名为重庆钢铁公司綦江铁矿。公司小平炉改称第一炼钢厂，公司大平炉改称第二炼钢厂。”1968年9月，重钢成立“重钢革命委员会”，1978年3月，重钢取消“重钢革命委员会”名称，恢复“重庆钢铁公司”称号。

重钢在1958年前属中央在省企业，之后下放由四川省管理。1964年5月，归国家冶金部管理，接受冶金部、四川省双重领导。1970年8月，重钢划归四川省管理，实行中央和地方双重领导以省为主的管理体制；1975年8月，四川省委将重钢的人权、物权、财权下放重庆市，由重庆市领导，接受冶金部管理。1979年2月，重钢被四川省确定为首批进行扩大企业自主权试点单位；1984年7月，重钢率先在全国试行经理、厂长负责制。1988年，重钢成为国家二级企业；1993年成为全国特大型企业。1992年12月，重庆钢铁集团成立，重庆铁合金厂、江津钢铁厂、重庆无缝钢管厂、重庆耐火材料总厂、重庆钢铁研究所等“四厂一所”进入重庆钢铁集团；重庆钢铁公司更名为“重庆钢铁（集团）公司”，为重庆钢铁集团核心企业。1994年重钢开始现代企业制度试点，11月2日，被确定为全国100家首批现代企业制度试点单位。1995年6月，重钢建立母子公司体制，“重庆钢铁（集团）公司”更名为“重庆钢铁（集团）有限责任公司”；重庆钢铁（集团）有限责任公司为重庆钢铁集团的母公司。1997年4月，重钢被批准为全国第二批120家企业集团试点单位，1999年为国家大型企业集团试点单位。1998年重钢为国家重点联系的512户企业之一；重钢为国家认定的企业技术中心及国家级博士后科研工作站。2000年1月，重庆钢铁（集团）有限责任公司兼并重庆特殊钢（集团）有限责任公司，重庆特殊钢（集团）有限责任公司更名为“重庆钢铁集团特殊钢有限公司”；2003年4月，重庆市政府撤销重庆钢铁（集团）有限责任公司对重庆特殊钢（集团）有限责任公司的承债式整体兼并。解除兼并后，重钢公司受重庆市政府委托，管理重庆特殊钢（集团）有限责任公司。2005年7月，重庆特殊钢（集团）有限责任公司宣告破产。

1950年5月，第二十九兵工厂轧制成功新中国第一根钢轨（英制85磅每米），在此基础上，一零一厂试制成功38千克每米钢轨，并于1952年5月19日提前12天完成新中国第一条铁路成渝铁路全长505公里所需要的全部钢轨；为此获得新中国成立以来中央重工业部颁发的第一张一等奖奖状。1960年5月12日，国家主席刘少奇视察重钢时肯定重钢生产了新中国第一根钢轨：“新中国成立后第一根钢轨是重钢生产的，这样就对了。”1964年6月，我国第一台R6－1700毫米弧形连续铸钢机在重钢试制成功；当年秋，中国第一台700毫米钳式行星轧机在重钢试制成功；1965年11月15日，中共中央政治局常委、中共中央委员会总书记邓小平视察重钢时肯定连续铸钢机与钳式行星轧机的试制成功：“这是两件好事、两件大事”。

重钢于1957年提前11个月完成第一个五年计划。在第二个五年计划期间，重钢产钢19.27万吨，生产生铁10.57万吨。在10年“文化大革命”中，重钢累计亏损1.31亿元。“六五”期间，生产焦炭272.6万吨，生产生铁273.22万吨，产钢324.66万吨，生产钢材311.89万吨，分别比前5年增长19.03%、59.39%、56.91%、25.58%；“七五”期间，重钢生产焦炭351.03万吨，生产生铁374.77万吨，产钢386.50万吨，生产钢材441.11万吨；“八五”期间，重钢生产焦炭474.55万吨，生产生铁564.13万吨，产钢517.02万吨，生产钢材481.30万吨，分别比“七五”期间增长35.19%、50.53%、33.77%、9.1%；“九五”期间，生产焦炭548.85万吨，生产生铁709.14万吨，产钢695.04万吨，生产钢材664.71万吨，分别比前5年增长15.66%、25.70%、34.43%、38.10%；“十五”期间，重钢生产焦炭593.20万吨，生产生铁1037.82万吨，产钢1115.17万吨，生产钢材1057.95万吨，分别比“九五”期间增长8.08%、46.35%、60.45%、74.95%。

1993年，重钢生产生铁112.27万吨，产钢104.47万吨，钢材103.59万吨；生铁、钢、钢材产量均突破百万吨；2003年产钢205.98万吨；2006年，重钢实现年产钢300万吨规模。2007年，重钢产钢347.31万吨、钢材342.26万吨。2004年重钢销售收入破百亿元，实现销售收入107.45亿元；2005年重钢销售收入116.25亿元，比上年增长8.19%；2006年重钢销售收入为124.07亿元，比上年增长6.73%；2007年重钢销售收入148.96亿元，比上年增长20.06%。

2007年1月开始，重钢从重庆主城区大渡口区搬迁至重庆市长寿区江南镇，进行节能减排环保搬迁工程；计划3年期间，建立“工艺技术一流、品种质量一流、经济效益一流、生态环保一流的精品钢铁基地”。2008年重钢环保搬迁工程按总体目标全力推进，各主流程项目进入实质性施工，工程建设总体受控。

◆刘光军

概况

【2008年重钢年度情况】 重庆钢铁（集团）有限责任公司实行董事会、监事会、经理执行层领导体制和母子公司管理体制。监督层设监事会，董事会设“科技与发展委员会”“财经与审计委员会”“人力资源与薪酬委员会”“企业改革委员会”4个工作机构；重庆钢铁（集团）有限责任公司为母公司。重钢公司坚持钢铁主业与非钢产业协调发展，把重钢建设成为一个投资主体多元化，按现代企业制度经营管理的特大型企业集团。重钢公司实现年产350万吨钢的综合生产能力，其主导产品有板材（中厚板、彩涂板）、管材（无缝钢管、精密焊管）、线材、型材（专用型材及工字钢、槽钢、角钢、螺纹钢）、带材（镀铅钢带、镀锌钢带）、棒材等6大类。

2008年，重庆钢铁（集团）有限责任公司决策层董事会设董事长1人，副董事长1人；经理执行层设总经理1人，副总经理5人，其中两名副总经理分别兼任总工程师、总会计师。党委设党委书记1人，副书记2人（分别兼任纪委书记、工会主席）。截至2008年年底，重钢在岗职工为25983人，其中女职工6485人；在岗职工人数比2007年增加1104人，比2006年增加342人；女职工人数比2007年增加275人，比2006年增加147人；2008年，重钢离休、退休、退职“三退”职工1202人，比2007年减少622人，比2006年增加237人；终止、解除劳动合同329人，比2007年少54人，比2006年增加168人。有子公司28个，其中全资子公司16个，控股子公司12个；2个直属单位。

2008年，重钢集团以四大战略任务：“现实生产持续递增、环保搬迁快速推进、资源开发拓展实施、企业改革不断深化”为中心推动工作，重钢效益持续递增，重钢又好又快发展。2008年上半年，重钢用半年时间创全年利润目标，生铁、钢、钢材等主要产品的产量、钢材销售、销售收入等均实现“时间过半，任务过半”的局面；3～8月，重钢每月利润保持在1亿元以上，7月利润为1.55亿元，为重钢集团单月实现利润的最高水平。全年生产焦炭155.15万吨，比上年减少1.36万吨，比年目标减少1.80%；生铁319.74万吨，比上年减少2.99万吨，减少0.93%，比年目标减少1.92%；产钢345.92万吨，比上年减少1.39万吨，减少0.4%，比年目标减少3.91%；生产钢材348.1万吨，比上年增产4.84万吨，比上年增长1.41%，比年目标减少2.22%。

2008年是重钢继2004年销售收入破100亿元后的第4个年头，销售收入突破200亿元达204亿元，比上年增长35.37%；4年后销售收入翻一番。资产总额达到260亿元。销售收入、资产总额双双突破200亿元，为重庆市市属国有企业首家“两百亿集团”。2008年，重钢实现利润95803万元，比上年增长86.07%；利税21.5亿元，比上年增长38.26%。钢材销售量351.83万吨，比上年增长0.91%；钢材产销率101.07%，比上年下降0.5个百分点；货款回笼率102.63%，比上年下降0.21个百分点，货币回笼率95.12%。重钢2008年非钢产业赢利。17个非钢产业子公司全年实现销售收入47.75亿元，比上年增长30.57%，创利润32797万元，比上年增长78.65%；其中15家子公司销售收入增长，2家亏损。重钢集团2008年非钢产业收入占总收入的23.41%，比目标“非钢产业收入比重≥18%”增长30.06%。

2008年重钢获中国企业500强称号，排名306位；获中国制造业企业500强称号，排名167位；获“重庆企业100强”，排名第4位。获2007年重庆工业企业50强称号，名列第6名；重庆市国有企业从事第二产业大型企业工业企业第二名。2008年，重钢获“全国五一劳动奖状”，保持“全国文明单位”称号。

2007年1月1日开始至2010年，重钢集团从重庆市主城区大渡口区搬迁至重庆长寿区江南镇进行节能减排环保搬迁，建设“工艺技术一流、品种质量一流、经济效益一流、生态环保一流的精品钢铁基地”。2008年重钢环保搬迁工程按总体目标全力推进，完成“技术咨询报告书”“环境影响报告书”“建设用地预审”等“三要件”提交国家发展与改革委员会核准。2008年9月18日，国土资源部发国土资预审字〔2008〕270号文件《关于重庆钢铁（集团）有限责任公司实施节能减排环保搬迁项目建设用地预审意见的复函》。认为重钢“环保搬迁”项目符合《钢铁产业政策》和当地土地利用总体规划，同意通过用地预审。国家环境保护部于2008年11月27日签署环保批复文件，以环审〔2008〕472号文件，《关于重庆钢铁（集团）有限责任公司节能减排及实施环保搬迁工程环境影响报告书的批复》，同意重钢按报告书所列建设项目的性质、规模、地点、生产工艺、环境保护对应措施进行项目建设。重钢环保搬迁完成环保搬迁涉及的项目策划、方案优化、设计完善、技术工艺决策、技术经济分析、发展循环经济、征地拆迁安置及工程组织等系列工程。各主流程项目进入实质性施工，工程建设总体受控。工程开工招标186项、招标金额125.85亿元，公招率73.55%，累计签订合同379份，金额总计140.21亿元。

◆刘光军

【创“两百亿”集团】 2008年，重钢集团以“统筹兼顾现实生产持续递增、环保搬迁快速推进、资源开发拓展实施、企业改革不断深化”四大战略任务为中心推动工作，重钢效益持续递增，重钢又好又快发展。重钢继2004年销售收入破100亿元后的第4个年头的2008年，销售收入突破200亿元达204亿元，比2007年增长35.37%；4年后销售收入翻番。资产总额保值增值，达到218亿元。销售收入、资产总额双双突破200亿元，为重庆市市属国有企业首家“两百亿集团”。

至2008年3月，重钢集团累计利润计划1亿元，累计利润目标1.38亿元，实际完成利润2.61亿元；实际利润比计划利润目标增加1.24亿元。6月份累计利润计划2亿元，累计利润目标2.75亿元，实际完成利润6.50亿元；6月实际完成的利润比3月份增长149.04%。利润完成年目标118.08%，同比增长99.33%。2008年上半年，重钢用半年时间创全年利润目标，生铁、钢、钢材等主要产品的产量、钢材销售、销售收入等均实现“时间过半，任务过半”的局面。1～5月，重钢的销售收入增长50%，利润增长97.45%。3～8月，重钢每月利润保持在1亿元以上，而7月，利润为1.55亿元，为重钢集团单月实现利润的最高水平。截至9月，重钢集团累计利润计划3亿元，累计利润目标4.13亿元，实际完成利润10.03亿元；9月实际完成的利润比6月份增长54.30%，比3月份增长284.29%；同比增加5.10亿元，增长1.03倍，高于行业重点企业的平均增幅。进入四季度后，在11月份累计利润计划3.70亿元，累计利润目标5.04亿元，实际完成利润10.33亿元。11月实际完成的利润比9月份增长2.99%，比6月份增长59.92%，比3月份增长295.78%。12月份重钢集团累计利润计划4亿元，累计利润目标5.5亿元，实际完成9.43亿元；实际利润比9月份减少5.98%，比11月份减少8.71%。

重钢看准2008年上半年钢材需求旺盛，市场价格高，全力高效生产，产销增长。上半年生产焦炭78.85万吨，完成年目标49.90%，同比增长1.63%；生铁产量为164.12万吨，完成年目标50.34%，同比增长2.63%；产钢180.90万吨，完成年目标50.25%，同比增长4.35%；钢材184.53万吨，完成年目标51.83%，同比增长4.62%。销售钢材187.58万吨，同比增长6.64%；销售收入105.32亿元，完成年目标65.83%，同比增长49.72%；钢材产销率101.65%，同比提高1.93个百分点。

2008年，重钢优化产业结构，平衡市场供需情况；在金融危机下，采购价位低的铁矿石，节省成本；调整产品结构，有效益、有订单的产品扩大产能，对效益不好的产品压缩产能，甚至停产检修。全年生产焦炭155.15万吨，比上年减少1.36万吨，比目标减少1.80%；产生铁319.74万吨，比上年减少2.99万吨，减少0.93%，比目标减少1.92%；产钢345.92万吨，比上年减少1.39万吨，减少0.4%，比目标减少3.91%；生产钢材348.1万吨，比上年增产4.84万吨，比上年增长1.41%，比目标减少2.22%。

2008年，重钢实现利润9.10亿元，比上年增长76.70%；利税21.5亿元，比上年增长38.26%。钢材销售量351.83万吨，比上年增长0.91%；钢材产销率101.07%，比上年下降0.5个百分点；货款回笼率102.63%，比上年下降0.21个百分点，货币回笼率95.12%；销售收入203.68亿元，比上年增长35.15%。

2008年重钢集团利润较上年增加3.85亿元的增利减利情况：(1)增加利润49.63亿元的因素有①钢材平均售价上涨，增加利润44.78亿元；②非钢产业子公司经营效益提高，实现利润3.31亿元，同比增加1.47亿元；③重钢股份公司降低能耗等工序降低成本1.60亿元；④重钢出售持有的交通银行和重庆银行股本，实现投资收益1.05亿元；⑤获得大渡口区危旧房拆迁补偿等非流动资产处置净收益0.32亿元，同比增加0.53亿元，钢渣资源开发销售收益0.2亿元。(2)减利45.83亿元，主要因素：①冶金原材料涨价，增加成本41.56亿元；②职工工资及附加费增加3.50亿元；③银行借款及上半年利率上调，财务费同比增加0.77亿元。

2008年3月，重钢23个子公司接受资产经营责任制完成情况考核，16个子公司完成资产经营责任制目标进度，占考核总数的69.57%；6月份，23个子公司接受资产经营责任制完成情况考核，19个子公司完成资产经营责任制目标进度，占考核总数的82.61%；9月份，重钢23个子公司接受资产经营责任制完成情况考核，15个子公司完成资产经营责任制目标进度，占考核总数的65.22%；12月份，重钢23个子公司接受资产经营责任制完成情况考核，19个子公司完成资产经营责任制目标进度，占考核总数的82.61%。

重钢2008年内部挖潜，发展循环经济，非钢产业赢利。2008年，重钢的矿业产业、环境保护产业、房地产产业等非钢产业平衡发展，盈利增加。17个非钢产业子公司全年实现销售收入47.75亿元，比上年增长30.57%，创利润32797万元，比上年增长78.65%；其中15家子公司销售收入同比有不同程度的增长，2家亏损。2008年重点非钢支柱产业矿业、环境工程产业、房地产产业实现销售收入21.91亿元、占非钢收入的45.88%、同比增长40.18%，实现利润26806万元、占非钢利润的81.73%、同比增长119.63%。重钢集团2008年非钢产业收入占总收入的23.41%，比目标“非钢产业收入比重≥18%”增长30.06%。

◆刘光军

名录与机构

2008年重钢公司负责人名录

董事长　董林
副董事长　张再坤
董　事　董林　张再坤　刘加才　朱建派　罗福勤
独立董事　张宗益　吴越
职工代表董事　潘向宇
监事会主席　侯大川(至2008年3月止)
监　事　任太光　李青
职工代表兼职监事　李保卫　罗琳

总经理　刘加才
副总经理　罗福勤　董荣华　郭德勇　李岚峰
　　　　袁进夫(2008年7月任)
总会计师　袁进夫

党委书记　张再坤
党委副书记　朱建派　潘向宇
纪委书记　朱建派
工会主席　潘向宇

技术中心
主　任　董荣华
副主任　邓强　孙毅杰　曾兢
副总工程师　龚文渠　周宏　曹敬明　邓强　赵拓山
　　　　　唐清　梁正明

2008年重钢董事会工作机构负责人名录

科技与发展委员会
主　任　董林
副主任　张再坤　刘加才
委　员　董荣华　郭德勇　曹敬明　周宏　邓强
　　　　章金楠

财经与审计委员会
主　任　董林
副主任　袁进夫　张宗益
委　员　涂德令　蒋显奎　袁学兵

人力资源与薪酬委员会
主　任　罗福勤
副主任　潘向宇
委　员　罗嗣宏　谭亚夫

企业改革委员会
主　任　刘加才
副主任　朱建派　罗福勤　吴越
委　员　罗嗣宏　蒋显奎　黄幼和　宋倪鹏　章金楠

董事会办公室
主　任　夏彤
副主任　左宁松
董事会秘书　夏彤

2008年重钢公司机关负责人名录

经理办公室
主　任　夏彤
副主任　左宁松
北京办事处主任　周灿
副主任　刘蓉(2008年3月任)

技术发展办公室
主　任　章金楠
副处长　金华聪

经济运行处
处　长　王永晖(至2008年1月止)
　　　　李红宇(2008年3月任,此前任机动处副处长)
副处长　冷强红

财务处
处　长　蒋显奎

人力资源处(培训处、企管处、企协)
处　长　罗嗣宏
副处长　田永明
企协秘书长　罗嗣宏

人事处
处　长　谭亚夫

监察处
处　长　李保卫

审计处
处　长　巩君(2008年3月任,此前任副处长主持全面工作)

国土办公室
主　任　刘勇

法律事务室
主　任　黄幼和

行政管理处(信访处)
处　长　宋倪鹏
副处长　傅继美

退休工作处
处　长　曹选能

副处长　卢志明
党委书记　曹选能

党委办公室(机关党工委)

主　任　谭敏剑
书　记　谭敏剑

党委组织部

部　长　谭亚夫

党委宣传部

部　长　王洪展

统战部

部　长　王洪展

政研会

秘书长　黄文才(正处级调研员)

纪委

副书记　李保卫

工会

副主席　罗琳

团委

书　记　吴冬

武装部

第一政委　张再坤
政　委　朱建派
第一部长　董林
部　长　李明抗

离干办

主　任　滕明全(2008 年 7 月任,此前任副主任主持全面工作)
党委书记　滕明全(2008 年 7 月任,此前任副书记主持党委工作)

科协

秘书长　金华聪(兼任)

培训中心(职工大学、党干校、中专技校)(培训中心 2008 年 12 月划股份公司管理,2009 年 1 月 1 日起实行集团、股份二块牌子)

主　任(校长)　岳庆
副主任(副校长)　阎传义　牟坚毅　魏建新
党委书记　岳庆
党委副书记、纪委书记　魏建新
工会主席　魏建新

总医院

院　长　张俊
副院长　龚涛　李起　肖凌
党委书记、纪委书记　涂峰
工会主席　涂峰

重钢环保搬迁指挥部

指挥长　董林
副指挥长　张再坤　刘加才　董荣华　郭德勇　李岚峰　袁进夫
指　挥　曹敬明　周宏　徐刚　唐清　邓强　涂德令　赵拓山　张明富

重钢环保搬迁指挥部党委(2008 年 7 月成立)

党委书记　夏彤(2008 年 7 月任)
党委副书记　何男男(2008 年 7 月任)

档案处

处　长　黄二卫

技术改造办公室

主　任　刘东
副主任　郭明

安全环保办公室

主　任　贾安才

保卫处

处　长　曾礼远
副处长　吴刚渝
党总支书记　曾礼远

2008 年重钢集团子公司负责人名录

重庆钢铁股份有限公司

董事长　罗福勤
执行董事　罗福勤　袁进夫　陈山　孙毅杰　陈洪　李仁生(2008 年 3 月任)
独立非执行董事　王翔飞　孙渝　刘星
监事会主席　朱建派
监　事　朱建派　黄幼和　巩君
职工代表监事　陈红　高守伦(2008 年 3 月任)
总经理　陈山
副总经理　孙毅杰　徐刚　吴自生　陈洪　李仁生
总工程师　孙毅杰
党委书记、纪委书记　朱建派
工会主席　朱建派
团委书记　吴冬(兼)

股份公司办公室(董秘室)

主　任　游晓安
副主任　陈红
董事会秘书　游晓安

党委办公室(宣传处)

主　任(处长)　黄成华

组织处

处　长　谢传新
纪委副书记　谢传新

生产管理处

处　长　刘贤富

副处长　程健

安全环保处

处　长　贾安才

人力资源处

处　长　罗建

财会处

处　长　宋莺

保卫处

处　长　曾礼远

副处长　吴刚渝

党总支书记　曾礼远

销售处

处　长　陈洪(兼任)

副处长　李整　安奇

党总支书记　李整

原材料处

处　长　李仁生(兼任)

副处长　毛勇　赖学文(至2008年3月止)　肖华高

党委书记　毛勇

纪委书记、工会主席　肖华高

档案处

处　长　黄二卫

进出口处

处　长　周志宇

机动处

处　长　姚小虎

副处长　李红宇(至2008年3月止)

技改处

处　长　刘东

副处长　郭明

质量管理处

处　长　李红

副处长　朱斌　原建华

党委副书记　张明梁(主持党委工作)

纪委书记、工会主席　张明梁

装备处

处　长　冯成伟

副处长　罗小吟

党总支书记　于光朝

工会主席　于光朝

焦化厂

厂　长　常恨非

副厂长　马平　李小华

党委书记、纪委书记　马平

工会主席　马平

烧结厂

厂　长　张理全

副厂长　朱忠荣

党委书记、纪委书记　窦辉

工会主席　窦辉

炼铁厂

厂　长　鲁德昌

副厂长　雷有高　贺镇

党委书记、纪委书记　王有志

工会主席　王有志

炼钢厂

厂　长　李家春

副厂长　熊银成　吴银兵　庞勇

党委书记、纪委书记　周健

工会主席　周健

中板厂

厂　长　管朝晖

副厂长　罗运清　刘树　黄仑　王鑫(2008年3月任)

党委书记、纪委书　高守伦

工会主席　高守伦

型钢厂

厂　长　李兴国

副厂长　罗军

党委书记、纪委书记　储瑜昌

工会主席　储瑜昌

高线厂

厂　长　王绍斌

副厂长　陈志伟　刘勇

党总支书记　邓俊高

工会主席　邓俊高

冷轧薄板厂

厂　长　李兰天

副厂长　张桥川

党总支书记　张俊

工会主席　张俊

动力厂

厂　长　沈勇革

副厂长　李志红　郑含燕

党委书记、纪委书记　黄龙强

工会主席　黄龙强

运输部

主　任　鄢培

副主任　唐光华

党委书记、纪委书记　张发明

工会主席　张发明

钢研所

所　长　曾兢

副所长　陈文满　周远华　肖亚
党委书记、纪委书记　方毅

重钢集团矿业有限公司
董事长　梁正明(2008年7月兼任陕西三金矿业股份有限公司董事长)
经　理　梁正明
副经理　刘贻民　董渝旭
总工程师　魏平
党委书记、纪委书记　甘伟前
工会主席　甘伟前

綦江铁矿
矿　长　舒西刚
副矿长　廖绍波　唐强
党委书记、纪委书记　李春唯
工会主席　李春唯

太和铁矿
矿　长　陈大元
副矿长　梁典德　童荣(至2008年5月止)　陶治其　满先云
党委书记、纪委书记　毛胜光
工会主席　毛胜光

乐山粘土矿(乐山耐火材料厂)
矿　长(厂长)　邬贵轩(2008年3月任,此前任副矿长主持全面工作)
副矿长(副厂长)　向利平　陈文峰
党委书记、纪委书记　黄真庆
工会主席　黄真庆

歌乐山石灰石矿(重庆环亚建材有限公司)
矿　长　詹光模
副矿长　刘健
党委书记、纪委书记　文家强
工会主席　文家强

大宝坡石灰石矿
矿　长　龚明斌
副矿长　李贤杰(2008年7月兼任陕西三金矿业股份有限公司总经理,副处级)　唐培怀
党委书记　龚明斌
纪委书记、工会主席　唐培怀

景星白云石矿
矿　长　詹光模
副矿长　侯红斌
党委书记、纪委书记　袁长清
工会主席　袁长清

接龙矿
矿　长　詹光模
副矿长　周成彦

重钢集团耐火材料有限责任公司
董事长　陈学锋
经　理　陈学锋
副经理　李兴
党委书记、纪委书记　冯大明
工会主席　冯大明

重庆巫峡矿业股份有限公司(2008年6月成立)
董事长　郭德勇(2008年6月兼任)
总经理　董渝旭(副处级,2008年6月任)
总设计师　代大平(副处级,2008年9月任)

重钢集团产业有限公司
董事长　韩罗庆
总经理　戴英
副总经理　王贵伟
总会计师　韩罗庆
党委书记　刘大龙
纪委书记、工会主席　王虹
李杨(副处级,重庆腾辉新型材料有限公司副总经理)

材料总厂(2008年7月改制脱离重钢代管)
厂　长　陈浩(至2008年7月止)
副厂长　蒋性德(至2008年7月止)

源丰公司
经　理　赵亮(2008年3月任,此前任副经理主持全面工作)
副经理　尹开政(2008年3月任,此前任四钢公司副总经理)

轧钢总厂
厂　长　旷渝训

商贸公司
经　理　王昌荣

重庆三钢钢业有限责任公司(重钢集团中兴实业公司)
董事长　邓强
经　理　邓强
副经理　谢光健　欧志章
党委书记、纪委书记　罗应增
工会主席　罗应增

重庆四钢钢业有限责任公司
董事长　李金春
总经理　李金春
副总经理　尹开政(至2008年3月止)　袁思胜
党委书记、纪委书记　黄清云
工会主席　曾庆琴

重钢集团建设工程有限公司
董事长　常晓冬
总经理　常晓冬

副总经理　魏成华(至2008年7月止)　郑权　郭建

沈智成　任继冬(2008年7月任)

欧渝(2008年7月任)

总工程师　魏成华(至2008年7月止)

党委书记、纪委书记　陈怀萱

工会主席　陈怀萱

重钢集团电子有限责任公司

董事长　涂德令

经　理　李建中

副经理　谭昌斌　李中清

党委书记　李建中

纪委书记、工会主席　谭昌斌

重庆朝阳气体有限公司

董事长　罗绯

总经理　刘钟

副总经理　王建平

党委书记、纪委书记　陈捷

工会主席　陈捷

重钢集团运输有限责任公司

董事长　唐清

经　理　雷敬川

副经理　龙晓波

党委书记、纪委书记　牟少平

重钢集团朵力房地产股份有限公司

董事长　黎伟

经　理　曾朝夕

副经理　甘　谦(至2008年11月止)　袁晓彤

总工程师　袁晓彤

党委书记　黎伟

纪委书记、工会主席　袁晓彤

重钢集团设计院

董事长　曹敬明

院　长　曹敬明

副院长　张佩　熊伟　叶继承

党总支书记　熊伟(2008年3月任)

重钢集团机械制造有限责任公司

董事长　黄健

经　理　程进

副经理　吴兴波　卢巍

党委书记、纪委书记　徐祖华

工会主席　徐祖华

重庆三峰卡万塔环境产业有限公司

经　理　雷钦平

副经理　刘思明

党委书记　雷钦平

重钢集团三峰科技有限公司

董事长　雷钦平

副经理　熊绍武(主持全面工作)

党支部书记(直属)　熊绍武

重钢集团三峰工业有限公司

董事长　董荣华(兼任)

总经理　黄健

副总经理　徐祖华(正处级)

财务负责人　蒋显奎

党总支书记　徐祖华

重钢集团生活服务有限责任公司

董事长　唐世明

经　理　唐世明

副经理　陈造

党委书记、纪委书记　高正红

工会主席　高正红

重庆新港装卸运输有限公司

董事长　周宏

总经理　明安灿

副总经理　康丽

党总支书记　明安灿

重庆新港长龙物流有限责任公司

董事长　周宏

总经理　明安灿

副总经理　康丽

重庆三环建设监理咨询有限公司

执行董事　王锡萍

经　理　王锡萍

副经理　罗朝晖

党支部书记(直属)　王锡萍

重庆三峰传媒公司

执行董事　王洪展

经　理　李成富

党总支书记　王洪展

重钢报社总编　王洪展

重庆东华特殊钢有限责任公司

董事长　张培

总经理　张培

副总经理　谢朝义　张军　吴省三

党委书记、纪委书记　刘樱

工会主席　刘樱

重钢集团钢管有限责任公司

董事长　熊明祥

经　理　熊明祥

副经理　宋大宁　刘世文

党委副书记　罗佳琳(主持党委工作)

纪委书记、工会主席　罗佳琳

重钢集团铁业有限责任公司

董事长　龚文渠

经　理　龚文渠

副经理　吴晓华　胡堂智(至2008年3月止)　牟勇　刘川全(2008年3月任)

党委书记、纪委书记　戴光荣

工会主席　戴光荣

重庆钢铁研究所

所　长　蒋肃曾

副所长　王周树

党委书记、纪委书记　吴登明

工会主席　吴登明

重庆鑫腾冶金炉料有限责任公司

董事长　周宏

经　理　谢泽强

副经理　伍天仁(至2008年7月止)　田继成

党委书记、纪委书记　廖大金

工会主席　廖大金

热陶瓷公司

经　理　孙立

重钢进出口公司

总经理　周志宇

重庆钢铁(香港)有限公司

董事长　刘加才(兼任)

总经理　周志宇

重庆数码模车身模具有限公司

董事长　钟兴荣

财务总监　周隆武(副处级)

副总经理　何玉福

◆重钢公司党委组织部(人事处)供稿

重庆钢铁(集团)有限责任公司组织机构图

(2008年12月)

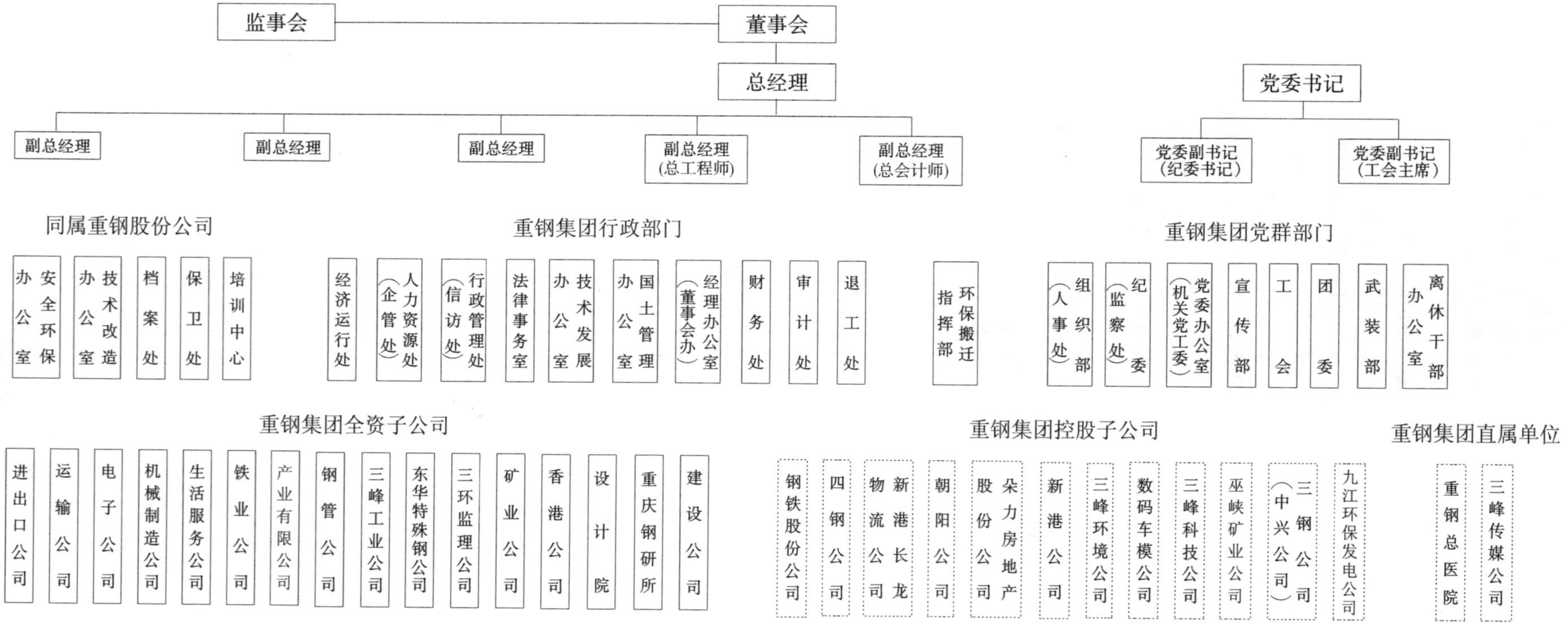

注:环保搬迁指挥部为临时机构

◆陈里林

本部目责任编辑　黄二卫
"名录与机构"责任编辑　王素兰
本部目责任校对　龙志敏

4

大事记

重钢年鉴

2009

2008 年重钢集团大事记

1 月 2 日

重钢集团工会发《关于开展“资助贫困学子回家团圆爱心结对”的倡议》,公布“资助特困学生名单”,特困学生 24 名。

1 月 8 日

重庆市政府副秘书长崔坚在重庆市国有资产监督管理委员会主持召开重钢环保搬迁工程建设协调会,就重钢长寿新区工程建设中存在的征地、拆迁、外围交通、电力、码头、岸线、铁路等问题和困难进行协调。

1 月 10 日

重钢长寿新区场平施工累计完成土石方量 2807.78 万平方米,占场平施工作业总量的 68.64%;13 个标段中 5 个标段完成 90% 以上工程量。

1 月 11 日

“重钢环保搬迁监督领导小组暨特邀监督员工作会”召开,重钢集团董事长董林,重钢集团党委书记、副董事长张再坤就重钢环保搬迁工作提出要求,重钢集团纪委监察处通报 2007 年重钢环保搬迁监督工作情况。

1 月 28 日

重钢集团总经理刘加才组织召开重钢环保搬迁焦化、烧结、炼铁、CDQ(干息焦)、热风炉、350 吨铸造吊等六大工程项目总承包合同签字仪式,重钢集团副总经理董荣华分别与中冶赛迪工程技术有限公司、中冶焦耐工程技术有限公司、中钢集团设备公司、太原重工股份有限公司、首钢设计院、山东冶金设计院等项目承包单位签订总承包合同。

1 月 31 日

由英国保守党、工党、自由民主党及英国驻华大使馆、英国驻重庆领事馆等 12 名议员、大使组成代表团来重钢参观访问 CDM 项目。

2 月 4 日

重钢集团总会计师袁进夫主持重钢环保搬迁炼钢工序各标段的总承包合同签字仪式,重钢集团副总经理董荣华与中钢集团设备公司、中冶赛迪工程技术有限公司、西安重机研究所、太原重工股份有限公司、武钢工程公司等单位签订炼钢工序各标段的总承包合同。

2 月 12 日

重钢集团副总经理、重钢环保搬迁副指挥长董荣华带队,在成都与中铁公司、成都铁路局、中铁成都二院等单位就重钢长寿新区铁路专用线接轨方案进行比较、优化,形成向铁道部报批方案。

2 月 22 日

重钢环保搬迁工程首个节能减排项目低温余热综合利用项目进行签字仪式。

3 月 20 日

美国卡万塔控股集团董事会主席山姆泽尔一行来重钢会见重钢集团董事长董林并参观重庆同兴垃圾焚烧发电厂。

3 月 24 日

重钢集团厂情馆在预开馆时接待首批客人,日本新日铁环境部部长山田健司、新日铁环境部经理筱上雄彦、新日铁副总代表水井长则在重钢集团副总经理董荣华陪同下参观重钢集团厂情馆。

3 月 25 日

重钢集团与日本新日铁就重钢长寿新区 CDQ 减排二氧化碳在购销意向书上签字。

3 月 28 日

纪念重钢迁渝建厂 70 周年大会在重钢钢花影剧院举行,中共重庆市委常委、重庆市常务副市长、重庆市国有资产监督管理委员会党委书记黄奇帆出席大会并讲话;重钢集团董事长董林在大会上作《追溯历史传承精神开拓未来》讲话。

重钢集团厂情馆揭牌开馆,重钢集团总经理刘加才,重钢集团党委副书记潘向宇,重钢集团副总经理罗福勤、李岚峰,重庆市档案局副局长郑永明等参加开馆仪式。

重钢环保搬迁第一个主流工程 4100 毫米宽厚板项目进驻重钢长寿

新区仪式举行。

4 月 2 日

重钢召开"解放思想扩大开放"大讨论动员会,重钢集团董事长董林,重钢集团党委书记、副董事长张再坤在会上提出重钢开展大讨论的要求,并对大讨论的主要任务、方法步骤进行部署。

4 月 6 日

重钢集团总经理刘加才在西安出席旬阳县小金河磁铁矿合资合作项目发起人协议书签字仪式。

4 月 11 日

重钢环保搬迁主流程工程第一个开工建设项目 1780 毫米热轧板带项目在重钢长寿新区破土动工。

4 月 16 日

重钢集团召开"解放思想扩大开放"大讨论领导小组暨党委中心组学习讨论会。重钢集团副总经理董荣华就重钢的未来发展战略作专题发言,重钢集团总经理、重钢"解放思想扩大开放"大讨论领导小组副组长刘加才作讲话,重钢集团党委书记、副董事长、重钢"解放思想扩大开放"大讨论领导小组副组长张再坤提要求,重钢集团董事长、重钢"解放思想扩大开放"大讨论领导小组组长董林做总结发言。

4 月 18 日

四川省凉山州州委副书记、州长张支铁,州委常委、副州长黄尊显,副州长杨文泉,凉山州政协副主席毕志强等凉山州党政代表团一行来重钢访问交流,重钢集团董事长董林,重钢集团党委书记、副董事长张再坤,重钢集团副总经理董荣华、李岚峰等接待来访客人。

4 月 23 日

重庆钢铁(集团)有限责任公司节能减排、实施环保搬迁工程项目申请报告报国家发改委。

4 月 29 日

重钢集团获"全国五一劳动奖状",重钢集团总经理刘加才在重庆市庆祝五一国际劳动节颁奖典礼上登台领奖并致获奖感言。

重钢集团董事长董林、重钢股份公司炼钢厂职工文秋获"重庆市五一劳动奖章"。

5 月 13 日

重钢就 5 月 12 日 14 时 28 分在四川省汶川县发生里氏 8.0 级强烈地震召开抗震救灾工作会,重钢集团党委书记、副董事长张再坤传达中央办公厅、国务院办公厅关于抗震救灾的文件精神,重钢集团总经理刘加才传达重庆市抗震救灾紧急电视电话会议精神,会议对重钢的抗震救灾工作进行安排部署。

5 月 14 日

重钢发重钢经办发〔2008〕87 号文件《关于全力做好抗震救灾工作的通知》,就 2008 年 5 月 12 日 14 时 28 分在四川省汶川县发生里氏 8.0 级强

重钢厂情馆预开馆迎来首批参观者日本新日铁客人　张兵　摄影

烈地震提出做好重钢抗震救灾工作的具体要求；重钢集团成立抗震救灾应急指挥部。

5月15日

重钢举行向汶川地震灾区捐款仪式，重钢集团党委书记、副董事长张再坤发出捐款倡议，重钢集团董事长董林，重钢集团党委书记张再坤，重钢集团总经理刘加才，重钢集团党委副书记朱建派，重钢集团副总经理罗福勤、董荣华、郭德勇、李岚峰，重钢集团总会计师袁进夫等现场捐款；因公外出的重钢集团党委副书记、工会主席潘向宇委托党委办公室代为捐赠；现场筹集善款289559元。

重钢总医院收治第一名“5·12”汶川特大地震中受伤者四川省德阳市什坊湔氐中学学生王文英。

5月16日

重钢集团与重庆市长寿区召开联席协调会，长寿区成立支援重钢环保搬迁工程建设领导小组及办公室，重钢环保搬迁指挥部同长寿区支援重钢环保搬迁工程建设办公室建立联系通道。

5月18日

晚上8时10分，重钢总医院接受由四川省绵阳市中心医院转至的37名地震灾区伤员，立即救治。

5月19日

14时28分，重钢职工在重钢集团所属场所与全国人民一起在哀笛声中为5月12日14时28分在汶川强烈地震中遇难同胞肃穆致哀3分钟。

上午，重钢集团董事长董林，重钢集团党委副书记、工会主席潘向宇，重钢集团总会计师袁进夫及重钢集团有关负责人到重钢总医院看望来此治疗的汶川大地震的伤员。

上午，重钢集团党委书记张再坤，重钢集团总经理刘加才，重钢集团党委副书记朱建派等一行到重钢总医院看望来此治疗的在汶川大地震中受伤的伤员。

5月20日

重钢集团董事长董林在重钢环保搬迁长寿新区指挥中心就各管理部及主流程项目部负责人于5月15日管理重心前移，开始进驻环保搬迁现场指挥中心，工程建设管理下移工程现场，进行工作部署和再动员。

5月22日

应重庆市市长王鸿举、重庆市常务副市长黄奇帆来重钢召开现场办公会提出制作彩钢活动板房要求，重钢保质保量承担生产制作80万平方米彩钢活动钢板房，帮助汶川大地震灾区重建家园。

5月26日

重钢集团董事长董林，重钢集团总经理刘加才，重钢集团副总经理李岚峰到长寿晏家三峰工业园区检查抗震救灾活动板房制造工作，董林明确要求8月10日前确保完成活动板房55万平方米、力争60万平方米。

5月28日

中共重庆钢铁（集团）有限责任公司第十一次代表大会召开，重钢集团董事长董林致开幕词，重钢集团党委书记张再坤代表中共重钢公司第十届委员会作《解放思想扩大开放为做精做强重钢而努力奋斗》的报告；重庆市政府副秘书长、重庆市国有资产监督管理委员会党委常务副书记崔坚，重庆市国有资产监督管理委员会党委副书记罗聪，重庆市国有资产监督管理委员会党委副书记、纪委书记颜建禄，中共重庆市大渡口区区委书记刘本荣等参加大会。

5月29日

中共重庆钢铁（集团）有限责任公司第十一次代表大会闭幕，大会选举21名中共重庆钢铁（集团）有限责任公司第十一届委员会委员、7名中共重庆钢铁（集团）有限责任公司新一届纪律检查委员会委员。中共重庆钢铁（集团）有限责任公司第十一届一次全委会选举中共重庆钢铁（集团）有限责任公司第十一届委员会书记、副书记、常委，通过中共重庆钢铁（集团）有限责任公司新一届纪律检查委员会第一次全会选举结果的报告。

6月2日

世界品牌实验室发布2008年“中国最具价值品牌500强”名单，重庆钢铁（集团）有限责任公司名列305位。

6月4日

截至今日，重钢集团党委组织部收到重钢各单位党员交纳“特殊党费”577522.5元用于支援抗震救灾，其中交纳1000元以上的党员有133名。

重庆市国有资产监督管理委员会成立重钢环保搬迁监督领导小组。

6月5日

重钢获中华全国总工会颁发的“抗震救灾重建家园‘工人先锋号’”称号，获锦旗。

6月10日

重钢职工抗震救灾赶制的第一批活动板房100套运往地震灾区都江堰，重钢集团举行首发交货仪式。

6月11日

国家环保总局环境影响评价专家组咨询小组完成重钢环保搬迁工程环境影响大纲技术咨询工作。

6月15日

重钢职工抗震救灾赶制的20间板房教室运往受汶川特大地震灾害影响的重庆灾区梁平县文化小学、文化中学及礼让小学，重钢集团建设公司对板房教室进行安装。

6 月 17 日

重钢集团副总经理李岚峰到地震灾区都江堰市天马镇了解重钢职工抗震救灾制造安装活动板房情况。

6 月 18 日

重钢集团环保搬迁监督工作会召开,重庆市国有资产监督管理委员会党委副书记、纪委书记、重庆市国有资产监督管理委员会重钢环保搬迁监督领导小组组长颜建禄对监督工作提要求,重钢集团董事长董林,重钢集团党委书记、副董事长、重钢环保搬迁监督领导小组组长张再坤要求相关单位要高标准、严要求,自觉地接受监督。

6 月 22 日

截至今日,重钢职工抗震救灾制造完工活动板房达 15.2 万平方米、3000 套及 3 组小配套并运往四川地震灾区。

6 月 24 日

国家环保专题调研组来重钢集团调研,实地考察重钢股份公司炼铁厂、炼钢厂,重钢集团总经理刘加才、副总经理董荣华陪同考察并介绍重钢的环保工作。

6 月 25 日

重钢和美国卡万塔控股集团联合体与四川省成都市发展与改革委员会就"成都市九江环保发电厂项目特许经营权协议"进行签字,重钢集团董事长董林出席签字仪式并作讲话。

6 月 27 日

重钢集团党委在重钢集团纪念中国共产党成立 87 周年座谈会上发出号召:解放思想求跨越,扩大开放促发展。

7 月 1 日

重庆市委、市政府举行重庆市抗震救灾表彰暨先进事迹报告会,重钢获"重庆市抗震救灾先进集体"称号。

7 月 2 日

重庆市政府表彰 2007 年重庆工业企业 50 强,重庆钢铁(集团)有限责任公司获 2007 年重庆工业企业 50 强称号,名列第 6 名。

7 月 10 日

全国人大常委会委员、全国人大环境与资源保护委员会副主任委员蒲海清来重庆考察重庆同兴垃圾发电厂,重钢集团董事长董林代表重钢领导班子及职工向老领导致以热烈的欢迎与感谢。

7 月 11 日

国家发改委委托中钢集团金信咨询公司组成的由原冶金部副部长、中国工程院院士殷瑞钰,原冶金部副部长、中国钢铁工业协会顾问吴溪淳,原冶金部副部长、中国金属协会理事长翁宇庆,武钢集团原副总经理、总工程师、中国工程院院士张寿荣,原冶金部发展规划司司长、教授级高级工程师梁才等 14 名组成的专家评审团来重钢对重钢环保搬迁项目进行评估审查,重钢集团总经理刘加才、副总经理董荣华到机场迎接。

7 月 13 日

重庆市市长王鸿举、常务副市长黄奇帆在重庆会见由国家发改委委托中钢集团金信咨询公司组成的专家评审团全体成员,感谢专家组对重钢环保搬迁的关心;重钢集团领导董林、张再坤、刘加才、朱建派、董荣华、郭德勇、袁进夫等参加会见。

7 月 14 日

重钢节能减排、实施环保搬迁工程项目评估审查会在重庆申基索菲特大酒店召开,由国家发改委委托中钢集团金信咨询公司组成的评审团全部评审专家,重庆市副市长童小平,重钢集团董事长董林,重钢集团副董事长、党委书记张再坤,重钢集团总经理刘加才,重钢集团党委副书记朱建派,重钢集团副总经理董荣华、郭德勇,及项目评审单位中钢集团金信咨询公司,设计单位中冶赛迪公司与重庆市国有资产监督管理委员会、重庆市发展与改革委员会、重庆市经济委员会、重庆市国土局、重庆市规划局、重庆市长寿区等部门有关领导出席。

7 月 15 日

美国卡万塔能源公司、重庆科学技术学院、重庆三峰卡万塔环境产业有限公司共同开发排式气燃烧工艺实验装置项目合作技术协议在重庆科学技术学院进行签字仪式。

7 月 17 日

在重钢集团两级中心组成员集中学习会上,重钢集团董事长董林作《坚持解放思想推进重钢科学发展》报告。

8 月 10 日

截至今日,重钢长寿新区场平土石方工程施工累计完成 3819.55 万立方米,完成合同总施工量的 99.95%。

8 月 12 日

重钢集团副总经理、重钢环保搬迁指挥部副指挥长董荣华主持召开会议,重钢决定对环保搬迁工程建设方案进行调整,明确以 2009 年 6 月底建成并投产 4100 毫米宽厚板项目实现环保搬迁工程第一期第一步的中心目标。

8 月 21 日

中共重庆市委常委、重庆市委宣传部部长何事忠,重庆市委宣传部副部长、重庆市精神文明建设办公室主任刘万利,重庆市国有资产监督管理委员会副主任廖庆轩,重庆市经济委员会副巡视员项克华,重庆市劳动和社会保障局副局长王安石,重庆市总工会党组副书记、副主席黄建国一行就思想政治工作开展情况来重钢集团调研并参观了重钢厂情馆。

8月27日

2008年重庆企业100强名单公布，重庆钢铁（集团）有限责任公司排名第4位。

8月30日

重庆钢铁（集团）有限责任公司以2007年销售收入为150.70亿元之规模，获2008年中国企业500强称号，排名306位；获中国制造业企业500强称号，排名167位。

8月31日

由全国政协常委、中国核动力研究院名誉院长杨岐，全国政协常委、中国科学院管理决策与信息系统开发处实验室学术委员会主任、研究员章祥荪，全国政协常委、中国科学院化学研究所所长、博士生导师王梅祥，全国政协常委、天津南开大学副校长许京军，全国政协常委、中国科学院院士龚惠心及其他6名全国政协常委组成的全国政协调研组来重钢对重钢集团高新技术在节能减排工作中的情况进行调研。

9月3日

国家环境保护部环境工程评估中心组织的专家组在重庆于9月1日开始的对《重钢节能减排实施环保搬迁工程环境影响报告书》的评审完成。

9月12日

重庆市政府副秘书长涂经平组织召开重钢环保搬迁工程专题协调会，协调解决影响重钢环保搬迁工程进度的瓶颈问题并作有关安排。

9月18日

国土资源部发《关于重庆钢铁（集团）有限责任公司实施节能减排环保搬迁项目建设用地预审意见的复函》（国土资预审〔2008〕270号），正式批复同意重钢集团实施节能减排环保搬迁项目建设用地预审。

9月19日

重钢召开“遵纪守法爱岗敬业”专题教育动员大会，重钢从今日至11月30日分3个阶段开展“遵纪守法爱岗敬业”专题教育活动。

9月25日

重庆市政府副秘书长、重庆市国有资产监督管理委员会主任崔坚考察茶涪路、长寿长江大桥建设情况，再次就重钢环保搬迁工程建设涉及的外围交通面临的困难和存在的问题进行协调。

9月26日

重钢举行“重庆森林工程”启动仪式，重钢集团董事长董林，重钢集团副董事长、党委书记张再坤，重钢集团总经理刘加才，重钢集团党委副书记朱建派，重钢集团副总经理罗福勤、郭德勇、李岚峰、袁进夫等与职工一起植树。

9月28日

重钢集团董事长董林在重钢长寿新区主持召开环保搬迁工程建设现场工作会并作《当前形势和任务》讲话。

10月11日

中国税务网发帖《2007年度中国企业集团纳税500强排行榜》，重庆钢铁（集团）有限责任公司获2007年度中国企业集团纳税500强第178位。

10月22日

《重钢报》消息，重钢集团党委副书记、工会主席潘向宇在中国工会第十五次全国代表大会第二次全体会议上当选中华全国总工会第十五届执行委员会委员。

10月24日

重钢集团“解放思想扩大开放”大讨论第二阶段成果汇报会召开，重钢集团党委书记、副董事长张再坤作讲话。

10月31日

重庆市人大常委会副主任、重庆市总工会主席胡健康一行来重钢进行节能减排调研。

11月4日

海尔集团副总裁、青岛海尔空调电子有限公司总经理杜光林一行访问重钢。

11月5日

2008年重庆钢铁年会在重钢召开。

11月6日

重庆市国有资产监督管理委员会副主任谢华骏来重钢长寿新区主持召开重庆市国资委重钢环保搬迁工程现场会，重钢集团总经理刘加才、副总经理董荣华及重庆市长寿区副区长陈金山到会汇报工作。

11月11日

重钢集团节能减排、实施环保搬迁工程项目评估意见交流会在重钢举行，重钢集团董事长董林、重钢集团副总经理董荣华等与中钢金信咨询公司总经理廖世波、中冶赛迪公司副总工程师李广厚等进行交流。

11月14日

重庆市委党校法学研究室主任戚攻教授来重钢在重钢两级中心组大集中学习会上作《科学发展与城乡统筹报告》宣讲十七届三中全会精神。

11月21日

重钢环保搬迁主流程项目4100毫米宽厚板轧机的关键设备重350吨的精轧机牌坊从四川省德阳市德阳二重集团出发运货重庆重钢长寿新区。

11 月 22 日

国家档案局副局长李和平专程来重钢调研并参加由国家档案局技术部主持的《投资主体多元化企业档案管理模式研究》成果鉴定会，重钢集团总经理刘加才、重钢集团副总经理李岚峰陪同调研。

11 月 24 日

重庆钢铁研究所在中国航天科技集团举行的神舟七号发射圆满成功物资供应配套答谢会上荣获“为我国神舟七号载人航天飞行任务飞船运载火箭研制配套做出贡献特志纪念”奖牌。

11 月 27 日

国家环境保护部签署环保批复文件，以环审〔2008〕472 号文件，同意重庆钢铁（集团）有限责任公司节能减排及实施环保搬迁工程环境影响报告书的批复，同意重钢按报告书所列建设项目的性质、规模、地点、生产工艺、环境保护对应措施进行项目建设。

中国节能投资公司总经理王小康一行来重钢调研，与重钢集团董事长董林、副总经理董荣华等就节能减排领域合作进行交流。

12 月 4 日

重钢传达贯彻重庆市委三届四次全委会精神，重钢集团董事长董林在会上作《迎战金融风暴严冬强化干部队伍建设坚定不移地将重钢的事业推向前进》讲话，要求坚定信心，迎接挑战，抓住启动内需的发展机遇，推动重钢持续健康发展。

12 月 5 日

在“重庆国企与金融机构合作战略研讨会暨项目合作签约仪式”上，重钢集团董事长董林分别与工商银行、建设银行、华夏银行就贷款 25 亿元、20 亿元、10 亿元签订意向性合同。

重庆市国有资产监督管理委员会副主任谢华骏再次来重钢长寿新区主持召开重庆市国资委重钢环保搬迁工程现场会，解决重钢环保搬迁工程交通运输问题。

12 月 7 日

重庆市副秘书长、重庆市国有资产监督管理委员会主任崔坚，重庆市国有资产监督管理委员会副主任谢华骏在重钢集团董事长、重钢环保搬迁指挥长董林，重钢集团副总经理、重钢环保搬迁副指挥长董荣华的陪同下视察重钢长寿新区。

12 月 12 日

重钢召开“重钢集团纪念改革开放 30 周年座谈会”，重钢集团党委书记、副董事长张再坤，重钢集团党委副书记、工会主席潘向宇及有关单位负责人、重钢的民主党派代表、团员青年代表参加座谈。

12 月 13 日

重钢集团党委书记、副董事长张再坤，重钢集团总经理刘加才，重钢集团副总经理郭德勇等与来重钢的陕西省安康市市委书记、安康市人大常委会主任刘建明等就开发安康矿产资源进行交流。

12 月 15 日

重钢集团党委常委会讨论通过《重庆钢铁（集团）有限责任公司职工基本行为规范》。

12 月 25 日

重庆钢铁（集团）有限责任公司工会第十四次会员代表大会暨第十二届六次职工代表大会召开。重钢集团总经理刘加才作《坚定信心迎难而上以改革创新思路推进重钢持续发展》行政工作报告，重钢集团总会计师袁进夫作《财务报告》，重钢集团副总经理罗福勤作《提案建议意见处理情况报告》，大会发《重钢集团各子公司 2008 年集体合同执行情况报告》《职代会工会工作报告》，重钢集团党委书记、副董事长张再坤宣读《关于表彰重钢集团厂务公开民主管理先进单位的决定》《关于命名重钢集团“工人先锋号”的决定》。

12 月 26 日

“重钢集团纪念改革开放 30 周年大会”召开，重钢集团董事长董林作讲话，重钢集团领导张再坤、朱建派、潘向宇、罗福勤、董荣华、郭德勇、李岚峰、袁进夫及老领导潘青山、郭代仪等出席大会。

12 月 28 日

由重钢集团控股的陕西三金矿业股份有限公司旬阳小金河铁矿开工奠基仪式在陕西旬阳县举行，重钢集团党委书记、副董事长张再坤，重钢集团总经理刘加才，重钢集团副总工程师、矿业公司经理梁正明，陕西省安康市市委书记、安康市人大常委会主任刘建明，安康市市长方玮峰及旬阳县等有关领导出席仪式。

12 月 29 日

重庆市委常委、重庆市常务副市长黄奇帆率重庆市副秘书长、重庆市国资委主任崔坚，重庆市国资委副主任谢华骏及重庆市相关部门负责人在重钢集团董事长董林，重钢集团党委书记、副董事长张再坤，重钢集团总经理刘加才，副总经理董荣华、李岚峰等陪同下视察重钢长寿新区，并听取重钢集团董事长董林就重钢环保搬迁工程建设与矿产资源开发的工作汇报。

◆刘光军

本部目责任编辑　黄二卫
本部目责任校对　龙志敏

职能管理

【融资】 2008年，在国家继续推行2007年下半年开始的从紧的货币政策，各家金融机构压缩信贷规模，上浮贷款利率的情况下，重钢凭借良好的资信及近年来结成的战略合作关系，为重钢融资工作创造了条件。(1) 2008年，在保持原有授信额度的基础上，重钢又获得光大银行3.6亿元授信额度、建设银行8.7亿元授信额度、工商银行1.24亿元授信额度、深发展1亿元授信额度、中国银行1.5亿元授信额度、民生银行0.7亿元授信额度、中信银行1.02亿元授信额度，其中，光大银行3亿元和工商银行授信额度专项用于抗震救灾项目。全年重钢集团新增银行借款279278万元，归还借款117928万元，净增加161350万元，其中重钢股份公司净增加136673万元。(2)重钢集团环保搬迁工程筹资、融资工作自2007年开始全面启动。按照重钢公司与渝富公司签订的土地置换协议付款进度，截至2008年年底共收到土地款40亿元；享受重庆市政府搬迁企业财政及其他优惠政策，收到2007年度税费返还1.4亿元。搬迁工程投资总额为252亿元，其中自有资本金140.5亿元，拟银行借款111.5亿元。

◆陶静

【优化资源配置】 (1)根据重钢环保搬迁规划中管理流程再造和重庆市国有资产监督管理委员会“缩幅减链”、发展核心竞争力的要求，推进重钢调整组织结构，优化资源配置和子企业改制等工作。重庆鑫腾冶金炉料有限责任公司因负债过重，经营困难停产，且扭亏无望，2008年2月，对鑫腾公司职工进行妥善安置；热陶瓷公司早已停产，资产长期闲置。鑫腾公司、热陶瓷公司被列入重庆市破产计划。鑫腾公司和热陶瓷公司已向法院提出破产申请，鑫腾公司已被法院立案受理，两家公司正进行资产审计评估等相关准备工作。(2)推进主辅分离辅业子企业改制，按照成熟一家改制一家的原则，完成重庆金科再生资源有限公司的民营化改制，金科公司是机制公司的控股公司，在对职工按政策补偿后，其国有股权按相关规定公开挂牌拍卖，已由国有控股公司转变为完全民营化企业。(3)为支持重点非钢产业的发展，经重庆市国有资产监督管理委员会批准，重钢先后成立成都市九江环保发电有限公司、陕西三金矿业股份有限公司和重庆巫峡矿业股份有限公司。(4)根据重钢集团制定的在重钢环保搬迁完成时彻底解决集体企业方针，大力推进对集体职工实施享受环保搬迁政策分流和改制工作。2008年共有476名集体制职工通过享受政策得到分流安置。产业公司代管的材料总厂、绝热板厂按照相关政策法规完成改制，成为民营化企业。通过改制，带走集体制企业人员532人。在推进集体企业改制的同时，对集体制企业进行了清理归并，机制公司将其所代管的3家集体制企业进行合并，归并后减少2家集体制企业。(5)铁合金公司破产终结后社会职能移交基本完成。铁合金公司破产工作在法院对破产资产裁定后，完成法律上的破产终结。因种种原因，铁合金公司的社会职能无法实现移交。已将铁合金公司退休人员的管理关系、卫生管理等社会职能移交地方管理，医院及人员划转其他单位，职工住房也已妥善处理。

◆周明

【机动管理工作】 (1)2008年重钢制定《集团公司特种设备管理办法》，并建立重钢特种设备分类电子档案。(2)2008年重钢组织开展春、秋季设备大检查、起重机械专项整治活动、百日安全活动专项行动、特种设备安全大检查大排查大整治专项行动等，重点对机制公司、三钢公司、东华特殊钢公司、朝阳公司、矿业公司、铁业公司、运输公司、重钢总医院等特种设备进行排查；东华特殊钢公司、机制公司、三钢公司设备安全隐患整改得到专项资金支持。(3)2008年4月重钢经济运行处牵头，成立由股份公司机动处、装备处、质管处、重钢集团技术发展办公室、机制公司参加的协调机制公司生产经营工作组，通过定期例会和到分厂检查等形式，促使机制公司进一步建立健全内部产品质量服务体系，提高产品和服务质量，保证加工产品的工期和质量，改变和提高机制公司形象。通过开展对机制公司的帮扶工作，一方面保证内部市场向机制公司倾斜；另一方面帮助机制公司建立健全质量保证体系和完善服务体系；机制公司的经营状况明显好转，2008 年实现扭亏。工作组同时重点跟踪和督促股份公司烧结厂“行车走轮加工”、炼钢厂“轴承盖恢复和加工”、铁业公司“高炉料钟加工”等进度。(4)重钢集团经济运行处牵头组织相关职能处室，对内部市场服务质量体系进行检查、评价。2008 年完成内部机械设备、备件加工，建筑、安装、检修工程，运输业务，电器修理等企业的服务质量体系检查通报和确定 2009 年业务指标。(5)2008 年重钢严格设备备品备件、工程外委外购审批，做到快速、准确，重钢内部能够制造的设备、备品备件、工程严格把关控制，保证资金尽量不外流。(6)编制下发《重庆钢铁(集团)有限责任公司 2009 年辅助生产单位及部门检修维修计划》《2009 年高压预防性试验计划》，办理辅助生产单位及部门检修和维修工程项目报建审批手续。(7)组织和协调李子林公路、车家坪公路、钢花路口等修复和市主城排水工程三级排水管网改造施工；参与协调跟踪双山公路施工进度、重钢公厕和堡坎边沟重庆市创卫工程实施；牵头组织对培训中心、机制公司在汶川地震后房屋安全隐患鉴定。(8)对机制公司加工产品重钢股份公司 1460 万元合同未交货备件检查、东华特殊钢公司资产出租调查、跟踪股份公司冷轧薄板厂“11·11”火灾事故设备检修恢复进展情况、参与协调三峰科技公司水处理药剂供应业务、重庆金塔公司欠重钢建设公司支付工程款纠纷案协调处理、参与行车备件内供的协调会和重钢医院设备招投标会议与工程实施协调会。

◆黄紫群

【能源管理工作】 (1)重钢在 2008 年对 23 家子公司中年消耗标煤量达 2000 吨标煤的 15 家子公司纳入 2008 年子公司资产经营责任制考核，制定能耗考核指标；有产品的按产品综合能耗指标考核、无产品的按万元产值能耗或销售收入能耗指标考核，挂钩考核比例为 5%。14 家子公司全面完成能耗考核指标，1 家子公司未完成能耗考核指标。重钢股份公司、东华特殊钢公司和三钢公司吨钢综合能耗分别达 629.18 千克标煤、401 千克标煤、145.53 千克标煤，达到历史水平，比同期 654.89 千克标煤、480 千克标煤和 174.95 千克标煤分别下降 25.71 千克标煤、79 千克标煤、29.42 千克标煤，分别下降 3.93%、16.46%、16.82%。(2)重庆市人民政府办公厅以渝办发〔2008〕149 号文件下达 2008 年节能降耗目标任务，重钢集团有 3 家子公司纳入重点用能企业，其中重钢股份公司纳入国家重点用能企业，铁业公司和矿业公司纳入重庆市重点用能企业，并分别为 3 家单位下达节能降耗目标任务的节约量为 180000 吨标煤、25000 吨标煤、10000 吨标煤。大渡口区将重钢股份公司、矿业公司、朝阳公司、三钢钢业公司 4 家子公司纳入区重点用能企业。2008 年重钢股份公司、铁业公司、矿业公司、朝阳公司、三钢钢业公司等 5 家子公司均全面超额完成重庆市人民政府办公厅关于 2008 年节能降耗目标任务和大渡口区政府 2008 年节能降耗目标任务。(3)重庆市经委在 60 户重庆市重点用能企业开展能源审计报告及节能规划的编中，重钢集团铁业公司和矿业公司两家子公司纳入。重钢经济运行处协调重庆市节能服务中心，指导铁业公司和矿业公司完成节能审计和节能规划的编制工作。2008 年 4 月，重钢的这两家子公司通过重庆市经委组织的专家评审，节约节能审计和节能规划的编制费用 20 万元。(4)2008 年 6 月 15 日 ~ 7 月 14 日重钢集团开展“重庆市 2008 年节能宣传月”，围绕“依法节能、全民行动”的主题，张贴、悬挂节能标语 285 幅，办节能专栏 6 期、板报 16 期；各子公司在利用厂广播播送节能宣传稿件的基础上，组织节能稿件选送《重钢报》或电视台 92 篇，刊发 13 篇。组织重钢公司大渡口区重点用能单位的主管领导及能源管理人员、工程技术人员共 100 人参加大渡口区组织的《中华人民共和国节约能源法》知识竞赛，重钢集团获组织特等奖。在宣传活动周期间坚持开展能源监察活动，查处违章用能 105 处，整改漏点 31 处，各单位组织提合理化建议 34 条，已被采纳。(5)淘汰綦江铁矿落后产能 1500 千瓦发电机组，向重庆市财政局、重庆市经委进行资料申报，并经过国家发改委组织专家到现场进行确认，财政部到现场核实，为綦江铁矿落实财政奖励 33.5 万元。(6)协调解决綦江铁矿发电厂进入重庆市资源综合利用发电企业。按照国家的有关政策，5 万千瓦以下的小火电如果不是资源综合利用就不能发电上网和根据国家税务总局财税〔2001〕198 号文件《关于部分资源综合利用及其他产品增值税政策问题的通知》。在生产原料中掺有不少于 30% 的煤矸石等，实行增值税即征即退的政策。重钢与重庆市经委，重庆市节能监测中心联系，对綦江铁矿发电厂进行现场取样、测定、检查，使綦江铁矿发电机组通过重庆市经委的资质认定，进入资源综合利用发电企业，上网发电。2008 年綦江铁矿自发电 3009.46 万千瓦时，其中上网 1856.05 万千瓦时。按外购电 0.332 千瓦时/元计算，綦江铁矿可收入 616.21 万元。綦江铁矿发电的生产原料经重庆市节能监测中心测试、分析，确定綦江铁矿发电生产原料中不少于 30% 的煤矸石，应该享受增值税即征即退政策，綦江铁矿预计全年退税 30 万元。

◆代朴

【统计管理工作】 (1)统计建设。重钢统计 2008 年实施“三步走”：第一步，从计划经济模式向市场经济模式过渡，建立企业生产经营统计；第二步，从传统统计到现代企业统计过渡，建立以产权管理为核心，以母子公司为模式的统计管理体制；第三步，正在探索的统计新模式，跳出“事后统计”的框框，使统计工作向“事中监测”和“事前预警”的方向过渡。2008 年重钢建立以《重钢统计管理规定》为核心,《重钢原始记录管理标准》《重钢统计报表管理标准》《统计数据提供和使用管理规定》等为补充的系列统计规章制度。(2)统计工作。①2008年4月,重钢集团组织有关单位参加"中国企业500强""重庆制造业100强"评选工作中的资料搜集、数据填报工作,重钢获中国企业500强第252位;同月,重钢集团有关处室、15家工业子公司参加"重庆工业企业50强"资料准备、数据填报、评选等工作,重钢获重庆工业企业50强,名列第6位。②5月编制《重钢主要经济技术指标手册》,综合反映重钢人、财、物、供、产、销等生产经营指标。③6月为推进冶金统计信息的交换与共享,受中国冶金统计学会的委托,重钢承担的普钢统计网络交换指标体系设计进入实施阶段,在国内32家大型普钢企业开始进行指标交换工作。

◆沈小园

【环保搬迁指挥部党建工作】 2008年7月29日,重钢集团环保搬迁指挥部党委成立。(1)夯实党建基础工作,明确党建工作目标。指挥部6个党支部建立并完善各类党建台账记录。指挥部党委明确"突出一条主线,确保二个目标,开展三项活动"的党建工作阶段性目标:突出以学习党的十七大精神、落实科学发展观为主线,围绕环保搬迁工程建设,确保环保搬迁工程建设按网络计划推进并全面完成建设目标,确保年度党建工作任务目标的实现,开展以"搞好工程建设,再创重钢辉煌"为主题的厂情教育活动、开展"工程建设作表率,环保搬迁立新功"党内主题活动、开展"创建学习型企业、争做知识型职工",全面提升参建队伍素质活动。(2)实施固本强基战略。一是抓厂情教育活动。指挥部党委以开展重钢迁渝建厂70周年活动为契机,以"搞好工程建设,再创重钢辉煌"为主题,开展指挥部体系作风建设问卷调查活动,发放调查问卷100份,收回问卷80份,收集整理职工意见8条,并全部解决落实。二是开展职工思想动态分析。成立由各项目部综合管理员以及工程技术人员、骨干通讯员组成的信息员队伍,同时在指挥中心设置"职工热点问题意见箱",完善职工信息收集渠道。三是开展职工学习活动。指挥部党委以"当前形势和任务""遵纪守法爱岗敬业"为主要内容,编发4期学习资料组织参建人员学习,党员干部职工参学率达100%。各党支部通过"三会一课"等方式组织职工学习贯彻党的十七大、十七届三中全会、重庆市第三次党代会和重钢公司第十一次党代会精神,各党支部在组织职工学习的基础上完善学习记录,职工参学率达100%。四是开展"解放思想扩大开放"大讨论活动。组织召开由各管理部及项目部党小组长、党员代表、群众代表35人参加的"党员带头解放思想、带头查找问题"专题组织生活会,查找工作中的问题和差距,并提出相应的整改措施,切实贯彻"施工建设无小事"的精神。(3)开展党内主题活动,发挥工程保障作用。指挥部党委在各管理部、项目部中开展"工程建设作表率,环保搬迁立新功"党内主题活动。一是配合工程建设全面开展立功竞赛活动。各项目部按照工程网络计划节点督促各施工单位狠抓工程建设工期、质量、安全、投资控制,通过月重点关键工作及建设量化指标完成情况过硬考核的方式,以及对项目建设计划进度插红旗、黄旗、黑旗活动。二是抓好安全文明施工。2008年,指挥部党委配合并组织进行4次安全大检查,对查出的违反安全、消防、卫生等管理制度的40项违规行为进行整改;日常交通、消防安全检查255次,查出隐患78起,现场立即进行整改52起,下书面整改26起,整改率100%;全年未发生火灾、爆破伤亡、重特大交通、治安灾害等事故,协调各单位发放拖欠民工工资5起,共计45万元。三是系统抓好宣传发动工作。指挥部党委在江南指挥中心和施工现场建立宣传橱窗、标语栏、"江南之音"广播站等宣传阵地,作好信息发布。设置大型宣传广告牌1块,张贴栏、宣传栏12块,警示格言标语牌30块及大量横幅标语。在重钢电视台、《重钢报》、江南之音广播站等播出图像及刊登新闻、文章、图片74条篇。(4)做好组织发展工作,抓好后备队伍培养。全面推行发展党员"公示制、票决制、责任追究制",坚持以"骨干、青年"为重点,明确"把党员变成骨干,把骨干变成党员"的发展目标。2008年,有13名职工递交入党申请书,10名职工参加了重钢集团党委组织的入党积极分子培训,批准一名预备党员转正。(5)配合抓好工程监督,强化廉政自律建设。开展了预防职务犯罪警示教育活动。重点对"提高工作效率,加强合同送审报批过程监督管理""加强制度制约,强化招投标过程管理"进行效能监察立项,全年签订廉洁协议313个合同,合同金额127.36亿元。

◆黎红英

【专项审计】 2008年2月,重钢审计处应重钢集团机制公司请求及重钢集团领导批示,对机制公司代管企业重钢英斯特模具有限公司进行资产清理专项审计。审计报告揭示重钢英斯特模具有限公司管理混乱,会计及生产经营原始记录失真,资产、负债、净资产严重不实,净资产减值95.19%等有关问题。同时在审计过程中,发现重钢英斯特模具有限公司个别管理人员有犯罪嫌疑。重钢审计处向重钢集团监察处移交线索,经司法机关介入,重钢英斯特模具有限公司相关人员已受到法律惩处。

◆涂江涛

【工程审计】 2008年,重钢审计处对"50兆瓦燃气-蒸汽联合循环发电机组工程结算"进行抽查审计,审减工程造价57万元。审计中发现,施工单位结算时提供虚假发票复印件,造成工程结算不能真实反映材料购买情况、抬高了工程造价。审计报告重点对此情况进行了披露，并对施工单位提供虚假发票复印件的原因进行分析。项目获得2008年度重庆市内部审计优秀项目奖。

◆何超

【经济效益审计】 2008年，重钢审计处对重钢集团电子有限责任公司、重钢集团三峰工业有限公司、重钢集团朵力房地产股份有限公司等3个子公司的3个项目分别进行经济效益审计。主要针对被审计单位的业务经营活动和管理活动进行审查，收集和整理有关审计证据，客观分析评价被审计对象经营管理活动的经济性、效率性和效果性，找出企业生产经营管理过程中存在的一些主要问题，并提出相应的审计意见和建议。

◆涂江涛

【审计监督为环保搬迁工程服务】 2008年，重钢审计处制定重钢环保搬迁工程审计监督方案，进一步明确"事前监督、事中检查、事后审计"的工程审计监督工作思路和方向。(1)全过程参加招标文件及施工承包合同条款的讨论、审查，参加招投标的开标、评标监督工作。(2)对办理了工程验收的环保搬迁工程结算进行审计。(3)牵头完成对环保搬迁工程资金使用情况的专项检查。根据重钢集团董事长董林指示，2008年5月12日由审计处、财务处、监察处成立专项检查小组，对重钢环保搬迁工程截至2008年4月30日的资金支付使用情况进行专项检查，6月12日完成审计。检查报告指出，截至2008年4月30日，重钢环保搬迁工程资金支付管理整体情况较好，工程项目资金是基本按照合同规定的支付条件及实际的履约情况予以支付的；资金很好地保障了工程的实施，支付及时，没有拖欠；资金支付审批程序比较规范，执行较好。但也存在有个别合同超付进度款、付款依据不充分以及先于银行保函支付工程款的情况。(4)按照重钢集团董事长董林的要求，审计处作为环保搬迁监督小组成员单位参加5个招投标项目的检查。审计处主要负责招标文件编制的检查、各投标单位商务投标情况的分析检查、总包合同价格调整依据的检查。①参加炼铁项目招投标检查。审计发现：在总承包合同中有3项单独招标设备(水冲渣、电动鼓风机、TRT)引起的组合价格差，在"炼铁项目总承包工程合同价格形成表"中未反映、也未见不进行调整的相关说明。审计要求相关部门对以上问题进行完善、说明。②参加炼钢项目招投标检查。在"炼钢项目转炉本体工程设计、制造(或采购)、施工总承包"招投标检查中，审计通过查阅中冶赛迪的投标商务文件，发现取消畜热器扣除金额1021.6万元与其投标时商务报价金额相差721.94万元(总承包合同以塔楼为界，此差额含总承包合同中的塔楼内部分连接管道、设备)。审计在该项目招投标检查意见中，建议相关部门应按照投标商务报价与中冶赛迪公司重新进行商务谈判，维护重钢利益，减少合同争议。经过审计处、监察处及项目部人员与中冶赛迪公司的多轮洽商，按照蓄热器的投标商务报价，减去项目部认可的中冶赛迪提出塔楼内需保留的工程项量及原合同已扣除的1021.6万元，双方确认在原签订合同费用基础上再扣减450万元(双方已签会议纪要)，维护了重钢的利益。③参加指挥中心工程招投标及施工检查。④参加轧钢项目工程招投标检查。⑤参加15-1地块195米平台以下护坡工程专项检查。(5)对正在实施的部分环保搬迁工程项目现场签证等情况进行抽查审计，①对"3号、4号排沟洪及人工湖堤坝"工程有关技术资料、工程签证进行检查。审计发现：部分工程签证不规范；截至检查时间，3号、4号排洪沟土石方已基本完工，其土石方土质成分及运距未办理签证。审计发出跟踪审计意见书，并要求相关部门进行整改、完善。②对原料码头建设工程进行现场资料检查。审计发现：原料码头已施工较长时间，仍未签订施工合同，不便于施工管理；同时施工中已发生了大量工程措施费用，未办理现场签证，结算时容易发生较大争议。审计发出跟踪审计意见书：建议相关部门尽快签订合同、尽快完善工程签证。③对焦化项目工程进行现场资料检查。截至检查时间，项目工程资料管理较为完善，未发生引起EPC总承包合同价调整的设计变更及经济签证。④对南北干管工程进行现场资料检查，项目由于设计、材料供应商的原因，造成重型砼管爆管质量事故，审计会同监督小组成员一道督促相关部门落实损失赔偿事项；至2008年年底，损失情况相关部门正在审核中。经查阅工程隐检资料，该工程机械土石方挖方区放坡系数为1:0.5，部分为1:0.75；填方区放坡系数为1:1。由于此放坡系数与常规机械开挖土石方沟槽放坡系数出入较大，审计要求相关部门对放坡系数进行复测，相关部门对该工程与常规机械土石方放坡系数出入较大的原因进行说明。

◆巩君

【审计项目整改情况检查】 2008年年初，重钢审计处为检查被审计单位对审计发现问题所采取的纠正措施及其效果，有目的、有针对性地选取2005～2007年3年间的37个审计项目进行后续审计。37个项目涉及31个单位，审计揭示出的问题主要有"煤炭采购质量扣款不规范导致少扣款578.82万元""10万元咨询费来去不明""滞留销售资金上千万元""账外投资""违规套现308.09万元发放奖金，核算不规范、人为调节损益""工程项目管理不规范及多算工程造价490.83万元"等。审计提出相关整改建议62条，并向纪检监察部门移送案件一起。从后续审计结果看，80%以上的单位重视审计意见和建议，采取有效的整改措施，完善相关管理制度，扣减工程造价487.27万元(占应扣减金额的99.27%)，行政处分4人。少数被审单位对审计建议不重视，导致整改不及时或不到位。审计处在后续审计报告中提出相应处理意见，重钢集团主要领导对审计报告作批示，要求纪委监察处、财务处、审计处等单位配合，责成相关单位立刻整改，并限期将整改结果报重钢集团。

◆涂江涛

【规划管理】 2008年，重钢集团按照重庆市经济委员会的要求，对“十一五”发展规划进行调整。调整后的规划通过重点发展循环经济实现节能降耗及资源、能源的综合利用，使其各项循环经济发展指标达到国内中上及先进水平，实现企业生产与环境的友好发展。(1)重钢集团“十一五”规划调整的指导思想：以胡锦涛总书记对重庆发展导航定位的“314”总体部署为指导，以重庆成为全国城乡统筹综合配套改革试验区为契机，按照国家钢铁产业政策要求和淘汰落后钢铁产能的工作部署，坚持“控制总量，调整存量，关小上大，扶优汰劣”的指导思想，将环保搬迁与淘汰落后钢铁产能结合起来，优化钢铁生产力布局与资源配置，以增强重庆钢铁产业的核心竞争力为中心，坚持工艺现代化、装备大型化、生产集约化、资源和能源循环化、经济效益最佳化的高起点发展目标，采用国内一流的先进工艺装备，重点发展高质量、高附加值、市场急需的短缺板带钢材品种，实现重庆钢铁做精做特、可持续发展的战略目标。(2)重钢集团“十一五”规划调整后的总体目标：2010年前淘汰重庆市全部落后钢铁产能，将全部钢铁产能集中于重庆钢铁集团生产。通过搬迁改造，2010年重钢集团可实现目标：①生铁580万吨，②钢(坯)600万吨，③钢材571万吨，④销售收入350亿元(钢铁产业：300亿元、非钢产业：50亿元)，⑤利税总额50亿元(钢铁产业：45亿元、非钢产业：5亿元)，⑥劳动生产率800吨/人年。

◆崔艳　梅化

【投资管理】 (1)2008年重钢集团环保搬迁相关项目的投资逐步增多，大渡口本部生产技改全面停止，正常技措投入被控制；全年共下达投资项目批复33项批。其中立项批复6项，分别为纳入环保搬迁的“建桥制气基地项目”“长寿混凝土搅拌站项目”“长寿电气产品制造自动化信息技术服务基地项目”“750立方米高炉搬迁项目”“重钢总医院新建内科综合住院大楼”及三钢公司为争取环保资金的“三钢公司废水处理及废物再循环利用设施改造工程项目”；投资计划批复26项批(不含环保搬迁)，计划总投资25148.23万元，2008年计划投资19530.23万元，涉及股份公司、生活服务公司、建设公司、矿业公司、朝阳公司、四钢公司、产业公司、运输公司、电子公司、重钢总医院等10家子公司的技术措施投入。建设项目24项批，完工项目14个，接转项目10个。完成投资588632万元，其中环保搬迁项目完成投资529279万元。(2)按照《重庆市企业投资项目核准和备案暂行办法》，重钢分别在各子公司所属区县对“1450毫米冷轧硅钢项目”“综合节能减排技改工程项目”“喷煤节能技术改造”“建桥制氧基地项目”“燃气石灰窑(代替烧煤窑)项目”“钢管公司环保搬迁工程”等项目办理了备案。(3)为确保重钢环保搬迁工程投资的规范性和效益性，重钢制定《环保搬迁项目固定资产投资管理办法》，并进行宣讲。同时针对环保搬迁项目子项多、工期长、投资大等特点，草拟《环保搬迁项目后评价管理办法》。(4)鼓励各子公司依据政策降低投资成本，申报重庆市2008年新型工业化项目、节能备选项目、国债节能项目、重庆市节能项目、资源节约及环境保护国债项目、节油项目、节天然气、节电项目、节能贴息项目、重点项目等，申请补助资金共计737.2万元。同时利用优惠政策，为电子公司、设计院、东华特殊钢公司等子公司办理国家鼓励类发展产业确认书，享受“西部大开发政策”税收优惠政策。(5)国家有关主管部门从不同的管理角度，对重钢进行了各项检查：2003～2007年重庆市财政资金自查及审计、国债贴息项目进展情况检查，2007年新型工业化项目绩效检查、国债项目稽查、国债项目审计等，重钢都顺利通过各项检查。

◆崔艳　梅化

【科技项目管理】 2008年，重钢集团的整体规划，与环保搬迁结合，突出重点，少而精确定科技项目立项。全年共下达4批科技项目计划，共计项目40项，计划总投资3289万元。

◆陈强

2008年重钢集团第一批科技项目计划表

序号	项目名称	负责单位	项目投入(万元)	预计完成时间	预计直接经济效益(万元/年)
1	完善理化检测设施，扩大合金高压管生产	三钢公司	76	2008.12	100
2	建立和完善气体分析系统、确保产品质量和生产安全	产业公司	87	2008.12	社会效益显著
3	运输公司重型货车大梁设计改造项目	运输公司	28	2008.12	128
4	运输公司信息管理系统	运输公司	30	2008.12	社会效益显著

续表

序号	项目名称	负责单位	项目投入(万元)	预计完成时间	预计直接经济效益(万元/年)
5	大宝坡矿光纤主干网络及生产物资管理系统开发应用	矿业公司	60	2008.12	25
6	双丝双弧埋弧焊机的工艺研究与推广	建设公司	20	2009.05	20
7	歌乐山矿供电系统优化	矿业公司	45.99	2009.01	8
8	无人值守汽车衡智能称重系统	电子公司	76	2009.12	48
9	重钢计算机网络信息系统安全防御方案研究与实施	重钢集团技术发展办公室	96	2008.10	社会效益显著
10	重钢矿业公司电子公文管理系统	矿业公司	59	2008.10	社会效益显著
11	六偏磷酸钠溶液结合尖晶石碳砖	矿业公司	7	2008.08	50
12	小二甲试烧	矿业公司	98	2008.12	368.4
13	冶金石灰生产工艺技术研究	矿业公司	60	2008.12	219.7
14	开发生产合金高压锅炉钢管	钢管公司	98	2008.12	489.6

2008年重钢集团第二批科技项目计划表

序号	项目名称	负责单位	项目投入(万元)	预计完成时间	预计直接经济效益(万元/年)
1	高温合金GH4169棒材开发	重庆钢研所	500	2009.12	400
2	焙烧法废酸回收新技术消化移植	四钢公司	150	2010.05	85
3	第二代十二辊轧机关键技术消化移植	四钢公司	200	2010.06	327.7
4	开发钢渣余热有压自解技术与装备	产业公司	350	2008.10	2280
5	MNS2.0柜的研发及其过程检测控制	电子公司	357	2009.08	300
6	粉矿造球还原焙烧磁选工业性试验	矿业公司	385.92	2008.12	654.1

2008年重钢集团第三批科技项目计划表

序号	项目名称	负责单位	项目投入(万元)	股份科技投入	预计完成时间	预计直接经济效益(万元/年)
1	烧结机烟气脱硫技术的研究与应用	股份公司烧结厂	150	150	2009.12	4347

2008年重钢集团第四批科技项目计划表

序号	项目名称	负责单位	项目投入(万元)	预计完成时间	预计直接经济效益(万元/年)
1	全数字(大力距)电动执行器研发	电子公司	46	2008.12	75
2	给煤机控制系统的研究与实践	股份公司炼铁厂	20	2008.12	834
3	高结晶矿粉烧结矿冶金性能研究	股份公司烧结厂	25	2008.12	社会效益
4	烧结混合料喷吹轻烧粉工艺研究	股份公司烧结厂	29	2009.07	128
5	重钢富氧烧结试验研究	股份公司烧结厂	30	2009.04	社会效益
6	焦化废水深度处理研究与应用	股份公司焦化厂	47	2008.12	社会效益
7	优化退火气氛吹扫工艺、减少能源介质消耗	股份公司冷轧薄板厂	3	2009.05	32.8
8	11号矿用工字钢工艺设计及研究	股份公司型钢厂	0	2008.12	652
9	控轧控冷工艺研究与应用	股份公司中板厂	18	2008.12	801

续表

序号	项目名称	负责单位	项目投入(万元)	预计完成时间	预计直接经济效益(万元/年)
10	健全关键原辅料动态监控质量体系，为炼钢保产保质提供保证	股份公司质管处	0	2008.12	社会效益
11	船检模式的建立与初步运行	股份公司质管处	33	2009.12	社会效益
12	开展实验室间比对，提高集团公司物理检测水平	股份公司质管处	1	2008.12	10
13	完成国家标准《锅炉和压力容器用钢板自动探伤标准》	股份公司质管处	30	2009.10	社会效益
14	X荧光光谱仪功能开发研究	股份公司质管处	5	2009.06	社会效益
15	新区钢包结构及耐材研究	股份公司炼钢厂	10	2009.04	社会效益
16	钢水[H]含量的变化及控制研究	股份公司炼钢厂	0	2008.12	社会效益
17	建立低合金高强度钢力学性能与化学成分的数学模型	股份公司钢研所	8	2008.12	社会效益
18	垃圾焚烧处理厂烟气处理装置开发	重钢设计院	34.5	2008.12	60
19	铁合金标准样品的研制	股份公司钢研所	18	2009.10	社会效益

◆陈强

【质量管理】 (1)2008年重钢集团质量管理体系运行持续有效，未发生工序异常、系统失控和造成质量事故，质量指标稳中有升。1～12月重钢集团主要技术经济指标在可比的27项中，破历史水平的有21项，指标刷新率77.80%；与去年同期相比，有所改善的有22项，指标改善率为81.48%。技术经济指标达到国内先进水平的有：高线成材率、冶金焦率和炼钢石灰消耗等；刷新历史水平并比2007年有明显进步的有：烧结固体燃料消耗、高炉喷煤比、综合焦比、高炉风温、棒材成材率、冷轧薄板成材率等。(2)按照《重庆钢铁(集团)有限责任公司辅料耐材产品市场准入管理规定》，1～12月，重钢市场准入领导小组成员单位对11项“三新产品”(新工艺、新材料、新技术)进行辅料、耐材产品市场准入评价，重钢辅料、耐材的购入市场得到进一步规范，辅料、耐材的购入质量得到进一步提高。(3)由重钢牵头组织编制的GB3531《低温压力容器用钢板》和GB/T711《优质碳素结构钢厚钢板和宽钢带》两项国家标准通过审定。(4)按照重钢集团《关于广泛开展群众性质量管理小组活动的意见》，2008年，重钢集团共有20个QC小组(成果)、5个班组获得重庆市以上优秀QC小组(成果)和质量信得过班组称号，其中获得国家级优秀QC小组3个、国家级质量信得过班组3个，重钢股份公司还同时获得中国推行全面质量管理30周年“全国质量管理小组活动优秀企业特别奖”。

◆陈强

2008年重钢集团技术中心研发项目计划表

序号	名称	实施单位	协助单位	实施单位负责人	项目管理负责人	技术中心负责人
1	钒钛磁铁矿直接还原短流程工艺研究	矿业公司	铁业公司	陈大元	龚文渠	董荣华
2	国家标准《锅炉和压力容器用钢板自动超声探伤》的编制	质管处	中板厂	李　红	曹敬明	董荣华
3	重钢环保搬迁新区信息化方案研究	电子公司	股份公司信息办公室 重钢环保搬迁指挥部规设部	李建中	唐　清	董荣华
4	钢渣余热有压自解技术与装备研究	重钢产业有限公司	产业有限公司源丰公司	戴　英	邓　强	董荣华
5	太和矿区钒钛磁铁矿资源深度开发与研究	矿业公司	太和铁矿	陈大元	梁正明	董荣华
6	重钢环保搬迁新区炼钢新工艺技术研究(一钢多级工艺技术及质量控制研究、干式真空冶炼设备及工艺技术研发)	炼钢厂 重钢钢研所	重钢环保搬迁指挥部有关项目部、质管处	曾　兢 李家春	周　宏	董荣华

◆陈强

【国土管理】（1)2008年，重钢办理重钢公司在大渡口区、九龙坡区土地变更登记手续207件。(2)根据2007年5月及2007年7月重钢集团与重庆渝富资产经营管理有限公司签订《重钢资产收购协议书》与《重钢资产收购价款支付协议》，办理重钢公司在大渡口区、九龙坡区生产用地的土地资产移交重庆渝富资产经营管理有限公司手续25件。(3)办理大渡口区革新村、跃进村、新山村、大堰三村、渝钢村、锁口丘等多宗土地内重钢集体单位住宅用地移交相关手续19件。(4)按房改相关政策办理大渡口区、九龙坡区重钢公有住房土地使用权手续300户。(5)根据渝府发〔2008〕26号文件规定，为重钢公司"农转非"老化劳动力自愿参加基本养老保险申请终止储蓄式养老保险人员办理相关手续87件及办理重钢公司"农转非"老化劳动力死亡退保手续6件。(6)办理重钢公司在大渡口区、九龙坡区土地权属确定手续4件。(7)办理重钢公司大渡口地区土地使用税调查统计工作。(8)对重钢公司国土资源进行综合开发和利用，盘活存量土地资产40000平方米。(9)查处非法侵占重钢土地事件2起。

重钢向渝富公司移交土地表

序号	土地证号	土地坐落	移交土地面积(平方米)	类型	用途
1	渝国用〔1997〕字第60号	刘家坝	436013.68	出让	工业
2	102D房地证2007字第00283号	刘家坝大湾渣场	55724.6	出让	工业
3	102D房地证2007字第00284号	建桥工业园H14－2/02号地块	24532.2	出让	工业
4	渡国用〔1997〕字第0621号	刘家坝衬布厂	3720	出让	工业
5	渡国用〔1997〕字第0618号	刘家坝白云石厂	8900	出让	工业
6	102D房地证2006字第00069号	刘家坝	98249.3	出让	工业
7	渡国用〔1997〕字第5634号	热陶瓷公司及车家坪半坡	304309	出让	工业
8	渡国用〔1997〕字第0616号	葛老溪车站	6300	出让	工业
9	渝国用〔1997〕字第53号	七厂公路至搬运村	914135	出让	工业
10	渝国用〔2000〕字第108号	堰塘湾	749888	出让	工业
11	渝国用〔1997〕字第58号	江边综合料场	343490	出让	工业
12	渡国用〔1997〕字第0628号	落中子	21200	出让	工业
13	渡国用〔1997〕字第0629号	搬运村冶金化工厂	16140	出让	工业
14	渡国用〔1997〕字第0624号	冶金炼钢材料厂	3120	出让	工业
15	渡国用(1997)字第0625号	三岗门铸钢办公楼	3700	出让	工业
16	渡国用〔1997〕字第0626号	三岗门铆焊车间	24340	出让	工业
17	渡国用〔1997〕字第0622号	李子林至垭口公路	64917	出让	公路
18	渝国用〔1997〕字第54号	监测站	220	出让	工业
19	102D房地证2006字第00068号	大坪山	69844.7	出让	工业
20	渡国用〔1998〕字第0169号	大坪山	14030	出让	工业
21	渡国用〔1991〕字第1273号	大坪山	108118.136	出让	工业
22	渡国用〔1997〕字第0630号	生产辅助区	453561.5	出让	工业
23	渡国用〔1995〕字第376号	渝岗村软水站	4154	出让	工业
24		大渡村	27634		工业
25	105D房地证2006字第00005号	九龙坡青龙嘴	151612	出让	工业
合计			3907853.12		

◆卓洪玉

【建设规划管理】（1)办理重钢大渡口区的土地证变更：钢铁村段、生产辅助区段、热陶瓷公司及车家坪半坡段和庹家坳地区，与重庆渝富资产经营管理有限公司、重庆市规划局到现场踏勘环保搬迁生产区地块位置和土地界线。(2)核对重钢环保搬迁长寿新区长江航道工程局与长江航运规划设计院1号码头、3号码头炸礁土石方平面图、横断面图，计算出陆上、陆下炸礁总量。(3)绘制重庆钢铁集团三峰工业有限公司长寿晏家工业园区16宗出让地国有土地位置分布图；绘制大渡口地区重钢职工住宅危旧房座落位置分布图。(4)办理重庆市第九建设有限公司与重钢公司在大平山相邻土地权属地界的土地确权手续。(5)协调解决袁茄路加宽工程、双山道路加宽工程和重庆市三级管网(跃进村地区)改造排水工程中重钢公司办公大楼围墙迁移、重钢股份公司动力厂的高压线路迁移、重钢集团生活服务公司通信线迁移、重钢集团电子公司网络线迁移、重钢电视台闭路线迁移等工作。(6)确认重钢公司危旧房拆迁地块,其中有建设村二段宗地、新工二村一段部分土地、新工二村二段部分土地、新工三村段部分土地、新工四村段部分土地、百花村一段部分土地、百花村二段宗地。(7)办理重钢集团建设工程有限公司长寿晏家基地用地审批,重钢集团建设工程有限公司长寿江南镇新场五组混凝土搅拌站基地用地审批,重钢集团产业有限公司溶解乙炔气厂装瓶间用地申请,重钢集团电子有限责任公司长寿晏家基地用地审批,九龙坡区九龙镇马王三村、马王四村、马王五村社区居委会危旧房改造新建用地申请。

◆李雪平

【档案管理创新成果】 2008年,重钢档案处通过对大型集团对投资主体多元化企业档案的控管的管理模式总结提炼,取得成就,其成果《大型集团对投资主体多元化企业档案的控管》获重庆市国资委创新成果二等奖;2008年11月22日,《投资主体多元化企业档案管理模式研究》通过国家档案局组织的优秀科技成果鉴定。重钢档案处处长黄二卫于2008年3月参加"全国企业管理创新大会"并接受"全面提升服务功能的现代化企业档案管理"奖牌(2007年12月获国家级管理创新成果二等奖),该项创新成果填补了全国十三届以来管理创新成果的空白。开展QC小组活动,2008年成立22个QC小组,通过坚持每月组织活动,解决工作中的难题,其中《提高文书档案附件归档率》获重钢股份公司一等奖、《档案数据库的安全保障》获股份公司二等奖。组织职工撰写学术论文35篇,其中26篇入选重庆市档案学会第六届学术论文集,2人参加由国家档案局、中国档案学会、中国人民大学联合举办的"2008年中国信息资源管理论坛",并在会上作"用新观念引领企业档案信息资源开发利用"专题发言。

◆彭地富

【环保搬迁工程档案管理】 2008年,档案处主动参与重钢环保搬迁工程建设,实施全面推广应用"纳入体系、全程控制、联合督查"的监管模式。重钢集团领导批示,档案处要全面介入环保搬迁工作,参与重钢环保搬迁论证部署会,环保搬迁工程招标、投标、开标会,合同、协议签定会,环保搬迁工程例会等各有关会议,及时了解信息,切实做到提前介入,全过程控制。指导各种档案资料的收集、借阅、归档、保管。(1)档案管理工作制度,构架制度体系和档案工作网络。在2007年制定的7个档案管理制度的基础上,拟草并由重钢环保搬迁指挥部印发《重钢集团环保搬迁工程建设项目档案验收办法》(重钢搬迁发〔2008〕18号)《重钢环保搬迁工程建设项目预决算、招投标、监理文件资料整理和归档细则》(重钢搬迁发〔2008〕57号)。编印《重钢集团环保搬迁工程质量、档案资料管理文件及竣工技术用表》,免费发到各总承包单位和施工单位,以及重钢有关参建单位项目部。建立有51个单位150名资料员组成的档案资料工作网络。(2)先后在重钢长寿新区指挥中心和股份公司中板厂及档案处举办"重点工程建设项目档案管理培训班、重钢集团环保搬迁(老区)声像档案拍摄现场交流会、办公自动化条件下电子文件归档与电子档案管理培训班"共有68个单位、205人次参加培训。并向环保搬迁指挥部各管理部、各项目部,以及参加建设的总承包单位、分包施工单位发放培训光盘。督促、指导环保搬迁指挥部各管理部、项目部、子公司、相关职能部门对文件、资料、图纸的收集、借阅、归档、保管。(3)2008年3月起,重钢档案处安排1290人次人员到重钢长寿新区现场开展工作。(4)参加单项工程交工预验收会、验收会、指挥部工程协调会、指挥部工程例会、工程部工程例会、工程部工程调度会等。(5)参加各项目总承包项目开标会、参与相关项目的合同谈判、签字仪式、工程开工仪式等。主动与北京首钢设计院、新日铁工程技术株式会社、北京中日联节能环保技术有限公司等设计、施工、总承包单位沟通,督促、协商、落实执行合同中相关档案内容条款,特别是电子版竣工图的归档要求。(6)与重钢环保搬迁工程管理部、重庆三环监理公司、重钢质量监督站和工程施工单位协调,加强工程竣工资料编制的督促、检查、指导。完成场平土石方工程1、3、4、5、6、9、10、11、13号标段,以及指挥中心、人工湖、生活及施工设备等12个项目。80卷工程竣工资料、竣工图纸、照片、光盘等和9个项目的监督档案移交新区档案室。2、7、8、12号标段,钢结构加工场等5个项目160卷工程竣工资料通过审核和预验收。(7)接收规划与设计管理部移交归档的施工图3500套,录入计算机《施工图接收、竣工图(资料)归档管理台账(记录)》施工图2333套。(8)在重钢环保搬迁长寿新区现场建立档案库房和现场办公室,配备了资料柜10个、档案密集架9列36节及办公桌椅、计算机、查图借阅桌、椅、除湿机、期刊柜、温湿度计。(9)拍摄重钢环保搬迁长寿新区照片12352张,录像400分钟。全程记录重钢环保搬迁工程建设重要会议及国家、重庆市、重钢集团领导视察等活动。

◆彭地富

【技改检修工程档案管理】 (1)2008年重钢档案处审核验收的重点工程项目:重钢股份公司烧结厂铁矿粉料场堆取料机基础和转动站通廊、润磨系统设备安装工程,焦化厂2号焦炉大修及3号、4号、5号焦炉出焦除尘化产回收工程,中板厂热处理作业线改造及2450轧机中修工程。(2)2008年重钢基建投资主流方向在重钢长寿新区,大渡口本部老区维护再生产,维护检修工程共计172个单位工程项目,172套竣工资料共1002册;竣工图纸99套1328张。经档案处审核验收合格后保存在各厂档案室，其中重钢股份公司动力厂56个项目，加原热能厂26个项目，两单位合并后共82个单位工程项目。(3)重钢档案处坚持每月20日用《技改简报》形式，向技改处报送一次重钢技改检收工程档案管理的动态信息。(4)对重钢质量监督管理处10个工程项目监督档案案卷审核把关合格。(5)2008年档案处围绕技改及检修工程档案管理开展QC小组活动，产生7个QC成果，分别获重钢股份公司、重钢档案处奖励。

◆张思庆

【数字化档案信息资源管理系统建设】 重钢数字化档案管理系统于2003年6月23日以重集总师发〔2003〕第123号文件批准立项，2005年12月完成软件开发，2006年1月试运行，2007年6月1日正式开通，2008年正式在重钢集团运行；截至2008年，投入资金82万元。(1)2008年，共录入各种档案数据62671个记录，扫描电子文件1111份，加载电子文件4385个文件，扫描图片748张，抽查数据13260个记录；2008年提供电子文件利用1334个文件。加载重钢的信息41条，向网站发送信息14条，并发送图片5幅，及时清理和删除过时网上信息42条。重钢数字化档案管理系统经过近20年的信息化建设，档案数据信息环境已具规模，包括文书、科技、实物、照片档案管理系统及音像等数据等各类档案数据量达150万个记录，电子文件达到30万个文件，照片档案达17000张、实物档案达1000件图片。(2)系统运行，包括基建、设备、科研、产品技术、地质测量档案以及底图数据全部进入计算机进行管理；所有的文书档案数据及其他档案全部进入计算机管理，并上网运行；音像档案部分电子化，也能够上网运行；所有查询利用全部由计算机来完成，重钢集团各办公室工作人员可在计算机上查询到所需要的各类档案与图片。(3)2008年申请资产改良立项，争取费用18万元，再增加一台服务器进行热备份的方式解决其数据安全，作为到二期实施的一个安全过渡，配备所需要的后备电源和机柜及相关软件，所有的设备全部安装到位。(4)重钢数字化档案管理系统进行多项创新，在2008年5月23日由国家档案局中国档案杂志社举办"2008企业档案信息化建设高端论坛"会上，重钢以"重钢档案信息化建设跃上新台阶"为主题进行发言，得到国家档案局副局长杨继波的评价，会议肯定重钢在数字化方面的创新，重钢等5家企业数字化经验被刻成光盘发放参会的110个单位。2008年6月，重钢在重庆市档案信息化建设工作会上，将重钢数字化系统作为重点向全重庆市进行推广，并在会上进行系统演示。(5)重钢档案馆2008年进行网上数字化查询利用档案信息资源达2万人次，档案的查询利用逐步由来馆查阅转变为网上利用(2008年来馆查阅利用1462人次，提供各专业、类别案卷利用6614卷次)。

◆王永全

【档案信息开发利用】 (1)2008年重钢档案处在重钢公司生产经营、设备维护检修和长寿新区环保搬迁等工作中为19462人次提供利用各类档案35833卷次；提供利用底图18219张次；复制档案、资料65349张，其中重钢公司档案馆提供利用各类档案1354人次；提供利用各类档案6623卷次；提供利用底图2961张次；复制档案、资料6136张。(2)收集"档案利用效果典型事例反馈"153例，其中利用目的按经济效益起到的凭证作用81例、转让推广6例、设计复用56例、节约能料2例、提前使用5例、提高质量2例；利用目的按社会效益起到的工作查考1例；直接或间接创造经济效益310.29万元。2008年重钢集团钢管公司在为该单位职工办理特殊工种退休，通过档案室查阅利用工资册43册，为社保局提供原始依据，使57名职工顺利地办理退休手续，为企业每年可节约108万元。2008年股份公司中板厂工程技术人员在设备检修、装配，配件加工等工作中利用科技档案的设计复用，提前使用投入生产直接或间接创造经济效益126.41万元。(3)重钢公司档案馆为重钢股份公司焦化厂、烧结厂、炼铁厂、炼钢厂、高线厂、型钢厂、中板厂、冷轧厂、运输部、动力厂及重钢集团设计院等单位的生产和设备检修晒制蓝图14461张；工程复印蓝图3534张、复制底图616张；复印档案资料(文件、原始凭证)6136张；配送科技文件盒8052个、科技文件夹2429付、会计档案盒4430个、文书档案盒1535个。

◆张蓉

法纪管理

【信访稳定工作】 1.2008年3月3日，重钢公司发行管发〔2008〕5号文件《关于切实做好全国"两会"期间上访老户监护工作的通知》，各单位领导指定专人接待上访人员，听取上访老户诉求，做好上访老户思想政治工作和息诉停访工作。全国"两会"期间，重钢各单位做好上访老户的控制工作，如发生进京上访的、接通知后要立即派人迅速进京将其接返，如因工作不力造成不良影响的，将追究有关领导人员的责任。对重点上访老户落实责任单位和责任人员进行监控。全国"两会"期间，重钢进京上访为零。

2.2008年4月17日，按照《重庆市国资委集中开展重信重访问题专项治理工作实施方案》(渝国资〔2008〕71号)文件要求，重钢公司集中开展"重信重访问题专项治理"工作，成立重信重访专项治理领导小组，重钢集团党委书记、副董事长张再坤担任组长。重钢制定《关于开展重钢集团重信重访问题专项治理工作方案》(重钢行管发〔2008〕82号)下发各二级单位，层层实行领导包案。对重庆市处理信访突出问题群体性事件联系办公室交办的“重信重访问题专项治理”工作案件，3件已完成2件，其中龙泽芳和罗玉恒已停访息诉；正在继续对另一人卢纪碧做工作。对重庆市国有资产监督管理委员会交办“重信重访问题专项治理”工作案件，3件已完成1件，其中鑫腾公司职工的信访问题全部停访息诉。在“重信重访专项治理”工作活动中，重钢投入资金60万元解决职工群众反映的实际问题。

3.2008年3月17日、24日、31日及4月3日，重钢集团鑫腾公司退休职工林学忠、彭祥才等代表400人到鑫腾公司集体上访：要求鑫腾公司退还退休职工股金和2000年铁合金公司提前“双解除”（解除劳动合同、解除进“中心”协议）人员的要求解决失业证及失业保险金等问题。重钢公司党委副书记朱建派、副总经理罗福勤组织重钢公司信访处、人力资源处、党委办公室、法规处、保卫处等有关职能部门多次到鑫腾公司召开专题会议研究，部署接待工作。共同研究制定《关于对鑫腾公司职工出资有关问题的答复》《关于部分职工反映2000年“双解除”人员办理失业证和享受失业保险金等问题的答复》，将这2个答复意见发给上访职工，并对6个重点人头进行家访。重钢集团鑫腾公司职工已停访息诉。

4.2008年8月4日，8月5日，9月10日、11日、17日及10月10日，重钢集团产业公司云帆公司退休人员及内部退休人员先后6批753人到云帆公司、产业公司、重钢公司集体上访，要求企业股份制改革后分享集体资产。8月6日及其后，产业公司材料总厂退休职工分2批450人到材料总厂、产业公司集体上访，要求企业股份制改革后分享集体资产。经重钢公司信访处，人力资源处，党委办公室多次研究，决定将退休职工纳入年终和在岗职工一样享受同等慰问，使之得以停访息诉。

5.2008年10月14日、15日、23日重钢集团铁业公司职工分3批1200人到铁业公司集体上访，提出企业关闭后职工的出路待遇等问题。15日重钢公司作出《对铁业公司职工集访意见的回复》，10月20日下午，由重钢公司党委书记、副董事长张再坤带领信访处、人力资源处、党委办公室等有关职能处室的负责人到铁业公司召开两级班子会，宣读《告重钢集团铁业公司全体职工书》和重钢经办发〔2008〕191号文件《关于成立重钢集团江津生铁基地筹备组的决定》；24日，重钢给重庆市政府常务副市长黄奇帆报送《关于重钢集团铁业公司有关情况的报告》，说明重钢正在积极筹划江津生铁基地建设事宜，抓紧拟订江津生铁基地建设方案，拟将环保搬迁后，重钢股份公司符合国家产业政策的存量资产，搬迁到铁业公司，建设1000立方米高炉的重钢集团江津生铁基地等情况。10月26日，黄奇帆批示：同意报告意见。10月30日，重庆市经济委员会办公室发信息第14期《关于贯彻市领导对重钢铁业公司稳定工作批示精神情况的报告》，事态得以平息。

6.2008年8月，重钢公司发重钢行管发〔2008〕142号文件《关于印发开展大接访大下访活动实施方案的通知》、重钢行管发〔2008〕143号文件《重庆钢铁（集团）有限责任公司关于印发奥运会期间信访稳定工作的通知》、重钢经办发〔2008〕145号文件《关于确保奥运会期间安全稳定工作的通知》、重钢经办发〔2008〕146号文件《关于成立保奥运安全稳定工作领导小组的通知》。北京奥运会期间，重钢集团党委书记召开专题会议，对不稳定因素进行排查，对重点疑难问题和9名可能进京上访的老户责任分工，按照“属地管理”和“谁主管、谁负责”的原则，落实责任单位、责任人，实行24小时监控。“奥运会”“残奥会”期间，9名可能上访老户无一人进京非正常上访和到重庆市级机关集体上访。在大下访大接访活动中，2008年10月14日上午9时在202会议室，重钢党委书记、副董事长张再坤，总经理刘加才，副总经理罗福勤等及有关部门负责人接待了重钢内部退休高级工程师代表罗永昌、胡姚先、何开荣、陈友才、陈登智、薛恒超等，重钢公司领导听取了代表们的诉求，代表们表示感谢，并表示从此不再上访。

7.2008年4月1日，对大渡口区在重钢主城区危旧房拆迁补偿安置中涉及重钢产权的162栋2132户、6.88万平方米等，重钢全部放弃产权，补偿金全部让利给拆迁户，减少了大量的信访源。

8.2008年7月1日，重钢行政管理处以行管字〔2008〕1号文件《关于解决公司变通处理人员死亡丧葬费的请示》。重钢在20世纪80年代落实政策过程中对工会秦永正、李素珍，炼铁厂徐乾珍、龙泽芳，四厂尹玉美、李清容，建设公司张明珍、赵良泽，退工处刘嘉荟等9人作变通处理，由各单位发生活费。其生活费的提高与重钢公司退休人员同步，这部分人员到单位和重钢公司工会、信访办公室反映：由于年老体弱多病，子女下岗失业，物价上涨，生活困难等因素，要求比照重钢公司退休人员，享受同等丧葬费和火化费待遇。文件建议将重钢公司变通处理人员死亡丧葬费比照重钢公司退休人员一样的标准发放（即7个月本人的生活费，另加2000元火化费），费用由发生活费的单位发放。7月2日，重钢公司副总经理、总会计师袁进夫批示：同意。

9.2008年2月1日，根据渝府发〔2008〕13号文件《重庆市人民政府关于2008年调整企业退休人员基本养老金的通知》精神，重钢发行管发〔2008〕2号、3号、4号文件，从2008年1月1日起，分别给303名重钢生产服务队退休人员每月提高100元退休工资，每年工龄再增加1元钱；给20名建国前参加革命工作被精简人员和8名重钢公司在20世纪80年代落实政策过程中变通处理人员每人每月上调100元生活补助费。

10. 2008年10月8日，根据渝府发〔2008〕97号文件《重庆市人民政府关于调整企业职工死亡一次性救济金标准的通知》，重钢发行管发〔2008〕11号、12号、13号文件，从2008年10月1日起分别给295名重钢生产服务队退休人员、20名建国前参加革命工作被精简人员、8名变通处理人员上调了死亡一次性救济金。即由原来的7个月调升为15个月。按渝府发〔2005〕121号文件精神，2008年重钢信访办公室在大渡口区社保局收回重钢生产服务队退休人员生活补贴费1042655元。

11. 2008年10月15日上午9时，重钢股份公司焦化厂职工钟万全等15人到重钢信访办公室反映儿子钟世勇(男，18岁，住重钢曾家村宿舍)，2008年8月1日技校毕业与建设公司签订劳动合同(起重工)，10月13日上午9时50分，钟世勇在钢结构一公司厂房内，吊装钢结构件撞击受伤后送重钢总医院抢救无效，下午2时死亡，死者亲属要求一次性赔偿50万元。经3次与建设公司协商，建设公司只愿赔偿18万元，如解决不好，他们就到重庆市政府集体上访。经过信访工作人员多方协调后，16日以26万元一次性解决达成协议。

12. 2008年重钢公司共接待处理信访总量5283人件次，与去年同比下降21%；其中处理职工群众来信261件，与去年相比下降15%；接待职工群众来访4915人次，与去年相比下降21%；处理集体上访107批3677人次，与去年同比分别下降47%与26%。收集重要信息35条，完成上级交办挂牌督办案45件，为职工群众办实事26件，放弃产权让利职工，平稳拆迁2300户危旧房住户；做好超前防范工作，将70批3050人次的集访苗头及时化解在基层；完成上级交办件58件；全年没有发生一起职工到重庆市级以上机关集体上访事件。全国“两会”“奥运会”“残奥会”期间，9名上访老户无一人进京非正常上访，无人员到重庆市级机关集体上访。全年信访稳定工作受到重庆市国有资产监督管理委员会的表彰。

◆黄胜辉

【起诉应诉要案】 2008年重庆市国有资产监督管理委员会向重钢下达的1000万元以上重大民事纠纷积案考核任务：消化积案件数6件，消化积案金额30600万元。

1. 2008年纳入重庆市国有资产监督管理委员会1000万元以上重大民事纠纷积案目标考核任务完成情况。2008年重庆市国资委给重钢下达的重大积案考核指标：重钢诉金源公司系列借款担保案，涉案标的额8700万元；金源公司诉重钢、舞钢(承包)合同纠纷案，涉案标的额17000万元；重钢诉罗伯特公司合同纠纷案，涉案标的金额1150万元；中铁十一局诉重钢(属特殊钢公司案件)合同纠纷案，涉案标的额3750万元。(1)重钢诉金源公司担保责任纠纷案。重钢诉金源公司系列借款担保案(涉案标的额8700万元，涉及3个案件)，重钢作为金源公司的最大债权人，已分别在深圳中级人民法院、河源中级人民法院申请立案执行金源公司的财产。重钢选择为重钢代理多起重大诉讼并取得效果的广州金鹏律师事务所代理本案。2008年重钢和本案的代理律师事务所查找金源公司的财产，至2008年末未发现金源公司可供执行的财产。(2)金源公司诉重钢、舞钢(承包)合同纠纷案。金源公司诉重钢、舞钢(承包)合同纠纷案(涉案标的额17000万元)，在最高人民法院二审诉讼中，对此案重钢同样选择了参与重钢协议收购金源公司债权、金源承包案一审(重钢胜诉)等法律事务的广州金鹏律师事务所代理，至2008年底此案仍在最高人民法院二审诉讼中，未对此判决。(3)中铁十一局诉特殊钢公司、重钢公司合同纠纷案。中铁十一局诉重钢(属重钢兼并特殊钢公司系列案件之一，涉案标的额3750万元)合同纠纷案。2007年5月25日，最高人民法院以电传的方式通知四川省高级人民法院暂停对此类案件的执行程序。重庆市国有资产监督管理委员会与重庆市高级人民法院非常重视，重庆市委领导多次批示有关部门协调解决重钢兼并特殊钢公司引发的法律纠纷问题。2008年9月24日，最高人民法院召集重庆市高级人民法院和四川省高级人民法院执行局负责人和案件承办人，传达了最高人民法院审委会民事行政审判专业委员会第24次会议精神：请求解除重钢承担的涉及原特殊钢公司全部遗留债务问题，非最高人民法院决定权限范围；相关法院应加大协调力度，力争促成执行和解，如重庆市和四川省两个高院无法协调一致须及时报请最高人民法院处理。2008年11月10日，重庆市国有资产监督管理委员会主要领导带队，重钢领导参加共赴北京专程向国务院国有资产监督管理委员会汇报重钢兼并特殊钢公司引发的法律纠纷，力争将重钢的法律风险降为最低。(4)重钢诉罗伯特公司合同纠纷案。重钢诉罗伯特公司合同纠纷案(涉案标的金额1150万元)，已执行回736万元。该案执行长达10年，对方已无财产可供执行。2008年重钢法律事务室和重庆中级人民法院进行沟通，重庆市中院于2008年12月2日以〔1999〕渝一中经初执字第99号民事裁定书裁定，终结此案执行。

2. 未纳入重庆市国有资产监督管理委员会考核而实际结案的案件情况。2008年6月办理吉林市中级人民法院执行重钢案(由重钢兼并特殊钢公司引发)，法院解除对重钢所持交通银行股票1200万股的查封。

3. 1000万元以下一般积案完成情况。2008年重庆市国有资产监督管理委员会对重钢1000万元以下一般民事纠纷积案工作目标为：消化积案件数9件，消化积案金额809万元。重钢本身没有1000万元以下一般民事纠纷积案。2008年重钢下属子公司1000万元以下一般民事纠纷积案完成8件，避免或挽回经济损失391.5万元和所持70万元交通银行股票。完成重钢集团考核任务的77.56%。

4. 未纳入重庆市国有资产监督管理委员会考核目标，纳入重钢工作目标考核任务积案完成情况。(1)办理湘潭市岳塘区法院强制执行重钢(由重钢集团下属子公司热陶瓷公司欠款引发)案，法院已解除对重钢所持交通银行70万股票的查封冻结。(2)为重钢集团产业公司担保案执行重钢集团办公大楼提供法律帮助。(3)代理榆林市凯信工贸公司诉重庆鑫腾冶金炉料有限公司313.4万元货款纠纷案(此案在审理中)。(4)重钢集团建设公司结案经济合同纠纷案3件。(5)重庆四钢钢业公司结案劳务纠纷案1件。(6)重钢集团钢管公司结案经济合同纠纷案1件。(7)重钢股份公司结案劳务纠纷案2件。建设公司、四钢公司、钢管公司、重钢股份公司等单位经济合同纠纷案计7件，挽回经济损失指标完成重钢集团考核任务73.58%。其中建设公司3个案件挽回损失338万元，四钢钢业公司劳务纠纷案胜诉挽回损失2万元，钢管公司挽回损失50万元，重钢股份公司2件劳务纠纷案胜诉挽回经济损失1.5万元，计391.5万元。

5. 新发生案件情况。2008年重钢集团无新发生案件。2007年10月15日重钢与上海长航国际海运有限公司签订进口巴西矿租船合同，2007年12月8日，外籍租赁船舶靠泊过程中，发生与港口浮筒相撞事故，靠泊中止。事故发生后发生一系列连环担保，上海长航要求重钢提供3600万美元巨额担保，被重钢拒绝。上海长航借口“不安全泊位”不断向重钢施加压力。重钢参与、协助上海长航等各方协商解决碰撞事故，以避免上海长航根据租船合同在北京提起对重钢仲裁的法律风险，防止上海长航和下一船东给重钢造成不利情况。

◆罗永华

【签署合同审查】 (1)重钢法律事务室2008年对重钢环保搬迁合同专门制定审查程序，审查合同。1～12月审理合同2655份，标的额149.05亿元，审查未出现漏审、延审、误审的情况。

◆罗永华

【强化商标管理】 2008年，重钢法律事务室通过国家商标局公告网搜索发现，重庆有两个自然人于2005年7月25日、2005年8月1日分别向国家商标局提出“重钢 + chonggang + 图形(重钢厂徽)”“重钢型材”商标注册申请，申请的商品为第6类“普通金属及金属制品”“非金属折门、非金属窗”等。重钢发现这一侵权行为后立即聘请北京同恒源知识产权代理有限公司重庆分公司代理商标注册和商标异议的工作。在法定期限内组织证据资料对两件侵权商标提出异议申请，要求商标局驳回该两件商标的注册，使其注册无效。同时，重钢将“重钢”和“重钢厂徽”分别在18个类别申请36件商标注册。国家商标局已受理重钢的异议和商标注册申请。

◆罗永华

【法律清欠工作】 2008年1～12月重钢法律事务室追回欠款81万元，对外诉讼纠纷挽回经济损失326万元，完成重钢下达的2008年工作责任目标任务。

◆罗永华

【治安综合治理工作】 (1)2008年初，重钢集团与26家子公司签订《信访稳定工作目标责任书》《2008年度重钢治安综合治理暨平安建设目标责任书》。(2)强化国家安全小组工作，全年未发生造成严重影响国家安全和政治稳定的重大事件。(3)全年未发生造成严重影响和严重后果的群体性集体上访事件，未发生大规模的冲击市区党政机关，堵塞交通和非法示威游行、请愿等群体性事件和聚众进京集体上访事件。(4)全年发生刑事案件32件，刑事拘留36人；查处行政案件28件，行政拘留33人，取保候审8人，上网追逃5人，劳动教养2人，治安罚款1人，监视居住2人。查抄收赃窝点11个，打掉犯罪团伙6个。(5)强化奥运安保工作，确保奥运期间辖区治安稳定。①制定奥运安保工作方案。②与各子公司签订奥运安保责任书，细化工作指标，层层落实。③制定处置突发事件应急预案和反恐防暴应急预案。④内部建立奥运会期间专门的情报信息报送工作机制。⑤组织专人对辖区内的重点要害部位、危化物品、放射源、公众聚集场所等部位进行拉网式治安隐患排查，发现隐患，督促落实整改，确保万无一失。⑥对重钢公司辖区集中开展系列大规模的夜间清查行动；组织数千人次的夜间清查，出动车辆285台次，犬只26头次，检查重点部位1321个次，检查车辆765台次，拦获偷盗事件67起，拦获偷盗人员94人次，拦获各类物资15481.5千克，电缆线100米，挽回经济损失53706.12元，确保了奥运会期间公司辖区治安秩序稳定。(6)进一步完善巡逻防控体系，重钢巡逻防控体系从巡逻蹲守、带犬巡逻、摩托化巡逻等3个层面上着手得到加强，在“运不走”上下工夫；钢城公安分局加强了对重钢公司辖区的武装巡逻，增加见警率；三是重钢公司各单位组织力量，加强对本单位易发盗情区域的巡逻防控。

◆李欣

【治安防范工作】 2008年，重钢公司治安防范工作落实“预防为主、突出重点、单位负责”的方针，始终以“突出一个重点，完善一个体系，确保两大目标”为主线，保证了全年重钢公司治安大局总体平稳。(1)加强对要害部位的检查、督促、指导，查出治安隐患54起，除当场整改32起外，发书面整改通知书22起，隐患整改率100%。(2)制定奥运安保工作方案，签订奥运安保责任书，制定处置突发事件应急预案和反恐防暴应急预案，建立奥运期间情报信息的报送机制，对辖区内的危化物品、放射源、易爆物品进行拉网式的治安隐患排查。奥运会期间在重钢公司辖区内组织数千人次进行14次厂区夜间清查，在清查中抓获偷盗现行67起，捉获偷盗人员94人次，缴获各类物资15.481吨，电缆线100米，挽回经济损失53706.12元，确保了奥运期间辖区治安稳定。(3)强化工作预案的制定及预案执行的力度，强化重要时段、事件以及检修工程的安全保卫工作。(4)加强巡逻护厂工作，规范出门条的使用；共检查出入厂车辆162511台次，查获违规车辆104台。(5)开展贯穿全年整治重钢及周边治安秩序的专项斗争，收缴各类被盗物资16.64吨；在整治废旧金属收购行业专项工作中、打击破坏"三电"(电力、电讯、电视)设施中，抓获犯罪嫌疑人15人。

◆曹言文

人才开发

重庆市第二届学术技术带头人及后备人选名单

单位	姓名	性别	获得称号	获得时间	专业
股份公司	孙毅杰	男	学术技术带头人	2008-08-25	钢铁冶金
电子公司	付三强	男	学术技术带头人	2008-08-25	控制理论及控制工程
东华特殊钢公司	冯仲渝	男	学术技术带头人	2008-08-25	钢铁冶金
股份公司炼铁厂	贺　镇	男	学术技术带头人后备人选	2008-08-25	机械设计及理论

重庆市优秀专业技术人才名单

单位	姓名	性别	获得时间	单位	姓名	性别	获得时间
技术发展办公室	周　宏	男	2008-11-04	股份公司冷轧厂	张桥川	男	2008-11-04

◆周敏

2008年重钢送培博士研究生人员名单

序号	单位	姓名	性别	送培学校	专业
1	三峰环境公司	陈耀华	男	重庆大学	冶金工程污染控制

2008年重钢送培工程硕士学位人员名单

序号	单位	姓名	性别	送培学校	专业
1	搬迁指挥部	牟必骏	男	重庆大学	电气工程
2	搬迁指挥部	向　军	男	重庆大学	电气工程
3	搬迁指挥部	李云峰	男	重庆大学	机械工程
4	搬迁指挥部	谭　雷	男	重庆大学	冶金(炼铁)
5	朝阳公司	兰　俊	男	重庆大学	电气工程
6	电子公司	刘晓利	男	重庆大学	电气工程
7	电子公司	张　伶	男	重庆大学	控制工程
8	电子公司	李　婕	女	重庆大学	仪器仪表工程
9	电子公司	赵巧荣	男	重庆大学	仪器仪表工程
10	股份公司安环处	罗光伟	男	重庆大学	环境工程
11	股份公司动力厂	王　力	男	重庆大学	动力工程
12	股份公司钢研所	魏凡杰	男	重庆大学	材料工程
13	股份公司钢研所	向浪涛	男	重庆大学	材料工程

续表

序号	单位	姓名	性别	送培学校	专业
14	股份公司钢研所	戴　林	男	重庆大学	材料工程
15	股份公司高线厂	袁太勇	男	重庆大学	材料工程
16	股份公司薄板厂	孙　尚	男	重庆大学	材料工程
17	股份公司薄板厂	邹继涛	男	重庆大学	控制工程
18	股份公司炼钢厂	何洪霞	男	重庆大学	冶金(炼钢)
19	股份公司炼铁厂	李文利	男	重庆大学	机械工程
20	股份公司炼铁厂	梁绍新	男	重庆大学	冶金(炼铁)
21	股份公司炼铁厂	刘宇林	男	重庆大学	冶金(炼铁)
22	股份公司炼铁厂	赵仕清	男	重庆大学	冶金(炼铁)
23	股份公司烧结厂	童　毅	男	重庆大学	电气工程
24	股份公司烧结厂	杨　华	男	重庆大学	冶金(炼铁)
25	股份公司生产处	张华安	男	重庆大学	工业工程
26	股份公司质管处	朱颖洁	女	重庆大学	材料工程
27	股份公司中板厂	黄　法	男	重庆大学	材料工程
28	股份公司中板厂	刘来巧	女	重庆大学	电气工程
29	股份公司中板厂	鲍　飞	男	重庆大学	工业工程
30	国土办公室	伍　杉	女	重庆大学	物流工程
31	建设公司	刘世锋	男	重庆大学	建筑与土木工程
32	建设公司	吕徐平	男	重庆大学	项目管理
33	三峰工业公司	王金超	男	重庆大学	机械工程
34	三环监理公司	石　忡	男	重庆大学	土木工程
35	重庆钢研所	李荣之	男	重庆大学	材料工程
36	矿业公司太和铁矿	游家贵	男	昆明理工大学	矿业公司工程
37	矿业公司太和铁矿	杨　建	男	昆明理工大学	矿业公司工程
38	矿业公司太和铁矿	龙晓玲	女	昆明理工大学	矿业公司工程

2008 年重钢送培工商管理及会计硕士学位人员名单

序号	单位	姓名	性别	送培学校	专业
1	产业公司	陶　权	男	重庆大学	工商管理
2	朝阳公司	古　俐	女	重庆大学	工商管理
3	朝阳公司	彭晓梅	女	重庆大学	工商管理
4	股份公司档案处	温勇耀	男	重庆大学	工商管理
5	股份公司冷轧厂	张　勇	男	重庆大学	工商管理
6	股份公司中板厂	蒲　平	男	重庆大学	工商管理
7	机制公司	伍　伟	男	重庆大学	工商管理
8	矿业公司太和铁矿	杨瑞海	男	西南民族大学	工商管理
9	矿业公司太和铁矿	杜洪周	男	西南民族大学	工商管理
10	矿业公司太和铁矿	扈维民	男	四川大学	工商管理
11	矿业公司太和铁矿	龙茂华	男	西南民族大学	工商管理
12	矿业公司太和铁矿	肖　飞	男	西南民族大学	工商管理
13	三环监理公司	贾成刚	男	重庆大学	会计

◆ 周敏

2008年获国家正高级职称人员名单

序号	单位	姓名	性别	职称资格	获得时间
1	职工总医院	黄晓恚	男	主任医师	2008－09－22
2	三峰卡万塔环境公司	刘思明	女	正高级工程师	2008－09－26
3	重钢经理办公室	刘加才	男	正高级工程师	2008－09－26
4	股份公司质管处	李　红	女	正高级工程师	2008－09－26
5	股份公司质管处	朱　斌	男	正高级工程师	2008－09－26
6	股份公司炼铁厂	贺　镇	男	正高级工程师	2008－09－26
7	股份公司炼铁厂	兰　洪	男	正高级工程师	2008－09－26
8	股份公司钢研所	周远华	男	正高级工程师	2008－09－26
9	环保搬迁指挥部	陈开华	男	正高级工程师	2008－09－26

2008年获国家高级职称人员名单

序号	单位	姓名	性别	职称资格	获得时间
1	股份公司装备处	李满富	男	高级工程师	2008－11－19
2	股份公司中板厂	周朝勤	男	高级工程师	2008－11－19
3	股份公司中板厂	雷洪庆	男	高级工程师	2008－11－19
4	股份公司中板厂	杨　斌	男	高级工程师	2008－11－19
5	股份公司中板厂	刘昌凤	男	高级工程师	2008－11－19
6	股份公司质管处	王富仲	男	高级工程师	2008－11－19
7	股份公司质管处	余广火	男	高级工程师	2008－11－19
8	股份公司运输部	胡建康	男	高级工程师	2008－11－19
9	股份公司烧结厂	胡　钢	男	高级工程师	2008－11－19
10	股份公司炼铁厂	鲁德昌	男	高级工程师	2008－11－19
11	股份公司炼铁厂	幸晓均	女	高级工程师	2008－11－19
12	股份公司炼铁厂	陈重津	男	高级工程师	2008－11－19
13	股份公司炼钢厂	梁　庆	男	高级工程师	2008－11－19
14	股份公司炼钢厂	程　琳	女	高级工程师	2008－11－19
15	股份公司炼钢厂	张　杰	男	高级工程师	2008－11－19
16	股份公司炼钢厂	廖玉珍	女	高级工程师	2008－11－19
17	股份公司炼钢厂	蔡　兵	女	高级工程师	2008－11－19
18	股份公司经理办	徐　刚	男	高级工程师	2008－11－19
19	股份公司技改处	刘功林	男	高级工程师	2008－11－19
20	股份公司机动处	桂列明	男	高级工程师	2008－11－19
21	股份公司机动处	彭德明	男	高级工程师	2008－11－19
22	股份公司机动处	冯仲渝	女	高级工程师	2008－11－19
23	股份公司高线厂	唐晏华	男	高级工程师	2008－11－19
24	股份公司钢研所	杨　玻	男	高级工程师	2008－11－19
25	股份公司钢研所	李克芬	女	高级工程师	2008－11－19
26	股份公司钢研所	肖时平	男	高级工程师	2008－11－19
27	股份公司钢研所	谭文志	男	高级工程师	2008－11－19
28	股份公司动力厂	赵衍毅	男	高级工程师	2008－11－19
29	股份公司动力厂	张　汀	男	高级工程师	2008－11－19
30	股份公司动力厂	张诗渠	男	高级工程师	2008－11－19
31	设计院	陈建坡	男	高级工程师	2008－11－19
32	设计院	江　军	男	高级工程师	2008－11－19
33	设计院	江宗权	男	高级工程师	2008－10－23

续表

序号	单位	姓名	性别	职称资格	获得时间
34	三峰科技公司	陈　迅	男	高级工程师	2008－11－19
35	三峰卡万塔环境公司	易永梅	女	高级工程师	2008－11－19
36	三峰卡万塔环境公司	王维祥	男	高级工程师	2008－11－19
37	三峰卡万塔环境公司	司景忠	男	高级工程师	2008－11－19
38	三峰卡万塔环境公司	魏卡嘉	女	高级工程师	2008－11－19
39	三峰卡万塔环境公司	彭同琼	女	高级工程师	2008－11－19
40	三峰工业公司	赵　力	男	高级工程师	2008－11－19
41	三峰传媒公司	杨昌年	男	高级工程师	2008－11－19
42	三峰传媒公司	李成富	男	高级工程师	2008－11－19
43	矿业公司綦江铁矿	舒西刚	男	高级工程师	2008－11－19
44	矿业公司景星矿	吴建清	男	高级工程师	2008－11－19
45	矿业公司景星矿	侯红斌	男	高级工程师	2008－11－19
46	建设公司	周武全	男	高级工程师	2008－11－19
47	建设公司	周忠荣	男	高级工程师	2008－11－19
48	建设公司	魏成华	男	高级工程师	2008－11－19
49	建设公司	马　刚	男	高级工程师	2008－11－19
50	监理公司	刘　立	男	高级工程师	2008－11－19
51	电子公司	刘儒新	男	高级工程师	2008－11－19
52	电子公司	陈和平	男	高级工程师	2008－11－19
53	朝阳公司	袁　红	男	高级工程师	2008－11－19
54	重庆钢研所	曹征宽	男	高级工程师	2008－11－19
55	重庆钢研所	陈　红	男	高级工程师	2008－11－19
56	铁业公司	黎　明	男	高级工程师	2008－11－19
57	四钢公司	张基红	女	高级工程师	2008－11－19
58	东华特殊钢公司	赵宗江	男	高级工程师	2008－11－19
59	东华特殊钢公司	余泽林	男	高级工程师	2008－11－19
60	东华特殊钢公司	阎红梅	女	高级工程师	2008－11－19
61	环保搬迁指挥部	邓成平	男	高级工程师	2008－11－19
62	环保搬迁指挥部	赵正平	男	高级工程师	2008－11－19
63	环保搬迁指挥部	吴成宾	男	高级工程师	2008－11－19
64	环保搬迁指挥部	杨晓春	男	高级工程师	2008－11－19
65	环保搬迁指挥部	马金梅	女	高级工程师	2008－11－19
66	人力资源处	刘文玥	男	高级经济师	2008－10－15
67	三峰卡万塔环境公司	刘　颖	女	高级经济师	2008－10－15
68	矿业公司綦江铁矿	罗丽娟	女	高级会计师	2008－12－04
69	建设公司	严　强	男	高级会计师	2008－12－04
70	股份公司动力厂	杨　莉	女	高级统计师	2008－11－19
71	职工培训中心	周世光	男	高级讲师	2008－12－05
72	职工培训中心	陈永奎	男	高级讲师	2008－12－05
73	职工培训中心	段基平	男	高 级 讲师	2008－12－05
74	职工培训中心	李红英	女	高级讲师	2008－12－29
75	职工总医院	陈文锴	男	副主任医师	2008－09－21
76	职工总医院	曾朝阳	女	副主任医师	2008－09－21
77	职工总医院	朱朝江	男	副主任医师	2008－09－22
78	职工总医院	郭玉琴	女	副主任医师	2008－09－22
79	职工总医院	蒋　霖	男	副主任医师	2008－09－22

续表

序号	单位	姓名	性别	职称资格	获得时间
80	职工总医院	修明英	女	副主任护师	2008－09－22
81	股份公司安全环保处	谭炳泉	男	副主任医师	2008－09－20
82	股份公司档案处	王永全	男	副研究馆员	2008－11－13
83	股份公司档案处	陈之明	男	副研究馆员	2008－11－13
84	股份公司档案处	张思庆	男	副研究馆员	2008－11－13

◆ 周敏

工作机构

【经理办公室概况】 重庆钢铁（集团）有限责任公司经理办公室是负责重钢集团秘书、文书、信息、行政、接待、小车和保密工作的综合管理部门，亦是重钢集团董事会的下设机构董事会办公室。经理办公室作为重钢集团的信息枢纽和重要职能部门，主动地做好服务，发挥参谋助手、综合协调和督促检查作用。参与重钢集团的政务、管理好事务，贯彻、检查、督促、落实公司董事会决议和重钢集团领导班子会议决定的执行情况，使政令畅通，上情下达，下情能及时上报和反馈。履行各项职能，做好上下联系、对外协调工作。2008 年设秘书科、机要文书科、行政接待科 3 个科室，同时管理重钢集团驻北京办事处。2008 年在岗职工 27 人，其中管理岗位 19 人，操作岗位 8 人，具有高级技术职称的 8 人，中级技术职称的 5 人，技师 2 人。

主要完成工作。（1）围绕重钢集团统筹兼顾“现实生产持续递增，环保搬迁快速推进，资源开发拓展实施，企业改革不断深化”四大战略任务，按照精细化管理要求，做好服务工作，改进工作作风，提高工作效率，确保工作质量，保证经理办公室重点工作及考核目标的实现和各项工作任务的全面完成。（2）2008 年，重钢经理办公室围绕环保搬迁的节点目标，做好每一件事，按时保质完成好每一项工作任务，务实高效地做好内外联系、统筹协调、综合组织、接待服务等各项工作；完成环保搬迁改造工程项目评审、环境评审等重要会务组织接待，陕西小金河磁铁矿、巫山桃花铁矿等矿山联合开发的报批，陕西省安康市人民政府与重庆市国有资产监督管理委员会共同支持重钢集团对安康市境内铁矿石资源投资勘探及开发建设合作协议，影响环保搬迁工程建设进度的外围交通保障会议的联系衔接等一系列重大工作任务。（3）“5·12”汶川 8 级强烈地震后，重钢集团经理办公室作为重钢集团抗震救灾应急指挥部办公室，迅速传达落实党中央、国务院和重庆市委市政府及重钢集团抗震救灾的指示和会议精神，检查重钢的抗震救灾工作情况，按照每天一报、每天必报的要求，收集情况和信息，在每天下午 4 时之前，将重钢抗震救灾的有关情况和问题向上报送，确保重钢生产经营、环保搬迁正常运行和顺利推进。同时，发动党员和职工踊跃捐款，党员交纳特殊党费。2008 年 5 月 22 日，重庆市市长王鸿举、常务副市长黄奇帆等在重钢集团召开现场抗震救灾研究彩钢活动板房建设工作会，将国家下达到重庆市的制作 80 万平方米彩钢活动板房的紧急任务交给重钢集团。重钢经理办公室协助重钢集团三峰工业公司和重庆四钢公司，联系订购制作的专用机械设备，订购彩涂薄钢板制作原料，落实重庆市工商银行 3 亿元点贷资金，做好原材料的采购、机器设备准备和资金落实保障等系列前期准备工作。从 5 月 22 日开始，重钢集团接到重庆市政府生产抗震活动板房的任务，到 6 月 16 日接到重庆市政府停止生产的通知，历时近 26 天，按时保质地完成 5000 套灾区急需的抗震活动板房。（4）按照《关于开展专项监事工作的通知》（渝国资〔2008〕359 号）要求，为加强对企业重大事项的监督，防范和规避经营风险，由经理办公室牵头组织，从 2008 年 9 月下旬开始，至 10 月底前，在重钢集团开展一次专项监事检查工作。转发重庆市国资委《关于开展专项监事工作的通知》，下发重钢经办发〔2008〕166 号文件。对于重大投资和重大担保的内容，设定专用统一的表格式填报；对于重大分配事项，以及其他需补充的内容，侧重强调以文字充分说明。此次专项监事工作，对重钢集团本部及 10 家子公司，2007 年 1 月 1 日至 2008 年 6 月 30 日时间范围内，本企业重大投资项目、重大担保事项和重大分配事项进行了系统梳理，摸清了现状。（5）加强与重庆市大渡口区的联系和协调，一是协调加快袁茄路和双山路建设，尽快建成通车事宜。两条路在长时间的施工过程中，对重钢集团办公大楼和钢城大厦周边环境影响实在太大，直接影响到重钢集团对外形象和正常的办公秩序。二是协调加快和加大力度开展对重钢产业大楼和钢城大厦的招商工作，以筹措重钢新建科技及非钢大楼的建设资金，推动大楼的建设工作。三是协调尽快解决朝阳气体公司在建桥工业园的征地问题，以利项目早日动工建成投运。四是协调全力支持和联手协同一道，共同打击偷盗黑恶势力，维护重钢厂区治安，保障重钢财物安全和正常的生产秩序。五是协调进一步加快社会职能移交工作，如退休职工移交到区里，进行属地管理等。六是协调解决金字塔公司违背协议，还建钢花影剧院化妆室的问题。(6)做好2008年北京奥运会和残奥会的安全稳定和领导值班安排，处理好重钢集团铁业公司关停中出现的职工集访等不稳定问题。(7)做好对外接待工作。完成对国家相关部委及市级主要领导，以及陕西安康市党政代表团等一系列重要来访接待活动。筹备、组织完成重钢集团对外合作，以及环保搬迁工程中重大项目的签字和签约仪式等大型活动。(8)及时协调和督促重钢公司有关单位和部门，回复重庆市人大和重庆市政协的提案，解决好重庆市市长电子公开信箱，以及其他部门转来的有关重钢职工及家属的问题和困难的信访函件等。(9)完善重钢集团公文管理系统项目，对系统运行中出现的问题和使用中反映的情况，进行及时处理和解决，并对系统的使用和各单位信息管理员进行规范，保证系统稳定正常运行。(10)从保证经理办公室履行行政工作任务完成入手，在重点行政工作的督办上，董事会决议的执行上，经理公开电话的处理上都达到百分之百；在重要会议和重大接待上，以及泄露机密事件上的失误都为零。发挥参谋助手作用，拟写重钢集团负责人的讲话材料、汇报材料、职代会报告、职代会提案、人代会和政协会的议案和提案，以及各类公文等100个、20万字；打印各类公文、文字材料近4800件，复印文件材料8万页；收发传递各类函件、传真等3万件；收发各类报刊300种、30万份；接待国家部委、重庆市领导以及来重钢的各兄弟、友邻单位的主要领导等重要来宾47批、650人；接待其他来宾来访700人次；组织、协助各种大小会议100次，接办公开电话300人次；加强对基层单位行政办公室的专业指导和管理。完成由重钢经理办公室负责收集、整理和编辑的《领导信息专递》。无泄密和失密事件发生。做好办公大楼的日常管理，保持良好的工作秩序和工作环境。在接待量大量增加、接待规格提高的情况下，接待费用控制在核定的范围内。加强小车队的安全教育和管理，做到安全行车，全年安全行驶里程30万公里。

2008年，重钢经理办公室党支部继续保持达标先进党支部称号，经理办公室被评为最佳“文明处室”。

◆李建业

【财务处概况】 重钢集团财务处是重钢集团董事会办事机构，同时也是重钢集团的管理职能部门。2008年设资金管理科、会计管理科、费用管理科，年末在岗职工12人，其中男性5名，女性7名，高级会计师3人，会计师8人，经济师1人；在岗职工均为大专以上文化程度。财务处主要职责：负责组织编制、实施重钢集团财务预算，分解落实重钢集团利润目标；负责重钢集团货币资金的统一管理，监督重钢集团各单位资金使用情况和银行账户情况，负责重钢集团对外融资、担保的管理；负责重钢集团各子公司财务负责人的考察和管理；负责组织重钢集团会计核算工作和会计事务的管理，编制集团财务会计报告；负责重钢集团组织执行国家财经制度、税收法规，制定重钢集团财务管理制度，建立和实施内部控制制度；负责集团内部资产的各项管理；负责集团对外投资、各项费用的核算以及管理，负责母公司机关处室费用的管理；负责重钢集团在证券市场投资及融资的相关工作。

1. 超额完成2008年重钢财务处工作责任目标。重钢集团销售收入(合并报表)204亿元，完成全年指标127.5%；筹措资金17.2亿元，完成指标344%，资产保值增值率≥100%，重钢集团费用下降26.64%。重钢集团全年实现利润95800万元，完成全年目标的174.18%，母公司管理费用支出比预算减支1622万元，下降20.17%。

2. 做好资金筹措和管理，重点做好重钢环保搬迁工程资金保障。重钢集团环保搬迁的全面展开和现实生产规模的进一步扩大，对资金需求持续增大。重钢财务处凭借重钢良好的资信和优异的经营业绩，以及近年来与金融界的战略合作关系，通过各种融资方式，取得融资效果。全年，在保持原有授信额度的基础上，又获得7家金融机构17.76亿元的授信额度。全年重钢集团新增银行借款27.93亿元，归还借款11.79亿元，净增加借款16.14亿元。搬迁工程投资总额为252亿元，其中自有资本金140.5亿元，拟银行借款111.5亿元。重钢集团环保搬迁工程筹资融资工作自2007年开始全面启动。按照重钢与渝富公司签订的土地置换协议付款进度，2008年年底共收到土地款40亿元。2008年重钢集团货币收入312.71亿元，实现销售收入204亿元，货款回笼率102.63%，同比下降0.21%。资金支付能力的增强，全年共支付41亿元环保搬迁项目款，保证了重钢集团生产经营的正常进行及职工工资和福利性开支的正常支出，及时支付了各项社会保险费用，保证了职工的合法权益。

3. 提升企业财务管理水平，高度重视年度财务决算工作，按时、保质地完成2007年的财务决算工作；对2008年的财务决算专门召开专题会议进行研究布置，完成2009年财务预算的编制工作，财务处对各子公司上报的2009年财务预算进行审查，汇总形成重钢集团的总预算，报重钢集团董事会批准后，已分解下达各单位执行；2008年重钢财务处制定《关于研发费用财务会计管理办法》《关于印发“重庆钢铁(集团)有限责任公司差旅费”管理办法》《关于赴长寿区重钢江南新区建设人员伙食补助费的通知》等财务会计管理文件11份，差旅费管理办法的重新修订提高了标准；每月都要对重钢集团的生产经营情况和财务状况进行分析，并上报给重钢集团管理层，为决策者提供有效的财务信息，同时按照重庆市国有资产监督管理委员会要求，做好季度经济运行分析工作,并向其汇报。

4. 学习贯彻执行《企业会计准则》。2008年是重钢集团全面执行新会计准则第一年,重钢财务处开展组织学习培训,通过专门聘请高校教师对重钢集团497名财会人员开展新会计准则的继续教育学习和培训,同时组织11名高级人员参加重庆市财政局举办的培训班学习。

5. 落实搬迁企业财政及其他优惠政策。重庆市委、重庆市政府为支持重钢环保搬迁工程,给予了重钢集团财政及其他优惠政策。重钢集团财务处与政府有关部门联系协调,准备各种资料,全年共收到2007年度返还税费14000万元,建立了税费财政返还渠道。

6. 加强资产管理,提高资产使用效益。2008年重钢资产管理主要开展在城市危旧房改造中,涉及重钢集团资产的评估、拆迁补偿等工作。其中完成大渡口区建设村、新工村、百花村3个片区201户(建筑面积5800平方米)的拆迁工作,收回拆迁补偿费2096.23万元;牵头并配合运输公司完成拆迁中2931.49万元的房屋、土地的资产评估。全年审核报批处置10项闲置资产,处置收入38.28万元。全年审核办理新增固定资产转固167项,原值22169.3万元,固定资产报废117项,原值2544.53万元,净值218.45万元。办理1893632平方米的土地解押手续。

7. 继续做好葛老溪含铁资源开发工作。财务处作为参与葛老溪含铁资源开发工作的职能处室之一,对开发工作中有关财务管理、价格制定、日常工作检查与协调等方面作管理工作。2008年葛老溪老渣厂含铁资源开发生产经营已正常运转,并实现效益1963.83万元。

2008年,重钢财务处受到重庆市财政局、重庆市国有资产监督管理委员会"会计管理工作先进单位"的表彰。继续保持重钢机关"文明处室"称号,获得机关党工委授予的"达标先进党支部"称号。

◆何昌礼

【人力资源处概况】 重钢集团人力资源处(企管处)是重钢集团的职能管理部门,2008年设人员管理科、人才开发科、工资保险科和企管改革科4个科室;年末有在岗职工12人,均为大专以上文化程度;其中女职工4人,高级职称5人。人力资源处(企管处)的主要职责:负责重钢集团改革改制和企业组织结构管理;指导子公司的企业基础管理工作;负责重钢集团用工制度改革,指导子公司劳动用工的管理;负责重钢集团人才引进、招聘的组织管理;负责重钢集团专业技术人员队伍建设工作;负责重钢集团职工教育培训管理,重钢集团职业技能鉴定管理;负责重钢集团工资管理及分配工作;负责重钢集团养老、失业、工伤等社会保险管理;负责重钢集团人力资源系统信息化建设的组织实施;负责人力资源系统各专业统计工作管理;负责重钢集团管理技术人员的人事档案管理等。

完成的主要工作:(1)推进企业改革改制和结构调整。①对负债过重,扭亏无望的重庆鑫腾冶金炉料有限公司,对早已停产、资产长期闲置的热陶瓷公司,列入重庆市破产计划,已向法院提出破产申请;法院已立案受理鑫腾公司的破产。②关停重钢湛江工贸公司和一户小法人公司。③在对重庆金科再生资源有限公司职工按政策补偿,其国有股权按相关规定公开挂牌拍卖后由国有控股公司转变为完全民营化企业。④成立环境产业的成都市九江环保发电有限公司,矿业的陕西三金矿业股份有限公司和重庆巫峡矿业股份有限公司等3家新公司。⑤按照在环保搬迁完成时彻底解决集体企业方针,对集体企业实施改制。有476名集体职工享受重钢环保搬迁政策实现分流安置。⑥产业公司代管的材料总厂、绝热板厂完成改制,独立走向社会发展;机制公司代管的3家集体企业进行合并,减少两家集体企业。⑦完成铁合金公司破产终结后的社会职能移交。(2)加强人才引进,强化人才培训培养,人力资源结构得到进一步改善。①引进专业技术人员8人,招聘高校毕业生217人。②加大环保搬迁及公司发展所需人才储备,与有关院校签订大专生定向培养协议。招聘定向生99人,签订定向生88人、委培生123人。③推荐24人申报重庆市学术技术带头人及后备人选、重庆市杰出(优秀)专业技术(技能)人才,3人被命名为重庆市第二届学术技术带头人,1人为后备人选,2人被评为重庆市优秀专业技术人才,9人获得正高级职称资格。④送培冶金、矿业、机械等14个专业工程硕士38人,工商硕士13人,推荐报考2009年工程硕士71人,工商硕士19人。⑤1人参加中组部"西部之光"人才培养。10名技术带头人、26名技能尖子通过学历提升、项目研修考察等多种方式进行了专项培训。⑥参加职业技能培训鉴定的职工3000人,新增高级技师12人,技师59人,高级工650人。⑦举办重钢第七届职业技能竞赛。⑧推荐多人参加全国钢铁行业、重庆市的技能竞赛,其中1人荣获全国钢铁行业技术能手称号,6人获重庆市青工技能竞赛三等奖。⑨开展环保搬迁储备性和各类岗位技能培训,全年集中开办6个专题356人次的搬迁专项培训,特种作业培训4993人次,岗位培训14860人次,继续教育培训2312人次。(3)规范企业劳动用工,用好环保搬迁政策。规范劳务派遣工、非全日制用工、退休人员返聘等,安置复退军人135人,招聘优秀劳务工230人;用好重钢环保搬迁的人员安置政策,解决好困难企业和大龄职工的困难,全民职工通过"直通车"和提前退休等渠道共分流990人。(4)作好薪酬管理,确保企业增效职工增收。2008年重钢职工收入比2007年增长22%。(5)完成企业年金方案,待重庆市国有资产监督管理委员会审批后即实施。

2008年重钢有5项管理现代化创新成果获2008年度重庆市企业管理现代化创新成果奖励，其中2项成果获得二等奖、3项成果获得三等奖。

◆刘文玥

条目另见部目

【职业技能竞赛活动】:《文化教育》

【经济运行处概况】 2008年重钢经济运行处在岗职工9人，均为管理人员；研究生1人、本科学历4人、专科3人、中专1人；具有高级职称的4人、中级职称4人、初级职称1人。其职责：(1)负责重钢集团年、月度生产经营计划的编制、检查、督促、落实、监控工作。(2)负责重钢集团新增（包括更新）、报废、变卖运输车辆管理。(3)负责重钢集团和子公司之间在生产经营中有关原辅材料、设备、动力、能源、运输等方面的运行管理及协调工作，处理有关异议。(4)负责重钢各子公司不能生产或不能满足生产所需（在数量、质量、进度上）的辅料等外购、外委的初审工作。(5)负责编制全年计量器具周期检定计划、计量隶属标准考评和计量异议的协调裁定。(6)负责布置、督促、指导重钢集团机械、动力、特种设备的安全检查、普查、定期检验及基础管理工作；负责重钢各子公司设备检修计划编制下达、检查、落实；负责重钢集团各子公司不能生产或不能满足生产要求的设备、备品备件外购和无能力自行进行的设备检修、技措、技改工程外委的初审。(7)负责重钢集团各子公司能源消耗指标计划下达、检查、监督、考核，负责编制重钢集团能源平衡报表。(8)负责重钢集团内部企业在设备备件加工制造、修复、检修工程施工、汽车运输、汽车修理的规范运作，组织专业资质审查。(9)负责重钢集团（大渡口地区）厂区公路管理（公路维护委托运输公司实施）。(10)负责重钢统计网络和基本统计制度建设，统计工作组织，协调重钢集团综合统计和专业统计工作，实施统计数据归口管理，统一对外报送重钢集团综合统计报表，对外分布统计公报。(11)负责健全完善重钢集团经济责任制考核体系，牵头组织实施资产经营责任制、工作目标责任制、专业经济责任制考核工作。

2008年主要工作：(1)生产经营。做好重钢集团年度、月度计划的编制和计划实施监控，每月定期对重钢集团生产经营运行分析和预测，协调解决子公司经济运行过程中出现的问题；编制下发重钢集团2009年生产经营与发展计划。(2)机动能源管理。组织开展春秋季设备大检查、起重机械专项整治活动、百日安全活动专项行动、特种设备安全大检查大排查大整治专项行动等：对机制公司、东华特殊钢公司、三钢公司等单位的行车隐患申请专项资金进行整改；进一步规范了重钢集团辅助生产单位及部门的维修工程项目的管理；加强内部市场的管理，严格设备外购的审批，使重钢内部所能够制造、生产的产品不外购。抓节能降耗降成本工作，推行电能分时计量和功率调整电价，做好移峰填谷工作；牵头组织铁业公司、矿业公司完成节能审计和节能规划的编制工作并通过重庆市经委的验收；淘汰落后的发电产能，为綦江铁矿1500千瓦/时小机组淘汰争取国家补贴33.5万元。(3)经济责任制考核。进一步规范重钢经济责任制考核管理，制定下发《重钢集团经济责任制考核办法》。2008年，重钢分别与23家子公司、25个职能、党群部门和直属单位签订资产经营责任书和工作目标责任书。1～12月，有19家子公司完成进度考核目标，职能、党群部门和直属单位全部达到进度考核目标要求。(4)统计工作。组织各子公司统计人员保质保量全面完成国家统计局、重庆企业调查总队，钢铁工业协会及市经委的统计年报和定期统计报表等日常工作，获本年度“钢铁工业行业统计”先进单位；申报参评国家500强的统计资料，重钢排名252名；申报重庆市工业50强资料，重钢排名第6名；完成全国第二次经济普查第一阶段基本单位普查报表。

◆黄紫群

条目另见部目

【重钢钢铁业实现规模生产】:《生产经营》

【非钢产业盈利】:《生产经营》

【环保搬迁指挥部概况】 重钢集团环保搬迁指挥部于2007年1月22日正式成立。依据重钢人资发〔2007〕17号文件，重钢集团环保搬迁指挥部共设5个管理部门：综合部、规划与设计管理部、财经部、工程管理部、设备材料采购部，19个专业项目部：料场项目部、焦化项目部、烧结项目部、炼铁项目部、炼钢项目部、中宽厚板项目部、型钢项目部、高线项目部、热轧宽带项目部、冷轧涂镀项目部、理化项目部、机动能源项目部、码头铁路运输项目部、三电项目部、制氧项目部、特钢项目部、钢管项目部、冶金辅料及资源综合利用项目部、四钢项目部；同时重钢集团成立矿山建设分指挥部。至2008年底，环保搬迁指挥部在册职工295人，在岗职工295人。2008年7月29日，成立重钢环保搬迁指挥部党委，隶属重钢集团党委。

2008年重钢集团环保搬迁指挥部按照重钢集团董事长董林提出的“坚定信心、改善作风、精细管理、精确服务”4个方面的新要求和工程建设节点计划的总体部署，各参建部门及相关参建单位抓住工程建设工期、质量、投资和安全控制关键环节，各主流程项目招标按期全面展开，并实现全面开工建设，前期建设资金保障状况良好，实现2008年工程建设阶段性任务目标。

◆孙耿涅

条目另见部目

【工程建设优化】:《环保搬迁》

【施工保障】:《环保搬迁》

【规划与设计】:《环保搬迁》

【工程资金支付】:《环保搬迁》

【合同签订】:《环保搬迁》

【工程设备采购管理】:《环保搬迁》

【炼铁项目实施两期方案】:《环保搬迁》

【炼钢项目方案】:《环保搬迁》

【一期烧结项目方案】:《环保搬迁》

【石灰项目方案】:《环保搬迁》

【综合原料场方案】:《环保搬迁》

【制氧站工程方案】:《环保搬迁》

【铁路专用线建设方案】:《环保搬迁》

【220千伏中央变电站规模】:《环保搬迁》

【一次配电系统】:《环保搬迁》

【场平工程】:《环保搬迁》

【场平结束】:《环保搬迁》

【工程进展情况】:《环保搬迁》

【热轧板带项目建设】:《环保搬迁》

【4100毫米宽厚板工程建设】:《环保搬迁》

【焦化项目工程建设】:《环保搬迁》

【码头建设工程】:《环保搬迁》

【新区道路建设】:《环保搬迁》

【取水泵站建设】:《环保搬迁》

【排水管网建设】:《环保搬迁》

【主要工程建设】:《环保搬迁》

【法律事务室概况】 1999年6月1日重庆钢铁(集团)有限责任公司法规处成立,2004年3月更名为重庆钢铁(集团)有限责任公司法律事务室。2008年,重钢法律事务室有5名职工,最高年龄56岁,最低年龄36岁;2人取得律师执业资格和法学硕士学位,3人取得企业法律顾问执业资格,从事企业法律事务最长的29年,最短的9年,其中法学硕士2名,本科2名,大专1名。

法律事务室主要职能:负责健全和落实重钢对外诉讼案件的基本管理制度,健全和落实重钢对外合同管理及基本制度,以及工商(商标、著作权)事务的管理。(1)法律诉讼。负责办理重钢对外起诉、应诉的各类纠纷案件,并为重钢所属子公司的法律事务提供咨询;接受所属子公司的委托,办理其对外起诉、应诉等各类案件。(2)合同管理。负责重钢并指导、检查和监督重钢所属子公司对外各类合同的订立、履行、变更、解除、异议处理等工作;负责重钢(重钢环保搬迁工程)及子公司对外重大合同进行法律审查,出具法律意见;负责重钢及子公司经常性合同文本的修改、制订,完善符合企业实际的格式合同;负责健全重钢及子公司合同专用章、授权委托书的基本管理制度,对外合同的分级授权体系,检查、监督合同专用章及授权委托书的使用情况。(3)工商(商标)管理。负责重钢字号,企业的设立、合并、注销、年检等工商事务,办理企业商标的申请注册、变更、续展、维权等工作。(4)工作程序:对重钢及子公司标的在10万元以上(含10万元)的合同进行法律审查,出具法律意见书。参与代理案件的搜集证据,对案件进行分析、讨论,代理案件起诉、应诉、执行的法律文书,出庭答辩等诉讼事务。通过法律手段清收回欠款。由重钢集团董事长签字后,办理重钢的授权委托书。对重大、复杂的诉讼案件采取以外聘律师为主、法律事务室配合的方式进行。

2008年,重钢法律事务室配合相关部门制定《关于重申严格执行环保搬迁工程合同附签廉洁协议的通知》《重钢集团公司关于环保搬迁工作失职中渎职行为的责任追究暂行管理办法》、《重钢集团环保搬迁工程“挂号-销号”管理制度》等管理办法。

2008年法律事务室保持重钢机关先进党支部和文明处室称号。

◆罗永华

【审计处概况】 重钢审计处是依据国家法律、法规和重钢集团的规章制度对重钢集团内部各单位经济活动的合法性、真实性和效益性等进行动态监督、管理控制和决策服务,促使企业管理资源得到有效配置,保障实现管理目标,提高企业经济效益的职能部门。2008年末,审计处设综合科、审计科、工程审计科3个科,在岗职工11人,其中高级会计师2人,会计师3人、造价师2人、工程师1人,初级职称3人。2008年,审计处完成对50兆瓦燃气-蒸汽联合循环发电机组工程结算、2005~2007年审计项目整改落实情况跟踪检查、环保搬迁专项资金检查等7个项目的审计,其中50兆瓦燃气-蒸汽联合循环发电机组工程结算审计被重庆市审计局评为2008年度优秀内部审计项目。对重钢环保搬迁工程实施了全过程监督检查,实现审计效益507万元,向重钢纪委监察处移送犯罪线索一起,3名涉案人员被司法机关依法处理。

2008年3月,重钢集团被重庆市人事局、审计局联合评为2005~2007年度重庆市内部审计先进集体,2008年5月,重钢集团被审计署评为2005~2007年度全国内部审计先进集体。

◆涂江涛

【行政管理处(信访处)概况】 重庆钢铁(集团)有限责任公司行政管理处(信访处)是重钢集团的综合管理部门,主要负责重钢集团住房制度改革、医疗保险制度改革、人口与计划生育工作、信访稳定工作。2008年设综合科(房改办公室)、信访科(信访办公室)、医疗保险科(医改办公室)、人口与计划生育办公室4个科级机构及国家安全小组办公室、爱国卫生委员会办公室、献血办公室3个非常设机构。2008年末在岗职工12人,外聘职工1人,具有高级职称1人,中级职称4人,初级职称5人。行政管理处(信访处)工作职责:(1)负责重钢集团后勤管理,并按现代企业制度要求,使后勤工作逐步实现经营市场化,服务社会化。(2)负责重钢集团房改办公室、医改办公室、计划生育办公室、信访办公室、爱卫会的日常管理工作。(3)负责重钢集团房改政策和制度的制定,并组织实施和督促、检查。(4)负责重钢集团医疗改革政策和制度的制定,并组织实施,负责监督医疗机构合理使用医疗保险金。(5)负责重钢集团计划生育政策制度的制定、人口计划的编制,并组织实施和监督、检查。(6)负责组织对重钢集团朵力房地产公司、重钢总医院、重钢集团生活服务有限责任公司等制定的面向重钢集团职工的各类收费办法进行论证、审定及颁布；负责对子公司在房管、医疗、生活服务等面向职工收费的办法进行审批。(7)负责重钢集团信访调解管理，协调处理疑难、重大事件，及时反映职工思想动态。(8)负责重钢集团国家安全小组联络工作和机关的治安保卫工作。

2008年，行政管理处开展的主要工作：(1)重钢集团领导重视信访稳定工作，重钢集团董事长董林与26家子公司签订《重钢集团公司2008年信访稳定工作目标责任书》。2008年重钢接待处理信访总量3930件次、9353人次，同比下降26%、12%，处理集体上访29批，464人次，同比下降14%、44%；处理人民群众来信187件，同比上升6%；化解122批3535人次的集体上访苗头。(2)实行领导包案制，开展"重信重访专项治理"工作，对重庆市处理信访突出问题群体性事件联席会议办公室交办的3件"重信重访问题专项治理"工作案件完成2件，其中龙泽芳和罗玉恒停访息诉；对重庆市国有资产监督管理委员会交办的3件"重信重访问题专项治理"工作案件完成1件，其中鑫腾公司职工已停访息诉。(3)进行多项专题研究、部署做好接待工作，多次与有关部门共同研究制定处置预案。(4)根据《重庆市人民政府印发关于主城区危旧房拆迁补偿安置工作指导意见的通知》(渝府发〔2008〕37号)及《重庆市大渡口区人民政府关于支持危旧房拆迁工作的函》的有关精神，重钢对涉及拆迁范围的产权房2300户全部放弃产权。(5)为确保2008年奥运会、残奥会成功举办，对不稳定因素进行排查，确保了全国"两会""奥运会""残奥会"期间9名上访老户无一人进京非正常上访和到市级机关集体上访零目标的实现。(6)办理"大堰园""钢花苑"职工集资合作建房权属证件386个并发放给职工住户；2008年办理发放职工配套公有住房产权证341个；第六批集资建房工程渝新花园职工集资合作建房项目实施。(7)2008年1~11月重钢为职工缴纳住房公积金6572万元，比2007年增加443万元；为7239名职工支取公积金8827.64万元。2008年重钢投入资金338万元对渝中区大巷子18号进行大修；对车家坪、革新村、大堰村、钢花村等片区房屋进行了屋面板更换及防水处理、污管改道、堡坎维修；对渝岗村50栋楼梯间混凝土叶片拆除、更换钢栏杆、增加防盗网等。(8)配合大渡口区政府开展危旧房屋拆迁工作，涉及属重钢集团产权房屋共162栋2132户，68871平方米。(9)2008年，重钢集团上缴市医疗保险管理中心101828278.31元。(10)2008年兑现独生子女父母奖励金4125.5元(全部为集体企业)；截至2008年9月30日止，重钢集团共审批兑现放弃再生育奖励184例、368000元；重钢集团对放弃再生育的186个家庭兑现了奖励，兑现金额37万元。

◆何娟

条目另见部目

【住房公积金汇缴】:《职工生活》
【职工集资合作建房】:《职工生活》
【公有住房维修】:《职工生活》
【房屋权属证件办理】:《职工生活》
【危旧房屋拆迁处理】:《职工生活》
【计划生育重点工作】:《职工生活》

【技术发展办公室概况】 重钢技术发展办公室是负责重钢集团规划投资管理、科技管理等专项工作的管理部门。2008年设规划投资科、科技科2个科室，年末在册职工人数13人(含重钢集团副总工程师6人)，其中具有高级职称11人、中级职称1人，初级职称1人。主要完成工作：(1)规划投资管理。①按照重庆市经济委员会的要求，对"十一五"发展规划进行调整。②固定资产投资管理，全年下达投资批复33项批，其中立项批复6项，投资计划批复27项批，计划总投资25148.23万元，其中当年投资19530.23万元；2008年重钢完成固定资产投资588632万元(含重钢环保搬迁一期工程529279万元)，建设项目24项；完成项目14项。③按照《重庆市人民政府制定的重庆市企业投资项目核准和备案暂行办法》，为重钢大渡口本部外的子公司的6个项目办理备案手续。(2)科技管理。①组织各专业科技项目的立项论证工作，下达4批共40项科技项目，计划总投资3289万元，其中重钢投入698万元。②组织2008年度重庆钢铁(集团)有限责任公司科学技术进步奖评选，评选38项。③2008年申请专利77件，获授权专利69件。④2008年重钢集团确定普通技术攻关项目49项，重点技术攻关10项，重钢技术中心研发项目6项，技术攻关效益提成项目9项。⑤2008年对57项合理化成果进行奖励。⑥2008年重钢在可比的27项技术经济指标中，破历史水平的21项，刷新率77.80%。

◆梅化

条目另见部目

【重钢专利工作】:《科学研究与应用》

【国土管理办公室概况】 2008年重钢国土管理办公室在岗职工5人(其中男性3名，女性2名)，高级职称1名，中级职称1名，初级职称3名，在岗职工均为大专以上文化程度。国土管理办公室主要职责：(1)负责重钢集团贯彻执行国家和地方各级政府关于国土资源工作的方针政策和法律法规，拟订和组织执行重钢国土资源管理办法和措施；(2)负责拟订重钢集团国土资源发展规划和实施及总图管理；(3)负责组织协调重钢集团国土资源的综合开发与利用和土地的征用工作；(4)负责查处违反规定占用重钢集团国土和违章建设行为，组织处理地产纠纷工作；(5)负责重钢集团各单位建设用地的审批和建(构)筑物的初审工作；(6)负责重钢集团地质灾害的预防及处置工作；(7)负责重钢集团长寿新区土地规划、征用土地及管理工作。

1. 重钢本部主要工作:(1)办理重钢集团在大渡口区、九龙坡区土地变更登记手续207件。(2)办理重钢集团在大渡口区、九龙坡区生产用地的土地资产移交给重庆渝富资产经营管理公司手续25件。(3)办理大渡口区革新村、跃进村、新山村、大堰三村、渝钢村、锁口丘等宗土地内集体单位住宅用地移交相关手续19件。(4)按房改相关政策办理大渡口区、九龙坡区的重钢公有住房土地使用权手续300户。(5)为重钢集团"农转非"老化劳动力自愿参加基本养老保险申请终止储蓄式养老保险人员办理相关手续87件及办理重钢集团"农转非"老化劳动力死亡退保手续6件。(6)办理重钢集团在大渡口区、九龙坡区土地权属确定手续4件。(7)办理完毕重钢集团大渡口地区土地使用税调查统计工作。(8)对重钢集团国土资源进行综合开发和利用,盘活存量土地资产40000平方米。(9)加强土地巡查工作,查处非法侵占重钢土地事件2起。(10)绘制重庆钢铁集团三峰工业有限公司长寿晏家工业园区的16宗出让地的国有土地位置分布图。(11)办理4宗重钢各单位建设用地申请审批,办理九龙坡区九龙镇马王三村、马王四村、马王五村社区居委会危旧房改造新建用地申请审批。

2. 重钢长寿新区主要工作:(1)办理重钢环保搬迁建设用地预审申请,国土资源部2008年9月18日以《关于重庆钢铁(集团)有限责任公司实施节能减排环保搬迁项目建设用地预审意见的复函》(国土资预审字〔2008〕270号),正式批复同意重钢集团实施节能减排环保搬迁项目建设用地预审。(2)落实新区铁路用地,确定铁路方案,并将铁路所有用地土石方量作总体平衡优化。(3)确定新区倒班房、管控中心、办公楼、维修中心楼的总图选址。(4)与中冶赛迪公司协调,确定新区围墙位置设计方案,并最终确定了全厂边坡、挡墙处理方案。(5)落实重钢集团朵力房地产公司在长寿桃花新区住宅用地的征用,并办理了用地相关手续。(6)确定成品码头办公及集控楼的总图定位,220千伏电站总图定位及塔基地质处理意见,水渣皮带通廊终端的总图定位,新区物资计量点的总图定位,2号开闭所施工所涉及的电杆定位,确定了码头后方陆域设计方案。(7)确定重钢长寿新区工厂大门的位置,明确各厂区的界限。(8)确定冷固球团、精炼石灰、化产回收的用地范围。

◆伍杉

条目另见部目

【建设用地预审】:《环保搬迁》

【新区土地利用与开发】:《环保搬迁》

【档案处概况】 档案处是重钢集团集中统一管理各个历史时期形成的各类档案资料信息的中心和职能管理部门,为重钢集团所属单位提供利用服务,对二级单位的档案工作进行业务指导和监督、检查与考核,对集团各单位史志工作、工业遗产保护等的归口管理和业务指导,以及图书、期刊及标准文献的管理开发。同时也是集团公司档案鉴定委员会和重钢年鉴编辑委员会的工作机构。重庆钢铁(集团)有限责任公司档案处、重庆钢铁(集团)有限责任公司档案馆、重庆钢铁股份公司档案处合一办公,实行三块牌子,一套班子,重庆钢铁(集团)有限责任公司档案馆是经国家档案局注册的企业档案馆和"企业档案工作目标管理国家一级"档案馆,行政编制下设:档案管理科(档案接收、整理、编目、保管、利用),档案业务指导科(对二级单位进行档案业务指导、《重钢年鉴》编辑和办公室管理、工业遗产保护)和图书管理科(图书馆)3个科。辅助工作机构:计算机管理中心,宣传编研中心和服务开发管理中心3个中心。2008年末,有在岗职工39人,其中:档案管理人员28人,图书管理人员11人,具有高级职称8人,中级职称9人,初级职称15人。

2008年,档案处对重钢集团档案管理进行指导、监督、检查和提供优质的服务,全年下基层单位2482人次对重钢集团机关处室、直属单位、子公司及下属厂矿等单位的档案管理进行业务指导、督促、检查和提供优质的服务。(1)主动参与重钢环保搬迁工程建设的各项管理活动。全程记录工程建设过程及重要会议,党和国家、重庆市领导、重钢集团领导视察等活动。(2)组织召开重钢集团档案工作暨2006~2007年表彰会,表彰15个先进单位、37个先进个人、21名从事档案工作20年的重钢档案工作者。(3)2008年重钢档案处完善档案、图书两个系统的软件功能,数据存量达200万个记录,接待20万人次14000卷的档案文献信息的查阅。完成重钢集团2007年文书档案的归档10559件,其中重钢集团机关处室、重钢股份公司机关处室32个单位4447件,子公司及下属厂矿45个二级单位6112件。(4)指导铁合金公司破产档案清理、处置,完成了破产档案18721卷(件张)清理,其中科技档案963卷、文书档案2870卷、会计档案7619卷、底图档案5844张、实物档案(印章、证书)177件、照片档案1468张。对10995卷(件张)进行杀虫,并移交重钢集团档案馆。(5)指导产业公司完成对改制企业重庆冶金绝热板厂和重钢产业公司材料总厂相关文件(申请、审批)资料共47件分别向重钢集团档案馆移交归档。(6)指导重钢股份公司中板厂、动力厂、运输公司、矿业公司等单位开展档案鉴定销毁工作。帮助成立档案鉴定小组,熟悉档案鉴定程序、方法。(7)编印出版《重钢年鉴》(2008)、《重钢档案》3期、《决策参考》33期、《情报速递》34期。(8)重钢集团厂情馆于2008年3月28日正式开馆。(9)重钢的数字化档案管理系统运行。数字图书馆增加了电子图书10000册,有电子图书20000册。(10)创新档案管理,《大型集团对投资主体多元化企业档案的控管》获重庆市创新成果二等奖,《投资主体多元化企业档案管理模式研究》于2008年11月22日通过国家档案局组织的优秀科技成果鉴定。组织职工撰写学术论文35篇,其中26篇入选重庆市档案学会第六届学术论文集,2人参加由国家档案局、中国档案学会、中国人民大学联合举办的“2008年中国信息资源管理论坛”,并在会上作“用新观念引领企业档案信息资源开发利用”专题发言。(11)创建“三峰书友会”和“思想碰碰车”交流平台。

2008年,重钢档案处获重庆市档案工作先进档案集体称号。重钢作为全国企业唯一代表在首届中国档案工作者年会上作《用先进理念引领重钢档案工作跨越式发展》报告。

◆彭地富

【退休工作处概况】 重庆钢铁(集团)有限责任公司退休工作处是重钢的主管退休工作的职能机构,主要负责重钢大渡口本部17371名退休人员(其中360名退休“中干”)及2099名退休人员遗属的日常管理服务工作,并对重钢大渡口本部以外的重钢集团各单位的退休工作进行业务指导。2008年设综合管理科、劳动保险管理科、直属工作站、跃进村工作站、新山村工作站、九宫庙工作站6个科、站;在岗职工17人。建有400平方米的“退干”活动室。2008年确保了重钢非统筹养老金发放准确及时,及时率100%,准确率99.98%。生活特别困难退休人员走访率100%,保持了退休人员思想的基本稳定;协助大渡口区社保局对17160名退休人员的基本养老金进行了调整。坚持“耐心、周到、稳定”的工作原则,接待来访14000人次,处理来信398件,处理各类家庭纠纷25件,在元旦、春节和重阳节期间,组织“送温暖”活动,对1445名退休人员进行了慰问。配合重钢集团工会,为16467名退休人员办理了大病医疗互助基金扣款。

◆何小川

条目另见部目

【退休人员管理】:《职工生活》

【维护退休人员权益】:《职工生活》

【职工培训中心概况】 重钢职工培训中心是重庆钢铁(集团)有限责任公司从事职工培训教育的实体单位,是国家和重庆市高技能人才培训基地,其主要职责是开展重钢集团职工培训、职业资格鉴定和职业技能竞赛,同时经重钢集团批准保留了重庆冶金成人学院重钢分院、重庆广播电视大学重钢分校、重钢党(干)校、重庆冶金高级技工学校和重钢集团中等专业学校5个大中专院校办学牌子,主要开展职前培训和履行继续教育工作职能。培训中心分A区和B区两个校园,A区位于重庆市大渡口区跃进路30号,原重钢职工大学校址,主要负责职工培训理论性教学和职前培训大专及其以上层次办学工作职能;B区位于大渡口区马王乡黄金庵1号,原重钢中技校校址,主要负责职工培训实践性教学和职前培训中职层次办学工作职能。2008年,重钢职工培训中心设2室4科:党政办公室、招生就业指导办公室、职工培训管理科(重庆冶金成人学院管理科、重钢电大分校管理科、重钢党校管理科)、教学科、实习科、学生管理(保卫)科。2008年底在册职工188人,其中在岗职工162人,内部退休职工26人。在岗职工中教师105人,其中高级职称19人(高级、副高级教授)、中级职称58人(工程师、讲师、一级实习教师)、技师和高级技师17人,聘请了重庆市内各普通高校以及重钢集团内部工程技术人员担任兼职教师42名。

2008年,重钢职工培训中心以服务重钢集团“生产经营、环保搬迁、资源开发、企业改革”四大战略任务为己任,坚持以“职工培训为主,职前培训为辅”的工作思路,发挥职工培训中心在重钢集团“创建学习型企业、争做知识型职工”活动中的主渠道和主阵地作用,全面完成职工培训、职前培训和精神文明建设的各项工作目标。主要完成工作:(1)全方位开展职工培训,重点抓好“三高”(高级经营管理人才、高级专业技术人才、高级技能人才)人才的培养。针对重钢集团和各子公司培训需求,组织实施职工培训计划,开展多层次、多类型岗位培训,继续承办重钢集团第七届职业技能竞赛工作;以提高培训服务质量为主要内容,切实加强职工培训的教学组织及管理,做好培训服务工作。(2)抓精细化管理,重点抓好财务管理、后勤管理、安全管理、基础建设,夯实管理基础,达到降本增效、开源节流目的。坚持财务管理预决算制度,严格资金审核程序,加强成本核算与控制。规范招生就业费用开支,规范临时用工费用开支,规范各类办学收费制度,保证资金良性循环。同时加强国家对中职学生资助费用的专项管理,实行专款专用,纳入效能监察项目,接受国家和社会监督。(3)抓安全管理,加强安全教育,开展安全培训。制定职工培训中心《安全环保目标风险承包办法》《安全生产责任制》《安全绩效工资实施办法》《突发事件应急措施》《山体滑坡应急预案及处理措施》等实施制度,各科室签订安全责任书;安全生产百日检查,坚持“安全生产月”活动。坚持每月一次的安全例检,查出滑坡、枯树火灾隐患、生活水池安全卫生、防雷装置、危房拆除等安全隐患10起。在“5·12”汶川大地震后,重钢职工培训中心安全委员会对学校校舍安全情况进行排查,对存在的安全隐患及时进行了专家鉴定,完成维修改造。(4)保障后勤管理,开展“我为节能减排作贡献”活动,采取有效措施加强水、电管理,降低了管理成本。做好校舍及教学设施的日常维护,加强食堂、小卖部的监管。(5)注重基础建设,向重庆市发展改革委员会申报《重庆市中等职业学校基础能力建设规划》,购置电类实训、实验设备及考核装置,建立电工第3场地,更新了教学用计算机,整修更新了行车工及钳工实习场地。

(6)加强思想政治工作,确保稳定。坚持思想政治工作目标责任制,贯彻实施《公民道德建设实施纲要》,开展“遵纪守法、爱岗敬业”专题教育活动,开展文明科室创建活动,确保职工队伍稳定。加强学生思想引导,成立学生稳定工作领导班子,针对“藏独”事件,加强理智爱国教育;针对地震,加强爱心教育,维护正常教学秩序。

2008年,重钢职工培训中心继续保持重庆市国有资产监督管理委员会文明单位称号,重庆市劳动和社会保障局“技工教育先进单位”、重钢“先进党委”“达标四好领导班子”“党风廉政建设达标单位”“党建带团建先进党委”“五四红旗团委标兵”“模范职工之家”等荣誉。

2008年12月2日,中共重钢职工培训中心委员会第三次代表大会召开,选举产生中共重钢职工培训中心第三届委员会委员5名,选举产生纪律检查委员会委员5名。2008年12月23日,重钢职工培训中心工会第三届委员会暨职工代表大会召开,选举产生重钢职工培训中心工会第三届委员会7名委员和工会经费审查委员会委员3名。

◆吴娟

条目另见部目

【职工培训工作】:《文化教育》
【高技能人才队伍建设】:《文化教育》
【职前培训工作】:《文化教育》
【重庆冶金成人学院重钢分院】:《文化教育》
【重庆广播电视大学重钢分校】:《文化教育》
【重钢党(干)校】:《文化教育》
【重庆冶金高级技工学校暨重钢集团中等专业学校】:《文化教育》

2008年重钢公司机关(行政)通信录

单位	电话	地址	邮编
经理办公室	023－68842251	重庆市大渡口区大堰三村1幢1号208室	400080
财务处	023－68846486	重庆市大渡口区大堰三村1幢1号112室	400080
审计处	023－68842469	重庆市大渡口区大堰三村1幢1号201室	400080
人力资源处	023－68846228	重庆市大渡口区大堰三村1幢1号210室	400080
环保搬迁指挥部	023－68842251	重庆市大渡口区大堰三村1幢1号208室	400080
技术发展办公室	023－68843517	重庆市大渡口区大堰三村1幢1号508室	400080
国土管理办公室	023－68843728	重庆市大渡口区钢花路8号钢城大厦后面	400080
法律事务室	023－68846331	重庆市大渡口区大堰三村1幢1号411室	400080
经济运行处	023－68842281	重庆市大渡口区大堰三村1幢1号408室	400080
行政管理处(信访处)	023－68843393	重庆市大渡口区大堰三村1幢1号504室	400080
档案处	023－68877242	重庆市大渡口区钢花路8号钢城大厦附楼	400080
退休工作处	023－68841806	重庆市大渡口区跃进村38—21号	400080
职工培训中心	023－68846226	重庆市大渡口区跃进路30号	400080

◆张蓉

本部目责任编辑　刘光军
本部目责任校对　龙志敏

6

生产经营

重钢年鉴

2009

主业生产

【重钢钢铁业实现规模生产】 2008年,重钢集团以生产经营为中心,抓住钢材1~8月期间需求旺盛、售价好的有利时机,克服铁矿石、煤炭、电、生铁、废钢等原燃材料价格大幅度上涨,铁路运输等紧张,以及年初南方低温冰雪灾害、“5·12”汶川大地震和8月以后钢材市场逆转、钢材价格急剧大幅下降等诸多困难,应对全球金融危机的影响,精心组织生产,千方百计抓好原材料的采购、储备和产品的发运工作,进一步提高国内低价铁矿石配矿比例,加强煤气回收,增加自发电,按市场需求和效益原则调整产品结构等举措,生产经营效果显著。同时,大力抓好节能减排和降耗降本工作,吨钢综合能耗、钢材成材率等主要技术经济指标继续得到改善和提高。2008年,重钢集团的主要产品钢、生铁、钢材、焦炭产量继续保持规模生产,销售收入、利润,均创历史最高水平;销售收入跃上200亿元新台阶、利润突破9亿元,钢材产销率、货款回笼率均实现100%。

2008年,重钢集团钢产量345.92万吨、同比下降0.4%,铁产量319.74万吨、同比下降0.93%,钢材产量348.1万吨、同比增长1.41%,焦炭产量155.15万吨、同比下降0.87%,钢材销售量351.83万吨、同比增长0.91%,钢材产销率101.07%、同比下降0.5个百分点,货款回笼率102.63%、同比下降0.21个百分点,货币回笼率95.12%,销售收入203.68亿元、同比增长35.15%,实现利润95803万元、同比增长86.07%。

◆张军庆

【调整销售策略】 重钢销售处根据年初重钢集团领导班子对钢铁市场行情的预测分析及2008年国内经济运行走势可能出现前高后低的状况,提出以“一提两保”为重点的销售策略。针对上半年市场行情较好,钢材价格出现历史罕见飙升,外部环境对提价销售十分有利,提出采取“提价销售”策略,抓住市场机遇,上调中厚钢板、型材、优钢棒材、硬线盘条等产品销售价格,建筑钢材则随行就市。超额完成重钢下达的上半年产品销售价格、利润任务。三季度初,市场行情出现逆转苗头,建筑钢材和棒材价格开始明显回落,中厚钢板和型材行情还未恶化时,销售处将销售策略调整为“保价销售”,除建筑钢材和棒材价格跟随市场变化调整价格外,中厚钢板和型材价格基本上保持坚挺,未作较大让步。“保价销售”的策略是成功的,三季度重钢的中厚钢板、型材保持了较高的售价水平。进入四季度后,市场行情急转直下,价格大幅暴跌,从9月下旬到10月末的40天时间内,市场上中厚钢板和型材价格跌幅创下钢材市场新的价格暴跌纪录,几乎所有的钢厂开始抢夺订单。由于需求急剧萎缩,即使以超低价格拼抢策略也难以获取足够的订单,重钢各钢厂被迫减产或提前检修,应对销售危机。受此影响,重钢集团的销售工作被迫调整“保价销售”策略为“保产销售”,以便重钢关键产品能够继续正常生产和销售,尽量减少效益损失。在订货极其艰难的销售形势下,通过采取“保产销售”策略,销售处最终抓满了四季度重钢股份公司中板厂和型钢厂所需订单,基本上维持重钢生产正常运行。从9月份钢材市场出现价格暴跌行情时,销售处及时启动中厚钢板和型材价格追溯,对确因重钢公司内部原因而未能按期交货的合同,给予用户一定幅度的价格补偿,同时附加必须继续进行后续订货的前提条件,在订货极端困难时期争取到订单。

◆何耀东

【发展战略客户协作关系】 2008年上半年重钢产品以较大的价格涨幅给下游用户形成成本压力,主要客户不断来信来访,磋商新形势下合作关系,对重钢涨价过快过高交换意见。下半年钢材市场价格暴跌,下游用户重新取得与钢厂的主动权,发现产品质量和交货期方面微有差错,立刻要求索赔或价格追溯。鉴于此,重钢销售处从3个方面保证重钢与战略客户的协作关系:(1)调整价格应对策略,变超前市场主动提价为紧跟市场提价。上半年钢材市场出现前所未有的价格猛涨局面,用户被动接受了钢厂价格,与钢厂的矛盾增大。上半年重钢采取逐步缩小与其他钢厂的价格差距,到6月中旬时,重钢中厚钢板价格调整到全国钢厂的中间水平,将价格上调策略由超前主动改为被动紧跟,尽量减少与战略客户的矛盾,为下半年可能出现的行情逆转预作准备，降低有利于用户的市场形势出现后用户的过激反应风险。（2）确保战略客户资源供应。为确保船厂资源供应，上半年采取将普板、低合金板的价格定位在高于市场挂牌价策略，大幅度减少普板、低合金板订货，腾出资源多生产和销售优利品种船板，增加船板资源量。同时加强对销售分公司的资源分配管理，详细核查每一个销售分公司报回的订货计划，确保中厚钢板资源优先流向战略客户。（3）加强对话交流，增进相互理解。2008 年重钢与战略客户双方相互走访频率明显增加，互动协调良好，建立了供需双方企业高层领导互访工作机制，巩固了战略合作伙伴关系。重钢在三季度“保价销售”和四季度“保产销售”成功，战略客户在价格上给予了重钢支撑，使重钢免于过早经受价格暴跌之苦；9 月后重钢中厚钢板的订单绝大部分来自于战略客户。

◆何耀东

【中板厂为奥运会场馆建设提供钢材】 重钢中板厂生产的板材有“中国第一板”之称。重钢股份公司中板厂自 2006 年 8 月开始为 2008 年在北京举行的第 29 届奥运会奥运场馆建设提供钢材，累计提供优质钢材 1246 吨，主要产品为 6～25 毫米厚 Q235B、Q345C、Q345D。重钢中板厂对北京奥运会的这些钢板采用在钢号后面添加后缀“奥”字进行专门管理，从钢的冶金成分设计、冶炼、连铸、控制轧制控制冷却等进行专门跟踪生产，确保了钢板按质按量按期交到用户手中。

◆曹开宸

【质量异议工作】 2008 年重钢股份公司产生索赔性质量异议 91 件，比去年同期减少 28 件；损失金额 1285519.39 元，比去年同期增加 22685.26 元，吨钢损失 0.38 元/吨，比去年同期减少 0.03 元/吨。用户满意度 91 分，比去年同期提高 6 分。

2008 年，重钢股份公司售后服务领导小组进一步强化用户质量异议工作，对重大质量异议问题随时决策。受理用户有关钢材销售业务中各种异议及投诉，处理钢材售后出现的质量异议。定期与不定期走访用户，对严重影响形象及造成重大经济损失的单位和个人进行考核。2008 年，重钢股份公司重新修订质量异议处理的主要内容：（1）对处理质量异议和重大问题进行调研，提出处理方案及处理意见。（2）审批参与处理质量异议的人员和相应处理方式。（3）对用户质量异议处理善后事宜进行协调。（4）对用户质量异议处理工作中造成经济、信誉损失的责任单位及个人提出考核意见。（5）质量异议的处理，在既对用户负责又对重钢股份公司负责，既不损害公司利益又有利于营销工作的指导思想下，与用户进行友好协商处理，为用户提供尽善尽美的服务。（6）用户质量异议处理，有赔偿的质量异议双方必须签订协议。（7）用户超标要求或重钢股份公司生产工艺难以避免的用户质量异议，视具体情况，要报工作组研究处理。（8）用户质量异议处理人员的派出由工作组确定。（9）在责任单位落实后，主要责任单位必须对用户异议纠正措施提出整改意见。

◆舒成荣

【售后质量异议服务】 2008 年，重钢股份公司销售处在处理质量异议工作中，坚持以“方便、快捷、准确、高效”的服务宗旨回报用户，确立“以用户满意度为第一原则”的售后服务工作方针。2008 年是重钢产品用户质量异议投诉大幅减少、质量异议损失大幅降低的一年。全年收到用户质量异议投诉 218 件，其中 121 件通过与用户沟通协商得到用户谅解，未产生索赔。2008 年质量异议投诉赔偿金额比 2007 年同期减少 100 万元。售后服务主要工作是对外

北京申奥成功7周年特刊

Beijing 2008

1 礼

“鸟巢”用材 重钢制造

重庆为北京奥运会献上的第一份礼物，就是支撑“鸟巢”的Q460钢材了。由于“鸟巢”的特殊构造对支撑它的钢材提出了异于普通体育场的要求，因此整个“鸟巢”内部都采用了为其量身打造的Q460钢材。这种低合金高强度钢，在受力强度达到460兆帕时才会发生塑性变形。

在以往，Q460主要依赖从卢森堡、韩国、日本进口。但这次“鸟巢”采用的，全是由国内6大重点钢材生产企业生产的Q460钢材，其生产工艺甚至超过了以上几个国家的产品，而重钢就是这6大钢材生产企业之一。

2006年8月，重钢中板厂调度室接到了生产Q460钢材的任务。虽然那一年夏天重庆的天气十分炎热，锻造车间里的温度更是高得吓人，但重钢工人一听是为了北京奥运的需要，立刻表示“没问题”。在去年召开十七大的时候，重钢中板厂调度室主任、人大代表周亚平还特地跑到“鸟巢”施工现场，与自己亲手锻造的Q460钢材留影纪念。

如今，“鸟巢”经过一系列的测试后已经交付使用，重庆锻造的Q460钢材将伴随着这个“第四代体育馆”的伟大建筑作品度过此后的每一个夜晚。而那些没有使用完的Q460，将很有可能被重新利用，作为原材料制造“鸟巢”的模型，以后，我们也许在奥运纪念商品店就可以看到由重庆钢铁工人为奥运会提供的这些坚实耐用的Q460钢材。这是中国的骄傲，也是重庆的骄傲。

原载《重庆商报》2008 年 7 月 13 日

3个承诺:(1)对用户反映的一般质量异议12小时内给予回复,重大质量异议24小时内给予回复;(2)接到用户反映的质量异议,售后服务人员72小时内赶到现场并提出处理意见;(3)售后服务人员在日常工作中加强与用户的沟通交流,掌握用户对产品技术参数的个性化服务要求。

◆何耀东

【重庆名牌产品申报】 2008年重钢股份公司生产的工业结构型钢(工字钢、槽钢、角钢)、优质碳素钢热轧盘条两个系列产品申报"重庆市名牌产品"称号,均为到期复评。这两个产品是重钢股份公司于2007年进行名牌产品的培育工作,2008年2月重钢股份公司质管处代表重钢股份公司向重庆市名牌产品协会提交了重庆名牌产品申报申请,2008年3月重庆市名牌产品协会同意重钢股份公司申请。2008年3~5月,质管处完成9000字的申报资料的编写,收集了企业各类获奖证明材料、认证证书、专利证书等100份,并请大渡口区统计局出具了上述产品的产量、产值、利润证明,请大渡口区地税局和大渡口区国税局出具上述产品的纳税证明,重钢股份公司于5月底提交了正式申报材料。2008年5~10月,重庆市名牌产品协会组织了重庆市质监局、重庆市经委、重庆市商委、重庆市建委等部门和相关行业专家对企业申报材料进行了审查、对申报产品实物质量进行了抽查、对申报企业的管理情况进行了抽检,针对每个产品进行了不低于50份用户问卷调查。检查和审核均获得顺利通过。2008年11月21日重庆市人民政府办公厅发渝办发[2008]327号文件,正式确认重钢股份公司工业结构型钢、优质碳素钢热轧盘条2个系列产品获得2008年度"重庆市名牌产品"称号,有效期3年。

◆唐志刚

【冶金行业品质卓越产品申报】 2008年3月,重钢股份公司质管处代表重钢股份公司向中国质量协会冶金工业分会提交了低合金结构钢热轧厚钢板、碳素结构钢热轧厚钢板两个产品品质卓越产品申报申请,2008年5月中国质量协会冶金工业分会同意了重钢股份公司申请。2008年5月底,冶金质量协会派专家组到重钢股份公司对低合金结构钢热轧厚钢板、碳素结构钢热轧厚钢板进行了现场评审,评审依据为《冶金行业品质卓越产品现场评审细则》和ZYTJ001-2008《碳素结构钢热轧钢板和钢带》、ZYTJ027-2008《低合金结构钢热轧钢板和钢带》审查,经审查重钢股份公司申报的两个产品现场评审合格。2008年5~8月,质管处组织人员进行了申报材料的编制工作,完成23000字的申报资料的编写,收集企业各类获奖证明材料、认证证书、专利证书等100份,并请大渡口区环保局和安全生产监督管理局出具重钢股份公司生产污染物排放达标、无重大环境污染和重大安全事故证明。重钢股份公司于8月提交了正式申报材料。11月质管处组织人员到北京进行热轧球扁钢金杯奖申报专家答辩。2008年11月27日中国质量协会冶金工业分会发文冶质协字[2008]32号文件确认重钢股份公司生产的低合金结构钢热轧厚钢板、碳素结构钢热轧厚钢板两个产品获"品质卓越产品",有效期3年。

◆唐志刚

【"金杯奖"复评】 2008年重钢股份公司碳素结构钢和低合金结构钢热轧厚钢板"金杯奖"有效期到期,2008年5月,重钢股份公司质管处向中国钢铁工业协会质量协会提交了复评申请,2008年8月完成了申报材料编制。2008年7月中国钢铁工业协会组织行业专家到重钢股份公司对碳素结构钢和低合金结构钢热轧厚钢板进行了现场审核及实物质量进行抽样检查,11月质管处组织相关人员到北京进行了热轧球扁钢金杯奖申报专家答辩。2008年12月26日中国钢铁工业协会发文钢协〔2008〕235号文件确认重钢股份公司生产的碳素结构钢和低合金结构钢热轧厚钢板获得2008年度"金杯奖"称号,有效期3年。

◆唐志刚

【船体结构钢板CCS工厂证书换证】 2008年重钢股份公司船体结构钢法国(BV)、意大利(RINA)、日本(NK)、英国(LR)工厂证书有效期到期,按规定需进行维持认可取证。2008年3月重钢股份公司质管处代表重钢股份公司向法国、意大利、日本、英国船级社提交了维持认可申请资料,并按船级社规范要求与船级社一道制定了维持认可试验大纲,4~7月,质管处牵头按维持认可试验大纲要求对船体结构钢进行了实物质量摸底试验和试样准备。2008年5~9月,获法国、意大利、日本、英国等国船级社船检师来重钢股份公司进行认可试验和工厂审核。

◆唐志刚

非钢生产

【非钢产业盈利】 2008年,重钢的非钢子公司在生产经营活动中,克服上半年原燃材料和运输紧张、价格大幅涨价和下半年价格大幅回落等因素影响,做好为钢铁主业的保产保供和服务工作,同时全力做好环保搬迁所承担的工作。17家非钢子公司全年实现销售收入(汇总)47.75亿元,同比增长30.57%,其中矿业公司、朝阳公司、建设公司、三峰卡万塔环境公司、电子公司、新港公司、运输公司、设计院、三环监理公司、产业有限公司、机制公司、生活服务公司、三峰工业公司、三峰科技公司、三峰传媒公司等15家子公司销售收入同比有不同程度的增长。17家非钢子公司中有15家盈利,2家亏损,非钢子公司实现利润32797万元,同比增长78.65%,其中矿业公司、朵力房地产公司、朝阳公司、电子公司、三峰卡万塔公司、新港

重钢抗震救灾活动板房生产线　王钢　摄影

公司、设计院、三环监理公司、产业有限公司、机制公司、生活服务公司、三峰科技公司、三峰传媒公司等13家子公司利润与去年同期相比均有不同程度增长。

重点非钢支柱产业中矿业、环境工程产业、房地产产业发展良好、利润同比大幅度增长。矿业公司克服年初低温冰雪灾害、汶川大地震、铁路运输紧张等带来的重重困难，抓好转供产品煤炭资源的落实和冶金辅料的保产保供工作，并大力推进矿山的基地建设，取得效果；三峰卡万塔公司在毛里求斯垃圾焚烧发电项目落空的情况下，寻求新项目，中标成都二期垃圾焚烧发电项目、河北保定2台套垃圾焚烧炉供货等项目，同时做好同兴垃圾发电厂、福州垃圾发电厂的运营工作，经营效果较好；房地产产业虽受国家宏观调控和世界经济危机影响，朵力尚美国际房屋销售周期有所延长，朵力房地产公司及时调整营销策略，并大力做好新山村、江南桃花等项目的前期准备工作。2008年重点非钢支柱产业矿业、环境工程产业、房地产产业实现销售收入21.91亿元、占非钢收入的45.88%、同比增长40.18%，实现利润26806万元、占非钢利润的81.73%、同比增长119.63%。

◆张军庆

【垃圾焚烧发电工程】　重庆钢铁集团设计院在2008年外部市场开拓中承接了两座垃圾焚烧发电工程设计。(1)福建省南安市垃圾焚烧发电厂工程，每年处理城市生活垃圾21.9×10^4吨。设计采用2条焚烧处理线，每条处理线日平均处理城市生活垃圾300吨。工程总投资1.95亿元，建成后每年可发电力1.08×10^8千瓦时。项目采用二段式垃圾焚烧炉，及半干式烟气喷雾处理工艺技术。项目计划于2009年5月投产。(2)福建省莆田市城市生活垃圾焚烧发电厂工程采用焚烧法，每年处理城市生活垃圾33.0×10^4吨。设计采用3条焚烧处理线，每条处理线日平均处理城市生活垃圾350吨。工程总投资2.5亿元，建成后每年可发电力1.69×10^8千瓦时。项目采用二段式垃圾焚烧炉，及半干式烟气喷雾处理工艺技术；计划于2009年底投产。

◆江洪

【同兴垃圾发电厂生产运营】　同兴垃圾发电厂是重庆三峰卡万塔环境产业有限公司2008年销售收入的重要组成板块。2008年垃圾量、发电量达到历史新高，厂用电率、吨垃圾天然气耗量、吨垃圾工业用水耗量比上年下降。同兴还先后争取了江北区的全部垃圾，九龙坡区的150吨垃圾，渝北回兴镇的70吨垃圾，稳定了沙坪坝区、北碚区、高新区、大渡口区、经开区及龙溪镇、渝北两路等地的垃圾来量。2008年5月至10月垃圾接收量均在1650吨/日以上，其中7月份和9月份均超过1750吨/日。

◆杨毅

【福州红庙岭垃圾发电厂生产运营】

福州红庙岭垃圾焚烧发电厂作为重庆三峰卡万塔公司沿海地区示范项目，2008年通过消防、安全、环保等单项验收；完成《特许权协议》约定的各种功能性测试；3月国家发展和改革委员会与国家电力监管委员会联合发布的发改价格〔2008〕640号文件，把福州红庙岭垃圾焚烧发电厂列入可再生资源电价补贴范围，电价按0.629元/千瓦时与电力公司结算；5月获得电力业务许可证；8月转入商业营运，按照全价43元/吨收取垃圾处置费；9月以后，月上网电量超过1000万千瓦时，日均处理垃圾能力达到1700吨；12月获节能技改项目专项补助资金30万元，并通过资源综合利用电厂认定，红庙岭公司可从2008年7月起缴纳的增值税即征即退。

◆彭宏

【成都九江环保发电项目建设】

2008年3月31日，重庆钢铁(集团)有限责任公司与Covanta Holding Corporation(美国卡万塔控股集团公司)组成的投标联合体在成都市第二垃圾焚烧发电厂(成都市九江环保发电厂)项目法人招标中中标，获得投资、建设、运营成都市九江环保发电厂25年特许期(包括建设期2年)。2008年6月4日成立项目公司成都九江环保发电有限公司。项目建设由重庆三峰卡万塔环境产业有限公司与重庆钢铁集团建设工程有限公司联合体以国际通行的设计、采购、施工/交钥匙总承包方式实施。项目采用重庆三峰卡万塔环境产业有限公司引进的德国马丁公司垃圾焚烧发电技术及半干法烟气处理技术，烟气污染物排放指标达到欧盟现行标准《DIRECTIVE 2000/

76/EC》，远高于国内现行排放标准《生活垃圾焚烧污染控制标准》（GB18485－2001），项目建成投运后将成为国内烟气排放指标要求最高的垃圾焚烧发电厂。

成都市九江环保发电厂厂址位于成都市双流县九江镇真武村，成大路北侧绕城高速公路外侧生态绿地范围内，是成都市第二座垃圾焚烧发电厂，服务于成都市西部片区。项目总投资估算71337.06万元，其中厂内建设总投资估算59919.77万元，占地面积6公顷（90.11亩），建设3条垃圾焚烧处理线，每条焚烧处理线日处理能力600吨，项目建成后日处理能力1800吨，年处理城市生活垃圾65万吨，年平均上网电量1.95亿千瓦时。

①2008年4月2日17时，重庆三峰卡万塔环境产业有限公司代表重庆钢铁（集团）有限责任公司、Covanta Holding Corporation（美国卡万塔控股集团公司）联合体与成都市发展和改革委员会，就成都市第二座生活垃圾焚烧发电厂（成都市九江垃圾发电厂）草签《特许权协议》。2008年6月4日9时30分，成都市发展和改革委员会主持召开成都市九江环保发电厂建筑外观方案评选会，确定采用BOT投标的建筑外观方案作为项目最终的建筑外观方案。2008年6月25日16时，在成都市锦江宾馆，成都九江环保发电有限公司与成都市发展和改革委员会签订《成都市九江环保发电厂项目特许权协议》，以John Henry Shenk先生为首的美国卡万塔控股集团公司代表团出席《特许权协议》签字仪式。2008年7月3日，重庆钢铁（集团）有限责任公司与Covanta Holding Corporation（美国卡万塔控股集团公司）分别完成项目资本金认缴，成都九江环保发电有限公司获取正式营业执照。

2008年10月7日，《成都市九江环保发电厂环境影响报告书》通过环评审查，四川省环保局正式下达批复《关于成都九江环保有限公司成都市九江环保发电厂项目环境影响报告书的批复》（川环建函〔2008〕809号）。2008年11月17日，《成都市九江环保发电厂项目申请报告》获四川省发展与改革委员会核准，下达批复《关于成都市九江环保发电厂项目申请报告的批复》（川发改投资〔2008〕726号）。2008年10月27日正式启动成都市九江环保发电厂项目初步设计，2009年1月22日通过成都市发展和改革委员会组织的初步设计审查，项目进入施工图设计阶段。项目计划于2009年3月7日正式开工。

◆丁堂文

【为河北保定垃圾发电厂提供焚烧炉】 为河北保定垃圾发电厂提供焚烧炉是重庆三峰卡万塔公司第一个对外供应成套焚烧炉的供货项目，供2套INC600的机械炉排式垃圾焚烧炉，2008年3月28日签订设备供货合同。供货范围在常规供货范围为进料斗、给料器、炉排、炉壳、钢结构支撑、灰斗及渗滤液斗、除渣机、液压站、燃烧器，在此的基础上，新增焚烧炉的炉排下的输灰机、冷却和密封风机、一次风调节门、平台栏杆、液压管路（不锈钢），同时提供耐火材料的设计订货图等。截至2008年年底，焚烧炉的制造工作量完成70%。

◆王定国

【广西百色拉域大桥建设】 2008年重钢集团建设公司承担的广西百色市拉域大桥，位于广西壮族自治区百色市，西起那毕大道，东至城东大道，横跨右江河；是开发百色城龙景新区，是利民工程和广西壮族自治区成立50周年献礼项目。2007年1月8日开工建设，2008年12月9日正式通车。合同签订量8767万元，合同工期为608天。工程起点为K0＋314，终点为K1＋173.988，全长859.988米。其中桥梁部分为K0＋419.947～K0＋819.947，桥梁长400米，主桥宽25.6米，引桥宽25.6米和22.1米，双幅桥设置，中设2米中央分隔带；其余为引道，宽56米，沥青路面，含挡墙、管网、人行天桥等。主桥跨径布置为2×30＋80＋120＋80＋2×30米，引桥均为2×30米简支T梁，桥面连续，主桥为跨变截面预应力钢筋砼连续梁桥，主跨120米，辅跨80米，辅跨分别跨越两岸滨江路。

◆郭时怡

环境保护

【环保治理转向全过程】 （1）2008年重钢股份公司环保设备运行正常，环保设施完好运行达95%，污染物综合排放合格率达88.91%，比去年提高0.38个百分点，重钢股份公司各项环保指标水平均有所提高，环境质量有所改善。（2）重钢股份公司仍继续对重钢老区环保设施进行完善和改造。2008年重钢股份公司投资110万元对炼铁厂35#、38#转运站除尘设施进行了改造；投资70万元对焦化厂焦化废水过滤罐进行改造，投入10万元对中板厂水处理设施除油机进行了改造；投资100万元对重钢股份公司部分排口进行清污分流；投资70万元完善焦化废水的中水回用，实施节能减排，实现焦化废水中水全部回用。（3）控制主要污染物排放，促进单位加强污染物控制和管理力度。充分利用监测手段，不定期进行监督性监测，2008年对重钢股份公司水、气、声的监测数据总计3648个。除一次因外界原因（电业局停电造成焦化风机停机散排）而被重庆市环保局处罚外，全年重钢股份公司未因污染事故而受到处罚。重钢股份公司2008年平均降尘含量26.2吨/月平方公里，比2007年降低5.9吨/月平方公里；环境大气总悬浮微粒（PM100）2008年平均0.361毫克/立方米，比上年降低0.069毫克/立方米。（4）推行清洁生产和ISO14000环境管理体系，把污染控制由“末端”治理转向“全过程”控制，由污染物浓度控制转向总量控制。

通过重庆市环保局、重庆市财政局对焦化推焦、装煤除尘项目及焦化脱硫、脱氰的项目验收；提前完成重钢股份公司与重庆市政府签订的《重钢股份公司2008年度主要污染物总量削减目标责任书》要求的所有目标任务；通过了冷轧厂“三合一”体系的监督性审核及炼钢厂、型钢厂、中板厂ISO14000环境管理体系的外审审核工作；焦化厂、炼铁厂、动力厂年初通过了清洁生产审核。(5)2008年重钢股份公司环保搬迁改造工程环境影响评价，经过环境监测、环境影响评价大纲的评估、环境影响评价报告书的专家评审、网上公示等环节工作，11月获得国家环境保护部批准。

◆余沛

【节能减排项目攻关】 重钢股份公司2008年贯彻落实国务院《节能减排综合性工作方案》，推进节能降耗工作，对旧工艺、旧设备的改造，组织重点节能项目攻关。

1.降低吨钢综合能耗攻关。重钢股份公司确立“股份公司吨钢综合能耗≤645千克标煤”作为2008年重点工作来进行技术攻关，主要抓好“铁钢比”“煤焦系数”“烧结固体燃料消耗”“高炉综合焦比”等指标和集中90%的能源消耗量的耗能主体。重钢股份公司吨钢综合能耗从2007年的654千克/吨，下降到2008年的629千克/吨，下降4.06%。年经济效益达12869万元，万元工业增加值能耗达到7.64吨标煤，比2007年的8.76吨标煤下降1.12吨标煤，降幅12.78%。截至2008年，万元增加值节能量69.0485万吨标煤；万元产值能耗1.35吨标煤，比2007年的1.76吨标煤下降0.41吨标煤，降幅23.48%。截至2008年年底，实现万元产值节能量95.1239万吨标煤，超额完成重庆市下达的节能目标。

2.提高自发电量技术攻关。重钢股份公司2008年在实施提高自发电量技术攻关中，重点抓5万兆瓦燃机的维护、中修和日常运行中的煤气平衡工作，确保了燃机的正常运行。2008年吨铁TRT发电量达30.69千瓦时，比2007年的26.17千瓦时，增加4.62千瓦时，增幅17.65%。发电总量全年达到58026万千瓦时(由于5号高炉12月检修，减少3000万千瓦时)。比2007年的53402万千瓦时多发电4625万千瓦时，增长8.66%。自发电率提高到46.61%，比2007年的43.61%提高7.25个百分点。重钢股份公司自发电量的增加，在相当程度上消化掉了外购电力的消耗。2008年吨钢外购电力消耗下降到197.93千瓦时，比2007年的207.34千瓦时下降9.41千瓦时，降幅4.54%。2008年增加的发电量，使吨钢综合能耗下降1.69千克标准煤，节约外购电费2450万元。

3.提高吨钢转炉煤气回收量技术攻关。重钢股份公司从2007年进行转炉煤气柜扩容改造以来，不断优化煤气管网和煤气配送方案，转炉煤气回收量逐年提高。在2008年组织实施转炉煤气回收的技术攻关工作中，进行转炉煤气2号加压机和5万立方米转炉煤气柜的抢修工作，吨钢转炉煤气回收量由2007年的42.78立方米，增加到2008年的63.04立方米，增长47.36%，比2007年增加20.26立方米，回收能源1.46万吨标准煤。转炉工序综合能耗实现“零能”。

4.提高吨钢余热蒸汽回收利用量技术攻关。重点抓型钢厂加热炉余热蒸汽并网使用的工作，使长期未能回收的余热蒸气供给葛老溪地区使用，2008年日均达490.15吨，比2007年的479.77吨增加10.38吨。

5.降低吨钢天然气消耗技术攻关。近年来重钢股份公司煤气放损明显减少(焦炉、高炉煤气防损率分别由2007年的5.82%和5.97%下降到4.34%和4.50%)，自产煤气利用占主导地位。2008年因中型轧机扩大产能、中板厂新建常化炉热处理量增加，使天然气需求量增大，经过对燃气供应系统的科学平衡和调配，天然气的消耗量不仅没有增加，在一定程度上还有减少。2008年，对吨钢天然气消耗要求降低到每吨钢≤5.30立方米。重钢股份公司最终完成天然气消耗5.28立方米/吨，比2007年5.63立方米/吨下降0.348立方米/吨，节约能源年吨钢0.39千克标准煤。重钢股份公司少购天然气116.84万立方米，节约资金150万元。

6.“吨钢新水消耗”和“水循环率”技术攻关。2008年重钢股份公司吨钢新水消耗7.92吨，比2007年的7.62吨增加0.30吨。这在较大程度上受工艺和设备状况影响：新增的球团润膜工艺增加冷却水；5号高炉由于处于末期炉况，冷却壁、冷却水箱常出现损坏；喷煤量增大工序也增加一定量的新水耗；大型轧机的三角水箱的循环水管道淤堵，系统常不能正常运行，不能正常的循环冷却，只得冲入大量新水；大型精轧机因布司冷却不良，采取增加冷却新水的措施；因此在吨钢新水消耗增加的同时，水循环率有一定的下降，与2007年比，下降0.27个百分点。

◆傅丹

本部目责任编辑　刘光军
本部目责任校对　龙志敏

方案实施

【工程建设优化】 2008年,重钢环保搬迁工程就设计、施工组织、总图布置、设备、地形等进行多项优化。

1. 设计优化。(1)2008年对码头、焦化、料场、烧结、炼铁、炼钢、机动能源、制氧及总图等31个子项进行持续设计优化,节约投资41811万元,可降低运行成本10742万元/年。(2)优化方案解决高边坡、阵脚、高挡墙处理等问题。2号高边坡采取8000牛顿米能级强夯置换基层,分层回填碾压,解决下滑推力过大的抗滑难题,降低工程成本;195米平台基础勘察厚度7米淤积层,采取抛石挤淤、强夯置换基层,前端设置镇脚,上部设置砂岩反压层的措施处理,解决江边护坡施工问题,降低施工成本,满足其使用功能;中央水处理厂方案优化,采用8000牛顿米能级强夯固结建构筑物地基,相对于桩基处理,节省投资500万元,又保证工期;采用放坡和强夯施工替代码一西路高挡墙设计,既不影响功能以缩短工期,节约投资。

2. 施工组织优化。(1)2008年,对工程现实环境抓油料、炸药、砂石的集中采供,过江运输资源的集中管理、场内运输通道的建设投用,库区储水期间码头工程抢工,其中码头抢工节约投资3000万元。(2)平场工程科学测算合理组价,减少预算定额费用45%,节省投资4亿元。(3)炼铁2号热风炉方案审查时将大开挖基础改为桩基处理,减少混凝土换填11000立方米,节省投资385万元。(4)1、3、4号排水沟原设计为钢筋砼,沟墙优化为片石,节省投资1000万元。(5)取水泵站项目按施工技术规程要求,施工中取消后浇带设计,满足设计要求又缩短工期,也未增加投资。(6)4100毫米宽厚板项目轧机牌坊过江运输,以增加临时车渡方式替代原占用车渡10天的方案,解决牌坊运输和车渡运行。(7)优化铁路太阳顶隧道的线路设计,将方案中830米隧道调整为690米,减少140米,降低投资费用。(8)码一西路施工,优化平场标高,将原标高182米提高到185米,减少换方3万立方米,节省投资60万,并缩短工期。

3. 总图布置及物流组织优化。新区吨钢物流运量比为1:3.5,与一般钢厂吨钢物流运量指标1:6比较节省物流成本,将料场煤场改为煤仓,节省土地160000平方米(240亩),降低投资6000万元。

4. 设备国产化率降低投资。在保证技术、设备先进性的同时,国产设备占设备总投资92.26%,占项目工程费用96.36%,占设备总重量97%。

5. 利用地形条件。(1)将平场施工时形成的水库蓄水用其落差引流到新区水厂,节约取水量1000万吨/年。(2)合理设计排洪渠,取消厂区排洪沟设计,简化施工节约投资。

◆孙耿涅

【施工保障】 (1)规划设计保障。重钢环保搬迁2008年累计完成21个项目的初步设计审查工作,重钢环保搬迁指挥部形成设计联络协调机制,完善长寿新区非钢产业发展等规划方案。2008年,环保搬迁规划总图基本

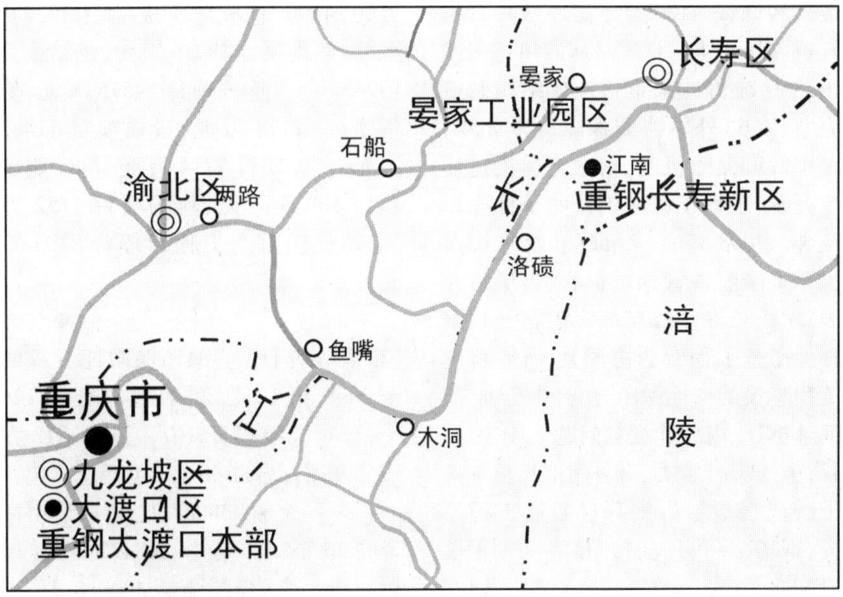

稳定，全年总计收到10个设计单位的施工图44449套图，折合甲$_1$张数260059.875A1。环保搬迁工程报批三要件即技术咨询报告书、环境影响报告书、建设用地预审上报国家发改委，进入项目核准阶段。(2)交通运输保障。制约重钢长寿新区工程建设的交通运输，随着2008年12月南涪路为重钢环保搬迁工程的初通，及新区场内经纬主干道路网的建成投用得以改善。至2008年年底，新区场内路槽开挖20549米长，水稳层铺设18661.5米、沥青面层铺设4150米。(3)施工能源保障。完成新区高山开闭所内生活水处理厂设备、指挥中心新建水处理设施安装和1号开闭所建设，新区总供水能力3899立方米/日；供电总装机容量26395千伏安，场内施工水电管网逐步形成。(4)工程管理保障。至2008年底，环保搬迁指挥部编印管理制度汇编两册，收集工程管理制度90个，实施工程考核58项，考核金额29030元，执行重点关键工作"挂号—销号"制度56项。2008年5月15日至年末，共有350名工程管理技术人员进驻现场指挥中心。(5)设备订货保障。2008年签订各类设备合同170项，合同总金额25.45亿元，已订设备主体合同执行均处于受控状态。新区码头40吨浮船及吊机现完成安装调试，4100毫米宽厚板项目精轧机牌坊于11月21日从四川德阳发出，350吨铸造起重机主体结构制造完备。(6)外围协调保障。2008年，工程协调保障机制、信息传递渠道逐步完善，工程建设外围保障条件逐步改善。2008年重庆市政府及重庆市国有资产监督管理委员会、重庆市经委、重庆长寿区政府等多次召开重钢环保搬迁工程专题协调会，研究解决工程建设的交通保障、油料炸药供应、征地拆迁、电力建设等问题。12月28日，重庆市委常委、常务副市长黄奇帆带队视察指导重钢环保搬迁工程建设，现场协调解决制约和困扰工程建设问题，长寿区政府成立对口支钢办公室专门机构，加大协调力度。

◆孙耿涅

【规划与设计】 (1)2008年9月18日，国土资源部下发国土资预审字〔2008〕270号文件《关于重庆钢铁(集团)有限责任公司节能减排实施环保搬迁项目建设用地预审意见的复函》，同意通过用地预审；拟用地总面积534.54公顷。(2)2008年10月23日，中华人民共和国铁道部下发铁许准字〔2008〕第277号文件《中华人民共和国铁道部行政许可决定书》，同意接轨方案；同意1450万吨年运量和运输经路；原则同意专用线主要技术标准；原则同意王家站改扩建方案；附有"铁路专用线与国铁接轨许可证"。(3)2008年12月1日，中华人民共和国环境保护部下发环审〔2008〕472号文件《关于重庆钢铁(集团)有限责任公司节能减排实施环保搬迁工程环境影响报告书的批复》，同意进行项目建设；项目建设和运行管理中应重点做好的工作；试运行前向重庆市环境保护局书面提交试运行申请。

◆龙平

【工程资金支付】 截至2008年12月31日，重钢环保搬迁工程累计支付资金499364万元，其中土地购置款49500万元、场地平整及勘测费65759万元、1780毫米热轧板带项目62413万元、4100毫米宽厚板项目102274万元、焦化项目38016万元、烧结项目19943万元、炼铁项目54575万元、炼钢项目62128万元、运输项目11482万元、制氧项目7214万元、机动能源项目16805万元、料场项目1152万元、其他项目及工程管理费8103万元。

◆何为

【合同签订】 重钢环保搬迁工程截至2008年12月25日签订合同126个，合同金额累计107亿元。(1)完成公开招标合同40个(包括总承包合同)，合同金额738087万元；邀请招标合同26个，合同金额268422万元，议标合同8个、合同金额4000.8万元；其他协议和勘察合同7个，合同金额235.3万元。合同和协议共79个，总计101.0745亿元(包括建安合同和总承包合同)。(2)参与设备的技术谈判和商务谈判，共签订设备合同136个、合同金额24.55亿元。

◆张娟

【工程设备采购管理】 2008年重钢环保搬迁指挥部设备材料采购部制定8个制度和办法。在设备采购中坚持"同等质量比价格，同等价格比服务"的原则，2008年设备材料采购部共组织合同谈判129项，合同签约价在投标价的基础上平均下降5.2个百分点。2008年设备材料采购部签订设备订货合同162份，合同总金额125793.64万元。

◆赵晓聪

【炼铁项目实施两期方案】 重钢环保搬迁炼铁项目一期新建2×2500立方米高炉，二期搬迁1350立方米高炉进行扩容改造或再建高炉1座；两期共形成年产炼钢生铁600万吨能力。3座高炉东西向呈一列式集中布置，以便主要公辅设施集中建设及共用。每座高炉配置3座热风炉。所用无料钟串罐炉顶、电动鼓风机、陶瓷杯复合炉缸及砖壁合一薄炉墙结构、卡鲁金顶燃式热风炉等均是重钢已采用的成熟技术；全软水冷却、风口及热风阀检漏、一个喷吹罐对一座高炉喷煤等为重钢首次采用但在国内是成熟可靠的新技术；煤气干法除尘是至2008年国内所用高炉最大容积为2200立方米；炼铁与炼钢连接一罐到底新技术利于节能、环保，但国内外至2008年无成功使用先例，重钢采用一罐到底技术方案经10次修改、完善，反复论证、测算后可达到安全、稳定、可靠的要求。装备水平立足国产，少部分关键设备或关键部件采用进口，并坚持安全可靠、稳定、环保、节能、维修方便快捷原则，不采用淘汰和技术上不成熟设备，全厂所用同类型设备考虑互换性。高炉设计寿命15年，热风炉设计寿命30年。主要技术经济指标：高炉利用系数2.3吨/立方米日,综合焦比510千克/吨,煤比150千克/吨,风温≥1250摄氏度。设备能力按高炉利用系数2.65吨/立方米日,煤比200千克/吨配置;风机能力按高炉利用系数2.80吨/立方米日配置。预留鼓风脱湿、小粒度烧结矿回收、铸铁机接口及位置。炼铁项目工程建设有3家总承包单位(中冶赛迪股份有限公司、山东省冶金设计院有限公司、重庆钢铁集团电子有限责任公司)及若干个设备制造厂家;一期预计总投资23亿元。

◆张勇　邓成安　姜冰

【炼钢项目方案】 (1)重钢环保搬迁转炉炼钢工程位于重钢长寿新区厂区东部以北区域,西与炼铁厂隔路相望,南侧为二炼钢连铸车间,东侧靠4100毫米宽厚板轧钢车间和1780毫米热轧厂车间,北为220千伏中央变电站、铁前空压站和110千伏冶炼总降。(2)转炉炼钢工程冶炼车间设计年生产钢水650万吨,共4座180吨转炉。一期工程计划年生产钢水450万吨,主要设备包括3座KR脱硫装置、3座公称容量180吨顶底复吹转炉(预留第4座转炉位置)、3座与转炉配套的在线CAS站、1座180吨双工位电极横臂旋转式LF炉、1座180吨双处理工位下动式RH精练装置、3台板坯连铸机,其连铸坯分别供2700毫米中板轧机、1780毫米热轧板带机和4100毫米宽厚板轧机生产。(3)新区炼钢厂为全板坯连铸,品种结构主要包括深冲钢、桥梁结构钢、建筑结构钢、造船钢、锅炉及压力容器钢、集装箱及车厢用钢、焊接气瓶钢、高耐候结构钢、管线钢,碳素结构钢、优质碳素结构钢、工程机械高强度钢、低合金高强度钢、军工用钢、汽车用钢、Z向性能钢等。(4)新区转炉炼钢工程采用多项新技术、新工艺和新设备:①铁钢界面"一罐制"技术。节省混铁炉等初期设备投资,按年产钢650万吨计算降低钢铁料、氧耗产生效益3757万元/年。②转炉干法除尘技术,按年产钢650万吨计算,可降低运行成本1644.5万元/年,4年可将建设时多投入的6000万元收回。③RH工艺干式真空泵技术。2008年干式真空泵在国际、国内无在RH工艺中的应用经验,在VD、VOD工艺中也仅应用于40吨、60吨等小钢包,重钢尝试在大吨位RH真空精炼炉上采用此工艺,在技术上属空白领域。RH精炼炉用干式真空泵替代蒸汽喷射泵后,其运行成本每吨钢降低7.14元,按年处理钢水200万吨计算每年可降低运行成本1428万元,即投产后两年可将多投入资金收回。

◆马立华

【一期烧结项目方案】 重钢环保搬迁烧结项目一期工程为新建两台360平方米烧结机,占地15.2公顷。一期烧结项目分为两个标段,一标段为重钢环保搬迁2×360平方米烧结项目工程,二标段为重钢环保搬迁2×360平方米烧结项目计算机、仪表系统工程。一标段由中钢设备公司与重钢设计院联合总承包,工程总造价76200万元;二标段由重钢集团电子公司总承包,工程总造价为暂定价4170.22万元。一期烧结项目的设计规模:烧结机2台,单台烧结机面积360平方米,利用系数1.25吨/平方米时,设备作业率90.41%,日产量21600吨,年产烧结矿712.8万吨。两台烧结机共用原燃料接受系统、燃料加工系统、熔剂加工系统、辅助系统,主工艺生产线由配料系统、混料系统、烧结系统、冷却系统、成品整粒筛分系统、成品矿槽系统、槽返系统、主抽风系统和环保系统构成。

重钢环保搬迁2×360平方米烧结项目工程总承包合同于2008年1月28日签订,2008年7月25日签订2×360平方米烧结项目计算机、仪表系统工程总承包合同。一期烧结项目中2#烧结生产线计划2009年6月20日投产,1#烧结生产线计划2009年10月20日投产。

◆程鹰

【石灰项目方案】 2008年3月重钢通过项目招标,确定烧结石灰项目投资单位为重庆炀琨焰冶金辅料有限公司、冶金石灰项目投资单位为重钢集团矿业有限公司,实现招商引资3.2亿元。项目厂址北面为烧结厂,东面为煤气柜区,南面为CCPP发电站,西面为焦化厂。(1)烧结石灰项目。招商引资1.5亿元,设计年生产能力38万吨,占地面积2.55公顷。项目主要生产烧结用石灰粉、冷固球团用石灰粉和烧结烟气脱硫用石灰粉。分二期建设,一期配套建设150立方米燃高炉煤气石灰竖窑8座,预留二期150立方米竖窑6座。一期投资1.1亿元建8座150立方米气烧竖窑及配套设施:石灰石缓冲储料仓及上料系统、石灰出料破碎筛及输送系统、煤气加压系统、通风除尘系统等。一期2008年11月完成初步设计,中旬通过重钢环保搬迁指挥部审查,当月完成地质详勘。12月进入施工图设计阶段。施工由中冶建工有限公司第四建筑工程分公司承担。12月窑体基础开挖。预计2009年6月项目进入试生产阶段。(2)冶金石灰项目。招商引资1.7亿元,设计生产能力39.6万吨/年,占地面积2.53公顷(37.97亩)。主要生产炼钢用精炼石灰、脱硫石灰。

炼钢用冶金石灰采用新型竖窑与回转窑相结合的组合窑型生产,建一座日产800吨回转窑和两座日产400吨套筒窑生产石灰。2008年8月通过重庆三环建设监理咨询有限公司对项目设计进行招投标,洛阳矿山机械工程设计院中设计标。11月初完成初步设计,中旬通过重钢环保搬迁指挥部审查,12月完成地质勘探工作。12月中旬土建工程开挖。预计在2009年2月20日前完成套筒窑的基础建设。

◆郑大伟

【综合原料场方案】 重钢环保搬迁综合原料场位于长寿新区的西部区域,东邻烧结、南靠焦化、北接铁路工厂站。计划总投资7.8亿元,其工程设计、设备材料采购、施工建设采用自组集成的工程建设模式和设备采购融资租赁模式，按规划隶属重钢集团物流中心。综合原料场区域由原料场、铁合金仓库、生铁块堆场3部分组成。原料场受料量1869万吨/年（湿量），有效储量157.37万吨/年（湿量）；料场占地面积43.06万平方米，料堆面积20.11万平方米；胶带机99条，总长度22.13千米。

原料场主要由受料设施、料场设施、混匀设施、供料设施、辅助设施5部分组成。原料场工程为一次性总体设计，分期建设。一期与新区高炉、烧结、焦化配套建设，主要建成受料、供料和大部分料场设施；二期改造性老区利旧部分设备。（1）受料设施包括水运、铁路和汽车受料系统。水运受料量为805.21万吨/年（其中受煤量约89.77万吨/年），通过胶带输送机向原料场和用户输送富矿粉、精矿、块矿、石灰石、白云石、部分无烟煤、喷吹煤等。（2）铁路受料量969.57万吨/年（其中受煤量368.69万吨/年），主要输送粉矿、精矿、球团精矿、副原料、炼焦煤、外购焦炭和部分喷吹煤等物料。铁路受料在铁路工厂站设有2个翻车机室，每个翻车机室内设2台贯通式翻车机，一期两台新建，二期两台改造性利旧。（3）汽车受料量94.12万吨/年，主要有厂内回收料，球团粉、锰矿、部分石灰石和白云石等物料。汽车受料设施设6个汽车受料槽，为辅助火车翻车机卸车，配置有2台链斗卸车机，设8个受料槽。对无法进行机械卸车的原、燃料，在铁路旁设有两条零散原、燃料堆放场，就地堆放。（4）一次料场用于贮存烧结粉矿、副原料、球团精矿、高炉、炼钢用块矿、石灰车间用块石灰石、外购焦炭和落地焦炭等，设置6个料条，配置有5台堆取料机、2台取料机及相应的料场胶带机。烧结用石灰粉和无烟煤以及高炉用喷吹煤分别设圆筒仓贮存。石灰粉储仓一个，容积3900立方米，储量4400吨，满足烧结5天用量；喷煤无烟煤储煤仓4个，容积8500立方米，储量21700吨，满足高炉6.5天用量。（5）混匀设施主要包括混匀配料槽、混匀配料系统、混匀料场、混匀堆料机、混匀取料机等，混匀矿年处理量为822.18万吨。混匀配料槽设置10个大槽、2个小槽。混匀设施一期工程设一台混匀堆料机、一台混匀取料机，设置1个料条，采用1条2堆制。一期混匀矿每堆贮量13.9万吨，可满足两座360平方米烧结机生产7.5天的用量。二期再建设1个料条，采用2条2堆制。二期混匀矿每堆贮量29.66万吨，可满足3座360平方米烧结机生产12天的用量。（6）供料设施包括向原料场内转运供料和向各用户接点的供料。辅助设施包括取样设施、计量电子秤、喷水降尘、通风除尘及辅助设备等。（7）铁合金仓库主要存放炼钢用合格铁合金材料，采用汽车运输，有效贮料量7500吨，供生产使用15天耗量。生铁块堆场采用铁路或公路运输，主要用于存放高炉在开炉初期和炼钢检修时的生铁块，采用露天栈桥形式堆存，有抓卸设备4台，有效贮量25000吨。

◆林钢　王刚

【制氧站工程方案】　重钢环保搬迁工程长寿制氧站按年产630万吨钢的氧气、氮气、氩气需求建设，由重钢统一规划分两期建设。（1）一期新建部分。1套35000立方米/时制氧机组及配套设施，1台35000立方米/时氧压机，1台15000立方米/时氮压机，搬迁1台15000立方米/时氮压机，5个1000立方米氧气球罐，3个1000立方米氮气球罐，2个120立方米氩气球罐，1台2000立方米液氧贮槽，1台1500立方米液氮贮槽，3台150立方米液氩贮槽，一套液体汽化输送系统，外部管网输送系统，调压、计量系统，瓶装气充装系统，35千伏、10千伏电站，主厂房，生产、办公、生活设施，道路、绿化、环保、消防设施等；2008年5月至2009年6月进行建设。（2）二期搬迁。两套18000立方米/时制氧机组及配套设施，1台18000立方米/时氮压机，1台6000立方米/时氮压机，2台18000立方米/时氧压机，1套100吨/天液化装置，一台700立方米液氧贮槽，1台400立方米液氮贮槽，4台100立方米液氩贮槽，一套液体汽化输送系统，35千伏、10千伏、6千伏电站。建设时间：2009年8月至2010年12月。新建工程静态投资33000万元（含外汇474.29万美元），搬迁工程静态投资8000万元，全部由重钢集团投资建设。

长寿制氧站一、二期工程建成投产后，氧气生产能力72100立方米/

重钢环保搬迁双浮吊工程建设　黎红英　摄影

时,氮气生产能力 72100 立方米/时,氩气生产能力 2640 立方米/时,能满足长寿新区重钢年产 630 万吨钢的生产需求,液体产品作为应急措施可在制氧机故障情况下保证重钢生产需要,氧气、氮气、氩气瓶装气产品可供重钢及周边单位检修使用。

◆杨舰

【铁路专用线建设方案】 重钢环保搬迁新区铁路专用线工程 2007 年初启动。2008 年 10 月 23 日取得“铁路专用线与国铁接轨许可证”,准予重庆钢铁(集团)有限责任公司铁路专用线在渝怀线王家坝站接轨,铁路专用线采用联络线双接王家坝:(1)重庆方向联络线(XDK)下穿增建渝怀二线,沿王家坝车站站房同侧绕行,在车站重庆段上跨增建渝怀二线和既有渝怀线,穿过太阳顶隧道后进入重钢车场,全长 8.62 千米。(2)怀化方向联络线(SDK)从王家坝车站重庆端增建渝怀二线和既有正线间引出上跨既有渝怀正线,穿过太阳顶隧道后进入重钢车场,全线长 2.56 千米。工程建设涉及桥、涵、隧、高填方、高压接触网、国铁王家坝改造及铁路电气化等多专业。工程计划总投资 11 亿元,建设等级为国铁二级,分两阶段建设;一阶段工程计划于 2009 年 6 月 30 日前具备通车条件。二阶段工程与渝怀二线同步,专用线建成后具备 4000 吨列车整列到发、直进直出、立交疏解的作业条件,并满足重钢长寿新区生产对铁路年运量 1450×10^4 吨(其中到达煤、矿石等货物 1170×10^4 吨,发送钢材等货物 280×10^4 吨)的需要。

SDK 联络线:受渝怀线既有正线的坡度、标高控制,SDK 联络线只能上跨渝怀线既有正线,否则线路大量展长。SDK 联络线重点工程有陈家湾 1# 特大桥长 970.99 米(曲线半径 600 米)、太阳顶双线隧道长 690 米。SDK 联络线全长 2.56 千米,线路设计曲线 2 个,曲线总长 1.762 千米,占线路长度的 68.9%。全线设有特大桥 1 座 970.99 米、大桥 1 座 388.28 米、隧道 1 座计 690 米,桥隧占线路长度的比例为 80%,限制坡度采用 13‰。XDK 联络线:设计线全长 7.7 千米(未计 XDK、SDK 并行段 605.98 米及太阳顶双线隧道),有曲线 5 个,最小曲线半径为 500 米,曲线总长 4.285 千米,占线路长度的 55.7%。全线设有特大桥 2 座计 1.646 千米、大桥 2 座计 0.456 千米,长隧道 1 座计 4.115 千米,桥隧占线路长度的比例为 81%。受平纵面条件制约,新界牌坡隧道位于回头曲线和反向曲线上,曲线半径均为 500 米,限制坡度采用 6‰。

◆徐伟

【220 千伏中央变电站规模】 重钢环保搬迁 220 千伏中央变电站位于重庆市长寿区江南镇,占地 1.4 公顷。(1)主变压器。最终为 6×120 兆伏安,一期 5×120 兆伏安,有载调压变压器,电压等级 220/110/35 千伏。(2)220 千伏进线。最终 3 回,一期 2 回,电源来自 500 千伏长寿站,预留 1 回;采用双母线接线。(3)110 千伏出线。最终 16 回,一期 12 回,2 回到铁前总降、2 回到鼓风站、4 回到冶炼总降、3 回到轧钢站、1 回保安电源接入重庆市电网,预留 4 回;采用双母线分段接线。(4)35 千伏出线。无出线,主要用于无功补偿,采用单母线分段接线。(5)35 千伏电容器无功补偿。最终为 6×2×12000 千伏安,一期为 5×12000 千伏安。相应配套的继电保护、监控、通讯及无功补偿装置等。变电站由重庆电力设计院设计,重庆广信电力建设有限责任公司承建,预计 2009 年 4 月送电运行。

◆吴宏 鞠文凯 邓福双

【一次配电系统】 重钢环保搬迁一次配电系统负责将电能从重钢长寿新区 220 千伏中央变电所分配至新区各用户。工程位于重庆市长寿区江南镇,设置 110 千伏区域变电站 4 座,铁前、鼓风、冶炼和轧钢区域各一座,分别为就近区域各下级电站提供电源,其控制方式按无人值班设置。设置 4 座 35 千伏公辅站,即 1#~4#35 千伏公辅站。4 个 35 千伏公辅站主要负责公辅部分的供配电,各 35 千伏公辅站电源分别引自就近 110 千伏区域变电站,其控制方式按无人值班设置。(1)铁前 110 千伏区域变电站距 220 千伏中央变电所 1.5 千米,占地面积 4800 平方米。变电站内设 3 台双卷有载调压变压器,两用一备,额定容量为 3×63 千伏安,额定电压为 110±8×1.25%/35 千伏,负责为重钢新区一、二期烧结、1#35 千伏公辅站等负荷提供电源。站内 110 千伏系统采用双母线分段接线方式,35 千伏采用单母分段接线方式。(2)鼓风 110 千伏区域变电站距 220 千伏中央变电所 0.45 千米,占地面积 4900 平方米。变电站站内设 4 台双卷无励磁调压变压器,其中一期工程上 3 台,二期上一台,正常运行方式为“三用一备”,变压器的额定容量为 4×40 兆伏安,额定电压为 110±2×2.5%/10.5 千伏。负责为重钢新区高炉电动风机供电。站内 110 千伏系统采用双母线接线方式,10 千伏采用单母线分段接线方式,共 4 段。(3)冶炼 110 千伏区域变电站距 220 千伏中央变电所 0.3 千米,占地面积 5845 平方米。变电站站内设有 5 台主变压器,其中 3 台为三卷有载调压变压器,“两用一备”,其额定容量为 3×63 兆伏安,额定电压为 110±8×1.25%/35±2×2.5%/10.5 千伏,负责为一、二期高炉,一、二期炼钢,一、二期连铸,氧气,水源泵站,2#35 千伏公辅站,铁钢空压站,炼钢水处理,中央水处理,钢板抽条,机修,仓库及成品码头等负荷提供电源。另两台为双卷有载调压变压器(本期上一台),其额定容量为 2×40 兆伏安,额定电压为 110±8×1.25%/35 千伏,负责为一、二期 LF 炉负荷提供电源。站内 3 台 3 卷有载调压变压器部分 110 千伏系统采用双母线接线方式,其 35 千伏、10 千伏系统均采用单母分段接线方式;两台双卷有载调压变压器均采用线路变压器组单元接线方式。(4)轧钢110千伏区域变电站距220千伏中央变电所约1.6千米，占地面积5040平方米。变电站站内设5台双卷有载调压变压器，正常运行方式为“四用一备”，负责为一、二期负荷提供电源，变压器额定容量为63兆伏安，额定电压为110±8×1.25%/35千伏。一期负荷主要有1780毫米热轧、4100毫米厚板、3#35千伏公辅站，二期负荷主要有4#35千伏公辅站、2700毫米中板等负荷。站内110千伏系统采用双母线接线方式，35千伏采用单母线分段接线方式，共五段。

35千伏公辅站位置：1#35千伏公辅电站位于焦化地块的东北角，干熄焦预留场地旁；2#35千伏公辅站布置在1、2号高炉用地的西南侧；3#35千伏公辅站布置在4100毫米厚板和1780毫米热轧之间；4#35千伏公辅站(预留)布置在ϕ168毫米热连轧钢管车间右侧。35千伏公辅站负责为重钢新区焦化、冶金石灰、原料场、原料码头、煤气加压机、铁前空压站、球团、轧钢空压站、轧钢废水处理、低温余热发电等工艺负荷提供电源。

一次配电系统由重钢设计院设计并总承包，重钢集团建设公司、重庆广信电力建设有限责任公司、重庆中电电力工程有限责任公司、重庆冶金动力建筑安装工程公司承建，预计2009年4月送电运行。

◆吴宏　鞠文凯　邓福双

【建设用地预审】 重钢环保搬迁建设用地预审是环保搬迁工程项目报国家发改委的三要件之一。2008年6月，重钢国土办公室开始办理建设用地预审申请，2008年7月2日，重钢以《重庆钢铁(集团)有限责任公司关于节能减排、实施环保搬迁工程建设项目用地预审申请的报告》(重钢文〔2008〕78号)向国土资源部提出建设用地预审申请。2008年7月11日，重庆市国土资源和房屋管理局以《重庆市国土房管局关于重庆钢铁(集团)有限责任公司实施节能减排环保搬迁项目用地的初审意见》(渝国土房管文〔2008〕201号)通过对重钢环保搬迁用地的初审。2008年8月5日，国土资源部受理重钢环保搬迁项目土地预审材料。2008年9月18日，国土资源部以《关于重庆钢铁(集团)有限责任公司实施节能减排环保搬迁项目建设用地预审意见的复函》(国土资预审字〔2008〕270号)，正式批复同意重钢集团实施节能减排环保搬迁项目建设用地预审，通过建设用地预审的土地总面积为534.54公顷。这是重钢环保搬迁工程项目拿到的首个国家核准批文。

◆伍杉

【新区土地利用与开发】 (1)2008年，重钢国土办公室落实重钢环保搬迁长寿新区铁路用地，确定铁路方案，并将铁路所有用地土石方量作总体平衡优化。(2)确定新区倒班房、管控中心、办公楼、维修中心楼的总图选址。与中冶赛迪公司协调，确定新区围墙位置设计方案，并最终确定全厂边坡、挡墙处理方案。(3)落实重钢集团朵力房地产公司在长寿桃花新区住宅用地的征用，并办理用地相关手续。(4)确定成品码头办公及集控楼的总图定位，220千伏电站总图定位及塔基地质处理意见，水渣皮带通廊终端的总图定位，新区物资计量点的总图定位，2#开闭所施工所涉及的电杆定位，确定码头后方陆域设计方案。(5)确定重钢长寿新区工厂大门的位置，明确各厂区的界限。(6)确定冷固球团、精炼石灰、化产回收的用地范围。

◆龚建奎

【资源综合利用3个项目】 (1)新区渣处理与综合利用项目。重钢长寿新区渣处理与综合利用分为3个招商引资项目：热熔钢渣粒化轧片处理与粒化渣的综合利用项目、低温渣(含冷态渣)的热闷处理与其产生的尾渣的综合利用项目、高炉渣(即矿渣或水渣)的综合利用项目。冶金辅料及资源综合利用项目部按要求提交《重钢新区钢渣运输处理比对方案报告》，明确新区钢渣处理工艺技术方案。2008年10月初与北京嘉德恒信公司签订合作投资协议，同月，与重庆润江公司开始合作谈判投资协议；2008年11月就已展开水渣外运工程项目的设计委托公开招投标与相关手续办理。(2)新区废钢加工中心项目。2008年5月重钢环保搬迁指挥部以重钢搬迁发〔2008〕24号文形式明确由冶金辅料及资源综合利用项目部负责管理。2008年11月，办理设计委托公开招投标与相关手续，已确定设计单位。(3)新区工程建设乙炔气保供与新区乙炔气生产线建设项目。2008年10月15日新区工程建设乙炔气保供项目开始乙炔气供应，至2008年年底已供900瓶乙炔气供新区工程建设使用，实现销售收入13万元。新区乙炔气生产线建设项目，正在办理建厂土地审批手续。

◆张亚平

工程建设

【场平工程】 (1)重钢环保搬迁场平工程计划挖掘土石方4200万立方米，实际挖掘4097万立方米；分别由13个施工单位承担。整个项目从2007年6月至9月相继开工，2008年2月至5月各标段进行预验收，5月场平工程结束，各标段相继在2008年实现竣工验收。(2)道路建设共计30千米，由10个单位负责施工。2008年5月开始施工，至12月止施工24千米。(3)排洪沟及堤坝工程。2008年1月排洪沟开始施工，由重钢建设公司承建。1号、3号、4号排洪沟共计2620米长，于2008年10月验收。截至2008年底，3号、4号排洪沟及堤坝工程完成，其中3号沟全长690米，挖掘土石方69万立方米，砌筑4090立方米；4号沟全长1180米，挖掘土石方

28 万立方米，砌筑 7000 立方米；1 号沟全长 760 米，挖掘土石方 13.5 万立方米，占总量 98.7%，砌筑 560 立方米，占总量的 60%。(4)堤坝工程。①钢韵湖堤坝全长 358 米，挖掘土石方 18 万立方米，路基回填 17 万立方米，基础砌筑 3300 立方米，钢纤维砼 2700 立方米；②柳韵湖堤坝全长 65 米，挖填 10 万立方米。

◆李喜萍

【场平结束】 2008 年 6 月 10 日，重钢环保搬迁场平工程结束，总计挖填土石方 9047 万立方米，形成可用地面积 462.5 公顷，场平工程安全事故为零。3 月 28 日，环保搬迁工程第二阶段立体施工随 4100 毫米宽厚板项目开工建设展开，至年底，各项目完成基础土方开挖土石方 142.93 万立方米，占开工建设项目总量 76.8%；完成砼浇筑 17.373 万立方米，占开工建设项目总量 35.1%；完成钢结构制作 25116 吨，占开工建设项目总量 28.96%；完成钢结构安装 8885 吨，占开工建设项目总量 10.2%。年底各主流程项目进行上部钢结构制作安装，部分进入设备安装阶段。12 月 30 日，综合原料场项目开工，实现环保搬迁改造工程在 2008 年全线实质性开工目标。

◆孙耿涅

【工程进展情况】 2008 年 1～7 月，重钢环保搬迁工程实施场平工程，挖掘土石方 4097 万立方米，总合同金额 51748.50 万元，各分项目相继转入工程基础施工阶段。2008 年 1 月 22 日，重钢环保搬迁指挥部印发《关于下达重钢集团环保搬迁改造工程长寿新区（一期）建设一级网络计划的通知》。1 月 28 日，重钢集团环保搬迁工程焦化 CDQ（干熄焦）、烧结、炼铁、热风炉和 350 吨浇铸吊车 6 大项目总承包合同在重钢公司一会议室举行签字仪式。2 月 4 日，环保搬迁炼钢项目、炼钢项目 LF 炉、炼钢项目板坯连铸机、炼钢项目转炉副枪等合同在重钢中心会议室举行签字仪式。5 月 15 日，各管理部、项目部负责人进驻现场指挥中心，实现了工程管理大本营向现场的大转移。8 月 12 日，重钢集团对工程建设方案进行调整，最终明确以 2009 年 6 月底建成并投产 4100 毫米宽厚板项目，作为环保搬迁工程第一期第一步的中心目标。

2008 年初重钢环保搬迁工程各主流程项目陆续开工，第一批开工项目有：码头铁路运输项目成品码头于 2007 年 12 月 28 日开工、原料码头于 2008 年 3 月 24 日开工；4100 毫米宽厚板项目 2008 年 3 月 28 日开工；1780 毫米热轧板带项目 2008 年 4 月 11 日开工；厂区道路工程 2008 年 4 月 20 日开工；焦炉工程建设 2008 年 4 月 30 日开工；炼铁工程建设 2008 年 5 月 10 日开工；炼钢工程建设 5 月 30 日开工；烧结工程建设 2008 年 6 月 7 日开工。重钢环保搬迁各项目已全面开工，部分工程已进入设备安装阶段，综合累计完成基础土方开挖量 142.93 万立方米，占已开工建设项目总量的 76.8%，砼浇筑 17.373 万立方米，占开工建设项目总量的 35.1%，钢结构制作 2.5116 万吨，占开工建设项目总量的 28.96%，钢结构安装完成 8885 吨，占开工建设项目总量的 10.2%。

◆张娟

【热轧板带项目建设】 1. 配套设备及建安工程招标。(1)起重机招标。2008 年 2 月，完成第一批起重机招标工作，分别与宁夏天地奔牛银起设备有限公司签订电动双梁桥式起重机设备设计、制造、供货及服务合同，与重庆起重机厂有限公司签订 120 吨、50 吨电动平车设备设计、制造、供货及服务合同。与河南卫华重型机械股份有限公司的 50 吨电动双梁桥式起重机设备设计、制造、供货及服务合同在签订前因涨价未达成一致，后转给宁夏天地奔牛银起设备有限公司，4 月 10 日，合同正式签订。2008 年 1 月，启动第二批起重机招标工作，3 月 6 日始分别与四川川起设备有限公司就一、二标段起重机，与重庆起重机厂有限公司就三、四标段起重机展开合同谈判；4 月下旬，分别与以上两家单位完成合同签订。(2)供配电系统招标。2008 年 2 月启动第一批供配电系统 7 个标段（变压器 3 个标段、开关柜 3 个标段、综合自动化保护系统 1 个标段）招标工作。4 月下旬，分别与保定元威公司签订 35 千伏主变压器合同、与辽宁华冶公司签订 35 千伏、10 千伏整流变压器合同、与重庆亚东亚公司签订干式变压器合同、与江苏大金公司签订 35 千伏、10 千伏开关柜合同、与重庆博森公司签订粗轧和卷取区 10 千伏开关柜合同、与南京磐能公司签订自动化综合保护系统合同。8 月 11 日第二批供配电系统（包括软启动装置、直流电源成套设备两个标段）开标，10 月完成评标及合同谈判，12 月，分别与湖北大禹电气有限公司签订软启动装置设计、制造、供货及服务合同，与浙江三辰电器有限公司签订直流电源装置设计、制造、供货及服务合同。11 月，启动第三批供配电（动力变压器）招标，12 月上旬组织开标，2008 年 12 月下旬评标。(3)土建与安装工程、水处理系统招标。2008 年 3 月启动土建与安装工程、水处理系统招标工作，5 月中旬，与重钢建设公司签订土建与安装工程合同（一、二标段）。4 月，与重钢设计院完成合同谈判，12 月正式签订层流循环水站、旋流池、压缩空气净化站总承包合同。(4)平整分卷生产线招标。2008 年 1 月 21 日在重庆三环监理公司开标，25 日专家组完成评标工作，26 日工程部牵头与中冶赛迪公司开始合同谈判，2 月 13 日合同谈判结束。3 月完成合同签订。(5)其他招标。完成集中供油系统的开标、评标及合同谈判，2008 年 4 月与昆明中冶机械设备有限公司签订合同；完成行车无线数据传输系统的标书编制、审查、发放及开标工作，4 月下旬与武汉利德测控技术股份有限公司签订合同；完成制冷系统的标书审查、发放及开标工作，5 月中旬分别与重庆恒昌玻璃钢有限公司签订冷却塔供货合同,与乐星空调系统(山东)有限公司签订水冷螺杆式冷水机组供货合同,与上海凯泉(集团)有限公司签订冷水泵供货合同;完成35千伏电站SVC动态补偿装置的开标、评标及合同谈判,与荣信电力电子股份有限公司签订合同。(6)至2008年12月中旬,热轧板带工程签订合同47个,合同总金额20.1亿元,其中主体合同39个,随机更换件及备件合同8个。根据设备制造进度、建安工程进度及合同支付条款,累计支付预付款及进度款60196万元,其中设计费1523万元、工程费17870万元、设备费40803万元。

2. 设备制造。(1)2008年末中国二重集团所承接的合同设备:完成牌坊浇注;精轧机牌坊粗加工;装配精轧机主传动设备;粗轧工作辊2支装配完成发货;精轧支承辊加工完成11支,发货8支到重钢装备处101库,共有800吨设备发运重庆;F7齿轮机座空载荷试车,F5、F6、F7齿轮机座热装联轴器完成,进行标识、安装标牌和涂装;飞剪主减速机装配中。集中供油系统设备和制冷机组完成制造。(2)起重机:2008年底宁夏天地奔牛设备有限公司完成承接的行车制造,四川川起设备有限公司所承接的板坯跨行车完成1台结构件加工,另有2台行车的结构件加工中,重庆起重机厂有限公司所承接的成品区行车加工完1台,加热炉区有2台加工中;北科大所承接的自动化设备完成订货,辅传+动设备准备组织订货;昆山华辰完成进口件采购,主体设备加工完成;中冶赛迪公司完成加热炉主体设备订货。

3. 现场施工。2008年4月11日,1780毫米热轧板带工程举行项目现场开工仪式,至2008年年末重钢建设公司和中冶赛迪公司完成施工临设和施工水电的规划、搭建、板坯跨强夯、加热炉基础开挖和挖孔桩施工、轧线基础主体开挖、成品区厂房柱基开挖、浇注和立柱安装等工作,主轧线进入厂房基础、设备基础与部分设备预埋件综合施工阶段。具体进度:(1)板坯区。一轴线完成厂房基础浇注,三、四轴线完成挖孔桩施工和部分基础浇注,二轴线已完成大部分挖孔桩施工。(2)加热炉区。完成炉子和厂房的挖孔桩施工,沉台浇注9个,厂房柱基-9.0米完成浇注,浇注部分立柱。(3)轧线区。冲渣沟土方完成开挖50%,挡墙-8.3米以下完成浇注,机修间东侧部分浇至±0米,北线完成粗精轧电气室开挖,厂房A列柱基浇注完成并安装立柱3根,D列柱基部分浇注完成,B、C列柱基开挖施工。(4)成品区。完成76个厂房柱基开挖、浇注和钢结构立柱安装,年末吊装支撑柱、横梁、屋面梁和行车梁。

◆周仕文

【4100毫米宽厚板工程建设】 重钢集团董事长董林2008年9月28日在重钢环保搬迁工程现场会上指出"环保搬迁工程第一个竣工的项目,是2009年三季度投产的4100毫米宽厚板轧机,我们要以4100毫米宽厚板轧机的投产为标尺"。2008年6月16日在4100宽厚板工程建设项目部"解放思想加快发展促进环保搬迁"讨论会上传达了重钢提出"奋战18个月,实现4100毫米宽厚板工程于2009年三季度完成设备安装调试投产"的目标。2008年是重钢环保4100毫米宽厚板工程建设项目的实施年。

1. 前期准备工作。(1)重钢4100宽厚板工程建设项目部首先以中板厂为基础,成立4100毫米宽厚板前期生产准备组。(2)2008年5月完成4100毫米宽厚板生产线人员配置方案,9月确定岗位配置及定员,10月完成4100毫米宽厚板项目培训方案,内部培训100%,外部培训45%。(3)制定工艺规程和设备规程。其中岗位作业标准79个,含生产操作人员岗位作业标准67个,设备人员岗位作业标准9个,工艺卡片3个;管理制度162个,含质量生产类29个,设备管理类64个,质量环境职业健康安全"三合一"管理体系1个,行政管理类32个,安全环保治保类36个;作业标准和管理制度241项的编制落实到人。(4)完成轧机工模具、矫直机辊系、剪机随机件等1667项,其中非标设备总重2344.16吨的订货工作,共计15200台套件。

2. 实现全优方案。2008年7月重钢4100宽厚板工程建设项目部针对4100毫米宽厚板项目设计图纸滞后工程进度30天的问题提出建议和

重钢环保搬迁工程建设工地 张兵 摄影

要求，由中钢设备有限公司牵头成立有佰能公司、北科大赛能杰公司、二十冶公司项目部参加的设计图纸协调小组进驻中冶赛迪公司。协调小组从7月30日开始工作，重钢4100毫米宽厚板工程建设项目部全程督促设计出图工作。加大设计出图管控力度，督促中冶赛迪公司尽快完成设计团队调整后的磨合期，把4100毫米宽厚板工厂设计列为专项工程，变串行作业为并行作业，在确保8月20日轧机区域设备基础图出图的前提下，并按施工进度要求，调整冷床及双边滚切剪基础出图进度，满足施工进度要求。在9月初组织中钢公司、中冶赛迪公司和二十冶公司三方按网络进度要求，再次调整出图进度计划。截至2008年12月底，中冶赛迪公司出图396套，折合A1图纸3437.425张，占总出图量的68.75%。

3. 对总承包方的管理。4100毫米宽厚板项目由中钢设备公司总承包，设备采购的主体为中钢设备公司，重钢4100毫米宽厚板工程建设项目部对设备的技术要求进行把关。(1)反映和解决总承包方和施工方提出的大大小小问题，为施工提供便利。(2)加强对总承包方的管理和约束。重钢4100毫米宽厚板工程建设项目部制定《重钢环保搬迁4100毫米宽厚板项目工期目标管理办法》对总承包方施工进行过程控制。(3)与总承包方一道强化分包方的管理，加热炉、热处理炉设计，设备采购和施工由中钢设备有限公司，分包给北科大赛能杰公司；赛能杰公司的工程推进和项目部的要求相距太远。重钢提出就工程进度和计划、"三电"设计审查、赛能杰公司质量控制、设备和材料招投标工作、赛能杰公司驻场项目部等问题向赛能杰公司提出建设性意见。2008年8月中旬至10月底，赛能杰公司工程又出现问题，重钢再次向赛能杰公司就赛能杰公司驻场项目部、施工蓝图、设备和材料招投标工作、安装施工单位的确定、设备监造、工期、试验炉等问题提出5条改进措施和要求。(4)强化总承包方对施工方、设计方、分包方的管理和考核。以网络计划中的轧区、加热炉区、双边剪、热处理炉四大关键节点为中心，推进工程进度。至2008年12月31日，完成钢结构制作9200吨，占总量30.67%；安装52根厂房立柱，加热炉区和2#板坯库厂房主体钢构基本安装完；挖掘土石方28.67万立方米，占总量的81.91%；混凝土浇筑3.4万立方米，占总量26.15%。主轧线设备基础到零标高。

4. 强化施工过程控制。在2008年3月28日作为第一个进驻现场的主流程4100毫米宽厚板项目面对众多的矛盾和困难：场平迟迟不到位、水电不通、道路不通、无排污排水系统、总承包方对施工方管理失控、磨合期太长等问题采取措施：(1)为重钢4100宽厚板工程建设项目部创造外部条件，为大面积施工作准备。(2)协助办理施工许可证、水电开通手续，4次协调生活临设场地和接通水电，督促二十冶公司在7月完成大临建设，现场施工水电联系达十次以上。(3)在水电不具备的条件下，督促中钢公司和二十冶公司采用钻井、柴油发电机等方式解决临时供水、供电问题和搭建临舍，并在基本具备条件情况下进行施工。(4)先后发工作联系单20份，审阅施工方案15份、工作联系单20份，召开设计交底会3次，图纸审查4次，大型安全检查1次，大型资料检查1次；每周星期四召开工程例会和参加监理例会。从5月15日进驻重钢新区现场至年底，召开工程例会33次，出简报23期。(5)根据4100毫米宽厚板项目在线工程施工进度严重滞后的现状，4100毫米项目部于7月25日向重钢环保搬迁指挥部副指挥长董荣华及相关管理部门递交《关于4100毫米项目施工进度情况的紧急汇报》。董荣华7月28日批示："项目部代指挥部拟一公函送中钢设备公司，紧急反映情况，并要求尽快采取强化管理的措施"；7月29日重钢环保搬迁指挥部致函中钢设备有限公司。(6)7月30日中钢设备公司常务副总经理陆鹏程和天津二十冶公司总经理谭宝东相继到重钢长寿新区现场协调4100毫米宽厚板项目在线工程施工滞后的问题。

5. 设备监造管理。(1)以2009年三季度投产倒排设备交货进度为目标，关注设备制造的每一个节点，专人蹲点，快速响应设备制造中的问题回复时间不超过24小时。(2)针对轧机制造进度滞后的问题，2007年12月21日至12月22日重钢集团环保搬迁指挥部指挥长董林、副指挥长董荣华及4100毫米建设工程项目部设备材料采购部冯成伟、4100毫米宽厚板项目部管朝晖等赴德阳二重就4100毫米宽厚板轧机设备生产进度进行协调，促使精轧机牌坊于2008年11月21日完成加工制造发运重庆。(3)从2008年6月6日开始坚持每周一的设备工作例会，至12月已召开20次设备工作例会。

6. 完善新增项目报批手续。重钢4100毫米宽厚板项目部按2008年8月12日重钢集团新区建设目标调整要求，对工程建设方案进行优化，对4100毫米项目建设方案进行优化，扩能补齐工程中1#冷床已完成合同谈判、2#剪切线和3#加热炉的建设按程序先后完成新增项目的报批手续、进入实施阶段，确保2009年三季度建成并投产4100毫米宽厚板项目，实现环保搬迁工程第一期第一步的中心目标，快速形成180万吨的生产规模。

◆戴崇涵

【焦化项目工程建设】 重钢长寿江南新区焦化项目由240万吨焦化系统工程、2×150吨干熄焦系统工程及储配煤仓系统工程组成。其中240万吨焦化系统工程包括配合煤粉碎系统、4×60孔6米焦炉、备用湿熄焦系统、推焦装煤除尘系统、筛焦系统、煤气鼓冷系统、硫铵和蒸氨系统、终冷洗苯系统、苯蒸馏系统、煤气脱硫制酸(丹麦托普索引进技术)系统、焦化废水处理系统、制冷水系统、循环水系统、供配电系统及其他公辅系统。干熄焦系统工程额定处理焦能力150吨/时，实际处理136.8吨/时，采用高温高压余热锅炉，新产生的蒸气全部外供发电。储煤仓系统由16个φ21米贮槽组成，双排布置，每排8个煤仓，每个贮量11800吨，总贮量18.88万吨，相当于4座焦炉15天用煤量。

4座焦炉分两期建设，每期各建2座焦炉，第一期第1座焦炉计划2009年6月投产，第2座焦炉计划2009年8月投产；第二期焦炉计划2010年6月投产。第1套干熄焦系统与第2座焦炉同期投产。16个储煤仓与焦化系统工程同步，分二期建设，第一期建设9个。

240万吨焦化系统工程和储配煤仓工程由中冶焦耐工程技术公司总承包，焦化系统工程合同总额为136300万元，合同草签时间为2008年1月28日，其中焦化废水处理系统工程由重钢三峰科技有限公司分包，合同金额为4000万元；储配煤仓合同总额为24960万元，合同签订前的工作由新区料场项目部负责，合同签订时间为2008年10月13日，合同的实施管理由焦化项目部负责。干熄焦系统工程由北京中日联、首钢设计院及日本新日铁组成的联营体总承包，合同金额为24000万元，合同签订时间为2008年1月28日，其中循环气体风机、装入装置电动缸、振动给料器由重钢进出口公司与日本新日铁直接签订购买合同，合同金额为1387万元。

2008年3月30日，240万吨焦化系统工程和干熄焦系统工程初步设计通过审查。2008年5月27日收到240万吨焦化系统工程第一套施工图，至年底，共收到炼焦系统设计图367套、6682张，煤气净化系统设计图260套、4979张，备煤系统设计图27套、434张；干熄焦工程第一套施工图2008年6月16日收到，至年底，共收到施工图118套、1769张。施工情况：2008年4月进场开工焦化系统工程，搭建临时设施、接通区域内施工用水用电；2008年4月10日焦炉放线复核，4月20日开挖；11月30日，安装1#焦炉筑炉大棚；12月25日上午9时17分，1#焦炉筑炉。2008年6月16日干熄焦系统工程土建工程施工，至年底完成干熄焦本体基础工程，进行1#干熄槽鼓风装置安装；2008年10月10日储配煤仓工程破土开挖，至年底完成9个储煤仓基础的浇注，进行仓体的滑模工作。其余单项工程处于土建施工阶段，至2008年底完成70%。

◆王莉敏

【码头建设工程】 重钢环保搬迁新区码头建设工程主要解决新区原料进口和成品出口运输问题，并满足地方经济发展需要。码头位于长江上游长寿河道588.5千米至589.6千米河段、长江上游干线航道右岸一侧的菜花沱。工程规模为建设原料进口3个3000吨级（兼顾5000吨级）泊位，成品出口2个3000吨级（兼顾5000吨级）泊位，全为斜坡式码头，并根据新区工厂规划发展需要预留1个原料泊位、1个成品泊位，同时建造与码头配套的装卸工艺设备，生产辅助建筑、道路等设施。码头轴线布置从港口总体规划的要求、厂区总图运输方式、地形条件等因素考虑，以菜花沱车渡为界，上游方向布置原料码头，下游方向布置成品码头。工程计划总投资4.5亿元，其中原料码头1.8亿元，成品码头2.7亿元。原料码头在2008年3月20日开始建设，2#、3#泊位计划2009年4月30日具备试运行条件，1#泊位2009年8月31日前具备试运行条件；成品码头2007年12月2日开始建设，5#泊位2008年12月投入使用，6#泊位2009年10月中旬具备试运行条件。建成通过能力：原料进口737万吨/年，成品出口197万吨/年。

◆李云峰

【新区道路建设】 重钢环保搬迁新区厂区道路建设合同计划工程总量为28.4公里，工程计划投资1.6亿元。道路建成后，形成新区厂区道路"五纵四横"主干网络，主干道道路命名按经纬加中文数字命名，中文数字按工艺布置由西向东（由北向南）排序，场区工序内支干道公路按在工序名称的第一个中文字加中文数字的方式命名，分别为：经一路至经五路，纬一路至纬四路，分13个标段建设。2008年年末场内主干道水稳层和沥青面层施工完毕，主干道水稳层和沥青面层好路率90%，已开通投入运用。2008年12月厂区连接茶涪路的西边连接道开通，从码头进入场区的码一西路于2009年1月3日开通，东边连接道开工建设，景观大道规划中。

◆唐云高

【取水泵站建设】 重钢长寿新区年产钢能力为600万吨，按吨钢工业新水耗量5.5立方米，重复利用率97.5%计算，考虑部分生活用水和远期用水，重钢新区的年需水量为3600万立方米。2008年4月28日，根据合同号重集迁2008－施014的总承包施工合同，重钢长寿新区取水泵站开始修建，项目总投资6000万元。工程由重庆市水利电力建筑勘测设计研究院设计，长江重庆航道工程局总承包，重庆三环监理公司承担工程监理、造价咨询、招投标代理，长寿区水利电力工程质量监督站负责工程质量监督，机动能源项目部代表业主负责建设方管理。水泵房根据功能需要设计为单层戊类工业厂房，采用干式圆形竖井钢筋混凝土结构，取水井直径22.0米，取水井深度根据取水要求设计为49.64米。2008年5月至8月完成取水泵、10吨环形吊车等主体设备的采购工作；7月1日完成泵站井筒覆盖层施工，开挖量为240000立方米；10月14日完成筒体岩石垂直施工，开挖量为18000立方米；11月10日完成筒体底板钢筋制作、安装，钢筋量为220吨；11月14日完成筒体底板混凝土浇筑，砼浇筑量3700立方米。新区取水泵站工程将于2009年3月投用。

◆刘佳鑫　廖晶晶

【排水管网建设】 重钢长寿新区排

水管网建设为码一路、纬一至纬四路、经一至经五路生活污水管道、生产废水管道及雨水管道的铺设。工程由中冶赛迪技术股份有限公司设计，分别由海南一建、广厦一建等十一家施工单位施工，重庆三环监理公司工程监理、造价咨询、招投标代理，冶金工业工程质量监督总站重钢监督站负责工程质量监督，机动能源项目部代表业主负责建设方管理。（1）南北管道（供水管道、生产废水管道、生活污水管道及雨水管道）大部分埋设深度在10米以上，部分区段17米。供水管道为DN1200毫米螺旋缝焊接钢管；生产废水管道和生活污水管道为DN300～600毫米高密度聚乙烯缠绕管；雨水管为$\phi400\sim\phi1600$的高密度聚乙烯缠绕管，四种管道平均长度为1600米。2008年8月填方区土石方开挖64500立方米，挖方区土石方开挖400000立方米、机械打眼爆破184180.5立方米；9月挖方区开挖土石方100000立方米；11月完成土石方回填90000立方米。工程于2008年4月中旬开工至2008年12月结束竣工。（2）其余主排水管网2008年12月1日动工建设，预计2009年6月完成。

◆刘佳鑫　廖晶晶

【主要工程建设】（1）烧结项目。完成一二筛分室和二混室、主控楼和一烧结室、一二混合室设备基础、主控楼承台地梁。熔剂破碎室3米和4.5米平台，燃料破碎室3米和5.5米平台，SJ1转运站2.6米平台、SJ2转运站5.5米平台、SJ5转运站3.6米平台。2号机尾电除尘基础钢筋布设和模板支撑、2号环冷机基础超深处理和基础垫层，其设备基础钢筋模板完成50%。2号主烟囱基础砼、成品仓5.6米以下柱钢筋模板、2号机头电除尘主体土建工程、2号主烧结楼6.6米平台砼浇筑、中储仓5.6米平台均完成50%、熔剂筛分室4.5米平台完成50%。完成项目总工程量25%。（2）炼铁项目。完成2号高炉本体±0以上砼浇注，2号高炉本体炉底水冷梁安装完成，已吊装四旋炉壳达12米高；二号矿焦槽自生式塔吊基础钢筋制作、粉矿筛分站桩基土石方开挖至21米。K－2转运站桩基土石方开挖至10米。铁水转运跨基础土石方开挖等均已完成。垫层浇注6个、2号热风炉烟囱浇注、热风炉本体基础回填完成。热风炉炉壳现场拼装完成8米。1号高炉±0.000基础浇注完成。电动鼓风机站基础土石方开挖300立方米，2号高炉矿焦槽地梁基础混凝土浇筑200立方米，1号热风炉本体基础地基处理完成200立方米，1号热风炉炉烟囱砌筑基础砖胎膜完成、钢筋加工完成20吨，2号热风炉钢框架独立基础浇注完成。完成项目总量15%。（3）炼钢项目。1号连铸机完成基础换填，浇筑砼2500立方米；连铸区厂房钢结构钢柱安装完成3000吨，托梁安装完成1000吨；中控楼结构完成2500吨；1、2号旋流池结构施工完成500平方米；主厂房柱基砼浇筑完成8000立方米、塔楼框架柱浇筑已完成；1号、2号转炉基础完成；3号转炉基础完成1000立方米。完成项目总工程量20%。（4）其他建设。①人工湖堤坝工程：其中钢韵湖堤坝全长358米，工程已完成验收。柳韵湖堤坝全长65米，挖填共10万立方米已基本完工。②主排洪沟工程：1号沟全长760米，已完成挖方13.5万立方米，占总量的98.7%，砌筑沟墙和底560立方米，占总量的60%。3号、4号沟完成主体部分的施工，其中3号沟全长690米，挖方69万立方米，砌筑4090立方米；4号沟全长1180米，挖方28万立方米，砌筑沟墙和底7000立方米。

◆张娟

【建设公司第一阶段项目完工】 2008年，建设公司环保搬迁项目中标量15.6亿元。重钢集团建设公司从2007年4月至2008年10月20日陆续组建建设公司环保搬迁第一、二、三、五、六、七、八项目部及基地建设、设备机具租赁项目部，完成环保搬迁第一阶段工程项目。

（1）第一工程项目部工作。2007年6月6日至2008年底，克服了无炸药供应停工13天、无油料供应停工9.5天、春节期间停工10天、降雨降雪、雾天及雨后道路湿滑、填料含水率大影响作业等因素，开辟14条运输道路、道路铺设里程16千米（重心距离），组织挖掘机、推土机、压路机、装载机、自卸汽车等443台套，投入988名施工及管理人员，采取“延长作业时间，增大机械密度，加强装备能力，超深起爆作业”等技术和组织措施，完成平场12号标段平场工程任务。在龙山寨区域拆迁完毕具备爆破开挖以来，有53个作业日达到10万立方米/日的生产能力，共15次刷新日最大作业量记录，其中2007年11月29日达到14.2万立方米/日的最高日作业量记录，有91个作业日达到8.4万立方米/日以上的生产能力。12号标段共收集、整理、汇总竣工交验技术资料4套，每套114卷，其中表格及文字资料11502页、影像资料1992张、竣工图81张。按期向4100毫米宽厚板工程、1780毫米热轧板带工程、转炉炼钢工程、H标段道路及南北干网工程、220千伏中心电站工程、35000立方米/时制氧工程、中心水厂工程、厂前区工程等公辅系统项目提供了建设用地，完成挖掘土石方1833.2万立方米，挖填方总面积248.05万平方米。2008年9月9日工程通过验收，37748个压实度检测点全部合格，分项工程和分部工程验收全部合格，9个子单位工程符合设计要求，质量评定合格；在施工中无重大安全事故发生，工程安全管理获重钢2008年经济技术创新工程一等奖。（2）第二工程项目部工作。主要承担主排洪沟工程、人工湖堤坝工程、南北管网工程、7～1号、7～2号地块场平工程、道路维护工程、加油站修建等施工项目。2008年7月29日人工湖堤坝通过竣工验收，2008年12月完成3号、4号排洪沟工程、南北管网工程,7~1号、7~2号地块平场工程、开闭所、加油站工程,各条主干道路及新增道路畅通。(3)第三项目部工作。承担1780毫米热轧板带工程。2008年4月21日正式开工,8月初完成主轧线基坑20万方土石方工程,完成加热炉、板坯区的强夯、换填、厂房柱混凝土浇筑及成品库厂房柱基础,制作厂房钢结构9500吨,安装1600吨。(4)第五项目部工作。承担连铸区域和冶炼区域建设,2008年5月30日开工,至2008年12月主厂房建筑及安装工程一号、二号标段,转炉炼钢建筑及安装工程、1号连铸机建筑安装工程、主厂房基础及钢结构、旋流池、铁皮沟、水道管廊、电缆隧道、转炉基础及副原料系统、炉渣跨钢柱安装、柱间支撑及托梁安装、连铸区域厂房基础、1号、2号、3号旋流池基坑等项目全部完成。(5)第六项目部工作。2008年6月10日成立,承担制氧区域生活维修楼一、二层施工、主厂房工程结构施工、空分楼基础结构完成。(6)第七项目部工作。2008年10月6日成立,承担一次配电(一标段)工程。2008年10月21日破土动工,2008年12月完成3号35千伏电站柱、梁、板,+4.5米层模板浇注,电缆沟部分开挖,墙体砌砖;110千伏电站无功补偿室柱、梁、板浇注,-2.7米层剪力墙浇注、0平面层梁、板浇注,3号公辅站主体结构通过验收,轧钢区域110千伏电站18.5米层成功封顶。(7)第八项目部工作。2008年10月20日成立,承担烧结、炼钢/轧钢余热电站项目。2008年12月20日动工,各施工项目按网络节点推进。(8)基地建设项目部工作。2007年6月成立,负责建设公司长寿晏家基地钢结构加工中心,设备、物资库房及堆场,股份公司设备离线检修车间,建设公司行政中心,技术研发中心及分公司办公设施等的总体规划和新基地建设管理工作。工程位于晏家三峰工业园A2地块,占地14.02公顷(210.34亩),晏家基地钢结构一期工程项目用地4公顷(60亩),2008年7月10日完成重型H型钢生产线安装,转入试生产。2008年8月末完成全部4跨主厂房建设,并交付试生产;2008年9月20日完成空压机房、厕所、车间用房施工并交付生产;2008年10月上旬完成30×105米露天堆场(包括16吨门式行车安装)施工并交付生产;50吨行车和抛丸机、开卷机安装调试完成。2008年10月21日,项目通过重钢冶金质监站、档案处、三环监理公司及各设计勘察单位的工程预验收。

◆郑弘

【为环保搬迁制作配件】 (1)2500立方米高炉冷却壁制造。重钢集团机制公司2008年10月10日至11月30日,在规定的时间内,完成重钢环保搬迁2500立方米高炉H1-H2段冷却壁共计95件的生产任务。此冷却壁与以往冷却壁生产相比化学成分要求较低,铸件几何尺寸、铸入水管管口要求公差值小,冷却水管弯曲处不允许热弯,须作探伤检查及管壁减薄检查;冷却壁本体表面不能有夹砂、气孔、裂纹等铸造缺陷,冷却壁还要进行解剖检查冷却水管在内部的位置,以及水管化学成分分析和金相检查,水管基体的增碳量;水管防渗碳涂料涂刷的厚度还需用超声波测厚仪进行测量。机制公司为保证冷却水管在弯管机上弯制时水管直径的最大尺寸,要求供货方铆焊厂对弯管模具进行重新设计、改进,保证了冷却水管弯制要求。为保证冷却水管管口尺寸准确,在下砂型前均采用了样板检查,保证管口尺寸准确。由于管口管盖紧合不严,影响冷却壁最后试压进度,改进了试压堵塞头,增加了试压进度,由以前1天试压3件增加到1天试压15件。(2)R2出口侧导板制造。2008年,重钢集团机制公司完成重钢环保搬迁4100毫米宽厚板工程R2出口侧导板。(3)铸钢垛板平台开发。铸钢垛板平台是重钢环保搬迁工程中的4100毫米宽厚板项目的备件,材质为铸钢,件毛坯重量17吨;尺寸:3200×3900×700毫米,是机制公司生产过的几何尺寸最大的铸钢件之一。机制公司受现有工装限制而采用地坑组芯造型制作,使整个铸型由50块坭芯组合而成;壁厚悬殊,主要壁厚40毫米,最大壁厚φ550×φ700,使铸件极易产生缩孔、疏松、裂纹、变形等铸造缺陷;2个3200毫米长的深孔增加了铸件的铸造难度。

◆王新国　刘彳汉　张晓兰

本部目责任编辑　龙志敏
本部目责任校对　张思庆

8

科学研究与应用

重钢年鉴

2009

科技项目

【重庆钢铁研究所获“神七”荣誉奖】 “神七”载人飞天，用上重庆钢铁研究所研制的特殊用途不锈钢管材和棒材。2008年11月24日，重庆钢铁研究所受邀参加了中国航天科技集团公司举行的神舟七号发射圆满成功物质供应配套答谢会。重庆钢铁研究所所长蒋肃曾代表单位领取了中国航天科技集团公司颁发的“为我国神舟七号载人航天飞行任务飞船和运载火箭研制配套作出贡献特志纪念”奖牌、荣誉证书和神舟七号模型。

◆吴登明

【改进喷吹工艺】 重钢股份公司炼铁厂喷煤系统经过2007年的技术改造，3座高炉喷煤量总喷吹能力理论上可达51吨/时。但在实际生产中，却有两大因素制约高炉稳定喷煤：一是四高炉煤流呈规律性波动，喷吹量在18吨/时以上更为明显，堵塞现象频繁，二是喷吹罐加粉困难，加粉过程中有煤粉不停溢出，喷煤量无法提高。2008年，炼铁厂采取措施：(1)四高炉与五高炉分叉后的喷吹主管采取接地措施，将四高炉信号线单独穿管，采用一稳压电源专供四高炉，并将3座高炉流量计两端作引流接地处理，将可能引起流量波动各种信号通过更低的电阻导走。(2)在喷吹管顶部补压阀两端加旁通，解决喷煤在喷吹罐下部四高炉波动问题。(3)从喷吹罐底部流化和顶部补压的流量孔板着手，把原来1.5毫米的孔板改为1.0毫米，使孔板面积比以前缩小2.25倍，使通过的气体流量同比降低。(4)由于四高炉喷吹距离长，到风口前温度相对较低，煤粉中的水分结露，容易造成管道堵塞，为此采取四高炉喷吹主管包扎保温材料的措施，煤粉温度提高15摄氏度，该措施推广到另外两座高炉。

◆幸晓均

【“嘉恒”法渣处理系统在1350立方米高炉应用】 重钢1350立方米高炉由于渣处理系统水处理能力偏小，整个系统的作业率只有85%，主要问题表现在4个方面：循环水系统悬浮渣太多、红渣沟头的寿命太短成本太高、清水池的积渣清理困难、大倾角皮带寿命太短。重钢股份公司炼铁厂对“嘉恒”法渣处理系统及其水处理系统进行系列改造：(1)将气力提升机进行改造，将气力提升机提出的渣不再打到1#“嘉恒”法系统的脱水器中，将其直接打到西干渣坑，再用汽车运走，脱水器外筛网的筛网间距由1.5毫米逐渐更换为1.2毫米，在每个沉淀池中另外增加一台气力提升机，生产中实行一用一备。(2)根据原红渣沟头的外形尺寸用20毫米的钢板焊接，再用高强度钢纤维刚玉浇注料制成耐火内衬。(3)将清水池上方整浇混凝土上盖改为活动钢板，通过水泵和管道将1350立方米高炉渣处理系统的循环水引至五高炉沉渣池，从根本上解决了污水外排的问题。(4)大倾角皮带增加了变频调速，更换大倾角皮带时，在大倾角皮带的尾轮处增

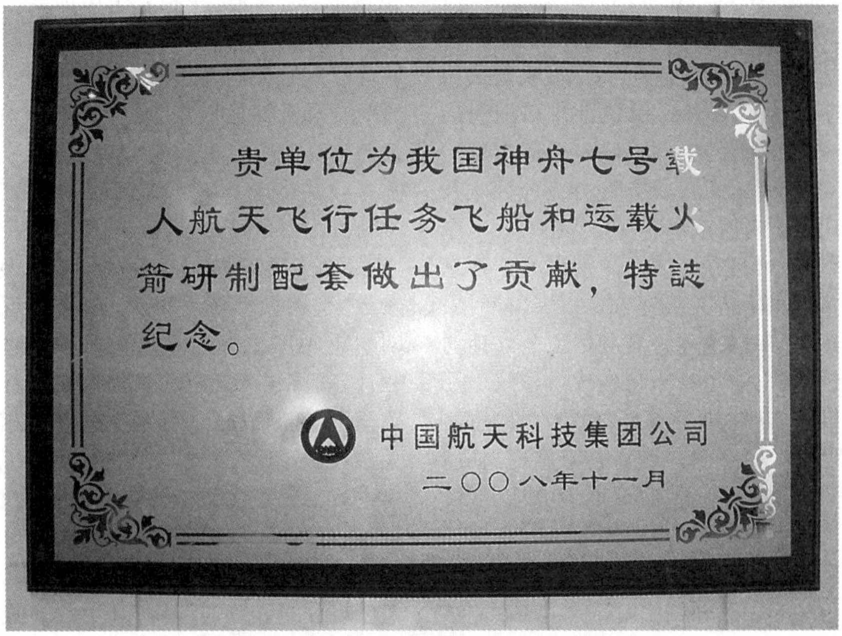

为神舟七号航天飞行作贡献奖　曹静　摄影

加一条短皮带，将水渣运出，再在大倾角皮带的旁边增加一条平皮带将水渣运出，待大倾角皮带安装完成后再将短皮带拆除。

改造后，原铸铁沟头的造价为每个10万元，改造后的耐火材料的沟头寿命一样的情况下造价仅每个1.3万元，皮带机寿命从不足6个月提高到1年，系统作业率提高到99.65%。

◆贾子龙　幸晓均

【LF炉热态渣循环利用技术】（1）LF炉热态渣循环利用，即对经LF炉处理后的钢包铸余渣再一次进LF炉回收利用，能够降低LF炉渣料消耗、LF炉电耗和电极消耗；对铸余渣中含残余钢水回收再利用，可以降低钢铁料消耗，达到降本增效、减少排废，减少污染功能。（2）2008年，重钢股份公司对项目进行开发，钢种主要包括A钢、A36、D36等高强度船钢。LF炉工艺除造渣材料量减半外，沉淀脱氧、合金化、钙处理等未发生变化。LF炉返回渣循环利用方式分两种，一种是将铸余钢包渣回收至钢包底部，一种是将铸余钢包渣回收至钢水表面。两种循环利用方式各有优缺点，作为重钢长寿新区的技术储备，炼钢厂对两种方式均作了具体的研究，并针对其优缺点拟定了相应的解决措施。（3）2008年，炼钢厂热态渣循环利用实践了30炉。①钢包自开率、底吹氩成功率均达到100%，钢包自开和钢包透气性能未受到影响；随着循环次数的增加，脱硫率逐渐降低，热态渣回收利用工艺对脱硫率有一定影响；LF工序增碳、增硅较小，LF炉钢水夹杂物总量与采用新工艺前基本相当。同时采用LF炉热态渣循环利用工艺处理的钢，用户使用后未反馈质量异议。②LF炉渣料使用减半，但埋弧时间缩短，LF炉升温速度得到明显提高，缩短了LF炉升温时间，吨钢电耗、电极消耗得到明显降低；进行热态渣循环利用炉次吨钢成本降低14.67元。（4）LF炉热态钢渣循环使用两次能够满足生产需求，两种循环利用方式均可行。LF炉热态渣的循环利用达到了节省生产用原辅料及能耗目的，同时减少了钢水铸余量，提高成才率，实现了降本增效。

◆黄兰

【钢板雾化冷却工艺应用】　重钢股份公司中板厂为确保厚度≥25毫米钢板的剪切温度≤300摄氏度的工艺要求，于2008年6月在中板厂精整冷床区域新建钢板雾化冷却辅助系统。系统主要由控制系统、供水系统、喷雾系统等3部分组成，喷雾系统采用YTBB－1/4－SS型喷嘴，喷嘴喷雾为实心圆状，开口度为120度，上下共计100个交叉排布，形成雾幕，能有效的覆盖整个钢板宽度并保证冷却均匀。为确保厚度≥25毫米钢板的冷却效果、外形、性能质量，通过不断优化系统水压、上下水量比等参数，在满足生产节奏的前提下，使厚度≥25毫米钢板剪切温度满足≤300摄氏度的工艺要求。通过对经雾化冷却的5409批钢板性能试验结果分析，性能合格率为99.43%，金相组织正常；对经雾化冷却的19772块钢板外形检查，外形合格率为97.07%。

◆石超

【中板厂精轧AGC二级系统调试】　重钢中板厂2007年精轧机增加AGC计算机控制系统，系统配备过程计算机和二级服务器，由AGC过程计算机系统自动计算轧制规程，实现钢板厚度方向轧制全自动控制，AGC二级模型参数共建立2万个，包括钢种参数、负荷分配系数、压力系数，建立了钢种参数21大类，3000个钢种，公差模型参数、辊系模型等。2008年，中板厂对精轧AGC二级系统进行调试，对过程计算机跟踪系统、轧制规程自动计算模型、轧制成品计算厚度模型等相关参数进行优化调整，着重对规程模型进行了部分优化，增加了压力系数调整，对宽度、厚度参数进行了细化分档，初步实现了静态规程、动态规程、经验规程的计算与调用，其中动态规程实现了根据粗轧送料厚度实时计算精轧轧制规程功能。

2008年中板厂AGC二级系统调试钢种主要有普船钢板、高船钢板、低合金系列钢板，宽度范围为1500～2500毫米，厚度范围为7～36毫米，块品种率达到97.67%，但投用AGC二级自动轧制首块钢板的命中率有待提高，调试阶段仅有83.2%。根据AGC二级控制系统的实际运行情况，将继续对各参数不断优化完善。

◆锡胜

【建立焚烧炉模拟平台】　重庆三峰卡万塔公司结合国外先进的垃圾焚烧技术，利用计算流体动力学（CFD）技术建立焚烧炉及余热锅炉数值模拟实验平台。截至2008年6月底，三峰卡万塔公司确立合适的焚烧炉及余热锅炉数学模型，建立了焚烧炉及余热锅炉的三维几何模型，参考并利用现有的垃圾焚烧炉模拟技术及软件，创建了焚烧炉燃烧模拟方法。在克服焚烧炉及余热锅炉的模型较大，计算设备容量和速度有限的困难的同时，获得计算精度。针对焚烧炉设计工况、高热值垃圾高负荷工况及低热值垃圾低负荷工况，模拟出相应的烟气流场及换热情况。根据模拟结果发现，要使锅炉一通道的烟气不贴前后墙流动，必须合理配置前高和后高二次风的喷射角度，并要保证一通道有足够的宽度（沿炉排长度方向），使二次风能更好的引导烟气的流向；后低和后高二次风对加强前拱下部涡流的扰动有重要影响，其中后低二次风的作用最强烈；余热锅炉第三烟道的流动特性揭示了对流管束区的结渣成因。焚烧炉模拟平台的建立为自主开发能适应各种性质、各种处理量的城市生活垃圾焚烧炉提供先进快捷的手段，也可应用于快速检验某一炉型的性能。研究结果揭示了同兴垃圾焚烧发电厂锅炉对流管束上积灰和结焦频率高的故障原因，为准确地提出改造方法提供了依据。也为同兴电厂一次风改造和泰兴350吨/日项目二次风的设计提供了可靠的参考依据。

◆彭泽均

【AYD 智能阀门定位器的应用】 2008 年,重钢集团电子公司成功开发 AYD 智能阀门定位器,其各项技术指标均达到国内先进水平。6 月份开始投放到市场,产品运行状况良好,受到用户好评。一台 AYD 智能阀门定位器一年至少可为用户节省水、气费用上千元。AYD 智能阀门定位器是自动调节阀上的一个关键附件,用于调节天然气、高炉煤气、焦炉煤气、各种水平面的流量等。电子公司完成主机电子线路、系统软件、整机装配、生产图纸、生产工艺文件等 13 种技术资料整理。经过反复测试和鉴定,控制流量的精度大大高于机械阀门定位器,使用能耗只有机械阀门定位器的 3%。

◆郑亚丽

新产品开发

【重钢股份公司新产品开发 3 个】 2008 年重钢股份公司开发 3 个新产品,新产品及特殊要求产品试制量达 65.79 万吨,实现产值 32.61 亿元。超额完成年试制计划目标。(1)70 × 180 电极扁钢。原生产的 65 × 180 电极扁钢已经不能满足用户需求,重钢股份公司决定 2008 年开发规格 70 × 180 电极扁钢的新产品。重钢股份公司钢研所与相关单位共同研究制定工艺技术要点,进行产品试制生产的各项准备工作,2008 年 3 月试制生产,至 12 月共生产 3762.71 吨,成材率 96.55%,合格率 99.60%,断面尺寸公差、表面质量均达到技术协议要求,产品开发试制成功。(2)CG210 热轧圆管坯。CG210 圆管坯是按美国标准 ASME SA - 210C 无缝钢管标准生产的一个新品种,开发该产品主要目的在于解决重钢集团钢管公司生产用坯难题,同时市场需求量较大,有较好的市场需求和利润空间。2008 年 7 月进行试制,至 12 月共试制生产 823.570 吨,成材率 96.99%,合格率 99.87%,产品质量全面达到技术协议要求,产品开发试制成功。(3)11 号矿用工字钢。作为煤矿巷道主要支护材料的 11 号矿用工字钢需求量也越来越大,国内钢铁企业生产的 11 号矿用工字钢远远不能满足市场的需求。重钢股份公司钢研所会同重钢股份公司型钢厂等单位,制定轧制工艺方案,在短时间内完成孔型、导卫装置、轧辊的设计及工模具加工。2008 年 7 月首次试制,至 12 月共试制生产 8412.520 吨,产品化学成分、机械性能、表面质量均符合标准要求,成材率和合格率分别为 92.88% 和 99.01%,满足了用户的需求。

王永忠

【中板厂新产品开发】 (1)S275NL 是采用欧洲标准 EN 10025 生产的可焊接细晶粒结构用钢板,该钢种有 2 个特点:要求正火交货;根据用户要求做 20 ~ -50 摄氏度纵向冲击。通过对比,该钢种的成分和其他机械性能指标与碳素结构钢 Q275 相当,采用添加微量合金元素来保证钢板正火过后的综合机械性能。至年底,共生产 20 批,548 吨,全部合格。(2)P295GH 是采用欧洲标准 EN 10028 生产的具有高温特性的压力用途用钢板,该钢种也主要有 2 个特点:要求正火交货;根据用户要求做 50 ~ 400 摄氏度的高温拉伸试验。至年底,生产了 12 毫米厚的钢板 3 批、61 吨,全部合格,各性能值的富裕量较大。

◆李炳勇

【高线厂新产品开发】 (1)2008 年重钢股份公司高线厂全年开发并生产 30、65Mn、82B(80)新产品 5188 吨,加工特钢 4Cr9Si2、4Cr10Si2Mo、5Cr8Si2、5Cr9Si3 等钢种 900 吨;产品开发与生产工作基本上做到了"生产一代、开发一代、研发一代"。(2)2008 年,硬线钢索氏体组织≤2.5 级的比例达到 96.9% 的水平;产品力学性能趋于稳定:抗拉强度在 875 ~ 1130 兆帕范围波动,屈服强度在:635 ~ 755MPa 范围波动,延伸在 10 ~ 14 范围波动,断面收缩率在:30 ~ 44 范围波动。因此,取得了较好的效果。2008 年生产 30、45、50、55、60、65、70、75、77C、80 等硬线钢 246333.463 吨,产品规格涉及 φ6.5、φ8.0、φ10 等;占全厂总产量的 47.8%。(3)提速生产工艺向 φ8.0 以上硬线钢盘条延伸,结合硬线盘条生产过程产生的变形抗力比 Q235 大,适当降低轧制速度,φ8.0 硬线盘条轧制速度控制在 72 米/秒比以前 68 米/秒提高 4 米/秒。(4)针对市场需求开发生产 30 钢,并一次成功,与有关各部门协同试生产 82B 一炉,虽然最终未达到用户要求,但验证了"性能预报系统"的真实、可靠性。(5)2008 年,高线厂针对重钢股份公司的 4Cr10Si2Mo、4Cr9Si2、5Cr8Si2、5Cr9Si3 等钢种工艺进行研究、优化;解决了特殊钢阀门钢生产工艺不顺的问题。高线厂为东华特殊钢公司生产 900 吨阀门钢,产品涉及 φ8.0、φ10、φ11 等 3 个规格。

◆卿俊峰

【型钢新产品开发】 (1)2008 年开发 11 号工字钢,获得一次试生产成功,达批量生产要求;(2)新产品电极扁钢 180 × 70 第一次投产,投料 3896 吨,成材率 96.6%。达到老产品 180 ×65 的成材率水平;轧制走钢稳定,元弧 R 和料型充填较好,尺寸稳定(按负偏差轧制);(3)完成了 φ45 毫米圆钢的初次试轧,整套工艺方案基本可行;产品质量、性能指标均符合要求;(4)试验 Q420 角钢,结果良好,2009 年准备批量生产。

◆章崇先

【高温合金 GH625 航空用管研制成功】 GH625(Inconel 625)是以钼、铌为主要强化元素的固溶强化型镍基变形高温合金,具有优良的耐腐蚀和抗氧化性能,从低温到 980 摄氏度均具有良好的拉伸性能和抗疲劳性能,并且耐盐雾气氛下的应力腐蚀。广泛应用于制造航空发动机零部件、宇航结构部件和化工设备。西安航空发动机(集团)有限公司所需的 GH625 镍基高温合金精密无缝钢管 ϕ4.5×0.75 用于重点开发的民品项目太阳能光碟系统加热器,我国几大航空发动机公司还将 GH625 广泛应用于制造航空发动机零部件。GH625 镍基高温合金精密无缝钢管的研制,是重庆钢铁研究所 2008 年在重钢集团申请立项的攻关项目。

◆严明英

【ϕ1150 带槽铸钢轧辊开发】 成都恒东机械有限公司 ϕ1150×3600 带槽铸钢轧辊是成都无缝钢管厂用于轧制无缝钢管的轧辊,重钢集团机制公司第一次生产大直径的带槽轧辊。轧辊硬度要求为 275~320 千克/平方毫米。轧辊壁厚、深,在制作过程中铸型承受膨胀压力大,热辐射作用强,轧辊易出现凸包、粘砂、夹砂及气孔等铸造缺陷;辊身段热节大,易产生缩孔、缩松、晶粒不致密等现象,硬度不易达到要求。机制公司结合以前的带槽轧辊生产经验,编制工艺时将辊身段采用冷型挂砂半激冷的方式来保证辊身表面的致密度和硬度的要求,型砂选用耐火度高的石英砂,造型时强调砂型的紧实度,均匀地刷上锆英粉涂料以防止热辐射。浇注时采取先浇本体再用高温钢水冲冒口的工艺,以弥补收缩,消除缩孔、缩松等缺陷。2008 年机制公司生产 6 支 ϕ1150×3600 带槽钢辊,经过加工后各项性能指标均达到了用户的技术要求。用户反应良好,并续签 2009 年 20 支生产合同。

◆程英明

【球铁件轧机轧圈开发制造】 重钢集团机制公司于 2008 年初与成都恒东机械有限公司合作,生产成都无缝钢管厂所需配件轧机轧圈。铸件材质为铬镍钼合金球墨铸铁,结构为 2840×205 毫米大圆环厚壁铸件,要求探伤,其外圆弧工作面硬度要求达到 300~350 千克/平方毫米,过渡层、耐磨层≥50 毫米,铸件不得有缩孔、夹杂、裂纹等铸造缺陷,球化处理过程及浇注温度的掌握都得探讨。2008 年 11 月底,机制公司生产 4 件铸件,合格率 100%,达到用户的技术要求。(1)采用水玻璃砂车板造型,外圆弧工作面使用全冷铁组芯来达到硬度要求及过渡、耐磨层厚度的控制。(2)型腔表面刷石墨涂料厚度≥2 毫米,使用超声波测厚仪进行测量,确保铸型耐火度和铸件光洁。(3)为保证铸件不产生缩孔,采用 6 个均布冒口保证铸件补缩。(4)采用压力加镁法球化处理。(5)球化温度 1370 摄氏度,浇注温度 1290~1300 摄氏度。

◆王新国

【合金高压锅炉钢管开发】 重钢集团钢管公司从 2002 年开始生产 20G、210C 材质的高压锅炉钢管,2004 年设计开发 15CrMoG、12Cr1MoVG 等材质的合金高压锅炉管。产品主要为东方锅炉总厂、哈尔滨锅炉厂和上海锅炉厂配套。钢管公司生产的高压锅用无缝钢管、化肥设备用高压无缝钢管产品质量稳定,尺寸精度、机械性能能够达到国标的标准。近年来,东方锅炉总厂、哈尔滨锅炉厂和上海锅炉厂等生产厂家大量生产临界、超临界高压锅炉,使用钢管的材质发生变化,合金材质的高压锅炉钢管使用量增加,大量使用 12Cr1MoV、15CrMo 等材质的合金高压锅炉管,20G、210C 材质的高压锅炉钢管需要量逐步减少。鉴于此,重钢集团钢管公司高压锅炉钢管的产品结构向合金高压管发展。

早在 2005 年,钢管公司投资 488 万元实施"扩大生产高压锅炉钢管技术改造项目",在 76 车间新建一座合金高压钢管专用辊底式热处理炉;"电站锅炉用高压无缝钢管"列为 2005 年度重庆技术创新项目,当年 12 月通过重庆市经委鉴定,获得 46 万元新产品免税支持;2006 年,项目列为"重庆市产业技术研究与开发资金项目",获 20 万元的财政补助资金。2008 年钢管公司调整了高压锅炉钢管的产品结构,增加高附加值的合金高压锅炉钢管的生产比例。合金高压管以中厚壁钢管为主,直径以 ϕ42~ϕ63 毫米比例最大,全部以冷拔方法生产成品,冷拔的道次多,一般在 3~6 个冷拔道次,相比一般管生产效率低,消耗高,难度较大。2008 年钢管公司对高压锅炉钢管生产时实施工艺优化、采用轧拔结合工艺;对薄弱环节进行重点控制,提高了高压钢管的热轧质量、修磨、酸洗润滑质量、热处理性能。生产采取全过程跟踪,生产车间实行了大宗合同成材率单独考核的办法,实行支数管理;壁厚精确控制措施,实现了负差交货,理论交货部分的重量差别达到 3%。为配合实施合金高压锅炉钢管的生产开发,钢管公司 2008 年完成重钢科技攻关项目"提高高压锅炉钢管成材率技术攻关",完成"合金高压锅炉钢管生产工艺研究"项目,项目获重钢技术进步二等奖。

2008 年钢管公司高压锅炉钢管产量达到 24913.42 吨,比 2007 年的 14344.57 吨增加 10568.85 吨,增长 73.68%;高利润的合金高压管由 2007 年的 1129.86 吨提高到 9203.30 吨,增长 714.55%;高压管综合成材率由上年的 86.78% 提高到 87.27%,提高 0.49%;其中合金高压锅炉钢管成材率由上年的 81.21% 提高到 85.77%,提高 4.56%。

◆袁德智

【高纯氢开发】 2008 年重庆朝阳气体有限公司在保证原有各种产品生产的情况下,开发了新产品高纯氢,填补了重庆地区高纯气体产品的空白。2008 年共生产高纯氢 1515 瓶,创造价值 181800 元。

◆李扬

专利发明

【重钢专利工作】 2008 年重钢集团

申请职务发明专利77件，其中发明专利30件，实用新型专利47件；发明专利占专利总申请量的39%。获专利受理77件；2008年重钢集团有69件专利获授权，其中发明专利7件，实用新型46件。

2008年重钢集团专利申请表

序号	专利名称	专利申请号	申请专利类别	专利申请日	法律状态
1	大过板宽度的矫直机	200820097796.7	实用新型	2008－3－12	受理
2	高强度球扁钢的生产工艺	2008100693955	发明专利	2008－2－26	受理
3	提高高强度球扁钢低温冲击性能合格率的生产方法	2008100693940	发明专利	2008－2－26	受理
4	轧机高速齿轮箱密封装置	2008200977030	发明专利	2008－2－26	受理
5	用于垃圾焚烧烟气处理的石灰乳液制备装置	2008200976875	实用新型	2008－2－22	受理
6	半干法垃圾焚烧烟气净化处理方法及其系统	2008100693847	发明专利	2008－2－22	受理
7	一种对垃圾焚烧产生烟气进行处理的喷雾塔	2008200976860	实用新型	2008－2－22	受理
8	一种垃圾渗滤液处理工艺	200810069380.9	发明专利	2008－2－20	受理
9	骑座式轻轨弧形钢轨道梁	200820097609.5	实用新型	2008－1－31	受理
10	弧形钢轨道梁及其制作方法	200810069334.9	发明专利	2008－1－31	受理
11	管道循环酸洗装置	2008200976004	实用新型	2008－1－30	受理
12	垃圾焚烧炉防滑落给料器	2008200976023	实用新型	2008－1－30	受理
13	逆推式垃圾焚烧炉料层调节装置	2008200976019	实用新型	2008－1－30	受理
14	钢筋混凝土烟囱的施工方法	2008100693298	发明专利	2008－1－30	受理
15	耐高温低速轴承	2008100693300	发明专利	2008－1－30	受理
16	逆推式垃圾焚烧炉炉膛	2008100693283	发明专利	2008－1－30	受理
17	抢修煤气管道用密封罩	200820097524.7	实用新型	2008－1－22	受理
18	垃圾烟气处理称量料仓防倾翻机	2008200971121	实用新型	2008－1－10	受理
19	垃圾烟气处理称量料仓防倾翻机构	200820097455.x	实用新型	2008－1－10	受理
20	高炉炉前吹管快速连接方法及辅助装置	200810069465.7	发明专利	2008－3－12	受理
21	法兰盘辅助连接装置	200820097801.4	实用新型	2008－3－12	受理
22	高炉料流阀阀板更换方法	200810069463.8	发明专利	2008－3－12	受理
23	一种高炉焖炉方法	200810069462.3	发明专利	2008－3－12	受理
24	一种高炉护炉方法	200810069461.9	发明专利	2008－3－12	受理
25	煤粉超远距离浓相输送工艺	200810069460.4	发明专利	2008－3－12	受理
26	垃圾焚烧电厂垃圾渗沥液收集、输送系统	200810069588.0	发明专利	2008－4－25	受理
27	垃圾焚烧电厂垃圾渗沥液收集、提升系统	200820098149.8	实用新型	2008－4－25	受理
28	垃圾焚烧电厂垃圾脱水渗沥系统	200820098150.0	实用新型	2008－4－25	受理
29	异地手动翻板阀操作机构	200820098152.x	发明专利	2008－4－25	受理
30	一种燃料进放料仓的下料、分料机构	200820098153.4	实用新型	2008－4－25	受理
31	硫酸渣与精矿混合生产球团的工艺技术	200810069593.1	发明专利	2008－4－25	受理
32	烧结工序的混合料仓	200820098159.1	实用新型	2008－4－25	受理
33	一种锤式破碎机	200820098197.7	实用新型	2008－4－25	受理
34	逆流式热交换干燥	200820098135.6	实用新型	2008－4－24	受理
35	一种烧结配料装置	200820098136.0	实用新型	2008－4－24	受理
36	高炉雾化开铁口工艺技术	200810069546.7	发明专利	2008－4－10	受理
37	皮带运输机安全报警装置	200820097742.0	实用新型	2008－2－29	受理
38	高炉水渣处理系统的沟头	200820097738.4	实用新型	2008－2－29	受理
39	高炉水渣处理系统的清水池结构	200820097723.8	实用新型	2008－2－28	受理
40	高炉水渣系统的梭槽顶水箱	200820097722.3	实用新型	2008－2－28	受理
41	高炉提升机返渣管道	200820097721.9	实用新型	2008－2－28	受理
42	除灰尘用于烧结矿的工艺	200810069519X	发明专利	2008－3－31	受理

续表

序号	专利名称	专利申请号	申请专利类别	专利申请日	法律状态
43	轧辊辊身冷却用喷淋管	200820097921.4	实用新型	2008－3－28	受理
44	适用于高速轧机的辊身喷淋冷却装置	200820097920.X	实用新型	2008－3－28	受理
45	轧辊辊身喷淋冷却装置	200820097922.9	实用新型	2008－3－28	受理
46	炼铁－炼钢的“一罐到底”工艺	200810069514.7	发明专利	2008－3－28	受理
47	铁水转运系统	200810069494.3	发明专利	2008－3－24	受理
48	高炉溜槽多环布料方法	200810069489.2	发明专利	2008－3－20	受理
49	余热综合利用的钢铁联合装置	200820099750.9	实用新型	2008－8－20	受理
50	防止仓满混料装置	200820099663.3	实用新型	2008－8－7	受理
51	钢包包身砖材料及其包身砖	2008100698639	发明专利	2008－6－23	受理
52	钢包绝热层不定型保温涂料及其使用方法	2008100698643	发明专利	2008－6－23	受理
53	新型连铸中包	2008200986237	实用新型	2008－6－23	受理
54	双保温层精炼钢包	2008200986222	实用新型	2008－6－23	受理
55	转炉双联炼钢工艺	200810069847X	发明专利	2008－6－19	受理
56	转炉双联炼钢装置	2008200985874	实用新型	2008－6－19	受理
57	全粒级钛铁矿浮选装置	200820098434.x	实用新型	2008－5－30	受理
58	高炉无钟炉顶布料方法	200810069779.7	发明专利	2008－5－30	受理
59	特种合金钢冶炼工艺	200810069782.9	发明专利	2008－5－30	受理
60	航空合金管的冷加工制管工艺	200810069781.4	发明专利	2008－5－30	受理
61	航空管表面氧化皮处理工艺	200810069780.x	发明专利	2008－5－30	受理
62	炼钢铁水运输装置	200820098432.0	实用新型	2008－5－29	受理
63	一种混合煤气热值控制系统及方法	200810069700.0	发明专利	2008－5－20	受理
64	电机风扇拆卸工具	200820098164.2	实用新型	2008－4－28	受理
65	改进的起重行车	200820098163.8	实用新型	2008－4－28	受理
66	中板高速轧制工艺	200810069587.6	发明专利	2008－4－25	受理
67	浮动轴齿形联轴器校正装置	200810069590.8	发明专利	2008－4－25	受理
68	新型连铸结晶器	200820098147.9	实用新型	2008－4－25	受理
69	新型连铸结晶器足辊	200820098146.4	实用新型	2008－4－25	受理
70	行车滑轮片拆卸工具	200820098143.0	实用新型	2008－4－25	受理
71	钢板入矫直机辊道	200820098144.5	实用新型	2008－4－25	受理
72	定滑轮用起吊上升限位装置	200820098145X	实用新型	2008－4－25	受理
73	电工巡检手电筒	200820098142.6	实用新型	2008－4－25	受理
74	改进的上进气式高炉布袋除尘器	200820097968.0	实用新型	2008－4－2	受理
75	一种升流式厌氧污泥床反应器	200820097969.5	实用新型	2008－4－2	受理
76	一种用于污水处理的沉淀池	200820097970.8	实用新型	2008－4－2	受理
77	垃圾焚烧烟气净处理装置	2008200976856	实用新型	2008－2－22	受理

2008年重钢集团获授权专利表

序号	专利名称	专利号	申请专利类别	专利申请日	法律状态
1	航空管内表面化学腐蚀方法	2005100573001	发明专利	2005－9－28	授权
2	全粒级钛铁矿浮选方法	200510057331X	发明专利	2005－10－19	授权
3	方坯连铸机电磁搅拌结晶器快速更换装置	200610054259x	发明专利	2006－4－28	授权

续表

序号	专利名称	专利号	申请专利类别	专利申请日	法律状态
4	一种清除航空管表面油污用脱脂剂	200610095007.1	发明专利	2006-7-3	授权
5	多断面方坯铸机钢坯自动切割系统	2006100545615	发明专利	2006-10-31	授权
6	一种提高 M42 高速钢综合性能方法	200610095006.7	发明专利	2006-7-31	授权
7	钢包用复合刚玉碳砖的生产方法	2007100924090	发明专利	2007-7-11	授权
8	铁矿石焙烧炉	2007201247100	实用新型	2007-7-13	授权
9	一种钢包滑动水口机构	2007201248207	实用新型	2007-7-26	授权
10	辊底式热处理炉的辊子	2007201248565	实用新型	2007-7-30	授权
11	一种铁矿石焙烧炉膛	2007201247115	实用新型	2007-7-13	授权
12	智能电-气调节阀定位器	200720188150.5	实用新型	2007-11-2	授权
13	桥式吊车小车轮预装平台	200720188087.5	实用新型	2007-10-26	授权
14	行车小车轮支架定位板校正装置	200720188088.X	实用新型	2007-10-26	授权
15	超声波流量计用耐高温换能器	200720188149.2	实用新型	2007-11-2	授权
16	槽式孔型轧辊装置	200720187939.9	实用新型	2007-10-11	授权
17	轧钢机用滚动导板	200720187842.8	实用新型	2007-9-29	授权
18	弯腰斜扎孔型轧辊装置	200720187840.9	实用新型	2007-9-29	授权
19	大断面异型材轧机滚动导板	200720187841.3	实用新型	2007-9-29	授权
20	使用安全滑触线的小型移动设备自动停车安全保护装置	200720188378.4	实用新型	2007-11-29	授权
21	堆取料机取料自动控制系统	200720188377.X	实用新型	2007-11-29	授权
22	滚动摩擦式翻车机靠板位移信号传递机构	200720188376.5	实用新型	2007-11-29	授权
23	带有收放式挡料板的取料溜槽	200720188375.0	实用新型	2007-11-29	授权
24	带有升降式挡料板的取料溜槽	200720188374.6	实用新型	2007-11-29	授权
25	横截面无角型烧结矿混合料仓	200720188373.1	实用新型	2007-11-29	授权
26	改进的圆盘给料机	2007201886513	实用新型	2007-12-25	授权
27	改进的物料梭槽	2007201886528	实用新型	2007-12-25	授权
28	抢修煤气管道用密封罩	200820097524.7	实用新型	2008-1-22	授权
29	传送带纠偏装置	200720188653.2	实用新型	2007-12-25	授权
30	皮带运输机安全报警装置	200820097742.0	实用新型	2008-2-29	授权
31	高炉水渣处理系统的沟头	200820097738.4	实用新型	2008-2-29	授权
32	高炉水渣处理系统的清水池结构	200820097723.8	实用新型	2008-2-28	授权
33	高炉水渣系统的梭槽顶水箱	200820097722.3	实用新型	2008-2-28	授权
34	高炉提升机返渣管道	200820097721.9	实用新型	2008-2-29	授权
35	轧机高速齿轮箱密封装置	2008200977030	实用新型	2008-2-26	授权
36	烧结机头、尾密封装置排料器	2007201886547	实用新型	2007-12-25	授权
37	逆推式垃圾焚烧炉料层调节装置	2008200976019	实用新型	2008-1-30	授权
38	管道循环酸洗装置	2008200976004	实用新型	2008-1-30	授权
39	带有封装功能的自动取样机	200720187839.6	实用新型	2007-9-29	授权
40	骑座式轻轨弧形钢轨道梁	200820097609.5	实用新型	2008-1-31	授权
41	法兰盘辅助连接装置	200820097801.4	实用新型	2008-3-12	授权
42	垃圾烟气处理称量料仓防倾翻机构	200820097455.x	实用新型	2008-1-10	授权
43	一种对垃圾焚烧产生烟气进行处理的喷雾塔	2008200976860	实用新型	2008-2-22	授权
44	垃圾焚烧烟气净处理装置	2008200976856	实用新型	2008-2-22	授权
45	用于垃圾焚烧烟气处理的石灰乳液制备装置	2008200976875	实用新型	2008-2-22	授权
46	轧辊辊身喷淋冷却装置	200820097922.9	实用新型	2008-3-28	授权
47	轧辊辊身冷却用喷淋管	200820097921.4	实用新型	2008-3-28	授权
48	改进的上进气式高炉布袋除尘器	200820097968.0	实用新型	2008-4-2	授权

续表

序号	专利名称	专利号	申请专利类别	专利申请日	法律状态
49	适用于高速轧机的辊身喷淋冷却装置	200820097920. X	实用新型	2008－3－28	授权
50	垃圾焚烧电厂垃圾渗沥液收集、提升系统	200820098149. 8	实用新型	2008－4－25	授权
51	垃圾焚烧电厂垃圾脱水渗沥系统	200820098150. 0	实用新型	2008－4－25	授权
52	异地手动翻板阀操作机构	200820098152. x	实用新型	2008－4－25	授权
53	一种锤式破碎机	200820098197. 7	实用新型	2008－4－25	授权
54	逆流式热交换干燥	200820098135. 6	实用新型	2008－4－24	授权
55	一种烧结配料装置	200820098136. 0	实用新型	2008－4－24	授权
56	一种燃料进放料仓的下料、分料机构	200820098153. 4	实用新型	2008－4－25	授权
57	烧结工序的混合料仓	200820098159. 1	实用新型	2008－4－25	授权
58	电机风扇拆卸工具	200820098164. 2	实用新型	2008－4－28	授权
59	电工巡检手电筒	200820098142. 6	实用新型	2008－4－25	授权
60	钢板入矫直机辊道	200820098144. 5	实用新型	2008－4－25	授权
61	行车滑轮片拆卸工具	200820098143. 0	实用新型	2008－4－25	授权
62	一种用于污水处理的沉淀池	200820097970. 8	实用新型	2008－4－2	授权
63	新型连铸结晶器足辊	200820098146. 4	实用新型	2008－4－25	授权
64	一种升流式厌氧污泥床反应器	2008200979695	实用新型	2008－4－2	授权
65	全粒级钛铁矿浮选装置	200820098434X	实用新型	2008－5－30	授权
66	垃圾焚烧炉防滑落给料器	2008200976023	实用新型	2008－1－30	授权
67	定滑轮用起吊上升限位装置	200820098145X	实用新型	2008－4－25	授权
68	新型连铸中包	2008200986237	实用新型	2008－6－23	授权
69	转炉双联炼钢装置	2008200985874	实用新型	2008－6－19	授权

◆唐瑛

本部目责任编辑　郝高潮
本部目责任校对　龙志敏

9

文化教育

重钢年鉴

2009

教育

【职工培训工作】 2008年,重钢职工培训中心全年实施岗位培训和技能培训171期、8072人次,其中科干培训42人,班组长培训86人,财会人员继续教育培训402人,入党积极分子培训359人,计算机办公自动化培训、操作人员计算机培训、CAD培训452人,专业技术人员技术讲座356人,技师考前培训134人,职业资格培训高级工880人、中级工586人、初级工201人,生产安全管理员资格培训298人,特种作业新训、复训4476人;培训计划执行率100%。组织职业资格自考74个工种、358人,重钢本部外"职业资格培训鉴定"70个工种、396人。办理各类职业资格证2466个(其中高级技师12个、技师59个、高级工685个、中级工828个、初级工882个),特种作业证4910个,其他各类培训证444个。

重钢培训中心2008年继续承办技能竞赛工作,参与重钢集团第七届职业技能竞赛工作。34家子公司的276位职工参加天车工、机修钳工兼作、计算机办公自动化、货车驾驶员、车工、维修电工、起重工、加热工等10个工种竞赛,其中天车工竞赛工种举行了电视大赛;6家单位、91名选手获得名次和表彰。

◆钱晓语

【高技能人才队伍建设】 2008年,职工培训中心开展"创建学习型企业、争做知识型职工"活动,完成高级工685人、技师59人、高级技师12人的培训计划目标。一是抓好培训工作的计划性和有效性,到各子公司协商培训办班方式、培训时间及教学内容等,听取和收集送培单位的建议和意见,做到因材施教,满足各子公司培训需求,确保培训计划的全面实施。二是继续开展"订单培训",结合重钢环保搬迁新工艺、新设备,开办以焦化、烧结、炼铁、炼钢、轧钢等为主要内容的专题技术讲座,为重钢环保搬迁长寿新区开工做知识储备。三是执行培训管理原则,继续做好"送教、送考、送职业鉴定下厂"工作,分别到太和铁矿、乐山耐火材料厂、綦江铁矿、铁业公司、四钢公司、钢管公司、重庆钢铁研究所等单位"上门服务",做好大渡口区以外子公司的培训管理工作。四是加强培训的组织管理、教学过程管理和班主任管理,不定期地检查教学和学生到课情况,进行"职工培训用户满意工程"竞赛活动。五是继续加强专兼职教师队伍建设,2008年新引进青年教师2名,聘请兼职教师62名,特聘教师9名,送培教师进修12名,培养"双师型"教师54名,取得国家冶金技能鉴定站质量督导员资格1名,取得技师资格2名。

◆钱晓语

【职前培训工作】 (1)2008年,重钢职工培训中心制定招生策略,规范招生行为。通过采取学校行为、科室行为与职工个人招生相结合的方式,继续开展"提高生源组织率"劳动竞赛活动;分别与重钢集团矿业公司、钢管公司签订联合办学协议,与忠县继续签订对口招生计划,同时到长寿区组织招生宣传。2008年录取中职学生1123人、冶金成人学院大专学生309人、电大学生181人,党校函授学生50人,实现了办学的规模效益。(2)贯彻《新进技术工人培养,确保毕业生质量的实施意见》(重职培发〔2007〕51号)精神,按照"严进严出、择优推荐"原则和"优先内部市场、拓展外部市场"的就业方针,开展就业工作,做好学生的就业指导。为重钢股份公司、矿业公司、机制公司、建设公司、电子公司、三钢公司等单位推荐大中专毕业生569人,为重庆国虹科技发展有限公司、力帆集团、赛迪重工公司、大江集团、ABB公司、重庆数码模等企业推荐大中专毕业生144人。

2008年,职工培训中心在"品牌""特色"方面下工夫,在职前培训教学、教育、管理等方面加强规范化管理。(1)教学。组织完成68个班次的理论教学和500周的实习教学;做好"后进生"的帮教管理工作;继续加强学生的技能培训,制定《规范职前教育学生特种作业培训持证实施意见》《下厂实习考核管理办法》等管理制度,组织282名学生2个工种的专业技能竞赛。1612名学生取得职业资格技能中级工证、59名学生取得职业资格技能初级工证、246名学生取得特种作业证,学生双证率达到98%。(2)教育与学生管理。坚持以学生为本,全面实施素质教育,继续开展学生素质达标竞赛活动,从"活动规范、行为规范、着装规范、军营化内务规范”4个方面加强管理，开展学生的法制教育、安全教育和“三自教育”活动，组织演讲、歌咏比赛、文艺演出、田径运动会、文明教室评比、主题班会等第二课堂活动。在“5·12”地震发生后，加强学生的防震避震安全知识教育，加强爱心感恩教育，组织爱心捐款20880.7元。

◆钱晓语

【职业技能竞赛活动】 (1)2008年6~9月，重钢组织重钢集团第七届职业技能竞赛。第七届技能竞赛突出重钢环保搬迁新工艺技术知识，突出重要工序工种、兼作工种和培养团队意识；同时，举办天车工电视大赛。276名职工报名参赛，其中女职工83人，参加计算机办公自动化(含OA系统)、维修电工(专业组)、维修电工(兼作组)、机修钳工(兼作组)、天车工、车工、变电站值班员(女工组)、加热工、球团焙烧工、焦炉调温工、冷拔工、起重工、汽车驾驶员(货车组)耐火材料成型工序等13个工种和1个集体项目的竞赛。91名选手获优秀选手称号，9名集体项目选手取得名次。重钢股份公司、重钢集团矿业公司、重钢集团铁业公司、重庆三钢钢业公司、重钢集团建设公司、重钢集团运输公司等6个子公司获“群众性岗位练兵组织奖”。(2)2008年9月，重钢参加第四届全国钢铁行业“太钢杯”职业技能竞赛，重钢股份公司炼铁厂赵仕清获高炉炼铁工“技术能手”称号。(3)2008年10月，重钢组织职工参加重庆市青工技能大赛，重钢股份公司炼钢厂朱晓华、重钢股份公司中板厂李鹏、重钢职工培训中心龚建、重钢集团钢管公司柯真义等4名选手获钳工三等奖，铁业公司余祥富、四钢公司王达斌等2名选手获车工三等奖。

耐火材料成型技能竞赛现场　重钢人力资源处供稿

重钢集团第七届职业技能竞赛第一名获奖名单

选手	单位	参赛工种(项目)
王　波	股份公司烧结厂	维修电工(专业组)
易小华	三钢公司	维修电工(兼作组)
孟　盛	新港公司	天车工(男子组)
黄年崇	股份公司烧结厂	球团焙烧工
王　钢	运输公司	汽车驾驶员(货车组)
陈　均	股份公司冷轧厂	起重工
何建洪	乐山耐火材料厂	耐火材料成型工序(集体项目)
谭志明	乐山耐火材料厂	耐火材料成型工序(集体项目)
李云东	乐山耐火材料厂	耐火材料成型工序(集体项目)
谢　科	钢管公司	冷拔工
汤如燕	股份公司焦化厂	焦炉调温工
尹先全	股份公司高线厂	加热工
李满富	股份公司装备处	计算机办公自动化
曹怡怡	股份公司型钢厂	机修钳工(兼作)
余祥富	铁业公司	车工
伍灵敏	股份公司动力厂	变电站值班员(女工组)

■刘显荣

◆刘显荣

【重庆冶金成人学院重钢分院】 重庆冶金成人学院于2001年经重庆市人民政府批准，由重钢职工大学、重庆西南铝业职工大学和重庆特殊钢厂职工大学合并组建而成，是一所国家独立设置的成人高校。校址位于大渡口区。2008年，重庆冶金成人学院重钢分院开设“金属矿开采技术”“选矿技术”“材料成型与控制技术”“冶金技术”“数控技术”“电气自动化技术”“机电一体化技术”“经济管理”等专业。在为重钢集团矿业公司定向培养“采矿”“选矿”专业技术人才的基础上，2008年为重钢集团钢管公司定向培养“材料成型与控制技术”专业技术人才。2008年共录取新生315人，在校学生926人，为企业和社会输送合格毕业生106名。

◆孙忠华

【重庆广播电视大学重钢分校】 重庆广播电视大学重钢分校始建于20世纪70年代末，前期为四川广播电视大学重钢电大教学班，经重庆市高等教育办公室《关于同意建立“重庆广播电视大学重庆钢铁公司分校”的批复》（渝高教大学〔1988〕31号）批准，于1988年5月31日组建重庆广播电视大学重钢分校。1999年5月，重钢公司调整职工教育结构，在分离普教系统的同时，将原重庆冶金成人学院重钢分院、党校、中专技校和培训处部分职能整合，成立重钢职工培训中心，重钢电大分校自此划归职工培训中心管理。重庆广播电视大学重钢分校是经中央电大批准在大渡口区设立的唯一一所具有双向视频及独立师资的工科类电大分校。学校位于重庆市大渡口区跃进路30号，占地面积5987平方米，教学楼、实验楼建筑面积7010平方米，从事电大教学工作的专职教师24人，兼职教师3人，高级职称教师占教师总数的30%以上，中级职称教师占教师总数的60%以上。2008年开设了工商企业管理（专科、本科）、会计学（专科、本科）、行政管理（专科）、法学（本科）、物业管理（专科、课程开放）、数控技术（机电一体化方向）、计算机信息管理（课程开放）等7个专业，招收新生182人，其中本科18人，专科164人，在校生规模达350人。学生修完所学专业规定的学分，实践环节考核合格，思想品德鉴定符合要求，即可获得由中央广播电视大学颁发的国家毕业证书，符合学士学位条件者可获得学士学位证书。2008年学校毕业学生52人。

◆张青

【重钢党（干）校】 中共重庆钢铁（集团）有限责任公司党（干）校隶属重庆钢铁（集团）有限责任公司，始建于1958年12月。1985年与重庆市委党校函授学院联合办学，成立中共重庆市委党校重钢函授分院。1988年实行“党校、干校、团校”三位一体建制，形成理论培训、岗位培训和函授学历三大类教育为主体的办学格局。1999年重钢为优化教育资源配置，将重钢党校与重钢职工大学、重庆冶金高级技工学校合并成立重钢职工培训中心（对外仍保留重钢党干校名称，其职能不变）。学校位于重庆市大渡口区跃进路30号。重钢函授分院开设法律、经济管理等专业，每年招收春季、秋季学历教育函授大专班和大专起点本科班。大专班实行学分制，学制2～5年；本科班实行学年制，学制两年半。凡报考党校系统高等学历教育的考试生和免试生，要求必须拥护党的基本路线，思想品德好，遵纪守法，身体健康，能长期坚持学习。招收的对象主要是各级党政机关、社会团体、解放军、企事业单位的干部、职工，以及村级主要领导干部和后备干部。2008年，重钢党（干）校在主体班教学中，全年培训科级管理人员1期42人，入党积极分子4期359人，工程技术人员技术讲座6期356人，财会人员继续教育5期402人，各类培训班开班计划完成率达100%。同时重钢党校函授分院招收本科学生18人，大专学生34人，在校学生120人。法律本科毕业学生26人，经济管理大专毕业学生33人、本科43人。

◆张青

【重庆冶金高级技工学校暨重钢集团中等专业学校】 重庆冶金高级技工学校暨重钢集团中等专业学校始建于1955年，是经国家批准、发放国家承认的中专、技校学历证书和职业资格等级证书的国家级重点高级技工学校和省部级中等专业学校，被授予“国家职业技能鉴定所”“重庆市职业教育先进单位”“重庆市技工教育先进学校”“重庆市园林式单位”等称号。学校位于大渡口区，马王乡黄金庵1号。校园占地面积6.57公顷，建筑面积42869平方米，建有教学大楼、技能培训中心、专业实验实训室、计算机校园网络、图书馆、公寓式宿舍等教学、实验、实习和生活设施。开设机电技术与应用、数控技术及加工工艺、现代焊接技术、汽摩装配与维修、电子技术与计算机应用、仪器仪表、机械设计与制造、模具设计与制造、冶金技术、质量检验与管理、电气自动化等专业。重庆冶金高级技工学校暨重钢集团中等专业学校。2008年录取中职学生1123人，办学规模达3000人。学校有专任教师105人。2008年新引进青年教师2名，送培教师12名，培养“双师型”教师54名，取得技师资格2名，师资队伍专业齐全。在教学过程中突出技能培训为主，注重与用工企业的需求相结合，并积极探索学分制教学改革，切实做到因材施教。学校实行封闭式管理，加强学生日常行为规范教育，突出“四大管理特色”：素质达标特色、党建带团建特色、尊师爱生特色和国防教育特色（军营化内务管理特色）。

2008年重庆冶金高级技工学校暨重钢集团中等专业学校开展校企结合，依托重钢股份公司、重钢集团建设公司、矿业公司、铁业公司建立稳定的校外实习、实训基地，并与重庆市内各大型企业建立联系，毕业生就业率达98%。

◆钱晓语

【重钢幼儿园工作】 鉴于重钢环保搬迁与大渡口区旧城改造，重钢集团董事会于2008年3月底决定：重钢新山村幼儿园停办，对符合重钢环保搬迁提前退休政策的重钢集团生活服务公司幼教科职工实施减员；分流26名职工到重钢集团朵力房地产公司。以上两项政策，使幼教科在岗职工65人减至24人，重钢在大渡口本部仅留下重钢实验幼儿园、重钢九宫庙幼儿园2所幼儿园。重钢实验幼儿园、重钢九宫庙幼儿园将幼儿素质教育贯穿于幼儿一日活动中。根据《幼儿园教育指导纲要》的要求，为培养幼儿参加体育活动的兴趣和习惯，增强体质，提高对环境的适应能力，开展户外游戏和体育活动，将幼儿走、跑、跳、钻、爬、投掷、跳高触物等基本动作编排在幼儿感兴趣的游戏及歌舞中，用幼儿感兴趣的方式发展基本动作，提高了动作的协调性、灵活性。

◆陈雪春

文化

【重钢报社工作】 2008年,《重钢报》共出报251期。

1. 围绕国家重大政治新闻,组织系列报道。(1)2008年年初,南方遭遇雪灾,《重钢报》刊发新华社有关新闻,用突出的版面对全国人民抗击雪灾进行了重点宣传。(2)在"5·12"抗震救灾宣传中,《重钢报》组织抗震救灾宣传,并在宣传上实现"三个突破"(宣传时效上新突破、宣传声势新突破、宣传广度新突破)。5月13日,《重钢报》与社会各大报同步刊发新华社快讯:"汶川发生地震,胡锦涛作出重要指示,温家宝赶赴灾区指导救灾工作";《重钢报》又快速反应,通过晚上加班,在14日就刊发"公司召开落实抗震救灾要求紧急会"的消息;19日,《重钢报》又在重庆市所有媒体中第一家发布"职工总医院免费诊治首位灾区伤员"的消息及图片,报道重庆市收治的首例灾区伤员的救治情况。从5月13日到6月13日,《重钢报》有关抗震救灾的宣传专版达28个,其中连排版6个,刊发新闻稿件205篇、配发评论和编者按8篇,刊发文艺稿件42篇。除大量采用新华社稿件外,还采用《重钢报》自己组织采写的来自灾区现场的报道,同时把重钢职工关心抗震救灾、捐款支援灾区、参加自愿者活动等新闻发布出来。《重钢报》从办报50多年来,从未这样大规模、短时间内连续不断地报道同件新闻事件。(3)在迎奥运宣传中,《重钢报》围绕"绿色奥运、科技奥运、人文奥运"三大理念制定奥运会期间宣传报道计划和方案,在奥运会前、期间和会后分阶段开展宣传,形成全方位、立体宣传的舆论氛围。(4)在改革开放30年宣传中,《重钢报》采用新华社稿件、把全国30年发生变化和重钢成就告诉职工,还用新闻和文艺稿件反映重钢和职工生活30年的变化,同时刊发系列报道"重钢改革开放30年巡礼"。

2. 围绕企业中心工作,强化新闻宣传。(1)深入宣传党的十七大精神,全面营造了职工群众团结一心、共谋发展的良好舆论氛围。开办《学习贯彻十七大精神》《十七大精神学习辅导》等栏目。全年刊发相关新闻133篇。(2)在"解放思想、扩大开放"大讨论宣传中,《重钢报》制定专门的宣传计划,并分阶段开设相应的专版、专栏。《重钢报》报道了重钢各单位、各部门组织开展大讨论的情况及做法、经验和典型,全面反映各单位"解放思想、扩大开放"的新思路、新举措、新成效和党员干部呈现出的饱满工作热情和崭新精神风貌。在全年的宣传中,仅《解放思想求跨越扩大开放促发展》栏目就发稿78篇,《解放思想大家谈》征文发稿37篇,同时还组织"解放思想、扩大开放专访"系列报道。(3)重钢环保搬迁是《重钢报》2008年宣传的重中之重。2008年1月23日重钢召开"环保搬迁指挥部成立暨动员会"后,《重钢报》拟定宣传方案,并作宣传:①首先刊发6篇特约评论员文章,《深刻认识重钢实施环保搬迁的重大意义》《环保搬迁是重钢历史上最重大的战略任务》《环保搬迁选址长寿是市委市府的正确决定》《重钢环保搬迁要解决四件大事》《抓好现实生产提高经济效益为环保搬迁提供强力支撑》《把思想和行动统一到重钢环保搬迁工作中》;②2008年3月开始在《重钢报》一版推出《环保搬迁现实生产双推进》栏目,主要刊登各单位确保生产经营目标实现、推进环保搬迁工作的动态新闻;③5月起,在《重钢报》一、二版组织刊发各二级单位抓好环保搬迁和现实生产的稿件,到11月份发稿41篇;④在一版连续刊发系列报道《鞭指江南》,到11月份已刊发该稿件30篇;⑤10月13日,《重钢报》刊发重钢集团董事长董林在环保搬迁工作会上的讲话,一版又推出"新区瞭望"栏目,至12月底,发稿24篇。(4)报道重钢迁渝建厂70周年纪念大会,配发评论员文章,刊发重钢厂情馆揭牌开馆、重钢集团董事长董林在迁渝建厂70周年大会上的讲话等,在一版开出《重钢足迹》《印象重钢》栏目,同时又举办"我与重钢"征文。(5)在重钢公司"遵纪守法、爱岗敬业"专题教育动员会召开后,《重钢报》开办《遵纪守法爱岗敬业》《预防职务犯罪》栏目,配发编者按,同时开办"遵纪守法爱岗敬业"征文;至12月底,《遵纪守法爱岗敬业》栏目发稿62篇,《预防职务犯罪》栏目发稿13篇;《遵纪守法爱岗敬业》征文发稿33篇。(6)生产经营宣传。《重钢报》刊发重钢股份公司炼钢厂2008年1月份产量突破30万吨、中板厂2008年1月份生产实现开门红、重钢股份公司2008年首季生产良好发展、焦化厂首季超额完成生产任务、新港公司完成上半年生产经营任务、型钢厂球扁钢产量破纪录、乐山耐火材料厂提前3个月完成全年生产任务、中板厂"双高"产品创峰值等稿件,到12月份《重钢报》共刊发生产经营稿件111篇。

3. 宣传形式多样。2008年《重钢报》根据重钢各个时期的宣传重点开辟栏目充实版面:《学好两法构建和谐》《建功立业标兵》《关爱生命重视安全》《防范事故治理隐患》《奋战70天坚决完成过渡安置房生产任务》《贯彻落实集团公司经济运行分析会》《精细过程质量共筑品牌重钢》《青春耀钢城》《科技创新促发展》《党旗飘扬》《来自长寿的报道》等,至12月底,《重钢报》共开栏目41个。

4. 思考创新新闻宣传的内容及形式。(1)《重钢报》周末改版于3月7日正式实施。周末版由4开4版改为4开8版,并确定周末版的定位。(2)2008年7月31日,《重钢报》电子版方案出台,两易其稿后,就《电子版管理机构人员名单及管理办法》《上传内容审定》等作规定,提出2008年完成前期准备及试开通、征求意见等工作,待2009年正式开通。

◆谭真

【《重钢报》年审获第四名】 2008年,《重钢报》参加由重庆市新闻出版局组织的全市44家公开发行的报纸编校质量考评。《重钢报》以舆论导向正确、信息量大、可读性强、差错率低、版面设计和印刷质量好在重庆市日报系列类排名第四,仅次于《重庆日报》《重庆晚报》《时代信报》。

◆谭真

【《重钢报周末》改版】 2008年3月7日,《重钢报周末》改版,由4开4版改为4开8版。改版后的《重钢报周末》的定位:面向市场,服务社会,立足企业,重点报道渝西南地区的人和事。《重钢报周末》自2008年3月7日正式改版出刊至12月31日,连续出刊39期,其中彩色4期、黑白1期。《重钢报周末》坚持每周一个主题、每阶段一个中心编排出版。发挥排版灵活、图片功能强大的优势,在"5·12"抗震救灾宣传中推出"抗震救灾众志成城"多个专版,在重钢公司第十一次党代会期间策划"企业搭建幸福桥党的关怀暖人心"的专版。《重钢报周末》重视突出宣传重点,并围绕重点延伸宣传,将休闲生活、旅游、金融理财、影视热门、家装、地产等各方面的信息传递给读者。做到借鉴与创新相结合,在保留原周末版的一些栏目《周末菜谱》《每周一书》《社区看点》的同时,推出新栏目:《每周话题》《社会视点》《理财学堂》等。为突出"渝西南商业都市圈"的定位,专门在一版推出《观渝西南品本周大事件》栏目。力求满足市场发展需要与社会群体需要,努力实现社会效益与经济效益双丰收,《重钢报周末》推出《周末热映影片》《旅游专题》《教育专题》《地产小贴士》等栏目。《重钢报周末》力求灵活多变,采用新的电子排版格式,完全打破传统版式,与社会类报纸接轨。《重钢报周末》,突出"一个坚持、一个突出、两个力求"(坚持党报性质,突出主题,力求满足市场发展需要与社会群体需要实现社会效益与经济效益双丰收,力求排版灵活多变)取得成功(《重钢报周末》电子邮箱 cqbzm@163.com)。

◆谭真

【重钢电视台工作】 2008年,重钢电视台处理好"三个关系":新闻宣传与生产经营、受众与市场、社会效益与经济效益的关系,在坚决杜绝"有偿新闻"的前提下,实现产业效益,确保了"两手抓,两手都要硬"。全年,重钢电视台共播出图像新闻950条,简讯1072条,信息361条;共播出系列报道10个;完成现场录像10次,外送新闻有1条在中央电视台播出,重庆电视台播出6条。

1. 重点报道。(1)完成重钢集团职代会、党建工作会的宣传报道任务。(2)对各单位开展降本增效方面的工作作报道。(3)组织实施纪念重钢迁渝建厂70周年的报道,推出11集系列报道《重钢印记》。(4)对重钢集团开展的"解放思想扩大开放"大讨论活动进行宣传报道。(5)对汶川特大地震抗震救灾系列宣传报道。(6)对重钢集团党代会的报道。(7)与重钢集团武装部联合在电视新闻中推出系列报道《重钢民兵》。(8)关注时政新闻的宣传报道,推出迎奥运系列报道、"神七"报道、问题奶粉报道、十七届三中全会报道等。(9)结合重钢开展的"遵纪守法爱岗敬业"专题教育活动,推出系列报道《遵纪守法爱岗敬业》,报道各单位开展这一专题教育活动的情况。(10)推出纪念改革开放30周年系列报道。(11)把对重钢环保搬迁的宣传贯穿于整个全年宣传之中,对工程进展情况作及时报道,对每一个节点、重要项目的签字等都作及时报道;推出大型系列报道《关注环保搬迁》。

2. 提升质量。2008年,重钢电视台再次蝉联全国企业电视台学会和冶金企业电视协会"先进电视台"。

3. 落实网络安全。重钢电视台坚持完善实施《传媒公司网络安全应急预警机制》;运用技术手段,进一步增强有线电视网络的安全防范能力;坚持实施有线电视播出24小时值班制度;坚持实施主管领导对网络重点区域的抽查制度;在举办北京奥运会、国庆和党的十七届三中全会召开期间,组织技术维护人员对5万户重钢有线电视网络进行巡查、维护,特别是对未改造片区,坚持实施24小时的监控巡查,确保奥运会、国庆和党的十七届三中全会期间重钢有线电视网络的平安运行。2008年重钢电视台全年共紧急处理网络播出安全突发事件20次,得到市有关部门和重钢领导的肯定和表彰。

◆许继红

【《重钢新闻》系列报道12个】 2008年,重钢电视台《重钢新闻》节目全年共推出系列报道12个:《关注环保搬迁》《安全责任重于泰山》《车间天地》《坚定信心迎接挑战》《遵纪守法爱岗敬业》《节能降耗增效》《重钢民兵》《数字重钢辉煌30年》《职工代表访谈》《宣传指南针》《温暖》《科技兴企人才强企》。

◆张冰

【重钢电视台专题栏目】 2008年,重钢电视台品牌栏目《钢城视点》根据"聚焦热点话题、关注社会现实、观点实事求是、舆论正确导向"的办栏目宗旨,全年共播出52期,其中重点报道节目有关注重钢环保搬迁工程的大型系列节目《走进重钢长寿江南新区》《重钢江南新区平场忙》《基建施工激正酣》,关注重钢股份公司的大型系列节目《走进钢铁股份公司》《重钢集团庆祝迁渝建厂70周年》等。

◆张冰

【聚焦环保搬迁】 2008年,作为重庆市工业一号重点工程、重钢位于重庆市长寿江南镇的重钢环保搬迁工程备受世人关注。根据重钢公司领导的要求,重钢电视台将宣传报道工作重心转向新区,专门在《重钢新闻》中开辟

重钢厂情馆景区　张兵　摄影

《关注环保搬迁》系列栏目。重钢电视台全年播出有关环保搬迁的电视新闻达90条，其中重点报道有《重钢长寿新区平场战役圆满结束》《各项目部入驻长寿江南新区指挥中心》《环保搬迁4100毫米宽厚板项目工程顺利推进》《常务副市长黄奇帆视察重钢新区》《重钢环保搬迁工程正式通过国家环保部环评》《重钢新区各项目部加紧土建工程施工》等。2008年12月1日，重钢集团三峰传媒公司驻长寿新区记者站成立。《重钢新闻》“关注环保搬迁”系列栏目注重了宣传报道的及时性，同时加大了宣传报道数量，做到每天播出1~2条有关环保搬迁的新闻。

◆张冰

【电视专题片《钢铁魂》制作】 2008年，重钢电视台根据重钢集团党委的要求，专门成立制作班子，历时一个多月拍摄、制作，完成纪念重钢迁渝建厂70周年大型电视专题片《钢铁魂》上下集。上集名为《负重前行迁渝建厂》，下集名为《拨浪弄潮凤凰涅槃》。大型电视专题片《钢铁魂》运用电视艺术纪实手法，再现重钢所走过的艰辛、不平凡的历程，形象反映了重钢人不惧艰难、勇于跨越、顽强拼搏、追逐梦想的精神气质和风格，具有较高的史料价值和观赏性。

◆张冰

【重钢厂情馆开馆】 2008年3月28日，重钢集团厂情馆在档案处多功能厅揭牌开馆，重钢厂情馆正式开放。重庆市档案局副局长郑永明、重钢集团总经理刘加才、重钢集团党委副书记潘向宇、重钢集团副总经理罗福勤、李岚峰及重钢公司老红军、老领导及机关处室负责人等出席开馆仪式，重庆市档案局副局长郑永明、重钢集团公司总经理刘加才一起为厂情馆揭牌。新华社、人民日报、工人日报、香港文汇报、重庆日报、重庆电视台、重庆时报等18家中央和地方的新闻媒体现场采访报道。

重钢集团厂情馆从正式开馆至2008年12月底，先后接待了中宣部、国家发改委、国家广电总局、中央电视台《伟大的历程》摄制组、“重钢集团节能减排实施环保搬迁工程环境评价大纲”技术咨询会特邀专家和代表、澳大利亚伍兹贝格设计事务所、英国PRP建筑设计有限公司、中共重庆市委宣传部、重庆市国有资产监督管理委员会、中国人民大学等66个单位3048人次参观。

重钢集团厂情馆由重钢档案处会同重钢经理办公室、宣传部筹办。在筹备期间陆续收到国家档案局、中国企业联合会等50多家单位的贺信、贺电。在史料征集活动中，收到重钢职工和社会人士无偿捐赠的1000件史料、实物。重钢厂情馆在重钢迁渝建厂70周年纪念日到来前落成并通过验收。重钢集团厂情馆依托重钢档案馆，分为馆藏区、征集整理区、接待利用区、影像播放区、影像工作室和600平方米展示区。以时间为主线，把重钢近120年的发展历史放在承载国家与民族伟业梦想的层面，共分为“中国钢铁工业的摇篮”“抗战后方的钢铁基地”“祖国建设南有重钢”“国家企业改革试点”“环保搬迁再创辉煌”等5部分，通过真实可靠的史料展现了重钢历经艰辛、再创辉煌、波澜壮阔的百年画卷。重钢厂情馆有很多珍贵的史料都是第一次向公众展出。重钢厂情馆备有兼职解说员，能让参观者更加直观地、生动地了解百年重钢的历史。

◆董塞南

【重钢图书馆信息化建设】 (1)2008年，重钢图书馆加强数字资源建设。新增包括冶金、机械、文学艺术等在内的电子图书10000册，共有电子图书20000册。并对电子标准、上千种电子期刊进行及时更新。新添计算机类、电工技术和一般工业技术类的电子期刊200种。重钢图书馆是重庆市图书馆唯一的文化共享工程企业示范点。与重庆市图书馆合作，引进了由文化部发起的文化共享工程的视频资源，包括名家讲坛、大众科技、社会文化等类。(2)2008年，重钢图书馆为重钢集团领导编发《决策参考》《情报速递》信息刊物共50期；编辑了地震对中国钢铁行业的影响方面的情报研究，同时对“冶金特色数据库”进行适时的数据更新。(3)8月，重钢图书馆与重钢集团人力资源处共同在重钢培训中心对重钢在读MBA、工程硕士等举办CNKI和万文博硕论文和会议论文使用，以及论文选题等方面内容的培训。(4)重钢数字图书馆2008年月均下载电子图书4000册，检索电子期刊3000篇，月均访问重钢数字图书馆达到16000次。重钢数字图书馆还为重钢集团质量体系认证、质量异议及索赔、新产品开发等提供了1200个电子标准，并为科技人员代查电子标准200个。

◆唐克洪

【重钢摄影工作】 (1)2008年4月3日，在银河文体楼举行重钢职工摄影作品集《紫烟》首发式。(2)举办重钢迁渝建厂70周年职工摄影、美术、书法作品展览，其中展出的摄影作品有80幅，多幅作品是重钢职工摄影作者历年来在全国各级摄影展览中的获奖作品。(3)重钢摄影作者拍摄了许多反映重钢人支援"5·12"地震灾区人民照片，并参加重庆市举办的"2008抗震救灾重庆大型纪实摄影展览"，并有作品入编《重庆摄影人见证汶川大地震》大型画册。(4)2008年，重钢摄影作者在《中国冶金报》《中国工业报》《中国档案报》《重庆日报》等报刊上发表宣传重钢公司的新闻照片40幅。(5)到矿业公司大宝坡矿、股份公司机关、运输部、四钢公司等单位进行摄影作品和摄影技术讲评。(6)重钢股份公司摄影协会举办"迎国庆话改革"职工摄影比赛、"迎奥运展风采"烧结杯职工摄影比赛，四钢公司摄影协会举办了第34届职工摄影作品展览。(7)重钢摄影作者送作品参加全国、重庆市的改革开放30周年摄影作品比赛并获奖。

◆郑玉明

【纪念重钢迁渝建厂70周年文化活动】 2008年，重钢迁渝建厂70周年，重钢集团开展"传承光荣历史再创重钢辉煌"为主题的文学作品征文、文艺演出、书画摄影展、"重钢之春"合唱比赛等系列文化活动。(1)纪念重钢迁渝建厂70周年的文学作品征文活动。2008年1月开始，历时4个月，征集作品52篇。(2)纪念重钢迁渝建厂70周年文艺演出。3月28日下午，重钢30个单位92名职工在钢花影剧院举行。演出歌舞、舞蹈、歌舞剧、多口词、男声独唱、女声独唱、小品、快板舞等节目。(3)第四届"重钢之春"职工合唱比赛。4月28日晚，在新山村篮球场举行。合唱比赛邀请重庆市音乐家协会主席张礼慧，名誉主席薛世民，副主席陶智、陈骅、张永安等专家担当评委。16支参赛队伍按先40人组、后60人组的顺序进行。重钢股份公司销售处、烧结厂，生活服务公司获得40人组金奖，朝阳公司、电子公司、股份公司原材料处等5支队伍获40人组银奖，重钢股份公司炼钢厂、炼铁厂获60人组金奖，股份公司型钢厂、中板厂、产业公司获60人组银奖。为配合重钢第四届"重钢之春"职工合唱比赛，培养自己的指挥骨干，3月10日至15日举办为期6天的合唱指挥培训班，邀请重庆市歌舞团国家一级指挥曹延彬授课，20名文艺骨干参加培训。(4)纪念重钢迁渝建厂70周年职工美术书法摄影展。3月27日下午，在重钢工人文化室举行了开展仪式。展出的75幅照片是从220幅照片中精选出来的，63件美术书法作品是从123件职工创作的作品中挑选出来。重钢集团党委副书记、工会主席潘向宇在开展仪式上致辞，重钢集团总经理刘加才宣布展览开展。展览从3月27日开始，4月17日结束。

◆焦志华

【钢花文学奖评选】 2008年，重钢对2006～2008年《钢花》所载356件作品进行评选，计46件作品获"钢花文学奖"：一等奖3件，二等奖15件，三等奖23件，特别奖5件。青林小说《风月草》、康中国散文《用紧握的手将生命挽留》，罗佳琳组诗《四川汶川大地震志哀》3件文学作品分别获得一等奖，15件作品分别获得二等奖，22件文学作品获三等奖；余新庆钢城纪实《化腐朽为神奇》、孙建军小说《功勋合唱团的那些事儿》、黄成华小说《远山的哭泣》、杨为民小说《"犟得很"铁事》、陈晓林组诗《玻璃上的天空》等5件作品获特别奖。

◆焦志华

【《钢花》创刊50周年纪念】 重钢文联刊物《钢花》创刊于1958年，由郭沫若先生题写刊名。2008年12月19日下午重钢集团在银河文体楼召开《钢花》创刊50周年纪念座谈会。《钢花》创刊时的编辑之一，原《重庆日报》副主编刘集贤以及《钢花》历任编辑、《钢花》新老作者、读者、重钢文联基层文学社负责人和"钢花文学奖"获奖作者代表等80人参加纪念会。重钢集团党委副书记、工会主席、文联主席、《钢花》编委会主任潘向宇作《众手育<钢花><钢花>花更艳》讲话，重庆市作协主席黄济人对《钢花》创刊50周年纪念会的召开表示祝贺，重钢集团党委书记、副董事长张再坤肯定了《钢花》作为企业文化品牌所发挥的重要作用；重钢集团工会副主席、文联副主席、作协主席罗琳宣读《关于表彰2006～2008年"钢花文学奖"作品的决定》，重庆市作协领导和重钢集团领导向获奖作者颁发获奖证书；与会新老作者作了交流发言。

◆焦志华

报刊

【《重钢报》】 《重钢报》始创于1950年，1993年7月2日经国家新闻出版署批准公开发行，国内统一连续出版物号为CN50—0023(报社地址：重庆市大渡口区大堰二村重钢集团三峰传媒公司，邮政编码：40080)。至2008年底，《重钢报》共出版发行6348期，其中2008年出版发行251期。《重钢报》为周五期，周一至周四为4开4版，周五为4开8版并套红；周二、周四的第四版继续采用新华社文字稿件。通讯员向《重钢报》投稿可采用纸质稿件寄送或发送电子邮件(cqbf888@163.com)两种方式。《重钢报》继续采用飞腾排版系统，并由重钢冶金印刷厂负责排版、印刷。《重钢报》由中共重庆钢铁(集团)有限责任公司委员会主管、重庆钢铁(集团)有限责任公司主办。《重钢报》发行范围为重钢集团所属单位、大渡口区有关单位、部门及零售,同时在国内冶金企业报和重庆市企业报之间交流,并向重庆市委宣传部、重庆市新闻出版局、重庆市记者协会等部门及相关单位赠阅。2008年《重钢报》继续自办发行,对大渡口地区及周边地区的私人订户送报上门。《重钢报》的读者对象为重钢集团职工、家属、大渡口区及周边市民、国内部分读者。

◆谭真

【《重钢》】 《重钢》杂志由中共重钢(集团)有限责任公司委员会主管、重钢(集团)有限责任公司党委宣传部主办。《重钢》杂志坚持以马列主义、毛泽东思想、邓小平理论和"三个代表"重要思想为指导,以贯彻党的路线方针政策和国家法律法规为重点,结合企业生产经营、改革发展和职工生产、生活和思想实际,突出理论性、指导性、专业性、实践性和可读性。2008年准印证号:渝内字(2008)-(352)号。双月刊,大16开;48页,4个彩页;封面为胶印覆膜。《重钢》杂志顾问董林、张再坤、刘加才,主编潘向宇,副主编王洪展,执行副主编黄文才。2008年共出版发行6期,共9000册。从杂志合并更名至2008年底共发行正刊22期,增刊2期,共36000册,发行范围为重钢集团各单位、全国冶金行业和兄弟单位,免费交流。2008年收到42个单位投稿121篇,刊用76篇。2008年《重钢》杂志主要栏目:"学习与思考""科学发展""改革开放30年""解放思想大家谈""生产经营""党的建设""企业文化""思想工作""企业管理""廉政建设""群团工作""企业动态""企业视角"等。2008年3月10日,《重钢》杂志获2007年度优秀连续性内部资料称号,《重钢》连续3年获此荣誉;重庆市新闻出版局领导在全市连续性内部资料表彰大会上称赞"《重钢》完全按照正规出版物的要求办刊,充分体现了勇于创新的精神风貌"。

◆周希

【《重钢技术》】 《重钢技术》是由重庆钢铁(集团)有限责任公司主管,重庆钢铁股份有限公司钢铁研究所与重庆金属学会主办的专业技术性刊物,季刊,16开,64页;编委会主任刘加才,主编郭德勇,常务主编曾兢,副主编石春华,责任编辑李康。准印证号:渝内字(2008)-(276)号。创刊于1958年,至2008年12月共出版发行51卷、210期,2008年出版4期;发行量2000本。《重钢技术》以科技进步、技术创新服务为宗旨,主要刊登焦化、烧结、炼铁、炼钢、轧钢、铸造、耐火、理化检验、土建、机械、电子、环保等专业的经验总结、论文和科研成果等,刊登国外冶金技术译文和动态信息。除在重钢内部发行外,主要发往全国冶金企事业单位、冶金科研院所、大专院校和有关部门,并与全国冶金技术刊物交换。读者对象:冶金企事业单位的专业技术人员和管理人员,科研院所的科技人员和大专院校的师生。

◆李康

【《重钢机动能源》】 《重钢机动能源》创刊于1958年8月,原名《重钢机动能源简讯》。《重钢机动能源》系重庆市新闻出版局批准的连续性内部刊物,准印证:渝内字(2008)-(265)号;季刊,16开,每期115000字,中共重庆钢铁(集团)有限责任公司委员会主管,重庆钢铁股份有限公司(机动处)主办,主编董荣华,副主编姚小虎,编辑张炳生。至2008年12月已出版86期。《重钢机动能源》贯彻执行国家设备、能源管理的政策和法规,紧紧围绕重钢设备、能源管理、维修工作,反映本系统、本行业的工作动态,交流经验,传递信息。坚持以科技进步、技术创新为宗旨,贯彻国家设备、能源管理方针、政策、法规,交流国内外和重钢公司机械、动力、能源、工民建、自动化控制、备件、压力容器、信息化建设以及新技术、新工艺、新材料的应用及推广。设置《综合管理》《工作研究》《设备改造与改进》《实践与应用》《新技术新工艺新材料》《设计与构思》《信息与资料》等栏目。刊物除在重钢集团内部发行外,并与国内冶金行业同行刊物交流。

◆张炳生

【《钢花》】 《钢花》文学杂志,16开,80页。重庆钢铁(集团)有限责任公司工会主管,重庆钢铁(集团)有限责任公司文联主办;准印证号:渝内字(2007)246号。顾问黄济人、杨山,编委会主任潘向宇,副主任罗琳,编委潘向宇、罗琳、邓俊高、黄成华、余新庆、谭真、杨为民、陈晓林、焦志华、孙建军、范开韵。《钢花》坚持正确舆论导向,将繁荣重钢文化,发展壮大钢城文学队伍,打造文化品牌,为企业发展服务。2008年制定《钢花》编校工作流程,栏目设置创新,除保持原有的常设性栏目,小说、散文、报告文学和诗歌栏目外,开辟《我们在一起》"5·12"汶川大地震特辑、《情系奥运》特辑。2008年,《钢花》出刊4期,刊载报告文学5篇、小说20篇、散文46篇、诗歌52篇、评论2篇、图片121幅,卷首语4篇,文化长廊栏目反映企业文化信息33则,艺术之旅栏目推出钢城文化名人4篇。重点刊载纪念重钢迁渝建厂70周年征文的获奖作品和重钢纪念改革开放30周年诗歌征集作品。2008年5月,《钢花》再次获全国冶金系统最佳期刊和主编创意奖。

◆焦志华

编纂

【第二部手抄本送出版社】 1994年5月至1997年5月,重钢集团组织288人以毛笔书法手抄《三国演义》《红楼梦》《水浒全传》《西游记》等"四大名著"。2007年9月,四川出版集团天地出版社出版发行《重钢百人手抄红楼梦》600 套；2008 年 4 月，重钢贯彻落实党的十七大“弘扬中华文化，建设中华民族共有精神家园，推进文化创新，增强文化发展活力”精神，拟将重钢职工手抄的其余 3 部名著交付出版，让人们共享民族文化成果；决定先行出版《三国演义》手抄本。按照系列书出版的设想，统一形式，风格不变，书名也力求一致，定名《重钢百人手抄三国演义》。

重钢于 1995 年 5 月组织职工手抄《三国演义》，翌年 2 月完稿。手抄本为经折装，11 行 15 字；全书重叠高度 2.1 米，折子全长 1116 米，重量 150 千克；品面尺寸为长 43 厘米、宽 33.5 厘米。用草、隶、楷、行等多种书体群体手抄，并有金石、绘画等数百页作品组成；全书 121 册（正文 120 回，抄书前言 1 回）。《重钢百人手抄三国演义》缩小为 16 开本，双栏上下排列，18 行 15 字，字大行疏；朱丝栏。原书的 120 页回目页及上百幅插图图随文走，置于各章回前。每 20 回为一卷，全书 6 卷为一函。第二部手抄本版式设计更现显古籍风味，全书均为毛笔书写，书法味道浓厚；其正文用纸、函套用料等档次均有提高。

《重钢百人手抄三国演义》作者仍为“重庆钢铁（集团）有限责任公司”，仍由重钢领导与重钢离休干部办公室、重钢工会、重钢档案处及重钢老年书画协会等组成编委会，重钢年鉴编辑部仍然承担编务工作。

2008 年 10 月 8 日，手抄本原件 121 册送四川出版集团天地出版社编审。至 2008 年年底，《重钢百人手抄三国演义》完成出版方案、工作程序、框架构思、编辑方针等制定工作，完成封面、扉页、版式等设计，完成编辑说明的审定、书法抄写，完成 1～38 回的分页扫描、断行影印、扫描整版、制版，完成包括题签、扉页、编辑说明、编委会名单、目录、印章页等在内的共 194 页的第一卷的制作。第一卷假样书送至重钢公司，供重钢公司领导、编委会成员、书法爱好者等人士评论，帮助全书优质、规范出版，达到精品要求。

◆刘光军

【在余震中编纂《重钢年鉴》】 2007 年 12 月，重钢集团各单位按照《关于编纂出版 <重钢年鉴 2008> 工作的通知》，向重钢年鉴编辑部报送“《重钢年鉴》(2008) 条目标题”，重钢开始进行第 17 部《重钢年鉴》编纂出版工作。2008 年 1 月 16 日，重钢集团生活服务公司第一家送来第一份《重钢年鉴》稿件。第一份稿件送交时间比上年提前 2 天；4 月 22 日，最后一个单位送达最后一份年鉴稿，比上年的最后稿件提前一天。接到第一份稿件后，重钢年鉴编辑部立即按有关程序对稿件进行一审、二审编辑工作。4 月 1 日，副主编全书总纂；4 月 25 日，主编完成三审。

2008 年 5 月 12 日上午，

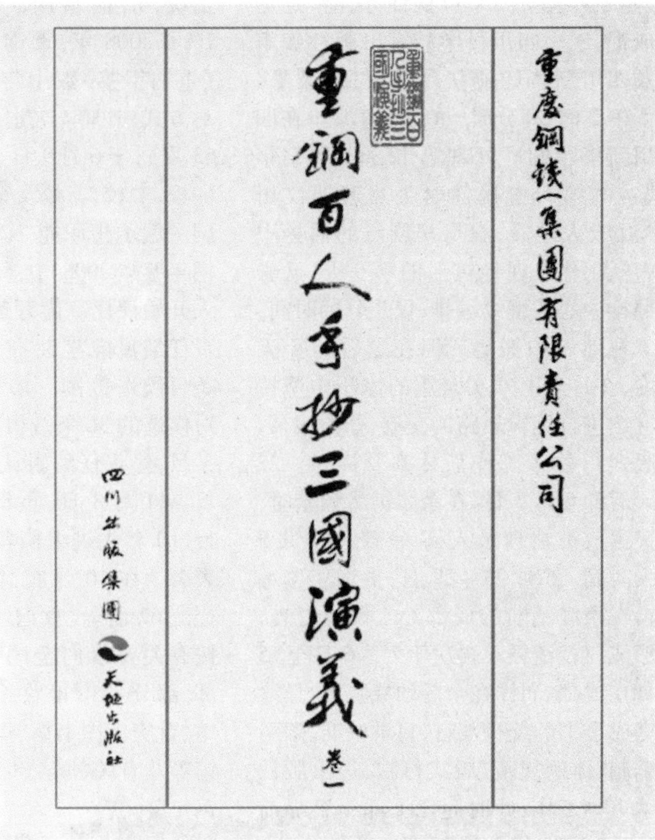

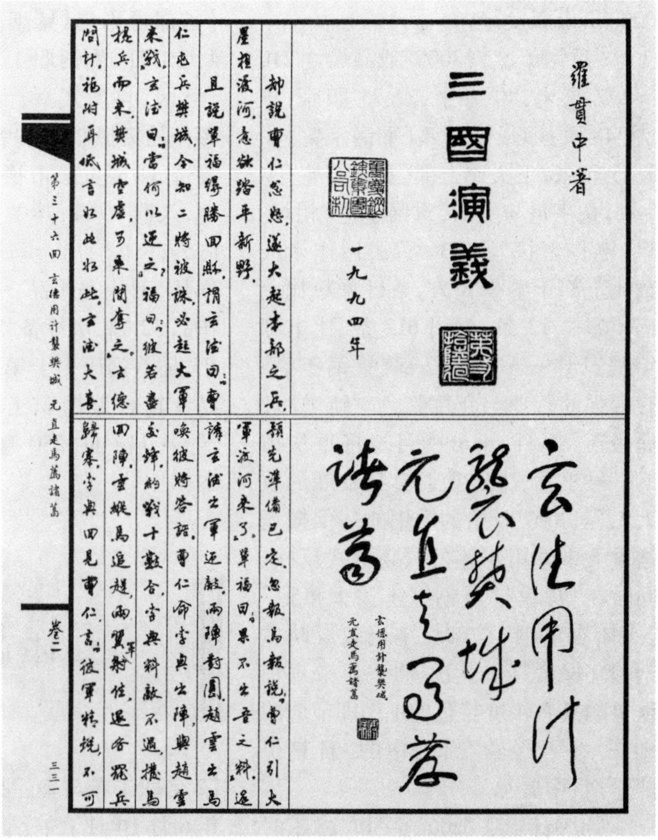

《重钢百人手抄三国演义》校样　重钢档案处供稿

《重钢年鉴》(2008)稿件齐、清、定送成都,送交四川科学技术出版社编审及四川新华印刷厂录排,付之梨枣。下午2时30分时,重钢年鉴编辑在四川新华印刷厂处理第17部《重钢年鉴》的第二份稿件时突然遭遇汶川8.0级大地震,在厂房剧烈的摇晃中中断工作。在地震后的第一天,又去照排中心欲继续编排,仅几分钟时间,又在地震中撤离。但在之后的5天内,在每天七八次余震的惊吓中坚持继续进行编辑思路的交流、分类缀录、版式行款等工作后才离开岗位。22天后的6月3日,在余震仍然频繁时,又去成都清理录入稿,审议校样共3天时间。6月23~27日,重钢年鉴编辑在余震不断的成都对二校稿复查,形成三校清样。再次于7月6日至15日在成都、同样在余震的威胁下,最终完成全书的统校编订、目录核准、索引编制、体例规范、版式行款、送出版社编审等工作;此时间比上部年鉴提前3天。2008年9月29日,《重钢年鉴》(2008)出版发行。

《重钢年鉴》(2008)成品尺寸210×297毫米,80万字,22.75印张,正文348页;印张比上部《重钢年鉴》少0.25印张,正文比上部《重钢年鉴》少6页,文字量与上部《重钢年鉴》相等。347名作者撰写583条条目,作者人数比上部年鉴少8人,条目总数比上部年鉴少13条;索引612条,比上部年鉴多149条。第17部《重钢年鉴》有较强的行业与年度特色。新增"环保搬迁"部目,十分醒目地将重庆市的一号工程、决定重钢自身发展的重大工程、2007开始的重钢的环保搬迁这重大事件用年鉴的最高形式反映,同时在"特载""重钢综述""大事记""媒体看重钢"等部目中记载反映重钢的环保搬迁。其次,将去年一项很重要的具有年度特色的工作即节能减排在"生产经营"部目中的"环境保护"分目中展示。

《重钢年鉴》(2008)一审、二审时发现,来稿出现有史以来从未有过的情况,旧稿新用,占全书稿件总量1%。2008年,重钢年鉴编辑部改变《重钢年鉴》数十年的编校合一的校对方式,外聘4名退休人员(平均年龄63岁),于6月9日至7月5日对年鉴一校、二校,三校及全书体例规范仍由副主编承担职能。2008年10月,《重钢年鉴》(2008)优秀条目暨先进组稿人开始评比。优秀条目的评比仍先由责任编辑推荐5~8份条目形成优秀条目候选范围。10月27日,编辑部对候选的36条按得票多少初选10份条目,经责任编辑认定后确定优秀条目。11月8日,重钢对10条优秀条目、10名先进组稿者用文件形式进行表彰。在10月底,《重钢年鉴》对外交流62册。《重钢年鉴》(2008)仍然按有关要求向全国各冶金年鉴编辑部、部分省市年鉴编辑部、国家图书馆、重庆市图书馆、重庆市渝中区图书馆等及有关领导、专家、学者赠送《重钢年鉴》。

◆刘光军

【首部摄影集《紫烟》出版】 2008年4月1日,重钢职工首部摄影作品集《紫烟》首发式举行。应征《紫烟》摄影作品集摄影作品900幅,经过初选、复选、邀请重庆市摄影家协会专家评审,入选96幅;其中11幅作品是获全国、省(市)、冶金行列摄影大赛奖的作品,工业类作品31幅、风光民俗类作品52幅;从筹备、编辑、出版历时3年,是重钢历史上第一部职工摄影作品专辑。重钢职工摄影作品集《紫烟》共114页,250毫米×260毫米开本。

◆焦志华

体育

【2名职工参与奥运火炬传递】 2008年6月16日上午,重钢股份公司炼钢厂连铸车间职工、重钢拔河队队员白贵刚,重钢总医院职工、重钢长跑协会会长陈勇中等2名重钢职工分别为奥运火炬传递第30棒火炬手、102棒火炬手参加奥运火炬在重庆主城区火炬传递。

白贵刚,男,重钢拔河队队员;长期坚持跑步、游泳等体育锻炼,在2002年获得"全国拔河锦标赛"第五名,多次获得重庆市拔河比赛第一名。陈勇中,男,重钢长跑协会主席、大渡口区长跑协会主席、重庆市长跑协会常务理事;年年坚持举办长跑比赛,长期坚持健步走活动。

◆邓开富

【重钢获"迎奥运健身活动月"先进单位】 重钢集团2008年参加由中华全国总工会组织开展的"全国亿万职工迎奥运健身活动月"评比活动被授予"2008年全国亿万职工迎奥运活动月"先进单位称号。重钢在奥运之年,部署开展以"亿万职工健身,与北京奥运同行"为主题的迎奥运健身月系列活动,先后举办七人制足球赛、三人制篮球赛、健美操比赛等。各单位有组织、有计划开展"迎奥运、庆厂庆"的系列文体活动,使全民健身成为时尚。重钢组队参加全国、重庆市、大渡口区16个项目的比赛及活动28次,支持社会办体育2次,开办重钢篮球、拔河、广播操、健身球操(舞)、太极拳(剑)、健身气功等培训班11期。7次、32人参加全国及冶金行业、重庆市、大渡口区举办的各类教练员、裁判员、社会体育指导员培训班,其中有5人获得国家一级社会指导员称号。在迎接北京奥运圣火传递活动中,重钢股份公司炼钢厂职工白贵刚、重钢总医院职工陈勇中双双入选奥运火炬手,参加重庆市主城区传递活动。

◆邓开富

本部目责任编辑　温勇耀
本部目责任校对　龙志敏

10

党的工作

重钢年鉴

2009

党委工作

【重钢党委2008年主要工作】 1. 学习贯彻党的十七大、十七届三中全会和重庆市第三次党代会精神，开展“解放思想、扩大开放”大讨论活动。(1)2008年，共组织两级中心组大集中和重钢公司中心组小集中学习10次。(2)重钢党委按照“学习动员”“讨论调研”“整改提高”3个阶段推进“解放思想、扩大开放”大讨论活动。7月17日举行专题党课报告会，重钢集团董事长董林作《坚持解放思想推进重钢科学发展》的讲话。(3)重钢公司在《重钢报》、重钢电视台开辟学习专栏和系列报道，各单位党委利用中心组学习、党团组织生活、职工政治学习、知识竞赛等多种形式，组织党员和职工学习党的十七大、十七届三中全会、重庆市第三次党代会和重钢公司十一次党代会精神。

2. 加强领导班子和干部队伍、人才队伍建设。(1)2008年，重钢公司在两级领导班子中继续开展争创“四好”领导班子活动，48个单位的领导班子被评为达标“四好”领导班子，其中15个单位被授予先进“四好”领导班子称号，“四好”领导班子达标率94.12%。(2)重钢公司党委坚持党管人才原则，做好重钢高层次紧缺人才需求调查工作，参加重庆市委组织的“重庆市千名优秀人才引进活动”。同时，抓好现有人才队伍的培养、使用工作，加强人才队伍建设，全年共选派25名厂处及以上管理人员参加在重庆大学、重庆工学院、重庆市委党校等举办的国有大中型企业领导人员培训班；选派6位重钢公司领导、有关子公司负责人参加中国钢铁协会、重庆市国资委等部门举办的“钢铁企业战略规划及管理”“由国际经验看资本市场与企业融资”等讲座。(3)重钢公司对83个厂处单位的219名厂处级管理人员和54名调研员、专务员进行了民主测评和考核。全年共完成19个厂处单位领导班子的调整充实；完成10个子公司董事会、监事会成员调整工作，完成巫峡矿业公司、陕西三金矿业公司、成都九江环保发电公司等公司法人治理结构的建立工作。全年共调整交流厂处干部27人，其中提拔12人、退居二线4人、免职2人。此外，重钢公司制定《厂处管理人员兼职和退休返聘管理规定》。(4)坚持领导班子民主生活会制度。重钢公司党委在领导班子专题民主生活会上，两级班子成员都紧密联系思想和工作实际，对照检查在贯彻落实科学发展观方面存在的差距，在抗震救灾工作中的表现情况，在自主创新、生产经营、安全工作、环保搬迁、改革改制等方面的工作措施，在遵守廉洁自律各项规定等方面存在的问题，开展批评与自我批评，提出了整改措施。重钢公司领导分头参加了部分子公司的领导班子民主生活会。(5)推进后备干部队伍建设。重钢公司党委制定了《重钢厂处级管理人员后备人选管理办法》。9月至11月，重钢公司在各厂处单位和机关处室开展民主推荐厂处级管理人员后备人选的工作，共有2867人参加民主推荐。

3. 加强和改进党的自身建设。(1)2008年，重钢公司党委制定《实施“固本强基”战略纲要》，按照“班子建设好、党员队伍好、工作机制好、发展业绩好、阵地建设好”的要求，开展“五好”党委创建工作。2008年，组建环保搬迁指挥部党委。全年共有7个单位党委(总支)进行了换届改选工作。重钢公司党委在进行党代表大会代表常任制试点的基础上，制定《关于实行党代表大会代表任期制实施办法》，在重钢公司推行党代表大会代表任期制。(2)开展党内各项活动。一是开展“生产经营作表率，环保搬迁立新功”党内主题活动。二是继续在全体党员中开展党员承诺制活动。三是开展党内帮扶关怀活动。春节和七一期间，重钢公司党委开展慰问困难党员工作，下拨4.3万元慰问经费给经营困难的子公司。重钢公司各级党组织全年共计发放慰问金17.58万元，慰问困难党员887名。(3)加强对党员的教育管理。一是抓党员轮训工作。各单位党委以宣讲党的十七大精神和本单位的形势任务为主要内容，采取脱产、观看电视教育片等形式，开展党员轮训。2008年，重钢公司共有8973名在岗党员参加轮训学习，参训率99.46%。二是开展“党员先锋工程”活动。重钢公司党委通过“党员攻难关”“党员示范岗”“双向培养”等多种形式和载体，改进党员管理，促进各项工作。三是搞好组织发展工作。2008年举办4期入党积极分子培训班，全年共培训入党积极分子386名。继续推行发展党员公示制、票决制和责任追究制工作，全年发展新党员258名。（4）参加抗震救灾工作。重钢共为汶川“5·12”地震灾区捐款543.52万元，其中“特殊党费”92.02万元，特殊团费6.6万元，职工个人捐款226.3万元，单位捐款218.6万元；捐衣物3580套，帐篷100顶，抢建制作彩钢抗震活动板房6000套，捐赠医用氧12.5吨，收治灾区伤员37人。（5）重钢公司党委组织开展党建工作研讨和政研会片区交流活动。全年共向重钢公司报送党建调研论文35篇。重钢公司党委撰写的《围绕中心服务大局与时俱进加强和改进重钢集团党建工作》《积极推进党内民主建设促进企业又好又快发展》入选《全国基层党建经典案例》。10月，重钢公司党委在全国国有企业党建热点问题研讨会上作《以创新精神加强党组织建设推进重钢又好又快发展》的经验交流。

4. 推进职工思想政治工作、精神文明建设和企业文化建设。2008年，重钢公司以庆祝重钢迁渝建厂70周年为契机，在职工中开展以“传承光荣历史，再创重钢辉煌”为主题内容的厂情教育。重钢公司党委组织人员编写厂情教育系列宣传提纲，发至各单位车间、班组。各单位也通过征文、演讲、讨论以及自编内部学习资料和厂情教育专刊等多种方式，使广大职工牢记重钢的光荣历史。完善职工思想状况调查分析制度。重钢公司建立了职工思想调查分析信息员制度，从股份公司型钢厂、重钢集团钢管公司、重庆三钢公司等单位聘请了6名信息员。重钢公司党委宣传部每季度形成《职工思想调查分析报告》，报请重钢集团党委常委会进行讨论研究，并及时对有关思想反映及问题的处理意见进行通报。2008年，重钢公司党委改进创新精神文明建设工作，三峰卡万塔公司创建重庆市国有资产监督管理委员会文明单位，东华特殊钢公司创建重钢集团文明单位已被上级部门的检查验收。重钢公司举办了纪念改革开放30周年诗歌朗诵会，召开纪念改革开放30周年座谈会，举行纪念改革开放30周年大会。2008年，重钢公司正式确定并发布了“建设精品基地，再造百年重钢”的企业共同愿景，编印了《重钢集团职工基本行为规范手册》，同时，进一步加强创新文化、安全文化、质量文化、营销文化、廉洁文化等子文化工作，鼓励创新，强化文明操作、安全生产，把好质量关、树立精品意识。开展“五五”普法教育，组织职工学习了《中华人民共和国节约能源法》《中华人民共和国循环经济促进法》和《中华人民共和国劳动合同法实施条例》等法律法规，编印《“五五普法”法律、法规选编（三）》读本。抓好领导干部学法用法，落实中心组学法制度，法律知识考核考试制度，重大决策前的法律咨询制度，抓好“安全月”“质量月”“节能减排周”和“12·4”全国普法宣传日活动。

5. 推进党风廉政建设和反腐倡廉工作。（1）2008年，重钢公司党委重新制定领导班子《2008年党风建设和反腐倡廉分工责任制》。重钢公司执行重点事项报告、“三谈两述”和礼金上交等廉洁制度。全年有286人次副处级以上领导人员对个人有关事项进行了集中报告，两级纪委负责人同下级党政主要负责人谈话604人次，科级以上领导人员任前廉政谈话156人次，诫勉谈话145人次，述职述廉726人次。15人次主动向重钢纪委登记上交礼品礼金20万元。（2）9月~11月，重钢公司在《重钢报》上开辟专版，推出“预防职务犯罪”专栏，举办“遵纪守法爱岗敬业”大家谈征文活动。重钢公司还将近年来发生的偷盗案、职务侵占案编印成警示教育材料，发至各单位进行学习。各单位通过编印内刊、开办职工夜校、举办专题讲座、组织职工讨论等多种形式，开展“遵纪守法　爱岗敬业”宣传教育活动。（3）开展环保搬迁监督工作。一是对环保搬迁招投标工作实施全程监督。2008年，重钢公司纪委制定《重钢环保搬迁招投标工作若干要求》。全年，监督人员共计参加招标文件审查、开标、评标、合同谈判、价格审查等会议335次，对内部子公司总包项目下的101个分包项目实行了招投标指导。二是开展环保搬迁专项检查工作。重钢公司纪委监察处等部门会同环保搬迁特邀监督员组成专项检查小组，对炼铁总承包、指挥中心工程项目、炼钢项目、轧钢项目、护坡工程等5个项目进行了专项检查，提出建议和意见47条。三是开展现场监督工作。重钢公司纪委派员进驻新区现场，对环保搬迁工程现场南北干管基础换填工作和场平工程质量管理等问题，提出了监察建议。四是加强监督力量，形成监督合力。重钢公司寻求外部监督力量的支持。6月，重庆市国有资产监督管理委员会成立了重钢环保搬迁监督领导小组，并抽调专人组成监督工作办公室进驻重钢。重钢公司和大渡口区检察院联合成立了预防职务犯罪工作组，开展预防职务犯罪宣讲活动，并通过检察院投标单位查询系统，对200家投标单位廉洁从业情况进行了审核。（4）推进效能监察和案件查处工作。2008年，重钢公司继续推进效能监察工作，全年共计立项92个，提出监察建议272条，建章立制253个，避免和挽回经济损失5223.11万元。重钢公司纪委全年共收到信访举报30件，受理案件线索18件，立案处理5件，对5人分别给予开除党籍和行政开除处分，其中处级干部2人，科级干部2人，收缴违纪所得3.61万元，挽回直接经济损失14.09万元。

6. 加快和谐重钢建设。2008年，重钢公司以构建和谐重钢为目标，高度重视职工群众最关心、最现实的利益问题，尽最大努力增加职工收入，推进企业年金工作。重钢公司妥善处理了集体企业改制引发的不稳定事件等问题，对一些单位拖欠农民工工资问题进行研究，督促建设公司等单位建立《农民工工资管理办法》。重钢公司采取全面排查、签订责任书等办法，确保了北京奥运会、残奥会等重大活动期间的安全稳定。重钢公司坚持开展与“法轮功”邪教组织的政治斗争，对“法轮功”重点人员分别落实帮教和监控责任，重钢全年无“法轮功”人员到市进京滋事、聚集闹事、没有发生一起恶性事件和电视插播事件。

◆邱阳

【机关党的建设】 2008年，重钢机关党工委被重钢党委授予“先进党委”称号。

1. 开展重点学习。(1)突出抓好党的十七大精神、科学发展观等重点内容的学习，通过“三会一课”、政治学习等形式，组织全体党员和职工学习重钢公司第十一次党代会、重钢公司经济运行分析会等内容。将重钢集团董事长董林《当前形势与任务》的讲话、重钢集团党委书记张再坤在“遵纪守法、爱岗敬业”专题教育活动动员会上的讲话及案例材料等内容，以处室为单位开展学习讨论，营造遵纪守法、爱岗敬业的良好氛围。(2)开展“解放思想，扩大开放”大讨论活动。机关党工委组织职工学习了重钢集团董事长董林在“解放思想、扩大开放”大讨论活动上讲的专题党课内容，并在机关党工委三季度例会上讲解“党支部如何上好党课”，开展了“弘扬红岩精神、推动重庆大开放大发展”等活动。机关一些处室组织党员前往沙坪坝烈士墓参观学习了《红岩魂》系列展览。机关党工委还拟订了若干讨论专题下发到各支部，组织党员对照“三把尺子”量长短，撰写发言提纲，开展交流和讨论，在解放思想中发挥党员干部的带头作用。(3)抓好“党员带头解放思想、带头查找问题”专题组织生活会。机关17个党支部均在6月20日前召开了专题组织生活会。查找问题和差距37条，提出整改措施38条。(4)开展“党员承诺制”活动。承诺制活动重点结合“首问责任制”、深入基层、办事效率、工作质量、遵章守纪5个方面开展。

2. 落实“固本强基”战略，加强党的自身建设。(1)加强干部队伍的思想政治建设，坚持组织参加重钢公司中心组学习，把集中学习和加强自学、专题讨论结合起来，多层次、多形式地抓好学习和讨论。(2)组织开展“以学习和实践科学发展观”为主题的领导班子民主生活会。2008年12月，重钢公司机关处室召开民主生活会征求意见、查找问题和差距17条，制定整改措施17条。(3)开展“五五普法”活动。机关党工委组织机关工作人员共351人参加了“五五”普法知识竞赛。在领导干部中开展《中华人民共和国突发事件应对法、防震减灾法》的学习及考试。

3. 开展“党支部达标”活动，推进党支部建设。(1)2008年初，重钢机关党工委将党建工作责任书按照部门工作指标、党建工作任务、文明处室创建、机关作风建设以及综合治理等五个方面的内容细化分解为20项具体的指标。3月，机关党工委与各支部签订了责任书，制定支部达标、文明处室创建目标和年度工作计划。(2)按照“支委班子好、运行机制好、职工队伍好、生产工作好、先锋模范作用好”的要求，结合支部达标标准，在机关启动了“五好党支部”创建活动。(3)完成党支部换届选举工作。全年总支换届1个，支部换届16个。(4)完成组织关系接转工作。7月29日成立环保搬迁指挥部委员会后，106名党员由机关党工委转入环保搬迁指挥部。

4. 加强党员教育管理，抓好党员队伍建设。(1)一季度，重钢机关党工委开展了党员轮训工作，194名在岗党员参加轮训，参训率100%。(2)抓好组织发展工作。全年发展党员1名，预备党员转正3名，送培积极分子4人。同时，在发展新党员工作中落实公示制、票决制和责任追究制。(3)2008年4月底完成重钢党员数据库建立工作。(4)加强退休党员管理，对退休党员的出生年月、入党时间以及具体联系地址进行了补充完善。(5)开展“送温暖”活动。开展春节期间党内送温暖活动，做好特困党员的摸底工作，春节前对特困党员进行慰问，发放慰问金11128.50元。

5. 完成重钢公司十一次党代会代表的选举工作。3月19日，重钢机关党工委召开选举出席重钢公司第十一次党代会代表工作会议。4月2日前，推选出出席机关党员代表大会代表72名。4月15日举行机关党员代表大会，65名党员代表投票选举，产生出席重钢公司十一次党代会代表39名，其中女党员9名，操作岗位党员1名，管理及技术岗位党员21名，处级管理岗位党员15名，重钢公司领导2名，完成重钢公司第十一次党代会代表的选举工作。5月，机关党工委组织出席重钢第十一次党员代表大会的39名代表，5月28、29日，机关39名代表出席了中共重钢公司第十一次党员代表大会。

6. 抓好党风廉洁教育。(1)在全体党员中抓好《中国共产党章程》和《国有企业领导人员廉洁从业的若干规定》的学习。(2)开展“爱岗敬业、遵纪守法”专题教育。

◆程隽

【机关作风建设】 (1)2008年2月中旬，重钢集团机关党工委发《关于开展“务实作风、文明形象、服务基层、服务发展”主题活动的通知》，按学习动员阶段、组织实施阶段、巩固提高阶段3个阶段开展主题活动。11月，机关党工委对在岗党员从“带头遵章守纪、带头参加改革、带头钻研业务推进技术进步、带头完成工作任务、岗位工作职责、联系群众”等五个方面进行了测评，好和较好认可率达到100%。(2)重钢机关各党总支、支部从2008年10月下旬至11月上旬对活动开展情况进行了自查，机关党工委于11月中旬对创建工作进行了检查验收，听取了各处室、党支部的总结汇报。11

月2日，机关党工委，授予7个党支部“先进党支部”称号，7个处室“最佳文明处室”称号。(3)2008年，重钢机关党工委坚持抓好机关作风建设，组织各子公司开展机关作风监督工作。将实施服务承诺，遵守岗位行为规范，坚持和完善深入基层调研制度的执行情况一并纳入创建文明处室的考核内容中。按照重钢集团党委书记张再坤对机关工作人员提出的“加强学习，提高政策水平，转变作风，做好服务工作”的要求，着力抓好机关职工队伍素质的提升和政策水平的提高。11月，机关党工委向各子公司发出征求意见通知和机关作风建设评分表，各子公司按照通知要求收集了本单位意见，11月21日前收到23个基层单位返回的测评表，平均分为98.28分。(4)“5·12”四川汶川大地震发生后，重钢公司机关507人(含工会退休支部的30名党员和工会川剧队30人)共捐款57955.80元。263名党员积极交纳“特殊党费”共计106610元，其中交纳1000元以上的党员26名。

◆程隽

【领导班子建设工作】 (1)加强领导班子的思想政治建设。2008年重钢党委学习党的十七大和十七大三中全会精神，贯彻落实科学发展观；坚持中心组学习制度，加强民主集中制建设。(2)开展争创“四好”领导班子活动。2008年，重钢集团党委常委会审议通过48个单位领导班子为达标“四好”领导班子，并从达标“四好”班子中评选出先进“四好”领导班子15个，予以表彰。重钢“四好”领导班子达标率94.12%。(3)按照“民主、公开、竞争、择优”的用人机制，实施厂处领导班子和成员的调整交流。全年共完成对19个厂处单位领导班子的调整充实；完成对10个子公司董事会、监事会成员调整工作，完成巫峡矿业公司、陕西三金矿业公司、成都九江环保发电公司3个新公司法人治理结构的建立工作。全年共调整交流厂处管理人员27人，其中厂处副职提正职6人、新提拔6人、退居二线4人、免职2人。制定下发《重钢集团公司厂处管理人员兼职和退休返聘管理规定》。(4)按照重庆市国有资产监督管理委员会党委《关于开展2008年度国有重点企业领导班子民主生活会的通知》要求，组织召开2008年度领导班子民主生活会。重钢集团领导参加了部分子公司的领导班子民主生活会。(5)开展领导班子和班子成员的年终考评工作。2008年1至2月，由重钢党委组织部(人事处)和工会抽调人员，组成4个考核小组，集中对重钢83个厂处单位的57个领导班子219名厂处级管理人员和54名调研员、专务员进行了民主测评和考核。共有3268名职工代表参加领导干部述职、测评会，考核小组直接听取了1187名职工代表对本单位领导班子和班子成员的考核意见。根据重庆市国有资产监督管理委员会关于对领导人员年终考核的有关精神，对民主测评和考核工作进行了改进和完善，提供3种可以选择的述职方式，对派任到公司控股或参股单位的厂处管理人员也要到其所在的单位了解工作情况，并对听取意见的多种渠道和方式，在各单位领导干部民主测评会上作了正式预告。同时，将年度考评情况向重钢集团职工代表团组长会进行了公开发布。(6)推进后备干部队伍建设，制定下发《重钢厂处级管理人员后备人选管理办法》，2008年9月至11月在重钢集团范围内再次开展民主推荐厂处级管理人员后备人选的工作，有计划、有针对性地加强对厂处后备干部人选的培养和使用；结合年终对厂处领导班子和班子成员的民主测评和考核工作，采取在厂处班子成员中听取意见的方式，对各单位民主推荐出来的厂处级管理人员后备人选的现实表现情况进行考察。近两年来，重钢集团共有35名厂处后备人选走上了厂处管理岗位。(7)做好党管人才工作，大力实施“人才强企”战略。开展好重钢高层次紧缺人才需求调查工作，参加重庆市委组织的“重庆市千名优秀人才引进活动”。组织并推荐优秀青年人才参加重庆市委、重庆市政府举办的2008中国重庆·青年人才论坛活动。重钢获2008中国重庆·国企青年人才论坛优秀组织奖，推荐的2名厂处管理人员分别获得重庆市优秀论文奖和重庆市国有资产监督管理委员会优秀论文提名奖；支持符合条件人员报名参加重庆市委、重庆市国有资产监督管理委员会组织的一系列公开选拔领导干部活动。2008年选派25名厂处及以上管理人员参加在重庆大学、重庆工学院、市委党校等院校举办的国有大中型企业领导人员培训班；选派6名厂处以上领导分别参加由中国钢铁协会、重庆市国有资产监督管理委员会等部门举办的“钢铁企业战略规划及管理”“由国际经验看资本市场与企业融资”等讲座。

◆刘勇

【党的组织建设】 (1)加强党组织建设。2008年，重钢集团党委制定《重钢集团公司党委实施“固本强基”战略纲要》，按照建设“班子建设好、党员队伍好、工作机制好、发展业绩好、阵地建设好”的“五好”党委的要求，切实加强和不断改进党组织自身建设。经各子公司党组织自评、申报，重钢集团党委常委带队检查和党委常委会审议，重钢10个单位党委被授予2008年度“红旗党委”称号。2008年底重钢集团党委还表彰2007～2008年度党内“创先争优”活动中涌现出的红旗党支部、优秀共产党员和优秀党务工作者。(2)加强党支部建设。①抓党支部换届工作。2008年，基层各单位党组织按照《中国共产党章程》规定，对本单位到届党支部进行换届改选工作。多数党支部在换届改选中试行“两推一选”。②以“党支部立项攻关”为载体开展攻关活动。基层党支部把生产经营中的重点、难点工作作为党内主题活动的主攻方向，管理有漏洞、经营有困难，就组织党员加强管理、堵塞漏洞；产品成本居高不下，就号召党员点滴节约、节能降耗；安全方面易出问题，就发动党员查找根源、消除隐患。③开展争创“五好党支部”活动。2008年重钢有50个党支部被评为2007年~2008年度重钢集团“红旗党支部”。(3)入党积极分子培养和发展党员工作。重钢集团党委组织部与重钢党校在2008年共举办4期入党积极分子培训班，重钢本部大渡口外的部分单位党组织也举办入党积极分子培训班，全年共培训入党积极分子386名。在重钢全面推行了发展党员公示制、票决制和责任追究制工作。(4)开展“党员带头解放思想、带头查找问题”专题组织生活会。根据重庆市委组织部和重庆市国有资产监督管理委员会党委《关于以“党员带头解放思想、带头查找问题”为主题召开一次专题组织生活会的通知》文件精神，重钢集团党委要求公司各单位党组织认真组织党员召开专题民主生活会。2008年，重钢集团各级党组织共查找问题177个，提出整改措施79条。(5)开展党内帮扶关怀活动。2008年春节和七一期间，重钢集团党委开展慰问困难党员工作，将重庆市国有资产监督管理委员会下拨慰问经费3万元、重钢集团党委自留党费1万元和工会支持的3000元共计4.3万元下拨给了经营困难的子公司。重钢集团各单位党组织也通过党费支出，行政、工会支持等多种途径筹集慰问经费，开展慰问困难党员工作。2008年春节和七一期间，重钢公司向困难党员发放慰问金17.58万元，共慰问困难党员887名。

◆贾志刚

【党员队伍建设】 (1)采取脱产、半脱产、观看电视教育片等形式，开展党员轮训工作。共有8973名在岗职工党员参加轮训，参训率99.46%。(2)开展“党员先锋工程”活动。通过“党员攻难关”“党员示范岗”“结对帮扶”“双向培养”、年度民主评议党员和经常性谈心活动等多种形式，要求广大党员在生产工作中做到“四带头、两前列”，真正把“党员先锋工程”落到实处。(3)开展“生产经营作贡献，环保搬迁立新功”的党内主题活动。在活动中体现出“紧、实、新、严”的特点，即紧扣生产经营中心开展、务求实效、有所创新、严格考核。(4)开展党员承诺制活动。2008年重钢党委下发《重钢集团公司党委关于开展党员承诺制活动的实施意见》，把保持共产党员先进性的具体要求化为每个共产党员的实际行动。

◆尚伟

【党组织组建与换届选举】 (1)2008年7月，组建中共重钢(集团)有限责任公司环保搬迁指挥部委员会，隶属中共重钢(集团)有限责任公司委员会。毛小英、刘代华、何男男、郑含燕、夏彤、黄仑、谢朝忠组成中共重钢(集团)有限责任公司环保搬迁指挥部委员会；夏彤任中共重钢(集团)有限责任公司环保搬迁指挥部委员会书记；何男男任中共重钢(集团)有限责任公司环保搬迁指挥部委员会副书记。(2)2008年8月，中共重庆钢铁股份有限公司焦化厂第七届委员会、新一届纪律检查委员会选举马平任中共重庆钢铁股份有限公司焦化厂第七届委员会书记、新一届纪律检查委员会书记。(3)2008年8月，中共重庆钢铁股份有限公司保卫处第一届总支部委员会选举曾礼远任中共重庆钢铁股份有限公司保卫处第一届总支部委员会书记。(4)2008年8月，中共重钢集团电子公司第四次代表大会选举(以姓氏笔画为序)李中清、李建中、陈宏平、胡晋蜀、谭昌斌组成中共重钢集团电子有限责任公司第四届委员会，李建中任中共重钢集团电子有限责任公司第四届委员会书记；杨珂、陈应海、张筱玉、陶江、谭昌斌组成中共重钢集团电子有限责任公司新一届纪律检查委员会，谭昌斌任中共重钢集团电子有限责任公司新一届纪律检查委员会书记。(5)2008年9月，中共重庆钢铁股份有限公司冷轧薄板厂第一届总支部委员会选举张俊任中共重庆钢铁股份有限公司冷轧薄板厂第一届总支部委员会书记。(6)2008年10月，中共重钢集团矿业有限公司第三次代表大会选举文家强、甘伟前、刘贻民、李春唯、杨德明、袁长清、梁正明、龚明斌、董渝旭组成中共重钢集团矿业有限公司第三届委员会；甘伟前、李刚、杨德明、周渝、唐培怀组成中共重钢集团矿业有限公司新一届纪律检查委员会；甘伟前任中共重钢集团矿业有限公司第三届委员会书记、新一届纪律检查委员会书记。(7)2008年12月，中共重庆钢铁股份有限公司中板厂第八届委员会、新一届纪律检查委员会选举高守伦任中共重庆钢铁股份有限公司中板厂第八届委员会、新一届纪律检查委员会书记。(8)2008年12月，中共重钢集团职工培训中心第三次代表大会选举闫传义、牟坚毅、岳庆、钱晓语、魏建新组成中共重钢集团职工培训中心第三届委员会，岳庆任中共重钢集团职工培训中心第三届委员会书记；陈建、袁珏、黄瑞渝、蒲晓红、魏建新五位组成中共重钢集团职工培训中心新一届纪律检查委员会，魏建新任中共重钢集团职工培训中心新一届纪律检查委员会书记。

◆贾志刚

【召开中共重庆钢铁(集团)有限责任公司第十一次代表大会】 2008年5月28日上午，中国共产党重庆钢铁(集团)有限责任公司第十一次代表大会在重钢钢花影剧院召开。大会应到正式代表550名，实到正式代表539名，特邀代表17名。中共重庆市政府副秘书长、重庆市国有资产监督管理委员会主任、党委副书记崔坚和重庆市国有资产监督管理委员会党委副书记罗聪，中共重庆大渡口区委书记刘本荣及有关部门领导和重钢各民主党派负责人到会祝贺。中共重庆市政府副秘书长、重庆市国有资产监督管理委员会主任、党委副书记崔坚讲话并祝贺；张再坤代表上届重钢党委作《解放思想扩大开放为做精做强重钢而努力奋斗》工作报告；重钢集团纪委作《以科学发展观为指导以构建惩防体系为重点更加坚决有效地推进重钢反腐倡廉建设》的纪委工作书面报告；5月28日下午，大会代表分组讨论和审议“两委”工作报告、“两委”工作报告的决议，讨论酝酿“两委”候选人名单、大会选举办法等。

大会采取无记名投票、差额选举方式选举产生中国共产党重庆钢铁（集团）有限责任公司第十一届委员会、中国共产党重庆钢铁（集团）有限责任公司新一届纪律检查委员会。当选的党委委员21名（以姓氏笔画为序）：王洪展、甘伟前、朱建派、刘加才、李岚峰、李金春、吴冬、张培、张再坤、陈山、袁进夫、夏彤、郭德勇、曹敬明、常晓冬、董林、董荣华、雷钦平、管朝晖、谭亚夫、潘向宇。当选的纪委委员7名（以姓氏笔画为序）：朱建派、牟少平、李保卫、宋倪鹏、罗琳、罗嗣宏、谭敏剑。

2008年5月29日上午大会闭幕。大会闭幕后，中国共产党重庆钢铁（集团）有限责任公司第十一届委员会、新一届纪律检查委员会分别召开第一次全体会议。重钢集团党委应到委员21名，实到委员20名；纪委应到委员7名，实到委员7名。全体会议采取无记名投票的方式选举产生中国共产党重庆钢铁（集团）有限责任公司第十一届委员会书记、副书记、常委和新一届纪律检查委员会书记、副书记。中共重庆市国有资产监督管理委员会委员会以渝国资党委〔2008〕62号文件批复中共重庆钢铁（集团）有限责任公司第十一届委员会常务委员会由11名成员组成（以姓氏笔画为序）：王洪展、朱建派、刘加才、李岚峰、张再坤、袁进夫、郭德勇、董林、董荣华、谭亚夫、潘向宇；张再坤任党委书记，朱建派、潘向宇任党委副书记；朱建派任纪委书记（兼），李保卫任纪委副书记。

新当选的21名党委委员全部具有大学本科以上文化程度和中级以上专业技术职称；其中硕士研究生4名；平均年龄为49.23岁。新当选的7名纪委委员中有6名具有大学本科以上学历，1名具有大学专科学历，全部具有中级以上专业技术职称，平均年龄为48.42岁。

◆贾志刚

【实行党代表大会代表任期制】 2008年重钢集团党委制定《重钢集团公司党委关于实行党代表大会代表任期制实施办法》。在重钢公司实行党代表大会代表任期制，并实行了党代表提案制度、提议制度、视察和调研制度、重大决策征求代表意见制度、代表联系党员和群众制度、代表参加民主推荐和民主评议制度。在确保党代表的知情权、决策权和监督权的基础上，新增党代表在任期内的审议权、评议权和建议权，即把“三权”扩充为“六权”。同时继续推行“党代会常任制”试点工作。

◆贾志刚

【党建研究工作】 （1）重钢公司党委组织部2008年初下发《关于开展2008年党建课题研究的通知》。2008年重钢公司党委撰写《围绕中心服务大局与时俱进加强和改进重钢集团党建工作》《积极推进党内民主建设促进企业又好又快发展》入选《全国基层党建经典案例》。2008年重钢党建研究会共收到各单位党组织选送的党建研究论文35篇，共评一等奖5篇，二等奖7篇，三等奖10篇。重钢集团党委组织部在对党建研究论文组织进行评选表彰的基础上，向重庆市国有资产监督管理委员会党委推荐5篇优秀论文。（2）开展“思创新、求突破、上水平”党建工作征文活动。按照重庆市国有资产监督管理委员会党委关于开展“解放思想、扩大开放”大讨论活动和“思创新、求突破、上水平”活动的工作部署，重钢集团党委组织部转发《中共重庆市国资委委员会关于开展“思创新、求突破、上水平”活动党建工作征文活动的通知》。各单位党组织发动专兼职党务工作者参加征文活动。征文活动共收到各单位推荐的论文22篇。评选出一等奖3篇，二等奖4篇，三等奖5篇，并进行表彰。同时，将5篇优秀论文报送重庆市国有资产监督管理委员会党委参评。（3）参加“国有企业党建热点问题研讨会”。2008年10月，由重庆市国有资产监督管理委员会党委和重庆市委《当代党员》杂志社主办召开有全国部分省、市参加的“国有企业党建热点问题研讨会”。重钢作为重庆市3家单位之一在大会上作《以创新精神加强党的建设推进重钢又好又快发展》的交流发言。

◆尚伟

【开展民主推荐厂处级管理人员后备人选工作】 2008年9月～11月组织部（人事处）在重钢集团75个厂处单位组织召开了由厂处领导班子成员、科级管理人员和部分党员代表、职工代表参加的民主推荐会，对厂处后备人选进行了民主推荐。共计2867人参加了民主推荐，其中厂处级管理人员（含调研员、专务员）282人，科级管理人员1082人，党员代表371人，职工代表1132人。组织部（人事处）对各单位民主推荐票进行统计后将得票相对较高，年龄、学历、职级基本符合厂处级管理人员后备人选资格条件的人员反馈给了各单位，由单位领导班子根据民主推荐的情况集体研究后提出班子的推荐意见。对股份公司、矿业公司、产业公司3个大子公司下属厂处单位推荐情况进行汇总后，还分别征求了股份公司、矿业公司、产业公司领导班子的意见。

根据重钢集团安排，组织部（人事处）在重钢纪委、宣传部、党委办公室、经理办公室、工会、团委等部门的配合下，组成5个民意测评小组于12月9日～15日对民主推荐出来的得票相对较高，年龄、学历、职级符合厂处级后备人选资格条件的推荐人选进行民意测评。2696人参加民意测评，其中厂处级管理人员214人，科级管理人员866人，党代会代表359人，职工代表1257人。民意测评的方式采取各单位召开民意测评会,参会人员范围原则上是参加第一次民主推荐的人员全部参加,还可适当扩大范围。环保搬迁指挥部涉及人员分别在环保搬迁指挥部所属的部门或项目部和原所在单位进行民意测评。

◆刘勇

【制定《厂处级管理人员后备人选管理办法》】 2008年9月16日重钢发重钢党发〔2008〕41号文件《厂处级管理人员后备人选管理办法》共6章、28条,对厂处级管理人员后备人选的条件、资格、数量、结构、选拔、培养、管理、任用等方面作出规定。在选拔后备人选工作中,发扬民主,通过各方面代表参加的民主推荐,广泛发现和掌握优秀人才;后备人选选定后,将通过各种方式加强对后备人选的培养和锻炼;对后备人选实行动态管理,根据民主推荐和考察情况,适时进行调整充实,原则上每2~3年在重钢范围内集中开展一次民主推荐选拔后备人选的工作;在后备人选的使用上,强调将在重钢集团范围内统一调配使用,对德才兼备、实绩突出、群众公认的后备人选,根据领导班子建设的需要,适时任用等。同时,明确提出要求各厂处单位参照制定科级后备人选管理办法。《厂处级管理人员后备人选管理办法》从2008年9月16日起执行。

◆刘勇

宣传思想工作

【不断创新宣传思想工作】 2008年,重钢党委宣传部被重庆市委宣传部评为“2008年度重庆市宣传思想工作先进单位”。

1. 高举旗帜,把握方向,开展思想理论建设。一是坚持以两级中心组为学习重点。把坚持学习制度与加强学习管理结合起来,把集中学习与加强自学结合起来,坚持和完善党委中心组学习制度,提高自学的自觉性,营造浓厚的学习风气。全年共组织党委中心组大小集中学习10次。二是进一步抓好职工政治理论教育工作。做到有安排,有检查,有考核,有计划组织实施。执行学习考勤制度、脱产轮训制度、检查考核制度等。

2. 围绕中心,服务大局,切实抓好厂情教育活动。面对中国钢铁工业产能急剧扩张、供大于求的基本格局,市场、资源和环境压力日益增大的严峻形势,重钢集团抓住迁渝建厂70周年的历史机遇,结合生产经营、环保搬迁、资源开发、企业改革4大战略任务开展“传承光荣历史,再创重钢辉煌”为主题的厂情教育活动。重钢集团组织人员专题编写厂情教育系列宣传提纲,发至各单位车间、班组。《重钢报》、重钢电视台、《重钢》杂志开辟厂情教育专题宣传栏目。各单位也通过征文、演讲、讨论以及自编内部学习资料和厂情教育专刊等多种方式,在职工中开展厂情教育。

3. 以人为本,贴近实际,坚持职工思想调查分析。2008年,重钢继续坚持进行职工思想调查分析制度。每季度提前发《季度职工思想调查分析内容要点》,各单位根据要点,结合日常掌握的职工思想热点,收集、分析职工思想动态,并按规定按时报送重钢集团党委宣传部。经重钢集团党委宣传部汇总整理,每季度形成《职工思想调查分析报告》,送重钢集团党委常委预看,并报请重钢集团党委常委会讨论研究,对有关思想反映及问题的处理意见进行通报。2008年,重钢建立了职工思想调查分析信息员制度,从重钢股份公司型钢厂、重钢集团钢管公司、重庆三钢公司等单位聘请6名信息员,要求每月每名信息员至少报送一条信息。

4. 创新载体、突出特色,不断加强企业文化建设。一是确定并发布重钢集团共同愿景“建设精品基地,再造百年重钢”。二是编印重钢集团《职工基本行为规范手册》。三是进一步加强了创新文化、安全文化、质量文化、营销文化、廉洁文化等子文化工作,鼓励创新,强化文明操作、安全生产,把好质量关、树立精品意识。

5. 夯实基础,注重实效,稳步推进文明单位创建。一是注重围绕生产经营开展创建工作,二是抓住重点不断提高创建水平,三是规范制作创建文明单位的资料、台账;凡是创建重庆市国有资产监督管理委员会以上文明单位的,重钢对文明单位电视专题片、荣誉册、原始资料台账、综合汇报材料均作了要求。第四是重钢宣传部对每个创建单位都要进行预检查、预验收,确保创建质量和文明单位创建成功。从而达到每新创一个文明单位,就又建成一个文明单位工作的示范点。2008年,重钢集团保持全国文明单位荣誉。另有重庆市文明单位标兵2家,重庆市文明单位21家,重庆市国有资产监督管理委员会文明单位14家,另有2家在四川省的单位获得当地市、州级文明单位称号。

6. 结合实际,周密安排,开展“解放思想、扩大开放”大讨论活动。一是根据重庆市委、重庆市国有资产监督管理委员会统一部署,开展“解放思想、扩大开放”大讨论活动。在工作中,按照“学习动员”“讨论调研”“整改提高”3个阶段推进,在每个学习阶段结束后,举行一次成果汇报交流会。二是按照党中央和重庆市的部署,开展纪念改革开放30周年纪念活动。利用《重钢报》、重钢电视台、《重钢》杂志等媒介,按照中央确定的纪念活动主题和重庆市委关于开展改革开放30周年纪念活动的通知要求,宣传党的十一届三中全会的历史意义和深远影响。举行重钢集团纪念改革开放大会,召开纪念改革开放30周年座谈会,举办重钢集团纪念改革开放30周年诗歌朗诵会。

◆田毅

【重钢进入“第二批全国文明单位候选名单”】 2005年10月,重庆钢铁(集团)有限责任公司被中央精神文明建设指导委员会授予"全国文明单位"称号,至2008年底,重钢连续3年保持"全国文明单位"称号。2008年7月,重庆市文明单位创建办公室按照中央文明单位创建办公室的工作部署启动推荐第二批全国文明城市、文明村镇、文明单位工作。在重钢集团自愿申报、重庆市国有资产监督管理委员会初评和推荐的基础上,经过重庆市文明单位创建办公室资格审查、测评和考核,重庆市文明委专题会议审定,重钢集团进入"第二批全国文明单位推荐名单"。2008年8月30日,《重庆日报》公示"重庆市全国文明单位推荐名单","重庆钢铁(集团)有限责任公司"名列其中。2008年12月28日,中央精神文明建设指导委员会向全国公示"第二批全国文明单位候选名单","重庆钢铁(集团)有限责任公司(本部)"列在候选名单之中。

◆曹均治

【文明单位建设】 (1)重庆市文明单位复查:2008年9月28日,重庆市精神文明建设委员会发《关于对2006年及以前命名的市级文明行业、市级文明单位复查结果的通报》(渝文明委〔2008〕9号)。重钢集团有24家单位属于此次复查范围:重钢集团、重钢股份公司、重钢股份公司炼钢厂、重钢股份公司中板厂、重钢股份公司型钢厂、重钢股份公司焦化厂、重钢股份公司质管处、重钢股份公司高线厂、重钢股份公司烧结厂、重钢股份公司运输部、重钢股份公司炼铁厂、重钢集团电子公司、重钢集团钢管公司、重钢集团生活服务公司、重钢集团朵力房地产公司、重钢集团设计院、重钢总医院、重钢集团铁业公司、重钢集团运输公司、重钢集团产业公司、重钢集团产业公司源丰公司等21家单位通过复查,继续保持重庆市文明单位称号。(2)重庆四钢公司因亏损被限期整改(时间一年),重钢集团建设公司因"窝案"、重钢集团机械制造公司因多年亏损被撤销"重庆市文明单位"称号,两家单位同时被撤销"重庆市国有资产监督管理委员会文明单位"称号。(3)创建重庆市国有资产监督管理委员会、重钢集团文明单位:2008年初,三峰卡万塔环境产业有限公司创建重庆市国有资产监督管理委员会文明单位,东华特殊钢公司创建重钢集团文明单位。

◆曹治均

【重钢职工思想状况调查分析报告】

一季度。重钢集团各单位根据重钢集团党委宣传部下发的2008年"一季度职工思想调查分析内容要点",收集、分析职工思想动态,并报送重钢集团党委宣传部。

1. 职工对贯彻落实重钢集团十二届五次职代会和2008年党建工作会精神的思想反映。重钢集团各单位通过多种形式,在职工中进行贯彻落实重钢集团十二届五次职代会和2008年党建工作会精神为主要内容的厂情教育活动。广大职工认为,重钢集团十二届五次职代会在全面总结2007年工作的基础上,提出了2008年的工作的总体思路、指导思想和发展目标;2008年党建工作会,提出2008年党建工作指导思想和"五四三"工作思路。(1)重钢股份公司职工表示,要进一步增强危机感、责任感和紧迫感,以积极健康的心态应对严峻的形势,以严谨细致的工作保证目标的实现;要在困难面前不低头,两眼向内找差距,对标挖潜增效益;要不断加强学习,提高自身的综合素质和业务技能水平,认真履行职责,创造性地搞好本职工作,为确保现实生产、环保搬迁、资源开发、企业改革四大任务的顺利推进,延续重钢的百年辉煌作出贡献。(2)机关职工表示,要昂扬斗志,奋力拼搏,狠抓落实,增强危机感、责任感和紧迫感,积极参与"生产经营作表率,环保搬迁立新功"和"务实作风、文明形象、服务基层、服务发展"主题活动,切实加强机关作风建设,努力工作,为稳定和发展多作贡献。(3)电子公司职工表示要更加主动、更加勤奋地工作,加强学习,不断提升综合素质,为公司环保搬迁做好充分的知识准备。(4)四钢公司职工表示要振奋精神,立足岗位,大力开展科技创新和技术进步,苦练内功,降耗降本,努力形成多点支撑格局,为实现四钢公司持续健康发展作做贡献。(5)机制公司职工表示要解放思想,积极进取,把职代会和党建会精神落到实处,通过勤奋务实、优质高效的工作,扎实过硬的技术来改善机制公司目前的困难现状。(6)三峰传媒公司职工表示要充分发挥《重钢报》、重钢电视台两大媒体的作用,为重钢集团生产经营再上台阶多作贡献。

2. 职工对重钢和本单位实现2008年生产经营目标和一季度生产经营的反映意见和建议。(1)东华特殊钢公司职工对当前生产经营表示担忧,希望找准原因,采取措施,尽快扭转当前生产经营的被动局面。2008年以来,由于受原辅材料涨价、能源供应受限、安全环保制约、资金极度紧张等不利因素的影响,致使炼钢、加工机台无法全面启动,生产任务难以完成,1~2月累计亏损272万元,职工收入有所下降,生产经营形势异常严峻。(2)四钢公司由于诸多因素,1~2月仍出现459万元的较大亏损,超过重钢集团下达的控亏考核进度指标,给职工带来了一定负面影响。(3)重钢股份公司职工提出建议:焦化厂职工认为要实现2008年生产经营目标必须强化精细化管理,进一步扩大产能,紧密依靠科技创新和实施节能减排,优化产品结构,提高产品质量,降低生产成本;型钢厂职工提出要注重安全生产、抓好设备维护、增强职工降本意识,健全激励机制等建议;质管处职工希望进一步降低采购成本、生产过程成本、搞好经济配矿,适度扩大生产规模,提高产品竞争力,扩大赢利空间,提高抵御市场波动的能力,同时要高度警惕可能出现的少数原材料供方弄虚作假现象;钢研所职工希望做好新产品开发前期的技术准备工作,扩大高附加值产品的生产批量,加大"产、学、研”联合开发力度等方面工作；中板厂职工认为，应抓住市场前景看好的有利时机，多生产盈利产品和高利产品，动力厂职工希望公司在控制成本方面要将重点放在采购、生产销售和管理成本方面，涉及职工福利和利益方面的成本控制要慎重，避免职工情绪波动。(4)四钢公司职工对新项目的推进极为关心。当前该项目进展工作缓慢，直接影响了职工队伍的思想稳定工作。希望重钢集团在政策、资金、融资上给予更大的倾斜，使该项目有实质性进展。(5)机制公司职工希望今后要进一步加强管理，多接订单，以此来改善状况，提高职工们的收入情况。

3. 职工对重钢迁渝建厂70周年的思想反映。(1)职工认为，重钢迁渝建厂70年的历史，是重钢人艰苦奋斗的历史，是重钢人为国家、为民族作出了贡献值得骄傲的历史。在面临振兴重钢，实现重钢大发展的又一次历史性机遇的重要时刻，开展迁渝建厂70周年庆祝活动，对于增强企业的凝聚力，激励职工继承老一辈传统，发扬重钢精神，搞好环保搬迁，实施第二次创业具有重要意义。(2)职工认为，重钢是一个有着光荣传统和光辉历史，为国家建设和发展作出过重要贡献的企业。70年来，经过一代又一代重钢人艰苦奋斗、锐意进取、不断创新，重钢规模不断扩大，经济效益不断提高，为国家和社会的发展做出了重大贡献，每个重钢人为此感到骄傲和自豪。(3)职工认为，近年来，重钢的发展较国内其他钢铁企业的发展是缓慢的，这在一定时期内使职工们感到忧虑。实施重钢环保搬迁工程启动后，为重钢的再次腾飞创造了极为难得的机遇。为铸就百年老企新的辉煌，实现“建设精品基地，再造百年重钢”的共同愿景做出应有的贡献。(4)对迁渝建厂70周年庆祝活动提出了希望，希望重钢迁渝建厂的系列庆祝活动搞得精彩、丰富；在不违背勤俭节约的前提下，通过多样化的宣传活动和一些比较有实际意义的纪念物等形式让职工更多的了解重钢的发展历史，共同展望重钢未来的发展。

4. 职工关注的其他热点问题。(1)新港公司、重钢集团机关、重钢总医院等单位职工和退休职工对全国人大、政协会议的召开非常关心，特别对关系民生、民意和经济发展的新议案、新政策给予了重点关注。认为温家宝总理提出的9大任务，切合实际，反映了民心民情，是一个非常好的政府工作报告，使我们看到了中国发展的希望。胡锦涛总书记对新一届国家机关工作人员提出了坚持民主法制，坚持以人为本、坚持求真务实、坚持清正廉洁的要求，代表了人民对国家机关工作人员的心声，希望各级政府工作人员一定要认真践行，多为老百姓办好事、办实事。大家相信，中国政府有能力让人民生活得更美好。(2)新港公司、运输公司、培训中心、重钢总医院等单位职工对最近达赖集团在西藏拉萨和四川阿坝制造暴力事件，闹分裂的行动感到非常愤慨，坚决支持党和政府依照法律，狠狠打击达赖分裂集团的犯罪活动，希望国家对从事藏独、疆独、台独的人进行无情揭发，狠狠打击；坚决捍卫祖国领土完整，维护国家来之不易的和平发展局面。(3)东华特殊钢公司职工对企业的生存发展和自己的出路表示担心。对东华特殊钢公司环保搬迁工作传闻较多，东华特殊钢职工希望抓好“百亿长征重工”炼钢和铸钢板块配套建设项目的搬迁技改工作外，还要努力向重钢集团反映东华特殊钢公司的整体搬迁问题，争取加工系统和机关处室的分流渠道，最大限度地安置和解决职工的就业问题。同时，职工对最近出台的《环保搬迁职工提前退休办法》表示拥护，多数职工希望将办理提前退休的截止时间再往后延长1～2年。(4)产业公司(特别是下属改制企业)职工十分关心产业有限公司的项目，非常担忧在重钢环保搬迁时失去企业、失去工作，职工思想很不稳定；希望重钢集团尽早确定非钢产业项目和产业有限公司的项目。(5)三峰工业公司职工希望重钢集团尽快考虑园区综合区建设(因长寿区规划晏家工业园区A大道为景观大道，要求三峰工业区职工宿舍拆迁)。(6)钢管公司大集体职工希望转为主厂职工身份的相关政策，能尽快得到落实。(7)矿业公司反映，矿山一些老职工家属通过媒体得到渝府发〔2008〕25号文件《重庆市人民政府关于印发重庆市对曾在我市城镇用人单位工作的未参加基本养老保险超过法定退休年龄人员有关养老保险问题的处理意见的通知》，在职工家属中引起极大反响。矿业公司领导和相关负责人对此事非常重视和关注，做好这一部分人的思想工作，稳定情绪，表示收到政府的正式文件和实施细则后，正确领会精神，使事情能得到圆满解决。(8)重钢股份公司一些单位职工反映，实施带薪年休假制度后，有些岗位因人员少，安排有一定难度。

二季度。各单位根据重钢集团党委宣传部下发的2008年“二季度职工思想调查分析内容要点”，收集、分析职工思想动态，并报送重钢集团党委宣传部。

1. 对“5·12"汶川大地震的思想反映。汶川大地震发生后，重钢集团各单位职工通过电视、报纸、网络等多种媒体渠道和“国新办”每日发布的灾后损失权威统计数据以及新闻发布会的信息，关注抗震救灾情况；广大党员、职工踊跃向灾区捐款、缴纳“特殊党费”、特殊团费，一些职工还通过自愿献血、自愿帮扶灾区伤员等多种活动形式向灾区人民献出爱心，伸出援助之手。(1)对党和政府在抗震救灾中采取的措施给予积极评价。重钢职工认为，地震发生后，党中央、国务院以高效、全心全意为人民服务的能力，更加紧密地凝聚了全国人民，也震撼了全世界，证明了共产党是中国的脊梁，证明了全国人民同心同德，战胜困难的强大力量。再次证明了伟大、务实的党和政府是值得全国人民信赖和跟随的，这就是真正中国的力量。(2)对参与救灾人员表示敬意。职工对人民军队、武警部队、公安民警、医疗队伍、志愿者队伍、媒体队伍以及国际救援队伍为挽救灾区群众生命和及时报道灾情所表现出的百折不挠、英勇顽强、连续作战的精神表示钦佩，是我们学习的好榜样。这次救助行动中，解放军、武警、消防战士再次用他们的行动证明了，永远都不愧是“最可爱的人”。(3)职工表示要以实际行动支援灾区人民。重钢总医院职工表示一定要做好参加医疗救护队，奔赴灾区的准备工作。四钢公司职工表示，重钢集团把彩涂板的生产交给四钢，既是集团的信任，又是四钢的光荣，一致表示要尽最大的努力支援灾区，以饱满的工作热情和高度的政治责任感投入到抗震救灾彩涂板采购、生产、产品发运等各项工作中去，为灾区人民早日住进过渡安置房作出贡献。机制公司、股份公司冷轧薄板厂、三峰工业公司等单位职工表示，要以实际行动全力支持重钢完成紧急援建灾区80万平方米过渡安置房任务。

2. 职工对贯彻落实重钢集团十一次党代会精神的思想反映是积极向上的。(1)职工认为，重钢集团党委书记张再坤在会上做的“解放思想、扩大开放，为做精做强重钢而努力奋斗”的工作报告，全面总结了过去5年工作的成绩，对报告提出的重钢未来一个时期的主要奋斗目标(到2010年，年产钢630万吨，2013年，年产钢1000万吨；“十二五”期末，年销售收入500亿元，年利税50亿元以上，职工年收入水平在现有基础上翻一番)感到鼓舞，对重钢的未来充满信心和期待。(2)职工相信，新一届党委领导班子必将成为团结和带领职工实现“建设精品基地再造百年重钢”共同愿景的坚强有力的领导核心，相信党代会描绘的宏伟蓝图一定能够实现。

少数单位职工在学习贯彻重钢集团“十一”次党代会精神时，提出看法和希望。(1)东华特殊钢公司职工联想东华特殊钢公司的实际，感到落差太大；希望重钢集团在重钢的环保搬迁中将东华的搬迁纳入整体考虑，继续在资金和政策上给予支持。(2)三钢公司职工对党代会报告中关于困难子公司现状的表述给予肯定，也希望新一届党委领导班子对困难子公司给予更多的关注、支持，使其早日脱离困境。对重钢十一次党代会提出的今后几年重钢职工增加收入的预期目标很是欣慰，但个别职工担忧困难企业是否也算在此列。(3)重钢职工培训中心一些职工对本单位能否达到重钢集团提出的“十二五”末职工收入翻一番的目标信心不足，因为培训中心办学已达到最大规模，职工收入及养老保险水平达到重钢集团的平均水平都还有一定差距。

3. 职工对实现本单位生产经营目标的思想反映、意见和建议。(1)股份公司生产经营继续保持强势，广大职工对完成各项生产经营任务充满了信心。(2)运输公司职工对重钢集团决定“运输公司在环保搬迁指挥部领导下负责实施组织新区物流工作”非常关心。建议运输公司要坚持以现代物流企业为发展目标，建立长寿新区物流基地，规划好综合型现代物流企业的运行模式，促进运输公司二次创业持续健康发展；建议在巩固大渡口区现有加气站营销市场的同时，拓展在长寿新区的加气加油站新领域建设。(3)机制公司职工认为，有很多问题制约了职工收入的增加，希望通过进一步的加强管理，以取得更好的效益。(4)三峰传媒公司职工认为，要利用好重钢环保搬迁这个有利时机，着手启动环保搬迁前提下的传媒公司发展的各项工作，建设好重钢有线电视网络，进一步拓展市场。(5)电子公司职工认为，在重钢集团实施“环保搬迁”带来内部市场大面积“萎缩”，固定收入大大减少的情况下，电子公司要实现的生产经营目标，确实难度很大，压力很大。但职工相信电子公司经过不断进行结构调整，推行科学创新管理，在具备的高科技技术优势上不断开拓创新，挖掘潜力，一定能确保实现生产经营目标。(6)四钢

川渝一家 赈灾一线

苍天无情 红尘有爱
万众一心 抗震救灾

05

2008年05月31日 星期六

重钢建全国最大板房生产线

80万m²抗震房8月10日完工 可解决12万受灾群众住房问题

本报讯(记者 杨道兵)“抗震房早日送往灾区，受灾同胞就早一天得到温暖。”昨日重钢集团总经理刘加才介绍，近日国家建设部向我市下达100万平方米彩钢抗震活动板房任务后，重钢主动承担起打造全国最大彩钢抗震活动板房生产线的重任。预计6月底完成14万平方米板房生产量，8月10日前将完成80万平方米板房总任务。

3亿贷款支援抗震房生产

刘加才说，接到任务当天，重钢就组织技术人员前往渝州宾馆观摩板房样品，并派14名专业技术人员前往上海的相关单位现场学习。资金方面，工商银行贷款3亿，利率较国内标准下浮10%。目前，场地、原料、设备均已协调到位，市级相关部门和重钢打响了“夹芯板”战役。

赶工期成本高出100元

据了解，由于原料存放所占面积较大，重钢已暂停所属冷轧薄板厂作业，将其改为库房。此外，物流公司、钢格板厂、冶金设备公司等单位大力配合，抽调精兵强将200多人，全身心投入这场战役中。

为了赶工期抢时间，完成任务也是不计成本的。由于原料紧张，要寻找0.30×1200mm的彩涂卷需要花大量时间，重钢转而购买了0.50×1200mm型，价格高了60%左右。据估算，生产后的夹芯板实际成本将达到450元/平方米，比地震前高出100元左右，超支部分由政府和企业共同承担。

建全国最大抗震房生产线

经过多部门的努力，夹芯板的建造终于迈上正轨。据了解，已基本落实的6条生产线和1万平方米的生产、库存场地，将成为全国最大的彩钢抗震活动板房生产线。

刘加才告诉记者，80万平方米夹芯板，经过搭建将形成一间间简易的活动板房，按每套住房约20平方米，供三口之家使用，可解决灾区12万群众的住房问题。它作为受灾群众临时住房使用时间可长达3～5年，并能随时拆卸组装；不仅可以抵抗6级地震、5级大风，还可以起到隔热、隔音的效果。

市卫生局副局长做客人民网重庆视窗谈伤员救治

为地震伤员制定康复计划

本报讯(记者 韩锦卫 实习生 王松南)昨日，市卫生局副局长方明金及市内数家医院负责人做客人民网重庆视窗“白衣天使：爱心创造奇迹”专场，与网友交流我市抗震救灾工作。直播中，人民网还携手重庆移动、重庆电信和重庆红十字会开通了短信和声讯募捐平台，给灾区人民募捐。

据市卫生局副局长方明金介绍，截至5月29日，我市已先后派出17批医疗队近千人，奔赴四川绵竹、什邡、汶川、北川等重灾区，做了600多台手术，抢救16000多人。从17日开始，我市连续接收5批灾区转来的伤员2300人左右。动员了全市二级以上的医院将近80家。因为有很大部分是儿童，怎么样减少后遗症也是我市各大医院治疗的目标。

据了解，目前地震伤员救治即将从医疗救治转入康复阶段，我市卫生部门将制定一个比较完善的康复工作方案，确定一批康复的机构，与社区康复、家庭康复相结合，保证伤员在生理上和心理上的康复。

擂鼓连续3天消毒剂自燃

公司职工在取得“时间过半、任务过半”的好成绩的同时，对下阶段的生产经营仍存在担忧。职工认为，随着四钢公司支柱产品—热轧电工钢淘汰步伐的加快，连镀锌、彩涂两条生产线由于受市场、资金等多方面的制约，在近期仍无法实现规模生产的情况下，企业的生产经营形势将日趋严峻。希望能够抓住重钢集团环保搬迁的历史机遇，加快推进新项目的建设，在确保冷轧一期工程按时投产的基础上，加快推进冷轧二期工程建设，尽快实现产品结构的升级，确保热轧电工钢淘汰后能支撑四钢的生存发展。(7)东华特殊钢公司职工对受原燃材料涨价、能源供应受限、安全环保制约、资金极度紧张等不利因素的影响，致使产量下降，亏损增加的严峻形势表示担忧，对企业生产经营信心不足、情绪低落。职工希望正视困难，找准原因，采取切实有效的措施，通过外争内挖，进一步加大天然气协调、废钢保供、企业融资、产品质量整顿等工作力度，尽快扭转当前生产经营的被动局面。(8)三峰工业公司各控股企业均受订单和原材料影响，上半年生产经营任务完成不好，企业出现亏损，职工收入较少，职工情绪一度波动较大，经做工作未造成大的影响。职工非常关心企业的发展，希望下半年能弥补欠账。职工担心过渡安置房生产投资过大，大幅度减少产量，会影响企业的生产经营。(9)矿业公司綦江铁矿面临煤炭采购和保供困难，发电厂亏损局面未改观，且烟尘对邻近村社的农作物有一定的影响等生产上的实际问题，经济效益受到影响，职工的自身利益也将受到影响。许多职工表现出担忧。

4. 职工群众关心的其他热点问题。(1)关注环保搬迁工作。股份公司焦化厂、型钢厂、动力厂、冷轧薄板厂、质管处和新港公司等单位的职工们仍然非常关心重钢环保搬迁新区施工进度、新工艺配置、人员配置等问题；希望能经常能在《重钢报》上看到消息；四钢公司职工对重钢集团环保搬迁工作中所涉及的系列政策表示关注，对重钢集团出台的一系列政策表示拥护，同时希望重钢集团充分考虑四钢公司的现实环境，切实维护职工的合法权益。重庆钢铁研究所建桥工业园区的建设工作已接近尾声，职工们关心的热点问题仍是交通、住宿、工资待遇及新设备的使用等问题。(2)关注物价和收入问题。重钢集团机关、运输公司、铁业公司职工希望在发展生产的同时增加职工收入；新港公司、三钢公司、生活服务公司、培训中心、三峰工业公司、东华特殊钢公司职工对物价上涨表示担忧；四钢公司职工认为他们的收入远远低于重庆市人均标准，希望重钢集团继续加大对四钢公司的支持和关注；机制公司职工认为收入偏低，希望重钢集团通过各种方式，进一步加大和体现集团改革成果共享的思路。(3)关注分流人员政策。产业公司大部分职工对重钢集团环保搬迁人员分流政策表示支持，认为这项政策解决了集体职工的后顾之忧，对企业改革改制普遍表示理解和支持，并希望企业改革改制要多考虑职工的利益问题；三钢公司集体企业职工对正在实施的“直通车”政策回应不积极，认为距退休时间长，对今后生活有顾虑，一些职工还期待今后出优惠政策或类似环保搬迁提前退休的办法。培训中心职工越来越关注培训中心如何定位和发展，(30年工龄或50岁可提前退休)政策如何实施等问题。

三季度。各单位根据重钢集团党委宣传部下发的2008年“三季度职工思想调查分析内容要点”，收集、分析职工思想动态，并报送重钢集团党委宣传部。

1. 职工对我国成功举办第29届奥运会的思想反映。(1)8月8日，第29届奥运会在北京隆重开幕。重钢股份公司中板厂职工知道雄伟的奥运主体育场“鸟巢”使用了中板厂生产的钢板时，感到无比的自豪。(2)建设公司在奥运会期间还专门为参与环保搬迁的职工举行了羽毛球和篮球比赛，营造了浓厚的全民健身范围。(3)退工处反映，也有少数退休人员认为我国举办这次奥运会花的钱太多了，我们国家现在还不富裕，用不着花这么多的钱来“绷面子”。

2. 职工对贯彻落实上半年经济运行分析会精神的思想反映。(1)重钢集团上半年经济运行分析会召开，职工对重钢集团上半年克服生产经营中的诸多困难，实现销售收入105亿元，实现利润6.49亿元的成绩感到欣喜，重钢股份公司、朝阳公司、四钢公司、铁业公司、电子公司、环保搬迁指挥部、生活服务公司、三钢公司、东华特殊钢公司、产业有限公司、运输公司等单位通过各种会议及其他形式，组织职工对经济运行会精神进行了传达学习。(2)重钢股份公司、四钢公司、电子公司等单位的职工认为，重钢集团上半年经济形势喜人，销售收入和利润均创历史同期最高水平，必将有力促进下半年生产经营实现又好又快发展，大家表示有决心、有信心完成全年生产经营目标任务。(3)矿业公司表示要认真贯彻落实经济运行会精神，继续抓好当期的生产经营，狠抓营销工作；全力推进接龙铁矿、巫山桃花铁矿、陕西三金矿业公司的建设。(4)东华特殊钢公司职工对东华特殊钢公司生产经营能否保持良性发展表示出“四个担忧”，一是全国钢材价格下跌幅度较大，能否保持持续盈利表示担忧；二是东华特殊钢公司共拖欠供户物资款5000万元，对物资供应部门是否可继续保供表示担忧；三是东华特殊钢公司流动资金严重匮乏，缺口较大，对如何维持生产经营正常运转表示担忧；四是钢材订货量急剧下降，导致生产机台开工不足，对今后几个月的生产如何组织安排表示担忧。

3. 职工对抓好安全生产、防暑降温工作的思想反映、意见和建议。(1)高温时节，重钢集团和各单位领导亲临生产和环保搬迁现场看望、慰问战斗在一线的职工。朝阳公司、四钢公司、股份公司、铁业公司、建设公司、电子公司、环保搬迁指挥部、矿业公司、三环监理公司、生活服务公司、新港公司、三钢公司、东华特殊钢公司、产业有限公司、重庆钢铁研究所、三峰工业公司、机制公司等单位开展了安全生产和防暑降温工作的专项检查,强化职工安全培训教育,举办安全知识竞赛;采取措施,保证生产现场清凉饮料和药品的供应,因地制宜添置防暑降温设备。职工感到非常满意。职工认为,单位的防暑降温举措抓得细、抓得实,工作环境得以改善,人文关怀氛围较好。(2)重钢股份公司炼钢厂职工建议:一是希望有更好的措施改善职工工作环境;二是加强职工安全意识教育,安全防范措施整治到位,加大对操作违规的处罚;三是清凉饮料管理制度需要创新,多些自主权。

4. 本季度职工对重钢环保搬迁新的思想反映。因社会上的各种传言,职工对重钢环保搬迁工程更为关注。(1)建设公司反映,重钢集团环保搬迁工程进展缓慢,特别是1780毫米板带项目和其他项目都暂时停了下来,职工们私下里有议论。希望重钢集团能在有关的资料上多做宣传,以免职工胡乱猜测,扰乱军心。(2)股份公司烧结厂、高线厂、动力厂、运输部、原材料处、质管处和新港公司等单位的职工们反映,近来传闻重钢环保搬迁步伐减缓,职工们对此颇有担忧,毕竟环保搬迁已投入了大量的人力、财力和物力,如不充分发挥这些人、财、物的作用,势必对重钢造成不小的浪费。型钢厂职工担忧重钢环保搬迁会不会由于庞大的资金短缺和道路运输等多种因素,形成重钢环保搬迁的"胡子工程",影响重钢全体职工的切身利益。(3)职工希望能进一步丰富环保搬迁宣传载体,增加环保搬迁宣传内容,加大环保搬迁宣传力度,让职工了解环保搬迁信息,知晓环保搬迁计划,掌握环保搬迁进度。(4)环保搬迁指挥部反映,2008年8月,重钢集团对环保搬迁工程建设作出"调整项目建设进度,分步实施搬迁改造"的重大决策,各项目部相应调整方案,指挥部形成新的工程优化调整方案。方案调整后,消除参建人员疑虑,凝聚了职工人气。也有个别职工对此表示担忧,认为重钢公司一期工程投资较大,如果缓建的项目迟迟不上,会对一期项目带来压力,会对重钢公司整体运行造成不利影响。(5)三环监理公司反映,重钢环保搬迁工程虽然遇到很多难以想象的困难,但是三环监理公司员工仍然信心坚定,能以积极的态度去面对,主动与各方配合完成任务。希望环保搬迁工程按资金供给能力调整好实施计划,并稳定下来,尽量减小工作反复带来的损失,集中财力加快项目建设,让一期工程尽快投产达效。(6)建设公司职工表示,要在环保搬迁工程中发扬吃苦耐劳、勇于拼搏、敢于创新的精神,切实履行重钢建设人"干一项工程,树一座丰碑"的企业使命,实现当期生产与环保搬迁两不误。(7)四钢公司职工希望紧紧抓住重钢环保搬迁的政策优势和大力支持,加快新项目建设的步伐,振奋职工精神。(8)机制公司职工反映,(30年工龄或50岁可提前退休)政策实施以来,职工对此政策很满意,已有相当一部分职工做好下一批退休准备。(9)三峰工业公司反映,为1780毫米板带工程项目生产的大量构件堆放占用场地已经对生产带来了严重影响。同时,希望重钢集团尽快把三峰工业园区职工宿舍建设纳入议事日程,以改善职工目前的居住环境和条件。(10)铁业公司职工对本单位的前途,特别是2008年是否要关闭表示担心。

5. 职工群众关心的其他热点问题。(1)三聚氰胺问题奶粉事件引起职工的关注和议论。9月20日截止,重钢总医院已对900名食用含三聚氰胺奶粉的婴幼儿和儿童进行了筛查。(2)重钢集团机关党工委、东华特殊钢公司、运输公司、设计院、培训中心等单位反映,最近出现了一系列职工违纪案件,里应外合偷盗现象较为严重。职工为什么不爱厂护厂,反而内外勾结,损害重钢利益,希望引起管理层的深思;重钢开展的"遵纪守法爱岗敬业"专题教育活动非常及时,很有必要;希望扎扎实实推进专题教育活动,取得实实在在的成效。(3)在环保搬迁和现实生产对人力资源需求的平衡上,矛盾会越来越突出,如何合理的解决这个矛盾,是职工们普遍较担心问题。在同样问题上,重钢股份公司型钢厂轧钢技师信息员曾令国反映了另一种现象:浙江沿海处,新建了一个大型型钢生产线,专门生产大型球扁钢,年产量达50万吨,设备先进,工艺布局合理,精整工序是型钢厂的5倍。据知,从厂部到生产、技术管理,从加热区、轧钢区、精整区到机械、电器等重要管理岗位全部都是型钢厂去的人。人才的流失,是重钢、是型钢厂的损失。(4)重钢离休干部办公室反映,2007年,重庆市老干部局、财政局、人事局、社保局联合发〔2007〕135号文件《关于规范市级企事业单位离休干部生活补贴的通知》对重庆市市级企事业单位离休干部津贴分步进行规范。重钢有少数离休干部正积极打听重庆市何时能兑现其承诺,并准备选派代表到重庆市老干局上访,希望引起领导重视。另外,由于长期以来离休干部护理费未增加(处县级每人每月80元),随着年龄增高,年老多病,普遍要求增加护理费,广大离休干部希望通过组织向上级反映此问题。(5)产业有限公司反映,最近,在推进企业改制中,由于存在历史遗留问题,出现了一些不稳定因数。其主要原因是重庆云帆实业发展有限公司在改制过程中,退休职工要求企业分资产、分股份,提出一些与政策不相符合的条件,多次进行集体上访,造成很不好的影响,并成为改制工作的热点和难点问题。

四季度。各单位根据重钢集团党委宣传部下发的2008年"四季度职工思想调查分析内容要点",收集、分析职工思想动态,并报送重钢集团党委宣传部。

1. 职工对学习贯彻党的十七届三中全会和中央经济工作会议精神的思想反映。(1)型钢厂职工认为,解决“三农”问题,离不开工业的进一步发展,这就给我们冶金行业带来难得的历史机遇,我们要抓住这一机遇,把重钢自己的事情做好;希望重钢组建一个团队,专门从事对下一轮经济起飞点的调研。(2)股份公司、环保搬迁指挥部、电子公司、朵力房地产公司、设计院、重钢总医院、重钢集团机关、建设公司等单位职工对中央经济工作会议的召开表示由衷的高兴和高度的关注,职工认为,中央经济工作会议深入分析了当前国内外经济形势,总结今年经济工作,中央对明年经济工作的决策和部署,体现了党的十七大精神和科学发展观的要求,反映广大人民群众的意愿和期待。

2. 职工对我国采取进一步扩大内需促进经济平稳较快发展的措施,应对复杂多变的世界经济形势的看法及反映。(1)职工希望重钢集团领导班子审时度势,抓住国家宏观调控、扩大内需契机,加快调整产品结构,注重自主创新,拓展外部市场,努力培育新的竞争优势,将科学发展观落实到生产经营的方方面面,干好环保搬迁工程,在新一轮的机遇和挑战中实现企业更大更快的发展。国内外经济形势的急剧变化对我国既是挑战,也是机遇,我们要正确把握大势,利用优势,努力保持经济又好又快发展的势头。(2)股份公司销售处职工们认为,严峻经济态势,是对重钢这样一个百年老企业生存与发展的考验,也是对重钢营销工作在复杂的国内外经济和市场条件下,有效应对解决前进中遇到的各种矛盾和问题,保持销售效益平稳较快增长的考验。(3)股份公司型钢厂信息员曾令国说,受世界金融危机影响,许多沿海地区打工回家的人增多,钢铁行业也受到影响,但对于重钢能保持盈利,职工的收入还没有受到很大影响,职工们对重钢集团的正确决策表示敬佩,也对2009年的生产和环保搬迁寄予更多的关注,希望领导带领好全体职工共渡难关。

3. 职工对开展“遵纪守法爱岗敬业”专题教育活动的思想反映。(1)股份公司、矿业公司、电子公司、朵力房地产公司、设计院、三峰工业公司、朝阳公司、铁业公司、运输公司、建设公司、东华特殊钢公司、三峰卡万塔公司、钢管公司、新港公司、三钢公司、四钢公司、重庆钢研所、生活服务公司等单位根据重钢集团要求,开展“遵纪守法、爱岗敬业”专题教育活动。职工们认为,近年频频发生的损害重钢利益的案件,基本上都有职工参与,并且参与程度较深,其根本原因是这些职工不重视思想修养,道德观念模糊,法纪意识淡薄,当义与利、情与法、善与恶发生冲突时,自然就迷失了方向。职工普遍对违规违纪行为感到震惊和愤怒。一些职工指出,少数职工违章违纪、以身试法的教训,告诫我们必须加强政治学习,不断提高自身素质,正确处理好集体利益和个人利益、眼前利益和长远利益的关系,牢固树立“厂兴我荣、厂衰我耻”的全局意识和主人翁意识,严格按照职工廉洁行为规范约束自己,这样才不会犯错误。广大职工对开展“遵纪守法、爱岗敬业”专题教育活动完全赞同,认为开展这项活动非常及时,很有必要。(2)股份公司中板厂职工们对专题教育活动积极响应,认为十分及时,也很必要。职工们表示,要树立荣辱分明的道德观念,反对善恶不分的丑陋品行;坚持艰苦创业的优良传统,拒绝贪图安逸的惰性思维;坚持诚信守义的企业文化,反对瞒上欺下的不良作风;坚持正当合法的获益理念,反对损公肥私的违法交易。深刻吸取“8·29”案件的教训,树立正确的价值观和职业道德观,促进生产经营和环保搬迁任务的顺利完成。职工们对厂里查找管理漏洞,落实整改措施表示非常满意。(3)朝阳公司的职工表示,“遵纪守法、爱岗敬业”专题教育活动虽然已经结束,但我们每个职工“厂兴我荣、厂衰我耻”的主人翁意识永远不能丢,“干一行、爱一行、钻一行、精一行”的敬业意识永远不能丢,练绝活,练硬功、当行家里手的工作热情永远不能丢,学习、遵守规章制度的端正态度永远不能丢。(4)重钢集团机关、朝阳公司、东华特殊钢公司、三峰传媒公司、新港公司、培训中心、股份公司型钢厂、高线厂、薄板厂、动力厂、质管处、原材料处、装备处、钢研所、保卫处等单位职工建议,将“遵纪守法、爱岗敬业”活动纳入日常的职工教育活动,长期坚持下去。

4. 职工对完成2008年生产经营任务和环保搬迁推进情况的思想反映。(1)股份公司焦化厂职工十分关心重钢环保搬迁的推进情况,原料车间不少职工特别是生产班组的操作工不时向党支部询问和了解关于新区建设、第一批次去新区的人员选拔情况等问题,一部分职工还表示极愿意第一批次走向新区;车间党支部通过与职工的谈话和了解中发现,职工都能正确对待环保搬迁,愿意服从组织的安排。烧结厂职工表示做好了搬迁到长寿的思想准备,抛下了各种顾忌,一心一意钻技术,努力适应新区新设备、新工艺、新技术的要求。动力厂职工都非常关注环保搬迁,都有坚定干好本职工作的信念。年轻的职工都觉得这是个机遇和挑战并存的时刻,要抓好现时生产的同时努力学习新工艺知识,参加各种培训,为今后的工作打下基础、储备能量;而部分年纪大的职工有股不服输的拼劲,因为是竞争上岗,老同志有丰富的工作经验和强烈的安全责任意识,这也是一种优势所在,也有在环保搬迁中拼搏一番的激情。装备处已是第二次向长寿新区输送工作人员,大家情绪激昂,一致表示,为了重钢长远的发展需要,愿意服从组织安排,做好了到长寿新区工作的准备,随时为重钢环保搬迁建设出力。(2)环保搬迁指挥部职工表示,要变压力为动力，树立大局观，增强服务意识，精细管理、精确服务，带领广大参建职工搞好工程建设，全力实现2009年三季度4100毫米宽厚板项目建成投产的目标。(3)三环监理公司承担的招标、造价咨询和工程监理工作已全力投入到一线。职工们表示将继续发挥组织协调，“三控三管”作用，积极主动为各施工项目提供优质服务，以确保一期工程按计划目标完成，顺利投产。(4)铁业公司职工对《关于重钢集团江津生铁基地建设期间关停转型的安排意见》规划有更多的了解，职工思想较稳定，同时希望生铁基地的建设要有实质性的进展。(5)股份公司运输部有职工担心环保搬迁工程受经济危机影响，不能按期投产，还有的职工担心新区建成以后，市场不景气。

5. 对搞好2009年生产经营工作的思想反映及意见建议。(1)重钢集团机关职工希望领导班子沉着应对复杂局面，坚持科学发展观，带领广大职工克服困难，共渡难关，千方百计完成生产经营和环保搬迁任务，实现新的发展。职工们希望继续做好品种结构优化和调整工作，积极开发适销对路的新产品，努力实现钢材产销率和货款回笼率100%。(2)股份公司焦化厂职工认为，2009年，现时生产和环保搬迁的任务更重，时间更紧迫，新厂面临抽调人员，会对现实生产人员调配有一定影响，希望能统筹兼顾好二者的矛盾，合理安排人员，储备好人才。炼铁厂职工建议：一是希望继续抓好精料工作，为炼铁厂生产经营持续稳定打下坚实基础；二是针对2009年生产经营和市场状况，如何确保职工收入、如何共渡难关，确保任务的完成、生产稳定、成本下降，开展好厂情教育。型钢厂职工认为，只要我们优化营销策略，强化企业的内部管理，深挖潜力，降耗降成本，加快钢铁产业技术改造和技术升级，加大新产品开发力度，不断提高产品的科技含量，排除一切干扰，想方设法搞好当期的生产经营，是一定能够渡过难关的。中板厂职工对2009年的市场形势十分关注，对2009年的生产经营任务表现出极大的关心，盼望重钢以及各职能部门继续给予中板厂支持，从合同、计划的优化，原料、能源的保障以及发运等方面给予高度重视，帮助实现生产经营目标。职工们表示，作为重钢主要的生产厂，努力完成生产经营目标任务，多创效益。(3)矿业公司职工表示，要以高度的责任心和使命感，以勤奋务实的作风，开拓进取的精神，在各自的岗位上充分发挥自身的主观能动作用，真抓实干，千方百计完成2009年的生产经营任务。(4)朝阳公司职工希望重钢设立专门的研发中心，通过校企联合、企企联合等途径，大力开发差异化产品和高附加值产品，进一步提升核心竞争力。不断巩固朝阳公司“重庆知名产品”在西南市场的品牌优势地位，稳固和拓展更大的客户空间。建设公司职工表示，要在2009年的工作中，继续深化改革调整、推进降本增效、狠抓内部管理、开拓外部市场，为完成全年生产经营任务，为重钢环保搬迁工程做出新的贡献。(5)运输公司表示要以重钢集团物流为基础，以运输、仓储、配送一体化经营为目标，以支持客户精益化生产，帮助客户降低物流成本为宗旨，审时度势，抓住机遇，转变观念，转换机制，坚定不移地走一条建立现代物流企业的发展之路，稳定快速的推进运输公司的大发展。(6)三峰卡万塔公司职工对本公司的快速发展充满信心，希望通过全体职工的努力，实现跨越式发展，实现重钢环保产业的腾飞。(7)钢管公司职工表示，在2009年的工作中，要进一步调整产品结构，开发具有高附加值的适销对路的新产品；努力提高产品质量，提升品牌信誉度；强化节约意识，精细化操作，精细化管理，继续提高成材率，尽可能降低消耗。(8)东华特殊钢公司职工对2009年生产经营工作提出5点建议，一是适度扩大钢材(尤其是锻材)产品订货，坚持全款发货，建立除销售人员以外的职工订货奖励机制，实现增盈增效；二是全方位降本，建立节约机制，增强市场竞争力；三是发挥科技优势，着力自主创新，开发东华特殊钢公司特有品牌，增强核心竞争力；四是开发或联合产品延伸加工，提高产品附加值，寻求新的经济增长点；五是要千方百计凝聚人心，打造优秀团队，共渡难关。(9)机制公司职工希望在2009年度的生产经营中，能够多接订单，多做事情；职工们不怕事情多，不怕累，就怕没有事情做。

6. 职工群众关心的其他热点问题。(1)股份公司焦化厂、烧结厂、型钢厂、薄板厂、质管处、钢研所、装备处、保卫处，及钢管公司等单位的职工们反映，世界金融危机对钢铁行业的巨大冲击已经在各个大钢显现，职工担心2009年收入会受到影响，想知道重钢集团将采取怎样的措施来应对经济危机，来保障职工的生活水平不会大幅下降。朵力房地产公司职工希望在应对金融危机时，保职工收入不降，有条件时，应增加职工收入。三钢公司职工反映2009年可能会更困难，希望企业不要裁员，不要轻易降薪，困难时期，基层企业、特别是困难企业职工更难。钢管公司信息员吴飞反映，在职工当中有很多人都在议论目前的经济走势，担心我们国家会不会也像外国那样出现通货膨胀或是通缩，更担心明年自己的收入会有影响。(2)环保搬迁指挥部反映，重钢长寿新区职工每月的饭菜票能否改为发现金补贴的方式，一是促进食堂饭菜和服务质量的提高和稳定；二是避免饭票过期作废或拿饭票到食堂小卖部去换暂不需要的物品，减少不必要的浪费；三是让重钢对新区建设人员的伙食补贴能充分发挥作用，让大家感受到重钢对参建人员的关怀；四是加强管理，杜绝管理漏洞。(3)矿业公司歌乐山矿集体企业华力厂退休职工(独立法人企业，早已解体)，以要求解决医保问题为由到歌乐山矿机关办公室集体上访。根据矿业公司多方咨询查证，此类问题不属于单位解决范畴，没有任何文件对华力厂退休职工的要求予以支持。但他们仍然每天到歌乐山矿办公室要求解决问题，甚至上采场坐炮眼，导致歌乐山矿无法正常生产。矿业公司领导与歌乐山矿负责人多次到现场做解释、劝解工作，效果甚微。歌乐山矿组织专门人员对他们进行接待，开放会议室，提供保暖设备和茶水，尽力做好劝解和安抚工作；想办法，提措施，争取政府和上级部门支持，该问题正在寻求解决之中。(4)三峰工业公司职工希望重钢集团尽快把三峰工业园区职工宿舍建设纳入议事日程，以改善职工目前的居住环境和条件。同时，建议重钢集团开通长寿至晏家的上下班通勤车。(5)三环监理公司职工希望继续结合重钢环保搬迁工程开展新工艺、新技术的知识培训，组织对外交流学习。(6)东华特殊钢公司为应对经济危机，确保企业生存、运转，从2008年12月起在内部实行减员放休策略，得到广大职工的理解和支持，短短三天时间，各单位全面完成减员251人、"放休"(放假休息)513人的计划指标。由于临近年关，收入大幅下降，造成职工思想波动大，怨气增加，情绪恐慌，尤其是单身职工家庭和双双"放休"职工家庭更加感到生活压力增大。职工对前途感到迷茫，表现出信心不足，工作责任心不强。有的职工提出减人降薪领导干部要带头，减员放休时间不能太长，应千方百计想办法生产，否则势必影响职工队伍稳定。(7)四钢公司职工反映，多年来四钢公司职工收入普遍偏低，但这几年物价涨幅远大于工资的增幅，加上现在四钢处于亏损状态；四钢公司已经出现部分职工生活困难，希望四钢公司和重钢集团能引起重视，保证这部分职工的基本生活。(8)产业公司商贸公司轧拉厂、冶材厂职工反映，由于企业处于停产和半停产，长期以来职工收入普遍偏低，特别是下岗职工反映，每月生活费60～80元，10多年没有增加。职工说现在中央都十分重视提高城乡居民，特别是低收入群体的收入水平，希望上级部门帮助困难企业提高职工收入。

◆重钢集团党委宣传部供稿

【重钢党委对职工思想反映及问题的处理意见】 1. 2008年4月15日，重钢集团党委常委会对《2008年一季度职工思想调查分析报告》进行讨论，就有关思想反映及问题回复意见。(1)一季度，各单位在宣传贯彻重钢集团职代会和党建工作会精神，深入开展厂情教育活动，努力做好职工思想政治工作，组织和发动职工完成生产经营任务等方面做了大量的工作，职工队伍主流是好的，是积极向上的，对完成2008年生产经营任务和党建工作目标充满了信心。各单位要继续加强宣传教育工作，保持职工队伍的稳定。(2)职工提出的希望和建议都是为了搞好企业生产经营，加快企业发展。请各单位和重钢集团有关部门应认真研究，尽力解决。对目前不能解决的问题要做好解释工作。(3)重钢集团有关部门应加强与上级管理部门的联系和沟通，以增加天然气供应量，确保东华特殊钢公司生产经营正常进行，解除职工的担忧，稳定职工队伍。(4)请有关部门研究，能否对四钢公司矽扁钢坯的供应适当加大内外销差价，以支持四钢公司生产经营。

2. 2008年7月29日重钢集团党委常委会对《2008年二季度职工思想调查分析报告》进行研究讨论，并形成意见。(1)二季度，各单位职工思想反映是积极向上的。希望各单位党委继续做好职工思想政治工作，及时了解和掌握职工思想动态，认真研究和解决职工反映的各种问题，保持职工队伍的稳定。(2)因天然气影响生产经营问题，重庆市天然气供应十分紧张，重庆市确定天然气首先要保证民用的基本原则，因此协调难度很大。请有关部门继续关注此事，尽力协调。(3)近年来，重钢集团对一些困难子公司相继采取扶持政策，股份公司也给予了支持和帮助。这种支持和帮助在今后相当长的时期内还要继续下去。希望各困难子公司也要在加强管理，健全机制上下工夫。(4)关于收入问题。重钢集团已经作出要让各子公司职工全年收入增长15%～20%的承诺，重钢集团职工今年上半年的收入增幅超过重庆市工业企业职工同期的增幅，相信随着下半年经济效益的继续增长，职工的平均收入水平还会得到继续提高。宣传部门要理直气壮地宣传重钢的改革发展，已经实实在在地为广大职工带来了实惠。(5)传媒公司要进一步做好环保搬迁的宣传报道工作，满足职工关心企业，支持环保搬迁的愿望。

3. 2008年10月13日，重钢集团党委常委会对《2008年三季度职工思想调查分析报告》就有关思想反映及问题回复意见。(1)重钢环保搬迁工程成为三季度职工关注的热点问题，证明职工思想反映是真实的、准确的。重钢环保搬迁是重钢生存发展的必由之路，200亿元的巨大工程必然会遇到暂时的困难和巨大挑战。2008年1～9月，重钢实现盈利10亿元，为环保搬迁提供了强有力的支撑。在重庆市委、重庆市政府和重庆市国有资产监督管理委员会的高度重视支持下，经过重钢人的艰辛努力，环保搬迁第一期工程所需的100亿元资金已全部到位。环保搬迁工程的项目核准批文，进展情况也比较顺利。我们必须要下定决心，排除万难，去争取胜利。为尽量降低投产的难度和风险，我们决定4100毫米宽厚板生产线提前在明年的7月建成投产，1780毫米热轧板带生产线在明年底建成，这是分步骤、轻重缓急做的调整，不存在延缓。常委会决定：重钢集团将在近期召开一个扩大的厂务公开会，通报环保搬迁的进度、计划和目标等情况，以消除职工的思想疑虑，进一步坚定广大职工搞好环保搬迁的信心。(2)关于职工违纪案件问题。职工的意见和反映提得好，确实值得引起管理层的深思。对违法违纪案件，一定要及时依法进行处理，并向广大职工通报。要采取强有力的措施，减少或杜绝违法违纪案件的发生，确保“遵纪守法　爱岗敬业”专题教育活动收到实效。(3)关于人才流失问题。股份公司确有一些技术骨干流失，到了某民营企业。据掌握的情况，某民营企业的生产遇到相当大的困难，这些同志去后并未发挥作用，事先的承诺也未兑现。应当清楚，国有企业的职工在经济、政治上是有保障的。重钢职工的收入也是逐年增加的。同时，要消除“重钢留不住人才”的错误思想。(4)关于离休干部办公室反映的提高离休干部生活待遇问题。重庆市政府已有文件，就坚决按照文件规定的政策执行。

4. 重钢集团党委常委会对《2008年四季度职工思想状况调查分析报告》回复意见。(1)尽管面对国际金融危机的严峻形势，重钢集团职工的心态平和，思想总体稳定、健康向上。重钢集团将积极应对，全力搞好生产经营，抓好环保搬迁，争取更大的发展。(2)关于有职工担心因金融危机对实体经济影响会降薪减员的问题，重钢集团已明确要求各子公司，在不亏损的情况下，不降薪减员。希望加强宣传，积极工作，在各级领导班子的带领下，尽量使重钢有效益，不亏损。(3)继续做好2008年生产经营和环保搬迁工程成绩的宣传，鼓舞士气；继续以职代会、党代会精神为重点，搞好形势任务和中央扩大内需政策宣传，搞好厂情教育，统一职工思想。(4)要切实关注停产单位放休职工的稳定及困难职工、低收入职工的稳定。春节前，集中做好送温暖工作，关心特困职工、劳动模范，广泛走访慰问职工，确保节日期间的稳定。(5)歌山乐矿集体企业华力厂退休职工要求解决医保问题，等待市里的统一政策，要向职工讲清楚，做好思想工作。(6)职工思想反映中的其他问题，有关部门要认真研究，能解决的尽力解决，解决不了的，一定要向职工解释清楚。

◆重钢集团党委宣传部供稿

【对外宣传工作】　(1)2008年，由中央驻渝媒体记者、重庆市主流媒体记者和重钢集团记者、通讯员，在中央电视台、人民日报、经济日报、工人日报、新华社每日电讯、中国冶金报、中国文化报、中国企业报、21世纪经济报道、京华时报、香港文汇报、重庆电视台、重庆日报、重庆商报、重庆晨报、重庆晚报、重庆时报、时代信报和新华网、人民网、中国钢铁新闻网、中国钢铁企业网、华龙网等媒体上，发表各类新闻506篇次。(2)2008年，重钢接待中央电视台、新华社、经济日报、人民日报、工人日报、光明日报、香港文汇报、重庆日报、重庆电视台等39家媒体记者采访，其中重要接待21次。中央大型文献片《伟大的历程》、商务部文献电视专题片《对外经贸30年》等摄制组，来重钢集团驻点拍摄采访。承办中国冶金报全国记者年会。(3)2008年5月开始重钢与重庆市委宣传部联合摄制电视连续剧《钢魂》，共同委托北京华谊兄弟公司作为创作拍摄制作单位。(4)根据重钢集团领导的指示和应各相关子公司的请求，应急处理突发事件10次。(5)在重庆日报、工人日报、公民报等报刊和重庆市政府、重庆市委宣传部、重庆市国有资产监督管理委员会、重庆电视台等组织的活动中，开展以生产经营、环保搬迁、纪念改革开放30年、抗震救灾等为主要内容的专题、专版宣传15次。

◆刘世华

【普法工作】　(1)2008年，重钢集团围绕“弘扬法治精神，推进依法治国”主题，按照《重钢集团关于在全体职工中开展法制宣传教育的第5个5年规划》《重钢集团2008年普法和依法治理工作意见》战略部署，继续开展学法、用法活动。(2)2008年上半年，按照重庆市国有资产监督管理委员会统一安排，重钢集团统一组织了一次以7个法律为主要内容的“五五”普法大型活动，27个单位、13400人次参加活动。重钢集团10名领导和236位厂处领导(不含重庆市外)全部参加竞赛，参与率100%。(3)11月，按照重庆市法制办公室统一安排，重钢集团组织在职的10名重钢领导和240名厂处干部，参加重庆市重点企业经营管理人员法制理论考试。重钢集团领导考试平均为98.8分，厂处干部考试平均为97.6分。(4)2008年，开展学习贯彻《中华人民共和国安全生产法》《中华人民共和国产品质量法》等活动。重钢集团职能部门组织“安全月”“质量月”“节能减排周”“3·15”“12·4”等活动。开展系列专项检查。部分子公司开展《中华人民共和国道路安全法》《中华人民共和国食品卫生法》等法律法规的学习。《重钢报》《重钢》杂志、重钢电视台等媒体结合各时期工作重点，开展专题宣传报道。(5)重钢集团编印《五五普法法律法规选编》，各单位编辑印发法制文化和法制宣传小册子。一些单位利用板报、漫画、书法、知识讲座、网上论坛等方式开展普法活动。(6)7月，按照重庆市国有资产监督管理委员会的要求，重钢集团法建办公室组织了一次“五五”普法中期自查。

◆黄文才

【重钢集团共同愿景提炼形成】　2007年6月开始，重钢集团党委宣传部部署共同愿景的提炼工作，按照从下到上、层层制定的原则，收集了解各单位职工、部门制定出的各自的愿景。在分析归纳各单位基层职工、班组、部门愿景的基础上，党委宣传部结合重钢确定的发展战略目标，提炼6种愿景表述方式。经重钢集团企业文化专委会多次讨论修改后，在重钢范围内进行了一次不记名的问卷调查，征求广大职工的意见、建议。2008年1月，在反复推敲、提炼形成3种表述方式后，用书面征求意见形式，听取了重钢集团精神文明建设指导委员会全体成员的意见。2008年2月，重钢集团共同愿景正式形成，经重钢公司党委常委会审议同意、正式确定，予以发布。重钢集团共同愿景：“建设精品基地，再造百年重钢”。

◆田毅

【编印《职工基本行为规范》手册】 按《重钢集团企业文化建设"十一五"规划》的总体部署,2008年1月,重钢集团党委宣传部着手对编印重钢集团《职工基本行为规范》进行研究,提出在工作中务必坚持好"一致性、针对性、合理性、普遍性、可操作性、简洁性"6大原则。重钢集团党委宣传部收集资料,吸收重钢集团及各单位各项规章制度中的先进规范条例,然后进行酝酿和设计,几易其稿。

◆田毅

【2008政研会工作】 (1)2008年,重钢集团政研会制定《重钢集团思想政治工作研究会优秀论文评选(试行)办法》《重钢集团政研会2008年重点课题安排意见》对论文的评审程序进行统一和规范,对课题的内容、形式、时间、责任等进行统一要求。(2)重钢集团政研会及重钢股份公司、重钢集团朵力房地产公司、重庆朝阳公司、重钢集团钢管公司、重钢集团矿业公司等单位分别就《重钢改革开放30周年回顾与展望》《吸收军队文化精髓推进重钢精细化管理》《解放思想发展特色非钢产业的思考和实践》《学习型企业与职工素质建设》《重钢人性格特征探讨》课题进行研讨,形成课题研讨报告。4个片区的年会共推荐论文210篇,片区表彰一等奖13篇,二等奖24篇,三等奖36篇,优秀奖137篇。评选出重钢集团2008年优秀政研论文18篇,其中一等奖4篇、二等奖6篇、三等奖8篇。课题报告和优秀论文已编印成书,下发到基层各党支部。(3)11月,重钢集团党委书记、副董事长张再坤带队参加2008年度中国冶金职工思想政治工作研究会常务理事会会议,并就坚定信心,应对金融危机挑战发表意见。重钢公司撰写的《发挥国企党组织的政治核心作用推进重钢集团又好又快发展》《以党的十七大精神为指导在环保搬迁过程中传承和弘扬重钢文化》《企业改革中的职工心态调节》等分别在中国冶金职工政研会常务理事会、冶金企业文化论坛、《冶金企业文化》上进行交流。

◆黄文才

纪委(监察)工作

【领导人员廉洁自律工作】 (1)2008年1月,重钢集团领导班子召开党风廉政建设专题学习会,并对各级领导人员履行党风廉政建设责任制提出要求。随后,重钢集团召开副处级以上领导人员共计300人参加的反腐倡廉工作会,集体观看警示教育片《沉重的忏悔》。并将胡锦涛总书记讲话及各级反腐倡廉工作会议精神,纳入两级中心组学习计划,在重钢公司进行学习传达。2008年9月,邀请大渡口区检察院负责人,对重钢公司各单位关键岗位科级以上负责人,举办预防职务犯罪专题讲座。(2)重钢集团两级领导班子分别制定了《2008年党风建设和反腐倡廉分工责任制》,明确反腐倡廉工作任务的责任领导、责任内容和责任部门。2008年8月,重钢集团领导班子成员就责任制分工落实情况进行阶段性自查,对分工范围内的各项工作进行了小结汇报。各二级单位成立党风廉洁建设领导小组,定期研究分析解决本单位党风廉政建设中的问题、深入基层开展廉政从业宣传教育工作等。重钢集团两级领导班子还按照统一部署和规定程序,组织召开以"学习和实践科学发展观"为主题的民主生活会。(3)2008年2月,重钢集团副处级以上领导人员286人次对个人有关事项进行集中报告。据统计,重钢公司两级纪委负责人同下级主要负责人谈话共计604人次,科级以上领导人员任前廉政谈话共计156人次,诫勉谈话共计145人次,述职述廉共计726人次。14人次主动向重钢集团纪委登记上交礼品礼金20万元。

◆邓春春

【环保搬迁监督工作】 (1)对环保搬迁招投标工作实施全程监督。2008年,重钢纪委监察处制定《重钢环保搬迁招投标工作若干要求》。2008年,监督人员共计参加招标文件审查、开标、评标、合同谈判、价格审查等会议335次。对内部子公司总承包项目下的101个分承包项目实行招投标指导。自2007年5月重钢环保搬迁开工以来,共计招标186项,招投标金额125.85亿元,在重钢集团环保搬迁监督领导小组指导下,公招率达73.55%。(2)开展环保搬迁专项检查。按照重钢集团董事长董林"重点剖析一两个项目,指导面上的环保搬迁"的总体要求,由重钢集团纪委监察处、审计处、财务处、法规处会同环保搬迁特邀监督员组成专项检查小组,对炼铁总承包、指挥中心工程项目、炼钢项目、轧钢项目、护坡工程等5个项目从招投标至合同签订过程进行专项检查,提出建议和意见47条,并责成相关部门进行整改。2008年5月,重钢集团审计处、财务处、监察处联合对环保搬迁工程资金使用情况进行专项检查。其中重点对重钢集团、重钢股份公司直接投资的环保搬迁工程的项目资金、减员分流资金、油料资金支付情况进行了专项检查,提出整改意见和建议6条。(3)开展现场监督工作。2008年,重钢集团纪委监察处制定《重钢环保搬迁现场监督工作实施办法(试行)》,并派员进驻长寿新区现场,开展环保搬迁工程现场监督工作。对环保搬迁工程现场南北干管基础换填工作和场平工程质量管理等问题,提出监察建议。参与南北干管爆管质量事故、江边护岸工程施工质量问题的处理等。(4)形成监督合力。①2008年6月,重庆市国有资产监督管理委员会成立重钢环保搬迁监督领导小组,由重庆市国有资产监督管理委员会党委副书记、纪委书记、重庆市监察局派驻重庆市国有资产监督管理委员会监察专员颜建禄任组长，并抽调专人和聘请部分专家组成监督工作办公室进驻重钢，对重钢环保搬迁工程实施监督。至2008年10月底，重庆市国有资产监督管理委员会重钢环保搬迁监督工作办公室重点对重钢环保搬迁综合部、财经部、规设部、工程部、设备材料采购部、监理部（三环监理公司）、炼钢、炼铁、轧钢、钢管等24个项目部的履职情况进行检查，提出工作建议和要求。②2008年7月，重钢集团纪委监察处和大渡口区检察院联合成立预防职务犯罪工作组，提出《关于对重钢环保搬迁共同开展职务犯罪预防工作的实施意见》，对重钢环保搬迁实施检企联合监督。联合举办多场预防职务犯罪法制讲座等，并通过大渡口区检察院投标单位行贿记录查询系统，对200家投标单位的廉洁从业记录进行查询。③重钢集团注重发挥特邀监督员的作用，定期召开特邀监督员工作会议，先后组织特邀监督员参与环保搬迁工程项目专项检查工作等。

◆邓春春

【专项效能监察】 （1）建立大宗原辅料供应快速反应机制，应对大宗原辅料供应中出现的情况和问题。2008年，内外勾结干扰重钢生产现场秩序的“6·14”案件发生后，重钢集团、重钢股份公司加大对假冒伪劣矿石和计量作假的打击力度。2008年以来，共检查国内船运矿石船舶576船，查处有质量问题的矿石60船，累计扣重3419吨，挽回直接经济损失460.04万元。并投建机械自动取样系统，对辅料采供实行市场准入招投标，对48家辅料、耐材供货单位进行了市场准入评价，取消2家售后服务差，产品质量波动大的供应单位的准入资格，对100项辅料、耐材实行招投标采购。（2）2008年，重钢集团纪委监察处开展了对废钢渣的专项效能监察，确定重钢集团内部负责葛老溪钢渣挖掘、加工、销售的两家单位；并在葛老溪、鱼鳅浩渣场实行竞价招投标销售，实施同品种同价格竞价销售策略。2008年，钢渣销售产量达4.39万吨，获取经济效益3784.33万元。

◆邓春春

【子公司效能监察】 2008年，重钢集团24家子公司50个厂处单位共计立项92个，主要涉及原材料质量、计量把关，物资、设备采购，工程建设，节能减排、再生资源利用、废旧物资、闲置资产处置等多个领域，通过实施效能监察，建章立制253个，提出监察建议272条，避免和挽回经济损失5223.11万元。

◆邓春春

【违法违纪案件查处】 2008年，重钢集团纪委监察处共收到群众信访举报30件，受理案件线索18件，其中立案处理5件，对5人分别给予开除党籍和行政开除处分，其中处级领导人员2人，科级管理人员2人，收缴违纪所得3.61万元，挽回直接经济损失14.09万元。2008年，重钢集团纪委监察处配合检察机关查处原重钢集团朵力房地产公司2名副经理在开发建设朵力名都期间，分别收受园林公司贿赂6.9万元、广告公司贿赂5.2万元案；重钢集团建设公司电器修造公司经理收受电器元件供货商贿赂9万元案、重钢集团机制公司锻铆厂厂长贪污公款6万元案、重钢集团运输公司驾驶员参与盗窃物资价值23万元一案。5人均被追究刑事责任，受到党纪政纪处分。

◆邓春春

【开展“遵纪守法爱岗敬业”专题教育活动】 2008年9～11月，重钢集团针对个别重要岗位和操作岗位职工和外部人员相勾结，里应外合损害重钢利益的系列厂区偷盗案，开展“遵纪守法爱岗敬业”专题教育活动。（1）2008年9月19日，重钢集团召开“遵纪守法爱岗敬业”专题教育活动动员大会。重钢集团董事长董林，重钢集团党委书记、副董事长张再坤，重钢集团总经理刘加才、重钢集团全部厂处级负责人及各单位关键岗位科级以上管理人员300人参加动员会。张再坤在大会上作动员报告，对专题教育活动作部署。《重钢报》在动员会当天刊出《强化职业道德共创和谐重钢》的特约评论员文章。并开辟专版，推出《预防职务犯罪》专栏，每天对各单位开展专题教育活动的情况进行集中报道，刊登遵纪守法爱岗敬业大家谈征文等。重钢集团还将近年来发生的系列偷盗案、职务侵占案编印成警示教育材料，下发至各单位组织学习。（2）专题教育活动分“宣传发动、学习讨论”（9月19日～10月16日），“查找问题、整改落实”（10月27日～11月21日）。“总结提升”（11月22日～11月30日）3个阶段进行。在宣传发动阶段，重钢股份公司等单位为保证专题教育活动的开展，对专题教育活动各阶段的工作提出安排要求；建设公司在重钢长寿江南新区施工现场设置法制教育专题宣传展板，开通指挥中心广播站，每天利用中饭、晚饭时间滚动播放“遵纪守法、爱岗敬业”活动宣传材料；朵力房地产公司将开展专题教育活动与推进廉洁文化建设结合起来，以“树立廉勤形象，打造朵力品牌”为主题，在建设工地竖立廉洁漫画展板，并在工程建设、物资采购、营销等现场一线开展了警示教育；运输公司、股份公司烧结厂通过悬挂标语、制作黑板报和宣传橱窗等，股份公司运输部、动力厂通过厂内刊物连续刊登、编发专题教育活动学习材料，高线厂利用《青春高线》网络杂志、电子大屏幕等宣传工具，开展了对“遵纪守法，爱岗敬业”专题教育活动的宣传。在学习讨论阶段，建设公司分两期在环保搬迁工地以职工夜校的形式，利用职工业余时间举办“遵纪守法、爱岗敬业”专题讲座。股份公司中板厂组织职工围绕“8·29”钢坯被盗案等典型案例，开展班组、车间、厂处3个层面的“遵纪守法，爱岗敬业”大讨论，开展以“我的职业道德观”“工厂是我家”为主要内容的班组长论坛，在团员青年中开展“践行荣辱观，恪守职业道德”辩论赛活动；股份公司质管处将专题教育活动与该处“廉洁从业、从我做起”系列活动和“堵漏洞、全制度、强执行、促提高”自查自纠专项整治活动相结合，开展处、科、站、班组、党内团内5个层面的专题讨论活动。(3)重钢集团各单位通过召开座谈会、发放问卷调查表，“领导点”“自己找”“群众提”“大家查”等方式，对生产经营管理中存在的薄弱环节和漏洞，进行查找，进行整改落实。此次“遵纪守法爱岗敬业”专题教育活动，重钢共查找存在的漏洞和问题316个，制定整改措施371条。

◆邓春春

【惩防体系5年工作规划】 2008年9月，重钢纪委监察处牵头制定《重钢集团建立健全惩治和预防腐败体系2008~2012年工作规划》，规划提出，要坚持围绕中心、服务大局；坚持解放思想，开拓创新；坚持惩防并举、注重预防；坚持统筹推进、综合治理。到2012年，建成与重钢改革发展相适应的惩治和预防腐败体系基本框架。达到思想教育扎实深入、规章制度体系健全、监督约束更加有力、各种机制协调运行、预警防控作用明显、干部队伍廉洁自律的效果，为推进重钢集团生产经营、环保搬迁、资源开发和企业改革四大战略任务、做精做强重钢提供有力的纪律保障。规划还对反腐倡廉教育、制度建设、监督制约和惩治腐败等4项重点工作作安排部署。

◆邓春春

老干部工作

【离休干部调整护理费标准】 根据重庆市委、市政府决定，自2008年7月1日起适当调整离休干部护理费标准。调整标准为：1959年底前担任过正局(区)级职务的每人每月800元，抗日战争时期参加革命工作的离休干部每人每月500元，解放战争时期参加革命工作的地厅(局)级离休干部每人每月400元，县处级离休干部每人每月300元。重钢公司属于此次调整范围的离休干部共有173人(不含太和铁矿、乐山矿离休干部)。

◆吴建霞

【离休干部医疗保健服务】 (1)2008年重钢公司本部80岁以上的离休干部住院数为13.5人/月，随着老干部“双高期”(高年龄、高发病期)的到来，重钢离休干部工作办公室将离休干部保健工作列为重点。(2)2008年专程到重庆医科大学附属第一医院、重庆医科大学附属第二医院、西南医院、大坪三院、新桥医院、重庆市第一人民医院、重庆市第三人民医院、重庆市第八人民医院、重庆市第九人民医院、重钢总医院、重庆市中西医结合康复医院等医院，对住院的离休老干部162人次进行走访慰问，对长期卧床不起的5位老干部及一位双目失明的离休老干部，都作了定期走访慰问。(3)2008年5月，按照上级有关之规定，离干办公室分两批，组织16名地厅级离休老干部在重钢总医院进行健康体检。(4)为34名离休干部办理了2009年调整医院的相关手续，根据渝委老〔2008〕36号文件规定，新申请鉴定办理4位生活完全不能自理离休老干部特殊护理费补贴每人600元。

◆廖光杰

【离休干部健康疗养】 2008年6月上中旬重钢离休干部办公室与重庆市委老干部局所属的重庆扬帆旅行社组织重钢公司离休干部共17人到昆明、西双版纳健康疗养。对因身体健康原因不能参加疗休的118名重钢本部的离休干部，健康疗养费按地厅级每人1900元、处县级每人1600元发放给本人；共发放疗养费用216400元。

◆吴建霞

【离休干部文化活动】 (1)2008年重钢离休干部办公室组织老干部开展桥牌、台球、门球等竞技体育活动8次，共66人次参赛；钓鱼活动3次，60人参加。(2)组织老干部参观重庆市政建设，感受重庆改革30年来的变化。上半年，组织20名女离休干部到北碚静观美丽乡村嘉年华，欢度三八节。(3)中秋节期间，组织离休老干部中的统战人士、老红军、重钢老干部30名“两江游”。(4)10月，组织70位老干部参观白市驿花卉园及陶然居生态园，感受社会主义新农村的发展变化。

◆黎忠万

【老干部抗震救灾捐款】 2008年5月12日四川汶川地区发生8级大地震后，重钢共有119名老干部(含工作人员)向灾区人民捐款16050元，100名党员主动交纳“特殊党费”28200元(生病住院、外出探亲的除外)，占党员总数的85%，其中缴纳1000元以上有10人。11月，老干部响应重钢公司党委、重钢工会号召，向地震灾区人民捐赠过冬衣被，共有56人捐赠棉被6床，冬衣152件，冬裤33件(个别老干部到商场购买新棉被来捐赠)。

◆张美海

统战工作

【重钢统战工作】 2008年，重钢统战部获2008年度重庆市统战工作先进单位称号。(1)2008年，在坚持日常统战政策和统战知识学习宣传教育的基础上，重点开展学习教育活动。开展以“自觉接受中国共产党领导，坚持走中国特色社会主义道路”为主题的政治交接教育活动。按照重庆市委统战部的安排部署，重钢统战部购买学习资料分发给知联会重钢小组及重钢党外知识分子代表人士，组织大家结合向袁隆平学习活动，结合“解放思想、扩大开放”大讨论活动，加强无党派人士的思想建设。2008年5月15日，重钢统战部组织举办统战人士和统战工作人员学习培训班，特邀重庆市委统战部统战工作专家陈文华授课。(2)2008 年,重钢召开 4 次厂务公开发布会,每次都邀请民主党派和无党派人士代表参加会议,了解和监督企业的经营管理情况。在重钢领导班子民主生活会前,专门召开统战人士代表座谈会,听取和收集统战人士对重钢领导班子的意见和建议,制定整改措施。重钢在召开党代会、职代会等重大会议时,均把邀请统战人士代表作为必不可少的重要工作,事先安排名额,做好组织协调,确保统战人士代表参加。在重钢组织"重钢改革开放 30 年座谈会"等重要活动时,也都邀请了统战人士代表参加。各统战人士围绕重钢集团四大战略任务,立足本岗位和本职工作开展这项活动,用自己的工作业绩和效果检验。各民主党派、知联会结合各自实际,发挥各自优势,开展调查研究,形成调研成果,为重钢集团又好又快发展和构建和谐重钢建言献策。调研课题的内容包括关于改进和完善环保搬迁改造工程监督工作的调查报告、关于环保搬迁中坚持科学民主决策的建议、关于进一步优化生产组织,搞好现实生产经营的调查报告、关于进一步发挥好重钢集团党外知识分子或民主党派作用的调查报告以及关于改进和完善企业统战工作的建议等各个方面。(3)2008 年底,重钢集团党委统战部对开展活动好的民主党派和党外人士进行评比,知联会重钢小组李红《重钢新区质量管理模式调研报告》、农工党重钢支部《关于不断完善重钢新产品开发机制的建议》、民革重钢总支部李学海《用科学发展观指导环保搬迁工程中核技术的运用》获调研论文表彰。(4)在重钢环保搬迁工作中,成立由各方面专家组成的特邀监督员队伍,专门聘请民主党派代表加入其中,让重钢的重大变革的工作接受民主党派和党外人士的监督。(5)重钢党政负责人始终坚持参加党派联系会、情况通报会和各种统战人士活动,直接与民主党派和无党派人士见面、交谈,了解情况,听取意见和建议,努力帮助解决一些实际困难。(6)重钢坚持在资金方面为民主党派开展活动提供必要的支持,各民主党派组织均按人均 50 元提供活动经费,协助民主党派做好组织发展工作,支持民主党派开展活动。

◆龚洋

【重钢民主党派】 2008 年底,重钢共有民主党派成员 235 名。

1. 九三学社在重钢共有社员 107 人。九三学社在重钢建立的基层组织有九三学社重钢基层委员会(下设 3 个支社)、九三学社四钢支社、九三学社中兴公司直属小组。九三重钢基层委员会由张群力任主任委员,陈红任副主任委员,张小清、赵力任委员;九三学社四钢支社由何翔任主任委员,黄云任委员;中兴公司直属小组由胡安国任组长。九三学社在重钢的基层组织属九三学社重庆市委领导。

2. 中国国民党革命委员会在重钢共有党员 68 人。在重钢建立民革重钢总支(下属 3 个支部),属民革重庆市委和大渡口区委双重领导。民革重钢总支由宋晓菊任主任委员,周忠任副主任委员,徐建平、何渝忠、刘美川任委员。

3. 中国农工民主党在重钢共有党员 21 人。农工民主党在重钢建立支部,属农工民主党大渡口区委领导。农工民主党重钢支部由郑建华任主任委员,向淑鑫任副主任委员,马建国任委员。农工民主党中兴公司小组由蔡菁任组长,隶属农工民主党江北区支部领导。

4. 中国民主同盟在重钢共有盟员 20 人,建立民盟重钢支部,属民盟大渡口区委领导。民盟重钢支部由吴明蓉任主任委员,苏平、邓筠任委员。

5. 中国民主建国会在重钢有会员 10 人,分别属民建大渡口支部和巴南区支部。大渡口地区由李美军任联系人,贺奎任巴南区支部副主委。

6. 致公党在重钢共有党员 9 人。致公党在重钢建立了小组,直属致公党重庆市委领导,致公党重钢小组由张敦梅任组长。

◆龚洋

共青团工作

【"青年职业生涯设计导航"活动】 (1)2008 年重钢团委以"岗位学习、岗位发展、岗位成才、岗位奉献"为主题,推进青年职业生涯设计导航活动。全年共有 2500 位青年进行职业规划设计,各级团组织共开展各种类型的职业生涯设计活动 67 次。(2)各级团组织整合团内活动,把技术竞赛、导师带徒、读书活动、青年创新创效等活动作为青年职业生涯设计的重点内容。(3)2008 年重钢团委先后开展"青年职业生涯设计"导航工作研讨会、举办青年职业生涯规划交流会。2008 年 2 月,重钢公司团委与重庆报业集团团委进行了青年职业生涯设计活动交流座谈。

◆刘畅

【开展青年技能振兴计划】 (1)2008 年重钢团委运用建立起的"技能培训－岗位练兵－技能竞赛－考核晋级"的"四位一体"的工作机制,引导青工通过"绿色成才通道"提升技能水平和等级,全年参加技术练兵人数共计 3194 名。(2)在"导师带徒"活动中,将"徒弟条件"增加了参加技能竞赛的青年对象,形成技能竞赛与"导师带徒"活动有机结合,重钢共组织 156 对青工签订导师带徒合同,重钢公司重点管理 20 对,向徒弟取得资格证的导师兑现了津贴。(3)与重钢集团有关部门联合举办重钢第七届职业技术竞赛,共开办了 14 个项目,参赛选手共 276 人,其中青年选手 134 人,比赛获奖选手 94 人,其中青年 48 人。(4)选派青年技术能手参加国家级、重庆市级青年技能竞赛,推荐 11 人参加重庆市竞赛,重钢股份中板厂余光火的"正火钢板浇水控冷,提高钢板强度"

操作法获重庆市“青年先进操作法”称号；重钢团委也再次获重庆市“青年技能振兴计划”优秀组织单位。选派3名青工参加全国“振兴杯”青工技术大赛。(5)2008年，重钢共有1269名青工获得高级工资格证，106名青工取得技师资格证，7名青工获得高级技师资格证。

◆刘畅

【“青春倡廉”促和谐行动】 (1)2008年重钢团委继续以意识教育、法制教育、阵地教育、警示教育为重点，以实践活动为手段，通过组织生活、团队活动、主题教育、党团课学习等方式，在青年中开展了“青春倡廉”促和谐行动。(2)开展“遵纪守法、爱岗敬业、青年当先”专题教育活动，通过基层团委组织集中学习，团支部召开专题生活会，拟写活动简报，开展反腐倡廉和普法教育。(3)策划开展“青春倡廉”青年辩论邀请赛，分别邀请4个单位，从“廉政建设主要靠自律还是他律”“腐败的根源在于人性的贪欲还是在于制度的缺失”两个辩题进行探讨；全年，重钢各级团组织开展普法教育114次，民主生活会140次。

◆刘畅

【重钢召开第十六次团代表大会】 2008年，重钢团委划分26个选举单位，通过组织选举团代会代表、推荐团委委员候选人；经过自下而上，上下结合，听取团员意见，征求基层党组织同意，各选举单位按20%的差额比例选举产生出席重钢第十六次团代会代表160名。重钢团委在各选举单位民主推荐的基础上，提名团委委员候选人推荐人选37名，召开重钢集团团委委员会议，讨论、研究，确定团委委员会委员候选人11名，并报经重庆市国有资产监督管理委员会团工委审批同意。

2008年9月24日，重钢第十六次团员代表大会在重钢公司会议中心小礼堂召开，大会统一制作17块展板。吴冬代表共青团重钢(集团)有限责任公司第十五届委员会作《抓住新机遇迎接新挑战团结带领广大团员青年为做精做强重钢贡献力量》工作报告。大会选举出共青团重庆钢铁(集团)有限责任公司第十六届委员会委员9名，会后召开共青团重庆钢铁(集团)有限责任公司第十六届委员会第一次全委会，选举吴冬为团委书记。

◆刘畅

【青年抗震救灾志愿服务活动】 2008年5月12日四川汶川大地震后，重钢团委发《关于组织动员公司广大团员青年为抗震救灾交纳特别团费的紧急通知》，5月19日，重钢团委以捐款仪式的方式，集中收取了各单位团组织上缴的特别团费67060元，捐衣物3580件。重钢团委迅速组织各单位团组织，与重钢总医院收治的37名灾区伤病员及家属进行结对帮扶，刊登启事向全体团员青年发出倡议，利用公休一天时间到医院为伤员进行志愿服务，参与志愿服务的青年共计725人。在纪念七一期间，重钢团委举办“永远跟党走”抗震救灾青年诗会，悼念汶川大地震遇难同胞，讴歌在党领导下抗震救灾中涌现出的先进事迹、优秀人物。

◆刘畅

人民武装工作

【民兵预备役人员政治教育】 (1)组织专武干部和民兵学习和贯彻落实党的十七大会议文件、科学发展观论述、全国“两会”、重庆市三次党代会、重钢公司“两会”和十一次党代会精神以及重钢公司“四大战略”(实现生产持续递增、环保搬迁快速推进，资源开发拓展实施，企业改革不断深化)和民兵工作会上的有关文件。(2)组织民兵学习贯彻中央历代领导人关于民兵组织“两力”转换的理论和重钢公司领导关于“民兵要在生产经营中大显身手、在环保搬迁工程中大展宏图，充分发挥三个作用”指示精神。(3)各级民兵组织和武装部抓好对民兵预备役人员和复转退伍军人“遵纪守法、爱岗敬业”的专题教育。(4)利用民兵整组、军事训练、巡逻执勤、完成军事任务等机会，抓好对民兵的国防意识教育，组织民兵学习贯彻党中央、中央军委关于加强民兵工作的方针政策、宗旨性质和胡锦涛主席在十七大报告中关于加强民兵建设重要讲话精神。(5)抓好对民兵科学文化、专业知识、技能竞赛、管理知识的学习培训和法规厂纪教育，组织民兵积极开展精神文明建设活动。2008年，各级民兵组织和武装部组织民兵参加各类政治文化、企业管理、厂规厂纪、技术技能的学习培训和厂情教育46085人次；配合人资处、工会等部门组织民兵229人参加重钢集团技能竞赛，占参赛总数的83%；与重钢团委联合组织青年民兵和共青团员106人次上大街、下村段开展学雷锋志愿者服务活动，义务为烈军属、伤残军人等优抚对象以及广大职工群众服务，做好事1387件；组织民兵参加厂区环境治理、清理卫生死角等20847平方米，疏通水沟38351米。(6)重钢武装部和重钢集团三峰传媒公司合作，办好《重钢报》每月一期的民兵专版和重钢闭路电视民兵专题节目；全年《重钢报》共刊用民兵稿件168篇，重钢闭路电视播出民兵节目38个。重钢民兵受教育面达到98%。

◆许明光

【军事人防工作】 (1)2008年4月中旬，重钢武装部从复员老兵中选拔100人，组建重钢集团百人反恐应急分队，并集中进行盾牌、警棍及军体拳等科目的处理突发事件技能训练，接受重庆市、大渡口区军事机关检查验收。(2)6月中旬，组织在大渡口区的重钢各单位应急分队民兵完成参与预防和处置自然灾害与突发性事件在物资准备、人员调集、灾情勘察、实施抢险的实战性训练，并接受重庆市、大渡口区军事机关和重庆市、大渡口区防洪办公室的检查验收。(3)重钢武装部协助重钢职工培训中心组织对185名春季新生和1500名秋季新生进行以队列、军体拳、内务卫生为主要内容的军事训练。(4)5月9日,重庆朝阳气体公司武装部组织民兵进行轻武器实弹射击训练。(5)在年度民兵预备役整组的同时,实施对重钢总医院医疗救护连、重钢集团建设公司工程抢修连、重钢集团运输公司运输连、重钢集团生活服务公司通信排、重钢股份公司焦化厂防化排等共240人的人防专业分队的年度整组。(6)按重庆市人防办公室、警备区《第六周期人防专业民兵队伍训练工作意见》要求,重钢武装部分别对5个人防专业分队的240名民兵进行战时人防工程抢险抢修任务及程序,战时汽车运输的特点任务和要求,战时医疗救护的开设及任务,有线通信保障的任务和生、核、化武器的防护等战术技术训练。(7)按照总参谋部和国家人防委的指示,重钢武装部做好武器弹药、人防警报设施的擦拭保养、安全使用和重钢7万平方米人防洞的维护管理。

◆许明光

【民兵主题竞赛活动】 2008年,重钢公司武装部下发《关于组织民兵继续深入开展降本增效主题竞赛活动的通知》,与重钢工会竞赛办公室、重钢人力资源处继续联合在重钢武装系统中开展以增产增效、节能降耗、修旧利废和新产品攻关开发为主要内容的"人均增收节支一千元"降本增效主题竞赛活动。重钢集团党委武委会1号文件把"发动民兵带头完成生产经营、环保搬迁和民兵'人均增收节支一千元'降本增效竞赛活动"作为全年重点工作之一作出部署;重钢集团党委在年终党建工作检查中,把组织民兵开展"人均增收节支一千元"降本增效主题竞赛活动作为一项重要内容一并检查。重钢集团成立以武装部、工会竞赛办公室、人力资源处相关人员组成的竞赛活动领导小组,并以武装部文件发《关于组织民兵继续深入开展降本增效主题竞赛活动的通知》。2008年,重钢各级民兵组织和武装部组织民兵设立降本增效竞赛项目294项,创降本增效价值5730.58万元。

重钢民兵应急小分队在生产现场 蒋兴琪 摄影

◆许明光

【年度民兵整组】 根据重庆警备区《2008年度民兵、预备役部队组织整顿工作》和大渡口区人武部《2008年度组织动员工作》指示精神,重钢民兵整组工作从2008年2月25日开始至3月31日结束,历时35天。整组工作中,重钢武装部一是抓好骨干培训,使参与整组工作的相关人员明确民兵整组工作的目的和意义、任务和标准、方法和步骤、完成任务的时间和要求;二是广泛开展国防教育活动,增强广大民兵、预备役人员的国防意识;三是搞好民兵预备役人员的出入转队和民兵组织的调整编组以及民兵干部的调整任免和基干民兵点验工作。同时,完成民兵整组工作的"三表"(民兵预备役组织登记表、退伍军人预备役登记核对情况统计表、地方专业技术人员统计表)和"九册"(退伍军人花名册、基干民兵花名册、普通民兵花名册、应急分队人员花名册、民兵专业分队人员花名册、地方专业技术人员花名册、民兵干部花名册、一类预备役人员花名册、预备役部队人员花名册)的填报工作。通过年度民兵整组,重钢有民兵团11个、民兵营24个(原重钢产业公司材料总厂民兵营2008年7月1日企业改制后撤销)、民兵专业技术分队5个(其中根据大渡口区人武部指令新增舆论战分队1个)、应急民兵分队37个。在实施民兵整组、预备役登记统计工作的同时,对重庆陆军预备役高射炮兵师指挥营设在重钢的预备役通信连进行了年度整组。

◆许明光

【抢险救灾工作】 2008年5月,重钢武装部分片到各子公司及其厂处单位武装部对防洪防汛工作进行全面检查。6月13日上午,重钢武装部组织重钢股份公司焦化厂、型钢厂、动力厂、运输部、原材料处、保卫处和重钢运输公司民兵应急分队共89人实施防洪抢险应急预案演练,并接受重庆市和大渡口区防汛办公室的观摩及检查。从2008年5月1日到10月21日,重钢武装部组建了2个由100名应急分队民兵组成的防洪抢险突击队和1个由50名应急分队民兵组成的保障分队,实施了两个突击队每周轮换、每天24小时的防汛值班。

◆许明光

【民兵反偷防盗活动】 2008年,重钢各级武装部组织民兵配合公安保卫部门加强对重点区域、料场、重要目标和环保搬迁施工现场的巡逻执勤打击偷盗犯罪。各级武装部根据本单位实际，组织5~10人的民兵小分队，在时间上采取定期巡逻和临时安排相结合，方式上采取分散巡查与集中巡逻相结合，任务上采取点段负责与片区包干相结合的办法开展反偷防盗活动。8月5日到9月30日，重钢武装部先后组织专职武装干部和民兵4251人次与公安保卫人员联合开展了“迎奥运、保平安”的治安综合整治大行动，坚持每周2至3个晚上采取设卡盘查、不留死角，对库房、料场、通讯线路等重点区域进行拉网式巡逻排查。全年重钢各级武装部组织民兵配合保卫部门搞好巡逻护厂和社会治安综合治理23891人次，抓获犯罪嫌疑人员773人，追回被盗物资127吨，挽回经济损失53.74万元。

◆许明光

【优抚慰问】 2008年，重钢武装部兑现了军队转业干部、老复员军人、原8023部队退役人员的解困政策。元旦、春节和八一节期间，各级党政和武装部上门走访慰问，举办文娱活动，组织知识竞赛，召开座谈会、茶话会、表彰会以及发放慰问品、慰问金等对重钢优抚对象和驻渝、驻区部队开展优抚慰问活动，并按照政策规定全面兑现发放义务兵家属优待金。2008年，先后走访慰问重钢优抚对象8008人次，慰问部队11个(次)，为重钢112户义务兵家属发放优待金18900元，共开支慰问经费62.12万元。

做好军队退役人员的来信来访接待处理和重要、敏感时期的稳定工作。北京奥运会期间，各级武装部和相关部门做好重钢军队退役人员的思想稳定工作。2008年，各级武装部接待来信来访1271人次，重点走访138户，解决实际困难85件次，化解集访、上访矛盾140人次。

◆许明光

【2008年冬季征兵】 重钢2008年冬季征兵工作10月9日开始，12月20日结束。征兵工作分5个阶段实施：组织准备阶段，宣传动员及报名阶段，体检政审阶段，定兵起运阶段，工作总结阶段。重钢成立以重钢集团董事长董林，重钢集团党委书记、副董事长张再坤为主任的冬季征兵工作办公室，设立征兵宣传工作组、新兵政审工作组、日常具体工作组。按照重钢集团征兵工作“六不准”(不准收受应征青年和家属的礼品礼金；不准接受吃、唱、跳、钓的邀请；不准为不合格人员说情走后门；不准设卡阻止适龄青年报名应征；不准违反征兵命令，降低征兵标准；不准借征兵之机讲排场)、“四公开”(政策规定公开；名额指标公开；报名登记公开；被应征入伍的人员名单公开)规定，确保了重钢冬季征兵工作的全面完成。

2008年重钢冬季征兵，重钢集团(含重钢集团大渡口区外各单位)共有35名适龄青年报名应征，19人经体检、政审合格，应征入伍。

◆许明光

工作机构

【党委办公室概况】 重钢公司党委办公室是中共重庆钢铁(集团)有限责任公司委员会的日常办事机构和综合工作部门。在党委工作机构建制上，中共重庆钢铁(集团)有限责任公司机关工作委员会与党委办公室合署办公，称为重钢党委办公室(机关党工委)。设秘书科。2008年末在岗职工5人。

2008年主要工作：(1)开展调查研究工作。围绕重钢公司党委重点工作，围绕生产经营中心和重钢的发展战略，围绕党委领导思考的重点问题，对各子公司、各单位党委的工作进行调研。调查研究的重点是各单位推进和落实重钢公司党委工作部署的情况、各单位党建工作的特色和亮点、各单位对重钢公司党委的意见和建议以及维护企业稳定工作情况等。(2)信息工作。2008年，各单位向党委办公室报送信息511条，重钢党委办公室向重庆市国有资产监督管理委员会报送重要信息88条，向重庆市委市府办公厅值班室、重庆市维护稳定办公室报送各类不稳定信息和紧急信息13条。(3)文稿起草。2008年，先后起草《重钢公司党委实施固本强基战略纲要的通知》《重钢公司党委2008年度工作总结》《重钢公司党委2009年度工作要点》等重要文件以及重钢党委领导在重钢公司第十一次党代会、党建工作会、稳定工作会、参加重庆市召开的有关会议上的讲话稿。(4)收集分析不稳定因素和苗头，牵头抓好不稳定事件的协调处理。协助重钢党委领导召开稳定工作会，分析稳定工作形势，排查热点问题和不安定因素。在北京奥运会、残奥会、改革开放30周年庆典等重大活动期间，采取了全面排查、重点监控、签订责任书等形式。2008年，协调处理和化解了集体企业改革改制引发的不稳定事件、部分退休人员群体的集体上访事件等，确保了重钢公司的整体稳定。坚决贯彻上级处置“法轮功”的工作部署和要求，组织开展与“法轮功”邪教组织的政治斗争。(5)综合协调和后勤保障工作。2008年，重钢党委办公室发挥在组织重钢公司党委重大会议、重大活动中的统筹作用，为重钢公司第十一次党代会、党委常委会、全委会、党政联席会、党群部门工作例会、党委书记例会、党建工作会、党委常委带队检查各单位工作等各类重要会议和活动提供了服务保障。

◆邱阳

【组织部(人事处)概况】 组织部(人事处)是重庆钢铁(集团)有限责任公司党委和行政的职能管理部门，设组织科和人事管理科。2008年末有在岗职工5人，其中高级政工师1人，经济师2人，政工师2人；大学本科学历4人，大学专科学历1人；均为中共党员。其主要职责是负责重钢集团两级领导班子建设(包括争创“四好领导班子”活动的规划、评选和表彰等);负责重钢集团厂处领导班子的管理和厂处干部的考察、考核、任免、交流、监督、奖惩、培训、生活福利等管理工作;负责重钢集团下属子公司董事、董事长(执行董事)、监事、监事会主席的派任及管理;负责重钢集团向上市公司、参股公司派出推荐产权代表、董事、董事长、监事、监事会主席人选;负责重钢集团后备干部的推荐、选拔、培养和管理;牵头组织召开重钢集团两级领导班子民主生活会;负责重钢集团干部人事制度涉及厂处领导干部选拔任用等方面的深化改革,参与规范和完善子公司法人治理结构工作;牵头组织实施重钢集团党的组织建设工作(包括重钢集团及所属单位党委、纪委换届改选各项工作;牵头组织开展重钢集团党内“主题活动”和党内“创先争优”活动的开展、评选和表彰;指导基层党组织的组建工作,指导基层党支部建设和党员教育管理及发展党员工作);负责重钢集团党建研究会秘书处工作;牵头组织党内年报统计上报、党刊的收订、发行和党费的收缴、使用和管理;牵头组织政工职称评审及政工职称的管理工作;负责机关党群科级和各子公司科级党群组织负责人的任免及党群聘干管理;参与做好来信来访和落实政策、待遇等工作;负责重钢集团对口管理人员的业务指导和对上、对外的协调工作。

2008 年,重钢组织部(人事处)按照重钢十一次党代会提出的要求,推进重钢两级领导班子建设和党的组织建设工作。在增强领导班子成员迎接挑战、战胜困难的信心,提高领导班子成员综合素质和推动科学发展的能力,发挥领导班子整体功能,发挥党组织的政治核心作用、党支部的战斗堡垒作用和党员的先锋模范作用等方面取得了新的成效。

2008 年组织部(人事处)党支部继续保持“红旗党支部”称号,处室继续保持重钢集团机关“最佳文明处室”称号。

◆刘勇

条目另见部目

【交纳“特殊党费”】:《特载》

【中共重钢第十一届委员会常委】:《人物》

【党委宣传部(统战部)概况】 重钢党委宣传部和统战部是两块牌子一套班子,是重钢党委主管职工宣传思想工作、精神文明建设、企业文化建设、对外宣传工作和统一战线工作的职能部门。2008 年,重钢党委宣传部设宣传科、新闻科、综合统战科,重钢职工思想政治工作研究会和法制建设办公室挂靠在党委宣传部。在岗职工 8 名,其中具有高级职称 4 人,中级技术职称 1 人,初级技术职称 3 人。(1)2008 年,重钢集团宣传思想工作高举中国特色社会主义伟大旗帜,落实科学发展观,以深入学习贯彻党的十七大精神为主线,加强政治理论学习。(2)用党的十七大会议精神和科学发展观总揽宣传思想工作大局,把握舆论宣传导向,营造好科学发展和谐发展的氛围。(3)开展“解放思想,扩大开放”大讨论活动。(4)以庆祝重钢迁渝建厂 70 周年为契机,开展以“传承光荣历史,再创重钢辉煌”为主题的厂情教育活动。(5)坚持和不断完善职工思想状况调查分析制度。(6)坚持开展群众性精神文明建设活动,加强文明单位创建工作。(7)不断深化企业文化建设,经过提炼、推敲、审定,重钢集团共同愿景“建设精品基地,再造百年重钢”正式确定并予以发布。(8)抓好统战工作和政研会工作,继续开展普法宣传教育。

2008 年,重钢党委宣传部(统战部)获重庆市宣传思想工作先进单位和重庆市统战工作先进单位。

◆龚洋

条目另见部目

【重钢改革 30 年回顾及变化】:《特载》

【重钢纪念改革开放 30 年活动】:《特载》

【《重钢》】:《文化教育》

【纪委监察处概况】 重钢纪委监察处 2008 年末设党风信访室、执法监察室、案件检查室、案件审理室 4 个科室。2008 年 12 月末在岗职工 10 人。有高级职称的 2 人,中级职称的 4 人。2008 年,重钢集团围绕生产经营、环保搬迁、资源开发和企业改革等重点工作,按照《建立健全惩治和预防腐败体系 2008 ~ 2012 年工作规划》的总体要求,坚持标本兼治、综合治理、惩防并举、注重预防的工作方针,以贯彻落实党风廉政建设责任制为基础,以构建完善惩治和预防腐败体系为主线,着力抓好教育、制度、监督、惩处各项工作,促进了企业生产经营的发展。

◆邓春春

【离休干部办公室概况】 2008 年,重钢共有离休干部 179 人,其中老红军 1 人,享受地厅级政治生活待遇 30 人。离休干部办公室党委有党员 118 人,设 6 个党支部,20 个党小组。离休干部工作办公室有工作人员 6 人,其中主任兼党委书记 1 人,综合科长 1 人。

1. 学习贯彻党的十七大精神、重钢公司第十一次党代会精神。3 月,组织部分老干部到重庆市委老干部活动中心、听取党的十七大精神专题报告会;“七一”前夕,组织老干部和党员开展学习党的十七大知识竞赛,实际参加 136 人,占总人数的 92.3%,并对参赛者发放了纪念品和对各支部给予了组织奖。11 月,组织老干部到重庆市老干活动中心听取改革开放 30 周年专题报告会。2008 年 3 月,选举出席重钢第十一次党代会代表 10 名;重钢公司党代会结束后,离休干部党委召开扩大会议,传达重钢公司第十一次党代会精神。9 月,邀请重钢集团党政主要负责人向 70 名老干部作生产经营和环保搬迁形势任务报告。

2. 抓老干部队伍的稳定工作。按照重钢公司党政关于稳定工作的承包要求,上半年,离干党委多次召开党委扩大会、党支部书记例会,要求各党支部认真做好老干部思想政治工作，保证奥运火炬在重庆传递和奥运会期间不发生老干部进京上访、到市有关部门集访事件，要求党员带头遵守。全年，未发生老干部到重钢集团、重庆市委相关单位集体上访事件。

3. 2008年5月12日，四川汶川地区发生8级大地震后，重钢老干部主动向灾区人民捐款，119名老干部(含离休干部办公室工作人员)捐款16050元，100名党员主动交纳“特殊党费”28200元。

4. 为老干部办实事。(1)组织老干部两年一次的健康疗养。(2)组织17名离休老干部到昆明、西双版纳健康疗养；因身体等原因不能参加疗养的重钢公司本部离休老干部发放健康疗养费用。(3)5月组织16名地厅级离休干部分两批在重钢总医院进行健康体检。(4)办理离休老干部医保手续。①兑现2007年度离休干部节余医药费共26人，计51609.55元。②发放兑现离休干部医药费459000元。③办理10人生活不能自理的离休干部特殊护理费补贴手续。(5)2008年重钢离休干部办公室党委分二次到医院和老干部家中走访慰问困难党员。(6)坚持不定期对生病住院老干部进行走访看望制度。(7)三四月份由离休干部办公室负责、重钢集团朵力房地产公司组织人员对重钢的红军院进行维修。

5. 组织老干部开展各项文娱活动。(1)为迎奥运、庆祝重钢迁渝建厂70周年和周恩来诞辰110周年，重钢离休干部办公室配合重钢老年书画研究会于3月27日在重钢工人文化室举办“重钢迁渝建厂70周年职工美术书画摄影展览”。(2)组织老干部参观市政建设。(3)组织老干部开展各项文体活动。

◆张美海

条目另见部目

【2008年逝世的离休干部】:《人物》

【重钢工会概况】 2008年，重钢集团有厂处工会54个，工会小组2502个，会员职工25973名。重钢集团工会机关设办公室(生产保护部)、组织民管部、生活女工部、宣教文体部、财务部；管理人员10名。工会文体阵地有影剧院、篮球场、足球场、文体活动楼、水上活动中心、文化室等，文体阵地职工19名。重钢工会实体有重庆天云实业总公司、技协服务部等，职工11名。

◆李春海

条目另见部目

【抗震救灾捐款活动】:《特载》
【纪念重钢迁渝建厂70周年文化活动】:《文化教育》
【钢花文学奖评选】:《文化教育》
【《钢花》创刊50周年纪念】:《文化教育》
【重钢职工参与奥运火炬传递】:《文化教育》
【重钢“迎奥运健身活动月”先进单位】:《文化教育》
【首部摄影集《紫烟》出版】:《文化教育》
【职工民主管理工作】:《工会建设》
【加强工会组织建设】:《工会建设》
【推进集体合同制度】:《工会建设》
【厂务公开民主管理工作】:《工会建设》
【群众经济技术创新工程】:《工会建设》
【“创建学习型企业争做知识型职工”活动】:《工会建设》
【工会宣传工作】:《工会建设》
【创建“工人先锋号”活动】:《工会建设》
【开展“职工之家”创建活动】:《工会建设》
【抗震救灾夺损失劳动竞赛】:《工会建设》
【爱心帮扶切实维权】:《工会建设》
【女职工队伍建设】:《工会建设》
【“安康杯”竞赛活动】:《工会建设》
【健康老人】:《人物》

【重钢团委概况】 重钢团委2008年有直属团委(总支)、团支部25个，基层团委(总支)22个，团支部235个，团员3124名，35岁以下青工6456名，专职团干部34名，兼职团干部16名。团委机关工作人员2名。2008年主要工作：(1)学习贯彻党的十七大、十七届三中全会和团的十六大、重庆市第三次团代会精神，全年各单位团组织共计开展政治理论学习243次。(2)开展以“传承光荣历史再创重钢辉煌”为主题的厂情教育活动，开展不同形式的厂情教育190次。(3)落实“党建带团建”工作，继续实施“五带一优化”，推进共青团工作实现了科学发展，继续抓好“推优”入党工作，全年向党组织推荐优秀青年203名，被吸纳110名。(4)召开共青团重庆钢铁(集团)有限责任公司第十六次代表大会，160名团代表选举产生重钢第十六届委员会委员9名。(5)按照“三级联创”的要求，推进各级“五四红旗团委”“五四红旗团支部”的创建工作；2008年重钢集团授予10个“五四红旗团委”、20个“五四红旗团支部”。(6)推进青年创新创效活动，全年共签订“青年科技创新项目攻关手册表”177份，实现经济效益320万元，签订基层团支部“五小”QC项目承包手册表263份，实现经济效益140万元。(7)开展“青年安全监督杯”竞赛活动，开展青年安全建议征集活动，共收到安全建议232份，全年共发安全提示短信600条，全年共查安全隐患1295起，整改1163起，设置“青安岗”265个，新增安全标识牌495块。(8)开展青年突击队活动，各级团组织开展各项突击活动113次，1182人次参加。(9)开展“新世纪青年读书活动”，各级团组织共开展读书活动184次，1934人参加，建立青年活动阵地86个，成立兴趣小组71个。(10)开展“青年职业生涯设计”导航活动，全年2500位青年进行职业规划设计，各级团组织共开展各种类型的职业生涯设计活动67次。(11)青年文明号创建工作。2008年，创建“青年文明号”68个，“五四”期间团委对2006年度“重钢青年文明号”复核和重新认定，对10个2007年度“重钢青年文明号”表彰。(12)与重钢武装部联合开展志愿者服务活动3次,服务人数上千人;各级团组织开展青年志愿者服务活动共计111次,7人参加服务,服务达2249人次。

◆刘畅

【重钢武装部概况】 重钢武装部是重钢集团党委的军事机关,属处级机构,设军事人防科和政工科;主要负责对重钢集团机关和重钢在大渡口地区的各子公司及其厂、处单位的民兵预备役工作、人民防空工作、拥军优属工作和预备役部队(通信连)工作的组织、指挥和实施;同时负责对重钢集团大渡口区外各单位的民兵预备役工作、人民防空工作和拥军优属工作进行指导。重钢武装部的军事工作接受大渡口区人民武装部领导,人民防空工作接受大渡口区人防办公室领导,拥军优属工作接受大渡口区民政局领导,预备役部队(通信连)工作接受重庆陆军预备役高射炮兵师指挥营领导。2008年,重钢武装部在册职工7人,其中部长1人、科长2人、参谋4人。重钢武装部辖42个子公司及其厂处武装部(原重钢产业公司材料总厂因2008年7月实行企业改制、更名,重钢产业公司材料总厂武装部撤销),配有专兼职武装干部82人。2008年9月,根据重钢保发〔1990〕第290号文件规定,完成对专武干部制式服装的换发工作。

2008年11月27日下午,中共重庆市委常委、重庆警备区政委梁冬春少将率工作组来重钢视察民兵工作。重钢集团董事长、武委会主任、武装部第一部长董林陪同参观反映重钢民兵工作的展板,检查了重钢武装部正规化建设情况。

2008年,重钢武装部主要完成12项工作:(1)民兵政治教育;(2)民兵参建活动;(3)军队退役人员稳定;(4)民兵、人防专业队和预备役部队(通信连)年度整组;(5)军事训练;(6)防洪防汛、抢险救灾;(7)处置突发事件;(8)巡逻执勤、反偷防盗;(9)冬季征兵;(10)武器装备管理;(11)人防工程设备设施维护管理;(12)拥军优属。

◆许明光

2008年重钢公司党委机关通信录

电子邮箱	电话	地址	邮编
党委办公室	023－68843217	重庆市大渡口区大堰三村1幢1号301室	400080
党委组织部(人事处)	023－68846318	重庆市大渡口区大堰三村1幢1号101室	400080
党委宣传部	023－68846149	重庆市大渡口区大堰三村1幢1号201室	400080
纪委监察处	023－68846098	重庆市大渡口区大堰三村1幢1号312室	400080
离休干部工作办公室	023－68846384	重庆市大渡口区锁口丘	400080
武装部	023－68847733	重庆市大渡口区钢花支路	400080
团委	023－68842216	重庆市大渡口区大堰三村1幢1号406室	400080
工会	023－68844489	重庆市大渡口区大堰三村1幢1号301室	400080

■张蓉

本部目责任编辑　张　兵
本部目责任校对　龙志敏

11

工会建设

重钢年鉴

2009

职工代表大会

重庆钢铁(集团)有限
责任公司工会
第十四次会员代表大会
暨第十二届
职工代表大会
第六次会议

重庆钢铁(集团)有限责任公司2008年财务报告

(摘要)

重钢集团副总经理、总会计师 袁进夫

(2008年12月25日)

一、主要财务指标完成情况

1. 营业收入指标

2008年,重钢集团营业收入(合并)目标为160亿元,1~11月实现188.16亿元,预计全年完成200亿元,比目标增加40亿元,增长25%,比上年增加49.3亿元,增长32.71%。

2. 利润指标

2008年,重钢集团利润目标为5.5亿元,1~11月实现利润10.33亿元,预计全年完成9亿元,比目标增加3.5亿元,增长63.64%,比上年增加3.85亿元,增长74.76%。

3. 实现利税指标

2008年,重钢集团利税目标为15亿元,1~11月实现利税21.03亿元,预计全年完成20.3亿元,比目标增加5.3亿元,增长35.33%,比上年增加4.75亿元,增长30.55%。

4. 资产负债率指标

2008年11月末,重钢集团资产负债率68.95%,预计年末为69.59%,比上年末上升5.46个百分点。

5. 归属于母公司净资产收益率指标

2008年1~11月,归属于母公司净资产收益率为13.24%,预计全年为12.02%,比上年上升6.28个百分点。

二、利润情况

2008年,重钢集团利润总额呈现前高后低的走势,从总体水平看,比上年有较大幅度的增长。1~9月实现利润总额10.03亿元,同比增加5.10亿元,增长1.03倍,远高于行业重点企业的平均增幅,其中3~8月月利润均保持在1亿元以上,7月利润更是高达1.55亿元,创下重钢集团单月实现利润最高水平;但进入四季度后,由于钢材价格大幅下跌,尤其是集团核心盈利产品中板价格跌幅更大,导致钢材销售利润大幅减少,企业效益明显下降。四季度,预计集团亏损1.33亿元,若剔除确认出售交通银行及重庆银行股权实现的非经常性收益因素后,实际经营亏损2.75亿元。

2008年重钢集团利润总额较上年增加3.85亿元的主要增利减利因素:

1. 增利因素主要有5个方面,共计增利49.63亿元。(1)钢材平均售价上升,预计增利44.78亿元。2008年,钢材市场呈现暴涨暴跌,上下半年变化很大。上半年,钢材市场需求旺盛,同时原材料大幅涨价,推动钢材价格高位大幅飙升,并不断创出历史新高。下半年,受全球经济下滑,下游产业不景气等影响,钢材市场需求明显不足,钢材价格急转直下。其中三季度钢材市场下跌主要以建材为主,而重钢集团所产的品种板材价格下跌相对较小;但进入10月后,钢材价格呈现全面恐慌性的暴跌,在短短的几周内跌幅超过30%。11月,市场整体跌幅才逐渐收窄。以重庆市场6.5毫米的高速线材价格运行为例,其从年初市场含税价格4500元/吨最高上涨到6月的6100元/吨,随后又大幅下跌,10月中旬为3500元/吨,较6月触顶时下跌超过40%。由于2008年重钢集团所产钢材中附加值高的中板产量进一步提高,且比重较大,同时集团营销策略得当,在市场恶化后,及时调整产品结构,果断减少价格低的亏损产品建材的产销量,因此,集团钢材销售均价得以延缓至9月才出现下跌,比市场晚跌了2个月,降低了市场对企业的不利影响。11月,重钢集团钢材平均售价为4123元/吨,比8月历史最高销售均价5853元/吨,下降1730元/吨,跌幅29.56%。但2008年重钢钢材平均售价同比有大幅度提高，1～11月，重钢集团钢材平均售价5210元/吨，同比增加1429元/吨。预计全年重钢集团钢材平均售价5090元/吨，同比增加1283元/吨，增幅33.71%，增利44.78亿元。（2）非钢产业子公司经营效益总体大幅提高，预计全年实现利润3.31亿元，同比增加1.47亿元。矿业公司预计实现利润18542万元，朵力房地产公司预计实现利润7431万元（含出售重庆银行股权盈利3687万元），朝阳气体公司预计实现利润3400万元，三峰卡万塔公司预计实现利润1554万元，新港公司预计实现利润1180万元。（3）钢铁股份公司降本工作成效显著，预计实现降低能耗等工序降本1.60亿元。（4）重钢集团母公司出售持有的交通银行和重庆银行股权，实现投资收益1.05亿元。2008年5月，集团母公司持有的交通银行限售流通股权首次获得上市流通交易后，第一时间全部减持出售，实现投资收益9383万元，规避了后期股票市场大幅下跌的风险，相比当前价格水平，多获收益近5000万元。同时，2008年集团母公司出售重庆银行股权，实现投资收益1141万元。（5）获取大渡口区危旧房拆迁补偿等非流动资产处置净收益0.32亿元，同比增加0.53亿元；实现葛老溪钢渣资源开发销售收益0.2亿元。

2. 减利因素主要有3个方面，共计减利45.83亿元。

（1）主要冶金原料采购大幅涨价，预计增加成本41.56亿元。2008年1～8月，矿石、生铁、废钢、煤等大宗冶金原料价格涨幅十分惊人，其中进口矿石协议价在2007年的基础上上涨65%～96.5%，这是自2003年以来国际铁矿石连续第6年上涨。从巴西到中国进口矿石的海运费从年初的36.5美元/吨，最高上涨超过100美元/吨；生铁含税价格从年初的3600元/吨，最高上涨到4600元/吨；废钢含税价格从年初的3000元/吨，最高上涨到4000元/吨；煤含税价格从年初1000元/吨，最高上涨到1700元/吨。9月，受钢材市场持续下滑的影响，铁矿石等冶金原料市场价格也开始暴跌。短短的两三个月，铁矿石现货价已低于协议价，从巴西到中国进口矿石的海运费最低下跌至10美元/吨以下，生铁价格下跌至2300元/吨，废钢价格下跌至2200元/吨，煤炭价格下跌至1000元/吨。

原料采购成本的大幅增加，直接导致了重钢集团钢铁业成本的大幅上升。2008年1～8月，普钢生产成本从3621元/吨持续上升至4474元/吨，平均每月上升121.86元/吨，不断刷新历史纪录；进入9月后普钢生产成本开始出现回落，9月为4426元/吨，10月、11月普钢生产成本继续下降，分别为3805元/吨、3432元/吨。但1～11月普钢平均生产成本仍高达4009元/吨，同比增加1181元/吨，增幅41.77%。钢铁成本的大幅增加，给企业生产经营带来巨大的压力，也是重钢集团2008年经济运行中最为突出的问题。（2）职工待遇明显提高，预计全年职工工资及附加费同比增加3.50亿元。（3）银行借款及上半年利率上升，财务费用同比增加0.77亿元。

三、资金运营情况

2008年，重钢集团环保搬迁工程建设全面铺开，投资强度前所未有，同时，大宗原料采购成本大幅上升，企业日常生产经营周转资金明显增加，加上集团产业结构调整步伐加快，导致集团资金收支平衡难度很大，稍有不慎，就会带来资金周转的困难。重钢集团顶住压力，积极应对；全年，重钢资金运营较为顺畅，企业改革发展没有受到资金供给不足的影响。

1. 货款回笼情况

2008年，重钢集团货款回笼，超额完成预期目标。1～11月，应收货款262.78亿元，实收货款267.03亿元，货款回笼率为101.62%，其中货币回笼率为94.50%。

2. 对外融资情况

（1）银企战略合作取得新成绩。2008年1～11月，重钢集团新增银行借款26亿元，归还借款8.8亿元，净增银行借款17.2亿元；新增银行授信额度14.8亿元，其中建设银行8.7亿元、光大银行3.6亿元、中国银行1.5亿元、兴业银行1亿元。经与有关银行协商，重钢股份公司以原重钢集团土地使用权作为抵押物的银行借款，现全部解押变更为信用或担保借款。此举促进了重钢集团出让土地的移交，为集团环保搬迁老区土地置换资金的快速到位创造了条件。（2）落实到位土地置换资金。重庆渝富资产管理公司已支付土地置换资金40亿元，其中2008年到位28亿元。（3）获得政府大力支持，实现重钢集团矿山资源投资建设项目政府专项借款20亿元，2008年到位12亿元。同时重钢因环保搬迁收到政府对企业2007年已交税费返还1.44亿元。（4）充分利用资本市场融资平台，创新融资方式。重钢股份公司拟发行约20亿元的分离交易可转换公司债券，正按计划有序推进。（5）拓展融资渠道。重钢集团环保搬迁工程部分设备采购以融资租赁方式筹集采购资金5.3亿元。

4. 降低欠款情况

2008年，重钢集团降低欠款计划5005万元，奋斗目标6150万元。截至11月末，重钢集团实现降低欠款6036万元，其中收回货币资金5937万元，占总降低欠款额的98.36%。

5. 环保搬迁工程及技改技措项目支出情况

2008年，重钢集团工程投资支出主要集中在环保搬迁工程投资建设上。1～11月已支付环保搬迁工程等项目资金37.22亿元。

（1）环保搬迁工程支出331143万元（预计至年末累计支出52亿元），（2）技改、技措项目支出41075万元，其中①钢铁股份公司中板厂热处理作业线等项目支出16035万元，②矿业公司太和铁矿300万吨扩能工程等

7689 万元,③建设公司长寿基地建设等 4721 万元,④四钢公司冷轧硅钢生产线 1677 万元,⑤铁业公司高炉喷煤改造等 1437 万元,⑥三峰卡万塔公司研发中心等 1264 万元。

四、职工薪酬支付情况

1. 职工工资支出情况

2008 年重钢集团工资支出在去年增长的基础上,继续保持稳定增长的态势,1~11 月工资支出总额 10.43 亿元,预计全年支出 11.5 亿元,比上年增加 2.05 亿元,增长 22%。职工工资增长高于物价的上涨,也高于本地社会平均工资的增长。

2. 职工劳动保险费和离休退休经费支出情况

2008 年 1~11 月,重钢集团共计提职工养老保险费 1.90 亿元,上缴职工统筹养老保险费和支付离退休经费 2.05 亿元,做到当期足额计提和上缴,维护了职工的合法利益。

3. 职工失业保险费支付情况

2008 年 1~11 月,重钢集团共计提职工失业保险费 1320 万元,上缴 1320 万元,做到了当期足额上缴。

4. 职工住房投入

重钢集团住房投入在去年增长 60.28% 的基础上,2008 年继续增长 12.94%,1~11 月共支出 7177 万元,同比增加 822 万元,其中为职工缴纳的住房公积金 6572 万元,同比增加 433 万元,增长 7.23%。2008 年继续对改善困难职工住房条件进行投入,1~11 月支出 605 万元,同比增支 379 万元。去年开工建设的集资解危工程“渝新花园”即将交付使用。

5. 职工医疗费和福利费支出情况

2008 年 1~11 月,重钢集团医疗经费支出 14534 万元,比上年增加 3251 万元,增长 28.81%。其中职工基本医疗费支出 11079 万元,同比增长 27.52%;补充医疗费支出 2591 万元,同比增长 30.85%;大额医疗费支出 864 万元,同比增长 40.49%;福利费中用于职工困难补助和慰问、看望职工等方面的支出增幅有所提高,1~11 月共计支出福利费 4144 万元,同比增支 523 万元。另外因实行疗休补贴,1~11 月共支出 561 万元,同比增支 485 万元。关心职工家庭财产安全,继续为每个在职职工的家庭财产投保 2000 元。

五、业务招待费使用情况

2008 年 1~11 月重钢集团业务招待费支出 1853 万元,同比增长 24.28%,同期重钢集团实现销售收入 188.16 亿元,同比增长 36.17%。按照财税制度规定可列支业务招待费 3006 万元,实际支出占可列支部分的 61.64%,业务招待费支出总体仍处于控制之中。

六、上交税金情况

2008 年由于重钢集团经营业绩大幅增加,带来税费大幅上升,对社会的贡献增大。1~11 月,重钢集团上交各种税金 12.35 亿元,比上年同期增加 2.74 亿元,增长 28.49%;预计全年上交税金 13 亿元,比 2007 年增加 2.63 亿元,增长 25.36%。

七、子公司利润分配情况

2007 年,重钢母公司对重钢集团全资子公司的利润分配,继续执行其可供分配利润的 40% 留给子公司作效益积累,60% 上交母公司的分配政策。而控股子公司按其股东大会决议进行利润分配。2008 年,重钢母公司收到重钢集团全资子公司及控股子公司 2007 年度红利 13344 万元:重庆钢铁股份有限公司 8450 万元,朝阳气体公司 1764 万元,朵力房地产公司 1401 万元,设计院 1297 万元,运输公司 130 万元,钢管公司 117 万元,电子公司 95 万元,三环监理公司 88 万元,三钢钢业公司 2 万元。

八、对外投资情况

2008 年,重钢集团资金十分紧张,仍然拿出几亿元资金投入到市场前景好的资源性产业和环保产业中去,以此来优化产业结构,提高企业效益,增强企业抗风险的能力。一是投资 1.21 亿元控股成立成都九江环保发电公司;二是投资 0.83 亿元控股成立重庆巫峡矿业股份公司,综合开发巫山县抱龙桃花铁矿资源;三是投资 1.32 亿元控股成立陕西三金矿业股份公司,对陕西旬阳小金矿进行综合开发利用。

九、资产情况

2008 年,重钢集团资产规模大幅上升、结构不断优化、质量继续改善、运营的效率和效益明显提高。截至 11 月末,资产总额 259.79 亿元,比年初增加 62.66 亿元,增长 31.79%。资产增长主要反映在货币资金,以及具有先进工艺技术的设备等优质资产的增加上。2008 年 11 月,重钢集团资产的流动比率 124.03%,同比提高 22.61 个百分点;1~11 月,重钢集团固定资产周转次数 1.58 次,同比提高 0.40 次;归属于重钢母公司净资产收益率 13.24%,同比提升 5.98 个百分点。

重庆钢铁(集团)有限责任公司工会第十四届会员代表大会暨第十二届职工代表大会第五次会议提案建议意见执行情况报告

(摘要)

重钢集团副总经理　罗福勤

(2008 年 12 月 25 日)

2007 年 12 月,在重钢公司第十二届五次职工代表大会会期和闭会期间,重钢公司行政共收到职工代表对生产经营、环保搬迁、企业管理、改革发展、劳动工资、生活后勤等方面提出的提案、建议、意见共29件。在29件提案、建议、意见中，已经办理17件，正在办理的有4件，条件不具备或不符合政策规定不能办理，或需要加以说明的有8件。

一、已经实现和部分实现的提案、建议和意见

1. 关于矿业公司职工代表提出的“抓住机遇，加快钒钛磁铁矿资源的综合利用”的提案。重钢集团高度关注西昌钒钛资源的综合利用，并列入2008年重钢集团申报国家尾矿资源综合利用的支持项目。集团公司已经审批的630万吨原矿资源开发项目，也把钒钛磁铁资源的综合利用作为建设的重点。在集团公司“解放思想、扩大开放”中心组扩大会议上，对西昌地区矿产资源也做出“科学规划、稳步实施”决策。随着西昌630万吨原矿资源开发工作的逐步推进，钒钛磁铁矿资源的综合利用将达到一个新水平。

2. 关于股份公司运输部职工代表提出的“多渠道解决职工住房难”和股份公司质管处职工代表提出的“改善职工住房条件”的建议。集团公司历来关注职工的住房问题。近年来，修建6批职工集资合作建房1350套，实施危旧房拆迁及加厕改造1770户，改造大学生宿舍664套，职工的住房困难得到一定的缓解。但由于重钢是一个老企业、大企业，仍有部分职工没有住房或改善住房条件的愿望十分迫切。目前，集团公司正在开展环保搬迁工作，公司已委托朵力房地产公司在长寿开发桃花溪职工商品房项目，拟修建住宅6000余套、大学生宿舍200余套。公司积极支持大渡口区的旧城改造，今后职工的住房条件会逐步得到改善。

3. 关于电子公司职工代表提出的“增加对电气产品设备的投入，为环保搬迁作贡献”的建议。集团公司结合环保搬迁所需的电器产品制造，只要电子公司可以制造的部分，定点由电子公司制造，并在非钢发展规划中已对设备投入、生产场地有所考虑。

4. 关于电子公司职工代表提出的“发挥软件工程技术人员在环保搬迁中的作用”的建议。三峰软件公司目前已拥有一批软件技术人员，在软件开发中取得了一定成绩，为集团的发展作出了贡献。为了让软件技术人员，参与环保搬迁的信息化建设，使之在环保搬迁后，能适应和掌握先进的自动化技术和设备，集团公司在环保搬迁指挥部专门设立了“三电项目部”，其负责人就是电子公司主要负责人。环保搬迁指挥部将统一协调，在同等条件下按照先内后外的原则，哪些项目三峰软件公司的工程技术人员可完全承担，哪些项目部分承担，哪些项目应该参与进去，让公司软件工程技术人员掌握情况，学习经验，熟悉设备，发挥才智，锻炼队伍，为搬迁后作好人才准备。

5. 关于电子公司职工代表提出的“充分依靠自动化专业队伍，建设重钢规范自动化系统”的建议。集团环保搬迁指挥部已通过三电项目部，让电子公司参与环保搬迁设备设计选型质量及全过程。并对内部市场能承担的项目尽量由电子公司承接。

6. 关于股份公司质管处职工代表提出的“关于调整工资比例，减少奖金所占比例”的建议。股份公司在2007年12月出台了《重钢股份公司调整职工工资结构的实施办法》。实施办法中已对股份公司原有工资结构做出了调整，即将现有工资总收入中的一部分调整进入档案工资，从而大幅提高了职工基本稳定部分工资收入，相应减少了奖金所占比例。同时，根据实施办法规定，2008年1月1日以后进入重钢股份公司的新职工的工资收入由初定工资、岗位工资和奖金三部分组成，只有当其工作5年即对重钢股份公司贡献积累到一定程度后，初定工资才按一定方式转为档案工资。因此，2008年1月1日以后进入公司的新职工与老职工工资收入体现了合理的差距。

7. 关于股份公司质管处职工代表提出的“关于增加困难职工慰问补助控制比例”的建议。2008年1月，由股份公司职能部门组成调查组，对股份公司各二级单位的困难职工进行了全面的调查了解，各二级单位对股份公司2003年实施的《重钢股份公司·职工特殊困难补助管理办法》《重钢股份公司“庆、谈、访”活动管理办法》，提出了提高标准并进行修改的意见和建议。股份公司工会根据各二级单位的意见和建议，结合股份公司实际，对“两个管理办法”进行了修改完善，提高了补助和慰问标准，并征求了各职能部门的意见，提交股份公司经理办公会和股份公司二届职代会第31次团长会审议通过，于2008年3月开始执行修改后的《重钢股份公司职工特殊困难补助管理办法》《重钢股份公司“庆、谈、访”活动管理办法》。

8. 关于股份公司烧结厂职工代表提出的“提高各二级生产单位一日三餐供应的饭菜质量和服务质量，改革经营方式”的建议。针对生活服务公司食堂的饭菜质量和服务质量问题，股份公司召开了专题座谈会，广泛听取了职工的意见和建议，同时与生活服务公司进行了沟通。为此，生活服务公司也根据股份公司职工意见和建议，对工作进行了改进。就生活服务公司的工作，股份公司有关部门进行了不定期的随访，总体情况是好的，大多数职工是满意的。根据公司的现行政策，为保证广大职工的用餐安全，在厂内实行由生活服务公司供给。为保证广大职工的饮食安全，生活服务公司将以不断更换菜品来调节职工的不同需求。

9. 关于运输公司职工代表提出的“尽快落实运输公司厂址”的意见。根据大渡口区旧城改造的需要，运输公司属搬迁企业。集团公司高度重视运输公司的选址问题，并对搬迁作了安排，拟考虑定在原长江钢厂老厂区内。

10. 关于运输公司职工代表提出

的“清理集团公司物质运输业务，确保内部运输资源不外流”的意见。集团公司通过管理职能，清理从事内部运输业务的单位和车辆，坚决杜绝私人挂靠车辆，对除运输公司以外的从事内部运输业务的集体企业，结合环保搬迁，从严管理，逐渐引导其退出重钢内部市场或自然消亡。

11. 关于矿业公司大宝坡矿职工代表提出的“优化资源配置和提高管理效率，将冶金石灰石、石灰及其深加工，纳入矿业统筹规划，为重钢环保搬迁提供优质冶金溶剂”的意见。为优化资源配置，提高管理效率，集团班子会已通过将冶金石灰石加工项目交由矿业公司实施。希望在长寿新区的冶金辅料质量明显提高。冶金溶剂目前集团公司正在组织研究，代表们的意见可以提供给集团领导参考。

12. 关于电子公司职工代表提出的“重钢环保搬迁冶炼区（含焦化、烧结、炼铁、炼钢、综合料场）‘三电’项目由电子公司总承包实施”的意见。重钢环保搬迁项目总承包，依然遵守“先内后外，同等优先”的原则，新区烧结、炼铁项目中的“三电”部分已由电子公司总承包，其余部分也正在争取和落实。

13. 关于建设公司职工代表提出的“进一步规范维检整合力度”的意见。集团公司经济运行处已在2007年底，对2008年的维检工程分配额度进行了确认，下达经运发〔2008〕5号文件，并将严格监控分配额度的使用，将定期向建设公司通报内部维检工程施工合同签订情况，共同维护内部市场的规范管理。

14. 关于三钢公司职工代表提出的“保障三厂管坯供应”的意见。集团公司经济运行处将及时了解三钢公司的生产情况，保证管坯及时供应，支持三钢公司生产经营超额完成集团公司下达的各项生产经营指标。

15. 关于股份公司质管处职工代表提出的“关于职工劳动保护问题”的意见。关于注入新生力量问题，根据公司现实生产和环保搬迁的需要，公司已作了人员储备计划，并在实施之中。关于年休假问题，公司要求各单位严格按照《劳动法》和国务院颁布的《职工带薪年休假条例》执行，安排职工休年休假；对部分确因工作需要未能休年休假的职工，给予300%的工资补偿。

16. 关于股份公司质管处职工代表提出的“关于严惩偷盗国家财产行为”和股份公司烧结厂职工代表提出的“加强公司保卫，支持环保搬迁，稳定生产秩序，打击盗窃犯罪”的意见。近年来，公司保卫处在公安机关的支持下，对活动猖獗、危害较大、影响恶劣的偷盗团伙，均采取了有力措施，一经发现，坚决打掉。目前，在重钢集团范围内，团伙偷盗活动明显减少。为确保重钢本部现实生产和环保搬迁工作的顺利进行，2007年，重钢保卫处联合大渡口公安分局、钢城公安分局先后集中开展了以“打两抢、反盗窃、压事故、保平安、保稳定”和整治重钢内部及周边治安秩序专项斗争、整治重钢周边废旧金属收购站点等为主要内容的专项行动。还与大渡口公安分局、钢城公安分局联合成立了大渡口区打击重钢环保搬迁期间刑事犯罪活动专案组，集中优势力量，开展侦查破案。同时，保卫处联合公安机关，在严查收赃窝点的行动中，共出动700人次，端窝点13个，公安机关逮捕7人，行政处罚14人，缴获废钢、重轨、钢切头、合金等各类物资30.12吨；上述措施，促进了重钢厂区周边治安形势的转变。

17. 关于四钢公司职工代表提出的“增加四钢公司工资总额，缩小与集团公司职工收入差距”的意见。近几年，重钢集团的职工人数已减少一半，而四钢公司相对人员负担重，生产规模小、亏损年份多、成本承受能力有限，因而职工工资偏低。集团公司将支持四钢公司上新项目，扩大生产规模，提高经济效益，用好重庆市政府给重钢的环保搬迁人员安置政策，在此基础上，改善四钢公司职工工资水平。

二、正在办理的提案、建议和意见

1. 关于运输公司职工代表提出的“大力支持运输公司申报重庆市‘重点物流企业’”的提案。集团公司积极支持运输公司申报重庆市“重点物流企业”，集团各机关处室也大力协助申报工作。目前，长寿新区建设和新区生产的物流运输主要也是由运输公司来承担。

2. 关于矿业公司职工代表提出的“集团公司应高度重视资源发展战略”的建议。实施资源战略也是集团四大发展战略，而且是基础性的战略。目前正在实施西昌、綦江及陕西旬阳三大矿产资源开发，随着三大矿产资源战略目标的实现，将根本改变重钢的资源格局。

3. 关于电子公司职工代表提出的“集团在环保搬迁的同时，对现实生产中的物资计量和能源计量自动化设备作一定的投入”和“关于新区物资、能源计量设置”的建议。鉴于环保搬迁工程已正式启动，集团公司在2007年就对新区和老区各项投资予以控制，但涉及安全、环保和严重影响产品质量的项目，仍然要投入，但须经过严格的审查程序，如确有影响生产、危及质量安全的技措项目，请及时向集团技发办申报。

4. 关于建设公司职工代表提出的“重钢检修及技改工程取费费率问题”的意见。集团公司由经济运行处牵头，组织监理公司、机动处等相关职能部门对执行检修定额及下浮率进行了讨论分析。由于检修定额调整需要大量的基础资料，工作量较大，目前已由经济运行处会同相关职能部门成立了工作组，专项开展该项工作，力争用半年时间完成定额调整。

三、根据有关规定，目前不能办理，或需要加以说明的提案、建议和意见

1. 关于三峰传媒公司职工代表提出的“长寿新区及其附属区域强化宣传工作”的建议。关于完善网络问

题，重钢电视台和宽带网络要进入长寿区，必须与长寿区宣传部、文广局联系，长寿区同意后方能考虑如何进入。因此，三峰传媒公司应尽快拟定具体方案，报集团公司审批。关于《重钢报》电子版上网问题，集团公司坚决支持，资金由三峰传媒公司投入。关于在长寿新区增加《重钢报》发行点问题，三峰传媒公司应尽快与环保搬迁指挥部综合部协调，解决长寿新区的基地问题。

2. 关于四钢公司职工代表提出的"恢复子公司分管领导制度，协调和解决子公司之间问题"的建议。该建议集团公司很重视。集团公司是一个整体，集团所属的各子公司都是集团大家庭的成员，彼此间在产品供应、配套服务等方面相互支持、相互合作、相互协调，共同发展。对于子公司的管理和子公司间的关系协调，集团公司根据母子公司管理体制和集团内部市场同等条件优先的原则，出台了相应的管理办法和制度，在现阶段仍按照集团公司领导职责分工、业务归口的方式进行，暂不宜调整。

3. 关于股份公司运输部职工代表提出的"注重规模生产发展的同时，着力强化公司新钢种、新产品的开发力度，适应市场竞争及生存"的意见。公司近年来在新产品开发方面有一些新进展，开发出了船用球扁钢、硬线钢、Z向钢等新产品，股份公司针对新产品开发制定了激励政策。在老区由于装备条件限制，更高等级产品尚难以开发。目前，新区产品开发已做了大量的调研，有专门的部门进行研究、规划，待新区投产后，公司的产品结构、档次将有更大的提高，开发的任务将更重。

4. 关于钢管公司职工代表提出的"φ168半浮动连轧管机组项目应尽快纳入重钢环保搬迁一期工程项目"的意见。φ168半浮动热连轧管已纳入环保搬迁的整体规划内容之一，由于一期受连铸机和钢水平衡影响，很难实施。同时钢管项目实施又与搬迁存量资产利用方案有密切关系，指挥部高度关注此事，在时机成熟的情况下力推项目实施。

5. 关于矿业公司职工代表提出的"在长寿建立新重钢耐材基地"的意见。集团公司在长寿新区的建设过程中，希望由矿业公司拟出方案报技术发展办公室按程序向重钢集团申报。

6. 关于电子公司职工代表提出的"关于电子公司部分大学生职工专项借款"的意见。在处理大学生住房困难的现实情况上，各子公司有各自不同的处理方式。例如，股份公司采取以购房借款的方式；三钢公司采取每月发放住房补贴的方式。因此，建议电子公司根据自身实际，采取一些灵活的、有针对性的措施，如电子公司已实行的首席维护师津贴就是较好的解决办法。

7. 关于股份公司运输部职工代表提出的"减少粉尘对环境污染"的意见。代表提出新增添除尘设备不够现实，因公司面临环保搬迁，目前暂不宜投资建新环保设备。针对石灰料仓皮带运输系统除尘设备存在的问题，应加强设备整改维修和操作管理，确保正常运行。针对汽车运输卸料（石灰料仓）防尘罩破损的情况，应随时检查更换补齐防尘罩。股份公司炼钢厂对散状料皮带运输系统落实专人每天进行清扫。安全环保处加强对炼钢厂环保污染控制措施落实情况进行监督。

8. 关于股份公司质管处职工代表提出的"对加工、力学岗位进行岗级重新核定"的意见。股份公司尚未对各二级单位的岗级作任何调整，对各二级单位均按工资承包数的方式进行管理。重新核定岗级的意见，应由各二级单位根据工种岗位的实际情况，在工资承包范围内，自行调整比例。

重庆钢铁（集团）有限责任公司子公司 2008年集体合同执行情况报告
（摘要）

重钢集团工会　重钢集团人力资源处

（2008年12月25日）

一、各子公司集体合同签订概况

2008年，按规定应签订集体合同的子公司为23家，实际签订23家。14家子公司签订《女职工特殊权益保护专项集体合同》。股份公司、电子公司、建设公司、朵力公司、产业公司、四钢公司、新港公司在签订集体合同的基础上，劳资双方按《重庆市推行工资集体协商制度实施意见的通知》的要求，平等协商，签订《工资集体协商协议》。

二、各子公司甲乙双方履行集体合同情况

（一）各子公司甲方履行集体合同情况

1. 劳动用工方面。各子公司在与职工签订劳动合同中坚持"先企业内部调剂，后面向社会招聘"及"条件公开、平等竞争"的用工原则，劳动合同签订率为应签劳动合同的100%。2008年是《劳动合同法》颁布实施的第一年，各子公司严格执行《劳动合同法》及相关政策的规定，加强和规范了对劳动合同的管理，理顺劳动关系，优化人力资源配置。股份公司坚持"少数、精锐"的用人方针，改善劳动组织、调整劳动用工方式、优化人员结构，从企业战略的高度重视吸纳人才，培养人才，留住人才，按专业紧缺和储备所需的原则吸纳高校毕业生139人，安排在不同层次需求的岗位上发挥所长；有计划地培养和储备环保搬迁所需的各类检修维护、操检合一人员，满足公司发展需要。矿业公司在严格执行劳动合同制的基础上，引入灵活的市场用人机制，坚持公平、公正、公开的原则，规范操作程序，建立动态管理机制。预计到2008年底，重钢集团有在册职工26855人，在岗职工25983人。

2. 劳动报酬方面。各子公司按照"工效挂钩及企业工资总额增长率低于企业经济效益增长率，职工平均工资增长率低于企业劳动生产率的增长"和"按劳分配、效率优先、兼顾公平"的原则，坚持"效益决定分配"，做到职工收入增减幅度与企业效益增减同步，增强工资的激励性。保障职工法定休假和依法参加社会活动期间的工资和福利待遇。各子公司根据《重庆市劳动和社会保障局关于企业职工加班加点工资计算基数等有关问题的通知》《重庆钢铁（集团）有限责任公司工资管理办法》的要求，完善对职工加班加点工资和婚假、丧假、探亲假、年休假期间工资支付标准的规范管理。各子公司完善经济责任制考核体系，落实生产经营责任制，加大考核的力度。股份公司坚持"效益、效率、贡献、公平"的工资分配原则，实行工资分配考核决定权与发放权相分离，制定《重钢股份公司2008年考核分配办法》，规范发放程序；朝阳公司体现"效益决定分配，奖勤罚懒"的原则，实行固定工资和浮动工资相结合的考核分配办法。2008年各子公司职工收入在企业效益增长的情况下，均有较大幅度的增长，重钢集团在册职工人均年收入预计比2007年增长22%。

3. 工作时间和休息休假方面。各子公司严格按《劳动法》规定实行每周工作40小时，休息2天的标准工时制度；对部分实行不定时工作制和综合计算工时工作制的岗位（工种）按规定的程序申报实施。科学合理设定工作任务，倡导工作满负荷，控制加班加点，因生产、工作需要必须加班的，按规定给予加班报酬。重庆钢铁研究所执行加班加点管理制度，加班必须经职工本人和主管部门同意；设计院对加班职工除按规定支付加班工资外，免费供应牛奶、水果和便餐。

4. 保险福利方面。23家子公司均按集体合同的规定，为职工按时、足额缴纳了养老、失业、医疗、工伤、生育保险费和住房公积金。集团公司为职工办理了家庭财产保险，为集团公司级以上的各级劳动模范建立了补充养老保险。股份公司按照"庆、谈、访"制度，建立555名特困职工档案，困难补助2466人次，发放补助金71.31万元；四钢公司为职工办理了家庭财产保险、团体人身险、天然气意外伤害等附加保险。各子公司按照《重钢集团公司改革职工疗休养制度实施意见》的要求，结合本单位生产经营情况，按规定对在岗职工发放了休假津贴。

5. 劳动安全卫生方面。各子公司严格执行国家劳动保护、安全卫生、环境保护法律法规。股份公司全面落实安全生产责任制，逐步建立起安全事故隐患排查治理常态机制，将职业健康监护周期由2年调整为1年，对10709名在岗工人进行职业健康检查；铁业公司为职工免费注射甲肝、乙肝、流感疫苗；东华公司对电工、焊工、登高作业三项特殊工种进行了年审及培训。各子公司按规定实施女职工"五期"保护，按时足额发放女工卫生费，建女工卫生室28个，妇科普查4801人，普通治疗954人。

6. 职工培训方面。各子公司本着"按需培训、注重实效"的原则，多层次全方位开展职工培训工作，并按不低于年度职工工资总额的1.5%提取职工教育培训经费，其中铁业公司、矿业公司、朝阳公司、设计院等按工资总额的2.5%提取。对生产操作人员开展岗位技能培训、职业资格培训、技能竞赛与技术练兵活动，对管理人员开展业务知识培训及法律法规、办公自动化等培训，对工程技术人员开展继续教育及有关新产品、新工艺、新材料知识的培训。股份公司开办培训班159个，培训职工8015人次；建设公司组织职工参加技师、高级工培训86人次；三峰工业公司选送81人次参加起重、强电、安全等培训。截至11月底，集团公司共培训职工26779人次，其中职业资格培训2773人、特种作业培训4993人、管理技术人员继续教育培训2312人、"多能工"培训106人、岗位培训和适应性培训14860人、其他培训1730人。选送51名科技、管理人员攻读工程硕士、工商管理硕士学位。71名职工获得技师、高级技师资格，全年预计650名职工将获得高级工资格。

7. 工会经费划拨、上解方面。各子公司加大了工会经费的管理力度，按照《关于集团公司工会经费解缴及下拨的实施意见》的要求及时、足额解缴了工会经费。

（二）各子公司乙方履行集体合同情况

1. 大力开展创建"工人先锋号"活动，争创一流。一是各子公司组织职工积极投入以争创"一流工作、一流服务、一流管理、一流效益、和谐企业"为主要内容的"工人先锋号"创建活动。发动职工立足本职、刻苦学习、开拓创新，不断提高工作效率、管理水平和创新能力。通过创建活动，涌现出了股份公司中板厂热处理2号常化炉等52个创建先进集体，股份公司中板厂2700毫米轧机生产线，建设公司平场项目部被重庆市机械冶金工会推荐参加重庆市"工人先锋号"评选。二是组织发动职工克服时间紧，原材料、生产设备短缺，任务重等困难，全力以赴，精心组织，精细操作，连续作业，争分夺秒地生产灾区急需的彩钢抗震房，按时将6000套具有抗震、保温、防火、隔热等功能，并配备学校、商业等配套设施的抗震救灾彩钢活动房建成，运送灾区，出色地完成重庆市委、重庆市政府交给重钢的这项光荣而艰巨的任务，重钢集团荣获全国"抗震救灾重建家园工人先锋号"称号。

2. 深化群众经济技术创新工程活动,促进生产发展。一是为进一步转变经济增长方式,提高公司经济运行质量和效益,集团公司在全体职工中组织开展了“我为节能减排作贡献”主题劳动竞赛活动。集团公司工会、股份公司联合在型钢厂、中板厂组织开展“提高球扁钢产量‘冠军班组’”“提高热轧产量‘冠军班组’”重点劳动竞赛活动。型钢厂、中板厂各生产班组通过优化操作技术等措施,积极投入竞赛活动,掀起了比、学、赶、帮、超的热潮,2008 年 1～11 月球扁钢、中板产量分别达到 16.69 万吨、121 万吨,均创造了历史同期最高水平。2008 年,各单位组织职工开展“高炉车间降低返矿率”等各种劳动竞赛活动 286 项,21867 人次参加了活动。各子公司工会按照“发动更广泛、内容更全面、方法更科学、成效更显著”的要求,加强对创新活动的组织领导和规范化管理,以“降本增效”、发展“循环经济”为重点,组织职工大力开展群众经济技术创新活动。股份公司工会发动职工提合理化建议 5077 条,采纳 3246 条,实施 2638 条,创经济效益 509 万元;矿业公司群众经济技术创新工程立项 66 项,实施 56 项。矿业公司“尾矿选钛高效回收技术及应用”荣获全国职工节能减排技术创新成果奖。2008 年,重钢公司职工提合理化建议 10240 条、实施 5638 条,创效益 1400 万元,57 项优秀建议获得集团公司表彰;创新工程立项 1064 项、实施 842 项,11764 名职工参加了创新活动,创经济效益 1580 万元。各子公司组织技师围绕生产中的“急、难、险、重”问题开展技术攻关 168 项。职工总结推广先进操作法 16 项。2008 年 1～11 月除三峰工业公司、四钢公司外,其余子公司均按进度完成全年利润目标。全年集团公司预计实现营业收入 200 亿元,预计实现利润 9 亿元。

3. 切实履行“第一责任人”职责,关心职工生活。一是元旦、春节期间,集团工会在全公司开展了以“扶贫济困解难事、温暖和谐进万家”为主题的送温暖活动,对 1396 名困难职工、困难遗属、劳模、党员进行了走访,发放慰问金共计 19 万元;各子公司多渠道筹集资金 107.4 万元开展了送温暖活动,慰问 5327 人次。二是集团公司两级工会开展“庆、谈、访”活动 32720 人次,发放慰问金 187.82 万元,办理困难职工补助 3573 人次,补助金额 115.7 万元。三是集团公司设立了特困职工帮扶基金,由职代会生活保障委员会调查确定 77 户特困职工,每户分 3 次发放 4000 元的帮扶基金。对 71 名考上大学的特困职工子女给予了 14.47 万元的资助。各子公司积极筹资,共资助特困职工子女上大学 417 人,资助金额 18.56 万元,保证了全集团无一名考上大学的职工子女因缴不起学费而辍学。集团公司组织开展了“捐助贫困学子回家过年”爱心结对活动,帮助 24 名特困职工子女实现了在新春佳节回家与家人团聚的愿望。四是坚持职工医疗互助制度。1～11 月,集团工会办理医疗互助 515 人次,支付 147.9 万元,缓解了职工看病的压力。五是开展职工疗休养工作。各子公司按照《重钢集团公司改革职工疗休养制度的实施意见》的规定,对在岗职工发放了休假津贴。集团工会共组织 114 名职工到重庆五指山工人疗养院疗养。六是开展“向灾区人民献爱心捐赠”活动,共收到各子公司捐款 357.24 万元、捐物 13020 件。

4. 广泛开展“创建学习型企业,争做知识型职工”活动,提高职工队伍素质,提升企业竞争能力。一是集团公司以迁渝建厂 70 周年为契机,组织开展了“传承光荣历史,再创重钢辉煌”为主题的厂情教育活动,讲述光荣历史,弘扬优良传统,激发广大职工努力搞好生产经营,奋力实现环保搬迁目标,再造百年重钢。二是集团公司下发《2008 年“创建学习型企业争做知识型职工”活动安排》,指导基层开展“创争”活动。各单位组织职工积极投入“创建学习型班(科)组”竞赛活动,股份公司烧结厂维检作业区电工三班荣获全国机械冶金建材系统“先进班组”称号。三是实施“职工书屋”建设,集团公司重点抓好重钢图书馆阅览室、重钢数字图书馆、企业书屋等的建设,各子公司充分利用现有图书室、阅览室等文化设施,边使用、边完善,积极为一线职工提供和创造方便实用的读书场所。四是参与职工技能培训、职业技能竞赛组织工作。2008 年共有 18 家子公司、276 名职工参加集团公司组织的钳工等 13 个工种、14 个项目的第七届职业技能竞赛,94 名选手获得集团公司的表彰。五是工会女职工委员会开展了“女职工素质提升”“女职工巾帼建功”活动,组织女职工参加技术练兵、职业技能竞赛、拜师学技等活动,女职工参加岗位技能培训 2498 人次。

5. 深入开展“安康杯”竞赛活动,促进企业安全文化建设。一是组织全公司职工积极投入以“提高安全健康整体素质,实现安全健康科学发展”为主题的“安康杯”竞赛活动。二是面向基层、生产一线,组织发动职工积极排查治理安全隐患。股份公司每季度组织职工持“现场安全检查提示卡”进行安全检查,开展各种安全检查 1000 余次,排查隐患 1771 项,整改率达 98%;产业公司开展“迎奥运、保安全”安全知识答题活动,组织安全检查 318 次,查出安全隐患 231 项,整改 230 项。各子公司工会组织开展“防暑降温”、“安全生产月大检查”等各种安全检查 2911 次,查出各种安全隐患 3301 项,整改 3216 项。三是广大职工参加由全国总工会、国家安全监管总局组织开展的“生产安全事故隐患排查治理知识竞赛”活动,答题 20337 份,集团公司评为全国优秀竞赛组织单位。四是开展防暑降温设备检查和暑期向一线职工送清凉活动。五是开展签订“夫妻安全共保协议”活动,重钢公司 907 对在生产一线工作的夫妻签订了协议。六是组织基层工会劳动保护工作者参加全国钢劳联举办的职业培训，5人获得劳动和社会保障部颁发的“安全生产与劳动保护督导师”培训资格证书。2008年1～11月，集团公司发生死亡事故3起、重伤事故2起、轻伤事故36起。

6. 发挥文体活动功能，促进企业文化建设和精神文明建设。一是以纪念重钢迁渝建厂70周年为契机，开展征文、书法摄影展、文艺演出、“重钢之春”职工合唱比赛等以“传承光荣历史，再创重钢辉煌”为主题的系列文化活动。二是唱响奥运主题，开展职工体育活动，传播奥运精神。举办职工三人制男子篮球、七人制足球、拔河等比赛活动。组织300名会员开展“同一个世界、同一个梦想”健身气功和太极拳展示活动。股份公司炼钢厂职工白贵刚、职工总医院职工陈勇中作为火炬手参加了奥运圣火的传递。各子公司响应重庆市委、重庆市政府建设“健康重庆”的要求，在职工中推广普及第八套广播体操。三是开展重钢纪念改革开放30周年诗歌征集活动，收到诗稿15篇，职工集体创作并演出反映重钢改革开放30年的历程和取得的成果的组诗《钢铁交响》。四是重钢作协在“5·12”汶川大地震发生后发动会员创作出20件文学作品，并在2008年第二期《钢花》增设《我们在一起》特辑。五是组织职工参加各种演出比赛，树重钢形象。公司职工合唱团参加了大渡口区“迎奥运、爱家乡、图富强”合唱比赛、“庆祝建国59周年暨国资委成立5周年”经典红歌演唱会等活动，参加了第三届重庆“十佳”农民工颁奖暨首届农民工合唱节汇报演出。公司女子拔河队代表重庆市前往徐州参加全国拔河锦标赛，获得第四名的好成绩。在重庆市举办的“安全在我心中”摄影书画大赛中，重钢职工的摄影作品《交流》荣获金奖。

三、2008年推行平等协商和集体合同制度存在的问题及对策

2008年在推行平等协商和集体合同工作中部分子公司不同程度地存在着集体合同原则性内容较多，条款内容不够细化，标准不够具体，职工加班加点工资标准计算基数较低，合同的实效性、可操作性和可监督性不强，集体合同自查报告内容不够全面、详细等情况。

坚定信心迎接挑战 在生产经营环保搬迁中 充分发挥职工主力军作用

重庆钢铁(集团)有限责任公司 2008年职代会 工会工作报告 (摘要)

重钢集团工会主席　潘向宇

(2008年12月25日)

一、凝聚人心，提升素质，建设一流职工队伍

1. 深入开展厂情教育活动。2008年，重钢集团工会围绕“自主创新、开发资源、环保搬迁、优化结构、做精做强”的发展新思路，以迁渝建厂70周年为契机，广泛开展了“传承光荣历史，再创重钢辉煌”为主题的厂情教育活动。各级工会结合单位实际，组织职工学厂史、讲厂情，引导职工正确认识搞好现实生产与实施环保搬迁之间的内在联系，增强做精做强重钢的责任感、使命感，努力营造聚精会神搞生产，一心一意谋发展的良好氛围，激励职工积极投身企业改革发展的各项工作之中，为实现重钢持续健康发展，再造百年重钢建功立业。

2. 开展“创建学习型企业，争做知识型职工”活动。制定重钢集团《2008年“创建学习型企业争做知识型职工”活动安排》，提出“以提高职业道德素质和职工技能水平为核心，以培养高技能人才为重点，以提升企业自主创新能力和核心竞争力为目标”的工作要求，努力营造人人参与“创争活动”的良好局面。一是组织职工积极参加学习培训，为环保搬迁进行人才储备。截至11月底，集团公司共培训职工26779人次，其中职业资格培训2773人、特种作业培训4993人、管理技术人员继续教育培训2312人、“多能工”培训106人、岗位培训和适应性培训14860人，其他培训1730人。选送51名优秀科技、管理人员攻读工程硕士、工商管理硕士学位，71名职工获得技师、高级技师资格，全年预计650名职工将获得高级工资格。二是参与职工职业技能竞赛组织工作。2008年共有18家子公司，276名职工参加了集团公司组织的钳工等13个工种14个项目的第七届职业技能竞赛，94名选手获得集团公司的表彰。三是对集团公司“创争”活动先进单位，先进班(科)组，先进个人进行评选。表彰“创争”活动先进单位10个，“创争”活动先进班(科)组42个，“创争”活动先进个人43名。股份公司烧结厂维检作业区电工三班荣获全国机械冶金建材系统“先进班组”称号。四是积极开展职工读书活动。重点抓好重钢图书馆阅览室、重钢数字图书馆、企业书屋、重钢青年新世纪读书活动图书专架、重钢大学生宿舍阅览室等的建设，二级单位利用现有图书室、阅览室等文化设施，边使用、边完善，积极为一线职工提供和创造方便实用的读书场所。五是促进女职工岗位成才、建功立业。集团工会女职工委员会积极组织女职工开展各种培训、职业技能竞赛等活动，促进女职工岗位成才。开展了天车女工专项职业技能竞赛，有22人参赛，3人获奖。在“三八”节对“女职工建功立业标兵”以及“先进女工班”、“优秀女职工”进行了评选表彰。

二、围绕中心，服务大局，扎实开展群众生产工作

1. 开展创建“工人先锋号”活动。

一是集团工会以依靠主力军、建设主力军、发展主力军为目标,以发展先进生产力、促进企业发展、服务职工群众为重点,把创建"工人先锋号"活动推向深入。年初,集团工会制定《关于在全公司开展创建"工人先锋号"活动的实施意见》,并采取了多种形式调研、检查指导基层工会的创建工作。经过一年的创建,在各单位推荐的基础上,经过公司工会与生产、技术等部门的认真评审,并通过公示,集团公司命名表彰了第一批52个车间、班组荣获"工人先锋号"称号。其中中板厂2700轧机作业线、建设公司环保搬迁平场项目部经集团工会推荐,业已通过重庆市工人先锋号评审组的验收。二是在全公司开展"万众一心、众志成城、抗震救灾夺损失"竞赛活动,动员各方面力量,克服时间紧,原材料、生产设备短缺等困难,按时生产出6000套抗震救灾彩钢活动房并运送灾区,出色地完成重庆市委、重庆市政府交给重钢的这项光荣而艰巨的任务,重钢集团荣获全国"抗震救灾重建家园"工人先锋号称号。

2. 开展"节能减排,降本增效"劳动竞赛活动。集团工会在全体职工中组织开展"我为节能减排作贡献"主题劳动竞赛活动。各级工会组织发动职工紧扣企业生产经营重点、关键、薄弱环节,开展对标挖潜,把各项能耗指标层层分解下达,覆盖每道工序和全体职工。围绕发展循环经济,各生产环节都加强对"三废"处理和利用,减少资源浪费,提高资源利用率,促进环境保护。矿业公司"尾矿选钛高效回收技术及应用"荣获全国职工节能减排技术创新成果奖。为了扩大优利产品比例,释放轧机产能,集团公司工会、股份公司在型钢厂、中板厂组织开展了"提高球扁钢产量'冠军班组'""提高热轧产量'冠军班组'"重点劳动竞赛活动。2008年,重钢集团各单位共组织开展各种劳动竞赛活动286项,21867人次参加竞赛。

3. 深化群众经济技术创新工程活动。重钢集团各级工会按照"参与更广泛、内容更全面、方法更科学、成果更有效"的总体要求,抓好创新工程立项、实施、评审、发布、表彰5个环节,以"节能降耗""循环经济"为重点,围绕生产经营重点、难点、关键薄弱环节,积极开展提合理化建议、项目攻关、"小革新、小发明、小改造、小设计、小建议"等活动。2008年各单位总结推广先进操作法16项,职工提合理化建议10240条,实施5638条,创效益1400万元,57项优秀建议获得了集团公司表彰。创新工程立项1064项,实施842项,11764名职工参加了创新活动,创经济效益1580万元。集团公司命名表彰8名职工为"创新能手",6个单位为"创新工作先进单位",10个班组为"创新示范班(科)组",对67个优秀创新项目予以表彰。

4. 深入开展群众安全生产活动。一是根据全国总工会、重庆市总工会的文件精神,以"提高安全健康整体素质,实现安全健康科学发展"为主题深入开展"安康杯"竞赛活动。二是协同行政继续推行"现场安全检查提示卡",并把这一工作纳入安全检查的重要内容。三是组织发动职工积极参加"生产安全事故隐患排查治理知识竞赛"活动,广大职工通过相互交流、积极查找资料、认真查找身边隐患,答题20337份,31家单位获得集团公司的通报表扬及奖励,集团公司被评为全国优秀竞赛组织单位。四是通过开展"签订夫妻安全共保协议"、创建"安全职工小家"以及制作墙报、简报、宣传栏等活动形式,大力构建企业安全文化,把安全生产教育扩展到生产现场内外,深入到职工家庭,形成浓厚的人人重视安全生产的氛围。五是开展防暑降温设备检查和暑期向一线职工送清凉活动,集团公司领导先后深入一线班组,将价值5万元的1000份防暑药物、毛巾等慰问品送到奋战在高温一线的职工手中。六是组织基层单位工会、劳动保护工作者参加全国钢劳联举办的培训班,5人获得劳动和社会保障部颁发的"安全生产与劳动保护督导师"培训资格证书。2008年1~11月,重钢集团死亡事故3人,同比下降4人;重伤事故2起,与上年持平;轻伤事故36人,同比下降72人。

三、坚持制度,落实职权,深化职工民主管理

1. 坚持和完善职工代表大会制度。一是坚持工会委员会与职工代表团长联席会作为职工代表大会闭会期间行使职代会职权的基本形式。2008年集团工会组织召开工会委员会与职工代表团长联席会6次,先后听取和审议了集团公司组织部(人事处)《关于集团公司2007年度民主评议考核厂处级班子和领导干部工作情况》和集团公司纪委、监察处《关于公司环保搬迁监督工作情况》的报告;审议决定了涉及职工切身利益的《重庆钢铁(集团)有限责任公司关于在经济方面违法违纪行政处分暂行规定》《重庆钢铁(集团)有限责任公司环保搬迁失职渎职责任追究实施办法》和《重庆钢铁(集团)有限责任公司企业年金方案》等管理制度、办法。召开3次职代会权益保障专委会,分别对重庆钢铁(集团)有限责任公司第二批特困职工帮扶对象和《重庆钢铁(集团)有限责任公司长寿桃花新城职工住宅项目方案》等涉及职工切身利益的重大事项和管理制度进行了认真的审议。二是认真处理职代会提案。2008年,集团公司职代会提案专门委员会对十二届五次职代会及闭会期间征集的33件议案进行了审查,对符合立案标准的29件议案进行了立案。办理18件,正在办理4件,条件不具备或不符合政策规定不能办理或需要加以说明的7件。职代会提案处理情况坚持每年都在职工代表大会上向职工代表进行了报告。

2. 坚持和完善民主评议领导干部制度。年初,集团工会、党委组织部(人事处)联合组成3个民主测评及

考核小组,对全集团83个厂处级单位班子、219名厂处级领导干部和54名退居二线的调研员、专务员从“德、能、勤、绩、廉”等5个方面进行了民主测评和考核,3275人参加了信任投票。评议结果及时向被评议单位和本人转达,评议情况向职代会团组长进行了通报,并作为干部任免的重要依据,发挥了职代会民主监督的重要作用。

3. 坚持和完善厂务公开制度。在年初召开了集团公司厂务公开领导小组会议,对全年厂务公开工作的目标、任务进行了安排和部署,并制定下发了《重钢集团公司2008年厂务公开工作要点》。督促指导各单位完善厂务公开目标责任制、定期报告制、职工评价制、效能监察制、检查考核制、责任追究制等六项制度,先后深入基层进行有针对性的检查、调研、指导,对加强和改进厂务公开工作提出了意见和要求。围绕企业改革发展和职工群众普遍关注的年度民主评议干部、安全生产专项工作、原料发展战略推进情况以及环保搬迁规划和实施情况等问题,召开4次厂务公开专题发布会,进行重点公开,开展厂务公开民主管理工作调研。2008年,集团公司在巩固厂务公开成果的基础上,组织公司厂务公开领导小组成员赴南岸电力局长寿供电局学习考察、交流经验。结合厂务公开10周年,开展厂务公开民主管理工作先进单位评选,表彰15个“重钢集团厂务公开民主管理工作先进单位”。

4. 坚持和完善集体合同制度。做好指导服务。从年初开始积极主动地与各子公司衔接,帮助、指导各单位拟定集体合同草案,规范集体合同内容。23家应签集体合同的子公司全部依照《劳动合同法》《重庆市集体合同条例》等法律法规的有关规定,结合单位实际,积极与本单位行政开展协商,集体合同签订率达100%。在股份公司、产业公司、矿业公司等下设厂处单位的子公司推进二级单位《集体合同实施细则》的试点工作。稳步推进工资集体协商工作。电子公司、钢铁股份公司、四钢公司、朵力房地产公司、产业公司、建设公司、新港公司等7家子公司依据《重庆市推行工资集体协商制度实施意见》签订了《工资集体协商协议》。推行女职工权益保护专项集体合同。把女职工“五期保护”、妇科检查、女职工劳动保护等特殊要求,纳入专项合同条款中。贯彻执行《劳动合同法》。以职工加班加点工资计算基数和婚假、丧假、探亲假、年休假期间的工资支付标准为重点内容,开展集体合同执行情况自查活动,在各子公司自查的基础上,由集团工会、人力资源处组成集体合同检查小组,对部分子公司集体合同的履行情况进行了抽查。

5. 做好信访接待,调解劳动争议。集团工会坚持把劳动争议工作与法律法规宣传和依法维权相结合,做好职工来信来访工作。各级工会组织接待处理职工来信242封,来访998人次,调解集体来访2件,调解处理劳动争议627件,提供法律咨询服务52次。

四、关心职工,排忧解难,积极为职工办实事

1. 以制度作保证,切实履行帮扶职责。坚持“庆、谈、访”制度。两级工会开展“庆、谈、访”活动32720人次,慰问金额187.82万元。坚持特殊困难补助,各单位办理职工特殊困难补助3573人次,补助金额115.7万元。对生活特别困难的职工实行重点帮扶。2008年由职代会生活保障委员会调查确定的77名特困职工,每人分3次共计得到4000元的帮扶基金。开展“金秋助学”活动。集团公司利用特困帮扶基金对71名考上大学的特困职工子女给予了14.47万元的资助。各子公司筹资共资助特困职工子女上大学417人,资助金额18.56万元。坚持职工医疗互助制度。集团工会按照职工医疗互助基金办法,2008年1~11月共办理医疗互助基金515人次,支付金额147.9万元。组织114名职工到北碚五指山疗养院疗养。

2. 开展新春送温暖活动。重钢集团工会于2008年元旦、春节期间开展了新春送温暖活动,集团公司领导和党委常委分别与24名困难职工结对帮扶。集团工会利用特困职工帮扶基金15万元,上级工会资助4万元,对生活困难的劳模、党员、复员军人、退休、居家休息人员及困难遗属等计1936人进行了慰问;集团各子公司多渠道筹集资金107.4万元开展送温暖活动,慰问5327人次。重钢集团工会通过《重钢报》向全体职工发出了开展“捐助贫困学子回家过年”爱心结对活动的倡议,24名学生全部受到捐助,实现了回家过年的心愿。

3. 落实扶贫济困工作。2008年5月12日,四川汶川地区发生8级特大地震,重钢集团义不容辞伸出了援助之手,以各种形式开展抗震救灾捐赠活动,共收到各子公司捐款3572422元,捐物13020件。2008年集团公司还向对口扶贫单位开县大进镇药材基地建设提供了20万元资金支持,捐赠了3500册价值25000元的农业科技书籍。此外,还捐助5000元支持重庆市委组织部设立金秋助学基金。

五、精心组织,成绩斐然,企业文化健康发展

1. 围绕中心工作,精心组织文体活动。组织改革开放30周年系列纪念活动。重钢文联以讴歌重钢改革开放30年历程为主题创作了组诗《钢铁交响》。以突出“传承光荣历史,再创重钢辉煌”为主题,组织纪念重钢迁渝建厂70周年系列文化活动。先后举办职工美术、书法、摄影、集邮、盆景等展览,展出75幅照片、63件美术书法、47框集邮、80余钵盆景等作品;组织30个单位92名职工创作、排练重钢经典的文艺节目。以“同一个世界、同一个梦想”为主题,举办了2008年相聚北京奥运重钢职工系列体育比赛。6月16日股份公司炼钢厂职工

白贵刚、职工总医院职工陈勇中参加了奥运圣火在重庆的传递活动。举办了第四届“重钢之春”职工合唱比赛，16个单位800名职工参加演唱。

2. 培育活动骨干，服务职工群众。培训了文体活动骨干，邀请专家举办了合唱指挥培训班，组织公司各单位20多名文艺骨干参加培训；为响应重庆市委、重庆市政府推进建设“健康重庆”的要求，组织47个单位78名学员参加的第八套广播体操培训班。结合《钢花》创刊50周年纪念活动，评选2006～2008年度钢花文学奖，46件文学作品获奖。《钢花》在“全国冶金行业第二届刊物”评比中荣获最佳期刊奖。坚持文体工作服务生产经营，服务一线职工的原则。为环保搬迁指挥部配备了篮球架、乒乓球等活动设施，还到长寿新区为职工放映美国影片《长空风暴》。2008年集团工会对职工游泳池、银河文体楼等活动场所进行了必要的维修，改善了职工文体活动的条件，在夏季还向一线职工免费发放了1000张游泳券。

3. 取得优异成绩，展现职工风采。在冶金职工歌手赛中，范开韵、杨溢在通俗唱法组的比赛中均获银奖；公司选送的美术作品《硕果》和摄影作品《角逐》在冶金职工书画摄影展上分别获得铜奖。重钢公司职工合唱团在重庆市国资委举办的庆祝建国59周年暨国资委成立5周年经典红歌演唱会等多次合唱演唱会中，展示了重钢职工的精神风貌和重钢合唱团的演唱水平。炼铁厂组队代表集团公司在重庆市广播体操比赛中荣获金奖第一名，重钢女子拔河队代表重庆市参加全国拔河锦标赛获得第四名。2008年重钢荣获全国全民健身活动先进单位称号。

六、健全组织，调查研究，提高工会工作整体水平

1. 加强工会组织建设。组建重钢集团公司环保搬迁指挥部工会，指导矿业公司大宝坡矿进行工会换届改选。与重庆市总工会、重庆市机械冶金工会一道对重钢股份公司烧结厂、动力厂，电子公司“重庆市模范职工之家”、矿业公司景星矿采矿车间破碎大班、朝阳公司营销公司运输部工会小组的“重庆市模范职工小家”进行了检查验收。对三峰工业公司创建集团公司“模范职工之家”进行了检查验收。

2. 加强工会干部培训。组织工会干部认真学习党的十七大精神、中国工会十五大精神和相关法律法规知识；选派21名工会干部参加了中华全国总工会、重庆市总工会组织的基层工会主席培训班、民主管理培训班和劳动合同法培训班学习；注重在工作实践中培养工会干部热爱工会工作和对职工群众的深厚感情。

3. 积极做好劳务工加入工会组织工作。截至2008年11月底，重钢有379名劳务工自愿申请加入了工会组织。在“重庆市第三届十佳农民工”表彰大会上，三峰工业公司控股企业重庆三峰华神钢结构工程有限公司一作业区作业长、农民工唐勇入围提名奖，受到表彰。

4. 健全完善经费管理制度，加强经费审查力度。坚持每年初召开经费审查会，对上年度工会经费决算进行审查，对本年度经费预算及工会经费的收缴、使用和管理提出具体要求，指导工会财务收好、管好、用好工会经费。顺利完成2008年上半年工会经费税务代征工作。2008年重钢集团工会接受了重庆市总工会组织的经费审查。2008年重钢集团工会荣获重庆市总工会财务工作先进单位称号，并在综合业务竞赛中荣获特等奖。

5. 加强工运理论研究。继续开展工会工作创新项目评选、工会工作研究论文征集活动，收到工研论文112篇。坚持出版《工会工作通讯》；全年在全国机械冶金建材工会信息、全国机械冶金建材工会信息网页、重庆市总工会信息、《重庆工人》等报刊、网页等媒体上刊登信息115篇。

2008年重钢集团荣获“全国五一劳动奖状”。但是，在工作中还存在不足：一是在公司生产快速发展，环保搬迁全力推进的形势下，劳动竞赛的覆盖面和影响力有待加强；二是在组织职工参与安全文化建设方面手段还不多、办法不新，吸引力和效果有待进一步提高；三是对工会干部培训的计划性和针对性还需要进一步加强；四是对基层工会的分类指导不够，还要加大力度推进工会工作创新。

工会工作

【职工民主管理工作】 2008年，重钢集团一是坚持工会委员会与职工代表团长联席会作为职工代表大会闭会期间行使职代会职权的基本形式。2008年，重钢集团组织召开工会委员会与职工代表团长联席会5次，先后听取和审议《关于集团公司2007年度民主评议考核厂处级班子和领导干部工作情况》《关于公司环保搬迁监督工作情况》等报告；审议决定《重庆钢铁(集团)有限责任公司关于在经济方面违法违纪行政处分暂行规定》《重庆钢铁(集团)有限责任公司环保搬迁失职渎职责任追究实施办法》《重庆钢铁(集团)有限责任公司企业年金方案》等管理制度、办法。召开3次职代会权益保障专委会，分别对重庆钢铁(集团)有限责任公司第二批特困职工帮扶对象和《重庆钢铁(集团)有限责任公司长寿桃花新城职工住宅项目方案》等涉及职工切身利益的重大事项和管理制度进行审议。二是处理职代会提案。2008年，重钢集团职代会提案专门委员会对十二届五次职代会及闭会期间征集的33件议案进行审查，对29件议案立案管理。截至2008年底已办理18件，正在办理4件，条件不具备或不符合政策规定不能办理或需要加以说明的7件。职代会提案处理情况行政每年都在职工代

表大会上向职工代表进行报告。

◆海鹰

【加强工会组织建设】 2008年，重钢集团工会一是加强工会基础工作，做到组织健全，人员落实。二是按照重钢集团工会《关于规范集团各单位工会换届改选工作审批程序的通知》，组建重钢集团环保搬迁指挥部工会，指导矿业公司大宝坡矿、重钢职工培训中心进行工会换届改选。三是按照重庆市工会创建模范职工之家活动的要求，与重庆市总工会、重庆市机械冶金工会一道对重钢股份公司烧结厂、动力厂，重钢集团电子公司“重庆市模范职工之家”、重钢集团矿业公司景星矿采矿车间破碎大班、朝阳公司营销公司运输部工会小组“重庆市模范职工小家”检查验收。按照《重钢集团子公司（厂矿处）工会建设职工之家验收评分标准》，重钢集团工会对三峰工业公司创建重钢集团“模范职工之家”进行检查验收。四是做好劳务工加入工会组织工作。按照全国总工会、重庆市总工会的工作部署，重钢工会在重钢股份公司型钢厂等7个单位开展试点工作。有379名劳务工自愿申请加入工会组织。在“重庆市第三届十佳农民工”表彰大会上，重庆三峰华神钢结构工程有限公司一作业区作业长、农民工唐勇入围提名奖，受到表彰。五是健全完善经费管理制度，加强经费审查力度。坚持每年初召开经费审查会，对上年度工会经费决算进行审查，对本年度经费预算及工会经费的收缴、使用和管理提出具体要求。指导工会财务收好、管好、用好工会经费，重新修订完善了《重钢职工文化体育活动津贴办法》，进一步规范了子公司和二级单位经费报销的程序和标准，加强了各项经费的合理开支使用。完成2008年上半年工会经费税务代征工作。六是对工会现有固定资产进行清理。

◆海鹰

【推进集体合同制度】 2008年，重钢集团23家子公司依照《劳动合同法》《重庆市集体合同条例》等规定，与本单位行政协商，拟定集体合同文本，经职代会审议通过，签订《集体合同》，集体合同签订率为100%。矿业公司、产业公司下属单位签订《集体合同实施细则》。14家子公司签订《女职工特殊权益保护专项集体合同》；重钢股份公司、电子公司、建设公司、朵力公司、产业公司、四钢公司、新港公司在签订集体合同的基础上，劳资双方按《重庆市推行工资集体协商制度实施意见的通知》的要求，通过沟通协商，签订《工资集体协商协议》。各子公司在与职工签订劳动合同中坚持“先企业内部调剂，后面向社会招聘”及“条件公开、平等竞争”的用工原则，劳动合同签订率为应签劳动合同的100%。

◆陈伟

【厂务公开民主管理工作】 2008年，重钢集团厂务公开民主管理工作以“集团公司抓重点，子公司（厂处）抓规范，车间、班组抓深化”的工作思路。一是坚持年初召开重钢集团厂务公开领导小组会议，对全年厂务公开工作的目标、任务进行安排和部署，制定下发《重钢集团公司2008年厂务公开工作要点》。二是督促指导各单位完善厂务公开“目标责任制”“定期报告制”“职工评价制”“效能监察制”“检查考核制”“责任追究制”等6项制度，先后有针对性地对基层检查、调研、指导，对加强和改进厂务公开工作提出意见和要求。三是围绕企业改革发展和职工群众普遍关注的年度民主评议干部、环保搬迁监督工作、安全生产专项工作及环保搬迁工程进度情况等问题，召开4次厂务公开专题发布会，进行重点公开。四是坚持开展厂务公开民主管理工作调研，组织重钢公司厂务公开领导小组成员赴重庆南岸电力局工会、长寿供电局工会学习考察，开展经验交流。

2008年重钢集团厂务公开领导小组，授予8个子公司为“重钢集团公司厂务公开民主管理先进单位”称号，7个子公司下属厂处单位为“重钢集团公司厂务公开民主管理先进单位”称号，并在重钢集团第十二届六次职工代表大会上进行表彰。

◆海鹰

【群众经济技术创新工程】 2008年重钢集团各级工会按照“参与更广泛、内容更全面、方法更科学、成果更有效”的总体要求，抓创新工程“立项”“实施”“评审”“发布”“表彰”等5个环节，整合人力资源。以“节能降耗”“循环经济”为重点，围绕生产经营重点、难点、关键薄弱环节，鼓励职工立足岗位刻苦学习，钻研技术，开展提合理化建议、项目攻关、“小革新、小发明、小改造、小设计、小建议”等活动。2008年，创新工程立项1064项，实施842项，11764名职工参加创新活动，创经济效益1580万元。职工总结推广先进操作法16项，提合理化建议10240条，实施5638条，创效益1400万元，57项优秀建议获得重钢集团表彰。重钢集团命名8名职工为“创新能手”，6个单位为“创新工作先进单位”，10个班组为“创新示范班（科）组”，对67个优秀项目予以表彰。矿业公司“尾矿选钛高效回收技术及应用”获全国职工节能减排技术创新成果奖。

◆陈伟

【“创建学习型企业争做知识型职工”活动】 （1）2008年，重钢公司制定《2008年“创建学习型企业争做知识型职工”活动安排》，提出“以提高职业道德素质和职工技能水平为核心，以培养高技能人才为重点，以提升企业自主创新能力和核心竞争力为目标”的工作要求。（2）组织职工参加学习培训，为重钢环保搬迁进行人才储备。2008年，重钢集团培训职工26779人次，其中职业资格培训2773人、特种作业培训4993人、管理技术人员继续教育培训2312人、“多能工”培训106人、岗位培训和适应性培训14860人，其他培训1730人。选送51名科技、管理人员攻读工程硕士、工商管理硕士学位。全年新增技师、高级技师71名,职工高级工650名。(3)参与职工职业技能竞赛组织工作。2008年共有18家子公司,276名职工参加重钢集团组织的第七届职业技能竞赛,91名个人选手和1个集体获得表彰。(4)对重钢集团"创争"活动先进单位,先进班(科)组,先进个人进行评选。表彰"创争"活动先进单位10个,"创争"活动先进班(科)组42个,"创争"活动先进个人43名。重钢股份公司烧结厂维检作业区电工三班获全国机械冶金建材系统"先进班组"称号。(5)开展职工读书活动。重点抓好重钢图书馆阅览室、重钢数字图书馆、企业书屋、重钢青年新世纪读书活动图书专架、重钢大学生宿舍阅览室等的建设,二级单位利用现有图书室、阅览室等文化设施,边使用、边完善,为一线职工提供和创造方便实用的读书场所。

◆罗丽霞

【工会宣传工作】 (1)2008年,重钢工会开展厂情教育活动。围绕"自主创新、开发资源、环保搬迁、优化结构、做精做强"的发展新思路,以迁渝建厂70周年为契机,广泛开展"传承光荣历史,再创重钢辉煌"为主题的厂情教育活动。在重钢集团第十二届职工代表大会第六次会议期间,重钢集团工会联合《重钢报》、重钢电视台,对部分职工代表进行了专题采访,通过他们对当前形势的认识和对自身作用的发挥,引导广大职工进一步坚定搞好现实生产和环保搬迁的信心和与重钢集团同舟共济,共渡难关的决心。(2)学习宣传贯彻中国工会十五大精神。一是制定《关于学习宣传贯彻中国工会十五大精神的通知》,要求各单位工会把学习宣传贯彻中国工会十五大精神与当前生产经营和环保搬迁工作结合起来,进一步用中国工会十五大精神武装头脑,指导实践,推进工作。二是2008年11月20日下午,重钢集团工会召开学习贯彻中国工会十五大精神专题会议。中国工会十五大代表、中华全国总工会执行委员会委员、重钢集团党委副书记、工会主席潘向宇向出席会议的各单位工会工作者传达中国工会十五大会议精神,并就贯彻学习中国工会十五大精神进行了统一安排部署。三是各单位工会通过召开讨论会、专题学习会以及购买辅导学习资料等多种形式,进行学习贯彻。重钢集团工会在《重钢工会通讯》中推出一批学习中国工会十五大精神的报道,反映各级工会组织和职工学习宣传贯彻的动态消息。(3)工运理论研究。2008年共收到申报工会工作创新项目8项,工会工作研究论文112篇,评出获奖论文22篇。编发《重钢工会通讯》9期。先后在全国机械冶金建材工会信息、全国机械冶金建材工会信息网页、重庆市总工会信息、《重庆工人》等报刊、网页上刊登信息115篇。

◆罗丽霞

【创建"工人先锋号"活动】 为贯彻《中华全国总工会关于深入开展创建"工人先锋号"活动的实施意见》及重庆市总工会《关于开展创建"工人先锋号"活动的意见》,2008年,重钢集团工会在职工中组织开展以"创一流工作、一流服务、一流管理、一流效益、和谐企业"为主要内容的"工人先锋号"创建活动。创建活动中,职工立足本职,爱岗敬业,刻苦学习,开拓创新,努力搞好技术创新、降本增效工作;实施精细化管理,建立标准化作业、科学化管理模式;抓好节能减排,大力发展循环经济;不断提高工作效率、管理水平和创新能力。通过创建活动,重钢公司获全国"'抗震救灾重建家院'工人先锋号"称号、重钢股份公司中板厂2700轧机生产线和重钢集团建设公司环保搬迁平场项目部获重庆市"工人先锋号"称号。重钢集团命名表彰52个车间、班组为"工人先锋号"。

◆陈伟

【"职工之家"创建活动】 2008年,重钢各级工会始终坚持"建家就是建企业,建家就是建队伍,建家就是建和谐"的指导思想,开展建设职工之家活动,坚持按照建设"安全之家、效益之家、民主之家、温暖之家、文明之家"的要求加强职工之家建设。(1)根据中华全国总工会和重庆市总工会关于建设职工之家活动要常抓不懈、常建常新的要求,重钢工会坚持推进职工之家创建活动,每年提出计划,作出全年规划。对新创建的子公司下达年度创建职工之家计划;对保持重钢集团"模范职工之家"称号的子公司进行抽查;要求各基层工会主席任期内提出上台阶计划。(2)注重加强制度建设,促进建家工作制度化、规范化、标准化,为重钢公司建家工作的深入开展奠定基础。(3)加强分类指导,采取多种措施对新组建、还未建家的子公司加大指导力度,对提出更高创建目标的子公司给予帮助支持、及时检查验收,对已获"模范职工之家"称号的子公司适时开展交流检查,促进建家工作整体上台阶。(4)2008年,按照《重钢集团子公司(厂矿处)工会建设职工之家验收评分标准》,重钢集团工会对三峰工业公司创建重钢集团"模范职工之家"进行了检查验收。12月,重钢股份公司烧结厂、动力厂,电子公司"重庆市模范职工之家"、矿业公司景星矿采矿车间破碎大班、朝阳公司营销公司运输部工会小组"重庆市模范职工小家"通过重庆市总工会、重庆市机械冶金工会检查验收。

◆海鹰

【抗震救灾夺损失劳动竞赛】 汶川"5·12"地震发生后,重钢职工大力参与重庆市职工开展的"万众一心、众志成城、抗震救灾夺损失"劳动竞赛活动。(1)重钢动员各方面力量,克服时间紧,原材料、生产设备短缺,任务重等困难,全力以赴,精心组织,精细操作,连续作业,争分夺秒地生产灾区急需的彩钢抗震房,按时将具有抗震、保温、防火、隔热等功能,并按规定配备学校、商业等配套设施的6000

套抗震救灾彩钢活动房建成，运送四川都江堰、重庆梁平等灾区，完成重庆市委、重庆市政府交给重钢的任务，重钢公司获全国"'抗震救灾重建家院'工人先锋号"称号。(2)重钢各级工会组织发动职工紧扣企业生产经营重点、关键、薄弱环节开展劳动竞赛活动，在重钢集团组织开展"我为节能减排作贡献"主题劳动竞赛活动中，各单位把节能减排作为车间、班组建设的一项重要内容，纳入考核评比体系。把各项能耗指标层层分解下达，覆盖每道工序和全体职工，做到指标有可比性，开展岗位与岗位对标、设备与设备对标、车间与车间对标活动。重钢集团工会、重钢股份公司工会在型钢厂、中板厂组织开展"提高球扁钢产量'冠军班组'""提高热轧产量'冠军班组'"重点劳动竞赛活动。型钢厂、中板厂各生产班组通过优化操作技术等措施，投入竞赛活动，掀起了比、学、赶、帮、超的热潮，创造了月产量历史最高水平。2008年，各单位组织职工开展各种劳动竞赛活动286项，21867人次参加活动。

◆陈伟

【爱心帮扶切实维权】 (1)2008年，重钢以制度作保证，切实履行帮扶职责。一是坚持"庆、谈、访"制度。重钢集团两级工会开展"庆、谈、访"活动32720人次，慰问金额187.82万元；二是坚持对特殊困难职工补助，各单位办理职工特殊困难补助3573人次，补助金额115.7万元；三是对生活特别困难的职工实行重点帮扶。全年由职代会生活保障委员会调查确定的77名特困职工，每人分3次共计得到4000元的帮扶基金；四是开展"金秋助学"活动。利用特困帮扶基金对71名考上大学的特困职工子女给予14.47万元的资助。各子公司筹资共资助特困职工子女上大学417人，资助金额18.56万元；五是坚持职工医疗互助制度。重钢集团工会按照职工医疗互助基金办法，全年共办理医疗互助基金681人次，支付金额191万元；六是组织114名职工到重庆北碚五指山疗养院疗养。(2)开展新春送温暖活动。2008年元旦、春节期间重钢集团工会在重钢集团开展了新春送温暖活动，重钢集团领导和党委常委分别与24名困难职工结对帮扶。重钢集团工会利用特困职工帮扶基金15万元、上级工会资助4万元，对生活困难的劳模、党员、复员军人、退休、居家休息人员及困难遗属等计1936人进行慰问。重钢集团各子公司多渠道筹集资金107.4万元开展送温暖活动，慰问5327人次。为帮助特困职工子女实现回家团聚的愿望，重钢集团工会继续开展"捐助贫困学子回家过年"爱心结对活动，使24名学生全部受到捐助。(3)落实扶贫济困工作。5月12日，四川汶川地区发生8级特大地震，重钢集团伸出援助之手，开展赈灾捐款、物资提供等系列抗震救灾活动。2008年重钢集团向对口扶贫单位开县大进镇药材基地建设提供20万元资金支持，捐赠3500册价值25000元的农业科技书籍。此外，还捐助5000元支持重庆市委组织部设立金秋助学基金。

◆罗丽霞

【女职工队伍建设】 2008年，重钢工会按照"提高素质、维护权益、推进发展、促进和谐"的工作思路，通过女职工"素质提升""巾帼建功立业""权益维护"等3大系列活动的开展，强化女职工队伍建设。(1)强化思想教育。开展"如何构建和谐企业""在管理中如何体现以人为本""领会党的十七大精神实质推动女职工工作新发展"等专题讨论，利用女工干部工作培训等形式，帮助女职工领会党的十七大精神实质。利用重钢厂情馆开展厂情教育，全年组织1700名女职工参观展览。结合重钢迁渝建厂70周年系列活动的开展，组织广大女职工积极参与到以"传承光荣历史，再创重钢辉煌"为主题的厂情教育活动之中。(2)打造高素质女职工队伍。在"女职工素质提升"活动中，各单位女职工委员会以多种途径和方式帮助女职工学习新知识、新技术，掌握新技能，相继开展"女职工素质达标"竞赛活动、"知识性女工"与"学习型女工班组"评选、女工读书角建设、读书心得撰写等活动。2008年，各级女职工组织围绕"创争"活动编写专文216篇，举办包括各工序工种操作、企业管理、计算机运用、创新思维、女性健康的女工培训班及讲座286期，参加人数达2498人次。(3)多渠道展现女职工才华。引导女职工参加重钢集团第七届职业技能竞赛，对女职工参与较多的化验分析工、行车工、焊工、计算机操作、财务管理等工种，提出明确的参与面要求。有376名女职工报名参赛，78名女职工获奖。2008年，重钢集团女职工委员会与人力资源处联合开展了天车工专项技能竞赛，83名女工参赛。在2008年度的技师资格考评中，全年，重钢26名女工报名考试，3名女工获得技师资格；有14名女工获得工程师职称。各单位女职工委员会继续开展女职工"拜师学技"活动，2008年共有137名女职工签订"拜师学技"合同，已有71名女职工提升一个技能档次。(4)全面实施女职工关爱行动。2008年共有13家单位签订女职工专项集体合同。为营造安全文化氛围，女职工委员会与重钢集团安全环保办公室开展了"签订夫妻安全共保协议"活动，1070对夫妻签订协议。(5)为关心女职工身体健康，女职工委员会与行管处坚持每年开展女职工妇科普查，2008年参加妇科普查人数达4801人，妇科普治954人。(6)2008年，各级女职工组织继续开展"三八"节助单亲、向特困女职工送温暖、资助特困女职工子女上大学、"捐助贫困学子回家过年"等系列爱心帮扶活动。(7)提升女工干部素质。一年来选派了10名女工干部参加了重庆市总工会举办的女工干部培训班，选派了2名女工干部参加全国大钢女职工工作理论研究会，举办了一期女工干部培训班，就情商管理与职场压力释放、女职工劳动保护与健康开展专题讲座。(8)在2008年度重钢集团工会工作者“工研论”文撰写活动中,有23名女工干部撰写的论文获得奖励。

◆文伟

【“安康杯”竞赛活动】 (1)2008年,重钢集团工会组织职工投入以“提高安全健康整体素质,实现安全健康科学发展”为主题的“安康杯”竞赛活动。(2)重钢集团工会、重钢集团安全环保办公室联合组织职工参加由中华全国总工会、国家安全监管总局组织开展的“生产安全事故隐患排查治理知识竞赛”活动,共答题20337份,31家单位获得重钢集团通报表扬及奖励,重钢集团被评为全国优秀竞赛组织单位。(3)开展防暑降温设备检查和暑期向一线职工送清凉活动,重钢集团领导先后到一线班组,将价值5万元的1000份药物、毛巾等慰问品送到高温一线的职工手中。各子公司工会组织开展“防暑降温”“安全生产月大检查”等各种安全检查2911次,查出各种安全隐患3301项,整改3216项。(4)组织基层单位工会劳动保护工作者参加全国钢劳联举办的培训班,5人获得劳动和社会保障部颁发的“安全生产与劳动保护督导师”培训资格证书。(5)开展签订“夫妻安全共保协议”活动,对907对在生产一线工作的夫妻签订了协议。

◆陈伟

本部目责任编辑　温勇耀
本部目责任校对　张思庆

12

职工生活

重钢年鉴

2009

住房

【住房公积金汇缴】 2008年，重钢住房公积金工作继续贯彻执行住房公积金管理条例。2008年1～11月重钢公司为职工缴纳住房公积金6572万元，比2007年增加443万元。2008年，重钢7239名职工支取公积金8827.64万元，其中5117名职工购房支取住房公积金6358.22万元。为了减轻职工的购房压力，由重钢集团提供担保，为参加渝新花园职工集资合作建房的职工申请了住房公积金贷款。重庆市住房公积金管理中心、大渡口区工商银行与重钢360户职工签订了借款合同，发放住房公积金贷款4000万元。

◆何娟

【职工集资合作建房】 1. 重钢公司2008年办理“大堰园”“钢花苑”职工集资合作建房权属证件386个，并发放给职工住户。“大堰园”“钢花苑”是重钢公司修建的第四批和第五批职工集资合作建房。“大堰园”职工集资合作建房于2006年2月竣工交付职工使用，工程竣工并办理备案登记后，即开始筹备权属证件办理工作，但由于大渡口区政府要对重钢集团补偿建设公司桥润公司的商业门面（利用重钢公司土地桥润公司出资建设）收取100万元的土地收益金，因此，办证进度进展缓慢。重钢公司房改办公室会同重钢建设公司美渡公司、桥润公司、重钢集团朵力房地产公司多次与政府相关部门协调沟通。在办理“大堰园”房屋权属证件的同时，开始办理“钢花苑”房屋权属证件（“钢花苑”已于2007年2月竣工并交付职工使用）。2008年10月“大堰园”“钢花苑”386个房屋权属证件全部办理完毕并发放给职工。

2. 渝新花园职工集资合作建房进展情况。渝新花园职工集资合作建房项目于2006年9月启动，房屋新建地址在大堰一村五段（重庆商务中学旁），共2幢432户，均为28层电梯房，二室一厅，每户建筑面积65平方米。本次职工集资合作建房分为解危集资和无房集资2种类型。432套新建房屋中52套用于安置柏树堡144号负1～4号、98～144号52户住户；380套用于解决夫妻双方均未在单位分配公有住房的青年知识分子和生产工作骨干的住房困难问题。渝新花园职工集资合作建房项目于2007年4月动工建设，2008年12月竣工，经重庆市政府相关部门验收合格后于2008年12月22日交付职工住户使用。

◆何娟

【公有住房维修】 2008年，重钢公司投入资金338万元对公有住房房屋维修，对渝中区大巷子18号进行了大修，对大渡口区车家坪、革新村、大堰村、钢花村等片区房屋进行屋面板更换及防水处理、污管改道、堡坎维修；对大渡口区渝岗村50栋楼梯间混凝土叶片拆除、更换钢栏杆、增加防盗网等，清掏、疏通公有住房化粪池、暗沟、窨井共计2125个；外墙维修2380平方米。

◆何娟

【房屋权属证件办理】 2008年，重钢集团朵力房地产公司与购买了公房的重钢住户取得联系，按照大渡口区房屋产权产籍监理所要求，补收办证资料，同时加班加点填写各类办证所需资料。与大渡口区房屋产权产籍监理所协调联系，2008年办理发放职工配套公有住房产权证341个。

◆何娟

【危旧房屋拆迁处理】 按照重庆市委、重庆市政府的部署，重钢公司配合大渡口区政府开展危旧房屋拆迁工作。2008年在建设村、百花村、新工村片区危旧房拆迁工作中，涉及重钢公司产权房屋共157栋1895户、60000平方米；在袁茄路改造项目拆迁工作中，涉及重钢公司产权房5栋237户、8871平方米。为了尽快改善职工的居住条件，支持重庆市的危旧房改造工程，重钢公司放弃拆迁范围内的房屋产权。

◆何娟

【朵力·尚美国际楼盘开发】 （1）朵力·尚美国际2008年竣工量93939平方米。其中一标段3540平方米，五标段43536平方米，六标段46863平方米。（2）朵力·尚美国际实现成建制交房交证情况：①2008年3月31日，朵力·尚美国际四标段6号、8号工程；②11月1日，朵力·尚美国际五标段14号、15号工程；③12月27日，朵力·尚美国际六标段3号工程。

◆朱军

【开发建设新城职工商品房】 2008年5月4日，重钢朵力房地产公司取得长寿桃花D-4和D-8两个地块共22.07公顷（331亩）土地的开发权。完成D-8地块土地出让合同的签订及交地手续，以及建设手续的办理。D-8地块项目命名为朵力·6号原舍，工程总建筑面积133548平方米、1636户，由6栋32层电梯房组成。预计2009年3月1日开工建设，开工面积133548平方米。

◆李江川

【绿湾·城市印象出售】 绿湾·城市印象建设工程是中兴公司与重庆协众房地产开发公司的联建项目，于2006年6月8日在江北区中兴段一号相国寺启动拆迁工程，2008年7月30日前交房入住，售房率99.3%。绿湾城市印象建筑面积为14.6万平方米，其工程成本、工程质量、建设工期及安全工作等方面均达到预期目标，各项验收一次性通过。"城市印象"共有商品房1628套，至2008年12月售出1616套，向业主交房1420套，有480户业主入住。

◆李懋林

绿湾·城市印象小区 李懋林 摄影

医疗

【医疗工作】 2008年，重钢总医院全年门诊295100人次，住院14895人次，治愈好转率96.4%，抢救成功率87.4%，病床使用率95.5%，入院与出院诊断符合率98.9%，平均病床周转次数21.2，出院者平均住院日12.3天，术前住院日2天，住院手术3530台次。2008年年初在全院开展"无差错无事故无投诉竞赛活动"的"三无"活动。2008年，共发生投诉10件，医疗纠纷10件，造成经济损失83672.9元，较2007年下降83.70%，较2006年下降92.80%。重钢总医院每季度开展一次医院管理年活动专项检查工作，每月对全院重点抗生素、辅助药物、贵重药品、无菌手术病人抗生素使用情况进行检查（检查处方8000多份，病历2000多份，形成11期检查报告）。制定《ICU收治病人规范》《手术病人进出ICU规范》。坚持院长查房、三级医师查房和首诊负责制。2008年，业务院长查房12次，院外会诊57次。按照卫生部"三级综合医院评审标准"以及医院管理年"医院管理评审标准"，对床位、编制、人员、设备、医疗、护理、医技、后勤、感染、管理等方面进行了全方位自查评分，得分785.25分，得分率78.53%。重钢总医院2008年继续进行第三周期的支援乡镇医院活动，按照重庆市卫生局统一安排，派驻开县河堰镇卫生院医护人员6人，进行巡回医疗一次，会诊手术一次。继续在重钢长寿新区医疗点派驻2名医护人员。2008年5月18日，重钢总医院收治了由四川地震灾区（绵阳中心医院）转运来院的37名伤员和随行的53名伤员亲属；9月，派遣1名儿科医生参加援建地震灾区崇州医疗队。为灾区病人进行床旁各类清创、牵引手术9名。各类骨折内外固定和清创植皮手术治疗20台次。门诊收治33人。经过100天的救治，28名伤员（1名伤员因"急性肺栓塞"死亡，8名转往上级医院治疗）痊愈出院返籍。9月13日开始，重钢总医院开展食用含三聚氰胺问题奶粉患病儿童筛查，免费筛查儿童2694名，确诊结石患儿52名，发放宣传资料3500份，垫付各种费用153767.94元。

◆赵庆

【一门诊部】 重钢总医院一门诊部位于重钢总医院住院部中庭，设普内科、呼吸科、心肾科、消化·神内科、内分泌科、老年科、中医科、儿科、普外科、胸脑泌尿外科、骨科、眼科、耳鼻喉科、皮肤科、口腔科以及急诊内科、急诊外科等齐全的专科诊断室。其下辖的重钢集团长寿江南新区保健站在长寿区江南镇重钢新区。2008年，一门诊部门诊诊疗166720人次，其中在急诊科就诊56335人次，门诊、急诊手术1600台次。无医疗差错事故发生。门诊日志登记首次实现电子化。2008年全年成功抢救和转运危重病患者2751人次，留院观察病人23560人次，日平均65人次。不断完善院前急救体系，固定专人、专车，全天候24小时待命，院前急救确保在3分钟内出车，5公里以内10分钟内赶到现场并展开有效施救。2008年,重钢总医院“120”救护车出警1572人次,平均每月131人次,出警率比2007年提高15%。重钢总医院“120”救护车出警范围覆盖大渡口区及周边地区。

◆罗安忠

【跃进村社区卫生服务中心】 跃进村社区卫生服务中心(重钢总医院三门诊部)地处大渡口区跃进村街道居民区中心地带,2008年职工(含招聘、返聘人员)40人,承担该地区6万人的医疗、预防、保健、急救和社区卫生服务工作。2008年,实现医疗收入587.63万元,门诊诊疗91006人次。完成7岁以下儿童及周岁内儿童建卡336人,门诊接种8820人次,免疫规划疫苗覆盖率达96%。开展儿童保健、体检、智测3191人次;辖区0~3岁儿童系统管理率达98%,建卡率100%;每季举办卫生保健、科学育儿、常见病防治知识讲座,全年卫生宣教8次。跃进村社区卫生服务中心通过举办健康知识讲座、出健康教育专栏等方式宣传艾滋病等传染病防治知识,指导居民进行传染病防治。每月对社区疾控反馈的法定传染病人名单进行访视,填写传染病人访视表,协助开展指令性疫点处理工作。继续开展日常社区医疗护理工作,提供家庭出诊、社区护理服务。全年出诊16人次,巡诊35人次,义诊4次,访视高血压、糖尿病等慢性疾病病人1205人次。为70岁以上老年人提供免费体检1360人次。2008年,跃进村社区卫生服务中心在跃进村社区卫生服务中心辖区内10个社区,开展了健康教育、健康咨询、儿童保健、计划免疫、妇幼保健及社区诊疗活动,1256人次参加发放宣传资料1960份,148人次咨询;全年办健康教育专栏6期,健康教育讲课12次,发放健康教育资料480份。

◆陈仕团

【九宫庙街道社区卫生服务中心】 九宫庙社区卫生服务中心(二门诊部)地处大渡口区新工二村。2008年有副主任医师、主治医师、主管护师等医护人员35名。设内儿科、外科、妇产科、中医药科、康复理疗科、社区卫生服务中心办公室、儿童计免室、儿童保健室等科室和观察床28张。下辖型钢厂保健站、中板厂保健站和大渡口区九怡社区、创新社区、庹家坳社区、马桑溪社区、百花村社区、新工社区、锦霞社区7个社区卫生服务站。拥有颈、腰椎全自动电脑牵引床、电脑磁疗仪、电脑中频治疗仪、妇科多功能治疗仪、尿机、医用显微镜等门诊医疗设备。2008年门诊11706人次、医疗收入263.47万元。开展健康教育次数66次,参加健康教育7190人次,发放健康教育处方7880份。坚持门诊登记和疫情自查制度,建立健全疫情报告制度,传染病登记、报告及时和准确率均达100%。2008年,九宫庙街道社区卫生服务中心对高血压病、糖尿病等慢性病,建卡、访视1036人次,老年保健(免费体检)1700人次。新生儿保健3164人次,计划免疫接种3842人次,计划内疫苗覆盖率达95%。为社区弱视群体开展精神卫生、残疾康复服务351人次,卫生信息管理3044人次,基线调查6850人次。

◆周兵

【科技人员体检】 2008年,重钢总医院完成对重钢股份公司专业技术人员体检1289人。体检的项目有内科、外科、眼科、耳鼻喉科、血常规、肝功6项、血尿酸、血糖、血脂、胸部正位片、心电图、腹部B超(肝、胆、胰、脾、双肾)等。体检结果显示,参检职工健康状况较好,职工健康率为54.32%(健康标准为各体检项目基本正常)。体检发现发病率较高的疾病:高血脂占16.46%,慢性咽喉炎占11.63%,脂肪肝占10.21%,高血压占8.73%,糖尿病占2.27%。

◆郭晓梅

【食用“含三聚氰胺问题奶粉”患病儿童筛查】 2008年9月13日,重钢总医院儿科开始接诊“含三聚氰胺问题奶粉”食用儿童的筛查,9月16日查出第一例“泌尿系结石患儿”;同日,重钢总医院被重庆市卫生局指定为食用“含三聚氰胺问题奶粉”患病儿童筛查定点医院,重钢总医院垫支检查治疗费用,免费为患儿检查和治疗。截至11月5日,重钢总医院共接诊患儿2695人次,确诊患儿52人,门诊治疗3人。(1)重钢总医院制定《重钢总医院食用“含三聚氰胺问题奶粉”患病儿童诊治应急预案》,成立食用“含三聚氰胺问题奶粉”患病儿童筛查应急领导小组和医疗救治专家工作小组。实行24小时值班制和筛查治疗工作日报告制。(2)儿科、功能检查科医务人员一律取消休假,重钢总医院领导及职能科室工作人员协助儿科和B超室疏导就诊病人,做好登记预约工作,维持正常医疗秩序。(3)此次食用“含三聚氰胺奶粉”需筛查的婴幼儿很多,重钢总医院采取排队限号预约办法,合理分流筛查病人,凭登记表单,有序地到B超室接受检查,避免人员拥挤。(4)B超室人歇机器不歇,医院职能科室每天派人参与预约排队秩序的维持和信息的登记。(5)帮助人民群众对此次突发公共卫生事件的认识和了解,在醒目位置张贴宣传资料,印制宣传单,制作宣传栏,并指派工作人员进社区、街道宣传防治知识,减轻病人恐慌情绪。(6)重钢总医院医教科负责并指定专人负责对每日筛查、治疗信息进行收集、整理、统计,按重庆市卫生局要求及时上报各项统计数据。(7)在重钢总医院中庭挂号处、B超室、检验科、儿科为就诊患儿及家属提供开水、椅子,开放空调等服务,缓解病人等待检查期间的压力。

◆赵庆

【职业卫生工作】 (1)职业健康监护。2008年重钢共对13116工人进行粉尘、毒物、噪声等有毒有害检查,发现7名疑似听力损伤者;未发现疑似矽肺病人、疑似苯中毒、疑似职业性肿瘤等其他职业病。协助劳资部门,调离职业禁忌症职工25名。检查从

重钢总医院接诊食用三聚氰胺问题奶粉患病儿童治疗　田协会　摄影

各种渠道输入公司劳务工 805 人，排除 121 例不宜上岗的职业禁忌证。(2)职业病危害因素检测。按季度分单位共计检测粉尘作业点 708 点次、硫化氢 24 点次、酚 50 点次、氮氧化物 28 点次、氨 28 点次、氢氰酸 22 点次、苯溶物 23 点次，噪声 358 点次。(3)职业卫生现场管理。重钢劳动卫生研究所 2008 年分片区进行现场管理，将职业卫生现场管理职责纳入岗位职责考核。完成重钢股份公司动力厂 3 万立方米煤气柜扩容建设项目职业病危害评价工作，并通过卫生审查验收。(4)职业卫生培训。按照常规对各生产厂涉及高温中暑、一氧化碳中毒的职工进行高温中暑的预防、一氧化碳中毒的预防与自救等知识培训，重点培训重钢股份公司炼铁厂、动力厂的煤气防护与轧钢系统、朝阳气体公司的噪声防护及焦化厂毒物防护等。

◆何志军

【卫生防疫工作】　(1)2008 年，重钢集团召开爱卫会全委会，审议并通过 2007 年爱国卫生工作总结及 2008 年工作计划；2 次召开重钢公司厂处长会议研究创卫工作，4 次召开各二级单位分管爱卫工作的科长会议。(2)疾病控制。乙肝疫苗、流感疫苗接种 390 人次。对重钢女职工妇科普查 4556 人次，乙肝表抗 538 人、妇科白带涂片检查 4556 人、脱落细胞镜检查 4556 人。每月对重钢股份公司 27 个女工卫生室进行卫生监督指导。(3)进行病媒生物防制。组织举办除“四害”(蚊、蝇、鼠、蟑螂)培训班 2 期，培训人员 86 人；灭鼠活动 2 次，投放鼠药 1360 千克，灭蟑螂活动 2 次，发消毒、杀虫剂原药 197 千克，喷雾杀虫剂 560 瓶，消毒、杀虫面积 667330 平方米。(4)厂容环境卫生。改造公厕 21 座，修整公路及人行道 12000 平方米。清理垃圾 1686.45 吨，疏通沟渠 10216 米，治理卫生死角 228 处，拆除乱搭乱建 10 处，冲洗人行道 41595 米，清洗门面 1482 平方米，清除乱张贴广告宣传单 1147 张，擦洗交通护栏 1184 米、广告牌 121 个，清洗果皮箱、痰盂等设施 836 个。(5)重钢集团制定创建卫生厂区工作的责任，推进创建卫生厂区工作，通过重庆市卫生城区检查验收；重钢召开创卫工作表彰会，对中板厂、高线厂、烧结厂、型钢厂、炼钢厂、职工总医院、朝阳公司、生活服务公司、卫生防疫站 9 个先进单位及 17 名先进个人进行表彰。(6)卫生监督监测工作。卫生监督员下基层检查指导卫生工作 766 点次。卫生知识培训 519 名。健康体检 526 名，发健康证 519 本，五病(肝炎、伤寒、肺结核、菌痢、化脓性皮肤病)调离 7 人。处理变质食品 50 千克。卫生监测清凉饮料 538 件，合格率 96%；饮水 108 件(含长寿新区水站)，合格率 90%；餐具 240 件，合格率 92%；医院污水 10 件，合格率 100%；空气及招待所用具采样共 260 件，合格率 100%。无食源性疾病和食物中毒发生。(7)举办健康教育培训班 2 期，培训健康教育人员 86 人；上街宣传 4 次，发宣传单 10000 份；向重钢各单位发健康知识问答读本 7000 册，禁烟标志及各种宣传画 1000 份。

◆王强　邓大钢　杨大均

【三号病房楼拆迁】　大渡口区重点民心工程—双山路拓宽改造工程于 2008 年 3 月启动，工程导致重钢总医院双山路原三号病房楼拆除，建筑面积 1900 平方米。三号楼病房内设有康复医学科、精神科、感染科，共计病床 139 张。重钢总医院向重钢集团建议，将重钢集团闲置的原 5000 吨生活水池改造为精神科过渡病房楼，康复医学科及感染科临时过渡到学生宿舍楼一、二楼。重钢同意，并称此为“三号楼拆迁过渡病房改造工程”。重钢总医院三号楼拆迁过渡病房改造工程，由重钢集团设计院负责设计，工程招投标、工程监理及合同管理由重庆三环建设咨询监理有限公司全权代理。2008年5月26日三号楼拆迁过渡病房改造工程开工，2008年9月3日竣工。经检查验收，工程质量合格。重钢总医院三号楼拆迁过渡病房改造工程投资203万元。

◆杨中权

生活服务

【退休人员管理】 (1)2008年，重钢退工处针对退休人员各类群体中的思想比较活跃人员，采取相应的措施，有的放矢地对出现的思想问题进行思想引导，对责任范围内的重点人头进行思想沟通和疏导，以确保退休人员思想稳定。探索退休人员社会化管理的实现形式，开展与社区相结合的管理模式，推进退休人员自我管理、自我服务、自娱自乐、自我展示、自我锻炼的文化体育活动，将企业退休人员的一般性活动完全社会化。在元旦、春节和“重阳节”期间开展不同形式的“送温暖”活动，对1445名退休人员进行慰问；接待退休人员来访14000人次，处理各类信件187件，处理各类家庭纠纷15件；为139名移交到大渡口区教委的企业中小学教师，退发医疗费金额64053.82元；为503名生病住院并达到大病互助基金标准的退休人员申请办理140万元补助；为1997名遗属相应的调整了生活困难补助金；在盛夏来临，为退休中干和85岁以上的退休人员发放1116份防暑药品。(2)加强对退休中干的管理服务，每逢重大节日，都要走访慰问退休老领导、老高工、老党员、老劳模；对78名生病住院的退休中干，按照管理制度及时进行了探望慰问；组织全体退休中干市内观光，参观重庆三峡博物馆；组织退休的原重钢公司的经理、副经理们参观重钢环保搬迁长寿新区建设工地和綦江铁矿生产情况。(3)在党内开展“创先争优”活动，评选表彰88名优秀党员；在建党87周年庆祝活动期间走访慰问11名老党员，为342名党员发放了纪念品；组织退休中干的支部书记、支部委员参观了聂荣臻陈列馆。(4)2008年，重钢退工处按时足额发放退休人员非统筹部分养老金，及时调整职工遗属生活困难补助。

◆陈世华

【维护退休人员权益】 (1)贯彻重庆市政府渝府发〔2008〕13号文件《重庆市人民政府关于2008年调整企业退休人员基本养老金的通知》的精神，配合大渡口区社保局为16748名重钢退休人员调整了基本养老金。调整的范围和标准是：凡2003年12月31日前退休的每人每月增加100元，2004年1月1日至2005年12月31日期间退休的每人每月增加60元，2006年1月1日至2007年12月31日期间退休的每人每月增加30元。另与缴费年限挂钩，本人缴费年限(不含折算工龄)每满一年加发1元。同时，对具有高级专业技术职称的人员、1953年及以前参加革命工作的、原工商业者，在普调的基础上，每人每月再增加40元。(2)贯彻重庆市劳动社会保障局渝劳社发〔2008〕2号文件《关于调整我市工伤职工及工亡职工供养亲属工伤保险定期待遇的通知》的精神，为32名工伤退休人员调整了工伤护理费标准，生活完全不能自理的由566元/月调整到801元/月，生活大部分不能自理的由452元/月调整到641元/月，生活部分不能自理的由339元/月调整到480元/月。为104名工亡退休人员供养亲属调整供养亲属抚恤金，其调整标准是：在原有的标准上增长20%，每人每月最高的增加90元，最低的增加40元。(3)贯彻重钢集团行管发〔2008〕3号文件《关于提高建国前参加革命工作被精简人员补助金额的通知》的精神，为13名建国前参加革命工作被精简人员调整了生活补助金，每人每月增加100元。(4)贯彻重钢集团行管发〔2008〕4号文件《关于提高享受定期生活补助费人员补助金额的通知》的精神，为3名享受定期生活补助人员提高了生活补助金，每人每月增加100元。(5)根据重庆市最低工资标准调整的公布，为1997名职工遗属相应的调整了生活困难补助金，最高的每人每月增加60元，最低的每人每月增加16元。(6)贯彻渝人发〔2008〕57号文件《关于调整机关事业单位工作人员遗属生活困难定期补助费标准的通知》的精神，为34名离休干部或建工遗属调整生活困难补助金，每人每月最高增75元，最低增65元。(7)配合重钢集团医保办公室，为139名移交到大渡口区教委的中小学教师，退发其个人医疗账户上未用完的余额，计64053.82元；为684名居住异地的退休人员，退发其个人医疗账户上未用完的余额，计612244元。(8)配合重钢公司工会和重钢医保办公室，为16467名退休人员办理大病医疗互助保险，共计缴保险费247005元，为353人出具了大病医疗保险凭证，为456人出具了住院补充医疗报销凭证。(9)为123名退休人员办理养老金待遇的手续，为473名退休人员办理了领取养老金存折的挂失和重新办理银联卡账号的手续。

◆张弟友

【计划生育重点工作】 依据《大渡口区2008年人口和计划生育工作公司责任目标及考核奖惩办法》，2008年重钢公司人口计生工作为核心指标3项，主要重点工作6项。

3项核心指标。(1)政策性生育率。重钢公司(大渡口区本部)2008年出生婴儿80人，全部为政策内生育，政策性生育率100%，超过大渡口区95%的考核指标，实现无违法生育(出生婴儿中男34人，女46人，出生性别比74%，女孩比男孩多36%)。(2)人口信息准确率。经大渡口区人口计生委年度验收检查评价，达到92%的指标要求。(3)访问职工对人口计划生育政策法规知晓率。通过宣传教育活动,知晓率达到90%以上指标要求。

6项重点工作。(1)宣传教育。采用会议学习、媒体宣传、载体宣传、知识讲座、集中宣传和针对不同人群发放“看得见、摸得着、留得住”的宣传品等6种形式开展宣传教育活动。其中利用《重钢报》开辟2期公益宣传窗;根据不同时期计生工作要求,更换重钢集团计划生育宣传栏内容;2次投入资金制作品质较高的宣传品,发放到对计生工作的开展起主导和骨干作用的计生人群;实施计划生育进物业小区,增设了钢城大厦、月光小区和钢花小区计划生育宣传栏;《重钢报》采访报道2条计生工作信息;2008年全年向大渡口区计生委《人口计生讯息》报送12份工作信息,8份被采用,3份被大渡口区政府网录用。(2)利益导向。按照重钢行管发〔2007〕17号文件《关于转发〈重庆市大渡口区人民政府办公室关于兑现历年拖欠独生子女父母奖励金的通知〉的通知》,重钢公司共清理2008年应兑现独生子女父母奖励金4125.5元。按照重钢行管发〔2007〕253号文件《关于对符合计划生育政策放弃再生育的职工实施奖励的通知》,截至2008年9月30日,重钢公司共审批兑现放弃再生育奖励184例,合计368000元。(3)技术服务。坚持计划生育避孕药具知情选择,按照“四类五种”要求为育龄职工提供安全有效的免费避孕药具。坚持重钢集团大楼自助箱发放,在人员流动量大的钢城大厦和年轻科技人员集中的电子公司新增2处便捷式自助发放箱,在月光小区和钢花小区宣传栏旁增加2个社会销售型自动售套机;形成宣传栏与售套机的“一对一”搭配。(4)基础工作。重钢集团行政管理处制定关于《建立统计质量抽查制度》的通知(行管发〔2007〕18号),建立了重钢公司计生统计质量抽查制度。组织对重钢公司49周岁以内女职工人口信息普查,发重钢集团育龄人口信息调查表,收回调查表4050份,对现有人口资源系统信息进行核对修改。2008年9月,对近几年在重钢办理生育服务证人员的怀孕、生育情况进行清理,清理出往年漏报漏统3人,已在PIS程序中据实上报。制定《重钢公司和二级单位计生基础工作“一体化”规范台账》明细和附件,制作成活页卷宗,与《重钢公司关于建立计生基础工作“一体化”规范台账的通知》一起下发大渡口区本部30家单位,建立起了本部单位基础台账的一体化模式。(5)流动人口管理。按照“属地化、市民化”管理原则,将流动人口的管理服务纳入常规性工作范围;按照“七清”原则将流动人口全家信息录入PIS系统,在流动人口平台上全部提交;流入地出生婴儿信息通过纸质信件和流动人口平台全部提交给户籍地,提交率100%。(6)建言计生。重钢公司计生办公室结合重钢公司计生工作热点、难点问题,开展调查研究月活动,写出理论性文章《企业计划生育热点难点问题探索》,其中对“结合企业实际,改变企业计划生育工作检查方式”提出了建议;论文获得重庆市计生协颁发的优秀论文三等奖。

◆傅晓艾

【重钢新区通讯工作】 重钢集团生活服务公司2008年协调重庆电信公司、重庆移动公司、重庆联通公司为重钢长寿新区各单位开通固定电话和移动V网、联通V网。为江南镇重钢环保搬迁指挥部、重钢集团建设公司、重钢集团三环监理公司、重钢集团朵力房地产公司等安装420部程控电话。重钢电信与移动公司协商,在原有优惠主城8区的基础上,把渝长高速路人和至长寿线、晏家工业园区、江南指挥中心纳入优惠区,为先期到长寿新区工作的三环监理公司、环保搬迁指挥部等办理了V网业务。重钢电信与联通公司协商,将整个联通V网范围扩大为主城8区加长寿区,只要在V网范围内通话,接听或拨打均免费。经过与联通公司的协商,重钢集团与联通公司专门为重钢搬迁到长寿的职工开办了如意通卡重钢分卡。

2008年5月,重钢电信为重钢环保搬迁指挥部安装了电话会议通;9月,为重钢集团三环监理公司在长寿新区安装20部电话。鉴于长寿电信分公司没有主干线安装,重钢电信在最短的时间内、以最好的办法完成主干线割接扩容工程,及时为三环监理公司安装好电话。

◆周渝

【重钢新区生活污水转运工作】 2008年,重钢集团生活服务公司投资15.7万元购置1台环卫吸粪车,用于重钢环保搬迁长寿新区施工现场各生活区的生活污水转运至临时污水处理站。为保证污水转运的过程中不产生二次污染,生活服务公司与污水处理设施的建设单位一道,制定并落实污水吸排过程中的无缝衔接技术方案,确保生活污水转运工作正常进行。

◆吴华

【重钢新区食堂供应工作】 2008年2月14日,重钢集团生活服务公司第一批食堂工作人员进入墙体尚未干透的重钢环保搬迁工程江南指挥中心临时食堂,将2吨重的设备和物资肩挑背扛运进食堂,把从大渡口带去的3桶自来水留给就餐职工。2月22日,重钢长寿新区指挥中心临时食堂投入使用。

重钢长寿新区食堂根据就餐职工需要,不断增加花色品种,工作餐搭配由最初的两荤两素、三荤三素,发展到五荤五素供就餐职工选择;早餐从简单的面点、稀饭,发展到牛奶、豆浆、鸡蛋、稀饭、面条等十余个品种轮换供应,除了正常的一日三餐外,食堂还承接节日宴席、工作接待宴席、生日宴席等,同时还增设了小炒、夜啤酒、生活超市等服务项目。

◆陶剑波

【职工宿舍安置】 2008年,重钢职工宿舍共安置住宿职工421人。(1)重钢本部接收安置重钢集团鑫腾公司职工任务，将非重钢职工和不符合住宿条件的职工进行清退，清理闲置房间，安置有住宿需求的鑫腾公司职工148人。(2)重钢新接收民政局安置的复转军人任务，生活服务公司将宿舍的管理室和库房进行压缩，腾出房间来进行安置，共完成36名复退军人的住宿安置。(3)重钢新招200名大学生，生活服务公司共安置大学生住宿198人。(4)按照重钢职工且符合住宿条件新进的技校学生和中专生，共安置39人。

◆罗永明

【重钢新区物业管理】 2008年2月，重钢集团生活服务公司进入重钢新区长寿江南镇负责物管工作首先制定规章制度和上岗人员岗位职责，对人员进行业务技能培训、安全知识教育培训。加强了物资库房的清理和盘点，建立健全物资进出台账，强化微机管理。重钢长寿新区重钢环保搬迁工程指挥中心办公大楼和宿舍的管理井井有条，重钢新区物业管理工作得到认可。

◆罗永明

【开展“双创”活动】 大渡口区区委、区政府从2007年6月至2008年在大渡口区开展“双创”(创建文明城区、创建卫生城区)活动。2008年7月初，重钢公司投入资金86万元对30所公厕进行改造，其中一类公厕6所，对公厕小便池内外及上面墙体贴瓷砖、修复公厕内外破损处以及粉刷墙面、水电管线的整改，二、三类公厕24所，以修复公厕内外破损处以及粉刷墙面为主，同时进行水电管线的整改。2008年4、5月重新购买和安装130个果皮箱，投入资金3.9万元。2008年7月底，重钢集团投入资金77万元新购置2台钩背式垃圾车和20个垃圾箱体替代家属区10个垃圾站和6个垃圾桶点，实现垃圾日产日清，无腐烂变质情况。从2008年3月起延长清运洒水降尘保洁时间，延伸保洁路段。对大渡口区重钢辖区路段全部实行了清晨大扫后全天保洁，使清扫保洁质量达到“双创”活动要求。加强公路洒水降尘和冲洗力度，创卫期间增加洒水车207辆。

创卫期间，重钢集团生活服务公司厂容环卫部配合跃进村街道各社区和马王社区清运社区清理出来的垃圾48车。每周清理山下重钢厂区公路两边边坡垃圾1次，共计32车。2008年3～11月，重钢城管执法队配合跃进村街道重点打击了沿街占道的无证游商游贩以及污染环境的占道市场、大排档、夜啤酒、倚门店等。2008年以来共撤除广告牌89块、钢棚104个、灯箱24个、横幅41条、砖混房屋2间、洗染店3个、软棚6个、雨篷61个。取缔街边农贸市场3个、再就业长廊2处。6月至年底，在“双创”巩固阶段，利用执法工余时间清理游医广告8次，共计2000张。

2008年，就厂容环境卫生工作，生活服务公司厂容环卫部接受了30次明察暗访。

◆王萍

【拓展绿化养护业务】 由于重钢实施环保搬迁工程，重钢老区绿化工程相对减少，重钢园林绿化部门把工作重点放在了拓展绿化养护及租摆花业务方面。先后承接重钢集团办公楼、重钢股份公司办公楼及重钢组织部、财务处、人力资源处、重钢股份公司动力厂、焦化厂、钢研所、质管处、档案处、型钢厂、装备处及长寿晏家三峰工业园区等25家单位的绿化养护及租摆花业务，并生产繁殖石竹、海棠、红继木、绣球花等各类花卉25000盆株。同时，对长寿新区环保搬迁指挥中心进行了绿化养护工作。2008年，重钢园林绿化在大渡口区第十五届盆景展中，获一等奖4个、二等奖6个、三等奖11个。

◆陈昌国

本部目责任编辑　张　兵
本部目责任校对　张思庆

13

子公司

重钢年鉴

2009

Chongqing Iron & Steel Co. Ltd

重庆钢铁股份有限公司

重庆钢铁股份有限公司成立于1997年8月11日，同年10月17日在香港联合交易所上市，发行H股股票，公司注册资本为人民币173312.72万元，注册地址为重庆市大渡口区李子林钢铁路30号。1998年12月7日经中华人民共和国对外贸易经济合作部批准，成为外商投资股份有限公司。2007年2月28日，公司在上海证券交易所发行A股股票，成为国内A+H上市公司。2008年12月末，公司在岗职工为11544人，设置四川、上海、广东、北京、云贵、西安、江苏、厦门、武汉、重庆等10个区域销售分公司及优钢销售分公司，公司主要生产设备有焦炉5座，1350立方米、1200立方米、750立方米高炉各一座，50吨转炉4座，105平方米烧结机2套，2450毫米中板轧机、φ800毫米大型轧机、φ650毫米中型轧机、棒材轧机、高速线材轧机、φ431.8毫米/φ1117.6毫米×1727.2毫米单机架4辊可逆式冷轧机各一套，50兆瓦燃气蒸汽联合循环发电机组一套，1.2万千瓦发电机组一套。公司主要生产销售中厚钢板、型材、线材、棒材、商品钢坯、焦化副产品和炼铁副产品。2008年全年产焦136万吨、生铁292万吨、钢336万吨、钢材320万吨。

公司型钢厂球扁钢生产现场

公司炼钢厂生产现场

公司焦化厂生产现场

公司董事长罗福勤慰问生产一线职工

公司党委书记朱建派春节慰问职工

公司总经理陈山在生产经营计划会上讲话

公司董事长罗福勤(左)与工会主席朱建派签订集体共保合同

公司烧结厂烧结矿料场

国内第一套全国产化钢板自动探伤系统在公司中板厂投入使用

公司职工参加集团公司职工合唱比赛

重钢环保搬迁工程

环保搬迁工程取得阶段性胜利

2008年重钢环保搬迁改造工程进展总体顺利，从3月开始，4100mm宽厚板等主流程项目及公辅项目相继全面展开建设。到年底，环保搬迁各项目已经完成土方挖填量近一亿立方米，完成砼浇筑17.37万立方米，占已开工建设项目总量的35.1%，完成钢结构制作25116吨，占已开工建设项目总量的29.0%，完成钢结构安装8885吨，占已开工建设项目总量的10.2%，各主流程项目已开始全面进行上部钢结构制作安装，部分已进入设备安装阶段。

4100mm 宽厚板项目厂房

成品码头

1号焦炉砌炉底砖

2号高炉炉体第一带吊装

插页摄影
郑玉明　张　兵　李清荣

新区场平

“情系江南”青年篝火晚会

工余篮球赛

工地夕照

全资子公司

重钢进出口公司

【概况】 重钢进出口公司，其职责是负责重钢集团产品出口暨进出口设备。2008年设办公室（兼重钢集团外事办公室职能）、矿产部、产品部、储运部、重钢进出口深圳公司；在岗职工44人。（1）2008年重钢进出口公司贯彻执行“降本增效”方针，掌握国际铁矿石供求行情，在铁矿石市场和航运价格起伏的情况下，加强与客户联系，确保落实铁矿石长期协议合同和贸易矿供应量的执行，直接进口铁矿石141.90万吨，用内贸方式采购进口矿63.90万吨（合计205.80万吨），完成进口任务。（2）抓住世界铁矿石供求关系变换机遇，与世界最大的几家矿石供应商联系，取得长期协议铁矿石供应量大量增加并使长期协议合同条款有利于重钢的成绩，初步解除困扰重钢扩量发展的心病。（3）上半年国内市场需求旺盛，加上国家限制钢铁产品出口政策和价格等影响，重钢没有安排钢铁产品出口；下半年受国际金融危机影响，国际国内钢铁产品需求急剧萎缩，国际市场更加疲软，重钢全年没有实现钢铁产品的出口。（4）2008年进出口公司先后为重钢股份公司冷轧薄板厂、重钢钢研所、重钢集团电子公司、重庆三钢公司等单位进口设备和部件，参与重钢环保搬迁进口设备的谈判和协调工作，签订进口设备合同8个，合同金额1.5亿元人民币。

◆周式庆

【外事办理】 2008年重钢共办理因公出国（境）团组30批次、142人，邀请国外专家14批次、31人，外事接待65人。

◆周式庆

重庆东华特殊钢有限责任公司

【概况】 重庆东华特殊钢有限责任公司（简称：东华公司）是重庆钢铁集团的全资子公司，成立于2003年；位于重庆市沙坪坝区双碑团结坝153号。东华公司具有年产特殊钢30万吨、钢材20万吨的生产能力，可生产不锈钢、高工钢、合金结构钢、碳素结构钢、弹簧钢、轴承钢、齿轮钢、易切钢、模具钢等钢种和品种组距齐全的棒材、板材等产品；主导产品有阀门钢、易切钢、高工钢、齿轮钢、弹簧钢、不锈钢等。

2008年东华公司设炼钢厂、初轧厂、型材厂、板材厂、锻材厂、冷材厂、钢丝厂7个生产厂和生产部、技术质量部、销售部、物资供应部、综合部、财务部、保卫武装处、党群工作部、实业公司等9个部门。至2008年底，东华公司在册职工1522人，其中管理人员344人，生产操作人员1178人。2008年东华公司消除减少管理死角和管理漏洞，完成电炉除尘系统改造和锻钢噪音污染治理，排查出安全隐患212项并完成整改176项。2008年没有重大人身设备环保事故发生。

2008年东华公司实现利润156万元，职工人均收入增长10.34%。

2008年5月17日，东华特殊钢公司紧急购买100顶价值7万元的帐篷，向“5·12”四川灾区受灾企业德阳东方汽轮有限公司抢运。

◆樊向忠

【产品结构调整】 （1）东华公司2008年贯彻“突出特色、扬长避短”的指导思想和“两条腿走路”的方针，彻底淘汰没有生产装备和工艺优势、市场竞争惨烈、亏损十分严重的“大路货”产品，同时坚持把“特色钢材产品”和“精品钢锭、来料加工产品”一并作为主打产品抓。（2）在做精做好特色钢材产品的同时，做好做大精品钢锭和来料加工产品，使特色钢材产品始终保持一定的市场份额，精品钢锭和来料加工产品继续实现跨越式增长，占东华公司商品总量的60%以上。（3）坚定不移贯彻“以利定销、以销定产”原则。坚持效益目标和总量目标两位一体的考核标准，做到有毛利产品千方百计多抓订货，一般亏损产品酌情控制订货，严重亏损产品坚决停止订货，促使全年毛利产品占商品总量比例达70%。

◆樊向忠

【降本增效工作】 （1）2008年东华公司明确质量降损目标，落实质量降损责任和措施，增强质量降损激励约束机制，先后攻克外销锭脱氢、脱氮、脱磷难关和750轧机轧无磁钢荒圆难关，全年质量损失比上年降低105.84万元。(2)强化能源管理，通过外增内挖，改善了能源特别是天然气供应十分紧张的状况，满足了生产需要。新上一套最大需量负荷控制装置，全年节省用电214万元。(3)抓供应降本、生产降本及期间费用降低，全年使用重钢低价渣铁17251吨，自捡废钢7225吨，同比费用比上年下降14.02%，其中检修费用比上年下降56%；此3项，降低成本1500万元。

◆樊向忠

重庆钢铁(香港)有限公司

【概况】 重庆钢铁(香港)有限公司是重庆钢铁(集团)有限责任公司在香港的全资子公司，1996年10月经中华人民共和国对外贸易经济合作部批准成立；注册资本100万港币。重庆钢铁(香港)有限公司开展对外联络、国际贸易、资金融通、经贸合作、原材料及产品购销；与多个国家、地区的企业建立贸易关系。

◆蔡强

重庆钢铁集团产业有限公司

【概况】 重庆钢铁集团产业有限公司(简称：产业有限公司)是重钢集团的全资子公司；位于重庆市大渡口区钢花路8号。2008年产业有限公司机关设办公室、劳资企管部、生产技术部、财务部、营销部等5个科级管理部门，辖8个分支结构，代管轧钢总厂、重庆重钢产业商留有限公司2个总厂级企业。截至2008年末重钢产业有限公司固定资产原值7110.21万元，净值4186.43万元。主要产品有彩色地面砖、路沿石以及精苯、甲苯、二甲苯、精萘等系列煤化产品和钢筋焊接网、冷轧带肋钢筋、球扁钢、船用扁钢、轮辋钢、碳接圆钢等多种规格的优质小型钢材、直流电焊机、氢气、氧气、氮气、乙炔气、劳保用品等。2008年末，在册职工1305人(其中全民所有制职工837人，集体所有制职工468人)，具有高级技术职称18人，中级技术职称47人。

2008年，重钢产业有限公司确定“搞好当期经营，推进环保搬迁，深化企业改革，保持和谐稳定”四大任务，以做精做强为目标，全面完成重钢集团下达的2008年各项生产经营任务。经济运行保持稳定、健康、持续发展态势。实现销售收入4.96亿元，完成年计划的131.77%，比上年增长28.67%；实现工业总产值2.75亿元，完成年计划的125.66%。缴纳工伤保险金达100%，全年无工亡事故，无重大交通、环境污染事故。

2008年产业有限公司解除了对重庆钢铁集团产业有限公司材料总厂的兼并，材料总厂2008年7月完成所有改制，更名为“重庆博登冶金材料有限责任公司”，在大渡口区工商行政管理分局进行了注册登记。

2008年，重钢产业有限公司继续保持重庆市文明单位称号，被重钢集团评“红旗党委”“稳定工作先进单位”“人口与计划生育目标管理先进单位”。

◆张丽

条目另见部目

【资源综合利用3个项目】:《环保搬迁》

【销售收入增长】 2008年，重钢产业有限公司实现销售收入4.96亿元，完成年计划的131.77%，同比增长28.67%；实现工业总产值2.75亿元，完成年计划的125.66%，利润739.15万元；深加工产量19493.5吨，主要产品产销率98.63%。其中产业有限公司实现销售收入3.58亿元，完成年计划的170.44%；实现工业总产值1.63亿元，完成年计划的155.74%，利润717.9万元；重钢集团外创收2.93亿元，占产业有限公司收入份额81.84%；主要产品产销率98.79%。全年轧制钢材53983吨，完成年计划207.63%；全年生产化工系列产品28437.31吨，完成年计划的123.64%，其中苯类产品5208.56吨，萘类产品2291.25吨，型煤20937.5吨；全年钢渣铁资源回收47282.18吨，完成年计划的131.34%。产业公司全年货款回笼率101.84%，货币回笼率98.13%；产业有限公司全年货款回笼率100.68%，货币回笼率98.96%。

◆张仁群

【企业结构调整】 (1)2008年，重庆钢铁集团产业有限公司兼并重钢产业有限公司矿渣加工厂作为分支机构时，矿渣加工厂一并带入了一个分支企业矿渣加工厂经营部。矿渣加工厂在工商设立分支时又将矿渣加工厂经营部同时变更为产业有限公司的分支企业。经产业有限公司董事会研究，注销分支机构重庆钢铁集团产业有限公司矿渣加工厂经营部；矿渣加工厂经营部于2008年4月办理完毕注销手续，取得大渡口区工商分局的企业注销通知书。(2)重钢产业公司材料总厂是1979年成立的集体企业，主要生产冶金辅料和耐火材料产品，其产品主要供应重钢股份公司炼钢厂、炼铁厂使用。2005年，产业有限公司对其实施兼并，设立为分支机构“重庆钢铁集团产业有限公司材料总厂”。2008年，重庆钢铁集团产业有限公司材料总厂提出改制申请，产业有限公司解除了对重庆钢铁集团产业有限公司材料总厂的兼并，恢复为重钢产业公司材料总厂集体企业，进行改制。新公司名称由大渡口区工商行政管理分局核准为“重庆博登冶金材料有限责任公司”，于2008年7月完成所有改制程序，并在大渡口区工商行政管理分局进行注册登记。

◆傅生明

【科技项目开发】 (1)“钢渣余热有压自解技术与装备开发”,列入2008年重钢集团技术中心重点技术攻关项目,经过1个月的设备调试和4个月的试验,设计制造的设备在试验中基本实现设计功能,运行较平稳。作为科技部科研院所技术开发研究专项资金项目,通过科技部专家鉴定委员会的鉴定,达到试验的预期目标。(2)2008年7月源丰公司“钢渣道路水泥稳定层材料的研制开发”项目通过重庆市建委技术发展中心组织的专家认定,获重庆市建设领域新技术认定书,取得产品生产和销售许可,产品先后应用到重庆市多个工程项目中。2008年累计生产1.12万立方米,利用钢渣2.5万吨,完成产值83.93万元。(3)投资41万元的重钢环保搬迁保供项目液氧汽化项目,在3个月内通过验收投入使用,截至2008年12月共生产氧气16.5万立方米。(4)①2007年接转下来的重钢集团重点科技项目“钢渣轻质高强度保温混凝土(钢渣发泡砌块)及其生产线”实现产业化,实施本项目成立的合资公司已具备年产钢渣微粉20万吨和发泡砌块10万立方米的生产能力,产品质量达到国家标准和行业规范,满足一级品的相关指标要求。②接转项目金洲公司二氧化碳气体保护焊机已开发成功投入市场,全年销售59台。(5)2008年重钢产业有限公司申报重庆市、大渡口区科技项目各1项,申报获批重钢集团科技项目2项,重钢集团技术中心重点攻关项目1项,固定资产投资项目3项,源丰公司“钢渣余热自解”项目和气体公司“高纯度气体分析系统”2项目合计获得重钢集团科技项目资金27万元。

◆曹小平

【安全工作】 2008年产业有限公司组织安全检查40次,查出安全隐患及问题54项,各单位组织检查及隐患排查369次,共查出安全隐患及问题200项;投入隐患整改资金100万元。在开展危险品专项检查活动中,获得重钢集团“执行三大经济政策较好,管理制度、基础台账资料基本完善,生产现场无较大隐患”的评价。全年职工缴纳工伤保险和涉及职业危害职工的职业病健康体检覆盖面达100%,全年无工亡事故、无重大交通,环境污染事故;仅发生微伤事故一人,危险肇事事故一起,各类安全事故控制指标为零,安全形势总体保持稳定。

◆张仁群

【党建工作】 (1)2008年,重钢集团产业有限公司党委抓好两级中心组学习,组织两级中心组成员和机关党员50名参观重钢环保搬迁新区江南镇。组织两级中心组成员参加重钢集团和产业有限公司中心组织学习13次,出勤率100%。培训党员415名,培训入党积极分子30名。与各单位签订《2008年党建工作目标责任书》,发动党员提措施和建议61条,结合生产经营做一件有意义的事共38件,党员开展攻关活动31个。2008年重钢产业公司共发展新党员8名。开展创建“五好”党支部活动,所属党支部全部达标。2008年重钢产业有限公司被重钢集团党委授予“红旗党委”称号。(2)制定《深入开展争创“四好”领导班子活动的实施意见》,对9家单位进行评定,源丰公司、轧钢总厂、商贸公司、金洲金属材料制品厂、铎丰公司、乙炔气厂、印刷厂等单位被评为先进“四好”班子。2008年,产业有限公司领导班子和基层党委组织召开“以学习和实践科学发展观”为主题的年度领导班子民主生活会,收集和整理6条意见和建议;同时在科级单位首次开展同样主题内容的班子民主生活会。2008年,对产业有限公司10名厂处干部、15家单位25名负责人进行考评考核,参加民主评议、考核的职工代表共160名,其中科级管理人员13名,一般管理人员65名,生产操作人员82名(职工代表)。2008年产业有限公司重新聘用12名科级管理人员。(3)开展“解放思想,扩大开放”大讨论活动,组织进行以“党员带头解放思想,带头查找问题”为主题的专题组织生活会。31个党支部分别组织召开“党员带头解放思想,带头查找问题”专题组织生活会,410名党员、12名入党积极分子、17名非党人士参加或列席专题组织生活会和讨论会。(4)制定《产业有限公司2008年党风建设和反腐倡廉工作要点》《产业有限公司2008年党风建设和反腐倡廉分工责任制》《产业有限公司2008年效能监察工作实施意见》。2008年产业有限公司共立项10个项目,提出监察建议32条,采纳29条,建章建制23个,挽回经济损失185.63万元,增创效益426.43万元。(5)制定《2008年精神文明建设考核实施办法》。2008年,重钢产业有限公司各单位没有一家受到考核,保持了各个级别的文明单位荣誉。开展了安全文化思想宣传教育活动,党员和职工提出警句149条,并组织评选活动。开展“我与安全”征文活动,27篇征文参加评选;开展“迎奥运、保安全”综合知识抢答赛活动。(6)制定《关于开展“创建学习型企业争做知识型职工”活动的实施意见》加大“创争”活动的实施力度。2008年,重钢产业公司举办第二届职工职业技能竞赛,110名职工参加竞赛活动。2008年,培训职工1130人;其中继续教育培训93人,高级工培训15人,中级工培训43人;办公自动化培训42人,特殊工种复训114人,特殊工种新训35人,提升高、中级职称送外培训13人,岗位培训775人,从重钢职工培训中心领回各类证件325种。(7)组织开展赈灾捐款活动中,捐款132426元。354名党员交纳的“特殊党费”为48330元,其中交纳1000元“特殊党费”的党员有17名。10月,组织党员、职工向汶川地震灾区群众捐赠过冬衣物、棉被928件。(8)关爱职工。建立困难党员档案39户,在重大节日期间,先后慰问5名老干部、慰问困难党员80人次。(9)2008年完成重钢集团党委工作信息85篇,超额完成重钢集团党委办公室下达的信息报送指标。制定《2008 年普法和依法治理工作意见》。开展新《劳动合同法》的宣传教育活动;组织 10 名领导干部参加重钢集团两次法律法规学习和考试。制定《2008 年党建工作思想政治工作研究会要点》《2008 重点课题的安排意见》,成立政研会工作领导小组和调研论文评选工作小组,2008 年完成党建工作研究论文、政研论文共 17 篇,并选送 3 篇论文参加重钢集团第三片区政研论文的评选,获二等奖 1 个、三等奖 1 个。完成重钢集团重点课题论文 3 篇;完成重钢集团党委组织部布置的党建工作论文 6 篇,获二等奖 1 个、三等奖 1 个。

◆孔千

【稳定工作】 (1)2008 年,重钢产业有限公司党委与各单位签订《2008 年信访稳定工作责任书》。(2)针对重大节日、重庆市"两会"期间和全国"两会"期间、重钢党代会期间以及奥运会期间的稳定工,制定 7 条措施:①成立两级保节日、保奥运稳定安全领导小组,实行 24 小时领导值班制度;②建立突发事件预案制;③坚持半小时信息制度;④成立稳定工作应急分队;⑤做好困难职工的关心慰问工作,安排解决好困难职工的生活、工作;⑥做好企业改革改制过程中的稳定工作;⑦加强对"法轮功"人员监控。(3)在建立和完善企业稳定工作保障体系和个人预案处理机制的基础上,建立企业信访稳定工作信息报告网络体系。切实做到信访稳定工作信息报告横向联系到边、纵向联系到底,一对一联系到人的这样一种信息报告网络体系。(4)抓住重点,加强协调,有效地做好稳定工作。产业有限公司党委针对珂维分公司神女峰宾馆职工安置问题和租赁户阻挠神女峰宾馆转让,云帆公司、材料总厂退休职工等要求量化股份及对"法轮功"人员进行监控等问题,做政策咨询、解答回复和思想工作,及时解决和处理了职工反映的问题。2008 年,接待职工上访 24 批次、1223 人次。

◆孔千

【源丰公司概况】 重庆钢铁集团产业有限公司源丰公司是重庆钢铁集团产业有限公司的分支机构;地址:重庆市大渡口区渔鳅浩。是以重钢公司冶炼产生的冶金渣作为资源,进行钢渣磁选回收和利用磁选尾渣作为基础原材料进行产品生产为主的企业;总资产 5557.84 万元。主要从事冶金渣综合利用、建材生产、仓储、服务及贸易等行业。设综合科、财务科、生产科、经营科和技术科 5 个科室,辖矿渣厂、渔钢车间、葛钢车间、建材车间和实验车间 5 个车间。有各类工程机械 32 台,有重庆市规模最大的冶金渣利用磁选生产线,具有年产 20 万平方米地面砖、路沿石和 5 万立方米道路水泥稳定层生产能力,有 1 个可以堆放 50 万吨铁矿石与球团矿、精矿粉等的仓储基地。2008 年底,在册职工 344 人,其中工程技术人员 70 人。2008 年实现销售收入 7188.94 万元,利润 462.02 万元。建立的 ISO9001:2000 质量管理体系通过重庆方园认证公司对源丰公司产品项目调整后所建立的冶金渣建材产品全面质量管理模式运行情况和修改完善的质量手册,程序文件与工作手册的检查,并向认证公司提出认证申请,等待认证。

主要工作:(1)参与制定《泡沫混凝土砌块用钢渣》并参与审定《烧结熔剂用高钙钢渣》《钢渣稳定性试验方法》《外墙外保温抹面粘结和抹灰钢渣砂》《普通预拌砂浆用钢渣砂》等 5 项国家标准;同时参与《冶炼渣混凝土路面砖》《道路用钢渣砂》《尾矿砂浆技术规程》《钢渣中磁性金属铁含量测定方法》《钢渣混合料路面基层施工技术规程》《冶炼渣粉颗粒粒度分布测定方法激光衍射法》《水泥用钢渣中金属铁含量测定方法》《水泥用钢渣化学分析方法》《冶炼渣易磨性试验方法》《冶炼渣混凝土多孔砖》《耐磨沥青混凝土用钢渣》《道路钢渣水泥》《钢渣发泡砌块》等 13 项行业标准的制定。(2)由源丰公司提供技术和配方,产业有限公司与重庆市欣润地产开发有限公司合资新建的重庆市富环建筑材料有限公司于 2008 年成立,利用钢渣尾渣进行建筑材料钢渣发泡轻质混凝土产品项目的生产已于 2008 年 3 月 6 日投产。(3)由源丰公司实施,重钢集团与中冶集团签署的"钢渣余热有压自解技术装备与开发合作项目"(钢渣热焖项目),设计开发批量为 20 吨的自解装备及台车等辅助设备;设计余热有压自解工艺;实施批量为 20 吨的自解装置工业试验;开发钢渣稳定性检测标准方法;进行自解处理后的钢渣性能研究、自解装置的比例放大规律研究,按协议规定的进度要求,有序地推进、完成,并经过了鉴定。(4)开展群众性经济技术创新活动,源丰公司的"一线双流三磁双破磁选生产线技术改造"项目获重钢集团群众经济技术创新成果三等奖、产业有限公司群众经济技术创新成果一等奖。

2008 年,源丰公司 66 名职工参加产业有限公司举办的第二届职工职业技能竞赛,11 名参赛选手获得奖项,其中起重装卸操作工、天车工和汽车驾驶等 3 个工种技能竞赛的一、二、三名均由源丰公司选手夺得。

2008 年,源丰公司保持了重庆市文明单位称号;源丰公司工会被重钢集团工会授予"模范职工之家";源丰公司被评为重钢集团厂务公开先进单位。

◆邱振江

【金洲金属材料制品厂概况】 重庆钢铁集团产业有限公司金洲金属材料制品厂是重庆钢铁集团产业有限公司分支机构,是重钢集团产业有限公司钢铁资源深加工企业之一,年加工能力 12000 吨;位于长寿晏家三峰工业园区。2008 年设生产技术部、财务部、营销部、仓储部、综合部、金属材料制品车间、电缆桥架生产车间、电焊机生产车间、焦丁生产车间,同时代管重庆钢都服装厂。2008 年加工冷轧薄板利用材4700吨，客户来料加工正品材1800吨，实现产值4211万元；销售收入和利润双双完成计划的230%。主要生产设备：开卷、剪切、校平生产线，焦丁生产线，10吨行车，冲压机、剪板机、折弯机等。主营业务：重钢冷轧薄板开卷、剪切、来料加工；冷轧薄板边料综合开发利用；电缆桥架设计、生产、安装；二氧化碳气体保护焊机、直流逆变电焊机（通过国家认证）生产和维修；焦丁生产；生产系列劳保用品；加工开发了适用于机加工、摩配件、防盗门、货车厢、电缆桥架等行业用材的冷轧薄板利用板（0.8～2.0毫米）、冷硬板（1.0～3.5毫米）、酸洗板（2.6～4.5毫米）、利用品（0.7～2.0毫米）、过渡板等30多个规格的产品和加工不定尺材料。“冷轧薄板盒装板”项目已报重钢集团审批。

◆刘洪明

【重庆铎丰贸易有限公司概况】 重庆铎丰贸易公司为重钢产业有限公司的营销公司。2008年末在册职工23人，设2部1室（财务部、业务部、办公室）。2008年提出“抢市场、强管理、明形势、共和谐”工作思路，确定“转库销售”的模式，全年巨龙库门市累计销售建材1.2万吨，实现销售收入5600万元。采取“稳定重庆市场，发展区县市场”的营销思路，逐渐开拓了四川宜宾、内江、自贡、遂宁等多家市外用户，累计销售钢材10000吨。全年累计完成销售钢材42000吨，实现销售收入17789万元，完成目标任务的205%，超额完成产业公司下达的任务。

2008年，铎丰公司被产业有限公司评为“党风廉洁先进单位”，铎丰公司党支部被评为产业有限公司“先进党支部”，铎丰公司领导班子被评为产业司2008年度“四好班子”。

◆陈建东

【溶解乙炔气厂概况】 重钢产业有限公司溶解乙炔气厂于1987年建厂，是重钢产业有限公司分支机构。重钢产业有限公司溶解乙炔气厂在重庆市同行业中率先取得国家颁发的“气瓶检验机构资质证书”和“ISO9000质量管理体系证书”以及重庆市首批取得“危险化学品安全生产许可证”的60家企业之一。位于大渡口区葛老溪2号，占地面积0.53公顷。2008年设生产部、销售部、质量部、财务部、综合部5个职能部门。年末从业人员50人，其中专业技术人员工程类9人、经济类4人。经营范围：主营乙炔气制造，兼营氧气、二氧化碳、氮气、氩气和焊割混合气体（丙烷），是重庆市乙炔气主要生产基地之一。生产的“力达”牌瓶装溶解乙炔气属国家重点推行的节能、环保型产品。主要设备：YQ－160型敞开低压乙炔发生器、变频调速乙炔压缩机、三塔乙炔净化设备。2008年生产乙炔气52684瓶，乙炔气及其他气体配送实现销售收入556.95万元；安全实现“四零”目标；质量体系通过监督审核，产品质量经国家技术监督局检验合格；生产许可证、充装许可证、安全生产许可证、危化品经营许可证的换发一次性通过相关职能部门审核，均取得相关资质。2008年为重钢环保搬迁长寿江南新区建设供应乙炔气，即将在长寿新区择址，建成新的乙炔气生产线。

2008年溶解乙炔气厂保持了重钢集团“文明单位”“安全文明小区”称号。

◆何金玉

【气体分公司概况】 重庆钢铁集团产业有限公司气体分公司位于长寿晏家重钢三峰工业园区，是重庆钢铁集团产业有限公司分支机构。2008年职工23人，其中管理人员8人，生产操作人员15人，全员持证上岗。装备有300立方米/时水电解制氢、150立方米/时制氧装置和800立方米/时变压吸附制氮装置各1套。2008年气体分公司全年实现安全生产，年生产高纯氢气（纯度≥99.999%、露点≤－60摄氏度）41万立方米、高纯氮气（纯度≥99.999%、露点≤－60摄氏度）56万立方米和工业氧气37万立方米，实现销售收入635万元，亏损89.5万元。亏损的主要原因：冷轧薄板厂是气体分公司高纯氢气和高纯氮气的唯一用户，冷轧薄板厂产量低，导致气体分公司装备开工率低，其中变压吸附制氮装置开工率不足9%、水电解制氢（制氧）装置开工率不足20%。

2008年7月建成200立方米/时液氧汽化装置，满足了重钢三峰工业园区企业用氧的需要，特别是满足了重钢集团建设公司晏家生产基地和重庆三峰华神钢结构工程有限公司24小时不间断生产用氧气的需要。

◆黄玉明

【印刷厂概况】 重庆钢铁集团产业有限公司印刷厂，是实行独立核算、自主经营、自负盈亏的生产经营企业。于2005年7月由重钢产业公司材料总厂印刷分厂改制而成。位于重庆市大渡口区李子林红楼背后。主要以印刷品为主，设计、制作印刷品广告、冶金辅料产品加工，销售编织袋、耐火材料等产品系列。2008年有胶印机5台，书刊包胶机及精装书籍等生产。年生产印刷品800万印，销售编织袋100万条。2008年在册职工39人，中级技工2人，大专学历2人；设2科1室（生产业务科、供销科、办公室）。

◆冉俐容

【化工公司概况】 重钢产业有限公司化工公司属重钢产业有限公司分支机构，是重庆市危险化学品从业安全标准化管理二级达标企业，并获有中国质监总局颁发的危险化学品有机类生产许可证，多年保持重庆市国有资产监督管理委员会文明单位称号；是重庆地区最大的煤化工产品深加工基地。公司机关位于重庆市大渡口区松青路1000号，其办公地点在大渡口陶瓷市场6楼。2008年设3科1室3个分厂：生技科、财务科、经营科和办公室，精苯厂、精萘厂、化工建材厂；在册职工141人。主要产品：焦化苯、纯苯、甲苯、二甲苯、动力苯、建材萘、型煤等，其产品主要用于医药、农药、染料、涂料、溶剂、合成纤维等领域。2008 年实现销售收入 4685 万元，产品产销率长年保持 100%。

◆李剑宏

【重庆重钢产业商贸有限公司概况】 重庆重钢产业商贸有限公司位于大渡口区跃进村 107 栋。2008 年底，在册职工 191 人，其中全民所有制职工 26 人，集体职工 165 人。设财务科、综合办公室，下属法人企业 6 家、分支机构 2 家。经营方式为批发、零售、代购代销、维修等。主要销售金属材料(不含稀贵金属)、建筑材料(不含危险品)、化工产品及原料(除工业氧气、乙炔、二氧化碳、氮气、氩气、氢气、粗苯、煤焦油、洗油、苯、二甲苯、油漆、萘、煤焦沥青、蒽油乳剂、蒽油乳膏在许可证核定事项内经营外，不含其他危险品)、五金交电、汽车零配件(不含发动机)、机械配件、装饰材料、日用百货(不含农膜)、日用杂品(不含烟花爆竹)、矿产品(国家有专项管理规定的除外)、摄影、摄像、照相用品、器材、相机维修；商务服务、普通劳务服务；仪器仪表及总承包、设备安装检修、金属工艺品、塑料制品制造、金属结构件、机械配件加工、工业设备维修等。2008 年重庆重钢产业商贸有限公司实现销售收入 1212.4 万元，完成全年计划的 121.24% 万元。

◆华军

重庆钢铁集团电子有限责任公司

【概况】 重庆钢铁集团电子有限责任公司(简称：电子公司)是重钢集团的全资子公司，位于重庆市大渡口区钢花路 5 号。是集科技、生产、贸易于一体的高科技企业，是重钢集团计算机科研开发、自动化工程技术中心和测试基地，形成"三电"(电子计算机、自动化控制、电气传动)一体化的技术构架，建立了集科研、自动化工程设计应用、电子产品制造和营销一体化的管理体制，获得国家计算机信息系统集成二级资质、建筑业电子工程二级、机电设备、智能化工程三级资质，获 ISO9001 - 2000 质量体系认证，拥有软件企业、软件产品认定证书，是重庆市文明单位，获重庆市高新区"优秀企业""重庆市质量效益企业"等称号。

电子公司成立于 1993 年，其原名为重钢电子公司，1996 年更名为重庆钢铁集团电子有限责任公司。电子公司形成了 5 大信息产业：自动化维护及计量产业、自动化控制产业、管理信息化产业、电气传动产业、自动化仪表产业。产品应用于冶金、石化、轻工、建材、电力、能源等行业。电子公司被重庆市科学技术委员会评为"高新技术企业"，开发的楔形流量计、智能电子式电动执行器两项新产品被重庆市科学技术委员会评为"高新技术产品"，X 射线测厚仪 SFMC - 2000 和 AYC 型超声波流量计，获重庆市科委颁发的"高新技术产品认定证书"。

2008 年，电子公司设科研开发部门 4 个，自动化维护站 8 个，生产、销售、管理部门 7 个，下属子公司 2 个，代管企业 2 个。2008 年年底，电子公司在岗职工 843 人，其中管理技术人员 303 人，高级工程师 35 人，工程师 58 人，操作人员 539 人，退休职工 25 人。2008 年末，电子公司总资产 4626 万元，其中固定资产原值 1996 万元，净值 1243 万元。实现销售收入 1.22 亿元(不含代管企业销售收入)，利润 503 万元。

◆郑亚丽

条目另见部目

【AYD 智能阀门定位器的应用】：《科学研究与应用》

【9 项新产品】 2008 年，电子公司全年完成产品开发项目共 9 项：(1)节能型智能式超声流量计研发应用及产业化，(2)锥形流量计的研制，(3)智能电—气阀门定位器技术研发应用及产业化，(4)信号隔离器(配电器、安全栅)的研究与开发，(5)变电站综合自动化产品研发，(6)热值控制系统软件开发及应用，(7)X—射线测厚仪产品完型设计，(8)OA 办公自动化管理系统，(9)封闭式母线桥的开发、取证工作。

◆郑亚丽

【与澳大利亚摩克斯公司结成战略合作伙伴】 2008 年，重钢集团电子公司与澳大利亚摩克斯(MOX)中国自动化公司结成战略合作伙伴关系，这是电子公司继与德国西门子公司、美国 GE 公司、中国台湾研华公司、法国施耐德公司、昆钢集团电子信息工程有限公司、重庆光洋电子仪表有限公司后签

高新技术企业认定证书
企业名称：重庆钢铁集团电子有限责任公司
统一编号：0850004B055F
有效期二年
重庆市科学技术委员会
2008 年 4 月 13 日

订的又一长期友好战略合作伙伴协议。在战略合作的框架下，成立重庆三峰摩克斯(MOX)自动化技术应用中心，应用中心由摩克斯(MOX)中国公司赠送50万元的MOXOC工控系统核心设备，重钢集团电子公司配套30万元的仪表、电气设备，建设完整的、先进的三峰MOX自动化技术应用、开发、仿真、培训技术平台，共同开发西部冶金、环保、化工等行业的行动化市场，达到年3000万～5000万元的项目技术产值，实现双方共赢的目标。

◆郑亚丽

【自动化维护工作】 2008年，电子公司8个维护站43个班组实现定点、定周期的设备点检制度，并采取跟班点检作业制，提高设备点检到位率。2008年，自动化设备共发生一般故障2250次、较大故障112次，重大故障为零，与2007年相比，一般故障下降44.73%，较大故障上升74.72%，重大故障下降100%。配合重钢股份公司大、中、年修，完成自动化设备检修项目832项。

◆郑亚丽

【计量服务】 (1)2008年，电子公司计量设备准确率达99.2%，最高标准和工作标准送检率100%，合格率100%，在用计量器具周检率98.4%，合格率96.2%。(2)加强计量标准器具的使用、监督、变更与废除等计量标准器具的管理。(3)成立计控管理室，负责一级、二级物次计量数据管理，一、二级各种能源介质的数据管理。(4)加强输差平衡、计量异议等计量管理工作。(5)加大对衡器设备的检校和比对力度，铁水轨道衡每周比对一次，每月检定一次；汽车衡每周比对二次，每季检校一次，其他轨道衡每半月比对一次。

◆郑亚丽

重庆钢铁集团钢管有限责任公司

【概况】 重庆钢铁集团钢管有限责任公司(简称：钢管公司)系重钢集团的全资子公司，位于重庆李家沱长江大桥与川黔公路交汇点重庆市巴南区土桥，距重庆市中区16千米，距成渝高速公路入口处10千米，距重钢大渡口本部6千米；厂区面积15.891公顷(含职工住宅用地1.04公顷)。钢管公司始建于1966年，原名重庆无缝钢管厂，1992年12月加入重庆钢铁集团，1995年12月27日更名为“重庆钢铁集团钢管有限责任公司”；2003年为重庆市属国有及国有控股中型企业。

2008年，钢管公司设5个车间：76车间、50车间、焊管车间、机修车间、环保车间，19个职能处室(含党群系统)。在册职工1086人，其中在册在岗职工1061人；具有高级职称17人，中级职称48人，工人技师15人。2008年末，钢管公司总资产31108万元，其中固定资产原值9560万元，净值3635万元。2008年，钢管公司完成产量78162吨，销量77492吨，分别比2007年增长9.03%、3.89%；实现营业收入60260万元，利润786万元。

主要设备有：ф76毫米自动穿孔机、ф76毫米自动轧管机、ф50毫米曼式穿孔机、ф40毫米曼式穿孔机各一套，ф7米环型加热炉、斜底式加热炉各一座，退火炉3座，各类冷拔机13台(共16根冷拔链条)、矫直机7台、涡流探伤线1调条、超声波探伤线2条、ф76毫米和ф50毫米精密焊管生产线各一条，冷轧机9台等，共有生产设备226台套。现有生产设备生产能力9万吨。

钢管公司生产的产品包括冷拔无缝钢管、冷轧无缝钢管和焊接钢管3大类、22个品种、2000个规格。产品材质25种，其中无缝钢管：10#、20#、35#、45#、20Cr、40Cr、15CrMo、20CrMo、35CrMo、45Mn2、37Mn5、20CrMnTi、30CrMnSiA、210C、T12、E2等17个钢种；焊接钢管：10#、20#、Q195、Q235、SS400、B404QZ、St12、St37等8个钢种。产品规格和品种：(1)无缝钢管：产品规格为ф6～89×1～13毫米。品种：高压锅炉用无缝钢管(GB5310－1995)、高压化肥管设备用无缝钢管(GB6479－2000)、石油裂化用无缝钢管(GB9948－88)、低中压锅炉用无缝钢管(GB3087－1999)、船舶用碳钢和碳锰钢无缝钢管(GB/T5312－1999)、输送流体用无缝钢管(GB/T8163－1999)、冷拔异型钢管(GB/T3639－2000)、摩托车用精密内径无缝钢管(Q/CGG10－2002)、E2耐腐蚀无缝钢管(Q/CGG1－2001)、建筑工程带肋

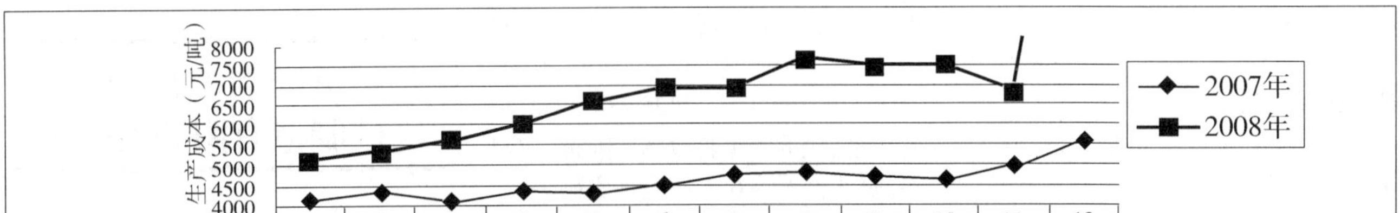

	1	2	3	4	5	6	7	8	9	10	11	12
2007年	4175	4358	4114	4331	4296	4488	4739	4800	4673	4606	4950	5571
2008年	5157	5342	5645	6043	6581	6919	6936	7652	7460	7481	6813	16713

钢管公司无缝钢管生产成本走向图　钢管公司供稿

钢筋连接套筒无缝钢管(Q/CGG7－2003)、柴油汽车用消声器复合钢管(Q/CGG4－2003)、摩托车减震器专用无缝钢管(Q/CGG8－2001)、液压和气动缸筒用精密内径无缝钢管(GB8713－88)、建设工程用碳素无缝钢管(Q/CWG002－1998)、协议碳素无缝钢管(Q/CWG009－1998)。(2)焊接钢管:产品规格为φ16～89×1～4毫米。品种:直缝电焊钢管(GB/T13793－92)、传动轴用电焊钢管(YB/T5209－2000)、低压流体输送用焊接钢管(GB/T3091－2001)。

1999年9月钢管公司质量体系ISO9002:1994版获中国冶金质量体系认证中心认证,2003年1月,钢管公司质量体系ISO9001:2000获中国冶金质量体系认证中心认证,2008年通过复查审核。钢管公司生产的低中压锅炉用无缝钢管和高压锅炉管获国家同类产品实物质量"金杯奖"。高、中低压锅炉用无缝钢管和输送流体用无缝钢管被评为"重庆市名牌产品",冷拔或冷轧精密无缝钢管被评为"重庆市知名产品"。

2008年10月28日,重庆市、巴南区对钢管公司现场进行生产厂区噪声治理工程验收:符合环保要求,验收合格。噪声治理工程完工,争取到80万元的环保拨款。

钢管公司1996～1999年连续4年被命名为"重庆市工业企业50强",连续10年获"重庆市质量效益型企业"称号;曾获"重庆市诚信纳税企业""重庆市文明单位"等称号;2008年获重庆市"守合同重信用"单位及"巴南区税收贡献大户"称号。

◆王桂荣

条目另见部目

【合金高压锅炉钢管开发】:《科学研究与应用》

2008年钢管公司主要技术经济指标完成情况表

指标名称	单位	当年	上年	增减额(±)	同比(%)
产量	吨	78162	71690	6472	9.03
无缝管	吨	70140	61631	8509	13.81
焊管	吨	8022	10059	－2037	－20.25
销量	吨	77492	74589	2903	3.89
无缝管	吨	69499	64334	5165	8.03
焊管	吨	7993	10255	－2262	－22.06
产销率	%	99.14	104.04		－4.90
无缝管	%	99.09	104.39		－5.30
焊管	%	99.64	101.95		－2.31
平均售价	元/吨	6907	4846	2061	42.53
营业收入	万元	60260	41010	19250	46.94
现款回收	万元	68143	45544	22599	49.62
货款回笼率	%	100.78	103.05		－2.27
无缝管生产成本	元/吨	6643	4545	2098	46.16
焊管生产成本	元/吨	5416	4130	1286	31.14
无缝管综合成材率	%	88.54	87.60		0.94
焊管成材率	%	93.52	92.96		0.56
电耗	千瓦时/吨	188	194	－6	－3.09
气耗	立方米/吨	196	198	－2	－1.01
利润	万元	786	770	16	2.08

◆王桂荣

【全面完成生产经营目标】 2008年初,钢管公司制定2008年"减损、增量、投注、赶考、求效"经营方针,以产量80000吨、产品成材率90%、负偏差率3%为抓手,以提高产量为突破口,主抓产品成材率、负偏差率。利用上半年市场行情好,合同多的有利因素,突击产量。产品采用出生证制度,做到每一架管子都有可追溯性,合格率、壁厚精度严格控制,全年按理论重量交货的合同共计22486吨,负差703吨,负偏差率达3.23%;此项为钢管公司增加效益569万元。8月份过后,受金融危机影响,合同量减少,价格大幅下滑。钢管公司调整经营策略,降低钢坯库存,减少在制品量,成品及时交付用户,躲避价格下降带来的风险。保住前8个月的经营成果,钢管公司全面实现全年生产经营目标,产量78162吨,销量77492吨,营业收入60260万元,利润786万元;形成产量、销量、营业收入、利润、成材率、职工收入等6大历史性突破。

◆王桂荣

【兴建φ168热轧无缝管机组】 按照重钢集团的统一部署,钢管公司将随重钢集团整体搬迁至长寿新区兴建φ168热轧无缝管机组。2008年,钢管公司为设备工艺的优化,先后到全国各大钢管厂家考察调研,联系到天津钢管公司愿意投资φ168热轧无缝管机组项目。重钢钢管公司与天津钢管公司两家单位的领导多次相互走访磋商,项目也得到重庆市委书记薄熙来、天津市委书记张高丽的支持。2008年6月4日,由重庆市经委主任吴冰带队,重钢集团董事长董林,副总经理董荣华,钢管公司董事长、总经理熊明祥,副经理宋大宁等前往天津,与天津钢管公司签署合作框架协议。

◆王桂荣

重庆钢铁集团机械制造有限责任公司

【概况】 重庆钢铁集团机械制造有限责任公司(简称:机制公司)是重钢集团的全资子公司,位于重庆市大渡口区重钢本部石槽门,毗邻重钢股份公司炼钢厂、高线厂。1938年由汉阳迁建重庆大渡口,曾为钢铁厂迁建委员会第七所、二十九兵工厂第七制造所;建国后,为重钢机修厂、重钢设备供应部、重钢设备制造供应公司等,1996 年 1 月改制成立重庆钢铁集团机械制造有限责任公司。重钢机制公司为备件修复与制造的生产性公司,注册资本 6642.26 万元,经营范围是制造、销售普通机械及零部件、电器机械及器材、铸锻件及通用零部件、钢材、钢结构件、机械设备、制冷设备维修。机械制造技术服务、劳务信息服务、钢材加工,生产、销售化工产品及原料,销售五金、交电,起重机械的安装、改造、维修。

重钢机制公司配置有 0.25 吨、0.5 吨、3 吨、8 吨的中频电炉,1 吨、3 吨电弧炉,1 吨电渣炉,3 吨电液锻锤,消失模铸造生产线,T6916A 镗铣床,立式加工中心,M800 外圆磨床,数控车床、插齿机等先进设备。主要产品有冶金轧辊,垃圾焚烧炉炉排片,大型铸钢件(阀体)和铆焊组合件(捞渣机),烧结台车,高炉冷却壁、各类耐磨、耐热、耐蚀铸件,铸造钢锭及有色金属铸件。其中专利产品"双环减速器"被国家知识产权局评定为专利示范工程。

2008 年重钢机制公司在册职工 546 人,其中主厂职工 462 人,各类专业技术人员 72 人,高级技术职称 6 人,中级技术职称 32 人。设生产安全部、综合部、财经部等 3 个职能部室,与金工厂、重机厂、轧辊厂、铸钢厂、锻造厂、铆焊厂、阀门厂等 7 个分厂及供销分公司及受重钢集团委托管理重庆钢铁集团英斯特模具有限公司,代管重庆冶金机械制造厂等 7 个法人企业。

重钢机制公司 2008 年 1 月在主厂范围内全面实行"授权经营"管理模式,将生产、供应、销售、用工及分配等 5 项权利下放各分厂,各分厂实行自主经营;6 月安排职工奔赴长寿、上海进行抗震救灾活动板房的生产;9 月通过重庆市清洁生产审核;重庆市大渡口钢洲工业设备修理厂、重庆大渡口冶金材料试验加工厂和重钢产业公司汽车车架厂完成企业改制工作;10 月通过 2008 年度 ISO9001:2000 第三方监督审核。重钢机制公司根据重钢集团环保搬迁的进度要求,确保了 4100 毫米宽厚板工程项目、高炉冷却壁的生产、1780 毫米热轧板带工程项目的推进工作。

2008 年重钢机制公司的经济运行情况得到好转,销售收入 11066.69 万元,利润 57.96 万元,全面完成重钢集团下达的生产经营指标,一举扭转连续亏损的局面。

◆胡巍　陈遥

条目另见部目

【为环保搬迁制作配件】:《环保搬迁》

【φ1150 带槽铸钢轧辊开发】:《科学研究与应用》

【球铁件轧机轧圈开发制造】:《科学研究与应用》

【扭亏为盈】 2007 年前,机制公司是重钢集团内部的一个亏损大户,年亏损额达 1800 万元,主营业务销售收入和利润总额均未达到重钢集团下达的生产经营计划指标。重钢环保搬迁工程,使得机制公司在重钢内部的业务量急剧萎缩,现金流严重不足,生产经营的日常运转较大程度依靠负债经营,重要原材料的领用受到制约,部分产品无法按约定时间交付。2008 年,机制公司对所有分厂实行"授权经营"的管理模式,将生产、供应、销售、用工及分配 5 项权利下放各授权经营分厂,由机制公司生产安全部、财经部及综合部针对新的生产经营模式实施正确高效的管理。授权经营的生产模式的管理,改变了以往分厂等、靠、要的思想。2008 年重钢机制公司销售收入为 11066.69 万元,利润 57.96 万元,全面完成重钢集团下达的生产经营指标,打破了连续亏损的局面。

◆胡巍　陈遥

【环保搬迁人员分流】 2008 年,机制公司根据重钢环保搬迁人员分流政策,稳步推行机制公司主厂部分人员分流工作。(1)办理提前退休 172 人,解除劳动合同 2 人。(2)宣传和指导各代管法人企业做好集体职工的分流工作,办理"直通车"人员 29 人。

◆胡巍　陈遥

【代管企业改革改制】 继 2007 年在机制公司代管的法人企业中成功改制 2 家法人企业(重庆金科再生资源有限公司和重庆钢都液压件厂)使其脱离重钢集团管理后,2008 年 9 月,重钢机制公司代管的 3 家"厂中厂"性质的法人企业(重庆市大渡口钢洲工业设备修理厂、重庆大渡口冶金材料试验加工厂、重钢产业公司汽车车架厂)经重钢集团批准,进行企业改制。注销了重庆大渡口冶金材料试验加工厂、重钢产业公司汽车车架厂法人资格,将原来两企业的职工全部并入重庆市大渡口钢洲工业设备修理厂,并完成新企业的登记手续。

◆胡巍　陈遥

【开展"解放思想扩大开放"大讨论活动】 2008 年,机制公司在开展"解放思想、扩大开放"大讨论活动中,做好"四个围绕",抓好"六个结合"。(1)围绕机制公司面临的形势开展讨论活动。一是提出如何理解机制公司的发展正站在一个新的起点上,特别是在贯彻重钢集团"四大任务"中如何履行机制公司的职责,二是清楚了在新的发展阶段,必须学习其他冶金机械企业的新进展、新经验才能促进机制公司的发展;三是进一步明确机制公司在全国钢铁冶金行业机械企业发展格局中所处的位置;四是针对机制公司改革发展面临的机遇、风险、挑战,进一步明确必须按照重钢环保搬迁的要求,不断持续推进法人企业和机制公司主厂的改革和发展。(2)围绕推动科学发展开展讨论活动。在讨论过程中,把深刻理解科学发展观的科学内涵、精神实质、根本要求作为重点,进一步理解在机制公司如何坚持又好又快的方针。(3)围绕"两个文明"建设和企业改革开展讨论活动。对如何采取有效手段保证生产经营顺利推进行讨论，并且在资金管理、原材料采购、推行“授权经营”等方面采取有效的措施。(4)围绕开展“弘扬红岩精神、推动重庆大开放大发展”活动开展讨论活动。通过组织参观《红岩魂》系列展览，深感弘扬红岩精神，对推动重庆大开放大发展，对持续搞好重钢公司环保搬迁，对不断推进机制公司改革、发展和稳定，有着十分重要的作用。(5)抓好6个方面的结合。一是把学习党的十七大精神结合起来；二是把贯彻落实全国和重庆市“两会”精神结合起来；三是把贯彻落实胡锦涛总书记对重庆发展提出的“314”总体部署结合起来；四是把贯彻落实重庆市第三次党代会精神结合起来；五是把专题集中培训学习与加强自学结合起来；六是把贯彻落实重钢集团第十一次党代会精神结合起来。

◆王向东

重庆钢铁集团建设工程有限公司

【概况】 重庆钢铁集团建设工程有限公司(简称:建设公司)是重钢的全资子公司，集综合型、多元化经营的建筑安装企业。具有国家房屋建筑工程施工、冶炼工程施工、市政公用工程施工总承包一级；钢结构工程专业、机电设备安装专业承包一级；公路工程施工、建筑装修装饰工程、预应力工程、桥梁工程、公路路基工程、公路路面工程专业承包二级；预拌商品混凝土工程专业承包三级；电力、铁路、矿山工程施工总承包三级；房地产开发三级、重庆市政府公益性项目建设管理代理机构甲级、地质灾害治理工程施工甲级，重庆市建筑工程质量检测资质证书；并拥有100吨以内桥式起重机安装、维修、改造，道路运输经营，Ⅰ、Ⅱ类压力容器设计制造，锅炉安装，压力管道安装制造维修，无损探伤，工程机械修理等多项专业许可证。经重庆市对外贸易经济委员会审批，拥有对外承包工程经营资格及对外劳务经营权的资格，中华人民共和国海关进出口货物收发货人报关注册登记证书。注册资本金为 5300 万元，资产总额 72775 万元，年产值 10 亿元。2008年，合同签订总量 22 亿元。1999 年12 月经北京新世纪质量体系认证中心审核、认可，取得 ISO9001: 2000 质量体系认证。地址：重庆市大渡口区李子林三岗门。

装备有进口和国产的各类先进、大型的推、挖、吊、运设备及钢结构生产线、金属表面处理，焊接设备，混凝土搅拌站、运输、泵送设备和其他多项专业施工机具及检测设备 850 台套，总功率 23388 千瓦。先后承担重钢、河北纵横钢铁厂、昆明钢铁公司技改及冶金建设工程；部分或全部承建的重庆长江鹅公岩大桥、万州万安大桥、广西百色拉域大桥、三峡库区、重庆轻轨的市政建设工程；渝长、渝合高速公路工程；世纪花园大厦、朵力尚美国际民用建筑工程；重庆同兴垃圾焚烧处理、山东临沂中环新能源公司垃圾焚烧处理、重钢长寿环保搬迁工程环保工程以及轻、重型钢生产的钢结构工程。独创“炼铁高炉闷炉检修技术”“无焊马拼装工艺及预置反变形焊接技术”“焊接修复金属缺陷方法”“PC梁制造延续蒸养技术(工艺)”等专利获“重庆市科技成果奖”。重庆长江鹅公岩大桥正桥、西引桥工程分别获2002年度中国市政金杯示范工程奖、重庆市第三届市政工程金杯奖和重庆市优质结构工程奖。重庆万洲万安大桥工程获2003年度重庆市“巴渝杯”优质工程奖和优质结构工程奖。“改进热风炉炉壳制作工艺，控制制作成本”获2006年度重庆市优秀质量管理小组奖二等奖。“尚美国际三标段主体结构砼几何尺寸控制”获2006年重庆市建筑行业 QC 技术成果三等奖。同兴垃圾焚烧发电工程获“山城杯优质安装工程奖”。尚美国际三标段获2007年“重庆市三峡杯优质结构奖”。参与施工的重庆奥体中心工程获“第六届詹天佑土木工程大奖”，“建设工程企业系统化管理”获2008年度重庆市企业管理现代化创新成果三等奖，“朵力尚美国际八标段4、5号工程外墙面防渗漏控制”“PC轨道梁冬季施工裂纹控制”分别获2008年度重庆市工程建设优秀 QC 小组成果二、三等奖，PC轨道梁二期工程荣获国家优质工程银奖。

2008年，建设公司将原有10个职能部门调整为9个部：综合部、工程

重钢民兵高炮训练　蒋兴琪　摄影

经济部、工程管理部、财务审计部、技术质量部、物资设备部、市场开发部、钢结构管理部、党群工作部；根据重钢环保搬迁建设，组建9个环保搬迁工程项目部，按照不同经营类别性质划分整合为经营型公司（租赁公司、美渡房地产公司、科定防腐公司）、产品制造型公司（钢结构一、二、三公司、压力容器制造公司、钢材配送公司）、劳务型公司（机械安装工程公司、电气公司、设备维检公司）11个分公司，轻轨PC梁项目部，冶炼、轧钢、动力热能3个成建制的维检区域项目部，代管10个集体企业。年末在册职工1475人（国有企业职工1038人、集体企业职工437人），在岗职工1228人（国有企业职工1001人、集体企业职工227人）；工程技术人员267人，中级以上职称145人（其中工程硕士2人、高级职称28人、中级职称115人）；培训合格的项目经理83名，持有资质证书项目经理74人（其中国际工程项目经理2人、一级项目经理13人）；建造师45人（其中一级建造师19人）；高级职业经理5人，中级职业经理3人；483人持有职业资格证书（其中高级技师7人、技师31人、高级工297人）。

建设公司曾获“冶金部质量管理奖”“重庆市先进建筑企业”“重庆市重合同守信用单位”“重庆市模范职工之家”“重庆市质量效益型企业”等称号。

◆李刚

条目另见部目

【广西白色拉域大桥建设】:《生产经营》

【建设公司第一阶段项目完工】:《环保搬迁》

【合同总量主营收入】 2008年，建设公司合同总量与主营收入创历史新高。（1）2008年签订的合同总量22亿元（比2006年增长214%、比2007年增长69%），其中重钢环保搬迁合同量15.62亿元，外部市场合同量4.36亿元，维检合同量0.99亿元，钢结构合同量1.02亿元，电器电机加工合同量0.096亿元。（2）2008年完成主营收入9.16亿元（比2006年增长59%、比2007年增长42%），其中重钢环保搬迁完成3.9亿元，外部市场完成3.3亿元，维检完成0.94亿元，电器电机加工完成0.09亿元，钢结构完成0.92亿元，完成的钢结构加工量97755吨，比2007年增长14.46%。

◆李刚

【提升非钢产业装备】 按照“重钢当期生产与环保搬迁两不误两兼顾”的总体思路，建设公司2008年编制完成《重庆钢铁集团建设工程有限公司长寿基地建设发展规划》，确保承担的重钢环保搬迁工程项目顺利完成。2008年共筹集资金7925万元，投资钢结构一期工程基地、商品混凝土搅拌站建设和重要设备更新换代。

（1）2008年2月16日钢结构基地一期工程破土动工。建地在重钢公司晏家三峰工业园A2地块内，建设项目有：24米×105米原料处理厂房一座；24米+30米×300米H型钢生产线厂房及24米×105米油漆涂装厂房一座，建筑面积21240平方米；30米×350露天原料成品堆场一座和相应的总图运输与公辅设施等；所耗投资5594万元。（2）建设公司经过4个月时间，建成拥有普通H型钢生产线2条、重型钢结构生产线1条，具有年产3～5万吨钢结构生产规模的基地，为重钢环保搬迁的1780热轧板带与炼钢两个项目6万吨钢结构制作提供了保障作用。（3）在环保搬迁工程启动后，建设公司代表重钢公司与重庆渝惠食品集团共同投资建设一座2×180立方米/时、年产120～150万立方米混凝土搅拌站，股权比例建设公司为51%（1020万元），重钢渝惠食品集团49%（980万元）。建设项目用地利用长寿江南镇新场五组征地范围内的2.67公顷（约40亩）土地。搅拌站分两期建设，其中一期工程于2008年5月21日开工，主要包括一座180立方米/时混凝土搅拌机楼，5台混凝土输送设备，15台混凝土运输车等；2008年8月建成投产。

◆李刚

【检修维护】 2008年，建设公司对原有5个维检项目部进行技术力量和组织机构调整，建立成建制的三大维检区域项目部：冶炼区域项目部，负责焦化、烧结、炼铁和炼钢等生产厂的设备维护检修工程管理；轧钢区域项目部，负责高线厂、型钢厂、中板厂和冷轧厂等生产厂的设备维护检修工程管理；动力区域项目部，负责动力厂与同兴垃圾公司等设备维护检修工程管理。三大维检区域项目部为工程组织中心，劳动力从分公司或集体企业、劳务作业队中进行调配，由此构建起以项目部为中心，专业化分公司为主流，集体企业为辅助，劳务作业队为补充的检修维护服务体系。区域项目部执行涉及维检工程项目的生产、安全、进度、质量、成本预决算、评价考核等25项管理制度，建立工号日报制度，按工程类型和区域，进行工程项目过程控制日报统计和工号日报公布。在执行原有的管理制度办法中，补充了检修维护工程施工实施流程、检修维护作业指导书、操作人员实名制。保证重钢各生产厂的各种检修、中修、大修、抢修和维修工程项目按时或提前完成，达到重钢股份公司提出的“效率要高、费用要省、工期要短、服务要好、质量要优、安全要顺”的要求。

全年签订检修维护合同量9874万元，完成检修维护项目256项。2008年9月26日投入1700名施工人员，完成重钢股份公司2008年炼钢厂、动力厂、炼铁厂四号高炉、五号高炉、喷煤车间、烧结厂、型钢厂等生产厂的主要生产设备同步年修工程。

◆李刚

【科技创新工作】 （1）2008年建设公司编制《企业管理制度－科技进步类》手册，强化专业副总工程师及各单位技术负责人的技术责任，建立科技进步管理工作保障机制。（2）完善建设公司施工工法编制规定文件，组织完成4项企业工法，完成2项申报重庆市（省级）施工工法工作。（3）组织完成3项管理成果，其中“建设工程企业系统化管理”项目获重庆市国有资产监督管理委员会企业管理现代化创新成果3等奖。编制完成《重钢环保搬迁工程专用表》《公司计算机类设备管理通则》《检修技术手册－重钢股份高线厂》等管理制度、作业指导书、作业表卡，技术规范。（4）申报专利技术4项，已获国家知识产权局受理，并纳入专利公告期。（5）向重庆市建筑业协会申报优秀QC技术成果3项。（6）截至2008年11月，重钢集团建设公司完成3项科技成果，通过重钢科技成果鉴定，并申报了重钢集团2008年科技进步奖；技术改进成果10项，其中1项获得重钢技术改进成果奖；申报重钢科技项目立项2项，重钢批准1项，并拨款18万元实施研究费。

◆*颜兴全*

【工程项目文化建设】 建设公司2008年为发挥好工程项目文化在重点工程建设中的导向、约束、凝聚、激励、鼓劲作用开展文化建设。（1）规范理念文化，强化项目文化的核心，提炼修订发展理念、经营战略、经营方针、施工宗旨、质量方针、安全理念、职业道德规范等一整套内容，并编印成小册子，班组长以上人员人手一册，同时要求各项目部把企业理念制成牌板，竖立在各工地门口。（2）规范施工行为，发放有建设公司的质量管理方针和具体工作的作业规范的操作人员作业指导书。（3）创新工地文化，探索项目文化的新法。在每一项重点工程中，建立文化墙、广播站，成立宣传队，开展立功竞赛。每天进行现场宣传广播鼓舞，每周的《建设人》反映建设工地场景，每半月的立功竞赛彰显建设者的功绩。（4）抓安全文化，构建项目文化的重点。每项工程开工建设前，建设公司与工程管理部、项目部、作业队逐级签订安全生产责任书，将安全目标逐级细化，将安全责任落实到人，形成“个人保班组，班组保项目部，项目部保公司”的机制。对农民工进行安全技术培训，促进其在工作岗位上更好地发挥作用。（5）拓展岗位文化，培植岗位文化。凡个人在经营、管理、技术、质量和思政工作等领域有所发明、有所创造、有所创新的作法、经典、成果，给予重奖，并推广其成果，应用到实际中。（6）开展“评先树模”活动。通过办专栏出专集等形式，形成争先创优的氛围。（7）打造品牌文化，把“干一项工程，立一座丰碑，树一方信誉”作为生产经营的主旋律。

◆*蔻洪萱*

【网站建设】 建设公司网络建设从2006年6月～2008年9月完成建设公司各下属单位的广域网连接，并接入互联网。项目覆盖建设公司行政办公体系机关职能部门、分公司、重钢长寿新区环保搬迁及省外项目部。2007年7月～2008年10月，进行同办公系统（OA与网站）建设。对计算机硬件设备新增和换代172台套，完成建设公司协同办公系统（OA与网站）的研发应用。创造性地将机关计算机房升级改造到“企业级小电信部门机房”，提高了核心网络的交换能力，直接将服务器架设在建设公司内并接入互联网。从设备技术规模上（200台机器分布在不同地域实时在线）保证了建设公司后期硬件网络与OA软件系统的快速维护与数据安全管理的可控性与可操作性。项目的成功应用为重钢建设公司“一制、三全、三化”的管理模式的推进建立了高效、互动的电子行政管理平台。

（1）项目的科学性。构建建设公司互联网级网络工作平台，重点解决机关办公，项目部和分公司作业点分散信息难以收集的行业特性。关键技术为：互联网/企业内联网方式，系统功能全部在服务器端（重钢三岗门办公楼）集中实现和管理。（2）项目的先进性体现在适度上。在技术方案上采用成熟可靠、先进合理的网络平台技术，降低二次开发风险，重点在功能设计，选择与推动力度上。（3）项目的创新性。①创新网站开发新模式。建设公司本次网站开发由自身设计并担负后期运行维护，专业公司完成功能，解决了开发易、运行维护难问题（出现的死网站通病）。②创新网站新结构。重钢建设公司本次网站设计

建设公司网站建设　骆建军　摄影

为3层内外结构;对外网站编辑上传的工作由党群部掌控(供万人浏览),外网中的内部信息发布页由建设公司10个职能部门编辑上传掌控(供职工千人浏览),外网站中的内部办公信息系统由行政,技术两部门掌控(供200人协同办公)。③OA办公采用"定义化"。这种基于企业互联网平台下的多用户数据体系架构,配合用户群设置与安全授权服务模型,灵活多样的定义"配置"能确保内部办公业务流程的合理分工和协作,是实现重钢建设公司启动OA办公系统的关键技术。④提前完成中华人民共和国建设部2007年3月13日发建市〔2007〕72号文件《关于印发〈施工总承包企业特级资质标准〉的通知》中"科技进步水平"第5条,企业应开通外部网站并实现内部办公、信息发布,数据交换网络化特级资质要求。

◆骆建军

【环保搬迁职工夜校】 2008年7月初,重钢集团建设公司开始筹备组建重钢环保搬迁职工夜校。职工夜校坚持"按需施教、学以致用、保证质量、追求实效"的原则,选定授课教师,制订教学计划和管理规定。9月4日,重钢集团建设公司环保搬迁夜校在重钢环保搬迁长寿新区工地上举行开学典礼。建设公司在办学中,将环保搬迁素质教育工程实战能力培训作为其中一项重要内容,旨在提升参战一线职工基本素质、岗位技能,推动环保搬迁工程顺利开展。建设公司环保搬迁工程各项目部和劳务分公司的技术工人和农民工等将学以致用放在首位,到夜校集中参加环保搬迁专业技术和管理知识学习培训。青年技术人员、项目管理人员、各工种技术工人和农民工岗位培训参学人数839人。2008年12月30日,建设公司环保搬迁夜校结合重钢环保搬迁工程建设,组织开展了一次以夜校学习为主要内容知识竞赛活动。

◆郑弘

重庆钢铁集团矿业有限公司

【概况】 重庆钢铁集团矿业有限公司(简称:矿业公司)是重钢的具有独立法人资格的全资子公司,于1996年7月组建成立,2003年,被重庆市政府认定为33户国有控股大型企业之一。矿业公司位于重庆市大渡口区大堰一村81幢。2008年设5个职能管理部门:党政工作部、技术发展部、安全生产部、营销部、财务部。下属二级企业:綦江铁矿、太和铁矿、歌乐山石灰石矿、大宝坡石灰石矿、景星白云石矿、乐山耐火材料厂、重庆耐火材料厂、陕西三金矿业股份有限公司(矿业公司控股)、重庆巫峡矿业股份有限公司(重钢集团控投)。2008年末,矿业公司在册职工2973人,在岗职工2932人,高级职称26人,中级职称172人。主要产品:铁精矿、钛精矿、球团矿、铁矿石、石灰石、白云石、轻质建材、机制砂、火力发电、电熔镁砂、特种耐火砖及耐火材料制品。矿业公司具备矿石采掘、承接建筑安装工程(全民三级资质)、机械加工和检修安装的技术优势和实力。

◆张国平

【4个新矿山建设】 (1)2008年,矿业公司与陕西汇金矿业科技发展有限公司、中冶长天国际工程有限责任公司签订《联合开发矿产资源协议书》,控股组建陕西三金矿业股份有限公司。2008年12月28日,小金河磁铁矿采选工程正式开工建设。(2)组建由重钢集团控股的重庆巫峡矿业股份有限公司。(3)推进篆塘铁矿开发的前期工作,矿区详勘、矿石还原焙烧和选矿试验等工作已经完成。(4)接龙铁矿进入全面建设阶段,矿山建设的各项具体工作按计划推进。

◆张国平

2008年矿业公司主要生产经营指标完成情况表

序号	名称	单位	当年计划值	当年实际值	当年完成率(%)	比上年增减(%)	备注
1	主要财务指标						
(1)	销售收入	万元	122000	175792	144.09	52.61	报表
(2)	利润	元	13500	18002	133.35	126.10	报表
(3)	实现利税	万元		36651		91.16	报表
(4)	当期货款回笼率	%	98.11				报表
(5)	资产负债率	%		60.98			报表
(6)	流动资产周转	日	122.45				报表
(7)	存货周转	日		26.85			报表
(8)	成本费用利润率	%		11.57			报表
(9)	净资产收益率	%		21.64			报表
2	主要产品产量						
(1)	球团矿	万吨	80	94.418	118.02	18.51	结算量
(2)	钛精矿	万吨	11	8.946	81.33	-14.71	结算量
(3)	铁矿石(含钒钛铁精矿)	万吨	32	42.78	133.69	-1.44	结算量
(4)	烧结白煤	万吨	18	13.8	76.67	-7.00	结算量
(5)	喷煤	万吨	19	33.165	174.55	64.94	结算量
(6)	石灰石(含精炼灰)	万吨	86.5	109.085	126.11	19.72	结算量
(7)	白云石	万吨	24	26.137	108.90	-9.62	结算量
(8)	活性白云石(含轻烧)	万吨	14.2	18.1	127.46	45.18	结算量
(9)	乐耐厂耐材产品	万吨	1.37	1.598	116.64	8.71	结算量
(10)	重耐厂耐材产品	万吨	1.489	2.008	134.86	8.42	结算量

◆张国平

【矿山建设】 (1)2008年太和铁矿630万吨/年扩能改造工程启动,完成工艺设计,主要生产设备陆续订货,环境保护评议获国家环境保护部正式批复,破石头沟改道工程开工建设,南部采场破土动工。安宁河堤防工程建设竣工。钒钛磁铁矿预选抛尾技术获重要突破,预选抛尾项目建成投产。正在施工建设的15万吨/年硫酸生产线和多金属回收项目,预计于2009年5月建成投产。(2)綦江铁矿36万吨/年焙烧磁选厂建设工程施工,磁选厂主厂房和平硐煤气系统建设进展顺利,尾矿库地质勘察工作正在进行。预计2009年6月底前建成投产。(3)景星矿二期建设工程启动,排土场等扩建工作正在推进。(4)大宝坡矿冶金石灰项目建设工程于2008年12月破土动工,工程进展顺利;冶金石灰石运输系统改造前期工程稳步推进。(5)歌乐山矿在2008年年初新建3座竖窑,轻烧白云石粉的月产量提高到8000~10000吨,达到年产10万吨的规模。完成西北部扩帮剥离工作,剥离量13万立方米,新增20万吨优质冶金石灰石资源。

◆张国平

【技术创新工作】 (1)太和铁矿钒钛磁铁矿磁化轮预选抛尾技术。技术的应用,从根本上克服低品位钒钛磁铁矿难利用和钒钛磁铁矿磁化后矿石脱磁难两大技术难题。矿业公司"钒钛磁铁矿预选抛尾技术研究及应用"获重钢集团2008年度科技进步一等奖。(2)太和铁矿多金属回收利用技术。太和铁矿对多金属的综合回收利用开展技术攻关,掌握了从尾矿中回收硫、钴、铜、镍等的技术。(3)太和铁矿浮选尾矿再回收钛技术。针对选钛流程浮钛尾矿中的部分钛未能充分回收,部分钛铁矿随尾矿排入尾矿库,造成资源浪费,太和铁矿在原有设备和场地设施的基础上增加部分选矿厂房、设备和设施,利用现流程中废弃的浮钛尾矿回收钛精矿,钛回收率提高到41.5%,预计2009年可多生产钛精矿2万吨,直接产生经济效益1000万元。(4)太和铁矿钛精矿直接盐酸法制人造金红石技术研究。钛精矿直接盐酸法制人造金红石具有浸出速度快,除杂质能力强,产出的人造金红石品位高等优点,且盐酸可实现循环利用。项目已完成实验室研究,并取得阶段性成果,正在进行扩大试验研究。(5)太和铁矿酸溶性钛渣技术的研究。太和铁矿拟建5万吨/年酸溶性钛渣生产线,将钛精矿进行深加工,生产含二氧化碳75%以上的钛渣产品,同时副产生铁2.4万吨/年;项目正在进行可行性研究。(6)太和铁矿尾矿膏体浓缩干堆技术的研究。太和铁矿在国内黑色金属矿山首家提出尾矿膏体浓缩干堆技术,2008年完成工业试验阶段,得到国家支持和鼓励。(7)綦江铁矿在突破綦江式铁矿石氧化焙烧和还原焙烧的技术难题后,对粉矿焙烧技术难题进行了长时间的技术攻关,先后与河南巩义市、洛阳市等单位专家进行技术交流,通过反复试验,粉矿造球还原焙烧试验获得成功。綦江铁矿开展还原煤气用量试验和焙烧块矿、焙烧矿球、焙烧块矿与焙烧矿球混合矿等的磨矿磁选流程试验,均取得试验指标。(8)景星矿自投产以来,白云石小二甲只能依靠火车发运到重钢公司烧结厂,难以满足大规模连续生产的需求。景星矿开展技术创新工作,在改造供风系统,对原矿和成品矿的筛网等进行优化的基础上进行了大量的试验,小二甲焙烧试验获得成功,开创竖窑焙烧小粒级白云石矿石成功的先例。

◆张国平

【节能减排】 重庆钢铁集团矿业有限公司是重庆市60户重点用能企业之一。2008年4月矿业公司通过重庆市对"矿业公司能源审计与节能规划"的审核。矿业公司按照《节能减排综合性工作方案》要求,推进节能减排工作。太和铁矿采用磁化轮预选抛尾技术,将矿石回采率由设计的92%提高到98%,贫化率由8%降低到1%,抛尾得到的废石生产建材石料,建成20万吨/年的制砂生产线。减少了尾矿等的排放,节约了土地用量。歌乐山矿回收利用矿区地下水资源5万吨,节约水费16万元,减少了对外排水。大宝坡矿以破碎生产线电耗、回转窑煤气消耗、柴油消耗为重点,开展节能工作,每吨矿石油耗与去年同期相比下降0.22元。乐山耐火材料厂运用天然气新工艺分别对特耐车间烧成系统、机修车间淬火炉进行工艺优化,与去年同期相比少用原煤366.93吨,对应减少了二氧化碳和二氧化硫气体、废渣以及粉尘的排放。重庆耐火材料厂针对隧道窑热损失大的情况,开展技术改造工作,制定不同产品和不同产量下的燃气流量,有效控制了燃气消耗,黏土砖单位气耗比去年降低17立方米,高铝砖单位气耗比去年降低6立方米。

◆张国平

太和铁矿

【概况】 重庆钢铁集团矿业有限公司太和铁矿地处四川省西昌市,是攀西地区四大钒钛磁铁矿区之一,是重钢公司矿石生产基地。主要产品有钒钛铁精矿、钛精矿、氧化球团矿、规格块矿、钴硫精矿。2008年末,太和铁矿职工3350人,其中在岗职工1299人(管理技术人员234人,生产操作人员1065人),离休退休职工2051人。有采矿车间、选矿车间和球团厂3个主要生产单位,机电车间、运输公司2个辅助生产单位,建设公司、顺达公司、矿医院等3个多种经营单位,12个行政职能科室及后勤部门,另有由太和铁矿矿控股的西昌新太平冶金炉料有限公司。2008年全年生产经营情况良好,完成采剥总量779.48万吨,生产铁精矿98.28万吨、钛精矿9.43万吨、球团矿20.29万吨。全年销售收入69096.09万元,施工产值

2093.84 万元，年工业总产值(不变价)42214 万元，现价 70192 万元，利税 21237.24 万元，盈利 9887.94 万元。年末固定资产原值 39194.81 万元，净值 20830.40 万元。

太和铁矿继续保持“四川省守合同重信用”企业称号，获“全国守合同重信用”企业称号，获重钢集团先进单位、重钢集团先进四好班子称号，获凉山州基本养老保险和工作保险稽核工作先进单位，凉山州授予太和铁矿“凉山企业 50 强”称号、“百乡教育扶贫”一等奖(先进集体)，西昌市人民政府授予太和铁矿工业经济工作“先进企业”称号、获西昌市安全生产先进企业，太和铁矿信用等级评定为 AAA。

◆何平

【硫酸项目建设】 太和铁矿 20 万吨硫酸生产项目是节能减排的循环经济产业，项目是西昌瑞康钛白有限公司钛白粉生产所需硫酸配套项目，利用太和铁矿尾矿中再回收的钴硫精矿进行深加工，烟气制酸，焙渣提取多种有用金属。并将瑞康钛白生产中产生的一水硫酸亚铁等废料进行掺烧再利用。2007 年 6 月完成可行性研报告，12 月完成环境影响评价，同时完成项目初步设计和设备采购合同。2008 年 4 月初完成施工设计，中下旬完成“三通一平”，同时进入土建工程施工、制作安装阶段。预计 2009 年 8 月完成项目建设并投入试生产工程项目建设总投资为 10398.76 万元。预计项目年实现利润总额(生产年平均) 4981.43 万元，年上缴所得税 701.97 万元，年税后利润 4279.45 万元。项目利用自产 3 万吨钴硫精矿和外购 17 万吨硫精砂沸腾焙烧，烟气生产 20 万吨/年的硫酸规模。以流化床沸腾焙烧硫精砂(钴硫精矿)，采用冷却塔、洗涤塔、稀酸冷却塔和二级电除雾的绝缘蒸发酸洗净化，用“3 + 2”两转两吸制酸的工艺流程生产硫酸。购置安装热风炉、沸腾焙烧炉、中间吸收塔、最终吸收塔、转化器、干燥窑等设备，配套建设相应的土建设施。新增建筑面积 4600 平方米。

◆何平

【破石头沟隧道工程建设】 破石头沟隧道工程为太和铁矿 630 万吨/年采选扩建配套工程项目，项目便于南北采场连为一体，具有一定的防洪功能，并兼顾下游农田灌溉。同时防止形成泥石流，确保采矿生产安全和下游太和镇安全。工程采用竖井，全隧洞方案，在采矿场西部边境上游 300 米处设一拦水坝，沟水经环行堰至竖井，再经隧洞排泄至采场边界下游 300 米的破石头沟原河道，隧洞出口设消力池，在拦水坝上游设一座拦沙坝。挖掘土石方量 92864 立方米，衬砌钢筋混凝土及浆砌片石量 51619 立方米。项目总投资 4857 万元。2007 年 12 月完成项目设计和安全影响评价，2008 年 3 月招投标确定项目施工和监理单位。年底完成施工建设场地及各种设施的建设，进洞施工前的引洞、沟槽开挖和渣料运输系统建设并进入洞内 200 米，进水口的拦砂、水坝的开挖及渣料运输系统、附属设施建设。预计 2011 年 2 月完成破石头沟改道工程。

◆杨瑞海

太和铁矿硫酸项目建设　何冬梅　摄影

【安宁河防洪堤工程建设】 安宁河堤防工程是由四川省西昌市政府牵头由太和铁矿出资建设的市政惠民工程。工程是根据西昌市太和钒钛工业集中区总体规划，为尽快推进钒钛工业集中区基础设施建设，防止安宁河洪水对两岸人民生命财产的威胁，促进西昌区域经济的发展的一项建设工程。实施该工程重点保护两岸村组及交通、水利等设施。防洪标准 20 年一遇。遇超标准洪水，配合当地水利工程，可避免沿岸地区发生毁灭性灾害，极大地减少洪灾损失，预计减少被淹土地 66.667 公顷(约 1000 亩)，减少 2740 人口受灾。工程整理开发土地 63.8 公顷(约 957 亩)，可作太和铁矿 630 万吨/年采选扩建工程土地占补平衡指标使用。直接经济效益 133 万元。工程总投资为 4000 万元。新建安宁河防洪堤 5300 米，其中右岸始于太和镇麻柳村河下端，止于太和镇转山村河下端，长为 3890 米；左岸始于西乡乡株木树村河滩阶地，止于西乡乡临河村石勇砂石场，长 1410 米。按两岸堤防对等原则布置，堤顶距按水规院要求 ≥220 米，选定为 225 米。采用两岸河堤同时施工办法，抢在雨季来临之前建成。

◆杨瑞海

綦江铁矿

【概况】 重庆钢铁集团矿业有限公司綦江铁矿位于重庆市綦江县赶水镇小渔沱，占地面积105.35公顷。距重庆市区120公里，距綦江县城80公里，距重钢本部110公里。矿区有自备铁路专用线小赶线（小渔沱—赶水）与渝黔铁路相连。綦江铁矿是重钢集团的铁矿石供应基地，因铁矿石含二氧化硅高、品位低、难选以及天然气资源枯竭致生产成本高等原因于1979年限量生产。1989年7月1日，冶金部以矿字〔1989〕第379号文件《关于重钢綦江铁矿封闭矿井停产转向问题的批复》，綦江铁矿正式闭坑封井，停止采选矿生产。停产转向后，綦江铁矿致力于产品开发和发展多种经营。1990年开始，重钢公司每年对綦江铁矿生产实行定额亏损补贴，当年亏损补贴为1582.6万元（最高补贴）；1998年开始，重钢公司给綦江铁矿下达控亏指标而不再实行补贴。2002年，綦江铁矿实现扭亏为盈，结束停产转向23年的亏损历史。2002年6月，綦江铁矿正式恢复平硐车间铁矿石开采；2005年6月，綦江铁矿恢复白石潭矿区地下开采铁矿石。

2008年末，綦江铁矿固定资产原值10590.72万元，净值7153.37万元。销售收入64000万元，实现利税3300万元，利润－1020万元。全年共采购冶金用煤43.28万吨，确保了重钢冶金用煤所需；铁路运输量创造100.09万吨的历史纪录。2008年主要生产经营项目：煤炭销售、矿产品营销、火力发电、电熔镁砂、建筑安装、机械加工等。2008年末，全矿在册职工794人（管理技术人员146人、操作人员648人），离休退休人员2830人。在册职工平均年龄43.1岁。究研生5人，大学本科生44人，大学专科生115人；技师有6人，高级技工215人，中级技工229人。设9个科室：党政办公室、财务科、安全生产科、技术发展科、营销科、采购供应科、矿工会办公室、保卫科、退休职工管理科；8个下属二级单位：发电厂、矿产运销分公司、建筑安装公司、驻渝办事处、平硐车间、白石车间、综合部、职工医院。

◆王国春

2008年綦江铁矿主要生产经营指标完成情况表

序号	指标	单位	计划	完成	备注
1	销售收入	万元	42500	64000	
2	利润	万元	1500	－1020	报表
3	产品产量				
(1)	烧结煤	万吨	18	13.80	结算量
(2)	精煤	万吨	19	33.16	结算量
(3)	铁矿石	万吨	27	30.60	结算量
(4)	铁路货运铁	万吨	80	100.09	结算量
(5)	自发电	千瓦时	5100	4360	发电量
(6)	电熔镁砂	吨	1300	887.6	生产量
(7)	建安利润	万元	50	50	

◆王国春

【兴建磁选厂】 兴建綦江铁矿36万吨/年焙烧磁选厂是为重钢环保搬迁改造工程产能扩大后冶炼所需更多的铁矿石原料。磁选厂选址分别位于以綦江铁矿麻柳滩为主地的磁选铁矿石及白石车间和平硐车间两地的竖炉焙烧为辅地的分布格局。2008年3月5日，綦江铁矿发綦矿发20号文件《綦江铁矿恢复36万吨/年焙烧磁选厂招投标办法》和綦矿发〔2008〕21号文件《关于成立重钢集团矿业有限公司綦江铁矿恢复36万吨/年焙烧磁选厂项目建设指挥部的通知》以及綦矿发〔2008〕46号文件《綦江铁矿恢复36万吨/年焙烧磁选厂建设工程监督工作实施办法》等文件。2008年3月17日开工建设，工程总投资8370万元。在重钢公司纪委监督下，对磁选厂的设备邀请17家设备供应厂家，实行招投标，大部分设备到货，预计2009年6月底前建成投产，届时将形成年产铁精矿19.69万吨/年的生产能力。

为綦江铁矿36万吨/年焙烧磁选厂生产而兴建白石煤气站和平硐煤气站。2006年2月22日兴建白石煤气发生炉，2006年9月建成，綦江铁矿投资300万元用于兴建白石潭车间煤气站φ3.2米煤气发生炉工程。2008年1月7日綦江铁矿召开白石煤气站热负荷点火专题会议，形成会议纪要以綦江铁矿第一期会议纪要《白石煤气站热负荷点火及矿石还原焙烧试验筹备工作落实情况会议纪要》。2008年1月11日，又一次进行专题会议，形成綦江铁矿第三期会议纪要《綦江铁矿白石煤气站热调试筹备工作专题会议纪要》。2008年2月21日，再一次进行专题会议，以綦江铁矿第八期会议纪要《白石煤气站热负荷点火及矿石还原焙烧试验筹备工作会议纪要》。2008年2月26日，白石潭车间煤气发生炉进行点火试运行。2008年5月6日，再一次召开专题会，以綦江铁矿第21期会议纪要《白石煤气站热负荷调试安全工作总结会议纪要》，总结这次点火试验，并进一步整改，待磁选厂正式建成之时，正式生产运行。2008年6月5日开工兴建磁选厂平硐煤气系统的工程，工程投入419万元，用于煤气发生炉建设，2008年底前已完成土建工程建设。

◆王国春

【开发篆塘铁矿】 早在2007年，綦江铁矿就进行系列开发篆塘铁矿准备工作。2007年2月，綦江铁矿委托马鞍山研究院工程勘察设计研究院实地勘察后，设计制作完成《重庆钢铁集团矿业有限公司篆塘铁矿预可行性研究报告》。2008年度，綦江铁矿正式进行篆塘铁矿开发的前期工作，篆塘铁矿开发已完成野外勘探工作、勘探报告。委托川东南地质大队采集钻探工程所获篆塘铁矿钻孔矿样170千克，并做选矿试验。在小渔沱实验室完成篆塘铁矿石还原焙烧磁选试验研究，并完成试验报告。2008年10月28日，重钢集团矿业公司以第15期会议纪要《矿业公司经理办公（扩大）会会议纪要》发给包括綦江铁矿在内的下属单位。篆塘铁矿的生产规划：2012年形成年产原矿40万吨，铁精矿20万吨的生产能力；二期建成后形成年产原矿80万吨，铁精矿40万吨的生产能力。计划总投资60000万元；一期投资35000万元，二期投资25000万元。

◆王国春

【签订煤炭供应补偿贸易合同】 2008年1月9日，綦江铁矿以綦矿发〔2008〕5号文件《綦江铁矿关于向习水县天星煤炭集团采取补偿贸易投资的请示》，重钢集团矿业公司以重集矿发〔2008〕11号文件《关于〈綦江铁矿关于向习水县天星煤矿集团采取补偿贸易投资的请示〉的批复》下发给綦江铁矿，同意请示要求。2008年3月10日，重钢集团矿业有限公司綦江铁矿代表矿业公司与贵州省习水县天合煤矿签订长期供应重钢白煤30万吨/年的补偿贸易合同，同时形成《关于重钢集团矿业有限公司綦江铁矿贵州省习水县天合煤矿及担保方贵州省习水县习隆煤矿和振兴煤矿甲乙丙三方签订补偿贸易合同洽谈会专题会议纪要》。在补偿贸易合同中明确甲乙丙三方的权利和义务，甲方（重钢集团矿业有限公司綦江铁矿）采用补偿贸易的方式预付货款给乙方（贵州省习水县天合煤矿）人民币3000万元，专款用于乙方和丙方（担保方贵州省习水县习隆煤矿和贵州省习水县振兴煤矿）的技改扩能工程。这预付的货款3000万元，在项目工程完成后开始从乙方供煤货款中抵扣，抵扣期限10年。从2009年1月1日起至2018年12月31日止。每年6月30日前抵扣预付货款借款人民币150万元，12月31日前抵扣预付货款人民币150万元，第10年全部抵扣完毕。合同明确，乙方2009年度中向重钢供白煤10万吨/年（其中洗精煤8万吨/年，烧结用白煤2万吨/年）。2010年开始长期向重钢供白煤30万吨/年（其中洗精煤20万吨/年，烧结用白煤10万吨/年）。2008年4月25日，綦江铁矿又以綦矿发〔2008〕36号文件《关于签订补偿贸易合同的请示》上报矿业公司，2008年5月4日矿业公司以重集矿发〔2008〕58号文件《关于〈关于签订补偿贸易合同的请示〉的批复》下发綦江铁矿，正式签订补偿贸易合同，同意实施。

◆王国春

【办理超龄人员养老保险】 2008年2月綦江铁矿收到渝府发〔2008〕25号文件《重庆市人民政府关于印发重庆市对曾在我市城镇用人单位工作的未参加基本养老保险超过法定退休年龄人员有关养老保险问题的处理意见的通知》，着手开展工作。2008年9月8日綦江铁矿编制2008年第三期厂情教育材料《超龄人员有关养老保险问题处理意见的宣传资料》，发全矿各单位和家属地段宣传贯彻执行。綦江铁矿是一个老矿山困难企业，涉及历史遗留问题较多。早在2000年，綦江铁矿的老职工家属"五七"人员就不断组织人员到綦江县、重庆市及国家有关部门上访请求解决超龄养老问题，一直未果。按照渝府发〔2008〕25号文件规定，涉及綦江铁矿老职工家属曾在市内一些单位及綦江铁矿各矿区较长时间工作过的超龄人员300人。截至2008年12月31日，綦江铁矿办理两批"超龄"人员养老保险工作，通过审核的有222人。还有第三批160人，力争在2009年6月30日的文件截止办理时间之内全部办理完毕。

◆王国春

歌乐山矿

【概况】 重庆钢铁集团矿业有限公司歌乐山矿是重钢矿业公司的下属矿山，分支机构。位于重庆西偏北10公里的重庆市沙坪坝区歌乐山镇，距沙坪坝区7公里，距重钢本部26公里，矿区占地89.12公顷，属亚热带性气候。主要产品有活性白云石、轻烧白云石粉、冶金石灰石、建材矿、加气砖、掺和料。主要生产设备有$\phi1.83\times7$米球磨机、$\phi1.5\times5.7$米球磨机、4L20/8空压机、5吨行车、蒸养釜、4吨燃气锅炉、WY160液压铲、KQ150潜孔钻和红岩自卸车共22台套。至2008年末，歌乐山矿固定资产原值2276.05万元，净值1030.93万元。全年工业总产值（现行价格）7578.63万元，销售收入14126.10万元，比计划增长47.15%；利润1114.94万元，比计划增长11.49%；共缴纳各种税费1059.57万元。

2008年歌乐山矿设党政办公室、财务科、安全生产科、供销科、接龙铁矿筹建办公室等5个科室和特种公司、建材厂、水电车间、轻烧白云石车间等4个车间。2008年底，全矿在册职工151人（管理技术人员50人、生产操作人员101人），离休、退休职工589人；副高级工程师职称1人，中级职称15人，初级职称21人，技师3人，高级工22人。

2008年歌乐山矿组织安全培训1478人次（不包含新进职工），其中培训班组长及以上管理人员492人次，科级人员528人次，职工195人次，劳务工263人次。建立了领导、管理人员、生产操作人员和各职能部门4个层面的安全生产责任制。对排土场、炸药库、露采边坡3个重点部位和采场爆破作业、燃气锅炉2个重点作业场所签订安全责任承包合同。组织安全隐患排查 34 次，整改安全隐患 33 项。投入安全整改资金 67.30 万元，投入环保整改资金 25.88 万元。全矿全年未发生 1 起安全生产事故，实现安全生产目标。

◆胡玲

2008 年歌乐山矿主要技术经济指标完成表

名称	单位	计划	实际	完成率(%)	比上年(%)
1. 销售收入	万元	9600	14126.10	147.15	38.49
2. 利润	万元	1000	1114.94	111.49	-19.31
3. 产品产量					
(1)白云石运输	万吨	25	21.89	87.56	-25.82
(2)活性白云石	万吨	7.2	8.60	119.44	-13.22
(3)轻烧白云石粉	万吨	7	8.44	120.57	133.80
(4)冶金石灰石	万吨	25	26.48	105.92	12.01
(5)建材矿	万吨	48	12.37	25.77	-45.43
(6)加气砖	万立方米	4	4.95	123.75	16.75
(7)掺和料	万吨	12	12.64	105.33	-8.41
4. 产品销售量					
(1)白云石运输	万吨	25	21.89	87.56	-25.82
(2)活性白云石	万吨	7.2	8.60	119.44	-13.22
(3)轻烧白云石粉	万吨	7	8.44	120.57	133.80
(4)冶金石灰石	万吨	25	26.48	105.92	12.01
(5)建材矿	万吨	48	12.37	25.77	-45.43
(6)加气砖	万立方米	4	4.68	117	7.34
(7)掺和料	万吨	12	12.64	105.33	-8.54

◆胡玲

【销售收入完成计划 147%】 2008 年，歌乐山矿着力做好活性白云石、轻烧白云石粉和冶金石灰石 3 个矿产品的生产和销售。全年销售活性白云石 8.60 万吨，比计划增长 19.44%；销售轻烧白云石粉 8.44 万吨，比计划增长 20.57%；销售冶金石灰石 26.48 万吨，比计划增长 5.92%。贯彻落实重钢矿业公司大营销精神，把歌乐山矿与周边社会关系、政府、相关企业关系的协调一并纳入营销范畴，加大对沙坪坝区环保局、安监局及电力局的协调，保持与周边村、社、镇的友好关系。全年完成销售收入 14126 万元，完成年计划的 147%，创历史最高水平。

◆胡玲

【轻烧白云石粉扩能增产】 2008 年 4 月 16 日，歌乐山矿对 1 月轻烧白云石粉生产线扩能改造新建的 3 座竖窑点火投产。生产中注意收集竖窑运行的各种数据，调整生产工艺，按照《歌乐山矿轻烧白云石粉生产工艺及质量管理办法》进行生产作业和质量管理，加强竖窑焙烧工艺控制，保证生产处于良好运行状态。2008 年 10 月对竖窑供风系统进行技术革新，更换新式风机 10 台，缩短通风线路，减少吹风时间 1 小时，增加了石料在竖窑内的保温煅烧时间，保证了产品质量，同时增加了产能，降低了电耗。改造后轻烧白云石粉生产线增加产能 3.6 万吨，达到年产 10 万吨规模。

◆胡玲

【节能减排】 (1)2008 年，歌乐山矿针对采区矿层地质结构复杂、含泥矿较多的情况开展含泥矿中回收矿石项目，采取大钻与小钻穿孔作业相结合，人工开采和机械作业相结合，在挖运工序中增加选矿工艺，在破碎环节增加水洗工艺等措施，对含泥矿中矿石进行回收，全年回收矿石 3.2 万吨，创经济效益 9.5 万元，并减轻了采场工作面的压力。(2)克服台阶狭窄和作业面破碎带多等困难，进行采场东部扩帮作业，回采矿石 4 万吨。(3)开展设备修旧利废，完成对空压机电机 1 台、KQ150 潜孔钻旋转电机 3 台、提升电机 2 台、D80 潜孔钻牙箱 4 个、冲击器 12 个等设备配件的修复利用，节约费用 5.5 万元。(4)在矿石开采中对穿孔设备安装除尘系统，采用湿式作业，降低了穿孔时粉尘的逸散。安排专人对运矿出采区的所有车辆和附近道路进行冲洗，防止采区泥浆带入公路，保持矿区道路干净整洁。开展恢复环保植树活动，投入 25.88 万元对矿区及相邻区域进行环境优化。(5)对矿区用水管道进行改造，安装采矿穿孔爆破作业除尘水管道系统、矿区运矿道路除尘管道和外运矿车辆清洗管道系统，改造空压机循环水管道系统，安装破碎工序水洗工艺用水管道系统，回收利用矿区地下水资源 5.22 万吨，节约用水费用 16 万元，并减少地下水对外排放。(6)针对掺和料生产工序中的粉尘现象，加大对除尘设备的投入，实现无粉尘生产；在燃料的使用上完成从煤炭到煤气再到天然气的改造，根除二氧化硫的排放。

◆胡玲

【延续采矿许可证申办成功】 2008年上半年歌乐山矿委托重庆市地质矿产勘察开发局川东南地质大队编制完成《歌乐山矿熔剂灰岩矿山开发利用方案》《歌乐山矿熔剂灰岩矿划定矿区范围申请报告》《歌乐山矿占用熔剂灰岩矿产资源储量说明书》《歌乐山矿熔剂灰岩矿矿山地质灾害危险性评估报告》等文件。2008年4月21日通过重庆市地质矿业协会对划定矿区范围的审查（渝地矿协矿划审〔2008〕009号），2008年5月20日通过重庆市国土资源和房屋管理局对地质灾害危险性评估的审查，2008年6月18日通过重庆市地质矿业协会对开发利用方案的审查（渝地矿协矿开审〔2008〕024号），2008年6月16日取得重庆市国土资源和房屋管理局《矿产资源储量评审备案证明》（渝国土储审备字〔2008〕104号）。2008年5月16日，重庆市环境保护局发《关于〈重钢集团矿业有限公司歌乐山矿关于采矿许可证延续的请求函〉的复函》，同意歌乐山矿在重钢搬迁至长寿前继续开采。2008年7月歌乐山矿取得重庆市国土资源和房屋管理局颁发的“采矿许可证”，许可期限自2008年7月4日至2011年7月4日。

◆胡玲

【末期矿山生产】 2008年歌乐山矿采场矿石可采区域为北部、西北部、西南部，主要开采低硫五甲石、手工五甲石。歌乐山矿克服场地狭小、作业面稳定性差、地质构造复杂等困难，投入资金130万元完成西北部扩帮剥离，开挖、堆排剥离量13万立方米，为冶金矿开采提供20万吨资源储量。2008年，歌乐山矿通过回采采区西部、北部剩余的冶金石灰石矿资源，为重钢公司生产特种钢、品种钢提供优质冶金石灰石26.48万吨，完成计划的105.92%。

◆胡玲

【接龙铁矿建设】 接龙铁矿于2007年5月28日破土开工，2008年全面施工。歌乐山矿继续完善项目建设前期手续的办理和土地征用工作，完成项目前期7.13公顷（107亩）施工用地的征用审批。配合政府开展对征用土地的丈量和房屋拆迁工作，前期土地征用工作全部结束，完成征地区域内的管线搬迁工作。配合重庆三环监理公司完成竖井工程、外电专线工程、电气设备采购和办公生活区等项目的招议标工作。截至年末，接龙铁矿项目完成建设投资3152.47万元，累计投资4192.47万元。完成+300米旧平硐内掘进进尺620米，铺轨1295米，南北翼方向掘进150米，风水管安装600米；+370米平硐掘进450米，铺轨470米，南北翼方向掘进40米。完成+420米回风巷道施工便道修筑工作，实现+420米平硐掘进30米。完成竖井一期工程施工前的准备工作，中回风井掘进21米。完成河岸挡土墙修筑3444立方米，修筑45米长排水涵洞及办公生活区的平场等工作。完成中回风250kVA变压器和线路安装工程施工，工业场地地面高压配电室施工建设接近尾声。

◆胡玲

景星白云石矿

【概况】 重庆钢铁集团矿业有限公司景星白云石矿位于重庆市万盛区景星乡境内，占地16公顷，距离大渡口区重钢本部131公里，是重钢白云石矿生产及供应基地。初期设计规模为25万吨，经过2004年技术改造，生产能力达到50万吨。景星矿主要产品为白云石，主要生产设备25台套。固定资产原值1515321元，净值875311元。2008年新招大中专毕业生8人，社会招聘汽车驾驶等技术人员4名，办理特殊工种退休、享受重钢环保搬迁政策人员提前退休减员8人，劳务派遣用工25人；2008年在册职工142人。设党政办公室、供销科、安全生产科、财务科和采矿车间、轻烧车间。

2008年景星矿按照重钢公司环保搬迁同步扩大产能，重钢矿业公司实施资源战略的要求，推进矿山二期工程建设，为保产保供奠定基础。

2008年，景星矿“保奥运安全”工作获得重钢集团及万盛区相关部门好评，获重钢集团“创学习型企业做知识型职工”先进单位，首次获得重钢集团“红旗党委”称号；取得重庆市安全标准化建设评比第一名，采矿车间破碎大班获“重庆市模范职工小家”称号，团总支获得“全国钢铁行业青安杯竞赛先进集体”荣誉，景星矿作为万盛区、重庆市推荐单位接受国家安监总局金属及非金属矿山安全标准化建设检查，得到好评。

◆文自联

【活性白云石生产】 为扩大白云石销售量，景星矿与重钢矿业公司歌乐山矿合作，向歌乐山矿提供优质白云石块料作为活性白云石的原料，同时担负活性白云石产品的生产管理工作。2008年，景星矿把规范管理、优化工艺和提升产品品级作为重点，按照用户要求组织生产。2008年4月16日新建3座煅烧竖窑，且投产运行良好，使煅烧竖窑总数达到11座，形成年产12万吨生产能力。按照质量达标、降低能耗原则，进一步优化技术参数，保证了整个生产工艺顺利运行。实行现场标准化管理，重点实施现场标准化作业。调整煤配比和煅烧时间，使关键工序尤其是煅烧过程得到有效控制，产品品级大幅提高。改造供风系统，更换10台新式风机，延长保温煅烧时间提高质量，缩短吹风时间降低电耗。全年活性白云石产销量超过计划17.42%，一级品率超过计划10.74%。

◆文自联

【产品质量控制】 2008年，景星矿把产品质量控制作为最重要工作开展，制定《活性产品质量管理补充办法》《轻烧粉质量奖惩办法》《化验检验管理办法》《取制样规范》《活性白云石质量奖惩办法》等文件，并通过重钢集团质量体系认证复查。景星矿以源头矿的质量保证为核心，对地质勘测、开采掘进、爆破、配矿等实施技术方案优化，使各项作业的效果达到设计质量要求，同时坚持对质量实施监控，专职人员取样并增加取样密度，每天对白云石、活性白云石、燃煤等原料进行取样、化验和分析，有效控制质量。针对原矿中硫、二氧化硅含量偏高，引起质量波动，成立攻关小组攻克配矿难题，产品全部达到二级品以上。全年回收剥离矿石 5.1 万吨，避免资源浪费，减小排土场压力，增加经济效益。坚持走访用户，按照用户质量要求调整生产工艺，所供产品获得用户认可。全年白云石综合合格率 100%，白云石平均一级品率 85.01%，超过内控指标 6.26%，活性白云石平均一级品率 72.82%，超过内控指标 21.36%，轻烧粉氧化镁平均含量 31.65%，超内控指标 5.5%。

◆文自联

【矿山二期建设】 按照重钢集团环保搬迁要求，重钢集团矿业公司景星矿全力开展矿山二期建设筹备工作。2008 年主要完成《二期建设可行性研究报告》《二期用地勘测定界》《地灾评估报告》《压覆报告》《环评报告》《水土保持方案》《排土场建设进行规划设计》等二期建设工程征地报件工作，取得万盛区发改委、规划局相关批文。2008 年 6 月，重庆市国土局下达景星矿二期建设用 25.997 公顷(390 亩)土地指标计划，12 月底景星矿获得重庆市政府用地批文，办理生活基地土地征用 1 公顷。按照重钢集团矿业公司要求，景星矿在万盛区周边地区展开石灰石资源调查，寻找到一个储量较大、开采条件较好、运输距离短、硫硅等有害杂质低、矿石品质优良的矿区，并于 2008 年 3 月完成可行性调查报告，2008 年 11 月设立资源开发筹备工作小组；2008 年年底经完成整个矿区勘探，矿权转让前期准备工作基本就绪。

◆文自联

大宝坡石灰石矿

【概况】 重庆钢铁集团矿业有限公司大宝坡石灰石矿位于重庆市大渡口区跳蹬镇，土地所有权面积 51.37 公顷。距重钢本部铁路里程 19 千米，公路里程 34 千米。大宝坡矿属小型露天机械开采矿山，是重钢冶炼添加剂石灰石生产基地，石灰石年设计生产能力 100 万吨，精炼灰年设计生产能力 5 万吨。2008 年生产石灰石成品矿 66.06 万吨，生产精炼灰 5.23 万吨，石灰微粉 2.37 万吨，销售收入 8100 万元，利润 55 万元。主要产品有：五甲石、大二甲石、低硫小二甲石、石粉、精炼灰、活性灰、微粉等，主要设备 135 台套。固定资产原值(不含土地)3866.03 万元，净值(不含土地)30149.66 万元。2008 年底，在册职工 256 人，其中管理技术人员 52 人；退休人员 283 人。设党政办公室、营销科、财务科、安全生产科、综合车间、制粉车间、采矿车间、精炼灰车间，重庆钢洲建筑安装工程公司(厂中厂)等机构，另配合重钢环保搬迁成立冶金石灰项目部。

◆周利琴

【优化生产系统】 大宝坡矿在 2008 年对现运行的生产系统进行了优化与创新。(1)精炼石灰原料水洗系统建设。项目解决了因矿石粒度不均匀、含泥重等原料问题带来的经常性停火检修。(2)提高 5R4119 雷蒙磨机处理能力。项目降低磨辊、磨环等重要件的磨损，节约了电耗，提高了产量。(3)破碎生产线(包括棒条式给料机、中破、直线筛、重振筛等系统)的优化改造。在不改变原生产线工艺流程的前提下，强化系统的匹配能力，提高了单台设备的台时处理能力，矿石破碎流量由过去的 200~230 吨/时提高到 250~280 吨/时。

◆周利琴

【烧结石灰石运输方案】 为满足重钢环保搬迁后烧结辅料的需要，大宝坡矿必须将年产 100 万吨烧结石灰石运输到重钢长寿新区，为此必须重新考虑产品运输方案；大宝坡矿资源项目组负责此项工作。项目组分头开展工作，经多方比较，矿业公司科协矿山

大宝坡矿破碎生产场 秦洪 摄影

专委会的论证，采用水路运输方案可操作性强，符合重钢集团及矿业公司的矿山发展战略方针，符合大宝坡矿总体规划。经重钢集团研究决定，扩建"芭蕉角自备码头"，建成大宝坡矿水运通道工程。建设项目由重钢股份公司投资，矿业公司管理。主要工程有：运输公路、料场建设、中转料仓改造和石粉料仓新建、铁路下穿涵洞建设、芭蕉角码头改扩建和必要的公用辅助设施等，总投资概算为6118万元，计划于2009年10月建成。

◆谢俊平

【石灰石资源开发】 根据重钢集团安排，重钢长寿新区所需全部石灰石矿及部分石灰产品由大宝坡石矿组织生产和供应，大宝坡矿专门成立资源项目组开展相关工作。(1)烧结石灰石。大宝坡矿石灰石产品定位于供应烧结工艺使用。截至2007年年底，大宝坡矿保有储量5100万吨以上，资源量足够确保长时间供应。(2)炼钢石灰石。重钢环保搬迁优质石灰石资源着力于新矿点的寻求和开发，主要目标定位于长江沿线，重点对重庆周边地区进行调查为主，其次顺长江沿线向下扩大到了湖北宜昌黄石一带、向上调查到四川宜宾地段。大宝坡矿初步对可供范围内的石灰石资源进行了取样调查，取得结论：重庆地区万盛水落窝矿点、涪陵大水井矿点、南川水江矿点、万州茨竹盛家矿点等甄选备采，水落窝矿点可优先开发；湖北长江沿线有优质冶金石灰石分布，利用长江水运的基本条件；从矿石资源储量、实物质量、综合运费等分析，初步确认重点关注黄石一带作为优质石灰石供应的主要补充采购点。

◆谢俊平

【冶金石灰项目建设】 2008年3月4日，重钢集团确认冶金石灰项目建设由矿业公司承担，矿业公司成立建设指挥部。矿业公司于4月份组织人员考察了国内钢铁行业冶金石灰生产单位，重点对回转窑、瑞士麦尔兹双膛窑、意大利双D窑、德国套筒窑等窑型的生产原理、投资、产品品质、生产运营成本、建设周期、业绩等进行比较。矿业公司最终决定：采用建一座日产800吨回转窑和两座日产400吨套筒窑的石灰生产方案，配合重钢集团环保搬迁分期建设，分步实施；项目占地2.53公顷(约37.97亩)。2008年8月通过重庆三环建设监理咨询公司对项目设计、套筒窑、土建等进行招投标，洛阳矿山机械工程设计院中设计标，其初步设计于11月15日通过重钢集团审查；南京中圣圆机电设备有限公司中套筒窑总包标。11月开展地质勘探工作，12月17日，土建工程正式开始。预计2009年2月20日前完成套筒窑的基础建设，一期工程计划2009年8月31日完成。

◆程国建

【质量管理】 2008年9月，重钢炼钢石灰石及其产品质量发生较大波动，大宝坡矿制定《大宝坡石灰石矿产品质量管理及过程控制实施办法》，争取用户多方面支持和理解，采取措施扭转被动局面，稳定了产品质量。(1)强化采场地质工作，加速推进采场地质补充勘探工作，定期进行采场地质素描。(2)加强生产过程的控制管理，调整作业方式、分类别保证矿石质量，强化质量监测和专业技术指导，确保源头质量得到有效控制，并加强铲装和皮带手选管理。(3)加强成品质量检测，对成品每天检测，严格产品(包括外供点产品)出厂制度。(4)加大监控力度和质量考核，成立质量攻关小组，专人负责，实时跟踪、反馈、调整，并将工资分配与质量挂钩。

◆吕麟岳

【股权转让】 2008年，大宝坡矿对2002年9月大宝坡矿因换制成立的重庆山海炉料建材有限责任公司实施小股东股权转让工作。重庆山海炉料建材有限公司是2002年9月由重钢集团矿业公司和重钢集团矿业公司大宝坡矿工会委员会依照《公司法》共同出资组建的。其中重钢集团矿业公司大宝坡矿工会委员会以股份43.44%的货币资金出资，资金是大宝坡矿为实现产权结构多元化，利用当时重庆市对三类企业进出"再就业中心"优惠政策获得的补偿金和奖励金。2007年8月24日，大宝坡矿召开职工股东代表大会讨论决定，将大宝坡矿工会持有的43.44%的股权全部无偿转让给重钢集团矿业公司，并于2008年依法完善股东登记和资产变动产权登记手续。重庆山海炉料建材有限公司变更为法人独资有限责任公司。2008年12月底，重庆山海炉料建材公司全体职工与重钢矿业公司签订无固定期限劳动合同。

◆胡晓琴

【办公楼改造】 重钢集团矿业有限公司大宝坡矿自2001年8月接替小南海白云石矿以来，一直沿用原小南海矿的办公建筑系统，小南海矿办公楼是20世纪60年代末70年代初在原小南海矿平房办公室地基上建成的2层红砖小楼。20世纪80年代初根据需要加层延伸改造成为3层7字形裸砖办公楼。1991年1月，在办公楼对面150米处的望江嘴上设计建造了两层全框架异形结构，面积780平方米的文化中心作为办公楼的附属设施；1993年5月，在办公楼的右后侧建筑了集食宿、停车、开会为一体的三层半框架砖泥结构招待所，形成小南海矿经营办公建筑体系。2005年小南海办公楼加建庭院围墙，小南海矿招待所建筑淡出办公圈。2008年4月21日，大宝坡矿对使用近40年的办公楼进行装饰改造，一是大楼外观的整修装饰，二是全楼体包括文化中心电汽通讯线路、网络的规范重组安装，三是内部办公设施及职工文化设施的配置更替，四是对办公楼至文化中心之间的庭院进行专业的园林、绿化、水景建设。大宝坡矿办公楼的改造工作于7月28日完成，环境改造于12月底完工。整个办公建筑环境改造工作历时4个月，投入资金161万元。

◆胡晓琴

乐山耐火材料厂

【概况】 重庆钢铁集团矿业有限公司乐山耐火材料厂位于四川省乐山市沙湾区茶溪路111号，是隶属于重钢矿业公司的一个非法人营业单位。

2008年末在册职工212人(含内部退休1人，长期病假1人，保留关系1人)，在岗职工207人。在岗职工中有硕士研究生1人，大学文化学历18人，大专学历33人，中专学历10人，高中、技校学历136人。高级职称1人，中级职称21人；技师4人，高级工45人，中级工48人，多能工12人。新进大学生3人，复退军人2人，技校生2人；提前进入社保11人。设5科3车间：党政办公室、财务科、营销部、技术质量科、生产安全科；特耐车间、普耐车间、机修车间。

主要生产设备：J67－1000吨压砖机、J93－630吨压砖机、J6－400吨压砖机、260吨压砖机各1台，J67－315吨压砖机3台，HNG－600L高速混练机2台，锥形螺旋混合机2台，750L行星强制式混合机1台，1200×4500管磨机3台，各式大小破碎机7台，湿碾机1台，锥形混料机台，SZ250×2500双层振动筛2台，反吹风滤袋除尘器5台，5吨单梁桥式起重机1台，空压机2台，100立方米倒焰窑2座，125立方米倒焰窑1座，天然气烘烤窑和电烘烤窑各1座，各式机床13台，Z35摇臂钻床2台，5号竖窑1座等。年末固定资产原值2548.95万元，净额1366.91万元，流动负债3458.21万元，流动资产3749.08万元，所有者权益1665.32万元，总资产5123.53万元。土地使用面积12.33公顷。

2008年乐山耐火材料厂生产型砖16131.15吨(特耐砖12464.335吨，普耐砖3666.815吨)，比上年增产6.24%；产销率101.69%；实现销售收入6877.31万元，同比增长24.10%；老款回笼率43.75%；实现利润217.30万元；缴纳各种税金506.18万元。营业利润率2.38%；净资产收益率13.51%；资本金收益率18.90%；资本保值增值率113.85%；一般职工吨砖有效月收入比上年增长13.5%。

自编了两套耐火材料成型工培训教材，全年培训管理人员82人次、操作人员158人次，管理人员培训面90%，操作人员培训面85%。组织参加重钢第七届耐火材料成型工技能竞赛，乐山耐火材料厂获集体奖第一名。

由于处理突发事件预案完备、反应迅速、处置得当，5月12日汶川大地震未对乐山耐火材料厂生产经营造成影响。

北京奥运会期间，乐山耐火材料厂实行两级负责人和有关人员24小时不关手机，随时随地应急处理突发性事件；重点对矿山炸药库、化验室危化品进行监管在沙湾公安分局和安监局的协调下完成1千克危化品的顺利移交，并对化验室存放多年的其他16种危化物进行有效处理；先后8次对原“法轮功”人员及其他原习练人员及其亲属做思想工作，确保了奥运圣火在乐山的传递和奥运期间的企业稳定。

2008年11月，乐山耐火材料厂通过镁碳砖、高炉砖生产许可证的换证和ISO2000版质量认证工作的复查验收；2008年12月，乐山耐火材料厂第17次通过“乐山市先进卫生单位”复查，连续23年保持“乐山市文明单位”称号。

◆刘长佳

【节能减排措施】 (1)乐山耐火材料厂2008年运用新工艺分别对特耐车间烧成系统、机修车间淬火炉进行技术工艺优化，与上年同期相比，特耐车间少用原煤346.924吨，机修车间少用原煤20吨，减少了二氧化碳和的二氧化硫气体与废渣的排放以及粉尘的产生。(2)采用技术监控和成本指标承包相结合，节约成本指标能源费用5.44万元。(3)回收利用清机料20吨，节约价值1.6万元；回收利用结块1～0毫米97#电熔镁砂10吨；废旧原料的回收利用总量645.4吨，合理利用390吨。(4)“三优化”工作：一是原料优化。原料检选继续按“一选二筛三冲洗”的方法，分精特级、特级、普料、渣料规范堆放和明确标识，根据产品档次综合利用，全年产品综合合格率达98.70%，超计划1.7个百分点。二是配方优化。研究以六偏溶液作结合剂生产尖晶石碳砖，解决了前期砖坯易产生裂纹等问题。2008年4月开始试生产，达到重钢股份公司炼钢厂提出的使用要求，5月后开始正式投入使用，产生直接经济效益35万元/年；进行了复合刚玉碳砖方案优化，试验2批次，使用效果较理想，产生直接经济效益45万元。三是工艺优化。对电窑烘烤制度优化和气窑烘烤推车制度优化，创经济效益14.3万元/年。

4项节能减排措施消化了因原燃材料上涨和职工收入增加近百万元的成本因素，改善了企业的相关技术指标：全年产品综合能耗为99.48千克/吨，比上级下达的指标125千克/吨降低25.52千克/吨，比上年同期减少17.875千克/吨；工业“三废”排放100%达标，煤改气工程获乐山市环保财政补贴10万元。全厂职工参加由乐山市疾控中心组织的职业健康检查无一例新尘肺病发生。

◆刘长佳

【安全生产管理】 (1)2008年乐山耐火材料厂制定《重钢乐山耐火材料厂全员安全环保职业卫生目标承包办法》《2008年安全环保职业卫生工作要点》《重点部位和重点场所安全责任承包与监督暂行办法》及14项安全管理制度汇编等，实行岗位安全风险承包。(2)坚持引导职工队伍把“我不受伤害、我不伤害别人，不被别人伤害”的宣传教育和完善安全制度与管理作为日常工作、日常生活中的常事、大事来抓；每月生产安全会坚持对上月安全工作进行小结并对下月安全整改及重点工作、注意事项提出要求。(3)坚持节假日前的大检查以及日常巡查工作,及时整改安全隐患。全年进行矿山专项检查8次,各类安全检查36次。(4)全年安全硬件设施投入6万元,为全厂压砖机安装光电挡手器、自行设计、安装飞轮报警刹车装置;完成22名特种作业人员的送外培训持证工作。(5)在沙湾公安局和安监局的协调配合下,完成1千克危化品的移交。并对化验室其他16种危险废旧物进行处理。乐山耐火材料厂2008年微伤事故比上年减少2例,未发生一次轻伤及以上人身伤害事故,火灾事故、交通事故以及急性中毒事故为零;实现了全年安全无事故的奋斗目标。

◆刘长佳

【效能监察增效51万元】 乐山耐火材料厂2008年以开展效能监察活动为载体,落实万元产品综合能耗降低4.1%吨标准煤、污染物排放量指标减少2.1%的工作目标,增加效益51万元。针对经营管理中的重点、难点及一些关键岗位、关键环节,确定"节能减排工作进行效能监察"为2008年效能监察项目。项目结合"解放思想,扩大开放大讨论"活动的开展,引导职工用解放思想和创新的精神开拓新的局面,制定效能监察项目的措施办法,突破制约产能的瓶颈。再次对电窑烘烤制度进行优化,烘烤时间又缩短4小时;对气窑烘烤推车制度优化,推车时间缩短0.5小时/车,减少排放,提高产能。对电窑烘烤制度进行优化、对气窑烘烤推车制度优化,这两项节约能源可获效益14.3万元/年。

◆彭文均

【建立完善党员评价体系】 2008年乐山耐火材料厂建立完善党员评价体系,进一步贯彻落实党建工作目标责任制,注意党建工作目标与生产经营目标任务的有机结合,形成党建工作目标责任制与党组织生产经营目标保证体系的有机结合。为把党建工作目标责任制落实到每一个党员头上,确保党员作用的更好的发挥,进一步完善"党员目标卡",完善党员绩效评价体系,建立健全起党员工作督导检查的绩效评价长效机制。"党员目标卡"分党员素质、党员工作、党员作用等3个方面内容。党员素质分为政治思想、技术业务、行为规范等3方面;党员工作分为工作能力、工作效果、工作态度等3方面;党员作用分为身边情况、群众工作、参加党内活动等3方面。活动每半年就目标卡内容对党员评定一次,对被认可的党员给予鼓励;指出党员的不足,并要求整改。党员目标完成情况作为党内评先的重要依据。自开展"党员目标卡"活动以来,在岗党员全部达标。

◆彭文均

【抗震救灾捐赠】 2008年5月12日,四川汶川发生特大地震。5月15日,乐山耐火材料厂组织职工向地震灾区捐款,职工及家属共计捐款21637.10元;5月16日,在乐山市沙湾区组织的抗灾济困捐助仪式上,乐山耐火材料厂领导举牌将21637.10元捐款如数转交仪式主办单位。当场,乐山耐火材料厂另向灾区捐款10万元。全厂党员响应中组部的号召,以交纳"特殊党费"的方式支援灾区,捐款1.5万元。当重钢集团党委"送温暖、献爱心"向灾区捐赠衣物紧急通知发出后,乐山耐火材料厂党政立即进行工作安排,11月10日,将所捐全新冬衣冬被105件套悉数转交乐山市沙湾区慈善会。

◆彭文均

重庆耐火材料厂

【概况】 重庆钢铁集团矿业有限公司重庆耐火材料厂(重庆钢铁集团耐火材料有限公司)位于重庆市沙坪坝区双碑,占地15.87公顷(约238亩)。注册资产6254万元,年产普通耐火材料、特殊耐火材料、不定型耐火材料等9类产品1.7万吨。2008年在岗职工133人,退休职工591人。2008年,重庆耐火材料厂销售收入比上年增长44%,工业总产值增长52%,职工收入增长19%;一举摘掉连续11年的亏损帽子。

◆吴弘华

【推行"四优化"】 2008年由于原料、辅材料价格持续走高导致产品成本大幅上涨,仅原材料和燃气两项就致使成本上升386万元。面对这一危局,重庆耐火材料厂开展以"工艺优化、配方优化、技术优化、工序管理及原材料采购优化"的"四优化"为载体的降本增效活动。在确保质量的前提下,较好地消化了原材料价格上涨、国家政策性调价、营运成本增加以及金融

2008年重庆耐火材料厂主要技术经济指标完成情况表

序号	名称	单位	上年完成	当年完成	比上年(%)
1	产品质量综合格率	%	93.11	95.21	2.1
	粘土质	%	91.57	93.09	1.5
	高铝质制品	%	91.46	94.09	2.6
	镁碳制品	%	99.29	99.75	0.5
2	耐火材料原料消耗	千克/吨	1099	1086	-1
	粘土质制品	千克/吨	1104	1095	-1
	高铝质制品	千克/吨	1128	1087	-4
3	耐火材料综合能耗	立方米/吨	119	97	-28
4	万元产值综合能耗	立方米/吨	0.76	0.47	-38
5	职工收入	元/人	16125	19275.6	19

◆吴弘华

危机等给企业生产经营造成的不利因素，同时也使产品合格率大幅提高，产品质量更稳定，原辅材料、燃气耗费进一步降低，确保了生产经营工作正常进行，全年减少成本支出257万元。

◆吴弘华

【继续开展以成本管理为中心的财务管理】 2008年，重庆耐火材料厂对以前的成本核算进行改造，建立从生产基础数据的采集到财务数据的汇总、分配的多达数十张报表的统计、核算体系，使成本核算更加准确，为生产过程中成本的控制和分析提供了翔实的依据。通过近一年的工作初步形成了适合重庆耐火材料厂的成本管理体系。

◆吴弘华

【精神文明建设】 (1)2008年重庆耐火材料厂坚持精神文明建设与企业各项工作有机结合，以"三合一"达标活动为载体，把"党支部达标晋级""车间建设""职工小家建设"及"文明单位建设"结合起来，统一规划、统一检查、统一考评，全面有序地推动"三合一"达标活动的全面开展。(2)开展厂情教育活动，在职工中开展"直面困难、精细管理、降本增效、扭亏脱困"为主题的厂情教育活动，把职工的思想统一到"艰苦奋斗、同舟共济、努力拼搏、扭亏脱困"上。

◆吴弘华

重庆钢铁集团三峰工业有限公司

【概况】 重庆钢铁集团三峰工业有限公司(简称:三峰工业公司)是重钢集团全资子公司。2003年12月22日设立，2004年1月9日完成工商登记;注册资本5000万元;地址:重庆市长寿区晏家工业园区D区。三峰工业公司投资建立了重庆三峰华神钢结构公司、重庆三峰新科钢格板公司、重庆三峰冶金设备公司3个企业。2007年6月1日，重钢将重庆钢都冶金设备修造厂整体划入三峰工业公司代管。2008年，三峰工业公司机关设综合部、财经部、工程能源部、物管部4个部门;职工16人。

2008年，三峰工业公司坚持"市场导向，紧抓资金，放量生产，利润说话"的经营方针，实现销售收入19217万元(计划14500万元)、利润-247万元(目标-430万元)、降低老欠款1751万元、货款回笼率126%。保持重庆市国有资产监督管理委员会文明单位称号;重钢集团"模范职工之家"通过验收。

主要工作:(1)转变营销方式，拓展市场空间，保证生产订单。营销工作"由内向外"转型初见成效。(2)加强能源管理，协调上游能源供应单位，基本实现园区限电不停电，确保了生产安全和园区的生产秩序;三峰工业公司确保了重钢长寿新区用水、电、气的转供工，与长寿供电局等单位协商签订《能源转供合同》。(3)加强资金管理，实施资金和财务人员集中管理，制订和完善资金支付管理办法，要求各企业超过一定额度时必须报董事长审批，控制工程投资资金流量和日常费用的开支;控制"应收款"和库存，组织落实专人清收欠款，实现外部货款回笼率大于100%的目标;完成4800万元的融资;争取"税收"返还、"贷款贴息"等政策，收到税收返还50万元。(4)协调完成重钢集团建设公司、电子公司土地出让事宜。(5)开展"百日安全督查"活动，整改完成率达到98%。(6)做好企业协调交流，坚持每周一的园区企业经营协调会，主持每月召开三峰工业体系经济运行分析会。(7)接收安置44名鑫腾公司职工(其中正式调入三峰工业公司32名，借调12名)。(8)开展安全保卫隐患检查，整改安全保卫隐患19起，处置治安事故14次，处置"维稳"事件8次，发放安全、治安保卫整改通知书7份。制定《重钢集团三峰工业公司关于加强奥运会期间安保及单位内部反恐专项工作的方案》，确保了奥运火炬传递和奥运期间园区稳定。(9)完成抗震救灾任务。三峰工业公司2008年5月22日接受重庆市政府下达给重钢"抗震救灾过渡安置房"生产的任务，6月10日向灾区发运第一批"抗震救灾过渡安置房"。截至6月16日，三峰工业公司共生产活动板房5000套，其中发送四川都江堰灾区3000套，配套补发都江堰灾区、梁平小学826套及部分单板。妥善处理剩余物资，对5000套进行填平补齐，将1200套作为重庆市民政局救灾物资储备，由三峰工业公司代为保存，与重庆市建委、重庆市财政局进行结算，货款全部收回，补贴资金到账，生产设备及产品、剩余物资实现变现处理。

◆马云峰

条目另见部目

【生产活动板房支援四川灾区】:《特载》

【入园企业生产经营】 2008年，三峰工业系统全年实现销售收入19217万元，与2007年同比增长68%。利润-247万元(目标-430万元)，比目标减少亏损183万元。

1. 三峰工业公司。全年实现收入5786万元，利润-657万元(减少亏损103多万元)。完成重庆市政府下达的"抗震救灾活动板房"生产任务，按时收回资金，实现项目不亏、年底全面结账的目标。加大对控股企业运行过程的监控和指导力度，运行质量提高，保证了全年生产经营目标的实现。加强园区35千伏电站的管理，保证能源安全转供。加强园区治安、保卫等综合管理，协调解决生产经营在出现的问题、困难。

2. 三峰华神钢结构公司。2008年按照"整顿营销，充实生产，抓出效益"的指导思想，实现销售收入13265万元(同比增长71.25%)，利润304万元(同比增长173.87%)。精简机构和人员，实行集中办公和扁平化管理，机关办公地点从大渡口区搬到长寿晏家镇，减少机构1/3，减少管理人员1/4。按照三峰工业公司统一部署,参加抗震救灾过渡安置房生产,承担设计、夹芯板生产线生产、收边件生产和设备维护的任务,腾出厂房5000平方米,料场2500平方米,布置5条泡沫切割线和7条压型机生产线,抽出2/3的管理人员在现场跟班管理和协调,组织开展劳动竞赛活动。按照"整合外部资源,建立市场体系,服务环保搬迁"的经营思路,销售收入首次破亿元。2008年为重钢环保搬迁工程1780毫米热轧板带项目建设、炼钢项目、建设公司和电子公司的基地建设等项目加工钢结构件4100吨。

3. 三峰新科钢格板公司。2008年按照管理精细化、运行有序化、利润最大化工作思路,通过调整人员组织结构、开发西部市场、适当补充流动资金等工作措施的高效实施,抓住镀锌价格稳步下降、合同订单良性滚动的大好机遇,全年签订订单3000万元(其中外部市场占90.87%),完成产量3019吨,实现销售收入2015万元,利润92万元,收回货款2495.5万元,货款回笼率达106.37%,同比增加14.68%。

4. 三峰冶金设备公司。2008年直面重钢内部备品配件锐减,企业流动资金严重短缺,设备精度差、故障率高等实际困难,抓住重钢环保搬迁的机遇,履行重钢内部配套加工职能,承接完成重钢环保搬迁4100毫米宽厚板轧机辊道架的生产制造。拓展园区市场和长寿周边市场,利用社会资源,结成战略伙伴,形成较为固定的加工业务。推进风机朝整机系列化发展,巩固老客户,开辟新市场,市场份额逐步扩大。全年实现销售收入1065万元(重钢内部市场239万元,外部市场825万元),利润11.7万元。

5. 重钢股份公司冷轧薄板厂。2008年坚持"持续顺行、持续稳产、持续改进、持续增效"的生产经营方针,实施"阶段性满负荷"生产的生产组织模式,突出抓好"轧机功能保障",提升装备保障程度。以深化"精细化管理"为载体,启动"个性化服务"工程。降耗降本,节能减排,技术经济指标持续改善,产品质量稳步提高。全年完成产量7.19万吨,销量7.79万吨,实现销售收入4.18亿元、利润-3800万元(比2007年的-4322.01万元少亏522.01万元)。产品合格率99.86%,成材率91.54%,优质品率94.15%,优质品成材率86.31%;产品合格率、成材率、优质品率、优质品成材率等与2007年同比都有增长。

6. 产业公司气体分公司。气体分公司作为冷轧薄板厂的配套工序,2008年受冷轧薄板厂产量限制,导致气体分公司装备开工率低,其中变压吸附制氮装置开工率不足9%、水电解制氢制氧装置开工率不足20%,全年生产高纯氢气41万立方米、高纯氮气56万立方米和工业氧气37万立方米,实现销售收入635万元、亏损89.5万元。2008年7月新建成200立方米/时液氧汽化生产线投产,满足了重钢三峰工业园区内建设公司晏家生产基地和重庆三峰华神钢结构工程有限公司生产用氧气的需求。

7. 三峰物流公司。2008年,与长寿晏家工业园区、长寿交通局、公路局、长明港等单位联络,实现重钢专用人渡船的按期运行,确保了重钢新区工作人员安全渡江。全年为20家单位及施工标段供应沙石16万立方米。承担重钢环保搬迁主流程工程4100毫米宽厚板轧机、焦化工程、炼钢工程、1780毫米热轧板带等项目建设的物资运输任务,整个过程按照现代化物流的操作模式编制,全年累计向新区运送钢材5000吨,耐火砖5700吨,耐火泥1500吨。2008年实现经营收入7400万元。

8. 产业公司金洲分公司金属制品厂。2008年,精细化管理,改善工艺技术、开展群众性经济技术创新工程和"快进快出"的生产、销售策略,加工冷轧薄板利用材4700吨,客户来料加工正品材1800吨,实现产值4211万元,销售收入和利润都超计划完成。全年没有发生一起生产、环保、交通事故,获得重钢集团"安全生产先进单位"称号。

9. 建设公司长寿晏家钢结构基地。2008年2月开工建设,2008年7月建成投产。厂房面积21240平方米,有"普通H型钢""重型钢结构""超重型钢结构"3条生产线,设计生产规模为年产3万吨钢结构件。至2008年11月达到月产量1000吨能力。2008年主要承担重钢环保搬迁工程1780毫米热轧板带项目、炼钢炉渣跨项目以及炼钢连铸厂房项目的钢构件的制作。

◆马云峰

【能源转供】 (1)三峰工业公司按照重钢搬迁发〔2007〕53号文件和重钢环保搬迁指挥部的要求,从2008年3月起负责重钢长寿新区施工能源的转供工作,"对外签订用能合同,并按合同对外支付能源款。对内部施工单位收取每月的能源款,并开具发票。协助江南机动能源部办理施工用电开户、销户手续"等具体职责。(2)三峰工业公司通过与长寿区供电局等单位多次协商,签订《能源转供合同》。同时加强与施工用能单位沟通,制定用能计划,协助办理开户手续。截至2008年12月底,办理72家施工企业共39385千伏安容量负荷的开户手续,达到165万元/月的能源款收支规模。(3)每月召开施工单位的当月能源款协调会,在企业能源款未按时交纳的情况下,垫支能源款支付,确保重钢长寿新区施工用能。

◆马云峰　赵力

【接收鑫腾公司职工转岗】 2008年,重钢将进入破产程序的重庆鑫腾冶金炉料有限责任公司的职工分流到重钢集团各单位。2008年3月1日,三峰工业公司接受44名鑫腾公司职工的安置,其中正式调入三峰工业公司的职工32名,借调职工12名;三峰工业公司是重钢集团各子公司中接受安置分流人员较多的单位。三峰工业公司要求下属各控股单位就本单位接收能力和岗位安排拿出具体方案,三峰工业公司形成《重钢三峰工业公司安置鑫腾分流人员意见》。三峰工业公司对44名分流职工进行上岗和转岗培训，完成分流人员的“五险一金”的转移和缴纳。44名职工情绪稳定，已有11位职工走上财务、营销、安全管理、设备管理、治安保卫等管理岗位；2名职工经过培训已在园区电站运行岗位工作。

◆马云峰　旷贝多

【党建工作】 1. 2008年，三峰工业公司被重钢集团党委评为先进党总支、“抗震救灾先进基层党组织”。重庆三峰冶金设备制造有限公司党支部被评为重钢集团2007～2008年度党内创先争优红旗党支部。(1)落实党建工作目标责任制，三峰工业公司党总支将2008年主要工作任务作分解，由党总支书记与5名总支委员、4个下属党支部书记签订《2008年党建工作责任书》，各党支部将任务又分解落实到了每个党员，层层落实党建工作目标。(2)在“5·12”汶川大地震发生后，三峰工业公司党总支组织控股企业和职工为灾区捐款3万元，参加“抗震救灾过渡安置房”生产、包装、发运、管理工作，做到“急难险重冲在前，无私奉献走在前，带动职工做在前”。(3)开展“解放思想，扩大开放”大讨论，邀请重钢集团党委常委、宣传部部长到三峰工业公司作“解放思想、扩大开放”大讨论指导性报告；组织党员和入党积极分子到“11·27”死难烈士墓前重温入党誓词，到红岩村、歌乐山红岩魂陈列馆参观学习，进行改革开放专题讨论。

2. 抓好效能监察工作。2008年，三峰工业公司党总支及所属各党支部制定了党风廉正分工责任制，对三峰工业公司及各控股企业班子成员、党支部书记、重点岗位人员进行反腐倡廉教育。申报效能监察项目4个：重庆三峰华神钢结构工程有限公司“精心组织生产扩大钢结构制造加工能力”，重庆钢铁集团三峰工业有限公司“围绕提高功率因数开展效能监察”，重庆三峰冶金设备制造有限公司“加强原材料辅料及配备件物资采购管理”和重庆三峰物流有限公司车队“加强配件管理降低运行成本”。2008年三峰工业公司通过实施效能监察，制定和完善管理制度18个，避免经济损失66万元，增创效益11.3万元。在抗震救灾活动板房生产剩余物资处理中，完成剩余物资的处理。三峰工业公司“围绕提高功率因数开展效能监察”项目被重钢集团评为表扬项目。

3. 创建重钢集团模范职工之家。2008年，三峰工业公司按照“效益之家、安全之家、民主之家、温暖之家、文明之家”的要求，推进模范之家创建工作。三峰工业公司及各控股企业成立创建领导小组，形成党政工齐抓共管，上下一心协调配合的建家工作格局；三峰工业公司获重钢集团模范职工之家称号。2008年12月11日三峰工业公司召开了第一届第一次职工代表大会，建立了职工代表大会制度。

◆毛辉

重庆钢铁集团设计院

【概况】 重庆钢铁集团设计院是重钢集团的全资子公司，创建于1954年，是集工程咨询、工程设计、工程勘察和工程总包于一体的国家级综合性甲级设计院。持有冶金行业甲级、建筑工程甲级、建筑智能化专项甲级、市政公用道路、桥梁隧道甲级、环境卫生甲级、工程勘察专业类岩土工程、工程测量甲级、工程咨询甲级、排水、燃气乙级、工程测绘乙级资质证书、城市规划丙级设计资质证书。1997年11月取得ISO9001质量体系认证证书，2003年通过GB/T19001－2000质量管理体系换版认证。拥有环境工程、建筑、结构、规划、总图运输、道路桥梁、工程地质、岩土工程、工程测量、给排水、暖通、燃气、热力、炼铁、轧钢、炼钢、机械设备、液压、机修、工业炉、输配电、电气传动、自动化仪表、电讯、计算机、工程经济、技术经济等20个专业，有国家一级注册建筑师、一级注册结构师、注册造价工程师各类注册工程师和各类高级工程师63人，工程师80人。

2008年重钢集团设计院完成销售收入5162.39万元，利润331.77万元，完成重钢集团目标。

重钢集团设计院2008年主要工作：(1)参与重钢环保搬迁，签订1780

重钢设计院供稿

毫米热轧板带工厂、240平方米烧结机2个设计项目和一次配电系统、轧钢水处理系统、1780毫米热轧板带机层流冷却水处理系统3个总承包项目。(2)抓好总承包项目的分包招投标工作,建立设备分承包项目合作供方名录。与206家分供方签订了合作协议书。完成一次配电建安工程和主要设备招投标工作,占项目总招投标金额的55%;完成轧钢水处理建安工程和主要设备招投标工作,占项目总招投标金额42%。(3)承接成都九江垃圾焚烧发电厂工厂设计项目;参与钢铁冶金企业节能减排市场,与北京世纪源博公司合作承担重钢烧结和炼钢低温余热发电项目、湖南湘潭钢铁厂烧结低温余热发电项目;巩固大渡口区建筑市政设计项目,承接大渡口区竹园小区设计项目,建桥工业园建筑及道路设计项目。(4)重钢设计院的"重钢股份公司50兆瓦燃气-蒸汽联合循环发电机组""福州红庙岭垃圾焚烧发电厂电力发电并网""重庆丰都滨江景区景观"等3个项目获2008年度中国冶金建筑协会行业部级优秀工程设计二等奖;"重庆平安时代经典岩土工程勘察"项目获2008年度中国冶金建筑协会行业部级优秀工程勘察二等奖;"重庆大渡口区迎宾大道西段及支干道"项目获2008年度中国冶金建筑协会行业部级优秀工程设计三等奖。申报受理8个专利,取得科技项目和技改项目各一项,技术创新和技术攻关项目立项9个,全年完成8项。(5)制定实施《重钢集团设计院对外技术合作服务管理暂行办法》《重钢集团设计院招投标管理实施意见(暂行)》,制定《重钢集团设计院环保搬迁技术质量保证措施》《关于加强重钢环保搬迁工程中合作设计、外委设计质量控制的规定》等有关文件。建立实施工程总承包、工程勘察、工程设计和工程咨询质量、环境、职业健康安全管理体系。针对2007年下半年开始的图幅比例放大较为集中的现象,进行专项检查和考核;针对在总承包分包中第一批设备采购招标工作中可能导致亏损标段进行效能监察。

◆刘卫国

条目另见部

【垃圾焚烧发电工程】:《生产经营》

【钢铁企业低温余热发电设计】:《科学研究与应用》

【三标一体化管理体系建立与实施】 重钢集团设计院自1996年12月19日按照ISO9000系列标准要求正式建立文件化的质量保证体系,1997年1月1日体系实施运行,1997年11月27日取得GB/T19001-1994-ISO9001:1994质量保证体系认证证书;2003年5月15日,通过ISO9000系列标准2000版换版复评审查,取得GB/T19001-2000-ISO9001:2000质量管理体系认证证书,并将覆盖范围由原来的工程咨询、设计和服务扩大到包括岩土工程勘察、工程测量和服务;2006年7月19日,证书覆盖范围增加建设工程总承包的全部内容。2007年12月21日,重钢集团设计院启动设计院质量管理、环境管理和职业健康安全管理一体化管理体系的建立、实施和认证工作。2008年4月,设计院初步完成一体化管理体系管理手册、程序文件的编写,并向有关方面征询意见。

2008年6月12日至16日,重钢设计院邀请北京中设认证服务有限公司来重钢举办"三标一体化"管理体系内部审核员培训班,重钢设计院57名管理和工程技术人员参加培训,55人获得内部审核员资格证书。重钢设计院"三标一体化"管理体系文件编写小组编制完成重庆钢铁集团设计院质量、环境和职业健康安全一体化管理体系管理手册和24个程序文件。至2008年8月,对原有质量管理体系的作业指导文件进行修订完善,对新增环境和职业健康安全管理体系的作业指导文件进行编制补充。重钢设计院"三标一体化"管理的文件编制基本完成。

2008年8月28日,重钢集团设计院按照GB/T19001-2000-ISO9001:2000、GB/T24001-2004-ISO14001:2004、GN/T28001-2001标准建立的质量、环境和职业健康安全"三标一体化"管理体系《管理手册》正式发布,自2008年9月1日起实施。2008年11月24日至26日,重钢设计院进行"三标一体化"管理体系建立实施以来的第一次内部审核,12月24日,对"三标一体化"管理体系进行了第一次年度管理评审。内审和管理评审认为,重钢集团设计院质量、环境和职业健康安全一体化管理体系的实施效果是基本满足标准、体系文件及有关法律法规的规定要求的,体系运行是基本正常、有效的。

◆吕少伟

【党建工作】 (1)2008年,重钢设计院党总支结合"生产经营作表率,环保搬迁立新功,为做大做强设计院而努力拼搏"的党内主题活动,开展争创"四好班子"活动、党员培训活动、"解放思想,扩大开放"的讨论活动、"遵纪守法,敬业爱岗"活动、"党员承诺制"活动等。按照重钢集团"两推一选"办法,完成党支部换届改选工作;发动党员以交纳特殊党费的形式,向四川汶川地震灾区捐款特殊党费12295元,组织职工向地震灾区捐款16630元;设计院职工又向灾区捐赠棉被2床、衣裤69件。(2)组织召开重钢集团设计院第九次职工代表大会,签订《重钢集团设计院2008年集体合同》;坚持厂务公开制度,组织召开两次院情发布会;坚持每季度做好职工思想调查分析,作好居家休息职工的政策解释和稳定工作。开展"争当优秀协作项目组文明职工"竞赛活动、"户外拓展训练"活动、"我心目中的优秀协作项目组"论坛活动。坚持"党建带团建"工作,重钢设计院团委获重钢集团"2007年度五四红旗团委"称号,地质队邱虎获"青年岗位能手"称号。

◆刘卫国

重庆钢铁集团生活服务有限责任公司

【概况】 重庆钢铁集团生活服务有限责任公司(简称:生活服务公司)是重钢集团的全资子公司。2008年底,在册职工490人,其中男职工277人;管理人员85人,其中高级技术职称3人,中级技术职称35人(含技师4人)。设党委办公室、经理办公室、劳人科、财务科、管理科、电讯工程部、厂容环卫部、园林绿化部、集体宿舍部、餐饮食品部、采购供应部、招待所、经营开发科、驻站管理科、幼教科、汽车修理部等及控股子公司重庆钢城园林绿化工程公司。2008年,生活服务公司有固定资产原值4766.7万元,净值2813.4万元。

主要经营项目:(1)接受中国电信集团重庆市电信有限公司委托,代办各类电信业务。(2)环境卫生清扫服务及园林绿化:家用电器维修,礼仪服务,销售办公用品、通讯设备(不含发射和接收设备)、电子产品(不含电子出版物)、五金、交电、百货(不含农膜)、日杂用品(不含烟花爆竹)、汽车零部件、摩托车零部件,花卉,建筑材料(不含危险化学品)、装饰材料和化工产品(不含危险化学品),陶瓷制品,橡胶制品。(3)生产、加工、销售:粮食及其制品、食用植物油、食用动物油、卤制品、腌腊制品、调味品、农副土特产品、糕点、肉及肉制品、果汁饮料、月饼。(4)饮食服务:中餐类制售(不含凉卤菜),住宿(仅限分支机构经营),浴室、理发、普通货运,二类汽车维修(大型货车)。(5)房屋租赁。

2008年,生活服务公司继续实现"一年一个变化"的发展目标。一是坚持早预测,算细账,提前做好生产经营准备。二是坚持抓发展,拓市场,做到生产经营、环保搬迁两不误。2008年,电话通信、食堂餐饮、物业管理进入重钢环保搬迁长寿新区环保搬迁指挥中心现场为参建职工服务,新区生活后勤保障工作正有条不紊展开。把差异化发展战略作为重要的经营思想,以搞好当期的生产经营,不断地拓展内外市场,电信重点拓展ADSL和小灵通增值业务,绿化重点拓展养护业务,环卫重点拓展清运业务。三是坚持挖潜力,降成本,提高企业抗风险能力。2008年,生活服务公司在拓展内外市场,全年共节省能耗费11.02万元,降低生活物资采购成本13.7万元,创节约价值25万元。四是坚持强管理,重实效,扎实推进各项工作。对2008年的生产经营指标和重点、难点工作指标分解落实到15个科室、45个班组、442名在岗职工,健全完善各项考核基础管理工作及考核跟踪制度,制定和实施单项承包和超目标以及超超目标等奖惩激励政策,全年共考核143人次,考核金额5020元。截至9月底,提前3个月超额完成全年利润目标;实现销售收入4357.52万元,实现利润76.97万元,超额完成重钢集团调整后的75万元利润指标和重难点工作任务,创造生活服务公司盈利的历史最高水平。

◆陈昌国

条目另见部目

【重钢幼儿园工作】:《文化教育》
【重钢新区通讯工作】:《职工生活》
【重钢新区生活污水转运工作】:《职工生活》
【重钢新区食堂供应工作】:《职工生活》
【职工宿舍安置】:《职工生活》
【重钢新区物业管理】:《职工生活》
【开展"双创"活动】:《职工生活》
【拓展绿化养护业务】:《职工生活》

【降低生活物资采购成本】 2008年,生活服务公司把降低生活物资采购成本10万元列为年度效能监察目标,全年降低生活物资采购成本13.57万元。(1)对基础台账坚持落实按月对账,做到账、卡、物、资金等4个环节的台账账目数据相符。(2)采取网上查询、电话咨询、市场摸底的措施做好市场调查,加强行情预测。(3)坚持实行"论质比价、货比三家,则优选廉"。对大宗物资商品的采购源头,坚持到一级批发市场或定点市场进行采购。(4)坚持把效能监察措施贯穿于物资采购的全过程,从采购环节、运输环节、库管环节以及服务环节等多方面着手开展监督工作。

◆刘光全

重庆钢铁集团铁业有限责任公司

【概况】 重庆钢铁集团铁业有限责任公司(简称:铁业公司)系重钢集团的全资子公司,位于重庆市江津区夏坝镇,占地面积64公顷。始建于1966年,具备年产生铁30万吨、冶金焦20万吨、入炉烧结矿50万吨、入炉球团矿15~20万吨、年发电量7000万千瓦时的生产能力。拥有210立方米和116立方米高炉各一座,30平方米平面步进式抽风烧结机二套和5平方米球团竖炉1座,六六型焦炉2组4座,利用高炉、焦炉煤气做燃料的发电机组5套,总装机容量12000千瓦。主要产品为炼钢生铁和铸造生铁,副产品有煤焦油、炉渣、粗苯。2003年通过ISO9001:2000质量管理体系认证。2008年底在册职工1044人,在岗职工940人;在岗职工中有管理人员1042人,其中中、高级职称有35人,生产操作工人915人,其中工人技师14人。设19个二级单位。全员劳动生产率129348元/人年(增加值),职工人均收入26700元,比上年增长21.43%。年末资产总额32805万元,其中固定资产原值22624万元,净值11635万元。

2008年,铁业公司以"成本最小化"为指导方针,克服全球金融危机影响带来的生铁价格急剧下滑、原燃料价格居高不下等诸多困难,强化高炉冶炼,保持系统平衡,推进技术改造,强化精细化管理。实现销售收入

86160 万元，比 2007 年增长 33.22%；实现利润 2421 元，比 2007 年降低 14.31%。继续保持了“重庆市文明单位”“江津市工业 10 强企业”称号。

◆谢晓玲

【高炉新建喷煤系统】 铁业公司有两座高炉，炉容分别为 210 立方米、116 立方米，生铁规模达到 30 万吨。2008 年 6 月，铁业公司新建一套喷煤系统，系统能力 3.6 万吨/年，可以满足高炉煤比 120 千克/吨。经过一个月的试生产和改造，喷煤系统运行正常，设备能力达到设计指标，逐步达到煤比 80 千克/吨，10 月以后达到 90～100 千克/吨。在没有富氧的前提下为国内先进水平，节焦增铁效果明显。生产 1 吨煤粉可以置换 1.0 吨焦炭，实现经济效益 1219 万元。

◆黎明

【1000 立方米高炉环保搬迁项目】 按照国家钢铁产业政策规定和重庆市政府与国务院签订的关闭淘汰重庆市 12 家落后产能钢铁企业的责任书，重钢集团铁业公司 2 座高炉均属落后产能。铁业公司分析自身的优势和劣势，抓住重钢环保搬迁的契机，和重庆市江津区政府、重钢集团协调、论证，确定重钢 1000 立方米高炉环保搬迁至江津区夏坝镇，建成重钢集团江津生铁基地的战略目标。2008 年 6 月 10 日，重钢集团和江津区政府就重钢 1000 立方米高炉搬迁项目签订合作备忘录。7 月 2 日，重钢集团对搬迁项目作批复，同意项目立项。项目建设工期为 2009～2011 年，项目预计投资 6.0 亿元，其中江津区人民政府担保贷款 3.0 亿元，重钢投入技术改造资金 3.0 亿元。铁业公司成立以重钢集团领导为组长的环保搬迁筹备工作组，形成《重钢集团江津生铁基地建设时期关停转型的安排意见》上报重钢集团，获得认同。项目建成后，生铁规模为 60 万吨/年，年销售收入可达 20.4 亿元，利润 1.0 亿元。

◆谢晓玲

【工业废水零排放】 铁业公司每年排放的焦化生物脱酚废水、高炉冲渣水虽然排放指标基本达标，但仍存在化学需氧量、悬浮物、氨氮等污染物超标排放现象，且排放的污染物处于綦江河上游，对距离下游饮用水水源的水体有一定影响。经过多年实践，2008 年 5 月铁业公司实现废水循环利用，达到废水零排放目标。(1)焦化生物脱酚系统：在现有焦化生脱池旁新建一个蓄水池，作为生物脱酚废水和焦化其他工业废水的专用回收水池；新增一组水泵，将蓄水池中的废水送至炼铁厂新建的沉淀池中，作为冲渣水的补充水。(2)高炉冲渣水循环及高炉冷却水循环系统：在现有的高炉沉渣池旁新建一个沉淀池，将本来外排的冲渣水收集在池内。水池分为 6 段，使冲渣水中的炉渣逐段沉淀，在第二段中设立阻隔墙，阻隔墙是用钢条焊成网状，里面放入焦炭(焦炭定期清洗更换)，将水中的炉渣阻隔在第一段和第二段，焦化送来的生脱水及工业废水作为冲渣水的补充水进入沉淀池，不足部分由高炉冷却水补充。新增一组水泵和一座冷却塔，将沉淀池内的水提升送往冷却塔冷却后流入现有的高位冲渣池，实现高炉冲渣水的闭路循环利用。

2008 年 5 月 10 日，铁业公司工业废水零排放系统开始投入运行，炼焦含酚废水经生物脱酚系统处理后进入新建的储水池，再用污水泵引入高炉新建循环水池作为高炉冲渣补充用水，高炉冲渣水经原沉淀池沉淀后进入新建污水循环池，再用污水泵打入冷却塔冷却后进入冲渣高位水池，使水温保持平衡进入冲渣系统循环使用，实现工业废水循环利用。工业废水零排放，减排工业废水 274 万吨，节约提水费、污染物缴费等共计 1041947.5 元；使周边居民和下游居民的生活饮用水质量得到改善。

◆黎明

【设备管理工作】 (1)2008 年铁业公司建立备件管理系统电子档案，每月定时对物资计划进行清理和盘点，库存量和采购量能够得到监管，提高了备件的通用性；拓展利库思路，设备维护中以修、代、改相结合，充分利库，使库存物资明显减少，全年共降低库存资金 10%。(2)在生产设备检查中对特种设备、关键设备重点控制，加强点检，使全年设备完好率达到 97.6%，主要设备停机率为 3.66%。(3)为了

2008 年铁业公司主要生产经营指标完成情况表

项目	单位	计划	完成	完成计划(%)	与上年同比(%)
工业总产值	万元	85000	90164	106.07	36.65
销售收入	万元	67000	86160	128.60	33.22
利润	万元	1700	2421	134.50	-14.31
产品产量					
生铁	吨	265000	272472	102.86	-1.48
烧结矿	吨	466000	415847	89.24	-3.95
球团矿	吨	93000	49845	53.60	-1.40
水渣	吨	190000	207236	109.07	-15.22
冶金焦	吨	180000	184410	102.45	-5.43
发电量	万千瓦时	6200	6752	108.90	7.26
煤焦油	吨	7900	7833	99.15	-11.87
粗苯	吨	2040	2087	102.30	-3.05
产品销量					
生铁	吨	265000	268603	101.36	-3.77
水渣	吨	190000	207236	109.07	-15.22
煤焦油	吨	7900	7833	99.15	-11.87
粗苯	吨	2040	2084	102.16	-3.20

◆谢晓玲

改善电网电力质量，增设一台1500千伏安无功补偿装置，同时对2台300千伏安无功补偿装置进行改造，提高功率因素0.02。(4)2008年5月，铁业公司整体水循环系统改造完工，解决了因产能增加而供水能力不足的供需矛盾，供水设备负荷降低；6月喷煤工程竣工投产，使生铁、焦炭产能达到平衡，降低了炼铁工序能耗。对计量器具定时送检44台次，自检320台次，使计量准确率达到99.5%。

◆张小明

【推行党员承诺制】 2008年，是铁业公司党委推行党员承诺制的第一年，按照"坚持党员自愿参与、组织规范引导、群众监督评议"的原则，提出"五步承诺法"：民主提诺、组织审诺、公司许诺、认真履诺、定期评诺。2008年，铁业公司在岗的260名党员，按照人均一项承诺的标准，提出承诺275项。(1)民主提诺：召开党员会议和群众代表会议征求群众意见和建议。(2)组织审诺：根据征求到的党员群众意见建议以及党员自身能力、特长，党员提交承诺；党支部指定专人审核，把握承诺事项是否体现先进性的基本要求、是否符合职工意愿、是否切实可行、党员能否做到等原则；审核完成后，对党员的承诺进行平衡、评估、调整，登记造册，建立台账。(3)公司许诺：以公示的形式，党员向群众公开许诺，接受群众监督。(4)认真履诺：制定措施、拿出办法，积极履行、兑现承诺；党支部实行动态管理，短期承诺兑现后，党员在一年内还可继续提出承诺，期限较长的承诺事项，将内容细化，创造条件，分期分步落实。(5)定期评诺：年终，各党支部召开党员评议大会，对承诺事项完成情况及效果进行评估、检查、总结、表彰。

◆蒲素梅

重庆钢铁集团运输有限责任公司

【概况】 重庆钢铁集团运输有限责任公司(简称：运输公司)是重钢集团的全资子公司，位于大渡口区建设村71号，距重钢集团总部300米。2008年，运输公司注册资本金2100万元，资产总额7548万元；职工450人；有各类汽车360台，其中总吨位1231吨、总载客车位3934个。2008年，运输公司设一中队、二中队、三中队、四中队、五中队、汽修总厂、保修厂、轻客队、生产经营科、技术科、配件公司、环保工作部、江南物流分公司、财务科、综合办公室等科室，另有位于马王五村的CNG加气站一个经营实体。2008年，运输公司完成利润444万元，收入25893万元，全面完成2008年经营目标。

按照大渡口区危旧房改造规划，运输公司所辖范围为改造片区范围。根据重钢集团与大渡口区政府2008年6月18日《关于重钢集团运输公司危旧房改造会议》决定，运输公司迁至大渡口区刘家坝重庆三钢钢业有限责任公司内(原长江钢铁厂)。由于新厂址土地权属变更手续正在办理，新厂址的建设需要一段时间，运输公司暂时将机关迁至原重钢住院部医务大楼过渡，二中队、三中队、轻客队搬迁至重钢股份公司炼钢厂6号铸机基地过渡，待刘家坝新址建设完成后整体迁入。保修厂和配件分公司搬迁至汽修总厂过渡。

2008年5月12日，四川汶川发生8.0级大地震，重钢集团运输公司组织4台汽车冒着余震的威胁前往灾区送去救济物资。

◆陈伟　李陇娟

【向现代物流企业转型】 2008年9月，重钢集团运输公司被重庆市发改委评为首批"重庆市重点现代物流企业"，运输公司实现由传统运输型企业向现代物流企业的转型。自2007年来，运输公司一直注重对物流企业管理模式的建设。(1)物流企业信息化平台的建设，建立运输管理系统，实现从生产调度、物资管理、财务结算、物流业务等方面的信息化管理。(2)货运经营业务信息网络化管理，设立GPS车辆监控管理系统，63%的物流运输车辆安装GPS终端，并建立客户、可控运输资源等物流信息网络，对物流业务实行网络化管理，使可控运输工具达到600台，载重能力2781吨。(3)加强物流人才的培养和引进，2008年运输公司参加物流资格师培训学习15人，取得物流资格师证书的有3人。(4)整合运输资源，提高

重钢运输公司办公楼　运输公司供稿

整体经济效益,对物流项目采取多式联运方式,从运输工具的选择、线路选择、信息系统的实施、包装方式和物流工具的选择、库存量和库存时间的最小化等多方面优化运输方案,降低物流成本。至2008年末,运输公司有货运车辆147台,总载重能力1447吨,有物流资格师9人。2008年,运输公司汽车货运量410万吨,实现销售收入2.58亿元,实现利润444万元。

◆陈希

【物流业务组织工作】 (1)在重钢集团生产系统,运输公司承担了原材料、厂区内物资的运送和产成品等物资的物流组织。在生产物流计划管理上,根据重钢股份公司2008年生产计划,运输公司将生产计划与运力进行综合平衡,合理调配运力,建立生产物流优化指标体系和生产计划优化体系(包括规范生产计划编制流程、市场预测品种优化产量优化等),解决了生产经营规划和生产作业计划中存在的问题,达到了降低库存、及时供给、降低成本的要求。2008年,运输公司承运重钢集团生产系统物资300万吨。(2)随着重钢环保搬迁工程建设的全面推进,运输公司本着"安全有效、整合资源、强化保障、优化成本"原则,在从事钢铁企业生产系统规模物流运作的基础上,发挥专业优势,为重钢新区建设提供燃油、建材、钢材等各类物资的采购、仓储、配送一体化物流服务。2008年3月运输公司成立江南物流分公司,8月合并重组重庆三峰物流公司,为重钢新区建设物流服务提供机构保障。(3)在为重钢新区提供砂石等建材物资的物流服务中,运输公司按JIT采购模式对重钢新区建设所需砂石材料进行物流组织,设立砂石堆场提高仓储管理质量,利用GPS、TMS系统加强砂石运输车辆管理,对用户需求做到灵敏配送响应,对供应商定期评审、随机抽检以保证供货质量,并坚持以低于指导价的销售价格供应沙石以平抑物价,2008年运输公司累计为新区供应砂石16万立方米。(4)在为重钢新区建设提供燃油供应物流服务中,与中石油重庆分公司建立长期合作关系,降低了采购总成本。针对工地交通条件恶劣影响燃油配送等情况,运输公司采取合理编排供应计划,科学规划配送路线等多项措施,满足了重钢新区9个施工标段、6个工程项目部、20家建设单位日均3万升的用油需求,全年累计向重钢长寿新区供应燃油1300万升。(5)在对重钢长寿新区建设物资、设备的物流组织中,运输公司采用多式联运、协同运输的方式,向用户提供"一单式"运作模式,在接单、派单、监控载货船舶或火车行进情况、货物到站到港、最优对接跨库等各环节上均由运输公司介入,实行全程一次办理,一单到底,一次收费,统一理赔和全程负责物流流程。2008年,为重钢长寿新区建设物流组织货运量达90万吨。

◆包平

【推广GPS技术】 自2004年开始,重钢集团运输公司就开始在车辆上应用GPS技术。2007年起,运输公司逐步建立自有的中心监控平台,通过C/S模式将GPS技术推广到下属6个行车中队、2个分公司;至2008年已安装车辆91台,其中货运车辆共计安装70台,客运车辆安装10台,危险品车辆安装11台。

◆王豫

【客车选型工作】 重钢集团运输公司1993~1996年购置的部分客车至2008年达到报废标准。为了满足重钢职工往返大渡口区至长寿区江南镇、桃花镇、晏家镇之间的通勤,运输公司2008年决定报废12台重庆牌普通客车,更新10台中级大客车。根据8家公司推荐一至两种最具代表性的车型,重钢集团运输公司按技术参数、通过性能、基本配置及价格等进行对比分析,初步选择出8个车型。组织三中队、五中队及技术科部分成员开会,形成初步意见;组织三中队的驾驶员、检验员、修理工、管理人员等参与试驾活动,更进一步对各种车型的性能、外观等方面了解;组织三中队、五中队部分驾驶员、修理工、检验员、安全员、中队长及运输公司技术科35名人员参加对8个厂家及所提供的车型,从"品牌知名度、性价比、配置、售后服务、综合评定"等5个方面进行综合评分。决定选择前4名:厦门金龙客车公司、苏州海格客车公司、北京福田公司、郑州宇通客车公司等厂家提供的车型。2008年获选的车型有:苏州金龙KLQ6126TE3型车2台(大容量即55座以上),福田BJ6102U8LHB型车2台,KLQ6115车6台,共计10台。

◆李堂明

【重庆三峰物流公司隶属关系调整】 2004年2月,重钢运输公司组建重庆三峰物流公司筹备组,重庆三峰物流公司以合资公司的形式开展市场化经营。在与重庆嘉峰实业公司达成合作意向后,2004年7月,由重钢运输公司和重庆嘉峰实业公司、重庆三峰工业公司3家共同投资组建重庆三峰物流公司,经营地址落户重庆市长寿区晏家工业园区。2008年2月底,重庆三峰物流公司经重钢集团批准,成建制地划归重钢集团重庆三峰工业公司管辖;为了加强重钢环保搬迁长寿新区物流运输,2008年8月13日,重庆三峰物流公司成建制重新划归重钢运输公司管理。

◆沈平贵

重庆钢铁研究所

【概况】 重庆钢铁研究所于1960年2月成立,原名"重庆市冶金工业局研究所",1962年5月由重庆市中区打铜街14号迁于重庆市江北区溉澜溪兴冶村2号,占地面积6.3公顷。2008年12月底重庆钢铁研究所搬迁至重庆市大渡口区建桥工业园A区镁桥路2号,占地面积3.883公顷(其中出让地3.3公顷,划拨地0.583公项)。重庆钢铁研究所的科研、生产经营工作主要面向国防、军工、航空、航天、电子、船舶工业。以科学的发展观确定自身的发展方向和发展战略,步突出自身特色,发挥产品开发优势,坚持走"高、精、尖"发展之路,全面推进技术创新,大力发展"三个中试生产基地——特殊钢材料生产基地、金属制品生产基地、磁性材料生产基地",坚持"三步走"发展战略(第一步在搬迁前使销售收入达到3000万元,第二步是通过搬迁扩大规模使销售收入达到6000万元,第三步通过进一步发展销售收入超1亿元)。

2008年,重庆钢铁研究所科研生产经营和搬迁工程两大目标任务如期完成。实现工业总产值3050万元,同比增长0.3%;销售收入3203万元,同比增长6.7%;利润227万元,同比增长9.5%。

2008年末,重庆钢铁研究所机构设置10个,其中管理职能科室5个(综合部、财务部、生产保障部、市场开发部、科技质量部),中试生产车间3个(特殊钢车间、金属制品车间、磁性材料车间)、机修车间和质量检测中心。在职职工127人,各类专业技术人员50人(高级技术职称13人、中级技术职称16人、初级技术职称21人)。

重庆钢研所获2008年度"供应商评比"银奖　曹静　摄影

◆高艳

条目另见部目

【重庆钢铁研究所获"神七"荣誉奖】:《科学研究与应用》

【高温合金GH625航空用管研制成功】:《科学研究与应用》

【重庆钢铁研究所搬迁工程】 2008年,重庆钢铁研究所搬迁工程进入最实质性操作阶段,由重庆市江北区溉澜溪兴冶村2号搬迁至重庆市大渡口区建桥工业园A区镁桥路2号;搬迁工程有序推进,支付搬迁工程费用7340万元,完成2008年年底全面搬迁到位的目标。(1)成立部门搬迁工作小组,实施搬迁工程三级管理。(2)与各部门签订搬迁责任书。(3)完成土建工程、装饰工程及环境工程的预验收。(4)完成国有土地证、施工许可证办理和相关报建手续,通过防雷检测和中心电站验收。(5)接通永久用水、电、气。(6)完成主要设备搬迁、技术改造、翻新及安装调试。(7)完成工艺设计、工模具配套、相关人员培训及废旧物质处理。(8)工程结算工作按计划进行。(9)2008年12月24日,与江北嘴中央商务区开发投资有限公司签订交接备忘录。

◆朱瑞林

【国家发明专利与国家发明专利授权】 2008年重庆钢铁研究所在申请国家发明专利3项:特种合金钢冶炼工艺、航空合金管的冷加工制管工艺、航空管表面氧化皮处理工艺,3项专利均获国家知识产权局正式受理。同时获国家发明专利授权3项:航空用管表面化学腐蚀方法、清除航空管表面油污用脱脂剂、提高M42高速钢综合性能的工艺方法。

◆严明英

【科技合作】 重庆钢铁研究所2008年围绕"三个中试基地"建设和"三步走"发展战略。坚持高、精、尖、特的方针,瞄准航空、航天、核能、船舶等尖端领域,加强科技合作与交流,与西安航空发动机有限责任公司、中国运载火箭技术研究院(航天一院)两家军工企业结成战略合作伙伴,正准备与贵州黎阳航空发动机公司、沈阳黎明航空发动机有限公司签订战略合作协议。

◆严明英

重庆三环建设监理咨询有限公司

【概况】 重庆三环建设监理咨询有限公司(简称:三环监理公司)是重钢集团的全资子公司,成立于1994年6月,在重庆市高科技开发区工商部门注册登记成立;是独立核算、自主经营、自负盈亏的有限责任公司。重庆三环建设监理咨询有限公司拥有招标代理甲级资质、造价咨询甲级资质、房屋工程监理甲级资质、冶炼工程监理甲级资质、设备监理甲级资质、司法鉴定甲级资质、市政监理甲级资质。2001年7月经北京新世纪质量体系认证中心审核,取得ISO9001:2000质量体系认证证书。2008年有职工228人,其中高级职称80人,中级职称技术人员120人;国家注册监理工程师60人,地方注册监理工程师30人,国家注册造价工程师11人;国家注册咨询工程师5人。2008年设综合部、经营开发部、招标代理部、合同咨询部、造价咨询部、工程监理部、技术咨询部、总师室等8个科室。

重庆三环监理公司业务范围主要包括工程招标代理、工程造价咨询、房屋工程监理、冶炼工程监理、设备监理、市政工程监理、司法鉴定等,长期从事大型工程建设的工程招标代理、造价咨询和工程监理等工作,完成合同造价总额600亿元。从事的主要监理项目有:重庆钢铁研究所搬迁工程、兴现·金鼎龙泉住宅小区工程、丰都滨江景区工程、三钢公司2号20000立方米/时制氧机组工程等；主要招标代理项目有：朵力·尚美国际工程一期、重庆市未成年管教所办公楼等附属工程、温州市龙湾区南洋大道工程、四川省财政学校新校园建设工程、绿湾相国苑东区（4、5、6号楼）、重钢环保搬迁工程招标等，招标代理业绩共100亿元。承接的重庆长航大厦和重庆市天友乳品二厂主厂房分别获重庆市巴渝杯优质工程奖；三环监理公司监理的重庆朝阳气体有限公司18000立方米/时制氧机组工程获冶金工业优质工程奖，监理的朵力二期工程获重庆市优质结构奖。

三环监理公司被评为重庆市2003～2005年建设工程招标代理机构先进单位和重庆市2005～2007年建设工程招标代理机构先进单位，2008年，环保搬迁工程场平监理项目部被评为2008年“重钢公司工人先锋号”。

2008年，三环监理公司实现营业收入2817万元，完成利润245万元，超额完成生产经营目标。2008年签订服务合同67个，合同金额2707.69万元。对外技术咨询合作经营项目共20个。

◆王泽利

【外部市场开发】 2008年，重庆三环监理公司派出30名监理人员，赴全国各地设备制造厂进行设备制造监理，加大外部市场的开发力度，新疆、福建、广东、马鞍山等省市服务项目不断扩大，重庆各市区增加了新的服务项目，项目涉及冶炼工程、化工、能源、冶金、房屋建筑、市政工程、环保工程、司法鉴定等。外部主要项目有：宝钢集团新疆八钢制氧工程和热电二期工程、新疆伊力特焦化工程、攀煤焦炭改扩建及100万吨/年焦化煤气综合利用工程、福建三明钢铁厂二炼钢工程、广东韶钢全厂物料运输及综合管网工程、北碚金鼎龙泉小区工程等大型工程。

◆王泽利

【招标代理】 2008年重庆三环监理公司完成重钢环保搬迁招标项目90项，共计135个标段，签订施工合同130项，中标金额68.9亿元。自环保搬迁工程招标工作启动以来，累计签订合同186个（含补充协议），签约金额125.85亿元，公招率73%。

◆王泽利

【合同管理咨询】 重庆三环监理公司2008年共签订施工合同516个，签约金额16000万元，实现下浮金额1000万元；全年所签合同无一例投诉或纠纷，合同履约率达100%。

◆王泽利

【工程造价咨询】 2008年，重庆三环监理公司造价咨询业务范围逐渐扩大，覆盖工程建设全过程，全年共完成重钢集团内外委托工程项目造价金额216905万元，其中完成重钢环保搬迁造价咨询任务88572万元，完成的造价咨询主要项目包括：长寿新区港口成品码头工程、环保搬迁1780毫米热轧板带工程、重钢环保搬迁码一西路道路工程等项目。

◆王泽利

【工程监理】 2008年重庆三环监理公司监理工程项目共计42个，竣工14个，在建项目27个，全年总计完成工程投资额12亿元；其中完成重钢环保搬迁工程7.5亿元。已完成的重钢外部主要项目有韶钢2号360平方米烧结机工程、新疆大黄山鸿基焦化二期工程等，已完成的环保搬迁主要项目有重钢环保搬迁粗平场工程、长寿新区排洪沟工程等。

◆王泽利

【环保搬迁工作】 （1）2008年重庆三环监理公司结合重钢环保搬迁工程实施计划的优化和调整，在职工中开展“坚定信心、不怕困难、振奋精神、肩负使命”的形势任务教育和思想宣传工作，五分之三的专业技术人员、管理人员常驻重钢环保搬迁长寿新区，服务环保搬迁工程一线。（2）在坚持“公开、公平、公正”原则，探索适合重钢环保搬迁工程建设的建设工程招投标模式，创造性地实施“一揽子招标”模式，使“EPC”总包模式和分段分项清单报价业主自主集成的优势得到有效整合。（3）为落实重钢集团精细化管理要求，制订和修改工程预结算资料交档和办理预结算的相关规程和要求。制订办理工程审核预算确定合同控制价、办理工程结算和编制标底及预算制订从送审资料、审核及编制、审核或编制说明、审批统一标准格式等，对工程预结算资料满足归档要求的程序进行清理。配合监理工作制订重钢环保搬迁长寿新区工程进度款审批流程及时间控制的通知，制定重三环发〔2008〕22文件《造价咨询业务质量控制制度》。建立了重钢集团重大工程项目专项台账，特别是重钢环保搬迁专项台账。

◆王泽利

控股子公司

重庆钢铁股份有限公司

【概况】 重庆钢铁股份有限公司成立于1997年8月11日，同年10月17日在香港联合交易所上市，发行H股股票；1998年12月7日，成为外商投资股份有限公司。2007年2月28日，重庆钢铁股份有限公司在上海证券交易所发行A股股票，成为国内A＋H上市公司。注册资本173312.72万元。注册地址：重庆市大渡口区李子林钢铁路30号。

2008年12月末，重庆钢铁股份有限公司在岗职工为11544人，设置四川、上海、广东、北京、云贵、西安、江苏、厦门、武汉、重庆等10个区域销售分公司及优钢销售分公司。主要生产设备有焦炉5座，1350立方米、1200立方米、750立方米高炉各一座，50吨转炉3座,105平方米烧结机2套,2450毫米中板轧机、φ800毫米大型轧机、φ650毫米中型轧机、棒材轧机、高速线材轧机各一套,50兆瓦燃气蒸气联合循环发电机组一套,1.2万千瓦发电机组一套。重庆钢铁股份有限公司主要生产销售中厚钢板、型材、线材、棒材、商品钢坯、焦化副产品和炼铁副产品。2008年全年产焦炭136万吨、生铁292万吨、钢336万吨、钢材320万吨。重庆钢铁股份有限公司按ISO9001:2000国际标准建立的质量体系获中国船级社(CCS)认证,16MnR压力容器钢板、20g锅炉钢板连续多次获国家质量金奖;16MnR、20g、20R钢板首家获得国家质量监督检验检疫总局锅炉压力容器安全监察局给予的安全质量免检认证,造船钢板、容器钢板、锅炉钢板获国家冶金产品实物质量达国际同类产品质量水平“金杯奖”;普通船板钢、高强度船板钢获中国、美国、英国、德国、法国、挪威、日本、韩国、意大利等9国船级社认证;按欧洲标准新开发的10号~37号船用球扁钢系列产品填补了国内空白,并获得中国、美国、英国、法国、德国、挪威、意大利等7国船级社认证。2006年9月,重庆钢铁股份有限公司生产的船体结构用钢和锅炉压力容器用钢板双双获得“中国名牌产品”称号。

◆孙建军

经理办公室

【概况】 重庆钢铁股份有限公司经理办公室是重钢股份公司的综合管理部门,2008年设绩效管理科、信息资源管理科、行政管理科3个科。年末在岗职工28人,其中管理人员25人,操作人员3人;具有高级职称8人,中级职称5人。

2008年主要工作:(1)重钢股份公司精细化管理从以点带面推进,促使机动处、高线厂、烧结厂等单位获得重庆市国有资产监督管理委员会管理创新成果奖。(2)加强车间建设,评选25个模范车间、26个先进车间。审核各类设备使用规程88个、工艺规程16个、岗位作业标准50个。(3)围绕生产经营目标,开展责任制考核,重钢股份公司141项目责任制指标完成125项,完成率88.65%。(4)完成国家统计局、商贸部、中国钢铁协会、重庆市调查总队、重钢集团布置的各项统计年报、月报、季报、半年报等和各类抽样调查和临时性调查任务;获国家统计局“全国2007年度投入产出调查先进单位”称号。(5)审核登记工程类等合同753份,总标的超过26523.5万元,加盖各类印章合计超过135.55万元。(6)牵头审核后勤合同33份,节约费用135.55万元。(7)全年重钢股份公司公务车费用303万元,办公用品费用306万元,印刷品费用125万元。(8)重钢股份公司创卫工作通过重庆市爱委会复查,重钢股份公司多家单位获“创卫”先进单位称号。(9)全面完成计划生育工作目标责任制,实现符合政策生育率100%、出生缺陷为零的目标。(10)利用FTP公文下载、制作、编号、合名公文38112份。(11)完成通讯工作和传递各类报表、票据合计39845份。(12)牵头组织完成重钢股份公司内部网站结构优化和功能完善工作,累计刷新网站信息15492条。(13)完成OA累计运行公文53740份,累计归档公文6000份,基本实现网络远程无纸化办公。

◆李伟

【责任制考核】 (1)2008年重钢股份公司明确以围绕生产经营目标,持续改进责任制工作的动态管理和提高调控能力为目的,突出以释放产能、降低成本、节能减排、稳定质量、优化品种结构为重点的考核原则。(2)在钢材市场价格出现大起大落情况下,以市场为导向,全力抓好产销协调,优化产品结构,强化合同考核与奖励力度,全年累计合同完成率达99.83%,名牌产品产量占总产量76.71%。(3)完善节能减排,优化吨钢综合能耗、自发电量、TRT发电和转炉煤气回收、“热送热装”等重点节能项目攻关的激励政策,在其完成目标任务以上实行上不封顶奖励政策,攻关指标创历史最高水平。(4)推行精细化管理,强化考核工作纵向配套与横向协调,全年共处理涉及成本、利润、产量、冶金焦灰分和硫分、入厂焦煤灰和硫分、优质铁、入炉矿品位、能耗、自发电量、设备修理费和备件及工模具资金占用等指标请示或报告67份。(5)抓可控因素,规范经济行为,全年对9个单位目标责任制14项事件进行考核,考核金额423715元;对212项事件进行专业责任制考核,全年扣罚金额615369元。

◆余志雄

【经济合同工作】 2008年度,重钢股份公司审核工程类、生产汽车运输类合同833份,报审金额总计超过27450万元,审定金额总计超过27420万元,审减金额总计30万元。其中技改、维修、技措类工程合同508份,报审金额总计15969.32万元,审定金额总计15942.06万元,审减金额总计27.26万元;汽车维修、机械工程维修类工程合同150份,报审金额总计477.2万元,审定金额总计474.9万元,审减金额总计2.3万元;其他工程类合同76份,报审金额与审定金额均为3345.99万元;生产汽车运输类等合同175份,报审金额与审定金额均超过11000万元。

◆万英杰

【统计工作】 (1)完成国家统计任务。2008年重钢股份公司上报国家和地方统计局、商务部、钢铁协会、重庆市调查总队共计33种2007年度报表,完成2008年定期报表12种96次,“制造业采购经理调查”“企业景气调查”“工业企业成本费用调查”“工业企业生产经营情况预警调查”等临时调查35次;继续执行国家统计局有关联网直报的规定,全年网络直报报表9种52次，执行重庆市有关工业与能源统计报表在地统计的规定。9月，发《关于成立重钢股份公司全国第二次经济普查组织结构的通知》，第二次经济普查工作正式启动。(2)内部管理。编制和发布快报、统计公报等5种报告60次；协助信息管理部门推进重钢长寿新区信息化系统的建设工作；坚持做好经济运行分析；配合重钢集团参评“重庆市企业50强”评比工作；配合重钢股份公司分离交易可转换债券项目发行工作；与专业统计部门联合检查统计数据质量，完善统计基础工作；组织8名统计人员参加继续教育和从业资格培训，2名统计人员参加高级统计师资格考试。(3)统计工作。重钢股份公司相继获“2007年全国投入产出调查先进集体”、重庆市“统计先进集体”“统计调查先进集体”“产业安全数据报送工作先进单位”等荣誉。

◆曾令春

【投入产出调查】 根据国务院办公厅《关于进行全国投入产出调查的通知》及重庆市统计局《关于布置重庆市2007年投入产出调查工作的通知》，重钢股份公司于2007年10月组建投入产出调查组，确立以重钢股份公司董事长罗福勤为组长、重钢股份公司总经理陈山为副组长、副总经理为成员的领导小组。2008年4月，发《关于做好公司2007年投入产出调查工作的通知》。调查分培训与宣传阶段(2月20日~3月31日)、调查阶段(4月1日~30日)、审核汇总与送审阶段(5月1日~31日)。重钢股份公司调查方案操作性强，调查进展与质量控制一律实行公示制。投入产出调查资料通过重庆市以及国家统计局验收，重钢股份公司被授予国家级“投入产出调查先进集体”。

◆曾令春

【标准化管理】 2008年重钢股份公司标准化工作继续遵循“统一格式、严格审批、层次管理、分级发布”的原则，服务生产、服从管理。同时结合自动化系统逐步实现网上传输标准，加快审批和归档。重点在各单位岗位作业标准更版修订，技术标准(含设备使用规程、安全规程、工艺规程)、管理标准的制订，从先进性、实用性、操作性、安全性系统推进和完善标准体系，为重钢环保搬迁做“三大规程”、管理标准等基础性准备。在制订标准过程中，以国际标准为参考，构建全新的标准系统。各单位标准的制订修订，均结合现实生产条件规范制订标准，针对不同对象而制定相应的标准，审核、发布各类标准181个，涉及焦化厂、炼铁厂、质管处的岗位作业标准，运输部、冷轧薄板厂、中板厂的安全规程、工艺规程，设备使用规程等。部分标准在网上审核发布。

◆张兴平

【精细化管理】 重钢股份公司2008年制定精细化管理工作方案，确定推行精细化管理的步骤和基本方法，14个单位在细化方案中制定171个精细化管理的子项目。重钢股份公司经理办公室下厂检查16次。烧结厂精细化管理标准清晰，数据精确，执行有力，评价科学；炼钢厂建立目标细分、标准细分、任务细分、流程细分体系；高线厂按照“数据准确、评价科学、执行有力”的总体要求，以围绕提高高线轧机作业率为中心内容，提升成材率；型钢厂对换辊、换组、移档等时间进行科学控制，提高了轧机作业率；中板厂管理细化到每一个工序、每一个岗位、每一块钢板、每一个员工，实现管理的“零”死角，合同执行率提高；运输部解决了冶金车辆钩舌销假断裂问题；质管处在清理管理制度和查找管理漏洞的基础上，建立健全人才激励与考评机制，围绕辅料的检测工作，制订细化措施。

◆张兴平

【车间建设工作】 2008年12月16日开始，重钢股份公司经理办公室、党委办公室、组织处、工会、团委、安全环保处、机动处、钢研所、人力资源处、质管处等组成的重钢股份公司基础管理达标检查小组对申报的16个单位的43个先进车间、33个模范车间进行检查，重点检查贯彻各项规章制度，精细化管理、修订完善“三大规程”和岗位作业标准，原始记录和台账、推行定置管理、现场环境整治、推行目标成本管理、定期开展经济活动分析、车间台账以电子文件生成储存，专业管理数据录入计算机，车间管理制度和办法、重要经营措施录入计算机。通过检查和现场评议，20个模范车间达标，33个先进车间达标。

◆张兴平

【现场“三规两纪”管理】 2008年，重钢股份公司现场“三规两纪”及定置管理工作：(1)生产作业场所可移动物按《定置管理标准》要求，做到有定置牌、有地面画线、有护栏的“三有”定置管理；生产车间和班组“五室一所”环境基本达到无烟头、无杂物、无乱堆乱放的“三无”规范志所；生产车间达到劳保用品一条线、个人用品一条线，办公用品一条线，备件工具一条线的“四线”定置管理。(2)重钢股份公司统一了车间可移动物定置区域信息符号和区域位置编号，绘制规范的车间可移动定置图，对可移动物实施动态管理。(3)2008年，重钢股份公司经理办公室牵头，安全环保处、机动处、技改处、党委办公室参加现场“三规两纪”及定置管理检查，对各单位生产现场进行定期综合检查12次，查出整改项目26项，涉及7个厂，与2007年同期下降11项，26个整改项目均在规定时间整改。重钢股份公司每月组织一次现场“三规两纪”及定置管理检查已成制度化。

◆张兴平

【创卫达标工作】 2008年，重钢股份公司将创建卫生城区与企业日常经营管理、环境保护、劳动安全、现场定置管理相结合，实施创卫工作。通过宣传专栏、黑板报、张贴宣传口号、印制宣传手册、有奖答题、举办健康知识讲座等形式，在车间、班组进行创建宣传；通过加强爱国卫生组织管理和职工健康卫生教育工作，加强公共场所禁烟，厂区环境卫生整治及“病媒生物控制”等工作。中板厂作为重钢集团的抽样，通过重庆市创建卫生城区对重钢集团的检查和复查。

◆覃亚宏

董事会秘书室

【概况】 重庆钢铁股份有限公司董事会秘书室2008年末设秘书科、审计室2个科室，在岗职工7人。2008年度主要工作：(1)筹备股东会议3次。(2)筹备董事会会议6次。(3)办理董事会书面议案28个。(4)筹备重钢股份公司董事会专委会4次。(5)配合券商制作重钢股份公司在境内发行不超过人民币20亿元的认股权和债券分离交易的可转换重钢股份公司债券的申报材料，该项募集资金用于弥补重钢股份公司板带生产线技术改造项目的资金缺口及归还银行贷款。(6)完成2007年度报和2008年度中期报告及季度报告的计划、设计框架、起草、送审、成文、衔接翻译、印刷及分送各位股东等事宜。(7)在《文汇报》《中国日报》《中国证券报》《上海证券报》《证券时报》上刊载《重庆钢铁股份有限公司2007年度业绩公告》《2007年度股东周年大会通知》《环保搬迁公告》等共计36个公告，在上海证券交易所网站及香港证券交易所网站上网披露共计48个公告等信息文件。(8)根据中国证监会重庆监管局向重钢股份公司发出《关于要求重庆钢铁股份有限公司限期整改的通知》(渝证监市〔2008〕317号)制定《关于中国证监会重庆监管局要求重庆钢铁股份有限公司就相关事项限期整改的整改报告》，并根据整改通知的要求及整改报告的安排对所有事项进行整改，并予以落实。(9)制定《审核委员会年度财务报告审阅工作规程》《独立董事年报工作制度》，修订《募集资金管理办法》《股东大会议事规则》《董事会议事规则》《监事会议事规则》。(10)与母公司签订《服务和供应协议》，该协议构成持续关联交易，履行相关的披露程序，并取得股东大会的批准，确定2008年1月1日起至2010年12月31日止的3年期间服务和供应协议交易额上限。(11)接待证券机构、境外投资者、分析师访问85批，其中来人访问9批，来电访问76批。(12)审计室重点关注公司内部控制，对管理制度和执行情况提出了改进措施，持续跟进被审计单位的落实情况和反馈意见，根据反馈的资料，相关单位已经对《审计整改意见通知书》提出的问题进行处理，避免经济损失。

◆彭国菊

【重钢股份公司股东会工作】 (1)年度股东大会。2008年6月23日，重钢股份司召开2007年度股东周年大会，出席股东年会的股东及股东代理人共2名，代表股份885467410股，占重钢股份公司股份总数的51.09%。会议审议并通过2007年度经审计的财务报告、董事会报告、监事会报告、2007年度末期利润分配方案、续聘会计师事务所等5项议案。(2)临时股东大会。①2008年3月25日，重钢股份公司召开2008年第一次临时股东大会，出席临时股东大会的股东及股东代理人共2名，代表股份880203584股，占重钢股份公司股份总数的50.79%。会议审议并通过重钢股份公司与母公司的服务与供应协议及选举李仁生先生为重钢股份公司董事两项议案。②2008年11月17日，重钢股份公司召开2008年第二次临时股东大会、2008年第一次A股类别股东会及2008年第一次H股类别股东会，参加临时股东大会现场投票及网络投票的股东及股东代理人共58名，代表股份876613834股，占重钢股份公司股份总数的50.58%。临时股东会及类别股东会主要审议并通过重钢股份公司发行认股权和债券分离交易的可转换重钢股份公司债券的相关议案及修订重钢股份公司股东会、董事会、监事会议事规则的议案。

◆罗晓南

【重钢股份公司董事会工作】 (1)2008年1月22日，召开第四届董事会第九次会议，会议审议重钢股份公司与母公司签署2008年至2010年《服务与供应协议》、成立独立董事委员会审核关联交易及聘请独立财务顾问出具关联交易的独立财务报告等事项。(2)2008年4月23日，召开第四届董事会第十次会议，会议审议重钢股份公司经审计的财务账目、董事会报告、监事会报告、2007年度报告及其摘要、2007年末期利润分配方案、关于毕马威华振会计师事务所2007年度审计工作总结报告、调整2007年期初资产负债表相关项目及其金额及续聘会计师事务所等事项。(3)2008年6月23日，召开第四届董事会第十一次会议，会议审议关于重钢股份公司派发2007年度末期股息的具体事宜。(4)2008年8月26日，召开第四届董事会第十二次会议，会议审议公司2008年中期财务报告、2008年半年度报告及其摘要、中期业绩公告及公司募集资金存放与实际使用情况的专项报告等事项。(5)2008年9月25日，重钢股份公司以通讯方式召开第四届董事会临时会议，会议审议关于发行认股权证和债券分离交易的可转换公司债券的方案，关于本次发行认股权和债券分离交易的可转换公司债券募集资金投向可行性的议案，前次募集资金使用情况报告，修订股东会、董事会及监事会议事规则、修订关于募集资金管理制度、召开临时股东大会及类别股东大会等事项。(6)2008年10月22日，重钢股份公司召开第四届董事会第十三次会议，会议审议未经审计的2008年第三季度报告及业绩公告。

2008年重钢股份公司董事会还就银行借款、公司治理制度、公司治理专项活动、投资建设景星白云石矿二期及大宝坡矿南部采场扩帮二期工程、提名选举董事、确定分离交易可转债具体条款等事项形成27个书面决议。

◆罗晓南

【重钢股份公司监事会工作】 (1)2008年4月22日召开重钢股份公司第四届监事会第六次会议，审议重钢股份公司2007年度经审计财务账目、2007年年报及年报摘要、2007年度监事会报告、2008年第一季度报告。(2)2008年8月25日召开重钢股份公司第四届监事会第七次会议，审议重钢股份公司2008年度未经审计的中期财务账目、2008年中期报告及中期报告摘要。(3)2008年9月25日召开重钢股份公司第四届监事会第二次临时会议，审议重钢股份公司修订重钢股份公司监事会议事规则的议案。(4)2008年10月22日召开重钢股份公司第四届监事会第八次会议，审议重钢股份公司2008年第三季度报告。

全体监事于3月25日、6月23日、11月17日分别参加重钢股份公司召开的2008年第一次临时股东大会、2007年度股东周年大会、2008年第二次临时股东大会和第2008年第一次H股类别股东会、A股类别股东会。审阅事项：重钢股份公司与重钢集团于2008年1月22日订立的《服务和供应协议》，该协议项下拟进行的交易及年度上限、李仁生先生自临时股东大会举行当日起任重钢股份公司董事；2007年度经审计的财务报告、董事会报告、监事会报告、利润分配方案、续聘毕马威华振会计师事务所和毕马威会计师事务所分别为重钢股份公司的国内和国际核数师；重钢股份公司关于发行认股权证和债券分离交易的可转换公司债券的方案、全面修订重钢股份公司董事会议事规则、股东大会议事规则、监事会议事规则、发行认股权证和债券分离交易的可转换公司债券募集资金投向可行性、前次募集资金使用情况的报告。

◆纪红

【重钢股份公司董事会专委会工作】 (1)战略委员会工作。2008年9月20日，重钢股份公司召开第二届战略委员会第三次会议，会议审计通过重钢股份公司《关于发行认股权和债券分离交易的可转换公司债券的议案》。(2)薪酬与考核委员会工作。2008年12月26日，重钢股份公司召开第二届薪酬与考核委员会第三次会议，会议形成决议：①公司执行董事、经理层及其他高管人员2008年度薪酬方案的设计原则是合理的。实际发放时，因职工平均薪酬水平大幅度提高且公司高管主动限制了薪酬发放额，使高管薪酬未达到设计水平，这是高管责任心和信心的一种体现，符合公司长远发展要求，值得肯定；②同意公司执行董事、监事和高级管理人员2009年度的薪酬方案；③建议公司在当前经济危机形势下，进一步完善和细化有效的内部激励与约束机制。(3)审核(审计)委员会工作。2008年4月23日，重钢股份公司召开第三届审核(审计)委员会第四次会议，会议审阅并通过重钢股份公司2007年年报及年报摘要、2007年度按中国及香港财务报告准则编制的经审核财务账目及核数师的财务报告，对重钢股份公司2007年度关联交易予以确认，向董事会提议续聘请毕马威会计师事务所和毕马威华振会计师事务所为重钢股份公司2008年度的国际和国内核数师，及审议核数师提交审核(审计)委员会的报告，并就需要管理层注意的有关事项向董事会汇报；2008年8月25日，重钢股份公司召开第三届审核(审计)委员会第五次会议，会议审阅并通过重钢股份公司2008年未经审计的中期财务账目、2008年中期报告和中期业绩公告，及审议审计师提交本次审核(审计)委员会会议汇报，并就需要管理层注意的有关事项向董事会汇报。

◆彭国菊

人力资源处

【概况】 重庆钢铁股份有限公司人力资源处主要负责重钢股份公司劳动用工、薪酬分配、社会五大保险、职工技能素质培训等工作。2008年在岗职工16人，其中大专及其以上学历15人，高级职称5人，中级职称6人，设组织人事科、工资科、保险科、培训科。

2008年重点工作主要：(1)企业组织人事管理工作。制定和完善人力资源规划，针对技改人员储备的不同素质需求，致力于人员结构的合理优化；继续推广“大工种、多能工”，建立“操检合一、一专多能”的劳动用工新机制；进一步规范劳动合同管理，构建企业与职工之间稳定和谐的劳动关系；规范劳务工的薪酬、劳保、安全管理；承担国企社会责任，妥善安置鑫腾公司人员，并帮助和促进库区就业工作；贯彻人事制度的精细化管理。(2)企业薪酬激励分配管理工作。坚持“效益、效率、贡献、公平”的工资分配原则，推进以岗位工资为主，其他多种分配形式并存的工资制度；坚持贯彻“效益决定分配”的基本原则，坚持根据效益实现和工效挂钩情况安排工资计划；实施职工收入直接与其本岗位劳动贡献和业绩挂钩，工资总额与企业效益同步浮动，职工收入与效益挂钩；贯彻在效率优先的前提下，兼顾公平的调整原则；督促单位执行工资分配考核权与发放权相分离的制度，指导单位工资发放的计划性，并在此基础上对单位发放和职工收入进行统计分析，并建立职工个人收入台账。(3)职工保险的规范管理工作。办理养老、失业保险年结算，医疗、工伤、生育保险月结算工作；做好划拨、调动人员和已离职职工历年维护的保险基数、缴费清理、核实；加强社会保险制度的统一管理，开展对社会保险政策研究的宣传、解答和指导工作；对工伤、医疗、生育等社会保险、企业年金（补充保险）、社会职能移交等难点、热点问题开展专题研究；参与企业年金方案讨论、制定，为建立长效的“企业年金制度”分配激励机制作准备。(4)职工技能培训管理工作。开展全员学习，加强培训效果控制，提高职工队伍素质；多层次全方位开展多能工大工种的培训、职工职业资格培训、职工技术业务自办班培训、高层次人才的开发和专业优秀人才的培养、特种作业持证上岗培训、技师、生产操作骨干、操作工计算机培训、职工技术竞赛及其他技能竞赛、技改专项职工培训、针对性的知识面拓展继续教育培训、职工送外培训等。(5)重点就重钢技改项目涉及的人力资源工作进行规划、研究及筹备。

◆胡增文

【劳动用工管理】 (1)贯彻落实“2007～2012年人力资源规划”，结合技改项目工程，依据相关文件精神制定人力资源工作规划方案。(2)依据人力资源配置规划，改善人员结构。实施重钢股份公司人力资源年龄、专业、知识、能力结构调整，有计划地充实各专业的大学本科生、大专生、高职生和技校生，安排在不同层次需求的岗位上使之发挥所长。2008年按专业紧缺和储备所需的原则共吸纳大中专及研究生共139人；为了有计划地培养和储备各类检修维护、操检合一人员，2008年补员招工14人，接收复转军人安置70人。(3)继续全面推行“大工种、多能工”，实施“操检合一、一专多能”的劳动用工新机制，以改善职工能力结构。2008年继续在高线厂、型钢厂、冷轧薄板厂、中板厂、动力厂、热能厂、焦化厂等7个单位推行“大工种、多能工”“操检合一、一专多能”的劳动用工新机制。(4)进一步规范劳动合同管理。加强劳动合同的签订、履行、变更、解除、终止等5个环节的管理和劳动纪律的管理，妥善处理职工劳动争议，防范和减少劳动争议发生。继续推行劳动合同动态管理，对到期的劳动合同职工根据考核结果和“平等自愿，协商一致”原则，确定是否重新签订劳动合同。2008年劳动合同变更7人、续订659人，新签订216人，解除劳动合同194人（调出重钢股份公司156人、自解合同24人，到期终止1人，开除和除名13人）。劳动合同签订11831人，签订率100%。(5)加强劳务用工的薪酬、劳保、安全管理。根据年初测算下达的2008年各单位劳务费控制指标，组织各用工单位与劳务单位签订劳务用工派遣和承包合同。按计划控制使用劳务费用，并依据重钢股份公司生产经营状况适时调整劳务工的工资和劳务费的支付额度；全年共发生劳务费用7336万元。重钢股份公司还根据生产经营指标完成情况适时增加劳务费用的投放。(6)履行国有企业应承担社会责任。全年共接收安置重钢集团鑫腾公司108人，并妥善安排在相应的生产操作岗位上。2008年招收93名忠县移民学生进入重钢技校“忠县班”学习，并优录用到重钢股份公司生产操作和设备维护岗位。(7)定期组织工伤劳动能力鉴定，全年审议通过98人次享受工伤医疗期待遇。(8)接待劳动合同和工伤问题争议的职工上访，调查协调，答疑、解惑，妥善处理矛盾争议。(9)贯彻落实《劳动合同法》，对不符合《劳动合同法》文件精神的，逐一修改完善。由重钢股份公司工会职代会团长会审议并通过《重钢股份公司2008年考核分配办法》《重钢股份公司劳动合同管理办法》《重庆钢铁股份有限公司工资支付管理办法（暂行）》等制度。

◆胡增文

【社会保险管理】 (1)重钢股份公司社会保险和住房公积金缴费基数着重强调年度工资申报准确性的重要性，强调在岗职工缴费工资基数以职工的上年工资收入为唯一依据申报和解缴。在保证重钢股份公司效益前提下，对居家休息职工进行一定数额的保险缴费保护。及时办理养老、失业保险年结算、医疗、工伤、生育保险月结算。(2)做好划拨、调动人员和已离职职工历年维护的保险基数、缴费清理、核实。配合审计处、财会处清理重钢股份公司1987年成立以来的退休人员及当年非统费用核算；配合医改办公室清理2004年11月至2008年3月退休职工1637人的工龄情况，并复印相关资料。(3)对曾在重钢股份公司工作未参加基本养老保险超过法定退休年龄人员办理养老保险有关政策的解答、指导、办理。(4)落实工伤保险费率调整，由1%降低至0.9%，并协调2007年7月工伤保险费率调整后的结算工作，在2008年9～12月每月支付中抵减费率降低后的前期多缴的缴费额共计43.4万元。(5)下达钢股人资发〔2008〕57号文件《关于重庆钢铁股份有限公司新办居家休息职工生活费的有关规定》。2008年办理居家休息6人。2008年办理退休640人：其中正式退休、特殊退休510人、办理30年工龄退休130人。并结合年金人员基础资料对2008年5月在册人员进行年龄结构分析，并作2008～2015年退休、居家休息结构分析。(6)年金工作。参与方案的讨论、制定，在重钢集团年金方案讨论稿出台后，落实人员基础信息，从姓名、性别、出生年月、工种等先后多次核实；思考在职职工年度分配：如何与职工劳动贡献、岗位责任等因素挂钩；如何加大向关键岗位和优秀人才倾斜力度。同时在2008年9月组织复印职工身份证，编码备用。

◆包胡英

【工资分配管理】 (1)2008年，重钢股份公司人力资源处贯彻“效益决定分配”的工资发放原则，根据2008年重钢股份公司效益增长情况适时加大职工工资投放，确保职工收入随企业效益的同步增长。年初制定年工资计划时在去年工资发放的基础上提高职工工资水平，4月，起又根据一季度的效益增长情况，再次提高职工工资水平。7月,重钢股份公司进一步调整职工工资结构,按人月均100元的水平提高档案工资发放标准。另外,重钢股份公司在2008年1~3季度还为所有职工发放了效益嘉奖。2008年职工人均收入比去年增长15%。(2)增强工资使用的计划性,确保工资分配和发放的公平性与规范性。一是年初对重钢股份公司2008年内各项工资使用制订计划,并根据各单位在重钢股份公司生产经营中的重要程度设计单位工资人均收入,适度拉开单位之间工资水平;二是在重钢股份公司月工资发放的计划性上,把握月工资计划与工资发放进度、当期效益、资金计划、单位考核完成情况的一致性和均衡性;三是指导单位按重钢股份公司要求制定年工资计划,减少工资发放的随意性,督促单位有计划、有进度地发放工资,控制工资节余,年底所有单位工资节余总额均按重钢股份公司要求控制在其实发工资总额的6%以内。(3)做好重钢股份公司2008年考核分配办法的制定和执行工作,突出单位工资总额与其生产经营状况挂钩考核,职工工资收入与其劳动贡献挂钩考核。一是配合重钢股份公司绩效考核办公室制定2008年重钢股份公司对二级单位的考核分配办法,确定各考核单元对应的工资水平以及考核标准、挂钩方式及计算口径;过硬执行单位考核分配结果,确保重钢股份公司对二级单位考核分配的力度和效果。二是指导和规范单位的二级考核分配,督促单位根据重钢股份公司考核分配重点制定实施本单位的考核分配办法,层层落实到每位职工有责任、有考核、有分配,并体现职工收入直接与其本岗位劳动贡献和业绩挂钩。(4)突出重点攻关奖和专业工作奖的激励作用,坚持对重点工作实施重点考核和激励的原则制定单项奖励办法,并强化执行过程的规范和控制。一是针对重钢股份公司2008年生产经营的关键、难点,按质量、技术、生产、能源、安全五大系统设立17个重点攻关项目,并按攻关项目的重要性、难度设立项目奖额。二是突出对特殊要求产品管理和新产品开发工作的激励,对特殊要求产品按销售量和效益、对新产品开发按开发完成效果分别给予奖励。三是根据重钢股份公司职能管理工作和阶段性重点工作需要设立30项专业工作奖;四是对重点攻关奖和专业工作奖在分配和发放的公平、公正性上实施有效监控措施,关注实施过程和结果,以增强其激励效果和适应性。(5)加强对重钢股份公司科级以上管理者、销售和科技人员等重要岗位人员工资收入的激励和规范管理,促进各级经营管理骨干为实现重钢股份公司生产经营目标作出贡献。一是继续对重钢股份公司厂处级人员考核分配集中管理,将厂处级的收入与其本单位生产经营主要指标挂钩,并实行重钢股份公司集中考核发放。二是进一步规范科干的收入管理,对科干收入实施工资单独贴块,由单位落实考核分配并实行集中考核发放。三是加大对销售和科技人员考核分配激励,继续执行销售人员工资收入与销售回款额全浮动的考核分配,完善技术带头人、主任工程师和技能尖子的工资分配制度,并通过重钢股份公司重点攻关奖突出对科技骨干的考核分配。四是有针对性地对招聘的大学、大专、高职等各类毕业生制定其试用期、实习期和熟练期工资收入政策,保证其进入重钢股份公司5年内初期待遇。(6)强化对单位工资发放规范化管理的监督指导。一是在7月份对14家主要生产单位的工资总额使用情况、单位内部职工收入发放情况、单位的内部考核分配方式、单位工资管理及收入统计分析等情况进行专项检查,全面了解单位的工资分配情况并及时发现和督促单位改进工资管理存在的问题。二是建立并完善重钢股份公司职工工资收入台账,在人力资源信息管理系统中增设职工收入统计分析程序,建立对职工收入定期检查、分析的工作制度。(7)制定重钢股份公司工资支付管理办法,全面规定职工试用期、见习期、熟练期、考察期和转正定级后的工资支付、加班加点的工资支付、请假期间的工资支付以及特殊情况下的工资处理等各种情形下的工资支付标准和办法。

◆刘礼

【技改项目人力资源工作】 2008年重钢股份公司人力资源处全面作好重钢技改项目涉及的人力资源研究、规划及筹备工作。一是抓好考察调研。对济钢、安钢、马钢等国内钢厂大规模技改工程的人力资源组织工作进行调研,对比总结各兄弟单位在相同或相近工艺布局,设备台套时的管理模式选择和岗位定员差异。二是抓好重钢股份公司人力资源现状分析和技改项目工艺状况,制定定员方案。全面熟悉、掌握技改项目各工艺及设备情况,分别按工艺、设备、岗位等特征通过劳资、工艺、相关专业人员和各单位主要厂级负责人、车间主任等的沟通、交流与论证,制定相应的人力资源方案。三是根据工程建设实际,适时调整人力资源方案。技改项目人员的配置和抽调依照工程建设计划网络图的时间节点和工程建设实际作适时调整。针对调整后的建设计划,制定对应200万吨技改项目人力资源定员方案,提出这一时期的重钢股份公司人力资源工作的实施意见。四是统筹兼顾,保证现实生产的同时,储备、抽调技改建设人员。通过前期对人力资源现状的深入分析,有计划、有步骤、分层次的储备大中专毕业生和技校生,突出专业所需、储备所需的原则分轻重缓急安排不同岗位。同时依据工程进度对人员的到位要求,做好班制的调整和人员转岗工作,为大面积的人员抽调工作做好准备。

◆胡增文

【职工技能培训工作】 (1)职工技术业务自办班培训。2008年重钢股份公司共办205个培训班,培训职工10529人次,其中管理人员和工程技术人员培训1315人次,操作人员培训

10100人次；完成重钢股份公司自办班培训计划的103.31%。(2)职工职业资格培训。按2008年职业资格培训计划要求，组织培训高级技师18人，技师114人，高级工(含多能工)612人，中级工(含多能工)516人，初级工(含多能工)304人。2008年实际培训技师4个工种130人，高级工(含多能工)17个工种727人，中级工(含多能工)12个工种552人，初级工(含多能工)10个工种360人。职业资格培训计划完成率为113.11%。组织33名职工签订2008年高级技师师带徒合同，32名职工签订2008年技师师带徒合同，61名职工签订2008年高级工师带徒合同，29名职工签订2008年中级工师带徒合同，52名职工签订2008年初级工师带徒合同。2008年联系办理发放职业资格证1802人。8名职工取得高级技师资格证，35名职工取得技师资格证，365名职工取得高级工资格证，587名职工取得中级工资格证，807名职工取得初级工资格证。(3)多能工、大工种的培训。开展5个工种的大工种的理论培训班，74人参加培训。(4)高层次人才的开发和专业优秀人才的培养。2008年3月选送23名工程技术人员到重庆大学攻读重钢股份公司所需专业的工程硕士，选送管理人员3名到重庆大学攻读工商管理硕士。2008年组织983人参加高级工、技师、高级技师的培养。(5)特种作业持证上岗培训。2008年特种作业到期或换证复训取证2155人，新训取证1036人。(6)2008年技师、生产操作骨干、操作工参加计算机培训，举办5期80人参加培训；办公自动化CAD培训10期、200人参加。(7)职工专项培训。为让技改项目项目部以外的工程技术和管理人员了解焦化至轧钢生产线的工艺流程、主要生产设备台套及参数、主要生产技术指标、原材料的种类、产品及质量要求、采用的新工艺新技术新设备、工厂布置等情况，共组织511人次参加焦化、烧结、炼铁、炼钢等项目工程技术人员的技术讲座。组织开展操作与维护的转岗理论培训和实作培训，举办技改、技措6个专项培训班，组织157人参加培训，52人进行转岗理论培训，组织870名职工签订师徒合同，其中为技改项目储备培养71名关键岗位人员，并派送18名职工到重钢股份公司外对应的单位进行实作培训。(8)针对性开展知识面拓展培训。开办8个专业继续教育培训班，601人参加培训；举办1期班组长岗位培训班，78人参加培训；组织近5年前进厂的大学毕业进厂的工程技术人员40名，技术带头人、主任工程师、技能尖子三类人员28名带项目外出考察学习。(9)推进同行业职工交流学习。2008年派送重钢股份公司职工到同行业进行交流考察和学习264人，其中因特种作业持证送外培训98人，继续教育送外培训105人，"青知"和技师送外考察学习61人。2008年共接受外单位职工(学生)78次，实习培训4677人。

◆冉广秀

【职工技能竞赛】 (1)2008年上半年，重钢股份公司举办第十届职工技术竞赛暨青工"技术明星"竞赛。竞赛的工种有：LF炉外精炼工序、型钢轧钢调整(重点品种球扁钢)、中板轧钢工序、高线精轧机换辊、天车工(专业、劳务工组)、维修电工(专业、劳务工组)、兼会电工、兼会钳工、化产区域安全知识、高炉配管工、转炉冶炼炉长、煤气净化工、铁路运输调度工室、取制样工、办公自动化15个工种。2008年2月重钢股份公司以钢股人发〔2008〕31号文件明确本次竞赛的各项要求，报名参赛人数1110人，其中青工538人，劳务工112人。经过竞赛，有8个优胜班组、69名优胜个人获奖，其中5人被授予"青工技术明星"称号，9人获得一年期的技术津贴；炼钢厂获"岗位练兵优胜单位一等奖"，动力厂、中板厂、型钢厂获"岗位练兵优胜单位二等奖"，铁路运输调度工裁判组、取制样工裁判组、办公自动化裁判组获"优秀裁判组"称号，10家单位获得优秀组织承办奖单位。(2)推荐选拔3人参加2008年9月在太钢举行的"2008年冶金行业职业技能竞赛"，1人取得第7名，2人获得纪念奖。(3)组织选拔105人参加于2008年7～9月举行的"重钢集团第七届职业技能竞赛"，重钢股份公司连续7年获"重钢集团职业技能竞赛"团体第一名，50名选手进入实作决赛，47名选手获得名次，其中第一名8人，第二名6人，第三名8人，第四名7人，第五～八名18人；其获奖率为历年最高。

◆冉广秀

财会处

【概况】 重庆钢铁股份有限公司财会处2008年在册职工人101人，其中高级会计师5人，会计师26人，经济师4人，工程师2人。财会处设会计成本科、资金费用科、经济合同审核科及派驻下属厂处财务机构14个。主要职责：(1)负责重钢股份公司资金预算、成本费用预算、收入预算、利润预算的编制与组织落实；(2)负责重钢股份公司收入、成本、费用、利润、资金等财务指标的预测、分析、考核和控制；(3)负责重钢股份公司资金收支计划及控制、货币资金安排及使用管理；(4)负责重钢股份公司融资管理，多渠道筹措资金；(5)负责重钢股份公司财务、会计、税收政策的管理，提出贯彻执行的实施意见；(6)负责重钢股份公司资产处置的财务管理，确保资产保值增值；(7)负责重钢股份公司供销结算管理和债权债务及催收管理；(8)负责重钢股份公司内部结算价格制定和管理；(9)负责重钢股份公司资产、权益、收入、成本、费用、利润的会计核算，提供会计信息资料；(10)负责重钢股份公司经济合同的财务审核。

2008年完成的主要工作。(1)资金管理。对资金实行集中管理、动态控制。按照"以需定筹"的原则,筹措资金,保证生产经营及热轧板带、宽厚板等技术改造项目的需要。截至2008年12月31日,重钢股份公司借款较上年净增13.67亿元。(2)成本、税收工作。2008年1~6月,钢材价格节节攀升,原料价格迅速上扬,呈现高成本,高售价局面。从7月份起,钢材市场价格逐步下滑,至10月中下旬,钢材价格急剧下跌,效益严重下滑。重钢股份公司财务处做好预计、分析工作,调整生产结构,保持售价稳定,使产销量和经营业绩同步增长。面对2008年初煤炭、生铁、废钢和矿石等大宗原料大幅涨价,重钢股份公司面临利润下降的形势,财会处了解原料价格情况,制定各生产单位的目标成本(利润)考核指标。2008年重钢股份公司实现降本11913万元。2008年实现营业收入1651744万元,在按会计准则提取87244万元资产减值损失后,实现利润总额60576万元。(3)合同管理。至2008年年底,重钢股份公司财会处审核修理修配类合同600件,审减支出100万元;审核其他类合同400件,审减支出80万元。完成各类工程合同预(结)算审核项目1113项,送审总金额达64748.58万元,审定金额为63440.82万元,审减节约投资1307.76万元。其中①技改工程共计审核60项,经重庆三环建设监理咨询有限公司审定的预(结)算报审值为34755.47万元,财会处审定值为33668.80万元,技改工程审减节约1086.67万元。②检修维修工程共计审核964项,经重庆三环建设监理咨询有限公司审定的预(结)算报审值为28175.40万元,财会处审定值为27964.77万元,审减节约210.63万元。③技措工程及其他各类工程共计审核89项,经重庆三环建设监理咨询有限公司审定的报审值为1817.71万元,财会处审定值为1807.25万元,审减节约10.46万元。(4)信息化工作。重钢股份公司财会处配合IDS公司完成会计核算流程和预算流程的梳理工作、重钢股份公司的调查问卷工作、各环节财务成本管理前期需求分析的初步索取工作以及会计核算体系科目编码规则的设计工作;参与重钢股份公司炼钢、轧钢、销售环节总体解决方案的评审工作;对现有的报表数据来源进行梳理;组织财务成本组成员对财务总体解决方案和成本中心构建的讨论工作。

◆夏小平

生产管理处

【概况】 重庆钢铁股份有限公司生产管理处是负责重钢股份公司生产计划、调度及运输管理等的职能部门。2008年设管理科、计划科、调度科3个科室,年末在册职工27人,在岗职工27人(其中高级职称3人),全部为管理技术人员。

2008年,重钢股份公司的生产经营与国际经济形势一样,钢材价格大起大落。前8个月,重钢股份公司抓住市场机遇,克服年初冰雪灾害引起的限电、限天然气,原料价高质低以及汶川地震灾害等外部不利因素的影响,按照全年300万吨生铁、350万吨钢的目标计划组织实施,做到轧机生产最优化、效益最大化,重点抓好球扁钢等高利产品的生产,以及热送热装、码头卸矿等攻关项目工作,创造了良好经济效益。后4个月随着钢材市场恶化,为保效益重钢股份公司放弃了产能规模的突破,组织成本最低、产品适销对路的生产,并借此机会对5#高炉、中板轧机、φ800毫米轧机等部分主要设备合理安排年修,保证全年目标利润的实现。

2008年,重钢股份公司生产处在抓好现实生产的同时,投入到重钢环保搬迁长寿新区的信息化建设中。为了适应重钢新区生产集中管控的业务需求,重钢新区生产实施形成《生产指挥中心用户需求说明书》。

◆杨红艳

【生产管理主要特点】 重钢股份公司通过近几年的技术改造,形成综合产能年产350万吨钢水平。2008年,重钢股份公司坚持以市场为导向,以效益为中心,充分释放产能,实现有效生产,坚持"强化管理、系统降本,整合资源、优化运作、产销相促"的生产经营方针。

2008年年初重钢遭遇了百年难遇的"南方雪灾"影响,天然气出井量大幅减少,重钢股份公司生产面临能源紧缺。各种大综原辅材料进及重钢股份公司成品材出库受到制约,重钢股份公司轧机所需电能也频频被拉闸限电。这期间,重钢股份公司平衡生产所需物料、坯料,稳定优化生产品种,最大限度满足用户需要。在出库方面,尽量安排一些避开运输限制的品种。在此情况下,重钢股份公司不少生产厂生产量最高历史纪录均产生于2008年度的一二月份。

重钢股份公司生产遭遇最大考验在10月份:金融危机风暴。没有合

2008年重钢股份公司主要生产指标完成情况表

项目	目标(万吨)	完成(万吨)	完成年目标(%)	同比增减(%)
焦炭	135	136.71	101.27	-0.22
生铁	290	292.49	100.86	-0.87
钢	330	335.76	101.75	+0.21
钢材	315	321.23	101.98	+3.04
烧结矿	460	466.88	101.49	-4.48

◆李渝江

同、没有销售订单，产品堆积，成本急剧上升。重钢股份公司为降低生产成本，被迫压产、限产维持简单再生产。同时，以提高产品成材率，强化生产有效性，从而增强生产竞争能力，抗金融危机能力。2008 年低，重钢股份公司炼铁厂 5 号高炉还进行了工期 25 天的跨年中修，本年度热铁水产量有所降低。但炼钢厂采取降低铁水消耗措施，"节铁增钢"，极大释放炼钢产能，使 2008 年钢产量不但完成重钢股份公司下达的目标计划，还为重钢长寿新区储备了一定数量坯料，且比 2007 年粗钢增产达 0.21%。中板厂全年生产量完成 127.87 万吨，同比增加 10.98 万吨，开创了中厚板生产历史纪录。

◆李渝江

【生产管理工作】 （1）2008 年，重钢股份公司抓好产销一体化工作，生产围绕市场，确保合同兑现，为用户提供"准时、保质、按量、周到"的服务。（2）强化生产管理，继续抓好焦化厂的"配煤保质、稳定保产"；烧结厂的"配矿保铁、优化生产"，炼铁厂的"优化操作、降焦增铁、稳定顺行"，炼钢厂的"提质降耗、品种开发、均衡协调"，轧钢厂的"围绕合同、产销相促、有效生产"，运输、热能、动力等部门的"设备维检、精细到位、优质保产"，使生产保持均衡、稳定、高效的态势。（3）整合资源，优化资源配置，以效益优先的原则作好钢坯平衡，确保钢坯生产向效益好、质量高、市场要的产品倾斜；发挥轧机的生产能力，优化轧机生产组织，合理利用轧机生产准备和检修时间，尽可能减少非计划停工时间，提高轧机的有效作业率，促使的生产经营取得好的效益。（4）强化生产管理，抓好生产系统各工序的增产降耗、稳定均衡工作，确保生产物流畅通。重点抓好炼钢厂的钢坯配送工作，不失时机的组织钢坯"热装热送"生产，确保了炼钢、轧钢生产的正常运行，2008 年炼钢厂热送坯达 55.1 万吨，确保了增产降耗，提高综合经济效益的目标。（5）2008 年重钢股份公司生产管理处直接或间接参与了多项技术攻关活动。①矿业公司大宝坡回转窑检修 20 天，使用竖炉生产精炼石灰硫含量偏高，为使品种钢的生产不受影响，生产处牵头，通过提高石灰石选用标准，合理安排炼钢品种，确保了销售合同的顺利完成。②炼钢厂 2 号混铁炉年修 41 天，期间炼钢用铁水因无混匀及储存、周转空间被迫直接入炉。未经脱硫处理的铁水入炉，直接威胁到炼钢品种钢的冶炼，势必严重影响销售合同的完成。生产处组织有关生产、技术管理人员攻关，制定针对现时状况一整套合理的配矿方案，优化高炉冶炼操作制度，控制好出炉碱度，最终将高炉铁水一级铁比提高到 65%、优质铁比 90%，完成交办的技术攻关任务。（6）调整产品结构，开发市场需要的新产品，突出产品特色；抓好高利、优利品种的生产。2008 年，重钢股份公司重点保证了型钢厂球扁钢生产，全年球扁钢产量达 17.42 万吨；保证了中板厂船扁钢生产，全年船板钢产量达 100 万吨，确保了重钢股份公司综合效益稳步增长。

◆李渝江

【调度运输】 2008 年重钢股份公司强化生产管理，抓好生产与检修的合理平衡。2008 年在没有增加大的设备投入的情况下，生产充分发挥从炼焦、炼铁、轧钢各主要工序的生产能力，切实做好生产与检修的合理平衡。抓住 1～8 月钢材需求旺盛，销售价格居高的有利时机，战胜和克服原材料价格大幅度上涨，铁路运输紧张等诸多困难。1～8 月重钢股份公司保持了满负荷生产，抓住了机遇，使焦炭、生铁、钢等主要生产指标达到了奋斗目标进度。9～12 月，钢材市场形势急转直下，出现两次历史上最大的暴跌行情。重钢股份公司借机组织设备检修，避免了因产品积压而可能产生的损失。通过采取强化精细化管理，抓好产销协调等有效措施，2008 年重钢股份公司的生产经营在 2007 年的基础上又有提升：生产钢 3350342 吨、产生铁 2924892 吨、生产钢材 3202472 吨、焦炭 1367086 吨。

2008 年上半年，原材料市场价格大幅上涨，成本压力加大。（1）原来路车"板结矿"非常坚硬难卸，不能直接上翻车机卸，只能用人力卸。但时间慢，费用高，每车卸车费高达 428 元。重钢股份公司生产处牵头抓好路车"板结矿"的卸车。采用原料处"抓钢机"先抓松，后上翻车机"翻"的新措施。加快了卸车速度，降低了卸车费用（卸车费 82 元/车），同时还减少了大量的路车延时费。2008 年共卸路车"板结矿"636 车，节约卸车费共计 22.13 万元。（2）节能降耗工作以重钢股份公司自产能源平衡为重点，充分利用自产煤气。2008 年 4 月，为提高转炉煤气回收量，重钢股份公司对 3 万立方米转煤气柜进行了为期一个月的扩容改造，将 3 万立方米转煤气柜扩大为 5 万立方米转煤气柜。通过节能项目攻关，转炉煤气回收大幅度增高，2008 年全年转煤回收量达到 65 立方米/吨钢，比 2007 年的 41.01 立方米/吨钢增长 58.54%。（3）重钢股份公司自产能源在保证轧机满负荷生产的前提下，生产处协调煤气动态变量，尽量减少煤气放损，充分合理利用自产能源，搞好自发电工作。2008 年高炉、焦炉煤气的放损率分别只有 4.51%、4.27%，同比分别下降 1.46、1.66 个百分点。（4）组织自发电项目攻关，进一步优化燃气平衡方案，强化精细化管理，重钢股份公司年发电量达 5.8 亿千瓦时，在生产规模及发电机组总装机容量与 2007 年相同的基础上，自发电比 2007 年增长 8.66%。

抓好厂内运输管理，确保物流畅通，2008 年重钢股份公司钢材发运量达到 3219749 吨，创造了新的历史水平。（1）2008 年重钢股份公司外购矿大量来自水运，为了充分发挥重钢股份公司码头的卸矿作用，生产处与运输部一道制定措施，克服枯水期、冰雪灾害、汶川大地震等带来的诸多困难。

重钢四码头全年卸矿 2914189 吨,七码头全年卸矿 619153 吨,均创历史记录。(2)钢材发运,一方面重点抓好路车发运工作,对每日各轧钢生产单位的钢材出库,实行全程跟踪监控,确保路车装车计划的优先执行。发挥重钢新港码头的运输优势,调配用好重钢股份公司自备车,将中板厂的大量钢材,通过自备车内转运至码头发出。2008 年新港码头外发钢材 950772 吨。

◆蔡春和

安全环保管理处

【概况】 重庆钢铁股份有限公司安全环保管理处(重钢集团安全环保办公室)是重钢股份公司职能管理处室,位于重庆市大渡口区李子林。安全环保管理处负责重钢股份公司安全生产、环境保护、劳动卫生、卫生防疫等工作。2008 年设安全监察科、环保检测科、综合科、劳动卫生研究所及卫生防疫站等 5 个科。年末在册职工 67 人,在岗 67 人;其中高级职称 6 人,中级职称 21 人(国家级注册安全工程师 5 人);管理人员 56 人,操作人员 11 人。

2008 年是国务院确定的"隐患治理年",最突出的特点就是抓好安全事故隐患的排查治理。重钢股份公司全面落实安全生产责任制,加强安全生产制度建设,逐步建立安全事故隐患排查治理的常态机制;重钢股份公司及各单位领导坚持按规定组织召开安委会,带头进行安全检查;在重钢股份公司实行全员安全风险抵押承包,层层签订安全生产责任书;重钢股份公司建立了职业健康安全管理体系,组织进行危险有害因素和重大危险源的辨识,有针对性地制定控制措施和应急救援预案;开展安全文化建设,强化安全生产教育,提高广大职工的安全生产意识和技能。2008 年重钢股份公司与去年同期比较,死亡事故下降 1 人,轻伤事故下降 61 人。推行清洁生产和 ISO14000 环境管理体系,把污染控制由"末端"治理转向"全过程"控制,由污染物浓度控制转向总量控制。重钢股份公司各环保设备运行正常,污染物综合排放合格率达 88.91%,比去年提高 0.38 个百分点,环保设施完好运行达 95%,各项环保指标水平均有所提高,环境质量有所改善。

◆裴伟

条目另见部目

【环保治理转向全过程】:《生产经营》

【安全管理工作】 2008 年,重钢股份公司发生因工伤亡事故 36 起,伤亡 36 人,其中死亡事故 1 件,死亡 1 人,重伤事故 1 件,重伤 1 人;轻伤事故 34 件,轻伤 34 人;千人负伤率 2.535‰。

(1)重钢股份公司 2008 年落实安全生产责任制和实行安全生产目标风险承包,领导到班组层层签订安全责任书,重钢股份公司领导、厂处负责人和专职安全管理人员及各生产单位实行全员安全风险抵押承包;重钢股份公司领导定期和不定期分组带队检查生产单位安全管理工作。(2)建立隐患排查治理常态机制,抓好事故隐患的排查治理工作。全年开展各类安全检查 1458 次,查出各类隐患 1301 项,完成整改 1301 项,投入整改资金 724.06 万元。(3)抓好安全基础管理和安全达标工作。对重钢股份公司重大危险源重新进行辨识确认,重钢股份公司共有 16 个重大危险源,制定重大危险源和应急预案管理程序和要求。重钢股份公司炼铁厂、炼钢厂按国家安监总局冶金企业安全标准化炼铁、炼钢单元考评标准要求进行了自查和整改。(4)开展季节性安全管理工作。汛期前,重钢股份公司各有关单位成立防洪抢险领导班子,对工业建构筑物防雷设施进行了安全检测,对铁路、公路和厂房前后边沟、危岩边坡等进行清理疏通和整治,共投入防洪防汛资金 103 万元。重钢股份公司提前做好防暑降温工作,对清凉饮料生产设施进行检查和维护,对投入资金购置各类空调、轴流风机、风扇。(5)建立职业健康安全管理体系。重钢股份公司及各单位成立领导小组,对有关人员开展贯标培训、组织进行初始状态评审、重点进行危险有害因素的辨识和重要危险源评定,对相关安全法律法规和标准进行收集,编写职业健康安全管理体系质量手册和程序文件,初步建立起职业健康安全管理体系。(6)抓好安全文化建设。对各单位发放《NO,第一管理》,将心得体会汇编成册为《分享》。组织重钢股份公司职工参加全国安全生产事故隐患排查治理知识竞赛,获得国家安全生产监督管理总局、全国总工会和全国安全生产协会颁发的组织奖;各单位还采取多种形式强化安全宣传,炼钢厂制作安全教育片《为了生命》,运输部印发《安全文化手册》,烧结厂编辑《事故案例集》;重钢股份公司团委组织开展"青安岗"活动,发动团员青年提安全合理化建议。重钢股份公司继续开展了"安全提示卡"活动和班组安全自主管理,全方位、多层次开展安全生产宣传教育活动。(7)加强检修工程安全管理工作。重钢股份公司和各单位安全管理部门重点审批、检查、落实重钢股份公司中修和重点项目的安全措施,重点抓 10 万立方米高炉煤气柜隐患整改检修施工过程安全管理和 3 号高炉、4 号高炉检修及动力厂水、电、气(蒸气、煤气)、风等四大系统的检修安全措施;始终将煤气、冶炼、焦化等重大危险源集中的工序作为检修安全工作的重点,加大检查落实力度,使其始终处于受控状态,先后召开专题会议,制订和落实专项安全措施,在大、中修和检修工作方面实现了预定的安全生产目标。(8)开展"安全生产月"宣传教育活动,各单位以安全检查和隐患排查治理为重点,突出安全生产宣传教育;通过电视播放《治理隐患防范事故》电视教育片。购买企业领导、基层干部、管理人员、企业员工安全生产培训音像教材发到各单位组织进行安全培训；按重庆市的统一部署，组织开展上街安全宣传，制作事故案例、应急救援、建筑施工安全和运输安全等内容的安全展板等活动。

◆申强

机动处

【概况】 重庆钢铁股份有限公司机动处是重钢股份公司的专业技术职能管理部门，位于重庆市大渡口区李子林钢铁路30号重钢股份公司办公楼内，距重庆市渝中区解放碑15公里。机动处负责重钢股份公司设备的运行使用、维护、检修、备件、计算机、规划、费用和固定资产以及能源供应、计量、合理使用和节能降耗的专业管理工作，对重钢股份公司各二级厂机动科、点检站的设备、能源管理工作进行指导、检查、协调并督促各二级厂执行。2008年机动处设设备工程管理科、冶炼运行检修科、轧钢运行检修科、动力运行检修科、能源计量管理科、资产管理科、自动化科等7个科，在册职工41人，在岗职工41人；其中高级工程师13人，工程师18人，助理工程师9人。

重钢股份公司机动处2008年重点工作是强化以设备点检定修为核心的运行和管理，增强等级设备管理工作对实现设备高效经济运转，提高设备管理绩效的作用和对重要在线设备的运行检查及生产一线的调研和指导。控制设备检修费用，审批控制设备配品配件计划的资金占用，改进和完善设备管理体制，做好技措项目和设备更新项目的优化工作。保证设备安全稳定运行和技改项目的达产达效，杜绝重大、特大设备事故发生，避免或减小设备事故对主要生产工序的影响。坚持技术进步，节能降耗，技术攻关和设备更新项目管理，降低能耗，提升装备水平，改善各项技术经济指标；加大修理费和固定资产管理，盘活存量资产增值；稳妥推进重钢股份公司信息化建设工作。

◆吴辉

条目另见部目

【节能减排项目攻关】:《生产经营》
【《重钢机动能源》】:《文化教育》

【技措工作】 2008年重钢股份公司下达3批技措项目，投资计划38项、金额2821.6万元(2007年底下达的项目结转到2008年26项，金额2436万元)。全年43个项目竣工投产，完成投资3351万元，其余正在进行之中；已完成项目全部达效，达到了项目投资的预期目的。其中焦化厂的保产项目、烧结厂“一烧环冷风机变频调速”节能项目、炼铁厂五高炉使用转炉煤气节能项目、中板厂“粗轧机交交变频改造”保产项目、运输部的“新增内燃机车检修设备”项目、动力厂“清污分流”保环项目等创造节约效益3258万元。

◆许渝萍

【等级设备管理】 (1)2008年，重钢股份公司设备管理年度规划合理、指标明确，措施得力，设备技术经济指标绝大部分受控。(2)根据《股份公司等级设备管理评价标准(2008版)》，通过重钢股份公司评审组的日常评审、保级评审、年终现场抽查以及指标评审，出具改进报告24项。通过整改，全部完成改进目标，有少量改进项，还将继续跟踪其改进效果；焦化厂、炼铁厂、炼钢厂、中板厂、高线厂、运输部等单位保持A级设备管理水平，型钢厂、动力厂达到A级设备管理水平；烧结厂达到AA级设备管理水平。(3)全员生产维修体系运行有效，三级点检实施有效，设备运行动态控制网络反映及时，设备劣化倾向管理继续深入。(4)现场设备维护质量提高，各单位设备现场维护水平持续提高。运输部的皮带运输和内燃机车维护精细，保证了运量创历史水平的实现；烧结厂的特种设备维护精细，保证了特种设备的安全运行；焦化厂热工仪表维护、质管处与钢研所的检测仪器维护精细，保证了生产过程质量控制精细；型钢厂和中板厂的设备维护较保级评审有很大的进步。(5)设备专业技术管理总体有效。①各单位的设备技术管理制度和标准均得到完善和及时修订；各单位将设备动态运行情况记录在设备履历档案中，为设备建立“全面病历”。②设备液压润滑管理在烧结厂、炼钢厂、炼铁厂、型钢厂等单位做到技术分析和措施落实等工作的闭环管理，润滑油消耗控制在下达的指标范围内。③各单位对电力设备的专项管理均按要求进行，动力厂利用新技术动力管网的“跑、冒、滴、漏”得到治理。④各单位按要求全面建立强检，各类台账分类清楚，计量器具周检计划及执行情况按要求规范执行，做到台账、计划、送检记录的一致性；申报AA级的单位已建立自校验标准和抽校标准和抽校计划，抽校标准表也管理规范；各单位基本上完成关键点统计、进行工艺和设备确认，针对关键点制定应急管理办法和落实到工位的执行。⑤备件管理各单位执行备件计划管理制度，备件信息化系统运行正常，烧结厂、炼铁厂等单位已制定部分A类设备的重要部件的备件储备定额。(6)各单位设备管理基础台账建立完善，统计分析及时，绝大多数指标受控；设备操作技术培训针对性强。2008版的评审标准中在工程管理方面提倡“过程质量控制，质检记录数据化与精细化”的要求，各单位对工程管理在质量过程控制方面、质检记录以及工程档案的收集和编录等细节方面工作提高了关注度。(7)各单位继续完善设备电子档案，及时将设备的改造情况、备件更换情况、设备定期检验情况等填写入设备履历档案之中；各单位也将设备工作会的信息上传网络。

◆许渝萍

【备品备件闲置设备及报废资产处

置】 2008年，重钢股份公司机动处共审查生产备件及工模具需求计划26647项，审减项数630项、审减率2.36%；与2007年同期实施计划31646项相比降低17.8%。（1）重钢股份公司颁发《重钢股份公司备品备件供方管理补充规定》。组织重钢股份公司合格供方的年度会议评审和新增供方的日常评审，134家供方被取消资质，520家资质等级上调，15家资质等级下调。全年新增供方117家，其中62家为装备处招投标引入，55家为各二级单位技改、技措及试用合格后引入。强化合格供方的动态管理，全年处罚3家存在供应质量问题的供方，其中取消合格供方资质2家，暂停合格供方资质1家。（2）实施炼铁厂22个100吨铁水罐耳轴超标重大安全隐患的更新修复攻关，炼钢厂4号转炉煤气风机机壳冲刷磨穿重大安全隐患的加衬修复攻关；中板厂粗、精轧连杆改型修复攻关；动力厂8号电站及空压站高压电器柜的局部更新修复攻关；烧结厂1号、2号、3号堆取料机主体加固修复攻关。（3）全年重钢股份公司各单位申报改良、新增项目共62项，金额2458.98万元，论证批准49项，批准金额1985.33万元。机械、电气备件修复合同529份，合同金额6114.41万元，招投标压价节约265.51万元，压价率4.34%。（4）2008年，重钢股份公司全年处置和租赁闲置报废资产2034项，实现处置租赁收入709.47万元。

◆*颜裕庆*

【年修】 根据《2008年公司主要生产设备定修计划》，重钢股份公司2008年年修由机动处牵头，7月28日编制《重钢股份公司2008年主要生产设备年修网络计划》（第一稿），其后完成网络计划第二稿、第三稿，9月2日完成最终实施稿。在本次年修工作中，出现动力厂因备件准备失误导致63号支架处膨胀节未能更换的问题，但从总体上来看，各项工作准备充分，对参检单位实施控制得力，施工质量较好，复产后快速达产。

1. 焦化厂。焦化厂于2008年9月26日9时20分～27日零时20分，1#、2#焦炉停修15小时（计划停修12小时），完成主要检修项目8项。其中关键项目到炼铁厂K1方向的K2梭槽更换在12小时内完成（26日9时20分～21时）。在处理K2皮带到K3皮带梭槽时，因新衬板不滑料原因引起检修时间延长，影响1#、2#焦炉生产3小时，同时由于3#、4#、5#焦炉焦炭无走向，3#、4#、5#焦炉受影响1小时30分。

2. 烧结厂。烧结厂年修计划一烧结检修时间48小时，三烧结检修时间72小时。实施时根据年修项目的实际工作量，在保证烧结矿供料的基础上，适度调整了检修具体时间，确定一烧结年修40小时（含排料及复产组织时间），考虑到五高炉12月份中修，三烧结可配套检修，故本次年修三烧结只安排公用系列交叉16小时，重点处理电站检修项目及公用系列项目。烧结厂年修实际执行时间：一烧结35小时（有效时间），三烧结16小时（大部分项目推迟与五高炉同步）。本次年修烧结厂共计完成检修项目88个大项，主要有一烧结烧结机弹性滑道处理及部分更换，单棍溜槽、大梭槽检修，圆筒减速机更换，单棍更换，泥辊衬板更换，同步机检修，电站检修等；三烧结电站检修，除尘系统检修，单棍检修等。本次年修主要解决了一烧结机漏风问题，环保除尘问题及部分设备隐患问题，保障了烧结设备的可靠运行。

3. 炼铁厂。9月26日8时，炼铁厂配合重钢股份公司年修工程开工。本次年修共计项目276项，其中机械175项、电气44项、自动化57项，顺利完成年修任务。（1）四高炉。9月26日6时15分休风，9月27日10时12分复风共计用时27小时57分。其中为配合氧气厂停管氧，高炉提前休风2小时放铁，中途等氧气换风口二套6个，小套10个，从17时30分至21时30分，共计4小时，实际检修用时21小时57分。本次四高炉检修共计完成项目117项，其中溜槽护板更换，炉基煤气处理及槽下区域护板更换是本次年修的重点及难点，均在规定的时间内完成。（2）五高炉。9月26日6时43分休风，9月27日14时30分复风，共计用时31小时30分，其中配合氧气厂停管氧，提前休风1小时30分，等氧气从17时30分至21时50分计4小时，按重钢股份公司复风顺序要求等四高炉复风顺利后再复风，从8时至14时30分，实际检修用21小时30分。本次五高炉检修共计完成项目89项，由于五高炉在年修前发现铁口方冷却壁破损情况相当严重，本次仅针对新发现的8弦7号冷却壁烧穿采用加冷却棒处理。（3）供料。从9月26日8时至27日8时开始年修，整个供料系统完成年修项目25项。主要项目K1小车更换裤衩梭槽、加料打料或耐磨衬板，K118小车更换下料桶、裤衩梭槽加料打料或耐磨衬板，N6小车更换下料桶、裤衩梭槽加料打料或耐磨衬板等均得到有效实施。本次年修，主要解决供料车间K1皮带长期由于停机时间不够而不能彻底处理存在的问题；在四高炉溜槽衬板刚好磨穿的时候对其进行了更换；在五高炉8弦7号冷却壁损坏后能够对其及时进行处理。所有设备开出后，运行正常，生产顺利。

4. 炼钢厂。本次炼钢厂年修具有设备数量多，时间跨度长（2008年3月30日1#炉开始到12月份2#铸机结束），检修阶段分散，施工组织难度大，介质转换频繁等特点，尤其是在重钢股份公司公用设施检修期间，相继进行氧气管道的泄压、煤气管道施工，天然气和焦炉煤气管道动火施工，氧气厂内放散，煤气和天然气送气与切换等。由于本次年修工作准备充分，实施监控有效，基本确保了各项年修任务的完成。（1）1#转炉。计划工期224小时，实际于3月30日10时开工，至4月8日11时点火烘炉止，共耗时217小时，比计划工期提前7小时。完成检修项目43项，其中重点项目活动烟罩更换、炉口段烟罩更换、炉帽更换、炉壳烧损挖补、炉下渣道钢轨更换等均按按计划执行，项目兑现率100%。(2)2#转炉。计划工期304小时，实际于6月6日19时开工，至6月19日10时40分检修项目全部结束，耗时303小时40分，比计划工期提前20分钟。完成检修项目18项，其中重点项目活动烟罩更换、炉口段烟罩更换、炉下渣道钢轨更换、炉壳挖补等均按计划执行，项目兑现率100%。(3)3#转炉。计划工期248小时，实际于9月12日12时开工，至9月22日20时检修项目全部结束，共耗时248时。完成检修项目24项，其中重点项目活动烟罩更换、炉口段烟罩更换、炉下渣道钢轨更换、炉壳挖补等均按计划执行，项目兑现率100%。(4)1#连铸机。计划工期104小时，实际于5月21日12时开工至5月25日19时30分交付生产，共耗时103小时30分，比计划工期提前30分钟。完成检修项目29大项，其中重点项目大包回转台检修、振动装置检修、二冷扇形段检修、切割车检修、出坯辊道检修等均按计划完成。(5)3#连铸机。计划工期104小时，实际于8月6日9时开工，至8月10日15时交付生产，共耗时102小时，比计划工期提前2小时。其中重点项目扇形2~8段辊子更换、上下拉辊更换、上下矫直辊更换、拉矫偏心轴更换等，检修内容按计划完成。(6)4#连铸机。计划工期104小时，实际于6月2日8时30分开工，至6月6日16时交付生产，共耗时103小时30分，比计划工期提前30分钟。其中重点项目扇形1段振动马鞍座更换、中包车升降丝杆更换、出坯辊道检修、扇形2段辊子更换、液压站检修换油等，检修内容按计划完成。(7)5#连铸机。计划工期104时，实际于7月17日13小时开工，至7月21日18时20分结束，实际时间101小时18分钟，提前2小时40分钟。重点项目大包回转台检修、振动装置检修、二冷区检修、2~5组辊道检修、冷床检修等，检修项目全部按计划完成。(8)公用设施。全停时间为9月26日12时40分至9月27日12时42分。动环区域：高压开关柜共作预试43台、变压器20台、高压电缆28根、高压电机3台，项目按计划执行；行车区域31#车、28#车、23#车、24#车、25#车、32#车、16#车，其中行车电气工作量比历年来增大，但所有电气项目均按计划实施。其中16#车、25#车的机械项目，因一定原因有部分项目未得以检修(不影响行车的正常运行)，将在今后的定修中安排实施。在行车检修过程中，建设公司劳动力略显不足。

5. 高线厂。2008年，高线厂配合动力厂5万立方米煤气柜进行年修工作。9月26日6时22分开始，到9月28日18时完成年修工作，其后根据重钢股份公司安排延迟生产。本次年修共实施检修项目72项，处理近段时间设备上存在的一些隐患：精轧机25#~27#轧机之间和27#至增速箱之间的联轴器失油，更换联轴器；吐丝机脚板改造，主要是纠正吐丝对中效果；解决碎段剪输入轴轴颈漏油的问题；3#润滑站进水的问题得到了进一步的排查。通过本次年修，为10月及其以后的生产提供保障。在年修中存在建设公司部分检修人员对设备性能不够熟悉，影响检修工作的情况。

6. 型钢厂。2008年9月23日18时50分~29日24时大型轧机年修，其中因27日加热炉炉筋管漏水检修被迫延长检修时间。本次年修完成各类检修项目31大项，主要对加热炉、精轧机架、热锯机、开坯机电机、精轧机电机、完成机电以及行车、辊道等检修。

7. 动力厂。动力厂在确保生产不中断的前提下，充分利用配套进行年修的机会进行了动力系统的相关设备的检修，消除影响生产的突出问题和隐患。(1)供电。主要完成对1#电站125开关清灰预试，2#电站110千伏Ⅰ段、6千伏Ⅲ段母线清灰，PT预试，2#电站122开关清灰预试，双新铁线路检修，5#电站35千伏、6千伏Ⅰ、Ⅱ段母线及1T、2T预试等项目。(2)供水。主要完成对19#水站20米圆池下沟道清理、高架渡槽清理、凉水塔清泥，冷热水池清洗；24#水站凉水塔进水阀活动检修、低压电站维护检修；2#水站水池清洗等项目，消除了设备隐患。(3)热力。6#发电机手动主气门DN250垫子更换、DN50旁路阀更换、8#发电机射水泵振动的处理、冷却水池溢水管路增加观察孔及其他各辅助系统的检查及处理工作；8#电动风机高位油箱回油管路截止阀的安装等；4#风机吸风室布袋滤芯更换、油系统的检查及滤网清洗等；9#锅炉年修高煤总管碰头，增加DN1400，蝶阀、盲板阀等。(4)净化。通过对二净化、四净化系统的检修，消除设备存在的缺陷、隐患，检修效果明显。同时在检修过程中，发现设备在运行中无法检测到的新隐患(9#TRT的叶片磨损情况)，为安全生产提供了借鉴。(5)储运。完成五高炉混合站到M7~M8之间的高炉煤气管道上开口加装了一条ф1000毫米的转炉煤气管道，该管道可将多余的转炉煤气冲入高炉煤气管道中，该措施的实施可提高转炉煤气的回收利用。尽管在总体上完成了年修的主要任务，但由于各方面的工作还没有达到完全到位，还需要总结：①倒电操作的时间过长，导致检修工作比较被动，同时运行操作人员的技术素质还需提高。②因备件型号准备有误，年修中未能对外部送风管道的63号支架处膨胀节进行更换，需重新准备，待以后实施。③建设公司施工专业技术力量还需进一步提高，减少对年修工作进度的影响。

8. 中板厂。9月26日11时56分~19时25分中板厂年修，主要完成3#滑坡下辊道、除磷箱下急流管、粗轧前机架辊、精轧机前东导尺、翻扳机拉杆、3#剪摆动辊道等项目的检修，有效地支撑了9月份作业率93.18%的历史新高。

◆夏武　王毅

【跨年度中修】　从2008年上半年开始，重钢股份公司炼铁厂五高炉相继发现铁口方5、6、7弦分别有冷却壁烧坏的现象，随着时间的推移，冷却壁损坏的频率越来越快，导致炼铁厂五高炉在进入下半年以后生产一直欠顺，且产生了重大的安全隐患。2008年10月，重钢股份公司结合焦化厂、烧结厂、炼钢厂、型钢厂、中板厂、动力厂的设备状况，在2008年底至2009年初实施五高炉跨年中修及配套检修，费用按2200万元进行控制。重钢股份公司机动处编制《重钢股份公司2008年五高炉跨年中修及配套检修网络计划》。中修施工质量全部合格，费用控制预计也达到要求（部分工程未结算，但合同金额未突破），复产后快速达产。

1. 焦化厂。焦化厂的配套检修安排在2008年12月15日～2009年1月9日期间实施，其中3#、4#、5#焦炉于12月15、16日9时～17时停产检修共计16小时，5#焦炉于12月15～22日8时～20时停产检修计8×12小时，12月24、25日9时～15时停产检修计2×6小时，共计108小时；1#、2#焦炉于2009年1月9日8时～16时停产检修8小时；翻车机系统于12月16日8时～18日8时停产检修48小时；配煤一系统于12月16日8时～24时停产检修16小时。全厂共完成检修项目16项，其中主要检修项目有4#、5#拦焦车导焦槽更换，5#拦焦车平台更换，翻车机重牛沿线轨道基础破损处理，Y5皮带小车更换，1#熄焦塔淋水管更换，2#熄焦塔捕尘装置恢复等。在5#焦炉拦焦车平台更换项目的实施中，在原计划停产3天的基础上，采取不停炉多次分散检修的方案，虽然增加了施工和生产组织的难度，但与停炉方式检修比较，对生产的影响程度明显降低，影响范围也缩小，同时避免了对环境的影响。

2. 烧结厂。在保证烧结矿供料的基础上，合理安排检修的具体时间，三烧结一系列检修12天，二系列检修13天，公用系列交叉2天，全部检修工作于五高炉完工前两天完成。本次检修共实施机械检修项目11大项、工艺12大项、环保10大项、电气8大项、自动化24项、动管4项。重点实施烧结机风箱更换、弹性滑道处理及部分更换、头尾密封板更换，混料圆筒进料梭槽更换，带冷机台车部分更换，泥辊衬板更换，除尘系统检修，同步机检修，电站检修等。

3. 炼铁厂。本次炼铁厂五高炉中修，以炉内更换42块冷却壁、40块炉喉钢砖以及炉内重新砌砖和炉内喷涂为主，同步安排实施机械项目115项、电气项目30项、自动化项目33项、工艺项目28项，工程总费用按2200万元控制。考虑到五高炉中修期间没有废气供喷煤，中修提前实施一根φ1600长600米的废气管道安装技措项目，确保五高炉中修期间3#、4#高炉正常喷煤。本次中修，按照网络计划，有4个关键节点是保证这次中修主线项目按时保质安全完成的关键：（1）活动吊盘及固定吊盘安装结束时间点，（2）炉喉钢砖及冷却壁的拆除完成时间点，（3）冷却壁及钢砖的安装结束时间点，（4）活动吊盘及固定吊盘的拆除时间点。要控制住这4个节点的进度、难度较大。炉内不可预见因素太多，首先是炉内煤气和炉内高温的处理，在这种停炉方式下处理炉内煤气和炉内高温在重钢股份公司历史上是第一次，能否尽快安全地进炉内施工是这次中修的一个关键。工程指挥部每天下午组织一次施工平衡会，关注施工动态，协调施工过程中出现的各种问题，终于顺利地保证了整个中修主作业线在确保施工安全和质量的情况下按网络计划工期完成；其他检修项目也全部同步完成，于2009年元月7日下午15时顺利的实现烘炉。本次中修于2008年12月15日5时40分开始，至2009年1月9日18时16分结束，复风后3天即实现生产顺利恢复，整个中修没有发生一起安全事故和出现一起因质量问题造成返工，完成各项中修任务。

4. 炼钢厂。在炼铁厂五高炉中修期间，炼钢厂配套安排2#转炉和2#铸机的检修。（1）2#炉炉役检修于2008年12月16日10时停炉，2009年1月13日11时完毕，计划工期584小时，实际673小时，超时89小时（由于炉壳到货晚）。2#转炉年修前，针对1#、3#、4#转炉的不同状况，相继安排3座转炉的交错式定修，以确保2#炉年修期间；其他转炉设备状态良好。同时对加料跨、行车跨重点行车进行维护保养，对125吨行车进行检修。在年修期间，为保证2#炉年修保质按期完成，针对炉壳到货情况的变化，调整施工步骤、吊装方案和施工力量，完成2#炉炉壳的更换任务。（2）2#连铸机检修计划工期120小时。2008年12月12日9时开工，至12月16日21时30分生产，实际耗时108小时30分，比计划工期提前11小时30分。炼钢厂本次检修主要完成振动装置换轴承、风道更换、大包回转台轴承更换、大包加盖装置安装、拉矫电机及控制系统改造换型、出坯辊道部分改造、拉矫机底梁加固、切割车换压头等项目，实施机械检修项目10大项，电气项目13项，炼钢厂检修内容全部按计划完成。

5. 型钢厂。型钢厂在本次配套检修中，从2008年11月分别安排中型轧机中修和大型轧机中修。（1）中型轧机中修于2008年11月25日8时点开始至12月13日8时结束开始试轧钢，共计13天。在本次中修中，重点解决了一批长期存在的老问题：依据前期技术准备专门制定了偏心套装配质量要求对3#～6#复合减速机的偏心套进行了全部更换，解决了轧机机帽晃动，提高轧制精度；对1#～6#轧机机列的传动中心线及安装标高进行测量和复核，及时调整检修方案，解决1#主电机重车头布司单头问题、4#复合机减速机安装水平度问题、4#复合减速机高速轴重车头轴承位磨损问题、3#主电机布司侧间隙过大等等系列问题。在加热炉的检修中，重点更换了炉内全部炉筋管（炉筋管进行了技措改造：采用错排、孔洞式全热滑轨，增加了滑轨高度，降低了横水管标高）以及全部支撑立柱管，大部分横水管等。针对行车进行重点整治，对28#～1#、29#、31#、34#、44#行车进行电气大修；对28#～1#、29#、34#行车的大小车走轮的对角线进行校正，解决了这三台行车的大小车走轮啃轨的严重问题。本次中修检修计划兑现率达到100%。（2）大型轧机中修于2008年12月23日上午10时开始至2009年1月8日9时出钢试轧。本次中修共计实施各类项目98个大项，214个小项，主要更换开坯机人字齿轮和滑动轴承、链式拉钢机的链条、热锯机滑板等；新上了除鳞机，提高了除鳞效果，撤除原22兆帕高压储能缸，消除安全隐患；更换了加热炉内全部炉筋管、全部支撑立柱管、全部横水管、三角水梁等，炉内粘贴了多晶莫来石纤维块，提高炉子的热交换率，减少水管黑印对产品质量造成的影响；处理了32#行车小车运行困难的问题和大车运行过程中跳动大的问题，新上3#行车电磁吊系统，解决39#行车运行不平稳的问题。本次中修检修计划兑现率达到100%。

6. 动力厂。2008年12月15日至2009年1月8日动力厂配合五高炉跨年度中修进行动力系统设备检修。主要完成对1#电站、2#电站、3#电站、柏钢线、双新铁、辗九铁、18#水站、19#水站、4#汽动风机、5#汽动风机、8#电动风机、新锅炉电站、10#电站、1#发电机、3#锅炉、空压站电站、二净化系统、5#TRT、50兆帕燃机的检修。本次检修主要计划兑现率达到100%，未发生任何安全、质量事故。

7. 中板厂。中板厂热轧作业线年修从2008年12月12日7时30分时至12月17日零时30分；精整2#剪切线中修从2008年12月10日8时时至12月19日23时30分。主要对加热炉、两轧机机列、矫直机、双边剪、600吨液压剪、圆盘剪及两轧机主电机设备进行了检修。检修后复产一次成功，达到预期目标。本次年度修工程项目兑现率达到100%，完工率100%，合格率100%。

◆夏武　王毅

【信息系统建设】（1）重庆钢铁股份有限公司2008年发《股份公司自动化技术关键点管理办法》《重钢股份公司信息系统权限管理办法》，按用户岗位职责分配信息系统使用范围与操作权限，审查系统权限变更情况，杜绝越权操作的行为，确保信息系统操作的安全性和合法性。（2）2008年，重钢股份公司建立燃气管理信息系统，实现18个燃气采集站、163个主要燃气计量点实时工艺控制、燃气点管理；建立统计分析信息系统，将重钢股份公司生产、销售、质量、原辅料、备件、人事等重要信息整合到统一的综合平台上。（3）2008年重钢股份公司建立安全生产及职业卫信息管理系统，职业卫生防御工作实现职工健康状况监护和自动判定功能，对装备信系统进行升级改造，实现对设备备件到货情况进行跟踪，对收发票、付款、入出库情况进行监控，适应了重钢环保搬迁设备材料采购以及装备处人员机构调整。（4）根据重庆市重要信息系统安全等级保护工作的要求，重钢股份公司将信息系统安全等级保护评定为2级，对信息安全进行评估并建立信息安全制度。（5）2008年重庆钢铁股份有限公司组织实施环保搬迁信息化建设推进实施工作，包括销售及成品出厂、生产、财务及成本、技术质量、铁前MES、炼钢MES、1780MES、宽厚板MES、检化验管理、原辅料管理、协调办公、人力资源、物流管理系统及网络系统和系统平台的建设。

◆任红波

装备处

【概况】 重庆钢铁股份有限公司装备处是重钢股份公司下属的一个职能管理处室，主要负责生产、维修、技措、技改和管理所需用的设备备件的采购及仓储供应工作。2008年底在册职工142人，在岗职工135人，其中管理技术人员52人，高级职称8人，中级职称24人。设7个科室：机械订货科、订货科、三电科、合同管理科、工程科、仓储运输科、办公室，其中仓储运输科下设4个库房：一零一库房、一零二库房、一零三库房、九库；库房总面积31847平方米。截至2008年12月31日止，库存设备备件总量6192.5万元。

2008年11月5日，装备处将原机械订货一科调整为订货科，负责重钢环保搬迁的设备备件的订货工作，不再负责重钢大渡口本部生产设备的采购订货工作；原机械订货二科调整为机械科，负责大渡口本部生产所有机械类设备备件的订货工作，同时兼顾负责环保搬迁工程机械设备备件的采购订货工作；工程科负责环保搬迁设备供应的综合管理及仓储运输工作。2008年共计接收机动处、环保搬迁项目部等部门采购计划24785项，签订合同共计4291份，合同总金额17.4亿元，其中生产采购计划22497项，签订合同4151份，合同金额为4.9亿元；环保搬迁采购计划为2288项，签订合同140份，合同金额为12.5亿元。比价压价节约8503.43万元。设备备件出库入库量8.5亿元。利库金额达217.28万元；设备备件周转天数为66天。

◆董南平

【设备备件采购管理】 2008年装备处接收重钢股份公司机动处等部门生产采购计划共计22497项，签订合同共计4151份，总订货量为48677.96

元,比价压价节约 2570.73 万元。(1)抓计划、合同管理,全年生产计划执行率达 97.15%,比上年增长 22.94%;合同兑现率达 97.54%,比上年增长 11.17%。(2)通过打捆招标、合并计划、年度计划等方式,加大集约采购力度,发挥批量招标采购优势,规范招投标,全年中标总金额达 152475.14 万元,招标压价 1942.93 万元。(3)进一步加大“零库存”招标采购力度,对轧辊、变频器、联轴器、刀片、钻头、钻杆等 15 个类别的备件实施零库存招标采购,共计签订零库存合同 567 份,金额 8379.2 万元,压价 674.4 万元。(4)推行战略采购方式,分别同重庆川仪总厂有限公司、江苏共昌轧辊有限公司、二重集团(德阳)重型装备有限公司、哈尔滨轴承制造有限公司等 4 家大型企业签订战略合作协议,合同金额 4126.1 万元。(5)加强比价采购管理,通过对采购方案、质量控制方案、报价、商务谈判的管理和监督,强化对供应商的技术、业绩、资信、价格体系的评价,确保采购备件的性价比,使得滑动水口备件比招标价低 5%、胶管总成比招标价低 12%、磁力油封比招标价低 5%～8%等,全年签订比价采购合同 3128 份,金额 16739.81 万元,比价压价金额 1313.53 万元。(6)引进有实力的供应商,加强竞争,减少跟踪订货,焦化四大车、堆取料机、打捆机棒材导卫等备件价格比主机厂低 5%～10%。(7)推行价格体系管理,组织审定润滑元件、钻头钻杆、皮带机备件、低压电器、喷镀筛板、轧辊等 6 类产品价格;形成润滑备件等 21 项、三电标准件 88 个类别的产品标准价格表,为价格降本提供了依据。

◆黄荷

【利库管理】 重钢股份公司装备处利库管理一是坚持“先内后外、先利后订”的原则,每月对库存设备备件分析,并向相关部门及使用单位公布库存信息。二是控制标准件和在途资金占用,将指标层层分解落实,过硬考核,力争不产生新的积压,全年资金占用指标为 2373.67 万元,比上年减少 72.97 万元。三是加强与重钢股份公司各二级单位的沟通协调,加大“修、改、代”力度,全年处理积压、报废、下账设备备件 217.28 万元。四是细化盘点程序,明确范围,落实责任,按月将库存情况通报各二级单位。全年设备入库量达 43800.91 万元;出库量达 41030.34 万元。

◆黄荷

【信息化管理】 重钢股份公司装备处 2008 年对装备管理信息系统进行梳理、升级。一是将重钢环保搬迁设备备件订货纳入系统统一管理,实现环保搬迁与生产设备备件订货两条线管理模式,确保数据不交叉。二是进行调整采购方案、制定质量方案确定表,实行分级负责等多项措施,确定 10 万元以下合同由专业科长审批,10 万元以上合同由分管副处长审批。三是增加供应商业绩评价表,从产品质量、交货期、交货量、工作质量、产品价格、进货费用水平、信用度、配合度等方面进行综合评价打分,评价结论作为供应商的业绩档案,作为以后订货选厂的依据。四是加强统计分析,增加了计划、合同完成情况统计表等 7 份综合统计表。

◆黄荷

【继续推行党员承诺制】 2008 年,重钢股份公司装备处共有基层党支部 2 个,在岗党员 55 名。2008 年,装备处通过推行党员承诺制活动做到“六到位”(加强学习到位、组织领导到位、安排部署到位、领导带头到位、党员参与到位、督促检查到位)、“四步”承诺(学习动员、确定承诺、实践承诺、考评承诺)。装备处广大党员以“我是党员、从我做起、向我看齐、对我监督”为总要求,从生产、学习、生活、自廉等方面进行承诺,通过承诺事项 96 条,其中生产和学习承诺 90 条;完成履诺率 99%。

◆于良玉

质量管理处

【概况】 重庆钢铁股份有限公司质量管理处是归口管理质量工作的职能部门,主要负责质量管理、质量监督、质量检验及质量异议处理工作。2008 年末在岗职工 611 人(含劳务工 91 人),设综合办公室、人事行政科、设备科、焦铁原料科、炼钢科、轧钢科、质量服务科、标准体系科、取样中心、化验中心、焦铁质检站、炼钢质检站、中板质检站、型钢质检站、高线质检站、冷轧质检站共 16 个科、站、室、中心。

2008 年,质管处始终坚持“顾全大局,系统考虑,预防为主,稳定质量”的指导思想,促使重钢股份公司质量工作、处行政工作有序、有效推进,确保产品实物质量和主要质量指标的稳定。主要工作:(1)加强入厂原料检验把关,实施“取样机械化、分析仪器化”,累计查处入厂异常原料 79 批,挽回直接经济损失 583 万元。(2)工序质量和过程质量的稳定,未发生大的质量波动和质量事故。(3)准确理解和执行标准、把握检验判定尺度,最大限度降低内部改判、报废损失和外部质量异议损失。(4)整合优化船检工作,实施部分船级社 A 级钢免检试点,促进了船用产品产量的增长和效益的提高。(5)质量指标基本稳定,纳入考核的 24 项质量指标全部完成计划,23 项达到目标值。(6)由重钢股份公司牵头组织编制的 GB3531《低温压力容器用钢板》和 GB/T711《优质碳素结构钢厚钢板和宽钢带》两项国家标准通过审定。(7)重钢股份公司全年共有 20 个 QC 小组(成果)、5 个班组获得重庆市以上优秀 QC 小组(成果)和质量信得过班组称号,其中获得国家级优秀 QC 小组 3 个、国家级质量信得过班组 3 个;重钢股份公司获中国推行全面质量管理 30 周年“全国质量管理小组活动优秀企业特别奖”。

2008年质量管理处继续保持“重庆市文明单位”称号。

◆叶国华

条目另见部目

【质量异议工作】:《生产经营》

【重庆名牌产品申报】:《生产经营》

【冶金行业品质卓越产品申报】:《生产经营》

【“金杯奖”复评】:《生产经营》

【船体结构钢板CCS工厂证书换证】:《生产经营》

【主要质量指标稳定】 2008年,重钢股份公司质量工作围绕原料采购变化、销售市场形势和设备运行中后期对质量的保证状况组织开展,始终坚持“大局为重、系统考虑、预防为主、稳定质量”的工作原则,以“精细管理,全程监控,及时预警,准确把关”的思路,确保了产品质量和过程质量受控,主要质量指标稳定。纳入经责制考核的24项质量指标完成计划的有24项,计划完成率100%,比2007年提高4.17%;完成目标任务的有23项,未完成目标的是钢板裂纹率1项,目标完成率95.83%,比2007年提高4.16%。冶金焦、生铁合格率达100%,均保持历史水平;钢坯合格率(利用品作废品)为99.66%,比2007年下降0.04%,比历史纪录下降0.04%;钢材综合合格率(协议品、等外品、小块板作废品)为98.67%,比去年提高0.25%,比历史提高0.01%;钢、生铁、钢材、焦炭4大产品合格率与去2007年相比稳定提高率为100%。

2008年重钢股份公司钢材名牌产品产量比为76.71%,比去年提高0.77%,比历史纪录提高0.77%;钢材新产品合格率99.17%,比去年提高0.25%,比历史纪录提高0.20%;大生产吨钢质量异议损失0.05%,与去年和历史持平;特殊要求产品吨钢质量异议损失1.00%,比去年下降0.41%,比历史纪录下降0.41%;上级监督抽查合格率100%。

2008年重钢股份公司总体质量指标稳中有升,超历史最高水平的指标主要有:烧结矿合格率、球团矿合格率、炼钢吨钢质量异议损失额、名牌产品产量比、板坯内裂率、型钢棒材合格率、型钢吨钢废品损失、高线钢材合格率、中板20g钢板原品种合格率、造船板原品种率、中板厂非计划品率、冷轧薄宽钢带综合合格率、冷轧薄板优质品率等13项。

◆朱敏

【原料质量验收把关】 2008年,重钢股份公司继续实行经济配矿,国内烧结精矿采购量较2007年大幅度增加。由于原材料价格上涨而国内资源的限制,使原料采购和质量检验工作均遇到很大的困难。质管处通过完善检测手段、强化管理和效能监察等措施,确保了入厂原料质量。(1)新建四码头和七码头两条皮带机械取样系统,增加扫描型X荧光光谱仪、全自动定硫仪和工业分析仪各1台,努力实现取样机械化和检测仪器化。(2)完善管理制度,通过开展自纠自查活动,找出各检验环节存在的问题,全过程实施制度化管理,通过三级检查确保制度的有效执行。(3)强化监督抽查,继续对铁矿石实施100%的跟踪抽查,增加了对铁合金的抽查。2008年全年抽查国内烧结精矿770批、233.91万吨,重量比2007年增长33.62%,实现100%的抽查,其他品种均按计划实施抽查。(4)加强了对留存的副样、袋装样、化验样的抽查以检查取制样和分析工作质量。(5)开展对船运铁矿石、袋装铁合金的中底部及包芯线的中部进行质量抽查,对发现的质量问题均严格进行了处罚。(6)加强效能监察工作,由质管处、纪监处组织相关单位有关人员按规定进行处理,2008年共处理异常原料79批次,其中铁矿石73批次,铁合金6批次,减少直接经济损失584万元,比2007年增加341万元。(7)强化原料质量验收把关,异常原料进行了100%查处。

◆杨俊

【实施矿石机械取样】 2008年重钢采购国内铁矿石的运输仍然以长江水运为主,船舶的运载能力由1000～2000吨,最大增加到8000吨。传统的船上人工取样已无法完全代表全船铁矿石的真实质量。2007年10月在重钢四码头建设成一套皮带机械自动采样系统。四码头机械取样系统采用旋转式头部采样机在PLC控制下,采样斗以一定速度横切过从主皮带头部下落的物料流,取得样品通过溜管进入二次采样机。二次采样机首先对物料进行整形,然后切割料流进行二次采样,最终样品通过溜管送入全自动包装机,全自动包装机对样品进行自动封装打码或用手工进行标识。系统完全符合GB/T10322铁矿石取样和制样方法系列标准要求,取样、制样精度和水分损失等指标要高于国家标准的规定。并在取样现场的关键位置安装了摄像监控,能有效监控卸载、取样、封装、样品管理等全程过程,确保取样的代表性、公正性和样品的安全性。通过调试和大量摸索对比试验,四码头机械样与手工采样铁矿石入炉矿石品位误差和水分损失均不超过0.5%。2009年元月1日起四码头正式投入生产检验。

◆许增平

【开展系统质量攻关】 (1)2008年重钢股份公司质量管理处选择了“加强原辅料质量验收监控、建立健全预警预报机制”和“提高板坯实物质量,释放中板产能,稳定提高钢板探伤合格率、降低中板内部质量损失”等几个对产品实物质量影响较大的因素进行系统质量攻关。(2)针对原材料来料质量波动大,重钢股份公司实施经济配煤、配矿,增加小煤窑煤、低价国内铁矿石的使用量,并循环利用冶金废料,这些都对焦炭、烧结矿质量产生影响,从而影响铁水质量的情况进行“加强原辅料质量验收监控、建立健全预警预报机制”的质量攻关。“异常矿查处率”“铁矿石取样准确率”两大攻关目标均100%完成。炼钢工序形成原辅料质量预警预报机制,制定了重钢股份公司原辅料质量预警预报管理办法。(3)2008 年重钢股份公司原辅料检验全年共计发现并查处异常铁矿石 73 批、异常铁合金 6 批，节约经济价值 600 万元。(4)2008 年，为稳定重钢股份公司中厚钢板探伤合格率、减少中板内部质量损失进行“提高板坯实物质量，释放中板产能，稳定提高钢板探伤合格率、降低中板内部质量损失”的质量攻关。攻关组围绕“股份公司质量系统重点攻关”的要求开展攻关工作。攻关组认识到：提高板坯实物质量，特别是提高钢板探伤合格率，炼钢方面必须控制钢中的气体含量并改善铸坯中心偏析；提高中板综合原品种合格率的关键是要提高块品种合格率，防止批量性的剪坏、轧坏以及因钢质原因产生的非计划量。2008 年中板厂完成钢板入库 1292920.49 吨，综合原品种合格率完成 97.41%，比 2007 年上升 0.20 个百分点，超攻关目标值 0.21%；大生产钢板探伤量(扣除 240 断面的 Q345R)为 61114.70 吨，钢板综合探伤合格率为 94.97%，超攻关目标值 0.47%。

◆刘永刚

【优化船用产品检验】 现有的船检工作模式已不能适应重钢股份公司船钢生产发展的需要，主要体现在：(1)由于船检工作不能同生产检验相剥离，对正常生产检验有影响，延缓现场产品入库检验周期，影响流通。(2)钢板和球扁钢船检签证分别在中板厂和型钢厂进行，不仅使船检管理分散，增加管理难度，同时也使整体船检工作耗时过长。(3)船检工作信息化程度不高，人工干预环节过多，数据重复录入多，导致效率不高。(4)形式认可、工厂认可及年度审查无专人负责，也无专业的机构进行管理，不利于船检工作统筹安排。重钢股份公司质管处从 2008 年 2 月起，对分散的船检工作进行整合，整个船检工作形成一个完整的体系，船板和球扁钢统一集中签证，船检试验同生产检验功能分开，实现专职管理和信息化管理。

◆江红涛

【产品标准工作】 (1)内控标准工作。①2008 年，重钢股份公司完成《造船用钢板》等 197 项大生产产品标准的制定修订，对 164 项特殊要求产品标准审核发布。②完成《冷轧薄钢板》《St 系列冷轧低碳薄钢板》两项企标的制定、审查和备案工作。③执行新国标相关准备工作。执行 GB713－2008《锅炉和压力容器用钢板》标准。(2)国家标准工作。①重钢股份公司对 GB/T1591《低合金高强度钢》、GB/T14977《钢板表面质量》等 8 项国标征求意见稿提出修订意见。②完成国标 GB3531《低温压力容器用低合金钢钢板》和 GB/T711《优质碳素结构钢厚钢板和宽钢带》送审稿的编制和汇总意见的收集处理；通过审定，并上报相关资料。③完成国标《厚钢板超声自动检测方法(征求意见稿)》，并发国内同行及用户单位征求意见，2008 年年底进行意见汇总处理，相关工作正按进度实施。④向全国钢标委提出《热轧球扁钢》等 3 项国标修订申请任务书，并完成标准初稿及上报。(3)按重钢长寿新区标准体系建立工作。按重钢长寿新区产品大纲，收集 4100 毫米宽厚板部分产品的国标和国外标准 20 个，收集 1780 毫米热轧板带部分国内行业企标 8 个，并提出 1780 毫米热轧板带建立以企标为主体的标准体系，4100 毫米宽厚板建立交货以国家及行业标准为主体、生产检验以内控标准为主体的体系框架。

◆宿艳

【质量体系运行】 (1)外部审核证实。2008 年 1 月 16 日至 1 月 18 日，中国船级社 4 名审核员对重钢股份公司质量管理体系进行年度监督审核。审核组认为：重钢股份公司管理上对过去的文件和规章制度进行了修订，推行精细化管理，建立健全绩效考核制度，加大成本管理，开发新产品，提高产品的竞争力，在生产平衡的管理、生产能力的发挥、设备的管理、现场管理等方面的表现均体现非常好的管理基础，产品质量稳定，无重大的质量事故和重大客户投诉。重钢股份公司在体系管理上，过程识别充分，展开有效，全员的质量意识和管理意识较强，经过几年运行，质量管理在原有框架下有了进一步的细化和提高；质量管理体系运行基本有效，自我完善、自我改进的机制已基本建立，开展了有效的内审和管理评审活动，日常的改进机制的建立和运行有效，质量体系运行有较高的成熟度，建议保持认证注册资格。(2)内部审核推进。按照重庆钢铁股份有限公司 2008 年内部质量审核计划，根据公司以及生产厂质量手册/程序文件和 QMS 审核员指南要求，重钢股份公司组成内部审核组共 99 人次，共组织质量体系审核 7 次，审核单位包括 8 家生产厂，12 家处、部、室，审核以抽查的方式进行，审核涉及 ISO9001:2000 标准的所有要求及各部门的相关要素，并对外审发现书面不合格项 2 项及口头观察项 15 项所采取的纠正措施进行了跟踪验证。

◆汪金全

【QC 活动】 (1)2008 年，重钢股份公司有 7 项创新型 QC 成果转化为国家专利。(2)在质监总局、中国质量协会、中华全国总工会等单位举办的“全国企业员工质量知识竞赛”活动及“全国质量管理小组活动优秀企业特别奖”评选活动中，重钢股份公司全面质量管理工作及群众性质量管理小组活动获“全国质量管理小组活动优秀企业特别奖”荣誉和“全国企业员工质量知识竞赛优秀组织奖”。(3)重钢股份公司中板厂“寻求电机定位新方法”、高线厂“提高普碳钢提速轧制加热能力”、炼铁厂“提高喷煤比实践”等 3 项 QC 成果在重庆市、全国冶金行业、全国总工会 QC 成果竞赛评选中，获 2008 年度“国优 QC 成果”奖。(4)中板厂热处理车间生产二班、探伤班、炼钢厂 1# LF 炉丙班等 3 个班组分别获 2008 年度“全国质量信得过班组”称号。(5)2008年重钢股份公司有9项QC成果获冶金行业优秀成果,10项QC成果获重庆市优秀成果;4个班组分别获重庆市、全国冶金行业和全国总工会质量信得过班组称号。(6)2008年底,重钢股份公司评选出优秀QC成果109项,其中一等奖46项、二等奖63项。

◆张珠宁

销售处

【概况】 重庆钢铁股份有限公司销售处是负责重钢公司钢铁及副产品销售的职能部门。2008年销售处设订货科、合同科、分公司管理科、市场科、综合科5个科室及重庆销售分公司、优钢销售分公司、四川销售分公司、云贵销售分公司、西安销售分公司、武汉销售分公司、江苏销售分公司、上海销售分公司、厦门销售分公司、广东销售公司、北京分公司等11个销售分公司。在册职工249人,在岗职工232人,其中管理技术人员145人,中级技术职称48人,高级技术职称26人。2008年实现钢材坯销售313.73万吨,货款回笼率为100.48%。

条目另见部目

【调整销售策略】:《生产经营》

【发展战略客户协作关系】:《生产经营》

【质量异议工作】:《生产经营》

◆何耀东

【合理调配资源】 (1)2008年,上半年资源紧俏时,销售处坚持加大品种调整力度,使有限资源向高附加值、优利品种倾斜。船板钢是重钢2008年效益较好的品种,2008年船板钢销售量95.39万吨,比2007年增加15.71万吨;2008年型材销售量比2007年减少5.72万吨,主要减少锚链圆钢、矿用钢、工槽角钢等效益较差品种。(2)坚持多抓球扁钢合同,开拓球扁钢市场,增加高附加值品种球扁钢销售量,2008年累计销售球扁钢16.38万吨,比2007年同期增长26.39%。(3)抓产销结合,在确保按订单生产的同时,尽量使合同达到经济批量生产,同时减少难轧产品生产,降低生产成本,增加效益。工字钢、槽钢、角钢、球扁钢2007年为1000吨起轧,2008年调整为1500吨起轧。

◆何耀东

【破解销售难题】 2008年上半年,一系列突发性自然灾害给重钢销售工作造成极大困难。年初,受南方大面积雨雪冰冻灾害气候影响,铁路运输主要以保发电用煤等抗灾救灾物资为主,钢材发运受阻;4月份因煤气柜事故停工检修影响生产10余天,订单合同被迫延期执行,用户急需钢材不能及时发出;5月份受四川汶川特大地震影响,运输再度陷入紧张,严重制约钢材发运的正常进行;9月份起受世界金融危机蔓延影响,订货出现极端困难局面,中厚钢板、型材到了难以维持以销定产格局的地步。销售处加强与运输部门合作,落实责任,加大水陆联运和公路运输力度,保证钢材运输渠道畅通,有效缓解了铁路运输紧张带来的矛盾。为了追回被突发性事件影响的合同交货工期,销售处与生产厂、有关处室加强衔接,不断优化合同排产计划,利用产销一体化计算机系统,对相同品种、相同规格的合同进行精细组合,使重钢有限的产能得到发挥,缩短完成合同时间,实现产销高效组合,解决了诸多影响销售难题。

◆何耀东

【特色支部创建活动】 2008年,重钢股份公司销售处党总支开展创建特色支部活动。(1)抓以销售分公司为特色的“开拓市场、规模销售、掌控市场、品牌效益、诚信经营、尽善服务”特色支部创建活动。(2)抓以处机关为特色的“诚信高效、真情为用户服务、为销售一线服务、勤俭廉洁”特色支部创建活动。各党支部以强化精细管理、夯实基础,坚持执行以“销量、价格、回款、服务、维系用户、协调工作关系”和“四合一、四统一、达标晋级”为标准,开展特色支部创建活动;同时各基层党支部结合“创先争优”在党员干部中开展“读一本好书、学一门新知识、参加一次培训、开发一个新客户、开发一个新品种、参加一次劳动竞赛、提一条合理化建议、推广一项新成果、刷新一次新纪录、做一件好事”等“十个一”活动,从抓队伍“强骨干”、抓作风“强形象”,全面推进特色支部创建活动。销售处12个在岗党支部有3个党支部获“特色党支部”称号,13名在岗党务工作者有6名获优秀党务工作者称号,132名在岗党员有20名获优秀党员称号。

◆何耀东

【支援灾区重建】 (1)汶川“5·12”特大地震发生后,重钢销售处党总支、行政立即向在四川灾区的用户企业致函慰问,代表重钢向客户承诺将竭尽全力支持灾区重建。地处绵竹汉旺镇的四川东风汽轮机厂,因遭受厂房垮塌,生产受到严重冲击,急需钢板进行灾后重建。重钢销售处打破常规销售程序,同时订货同时生产发运,支援板材7687吨。(2)组织振灾捐助款90580元,其人均捐款363.78元,其人均捐款额名列重钢公司前;向灾区送去全新过冬棉衣棉被40件套。(3)2008年年初,受重庆电力公司要求,重钢支援铁塔角钢3000吨抗击雪灾。

◆何耀东

原材料处

【概况】 重庆钢铁股份有限公司原材料处是负责重钢股份公司原材料、燃料和辅料计划、采购、供应管理的职能部门,2008年设16个科站。2008年末在册职工525人,在岗517人。2008年年初,原材料资源市场继续了上一年的上涨势头,价格一路攀升;南方冰雪冻灾害和汶川大地震发生之后,原材料资源短缺,市场供不应求。

国内包括矿石精煤在内的几乎所有原材料的价格，均不断突破历史创新高，使采购供应变得非常困难。进入三季度以后，全球金融危机波及中国。重钢股份公司原材料处时刻关注钢材和原材料两大市场的变化，制定策略，实施有效的采购措施，全面保证了重钢股份公司原材料的稳定供应。2008年，为作好重钢环保搬迁长寿新区原材料资源准备，原材料处成立"环保搬迁原材料资源准备领导小组"，确保新区生产所需原材料的供应。

2008年，原材料处各项生产经营指标均完成重钢股份公司下达的目标任务。共采购矿石469.27万吨（干吨），同比减少4.53%；煤炭243.9万吨，与去年持平；合金7.79万吨，同比减少2.26%；生铁37.13万吨，同比减少7.33%；废钢42.65万吨，同比增长6.35%。

◆陈应明

【"两推一选"工作】 原材料处党委于2008年10月对所属7个届满的在岗党支部进行换届改选工作。在材料仓管科、服务站、机动科、金属回收科、原料供应科5个党支部进行"两推一选"工作，分别由党员和职工民主推荐党支部书记候选人，经上级党委审查、党员在会上直接选举产生。同时在原料处机关党支部、计划采购科党支部2个党支部进行常规选举。

◆张国珍

钢铁研究所

【概况】 重庆钢铁股份有限公司钢铁研究所位于重庆市大渡口区基建村27号，是重钢公司技术中心的主体，也是重钢产品开发试制与科研管理的主要机构，隶属重钢股份公司机关。主要职责是负责重钢股份公司中长期技术进步和技术创新发展规划、产品结构调整方案、工艺技术标准的起草，新产品、新技术、新工艺的开发研究和试制；科技项目、科技成果、技术革新、合理化建议及工艺技术规程、技术经济指标、冶金规范的管理；负责工艺技术攻关和工艺技术事故的处理；负责物理、化学、耐火材料的检验分析及仲裁；负责重庆市钢铁产品质量的监督检验等工作。

2008年，钢研所设党政合一办公室、管理科、工艺研究室、产品开发室、焦铁工艺室、板带研究室、对标研究室、金相室、备品备件室、耐火材料室、物理检测室、化学分析室、情报调研室、冶金标样室、钢铁产品监督站、中试车间等科室。在册职工人162人，其中科技管理人员117人，操作人员45人；正高级职称1人，副高级职称41人、工程师38人、高级技师1人、技师4人；居家休息职工5人。固定资产原值2022万元，净值1377.43万元。厂房和办公楼共计20幢，总面积12647.85平方米（含围墙），有机器设备143台套；2008年新增固定资产投入238.64万元。

2008年，重钢钢研所共计完成新产品及特殊要求产品65.79万吨，创产值32.61亿元，超额完成产品开发年目标任务；开发70×180电极扁钢、CG210热轧圆管坯和11#矿用工字钢，超额完成年目标开发计划。重点技术攻关全年共计制定16项，其中安全管理类1项、生产管理类2项、质量管理类3项、机动能源类3项和工艺技术类7项；重点攻关项目攻关计划完成率达100%，攻关目标完成率达97.5%，在37项攻关指标中刷新历史水平36项，指标刷新率97.29%；在7项重点工艺类技术攻关项目中，攻关计划完成率100%，攻关目标完成率87.51%，7个攻关项目涉及攻关指标16项，16项攻关指标均全面刷新历史水平。2008年在可比的4项技术经济指标中，破历史水平的有23项，指标刷新率51.11%，指标比2007年有明显改善的有37项，指标改善率为82.22%，技术经济指标达到国内先进水平的有：高线成材率、冶金焦率和炼钢石灰消耗等；刷新历史水平并比2007年有明显进步的有M40、烧结固体燃料消耗、高炉喷煤比、综合焦比、高炉休慢风率、钢铁料投入消耗、棒材成材率、冷轧薄板成材率和吨钢综合能耗等。引进新材料、新技术项目16项，9项通过验收评审，2项继续进行扩大试验，2项终止试验，3项正在试验之中；另外对2007年试验的7项进行验收。科技项目全年共计立项57项（含2007年结转项目），落实科技项目资金投入1927.72万元。完成与大连理工学院合作进行"烧结机烟气脱硫技术的研究与应用"、与重庆大学联合完成"烧结混合料喷吹轻烧粉工艺研究""重钢高炉不同配比钒钛矿炉渣冶金性能研究"等项目；"高磷铁矿综合利用"、"提高高强度球扁钢低温冲击性能"两个项目分别在重庆市科委、重庆市经委立项，获得重庆市政府拨款30万元。参加重钢环保搬迁新区建设，完成科技项目的申报并实施共计6项，"4100毫米宽厚板达产达效工艺技术研究""一钢多级工艺技术质量控制研究"的科技攻关项目等待验收鉴定，"新区转炉工序工艺技术研究"项目通过验收；进行巫山高磷铁矿资源的考察，为重钢长寿新区投产综合利用高磷铁矿生产工艺进行探索及新区信息化技术质量组承担的相关工作。完成重钢股份公司钢铁产品物理性能检测5663件，化学分析9195件、耐火材料检测586批次、各项报告准确无误，无用户异议；完成45批次的产品质量分析。在"献爱心"活动中，全所职工捐现金27300元、捐献棉衣棉被246件套。

2008年重钢股份公司钢研所继续保持重庆市国有资产监督管理委员会文明单位称号。

◆刘家林

条目另见部目

【股份公司新产品开发3个】:《科学研究与应用》

【《重钢技术》】:《文化教育》

【技术攻关完成94.87%】 2008年，

重钢股份公司在安全生产、工艺技术、产品质量和节能降耗等领域的薄弱环节制定16项重点技术攻关项目；全年重点攻关项目攻关计划完成率87.5%，攻关目标完成率68.75%；16项攻关项目共制定39项攻关指标，全年攻关指标计划完成率94.87%，攻关指标目标完成率87.18%，其中吨钢综合能耗、综合焦比、返矿率等攻关指标均创历史最高水平。工艺技术攻关项目7个共16个考核指标，攻关指标计划完成率100%，攻关指标目标完成率87.5%，16项攻关指标均全面刷新历史水平。

主要攻关项目。(1)提高喷煤比降低综合焦比攻关。通过探索合理的布料规律、坚持使用高风温、搞好富氧喷煤工作、加强槽下筛分的精细化管理、搞好护炉工作等，全年高炉喷煤比完成122千克/吨，完成攻关计划，综合焦比达516千克/吨，完成攻关目标。(2)降低烧结工序燃(辅)料消耗和高炉槽返技术攻关。通过加强料场管理，提高料场储存能力，加强对熔剂、燃料加工过程的控制，加强生石灰消化和污泥的使用管理，优化烧结矿冷却制度，提高烧结矿的冷强度，改善烧结矿的粒级组成，降低槽下返矿率等工作，烧结矿固体燃料消耗、槽下返矿率和膨润土消耗分别完成47.43千克/吨、11.96%和21千克/吨，完成攻关目标。(3)提高配合煤稳定率及煤焦系数攻关。通过加强对来煤质量预报制度管理、严格执行料场堆取料制度、精心操作确保配煤准确度与细度和加强炼焦生产准点推焦及热工操作，配合煤稳定率达到86.74%、煤焦系数1.362，完成攻关目标。(4)优化方坯工艺技术。提高方坯实物质量，确保型材、棒材、线材品种质量攻关，炼钢工序通过控制转炉终点、强化结晶器管理、优化中间包烘烤装置等，型钢工序通过控制球扁钢轧制节奏，优化7.00T轮辋钢、18号球扁钢和直径12毫米螺纹钢工艺参数，高线工序通过优化轧制红坯料型和孔型系统，摸索坯料热送热装等攻关措施，脱方率、45A钢吨钢损失、高线吨钢废品和型材吨钢废品分别完成0.296%、4.32元/吨、2.181千克/吨、7.32千克/吨，全部完成攻关目标。(5)优化中板工艺技术、提升技术指标综合攻关。通过优化用坯方案，做好精整工序的剪切及砂磨挽救工作，开发运用AGC新技术提高钢板板形控制及成材率，专用板成材率及按块品种率分别达到89.58%、97.88%，完成攻关目标。(6)优化工艺技术，提高薄板原品种率攻关。通过优化各工序生产工艺，加强卷取机和毛化设备的维护，针对来料特点摸索和固化相应工艺技术、制定严于标准的负偏差轧制工艺等措施，薄板原品种率和综合成材率分别完成85.33%、91.54%，完成攻关目标。(7)降低中板小块板和非定品比例攻关。提高轧制块品种率和热轧性能合格率，小块板非定品率完成4.798%，完成攻关计划。

◆卿泽洲

2008年重钢股份公司"对标挖潜"情况表

指标		单位	行业水平		对标企业		历史水平	当年对标计划		当年完成
			先进	平均	名称	指标		计划	目标	
冶金焦率		%	98.52	93.13	湘钢	93.35	97.73		97.56	
M40稳定率(79.5%的比例)		%							94	98
烧结固体燃料消耗		%	23.94	46.55	湘钢	45.85	49.25		48.5	47.43
烧结转鼓指数		%	82.16	73.69	湘钢	90.47	76.75			76.44
高炉槽下返矿率		%	5.412	14.53	新余	13.14	13.4	15	14	11.96
综合焦比	综合	千克/吨	463.598	517.59	湘钢	508.63	519.44		518	516.04
	3号高炉		474.811	512.571	湘钢	491.605	528.43			520.09
	4号高炉		460.727	518.941	湘钢	506.50	514.45			508.72
	5号高炉						521.91			522.16
喷煤比	综合	千克/吨	191.524	137.088	湘钢	145.008	115.92		126	120.64
	3号高炉		173.211	132.54	湘钢	144.69	127.80			129.59
	4号高炉		194.858	134.08	湘钢	146.70	107.91			122.55
	5号高炉						116.54			111.53
利用系数	综合	吨/立方米日	4.146	2.678	湘钢	2.434	2.572			2.586
	3号高炉		3.917	3.048	湘钢	2.394	2.796			2.792
	4号高炉		3.624	2.445	湘钢	2.590	2.479			2.593
	5号高炉						2.557			2.442
钢铁料投入消耗		千克/吨			武钢	1091.26	1081.21		1085	1084.99
高线成材率		%	98.51	97.59	济钢	98.57	98.51		98.20	98.45

续表

指标	单位	行业水平		对标企业		历史水平	当年对标计划		当年完成
		先进	平均	名称	指标		计划	目标	
棒材成材率	%	102.77	98.33	鄂钢	97.07	97.91		96.4	96.79
大型材可比成材率	%			武钢	95.049			92.6	92.89
中型材可比成材率	%			南钢	94.73			95.60	96.0
中板成材率	%	93.97	91.69	济钢	90.67	90.22			89.84
其中普板成材率	%					92.24		91.0	91.33
专用板成材率	%					89.44		89.40	89.59
冷轧板综合成材率	%	96.59	93.08	济钢	92.40	91.07		91.5	91.54
FD级以上产品成材率	%					84.54		84.0	86.31

备注：棒材成材率全国最高水平为102.77%，是按负公差轧制理论计重交货，重钢股份公司是按过磅计重交货

◆游红

【完成科技项目14项】 2008年重钢股份公司科技管理工作重心向重钢集团重点支持的“科技含量高、经济效益好、资源消耗低、环境污染少、充分发挥人力资源优势”的项目倾斜，同时在对考核指标的设置方面更加强调合理性、先进性。全年共实施项目57项(含结转)，完成科技项目14项，落实科技项目资金投入共计1927.72万元。

(1)向重庆市经委、重庆市科委申报2008年科技立项、结项工作。重钢股份公司承担主研的“桥梁用结构用钢”“20#铁塔用角钢”“转炉无副枪冶炼动态控制”等通过重庆市经委、重庆市科委的鉴定验收。“高磷铁矿综合利用”“提高高强度球扁钢低温冲击性能”等2个项目分别在重庆市科委、重庆市经委立项；“高磷铁矿综合利用”获得重庆市政府财政拨款30万元。(2)2008年重钢股份公司继续开展“技术经济项目”“青年科技人员创新活动”，坚持“突出重点、效益优先、倾斜一线、指标先进、考核简便”的立项原则。全年技术经济项目立项34项，完成34项，创效益1349万元。“青知”项目立项40项，结项40项。(3)为做好重钢环保搬迁长寿新区投产的准备工作，在科技新成果、新技术的引进与实施中，利用高等院校及科研院所的技术力量，进行新技术的技术储备工作。全年新立“产、学、研”科技项目6项，其中与重庆大学合作研发“新区钢包结构及耐材研究”已完成，与重庆大学合作研发“烧结混合料喷吹轻烧粉工艺研究”“重钢高炉不同配比钒钛矿炉渣冶金性能研究”、与重庆工学院合作研发“建立低合金高强度钢力学性能与化学成分的数学模型”、与大连理工大学合作研发“烧结烟气脱硫技术的研究与应用”等项目正在实施过程中。(4)坚持科技项目招投标管理机制。运输部“自主开发铁路信号微机联锁”和“铁路运输调度监督系统的研究”单个项目报价高达200万元，通过实施招投标，最终价格为48万元/项。“自主开发铁路信号微机联锁”项目完成，完全满足招标书提出的考核指标。(5)2008年，重钢股份公司39项项目参加重钢2007年度科学技术进步奖评选，23项目获奖，占全重钢集团获奖总额的60.53%；其中钢研所“桥梁用高强结构钢开发”、炼铁厂“优化重钢1350高炉基本操作制度提高技术经济指标”获一等奖，另有炼铁厂“重钢高炉节能降耗新技术的研究及应用”获重庆市2007年科学技术进步奖三等奖，重钢股份公司获重庆市经委表彰“重庆市2008年度技术创新先进集体”。

◆杨浩东

【“三新”项目转入生产】 2008年，重钢股份公司“三新”(新工艺、新材料、新技术)管理工作针对生产中的薄弱环节引进并试验16项三新项目(其中炼钢13项、烧结1项、动力2项)，并对其中的9项进行评审。5项通过评审并转入大生产管理，2项未通过评审而终止试验，2项需继续经扩大试验检验。(1)烧结部分。针对烧结机主体润滑系统的关键润滑部位工作环境和特点，引进超强金属耐磨物料来提高润滑系统的密封效果和使用寿命。(2)炼钢部分。①连铸环节。为了改变现状，1#、5#机中包下水口与中包寿命不同步，浇注过程中被迫更换下水口而造成铸坯卷渣、水口消耗数量增加以及引进试验单位质量不稳定等问题，通过招标引进价格较低的水口进行试验。2#机镀层铜板的镀层采用的是Ni-Fe，生产中出现镀层龟裂及脱落等现象，已不能满足炼钢生产顺行、连铸机提速以及今后新区生产需要，为此引进Ni-Co镀层铜板进行试验(母材仍采用CrZr-Cu)。②LF精炼环节。目前采用轻烧白云石颗粒对钢包渣进行配镁，因渣料加入量大使钢水温降幅度大和钢水增氢可能性增加，为此引进氧化镁含量较高的“LF调渣剂”试验。③转炉环节。在铁水产量无明显增加和保证产品质量稳定的前提下，为适应2008年产量规模要求，必须将热铁水消耗控制在更低水平。在这种情况下如果没有外加热源，势必导致转炉炉内热量欠缺，终点钢水实物质量恶化，引进“转炉用发热剂”进行试验。另外，针对使用的出钢口内径为120毫米，出钢时间在3.5~7分钟、平均为5.5分钟、出

钢时间偏长，不利于产量规模提升后转炉冶炼周期缩短工作的开展等情况，引进“整体大口径出钢口”；出钢口内径改为128毫米。（3）动力部分。动力厂供水车间软水站主体设备离子交换器失效后由人工采用食盐进行再生，交换器使用周期为96个小时，年食盐耗量700吨，年产水量190万吨，再生耗水量10万吨，而再生废水含大量盐类物质，且直接排入长江。针对交换器使用寿命短，食盐消耗量大等情况，引进“阳离子活化剂”对离子交换器树脂进行活化处理，以期达到延长交换器使用寿命、降低食盐消耗、节约再生水耗量。

◆张兴良

【26项技术经济指标达历史水平】 2008年重钢股份公司在受监控的55项主要技术经济指标中，全年达到历史水平的有26项、占受监控指标的47.27%，好于2007年水平的有32项、指标改善率达58.18%。在与行业可比的39项主要技术经济指标中，达到或超过上年行业平均水平的有17项、占可比指标数的43.59%，步入行业先进水平的有1项、占可比指标的2.56%。

1. 焦化。2008年焦化厂在来煤质量不稳定的情况下，通过完善配煤比例，继续强化工艺管理，减少了工艺事故和设备故障。全年生产冶金焦136.71万吨，冶金焦M40完成80.20%、达到历史水平。

2. 烧结。在混匀矿入炉矿石品位达到61.90%的情况下，通过强化烧结设备维护和继续加强烧结原料混匀管理、原料粒度和水分控制，实施“精、细、化”管理标准，引进新材料和开展降低烧结工序燃（辅）料消耗等技术攻关，使得烧结和球团设备处于良性生产过程中。全年生产烧结矿466.88万吨、球团矿38.58万吨，烧结利用系数实现1.372吨立方米/时，达到上年行业平均水平以上；烧结固体燃料消耗47.43千克/吨，较历史水平下降1.82千克/吨。

3. 炼铁。开展以提高喷煤比、降低综合焦比等系列保铁攻关，全年生产合格生铁292.49万吨，高炉喷煤比达120.64千克/吨（较历史水平提高4.72千克/吨）、入炉焦比完成402.238千克/吨（较历史水平下降7.461千克/吨）、综合利用系数完成2.586吨/立方米日、达到历史水平，4号高炉利用系数达2.586吨/立方米日，达到历史水平、达到上年行业平均水平以上。

4. 炼钢。在铁水供应较充足的情况下，引进新技术和新材料，开展提高钢水洁净度、钢水可浇性、方坯实物质量、板坯实物质量等技术攻关。全年交库合格钢产量完成335.76万吨的历史新水平，石灰消耗达38.57千克/吨，较历史水平下降2.01千克/吨，铸坯收得率实现98.70%、达到历史水平、达到上年行业平均水平以上。

5. 轧钢。针对4个轧钢厂生产工艺特点，首先以提高产品质量，适应市场开发新产品为重点。其次是强化管理、健全基础工作，优化孔型设计和用坯方案，规范操作程序、工模具使用等而大幅度地降低了轧制改判和非订品量。针对薄弱环节开展“降低中板小块板和非定品比例”“优化工艺技术提高薄板原品种率”“优化中板工艺技术提升技术指标”等技术攻关。中板轧机产量实现129.29万吨、高速线材产量实现51.53万吨的历史纪录，型材产量达到130.40万吨、薄板产量实现7.20万吨，高速线材综合成材率实现98.45%。

◆张兴良

2008年重钢股份公司主要技术经济指标完成情况表

指标及生产单位			指标单位	历史水平	上年水平	上年行业平均水平	上年行业先进水平	当年实际
焦化		冶金焦率	%	97.73	97.73	93.125	98.516	97.56
		冶金焦硫分	%	0.79	0.90	0.677	0.484	0.94
		冶金焦灰分	%	13.03	13.65	12.749	12.333	13.71
		冶金焦M40	%	79.90	79.90	81.567	85.468	80.20
		冶金焦M10	%	7.33	7.37	6.994	6.142	7.40
烧结	利用系数	烧结	吨/平方米时	1.682	1.382	1.330	2.148	1.372
		一烧结	吨/平方米时	1.478	1.428	1.330	2.148	1.420
		三烧结	吨/平方米时	1.682	1.327	1.330	2.148	1.315
		球团	吨/平方米时	6.698	5.906	2.952	12.390	7.004
		固体燃料消耗	千克/吨	49.25	49.25	46.182	22.612	47.43
		一烧固体燃料消耗	千克/吨	46.85	46.85	46.182	22.612	45.48
		三烧固体燃料消耗	千克/吨	52.28	52.28	46.182	22.612	49.97
	转鼓	烧结	%	76.75	76.12	73.693	82.159	76.44
		球团	%	93.47	93.47			92.57
	膨润土消耗		千克/吨	25	25			21

续表

指标及生产单位			指标单位	历史水平	上年水平	上年行业平均水平	上年行业先进水平	当年实际
炼铁	入炉矿品位		%	56.80	55.17	57.708	60.072	55.20
	高炉风温		度	1147	1147	1125.227	1174.51	1142
	熟料率		%	98.48	92.82	92.501	100.00	93.38
	休风率		%	1.64	1.64	1.521	0.597	2.22
	慢风率		%	1.17	1.17		1.19	
	综合焦比		千克/吨	519.439	519.439	517.58	463.598	516.035
	入炉焦比	综合	千克/吨	409.699	409.699	392.505	296.945	402.238
		3号高炉	千克/吨	409.692	409.692	402.919	336.424	402.912
		4号高炉	千克/吨	415.318	415.318	396.803	297.406	396.535
		5号高炉	千克/吨	403.529	403.529	396.803	297.406	408.876
	喷煤比	综合	千克/吨	115.92	115.92	137.088	191.524	120.64
		3号高炉	千克/吨	127.80	127.80	132.54	173.211	129.59
		4号高炉	千克/吨	107.91	107.91	134.077	194.858	122.55
		5号高炉	千克/吨	116.54	116.54	134.077	194.858	111.53
	利用系数	综合	吨/立方米日	2.572	2.572	2.678	4.146	2.586
		3号高炉	吨/立方米日	2.796	2.796	3.048	3.917	2.792
		4号高炉	吨/立方米日	2.479	2.479	2.445	3.624	2.593
		5号高炉	吨/立方米日	2.557	2.538	2.445	3.624	2.442
炼钢	钢铁料投入消耗		千克/吨	1081.210	1085.479			1084.987
	优钢比		%	87.57			86.08	
	板坯内裂率		%	0.03	0.04		0.00	
	热铁水消耗		千克/吨	865.00	875.77			874.52
	钢坯综合炼成率		%	98.09	98.09			97.85
	表面原始合格率		%	97.53			96.99	
	铸机溢漏率		%	0.04	0.04	0.094	0.002	0.04
	铸坯收得率		%	98.65	98.40	98.315	99.872	98.70
	石灰消耗		千克/吨	40.58	40.59	58.712	37.524	38.57
	转炉炉龄		炉/届	22412	11976	8617.58	27767	9212
型钢	大型成材率		%	92.94	92.40	95.479	97.515	91.32
	中型成材率		%	95.81	95.81	97.056	100.242	95.71
	棒材成材率		%	95.46	96.46	98.331	102.769	96.79
	大型轧辊消耗		千克/吨	3.969	3.969			3.962
	中型轧辊消耗		千克/吨	2.959	2.959			2.932
	棒材轧辊消耗		千克/吨	1.941	1.955			1.940
中板	普板成材率		%	92.24	91.86			91.33
	专用板成材率		%	89.44	89.28			89.59
	轧辊消耗		千克/吨	0.739	0.841			0.790
高线	线材成材率		%	98.51	98.51	97.592	98.51	98.45
	轧辊消耗		千克/吨	0.173	0.173			0.158
薄板	成材率		%	87.51	87.51	96.27	91.07	

◆张兴良

保卫处

【概况】 重庆钢铁股份有限公司保卫处2008年设2科3队1室:生产保卫科、治安保卫科、消防队、巡逻中队、护卫中队、办公室。在岗职工232人、在册职工250人,外聘保安157人。2008年,保卫处贯彻《企业事业单位内部治安保卫条例》和公安部93号令,落实"预防为主、单位负责、突出重点、保障安全"的工作方针,着力构筑"打、防、管、控"一体化防范体系,强化治安管理,加强辖区治安专项整治。全年,重钢股份公司辖区内无重特大交通事故、重特大火灾事故、重特大治安灾害事故发生。确保重点单位、重点要害部位安全,要害部位无"三类"事故(破坏事故、破嫌事故、重大责任事故)发生。全年为重钢股份公司挽回物资折价28.88万元,违管费、赔偿费等23.42万元,破案追回30.88万元。

◆左玉兰

条目另见部目

【治安综合治理工作】:《企业管理》

【治安防范工作】:《企业管理》

【信访工作】 2008年,重钢股份公司信访接待处理信访事项6件,与去年同比下降12件;处理来信1件,与去年同比下降10件;来信来访处理率100%,与去年持平;集访为零,与去年同期持平。

◆夏书华

【股份公司治安专项整治】 重钢股份公司保卫处针对2008年周边突出的治安问题和保平安奥运工作之需,联合大渡口区公安分局、钢城公安分局开展贯穿全年治安秩序的专项斗争。(1)集中巡逻分队与机动分队的力量,连续一个多月重点对型钢厂区域进行集中整治。(2)加强铁路沿线巡逻力度,派队员封堵偷盗人员出入厂区路径。(3)对保安队伍进行调整,做到新老搭配、强弱结合;经一个月整治,棒材区域的物资流失明显减少。(4)连续数周对炼钢厂、高线厂进行带犬巡逻、重点防范。(5)在整治废旧金属收购行业专项工作中,查收赃窝点,收缴各类被盗物资16.64吨。(6)在打击破坏"三电"(电力、电讯、电视)设施的斗争中,组织专门巡逻力量,发动单位职工、群众参与,联合公安机关,实现公安保卫"联勤、联防、联动",抓获犯罪嫌疑人15人。(7)针对葛老溪区域的"三轮摩托车"参与盗窃、打击报复保卫人员的问题,配合大渡口区公安分局开展葛老溪周边地区挂牌整治工作。重新审核办理葛老溪料场地区借道通行机动车辆(代步车辆)借道通行证。打击处理7人打击报复保卫人员和偷盗葛老溪原材料生产物资的违法犯罪人员,缴获运赃三轮车4台,追回被盗废钢3.4吨。(8)2008年7月30日起,重钢股份公司保卫处联合重钢集团武装部、钢城公安分局在辖区内组织数千人次进行14次厂区夜间清查,抓获偷盗现行67起,捉获偷盗人员94人次,缴获各类物资15.481吨,电缆线100米,挽回经济损失53706.12元。

◆许建辉

【消防工作】 (1)重钢消防队针对春节烟花爆竹燃放、夏季天气炎热容易发生火灾的特点,多次开展对厂区搭建的临时工棚,易燃易爆存储生产场所,重点电器设施,电器线路,重点要害部位,技改现场等进行专项整治检查。全年共检查单位127个次,检查部位560个,310人次参加,发现隐患227件,发火险隐患整改通知书11份。(2)配合有关部门制定和修改重钢长寿新区消防规划总体设计方案,参加环保搬迁各单位设计方案的初审会,并提出消防审查意见。(3)2008年重钢消防队出动火警73次,其中厂区8次,社会65次,出动消防车辆152台次,出动灭火人员949人次,全年为重钢易燃易爆场所动火进行现场监护,出动消防车辆25台次、人员165人次。(4)在大渡口区举办的消防业务(公安、专职消防队组)比赛中,取得2个第四名,1个第五名成绩。

◆简定华

【治安巡逻】 (1)2008年重钢保卫处巡逻中队调整人员结构,6月,新招6名退伍军人充实巡逻队伍;7月,调出6名队员分配到各二级单位与消防队;10月底,移交巡逻三分队8名职工、16名保安到重钢股份公司中板厂;11月4日,调出8名到治安科。(2)在全年巡逻守候工作中,加强对夜间通信电缆的巡逻守护,管理人员蹲点各区域指导工作,调整工作思路,在"运不走"上下工夫。(3)2008年治安巡逻队拦获违规车辆36台次,拦获废钢铁及其他各类物资57.6吨,挽回经济损失17.56万元:通过保卫处向公安机关移交35人。

◆王国锋

【门卫管理】 2008年,重钢股份公司保卫处护卫中队担负着重钢股份公司厂区25个门岗和要害部位的一号电站、二号电站、生活水厂、10万立方米煤气柜、5万立方米煤气柜、5万兆瓦燃气发电机组等6个要害部位的执勤守卫和股份公司厂区物资、人员进出厂管理。(1)制定《门卫岗位工作(作业)标准》。(2)在坚持"进不来、出不去"的工作方针的同时,在焦化门岗、跃进门岗、中山堂门岗、中轧门岗、葛老溪门岗、六厂一号门岗、中板厂一号门岗增添视频监控设备共14套。(3)继续贯彻执行《重钢股份公司机动车厂区通行证》出入厂区的制度和重钢集团颁发的《禁止摩托车进入厂区的通告》《禁止在厂区内摆摊设点的通告》。

2008年护卫中队门岗共检查车辆162511辆次、收出门条共计339226张、办理机动车临时通行证92194辆次、要害部位人员进出登记11891人次。拦获各类违规车辆104台次(含出租车4台),拦获违规人员106人;拦获偷盗事件41件,捉获偷盗人员

55 人，交值班室处罚违管费 18430 元，教育放行 46 人；移交公安机关行政拘留 6 人、刑事拘留 3 人。拦获的物资有：废钢铁 13 吨、各类钢切头 1.06 吨、8 千克电机芯 1 个、水泵 1 台、电缆线 20 米、铜 20 千克、其他物资 10 吨，挽回经济损失 6 万元。

◆肖朝云

党委办公室（宣传处）

【概况】 重庆钢铁股份有限公司党委办公室（宣传处）主要负责重钢股份公司党委办公室和党委宣传处的日常工作、厂情教育、文明单位建设、普法教育、职工思想政治工作研究、武装、统战及《班组生活》的编辑等；设宣传科。2008 年末在岗职工 3 人，其中高级政工师 2 人、助理政工师 1 人。2008 年，重点抓了党的十七大、十七届三中全会和重庆市第三次党代会精神的宣传、学习；开展“知形势、强信心、迎挑战、促发展”为主题的厂情教育活动；开展“解放思想、扩大开放”大讨论活动；开展“遵纪守法、爱岗敬业”专题教育活动；坚持开展季度职工思想状况调查分析；检查、指导、督促各单位文明单位创建工作；继续组织实施“创学习型企业，做知识型职工”工程；继续牵头开展“党支部、车间、职工小家、团支部”达标晋级活动和协同开展股份公司技术竞赛；组织开展重钢股份公司民兵降本增效竞赛活动。2008 年，重钢股份公司党委办公室（宣传处）获重钢集团宣传思想工作先进单位称号。

◆吴明利

【股份公司党建工作】 1. 2008 年，重钢股份公司党委按照“突出一条主线、加强两项建设、开展三项活动、确保四项目标”的基本思路开展工作。“突出一条主线”：以深入贯彻党的十七大精神和重庆市第三次党代会精神为主线，全面落实科学发展观；“加强两项建设”：加强各级班子建设，进一步提升领导科学发展与建设和谐企业的能力；加强党员和职工队伍建设，推进“创学习型企业、做知识型职工”工程；“开展三项活动”：围绕重钢迁渝建厂 70 周年，开展以“知形势、强信心、迎挑战、促发展”为主题的厂情教育活动；围绕全面落实固本强基战略，开展基层党组织“五个好”创建活动；围绕重钢股份公司生产经营重点，开展“精细管理促发展，节能减排增效益”党内主题活动；“确保四大目标”：确保重钢股份公司全年生产经营目标的实现；确保重钢股份公司党的建设年度目标实现；确保重钢股份公司重庆市“百佳文明单位”称号；确保重钢股份公司总体稳定。

2. 加强领导班子、干部队伍建设。一是坚持“四落实”的中心组学习制度，不断加强领导班子思想政治建设。2008 年重钢股份公司党委继续坚持落实学习主题、落实学习资料、落实学习时间、落实学习考勤的中心组学习制度。各级领导班子成员带头参加“解放思想，扩大开放”大讨论及“遵纪守法、爱岗敬业”专题教育活动，使两级中心组学习在针对性和有效性上收到效果。二是开展争创“四好班子”活动，切实加强干部队伍的民主监督。按照重钢集团统一部署，做好重钢股份公司两级班子及成员的民主评议，重点做了科级管理干部的民主评议考核，共组织 2511 人次职工代表，对重钢股份公司领导班子及下属 17 个厂处班子、72 名成员和 347 名科级管理人员进行民主评议，并通过职代会团组长会、厂情发布会等方式，将结果反馈给职工群众。

3. 围绕生产经营实际发挥党组织和党员的先锋模范作用。一是强化党建工作目标责任制的落实。年初，重钢股份公司党委根据党建工作重点和生产经营任务，制定 2008 年度《党建工作目标责任书》，按照重钢股份公司党委、二级单位党委（总支）、党支部、党小组和党员这五个层次，做到“每一级党组织都有目标，每一名党员都有指标”，并通过签订《党建工作目标责任书》逐级落实责任。二是加强党的组织建设。完成焦化厂、中板厂、冷轧薄板厂和保卫处 4 家单位的党委（总支）换届工作。重钢股份公司党委 2008 年分 3 个片区组织开展基层党支部工作研讨交流活动，收到 49 篇党支部工作研讨论文。三是开展党内主题竞赛活动。全年重钢股份公司各级党组织共组织 2623 名党员参与党支部攻关，占在岗党员数 3856 名的 68.02%，共立攻关项目 339 个。四是按照“三优”要求，推进“党员素质提升工程”。2008 年重钢股份公司参训党员 3862 人，参训率 99.7%；经职工群众评议，在岗党员发挥先锋作用好和较好的有 3629 人，占重钢股份公司在岗党员数的 94.11%；全年重钢股份公司各单位党员共承诺事项 12253 条，兑现率 94.76%；新写入党申请书 85 人，发展新党员 119 人。3827 名共产党员在向“5·12”汶川大地震灾区捐款的同时，还交纳“特殊党费”342955 元。

4. 加大反腐倡廉力度。一是以规范权力运行为核心，抓好反腐倡廉各项工作。重钢股份公司党委围绕安全生产、降本增效、节能减排和精细化管理等重点工作，坚持标本兼治、综合治理、惩防并举、注重预防的工作方针，以贯彻落实党风廉洁建设工作责任制为基础，以完善惩治和预防腐败体系为重点，推进教育、制度、监督、惩处各项工作。二是开展“遵纪守法，爱岗敬业”专题教育活动。按照重钢集团的统一部署，启动专题教育活动。为保证专题教育活动开展，重钢股份公司分阶段对专题教育活动进行安排。在第一阶段对各单位抓好“宣传发动、学习讨论”，分别提出讨论主题和工作要求，在第二阶段对各单位抓好“查找问题、整改落实”工作进行布置，明确“查找问题、整改落实”阶段的目标任务、内容方式和工作要求。重钢股份公司共查出存在的薄弱环节、漏洞和问题203个,制定整改措施270条项。三是继续开展效能监察工作,强化过程监督。2008年重钢股份公司和17个二级单位立项实施效能监察83个,重钢股份公司和各单位共立项实施效能监察项目26个,向相关单位提出监察建议116条,发出监察决定2个,建章立制85个,节约资金1693.85万元(含装备处招标压价节约1082.47万元),避免经济损失2532.15万元(含原材料处外购废钢降级扣非等1772万元),挽回经济损失724.05万元,共计4950.05万元。

◆吴明利

【股份公司思想政治工作】 2008年重钢股份公司宣传思想工作围绕生产经营中心主要开展。

1. 学习贯彻党的十七大、十七届三中全会和重钢集团第十一次党代会精神,各单位把学习贯彻党的十七大会等精神作为年度党员轮训的主要内容;重点抓好中心组学习,重钢股份公司各单位厂处级负责人均按要求参加了重钢集团举办的十七大精神学习班,同时参加重钢集团组织的各种专题的大集中学习。

2. 开展"知形势、强信心、迎挑战、促发展"为主题的厂情教育活动。以庆祝重钢迁渝建厂70周年为契机,重钢股份公司开展以"知形势、强信心、迎挑战、促发展"为主题厂情教育活动。一是从年初开始,重钢股份公司、各单位广泛宣传重钢集团和股份公司两级职代会精神。对行政年度工作目标和生产经营目标,以及各单位、车间、班组的生产经营指标进行宣传。二是开展岁末年初的"知形势、强信心、迎挑战、促发展"征文及大讨论等活动。三是在重钢集团召开半年经济运行分析会后,重钢股份公司及各单位就把重钢集团及股份公司半年生产经营形势及今后工作的方向、要求等,通过职工大会、党员组织生活会等形式在职工中进行宣传教育,通过《重钢报》、重钢电视台以及重钢股份公司各种内部学习资料等宣传媒体对重钢股份公司及各单位生产经营完成情况进行宣传。

3. 开展"解放思想、扩大开放"大讨论活动。根据重钢集团《关于贯彻落实重庆市委、市政府"解放思想、扩大开放"大讨论活动实施意见》,重钢股份公司制定实施意见。引导党员、干部及职工围绕形势、围绕推动科学发展、围绕"生产经营、环保搬迁、资源开发、企业改革"四大战略任务等内容展开大讨论。同时为保证大讨论活动有序有效进行,重钢股份公司及各二级单位加强了组织领导,设立组织机构,并对营造氛围、督导检查等方面也作出具体要求。并根据大讨论活动的总体要求和具体安排,重钢股份公司专门召开了"解放思想、扩大开放"大讨论活动各阶段小结会。

4. 继续坚持"以人为本",进一步加强和改进宣传思想工作。重钢股份公司及各单位坚持以人为本,把职工的心理需求作为思想政治工作的关注点,把职工的思想反映作为思想政治工作的重点环节,通过座谈、调查、走访等多种方式了解职工思想动态,坚持搞好每季度职工思想状况调查分析,把解决职工思想问题与解决职工实际问题结合起来,增强宣传思想工作的有效性;同时针对重钢股份公司的实际情况、职工群众关心的热点、难点问题开展思想政治工作。

5. 组织开展"五五"普法知识竞赛活动。2008年重钢股份公司在重钢集团法制建设办公室的统一安排下,除厂处级由重钢集团组织外,重钢股份公司对科级、一般管理人员及操作人员等层面的职工进行"五五"普法知识竞赛答题活动,共有8068名职工参与,11个单位获得组织奖、150名职工获个人奖。对各单位开展的"五五"普法工作进行中期检查,重钢股份公司及各单位对2006~2007年的普法工作开展情况进行了总结。

6. 全面开展"遵纪守法、爱岗敬业"专题教育活动。在重钢集团召开"遵纪守法、爱岗敬业"动员大会后,重钢股份公司作出安排,启动专题教育活动。下发《关于在全公司开展"遵纪守法、爱岗敬业"专题教育活动的通知》文件,制定《重钢股份公司"遵纪守法,爱岗敬业"专题教育活动第一阶段安排意见》。编辑一期《班组生活》专辑下发各单位。要求各单位组织全体职工重点围绕"为什么要在当前形势下开展全公司范围内的'遵纪守法,爱岗敬业'专题教育活动""为什么在多起案例中都有我们的职工参与,内外勾结,里应外合""本单位、本部门、本车间、本班组、本岗位是否存在管理漏洞?如何有效堵塞""针对本单位、本部门、本车间、本班组、本岗位,怎样建立健全教育、制度、监督并重的防范体系"等问题展开讨论。重钢股份公司还专门召开党委书记例会进行专题交流。

◆吴明利

【股份公司厂情教育】 2008年重钢股份公司以庆祝重钢迁渝建厂70周年为契机,开展以"知形势、强信心、迎挑战、促发展"为主题的厂情教育活动。(1)从年初开始,重钢股份公司和各单位广泛宣传重钢集团、重钢股份公司两级职代会精神。重钢股份公司专门编辑发《班组生活》厂情教育专刊。重钢股份公司及各单位通过各种形式,将重钢股份公司、本单位党委、行政年度工作目标和生产经营目标,以及各单位、车间、班组分解的生产经营指标进行宣传;对广大职工讲清面临的困难和战胜困难的条件,讲清内部挖潜,降本增效的措施办法,引导广大职工做好本职工作,搞好现实生产。(2)开展岁末年初的"知形势、强信心、迎挑战、促发展"征文和大讨论等活动,使职工牢记光荣历史,继续发扬艰苦奋斗的光荣传统,坚定又好又快发展始终是重钢股份公司第一要务的信念。与重钢三峰传媒公司在《重钢报》联合举办"知形势、强信心、迎挑战、促发展"征文活动,评选出9篇获奖征文。(3)在重钢集团召开上半年经济运行分析会后,重钢股份公司和各单位把重钢集团和股份公司上半年生产经营形势及下半年工作的方向、要求等，通过生产例会、职工大会、党团员组织生活会等等形式进行宣传教育。(4)对重钢股份公司和各单位生产经营完成情况以及好人好事，通过《重钢报》、重钢电视台以及各种内部学习资料等宣传媒介进行典型事例的广泛宣传。(5)2008年，烧结厂、型钢厂、炼铁厂、中板厂、动力厂、焦化厂等6家单位获重钢股份公司厂情教育优秀单位；运输部、炼钢厂、销售处、高线厂、质管处、钢研所、冷轧薄板厂、原材料处、装备处、保卫处等10家单位获重钢股份公司厂情教育表扬单位。

◆吴明利

【股份公司文明单位建设】 2008年，重钢股份公司按照《重钢集团企业文化建设"十一五"规划》，继续推进企业文化建设试点工作，指导各单位提炼并形成各具特色的工厂愿景。继续开展创建文明单位、文明车间(科、站)、文明班组活动。结合纪念改革开放30年，开展中国特色社会主义理论体系宣传普及活动，进一步增强广大职工群众的社会主义意识形态的吸引力和凝聚力，推进"职工文明大行动"。重钢股份公司继续保持重庆市"百佳文明单位"称号，各单位继续保持原有各等级的文明单位称号。

◆吴明利

【股份公司武装工作】 (1)2008年，重钢股份公司各级民兵组织加强领导，完善管理，确保发展。重钢股份公司各级党组织坚持从社会稳定、国防建设和公司稳定健康协调发展的高度加强对民兵工作的领导，进一步建立健全民兵工作的各类组织机构，强化对民兵工作的管理，夯实民兵工作的领导管理体系。(2)抓好队伍建设。①以庆祝重钢迁渝建厂70周年为契机，开展以"知形势、强信心、迎挑战、促发展"为主题的厂情教育活动。从年初开始，重钢股份公司、各单位宣传重钢集团和股份公司职代会精神，使广大民兵认清形势与面临的困难，同时引导民兵参与"知形势、强信心、迎挑战、促发展"征文及大讨论等活动。对重钢股份公司及各单位民兵在生产经营、维稳等工作中的先进典型及时地通过《重钢报》、重钢电视台等宣传媒介进行宣传报道。②进一步强化国防教育。重钢股份公司各单位通过多种形式，进一步强化"国无防不立，民无兵不安"和重视国防、支持国防、参与国防建设的教育。重点组织民兵学习重钢集团武装部第一政委张再坤和政委朱建派在2008年武装工作会上的讲话。(3)发挥民兵主力军作用。2008年重钢股份公司继续以民兵连为单位，组织开展"民兵降本竞赛"活动，确保人均1000元增收节支目标的超额实现。①焦化厂为保证正常生产及降低生产成本，设立"民兵降本增效"攻关项目6项，按要求全部完成项目攻关活动。②烧结厂确定7个民兵创新项目，共创效益370.65万元；民兵、复转军人围绕生产经营，设备改造、安全环保等工作提合理化建议164条，采纳125条。③炼铁厂实现民兵参与人均千元降本增效竞赛面达到100%的目标。④炼钢厂15个民兵连，1095名民兵、复转退伍军人报名参加竞赛活动，全厂共立项31项；实现民兵人均降本增效1000元目标，民兵、复转退伍军人参赛面达到100%。⑤型钢厂406名民兵预备役人员和转退军人开展"降本增效"，达到上级部门的要求"人均降本千元"目标，创节约价值204万元。⑥薄板厂确定21个民兵攻关项目，创经济效益195.96万元，全年提合理化建议62条，采纳54条。⑦动力厂在节水、节电等人均千元的活动中，立项22项，超人均千元的目标。⑧运输部围绕运输保产的难点和薄弱环节确定7个竞赛项目，各民兵连完成降本增效项目9项，共有220名民兵直接参与到降本增效活动中，共创经济效益8.5万元。⑨质管处各民兵连先后立项8个，人均降本增效千元以上。⑩装备处以增产增效、节能降耗、修旧利废为主要内容开展竞赛活动，提出"利用工余时间回收库房废钢铁(陈旧账外设备)"攻关项目，创价值49170元，达到人平降本增效1000元的目标。(4)配合做好各项稳定工作。①继续做好拥军优属和优抚工作。配合相关部门做好原8023部队和部分复员退伍军人的清理、核实、确认、稳定等工作，确保了集体上访和进京上访为零的目标。②奥运、汶川大地震等期间，各单位民兵参与维护稳定等工作。活动板房生产制造的任务交给了冷轧薄板厂检修民兵排，检修民兵排在确保自身检修进度的同时，迅速行动，在短短时间内，保证了活动板房生产的顺行。保卫处端掉窝点11个，打掉了团伙性犯罪组织6个，捉获偷盗人员465人次。③组织民兵应急分队配合搞好防洪防汛、抢险救灾、快速处置遇到的各类灾情，组织民兵应对处置各类突发事件。运输部抽调民兵11人次，配合重钢集团武装部完成维稳等紧急任务，完成对重钢中技校新生的队列训练。抽调民兵11人次参与重钢集团武装部和安全环保处组织的防洪抗汛拉练。防汛期间，按照重钢股份公司武装部和安全环保部门的统一安排，应急分队195人次坚持24小时轮班值班。

◆吴明利

党委组织处(纪监处)

【概况】 重庆钢铁股份有限公司党委组织处(纪监处)实行一套机构，分别履行党的组织、纪检和行政监察的职能。组织处(纪监处)设组织科、纪监科2个科室。组织科主要分管股份公司二级单位党委(总支)的换届改选、基层党支部建设、党员队伍建设、党群管理人员管理、围绕生产经营开展党内活动等工作。纪监科主要分管党风党纪教育、违纪违法线索和案件的查处、党风廉政建设、效能监察等工作。2008年末，在岗职工6人；高级工程师1人、高级政工师3人、政工师2人。2008年，组织处（纪监处）重点开展的工作：（1）大力实施"固本强基"战略，加强基层党组织的先进性建设；（2）有效运行"党组织实现生产经营目标保证体系"；（3）"精细管理促发展，节能减排增效益"党内主题竞赛活动；（4）"党支部达标晋级"活动；（5）创建"学习型党组织"工作；（6）推进"党员素质提升工程"，建设"三优"党员队伍工作；（7）"党员之家"建设、党内送温暖活动；（8）"党员身边无事故"活动；（9）推进"党员承诺制"活动；（10）"党建带团建"工作；（11）党建工作、党支部工作研究和交流；（12）反腐倡廉教育、廉洁文化建设、党风廉洁建设工作；（13）"遵纪守法，爱岗敬业"专题教育活动；（14）效能监察工作；（15）"法轮功"处置和稳定工作；（16）信访举报查处工作；（17）交纳"特殊党费"，支援"5·12"四川汶川大地震灾区。

◆陈祖田

【党组织换届】 2008年末，重钢股份公司党委下属有党委12个，党总支5个；基层党支部（总支）158个，其中在岗党支部（总支）135个，退（居）休党支部13个；党员4635名，在岗党员3876名。（1）中共重庆钢铁股份有限公司保卫处第一次党员大会于2008年7月9日召开，选举曾礼远、吴刚渝、赵陵、冉宗文、李光华等组成中共重钢股份公司保卫处第一届总支委员会，曾礼远任党总支书记。（2）中共重庆钢铁股份有限公司焦化厂第七次代表大会于2008年7月25日召开，选举了马平、方晓燕、李小华、常恨非、谭忠诚等组成中共重钢股份公司焦化厂第七届委员会，选举马平、马胜清、文应忠、吴大河、邹利华等组成中共重钢股份公司焦化厂新一届纪律检查委员会，马平任党委书记、纪委书记。（3）中共重庆钢铁股份有限公司薄板厂第一次党员大会于2008年8月27日召开，选举张俊、李兰天、张桥川、刘泳、张宁等组成中共重钢股份公司薄板厂第一届总支委员会，张俊任党总支书记。（4）中共重庆钢铁股份有限公司中板厂第八次代表大会于2008年12月10日召开，选举高守伦、管朝晖、罗运清、易远菊、杨斌等组成中共重钢股份公司中板厂第八届委员会，选举陈玉洁、陈渝生、周幸福、高守伦、徐绍华等组成中共重钢股份公司中板厂新一届纪律检查委员会，高守伦任党委书记、纪委书记。

◆陈祖田　邓泽萱

【实施"固本强基"战略】 2008年，重钢股份公司党委按照《重钢集团公司党委实施"固本强基"战略纲要》的统一部署和要求，推进"固本强基"战略的实施。一是强化党建责任制的落实。年初，重钢股份公司党委制定2008年度《党建工作目标责任书》。按照重钢股份公司党委、二级单位党委（总支）、党支部、党小组和党员这5个层次，对应股份公司和各生产厂（处）、车间、班组、岗位所层层负责的生产经营指标，明确各级党组织和每个党员的任务和责任，做到"每一级党组织都有目标，每一名党员都有指标"；并通过签订《党建工作目标责任书》逐级落实责任，形成上下衔接、左右协调、纵横互保的责任保证网络。二是推进"五好"党组织的创建。重钢股份公司党委和各二级单位党委（总支）将"五好"党组织的要求，融入现行的党组织"创先争优"和党支部"达标晋级"活动之中，不断增强基层党组织的创造力、凝聚力和战斗力，确保到2012年能有90%以上的党委（总支）建成"班子建设好、党员队伍好、工作机制好、阵地建设好、发展业绩好""五好"党委（总支），以及确保每年能有30%的党支部建成"五好"党支部，力争在3～4年内把95%以上的党支部建成"支委班子好、运行机制好、职工队伍好、生产工作好、先锋模范作用好"的"五好"党支部。三是开展先进性主题实践活动。2008年，重钢股份公司党委在党员中开展"从我做起求精细，提质降本增效益"党内主题竞赛及"党员安全岗""党员身边无事故"等活动。各单位党组织发动组织党员针对生产经营、降本增效、安全环保的重点、难点、关键和薄弱环节，开展立项攻关，降本增效5708.68万元（含间接效益）；设置"党员安全岗"841个，提出生产、设备、安全、环境污染事故隐患整改措施2473条，消除事故隐患2454项。

◆陈祖田　邓泽萱

【"五好党支部"创建活动】 （1）重钢股份公司各单位党委按要求，抓好基层党支部换届。2008年应换届党支部102个，均在年底前完成换届工作。各单位党委还根据机构、人员调整变动情况，调整健全党支部班子，选好配强支部书记。（2）坚持党支部书记培训工作制度化、经常化，采取送重钢集团党校支部书记培训班参训，自办班、以会代训、工作研讨、经验交流等方式，提高党支部书记的工作能力。并结合创建"学习型党支部"，推进"党支部学习化"建设，通过党支部"团队学习"和支部委员的自主学习，提升党支部的整体素质。（3）结合健全落实保持共产党员先进性长效机制，完善党支部工作制度和工作机制，推进党支部标准化建设，努力使党支部"组织活动经常化、制度建设系统化、阵地建设标准化、基础资料电子化"。（4）开展"党支部攻关工程""党群连心工程"等活动，加强改进职工思想政治工作，发挥党支部在生产经营、降本增效、保持稳定和构建和谐重钢中的战斗堡垒作用。（5）开展党支部工作研究交流，探索在新的发展阶段加强党支部建设、发挥党支部战斗堡垒作用的新途径，创新党支部开展工作和活动的方法、形式、载体。共收到各单位党委推荐论文49篇，9月至10月上旬，重钢股份公司党委分3个片区组织开展基层党支部工作研讨交流活动，各单位党委书记、党办主任、组织干事及120名党支部书记参加片区研讨交流活动，24名基层党支部书记在片区研讨会上作交流发言，与会党支部书记在会上进行讨论。重钢股份公司党委对评选出的18篇优秀论文予以通报表彰。

◆陈祖田　邓泽萱

【"党员素质提升工程"】 重钢股份公司各级党组织2008年以"党员先锋工程"为载体，以"增强党性、提升素质、发挥作用、服务职工"为着力点，按照"政治素质优、模范作用优、工作业绩优"的要求，加强党员队伍先进性建设。

(1)落实加强党员经常性教育长效机制。各级党组织贯彻落实重钢集团党委《关于加强党员经常性教育的意见》，抓好党员集中教育与日常教育。年初开展党员轮训，结合党的十七大、重钢集团党建工作会及两级职代会精神的学习贯彻，对党员进行形势任务教育、厂情教育，引导党员提升素质，树立和落实科学发展观，为完成生产任务，实现生产经营、降本增效目标努力工作，重钢股份公司参训党员3862人，参训率99.7%；严格规范"三会一课"，改进、丰富组织生活，经常性抓好日常教育，通过集中学习、专题辅导、座谈讨论、参观交流等，教育党员坚定理想，增强党性，保持和发挥先进性。(2)推进"创、做"工程，建立健全党员终身学习教育机制。通过组织党员参加岗位技能培训，组织开展党小组"三个一"团队学习活动和促进党员个人自学，提升党员技术业务素质和岗位技能。(3)坚持开展"党员先锋工程""党员攻关""党员责任区""党员示范岗""党员承诺制"等活动。2008年，重钢股份公司党员中的生产、技术、业务骨干达2867人，占在岗党员总数的73.97%；党员完成生产工作任务在班组前列的2604人，占在岗党员总数的67.18%；党员班长所在班组工作指标和工作任务完成情况在车间前列的700人，占党员班组长的81.87%。经职工群众评议，在岗党员发挥先锋作用好和较好的有3629人，占重钢股份公司在岗党员数的94.11%。(4)开展"党员承诺制"活动，促进广大党员为职工诚心诚意办实事，尽心竭力解难事，坚持不懈做好事，以服务职工群众的实际行动实践党的根本宗旨，树立先进形象。在向"5·12"四川汶川大地震灾区人民"送温暖、献爱心"活动中，3827名共产党员捐款、捐物，同时交纳"特殊党费"342955元，人均交纳89.61元。抓好组织发展，壮大党员队伍。坚持以"一线、骨干、青年"为发展党员的工作重点，深化党建带团建和"推优"工作，抓好"双向培养"；执行"发展党员公示制、票决制和责任追究制"，严把党员"入口"关，确保发展党员质量。全年新写入党申请书158人，组织175名入党积极分子参加党的基本理论、基本知识培训，发展新党员111人，无党员班组在去年基础上减少16个。(5)开展"党员之家"建设、党内送温暖活动，从政治、思想、工作和生活上关心、爱护、帮助党员，增强党组织的凝聚力。2008年，重钢股份公司党委和各单位党组织共筹集经费7.285万元，走访慰问困难党员362人次。

◆陈祖田　邓泽萱

【党建工作创新】 一是重钢股份公司探索拓展党内民主的有效途径和方式，贯彻《党员权利保障条例》，推行党务公开，使广大党员更好了解和参与党内事务，落实党员的知情权、参与权和监督权。二是继续抓好"党代会常任制"、党支部书记"两推一选"试点工作；进一步完善"党代会常任制"相关制度，强化常任制度的落实，循序渐进地推进党支部书记"两推一选"。三是加强党建工作研究，探索创新。在贯彻实施"固本强基"战略、开展"五好"党组织活动、抓好党员素质提升工程、建设"三优"党员队伍、深入开展"党员承诺制"活动、建立健全党内激励、关怀、帮扶机制、推进党内基层民主建设党组织、推进"学习型党组织"创建、深化党内主题活动、深化"党员安全岗"活动等方面进行探索实践和创新，促进各级党组织的工作和活动与重钢股份公司改革发展、生产经营中心工作更加融合，在创新中加强。2008年组织基层党务工作者撰写"思创新、求突破、上水平"党建工作征文16篇，其中获重钢集团征文一等奖2篇、二等奖2篇、三等奖3篇；全年共收到党建论文31篇，评选出一等奖2篇、二等奖4篇、三等奖8篇，向重钢集团党建研究会推荐11篇，获重钢集团党建优秀论文一等奖2篇、二等奖5篇、三等奖4篇。

◆陈祖田　邓泽萱

【"精细管理促发展节能减排增效益"党内竞赛】 2008年，重钢股份公司党委在各级党组织和全体党员中开展"精细管理促发展、节能减排增效益"党内主题竞赛活动。年初，重钢股份公司党委制定下发《关于开展"精细管理促发展节能减排增效益"党内主题竞赛活动的通知》，提出围绕生产经营、精细化管理、降本增效、节能减排、安全环保等工作开展党支部、党小组、党员"三层攻关"竞赛活动的10个方面的重点。下属各单位党委坚持"紧、实、新、严、细"的工作原则，贯彻精细化管理方针，按照党委抓规划、党支部抓实施、党员创业绩"三级协同，全员保证"的要求，制定实施办法，针对生产经营、降本增效的重点、难点、关键和薄弱环节，开展"党支部攻关""党小组攻坚""党员排难"立项攻关。各单位党组织对"三层攻关"实行"三级管理"，强化活动开展过程的管理，抓好攻关项目、措施、指标、活动"四个落实"，精细组织开展党内主题竞赛攻关活动。全年，重钢股份公司各单位党组织共立项实施"党支部攻关"项目339个，创经济效益5708.68万元(含间接效益)。

◆陈祖田

【推行"党员承诺制"工作】 2008年，重钢股份公司党委贯彻重钢集团党委《关于开展"党员承诺制"活动的实施意见》在党员中继续推行"党员承诺制"。

（1）总结基层经验，推进活动深入。年初，重钢股份公司党委召集各单位党委书记、党办主任、组织干事和部分基层党支部书记，就2007年全面推行“党员承诺制”的情况及2008年如何深入开展好“党员承诺制”活动进行交流研讨，10位基层党支部书记和3位党委（总支）书记在会上分别介绍了本单位、本支部推行“党员承诺制”的主要做法及取得的效果，分析了存在和需要改进的问题，对深入开展“党员承诺制”活动提出意见和建议。重钢股份公司党委组织处以《工作简报》，总结概括运输部党委和高线厂党总支、冷轧薄板厂党总支，以及中板厂原料车间党支部、焦化厂配煤车间党支部、炼钢厂炉检车间党支部等10个基层党支部推行“党员承诺制”的做法和经验。（2）抓好4个环节，确保活动实效。针对2007年“党员承诺制”活动存在和需要改进的问题，各单位党委（总支）2008年开展“党员承诺制”活动，注重抓好四个环节（建立环节、公示、实施环节、考评环节）。①“承诺”建立环节。各单位党委（总支）立足于党员素质提升，为生产经营、为职工群众办实事、做好事、解难事，对“承诺”内容的进行完善充实。②“承诺”公示环节。各单位党委（总支）和基层党支部通过专栏张贴、会议公开、进局域网等多种形式，向职工群众公示每个党员“承诺”的事项，把党员“承诺”事项的实施兑现置于广大职工群众的监督之下。③“承诺”实施环节。各单位党委（总支）和各基层党支部切实抓好活动载体，通过开展“党支部攻关”、党小组“三个一”、“党员攻关”、“党员责任区”、“党员身边无事故”等活动，为党员“践诺”提供平台、创造条件，组织党员实施落实“承诺”事项。④“承诺”考评环节。各单位党委（总支）和各基层党支部完善督促检查制度，健全考核评价体系，每季、每月督促检查党支部开展“党员承诺制”活动和党员“承诺”事项的实施兑现情况。2008年，重钢股份公司各单位党员共承诺事项12253条，兑现承诺11611条，兑现率94.76%。年底，重钢股份公司对在“党员承诺制”活动中17个示范党支部、60人示范党员给予表彰激励。

◆陈祖田

【股份公司效能监察】 2008年，重钢股份公司效能监察工作坚持精细化管理方针，着力强化“源头抓起、措施到位、精细监控、效果明显”的工作思路和要求。全年，重钢股份公司纪监处及16个下属单位，立项实施完成效能监察项目26个，共计节约资金1693.85万元（含装备处招标压价节约1082.47万元），避免经济损失2532.15万元（含原材料处外购废钢降级扣非1772万元），挽回经济损失724.05万元。向相关单位提出监察建议116条，发出监察决定2条，建章立制85个。

（1）目标明确、重点突出。重点抓好生产经营过程中关键薄弱环节的效能监察；抓好原辅料、备品配件、设备、物资、生铁、废钢、合金等资源招投标采购、质量验收、计量监控的效能监察；抓好检修工程的效能监察，严格检修计划申报、审定、工程发包、费用结算等环节；抓好对销售环节、资金管理的效能监察，保证销售资金及时回笼和安全；抓好对再生资源利用、废旧物资、闲置资产处置的效能监察，防止资源性物资、资产的浪费、流失。（2）深入调研、切入准确。重钢股份公司及下属各单位围绕本单位2008年的现实生产经营中心工作确定效能监察工作重点，立项实施的26个效能监察项目，其中加强大宗原材料采购、质量、计量监督管理8项，占30.77%；加强设备招投标监督管理6项，占23.08%；加强外委工程项量、质量、成本管理6项，占23.08%；防止物资流失4项，占15.38%；加强资金、能源控制，防止资金、能源流失等项目2项，占7.70%。（3）措施具体，责任落实。重钢股份公司各单位通过效能监察立项项目措施的制定实施，强化重点内容、重点环节、重点岗位的管理，带动整体管理水平的提高。质管处以严把大宗原辅料入口关、查处异常国内矿为重点，通过实施随机派工取样、取生产样的同时平行跟踪抽查解剖，推进四码头皮带机械取样，严格制样二人监护制，抽查实行三级管理制，对关键岗位人员进行轮岗调整交流等措施，确保伪劣铁矿石100%得到查处；钢研所在实施《公司入厂原辅材料（铁合金部分）的检验质量监控》效能监察项目中，采取进一步完善各相关岗位工作职责，明确工作责任，细化工作流程，规范工作制度，健全专项考核管理办法等措施，加强规范管理。（4）过程控制、有序推进。重钢股份公司及下属各单位纪监人员注重参与效能监察项目具体工作的全过程，推进监察项目各项措施的落实，并注重通过工作形式的创新解决存在问题。炼铁厂在国内块矿质量监督项目中，为确保加强矿石混匀管理措施落实，到料现场，督促料场职工按规操作，强化来料分堆管理，区分进口矿、国内矿，杜绝混料；运输部在加强码头装卸监察项目中，通过采取专门设立码头效能监察信息员、在囤船上设置举报电话牌、每月组织到码头集中检查等措施，真实掌握各项码头管理制度的落实情况，发现问题及时纠正处理。（5）检查督促、注重效果。重钢股份公司纪监处健全检查督促机制，坚持每季召开效能监察工作例会，检查落实效能监察工作的进展，制定印发统一格式的工作台账，督促检查。针对立项、实施、总结、改进各阶段的工作重点展开讨论，每季挑选效能监察工作效果好的单位进行经验交流。

◆王云飞

【开展“遵纪守法爱岗敬业”活动】 2008年，重钢股份公司针对所发生的一系列职工内外勾结、损害公家利益的案件，按照重钢集团的统一部署和要求，在四季度组织职工开展“遵纪守法，爱岗敬业”专题教育活动。在9

月19日重钢集团“遵纪守法，爱岗敬业”专题教育动员大会后，重钢股份公司发钢股党发〔2008〕40号文件《关于在全公司开展“遵纪守法爱岗敬业”专题教育活动的通知》，启动专题教育活动。在专题教育活动第一阶段，以钢股党发〔2008〕41号文件对各单位抓好“宣传发动、学习讨论”工作进行安排，提出6个讨论主题和5项工作要求。在专题教育活动第二阶段，重钢股份公司以钢股党发〔2008〕42号文件对各单位抓好“查找问题、整改落实”工作进行布置，明确“查找问题、整改落实”阶段的目标任务、内容方式和工作要求。重钢股份公司各单位对“遵纪守法、爱岗敬业”专题教育活动高度重视，按照重钢股份公司关于开展专题教育活动的安排和要求，各单位结合本单位实际制定《开展“遵纪守法，爱岗敬业”宣传教育活动的实施办法》，明确开展专题教育活动的重要性、必要性和各个阶段的任务，并按照重钢股份公司对专题教育活动各个阶段的安排意见，分别进行安排布置，有序推进专题教育活动开展。在开展学习宣传教育的基础上，各单位通过召开座谈会、发放问卷调查表和征求意见表、个别谈话等方式，对生产经营的各个环节进行梳理，查找管理上存在的薄弱环节和漏洞，并针对查找出来的薄弱环节和漏洞，制定整改措施。重钢股份公司共查找出存在的薄弱环节、漏洞和问题203个，制定整改措施270条。

◆陈祖田

【党风廉政建设】 2008年，重钢股份公司各级党组织按照“贯穿一条主线，加强两个建设，形成三个机制，抓好四项工作”的基本思路，围绕安全生产、释放产能、降本增效、节能减排和精细化管理等重点工作，坚持标本兼治、综合治理、惩防并举、注重预防的工作方针，以贯彻落实党风廉洁建设工作责任制为基础，以完善惩治和预防腐败体系为重点，推进教育、制度、监督、惩处各项工作，用严格的纪律和良好的党风促进持续健康发展。

1. 以落实党风廉洁建设工作责任制为基础，抓好反腐倡廉各项工作。重钢股份公司和各单位坚持党政“一把手”负总责和“谁主管、谁负责”的原则。健全《党风廉政建设及反腐倡廉工作责任制》，强化各级负责人落实党风廉政建设和反腐倡廉工作的责任意识和工作责任感。各级领导班子成员，自觉增强抓好分工负责的党风建设和反腐倡廉工作的主动性，对具体责任内容提出落实措施，并结合业务管理工作，指导督促分管系统、部门、单位落实。重钢股份公司纪委修订党风廉洁建设工作检查考核评价标准，进一步完善考核激励办法，结合季度、半年、年终党建工作检查，加强对各单位党风建设和反腐倡廉工作责任制落实情况的检查考核，确保党风廉洁建设工作各项措施落实到位。

2. 依托“大宣教”格局，构筑拒腐防变的思想道德防线。一是坚持每个季度开展反腐倡廉主题教育。坚持正面教育和警示教育相结合、典型教育和普通教育相结合、传统教育手段和创新教育手段相结合，分层次、分类别开展教育，注重以各级领导干部和关键岗位人员为重点，着力开展理想信念、党纪国法和廉洁从业教育，不断提高党员干部拒腐防变的能力。一季度以“深入学习，牢记宗旨”为主题，二季度以“再学规章，按规操作”为主题，三季度以“案例剖析，警钟长鸣”为主题，四季度以“及时总结，形成机制”为主题，并结合“遵纪守法、爱岗敬业”专题教育，开展教育活动。全年，重钢股份公司和各单位共发放反腐倡廉宣传资料2289份，举办反腐倡廉宣传教育活动81次、4023人次参与。二是推进廉洁文化建设。重钢股份公司和各单位进一步完善“三级协同，全面覆盖”的工作格局，发挥“大宣教”的作用，形成廉洁文化建设的合力，通过廉洁工作研讨会、警示教育报告会、法纪知识讲座、廉洁知识竞赛、廉洁文化网页、廉洁文化长廊、廉洁警示语等载体和形式，推进廉洁文化“进工厂、进车间、进班组、进岗位”，营造“依法经营、廉洁从业、以廉为荣、以贪为耻”的良好氛围与环境。

3. 坚持廉洁监督与加强管理相结合，强化从源头上防治腐败。（1）完善管理制度，规范权力运行。一是贯彻落实更加注重治本、更加注重预防、更加注重制度建设的要求，探索解决设备、原材料采购、工程招投标等腐败现象易发多发领域的问题。重钢股份公司和各单位把设备、原材料采购、工程招投标列为效能监察的重点，努力从源头上治理腐败。二是以规范管理为重点，进一步建立健全内部管理制度，形成用制度规范、按制度办事、靠制度管人的权力运行监督制衡机制。全年，重钢股份公司及各单位共建立和修订制度124个。三是监督制度执行，严格责任追究。全年，重钢股份公司及各单位监督实施招投标项目523个，涉及金额32.04亿元。重钢股份公司严格责任追究，对执行制度不力、造成损失和发生内外勾结、损害公司利益案件的单位，取消评先评优资格，对相关责任人，给予了撤职、降级处分或经济考核处罚。（2）进一步落实廉洁自律各项制度规定，促进各级领导干部和关键岗位人员廉洁自律。全年进行任前廉政谈话37人次，两级纪委负责人同下级党政负责人谈话211人次，对39人次实行诫勉谈话。严格执行领导人员民主生活会制度。2008年11月，重钢股份公司各级领导班子以“深入学习实践科学发展观”为主题召开民主生活会，并在内部网络上通报民主生活会情况。执行领导干部述职述廉和个人重大事项报告制度，215名厂处级干部进行述职述廉，厂处级干部238人次填报个人重大事项报告表，其中14人次报告了购车、购房、子女留学、因私出境出国等个人重大事项。落实业务招待费向职代会报告、厂务公开制度，重钢股份公司和各单位行政向职代会报告了业务招待费的使用情况，实施厂务公开39次。

4. 加大案件查办力度，发挥查办案件的治本功能。重钢股份公司纪委（监察处）坚持“以查促纠、以纠促建、以建保廉”，发挥案件查办的治本功能，2008年收到信访举报10件，办结9件，1件正在办理，办结率90%。

◆陈祖田

工会

【概况】 2008年，重庆钢铁股份有限公司工会有二级厂（处、部）及机关工会17个，重钢股份公司和厂处专职工会管理人员49名，占职工总数的0.4%，14名党委书记兼工会主席。2008年，重钢股份公司工会按照“把握一个主题，抓好两项工作，强化三个重点，突出四项活动”工作思路，依法履行“四项”职能，深化厂情教育，夯实群众经济技术创新工程，完善帮扶机制，保障女职工权益，丰富职工文化生活，加强工会自身建设，全面完成2008年的工作目标，保持了“重庆市模范职工之家”称号。

◆赵东旭

【民主管理】 2008年，重钢股份公司两级工会贯彻落实“组织起来、切实维权”的工作方针，强化职工民主管理，保障职工的民主知情权、参与权、监督权，促进企业持续健康发展。（1）筹备召开重钢股份公司二届五次职代会，279名职工代表听取审议《行政工作报告》《业务招待费使用情况》《2008年集体合同、工资集体协商合同、女职工特殊专项保护合同执行情况》等报告；通过《关于行政工作报告的意见和建议》，签订《公司集体合同实施细则》。（2）重钢股份公司工会组织召开6次团长会，审议通过《重钢股份公司2008年考核分配办法》《重钢股份公司劳动合同管理办法》《重钢股份公司关于2008年职工工资结构调整的通知》《重钢股份公司安全绩效工资办法（暂行）》等制度、办法11个；各单位工会审议通过的管理制度、办法133个。（3）二届四次职代会审议通过的《公司2008年集体合同、工资集体协商合同、女职工特殊专项保护合》，履行率100%；拟定协商《2009年集体合同、工资集体协商合同、女职工特殊专项保护合》，提交二届五次职代会审议通过，维护和保障了职工的切身利益。（4）贯彻落实《劳动合同法》《劳动合同法实施条例》，教育职工了解自己的相关权利和义务，指导帮助职工签订劳动合同，自觉遵守劳动合同法。（5）坚持“四级”厂务公开，对职工关心的生产经营过程中的热点、重点，利用厂务公开栏、车间和班组事务公开栏、专题发布、局域网、事先征集议题等多种形式，做到厂（处、部）每季度、车间和班组每月必须进行一次厂务公开，6个单位获重钢集团厂务公开民主管理先进单位。（6）职工监事代表职工参与决策，对2007年度监事会工作报告，2008年中期报告全文及摘要、中期业绩公告，监事会议事规则等重要事项进行了审议，将职责履行情况向职代会做了报告。（7）是强化民主评议考核，组织2511人次职工代表，对58名厂处级和347名科级管理人员进行民主评议；以各种方式将考核的结果反馈职工。（8）加强职工代表提案回复工作，在“两级”职代会期间，参会的职工代表围绕生产经营发展、工艺技术装备、职工福利安全等方面，提出提案13项。重钢股份公司工会利用《简报》方式，反馈给提提案的职工代表。

◆赵东旭

【强化劳动保护职责】 重钢股份公司各级工会组织以层层签订“劳动保护工作风险抵押承包书、安全责任书”的方式，强化劳动保护职责。（1）各单位工会参加“现场安全、文明生产”劳动竞赛，以事故分析、安全演讲、义务整理生产现场等各种形式，实现“千人负伤率≤4‰”等竞赛目标。（2）稳步推进“现场安全检查提示卡”，不断完善内容、制作上墙，在重点区域设置安全提示牌，每季度组织职工代表持卡进行安全检查，职工上岗前对工作范围对照“现场安全检查提示卡”进行检查。（3）强化防暑降温工作，各单位检查维护防暑降温设施；饮料制作卫生达标；重钢股份公司投资142.85万元购置534台套防暑降温设施，76.23万元购置各类空调、轴流风机等防寒设施331台套，购置清凉饮料及劳动保护药品费用518.62万元。（4）全年，重钢股份公司开展1320次安全劳动保护活动，查出安全隐患事故2068项，整改率达99%，12个单位获得重钢集团“生产安全事故隐患排查治理知识竞赛”活动先进单位。组织职工参加以“治理隐患，防范事故”为主题的全国“安全月”活动，开展学习安全法和规章制度、上街宣传安全与环保、生产安全事故隐患排查治理知识竞赛、安全宣誓和演讲、查找安全隐患并整改等系列活动。

◆赵东旭

【深化厂情教育主题】 2008年，重钢股份公司两级工会组织利用职代会、班组学习、宣传栏、简报、局域网等宣传形式和手段，开展以“知形势、强信心、迎挑战、促发展”为主题的厂情教育，不断提高职工的思想道德修养，增强职工的政治责任感和历史使命感，营造和谐的氛围。（1）宣传党的十七大和十七届二中全会、三中全会精神，组织职工收听、收看十一届全国人大一次会议，组织学习胡锦涛总书记在十一届全国人大一次会议上的讲话、温家宝总理的《政府工作报告》等大会报道。（2）宣传重钢集团第十一届党代会精神，使职工明确了重钢总体发展思路、主要奋斗目标，了解了重钢集团新一届党委的主要工作任务。（3）宣传贯彻“两级”职代会精神，重钢集团上半年经济运行分析会。（4）配合党委在职工中进行“遵纪守法、爱岗敬业”宣传教育，通过开展演讲、观看反腐倡廉警示教育短片、大家谈征文、典型案例等形式，增强职业道德和主人翁意识。(5)引导职工关注和参与“解放思想、扩大开放”大讨论。结合生产、岗位实际拓展创新思路增强活力，充分意识到是重钢公司全面推进“生产经营、环保搬迁、资源开发、企业改革”四大战略任务的迫切需要。(6)宣传抗震救灾的英雄壮举、先进事迹、救援动态，激发职工的爱心。(7)组织职工收看奥运会开、闭幕式和比赛实况，增强民族自豪感，以奥运精神激励职工创佳绩。(8)宣传贯彻《重庆钢铁(集团)有限责任公司关于职工在经济方面违法违纪行政处分暂行规定》。(10)重钢股份公司两级工会组织接待职工来信来访化解矛盾，随时了解和掌握职工思想动态，协助党委(总支)进行季度职工思想状况调查分析，发挥工会组织在稳定中的作用。

◆赵东旭

【开展劳动竞赛】 2008年，重钢股份公司以“创新活动务实、献智慧做奉献”为工作重点，全年组织32566人次参加重钢股份公司重点竞赛22项、厂级劳动竞赛174项，创效益1200万元。(1)2008年，重钢股份公司加强对劳动竞赛的领导和指导，年初，召开劳动竞赛领导小组工作会，分析各单位申报的35个竞赛项目，评审股份公司工会提出的23项预定竞赛，确定2008年重点劳动竞赛22个项目。(2)加强对劳动竞赛工作的管理，坚持竞赛奖与奖励发放相分离的原则，形成竞赛方案切实可行，竞赛中监督实施，竞赛效果审议制的工作制度；劳动竞赛按方案进行，坚持每月评比兑现奖励。(3)加强过程控制，严把竞赛关。重钢股份公司劳动竞赛办公室根据竞赛领导小组的决定，及时组织开展重点劳动竞赛；对起草的各项竞赛方案均结合的生产经营目标、经济技术和降本降耗指标，确定劳动竞赛所需达到的竞赛指标，征求重钢股份公司生产处、机动处、人资处等职能部门的意见和建议，不断完善竞赛方案。在竞赛中，重钢股份公司劳动竞赛办公室对竞赛进行跟踪，了解竞赛进度、竞赛效果，分析没达到竞赛目标的原因，指导基层抓好竞赛工作；并对每项竞赛指标完成情况进行登记，掌握各项竞赛对生产经营的促进效果；所开展的重点劳动竞赛确实能“赛”得起来，“赛”出水平和效果。(4)坚持“两个结合”，发挥竞赛作用。重钢股份公司的劳动竞赛坚持注重全年期竞赛与短期见效竞赛相结合，普通竞赛与重点竞赛相结合，充分发挥劳动竞赛在生产经营中的作用。抓重点劳动竞赛的开展，既有节能降耗增效、民兵降本增效、现场安全文明生产、TRT自发电超目标等全年期竞赛，又开展降低钢铁料消耗提高钢产量、提高转炉煤气回收量、球扁钢产量、稳定提高焦炭实物质量、降低日检时间、拉运热坯等短期见效竞赛。(5)组织职工参加重庆市“抗震救灾夺损失”劳动竞赛动员大会，并投入到竞赛活动中去。(6)组织职工参加以“依法节能，全民行动”为主题的全国节能宣传周(月)活动。(7)重钢股份公司竞赛办公室与重钢集团竞赛办公室于2008年4月至12月，在中板厂开展提高热轧产量“冠军班组”劳动竞赛；竞赛期共轧制板材95.59万吨，平均每月轧制106211.844吨、成本4161.48元/吨、热轧小时产量164.46、吨块品种率98.05%、热轧性能合格率99.28%。联合在型钢厂开展球扁钢产量“冠军班组”劳动竞赛，竞赛期共轧制22.7967万吨，比计划多轧9967吨，实现轧制成本3956.46元/吨，比成本目标少3.54元/吨。4月至12月重钢股份公司在运输部开展拉运热坯“冠军班组”劳动竞赛，拉热车1876次，运量147994吨。5月至12月在烧结厂开展“降低烧结返矿”竞赛，烧结返矿率11.73%，比计划目标降低1.77%。在动力厂和炼铁厂开展全年期“系统优化，提高TRT发电量”劳动竞赛。4月至12月在炼钢厂开展降低钢铁料消耗、提高钢产量“冠军班组”劳动竞赛，竞赛期，实现成本3754.63元/吨、比成本目标降低5.37元吨、钢铁料消耗1082.92千克/吨，比目标少2.08千克/吨；在炼钢厂开展提高转炉煤气回收量“冠军班组”劳动竞赛，竞赛期间转炉煤气回收共601.481立方米/吨，平均每月转炉煤气回收66.83立方米/吨。4月至12月，在炼铁厂开展高炉轮班产量“冠军班组”劳动竞赛，共炼铁216.96万吨，月平均成本2918.797元/吨，产品综合能耗416.46千克/吨。

◆赵东旭

【创新工程活动】 (1)坚持制度和工作体系，开展职工经济技术创新活动。重钢股份公司两级工会注重挖掘职工的智慧，激励职工踊跃参加经济技术创新活动。各单位2008年年初召开上年度的创新总结表彰，评审表彰奖励14个先进集体、10名创新职工，35个优秀项目。推荐重钢集团职工群众经济技术创新活动先进集体40个、优秀项目112个，获表彰创新能手2名、创新工作先进集体8个、优秀项目35个。2008年，重钢股份公司各单位采取多种形式，组织职工开展揭榜攻关、小改小革、小成果、技术革新、技术攻关等活动。全年有16091人次职工参加“经济技术创新工程”活动，立创新项目959个，实施866个，形成成果342项，创经济价值5033万元。5252个QC小组实施QC成果6708项，职工实现小改小革1063项，共创价值557万元。职工群众经济技术创新工作“宣传到位、参与面广，组织落实、制度完善，早抓立项、评审规范，措施得力、实施有效”的特点得到进一步的体现。(2)坚持规范运作，深化职工合理化建议“金点子”竞赛。年初召开总结表彰会，评审表彰奖励24个先进集体、20名“金点子”职工和5个最佳实施项目。围绕提出的年度目标，以月通报、评最佳建议奖、月评审工作会、兑现建议采纳奖、成果评定等特色工作，激励职工动脑筋提建议。全年共有5832人次提出合理化建议

6842 项，被采纳 4411 项，实施 3379 项，实现成果数 599 个，创效益 611 万元。(3)重钢股份公司两级工会以培育职工创新精神为重点，以“当好主力军、建功‘十一五’、和谐奔小康”竞赛活动为主要载体，弘扬新时代的劳模精神，争创“工人先锋号”“创新示范岗”“先进班组”。2008 年，推荐全国钢铁企业先进集体 1 个和先进个人 2 名，推荐重庆市 2008 年度“工人先锋号”1 个，推荐重钢集团“工人先锋号”生产线和机台 30 个。重钢股份公司 1 个车间、1 个班组、1 名职工分别获全国和重庆市“工人先锋号”、全国机械冶金建材系统“学习型班组”、2007 年度重庆五一劳动奖章；71 个集体、37 名职工获重钢集团各类先进表彰。

◆赵东旭

【职工自学成才活动】 (1)重钢股份公司各级工会 2008 年继续开展“创建学习型企业、争做知识型职工”工程，开展重钢股份公司第十届职工技术比赛。4 月 11 日，1100 名选手在重钢职工培训中心参加理论考试(历届参赛人数最多的一次)，考试产生 16 个班组、173 名选手参与实作比赛。4 月 15 日在高线厂生产线有 4 个班组参加“高线精轧机换辊时间”比赛；4 月 24 日在运输部 13 名选手参加“运输调度工”技术比赛，比赛模拟答卷、口述答题、微机操作 3 部分进行；4 月 29 日在型钢厂大型车间有 4 个班组参加“型钢轧钢调整集体竞赛”；4 月 29 日在炼铁厂五高炉有 9 人参加“高炉配管工”比赛；5 月 6 日在动力厂有 23 名选手参加“电工(专业组和劳务工)”技术比赛；5 月 7 日在动力厂 22 名选手参加“兼会电工”技术比赛；5 月 8 日在动力厂燃气净化车间有 16 名选手参加“煤气净化工”比赛；5 月 20、21 日在质管处取制样中心有 12 名选手参加“取制样工”比赛；5 月 9 日在炼钢厂精炼车间有 4 个班组参加 LF 炉外精炼工序比赛；5 月 9 日在炼钢厂炼钢车间有 6 位炉长参加转炉冶炼炉长实作比赛；5 月 16 日在重钢职工培训中心 28 人参加办公自动化比赛；5 月 23 日在重钢技校实习场 20 人参加兼会钳工比赛；5 月 20 日在中板厂办公楼电教室有 4 个班组参加中板轧钢工序比赛；5 月 22 日重钢技校实习场 24 人参加行车工比赛。重钢股份公司第十届职工技术比赛表彰了岗位练兵优胜单位、优秀组织承办奖单位、优秀裁判组 17 个，8 个班组获集体项目比赛前 2 名，69 名选手获个人项目比赛前 6 名，给予 9 名选手每人 100 元/月奖励一年。(2)组织选拔优秀选手参加重钢集团第七届职业技能竞赛，54 名选手分别获得变电站值班员、机修钳工、车工、加热工等工种前 8 名。(3)开展技术运动会、职业技能竞赛、技术练兵等活动，全年共 6900 人次参加 253 项次工种的技术练兵比赛。(4)重钢股份公司各级工会制定年度“创学习型企业，做知识型职工”工程工作计划，进行“学习型班组”评定表彰，不断完善充实“职工书屋”，共有 14 个“职工书屋”、藏书 12882 册，月平均借阅 703 人次；组织开展职工读书活动，完善职工读书卡，读书心得交流活动，推荐重钢集团“创做”工程先进集体 18 个、学习型职工 15 名。(5)组织职工参加“重庆读书月”活动，开展“好书我来品”职工读书征文比赛，开展“好书我来品”职工读书征文活动，征文稿 149 篇，编辑出版“好书我来品”职工读书征文获奖集。

◆赵东旭

【创新女职工工作】 (1)2008 年，重钢股份公司两级女职工委员会签订《女职工特殊权益保护专项集体合同》，发挥女职工委员会的作用。(2)组织召开工作会，进行特色工作交流、研讨女职工工作创新，布置重点工作。(3)坚持开展女职工拜师学技活动，采取抽查与检查相结合，加强女职工拜师学技合同签订与管理；新签订拜师学技合同 4 对，12 对完成拜师学技合同条款获得奖励。(4)组织 463 对夫妻职工签订“夫妻安全共保协议”，女职工委员会定期检查“共保协议”实施情况，将企业安全文化引入到家庭。(5)重钢股份公司各级女职工委员会开展系列纪念“三八”妇女节活动，重钢股份公司表彰奖励 16 个先进女工班、18 名先进女职工工作者、29 名优秀女职工，组织女职工参加重钢集团表彰会。2 个班组先后获重庆市“巾帼文明示范岗”，重庆市国有资产监督管理委员会“巾帼文明示范岗”。

◆赵东旭

【关心职工生活】 (1)2008 年，重钢股份公司各级工会组织以“夯实帮扶解困，稳定职工队伍”为重点，当好困难职工“第一知情人”，完善“庆、谈、访”制度，进一步夯实困难职工帮扶机制，发挥公司、厂(处)、车间、班组全方位关心困难职工的责任体系的作用，维护职工的具体利益。(2)春节前夕开展“关怀进千家、温暖万人心”为主题的“送温暖”活动，召开由 35 名困难职工代表参加的“困难职工座谈会”，重钢股份公司领导分 4 个慰问组率机关处室负责人走访慰问 12 名困难职工和重钢集团劳动模范，资助 1246 元让 4 名特困职工子女回家过年，两级工会共筹集慰问金 21.13 万元，走访慰问 654 名困难职工和先进职工。(3)2008 年年初，重钢股份公司工会和职能部门对困难职工进行了一次调查，掌握分析困难的具体原因，研究实施帮扶措施。重钢股份公司工会根据单位和职工的意见建议，修改完善《重钢股份公司职工“庆、谈、访”活动管理办法》《重钢股份公司职工特殊困难补助管理办法》，提高困难职工补助和“庆、谈、访”活动标准，强化特殊困难补助申请、公布、监督程序，指定“庆、谈、访”活动的实施方式及实施部门。(4)重钢股份公司 2008 年开展“爱心资助”特困职工子女上大学活动，共筹集 22787 元对 12 名困难职工子女上大学给予资助，按规定给予 179 名职工子女上大学奖励 80400 元。建立 746 名特困职工档案，对 3492 人次进行困难补助，发放补助金103.16万元;对11434人次进行"庆、谈、访"活动,活动经费131.86万元;办理16名职工抚恤金34.66万元。(5)组织41名职工到重庆五指山疗养院疗养。

◆赵东旭

【创新工会工作】 (1)2008年,重钢股份公司工会召开"贯彻落实工会十五大精神学习会"。(2)重钢股份公司各级工会组织职工参加"解放思想、扩大开放"大讨论,主动承担完成重钢股份公司党委和各单位党委(总支)要求工会所做的工作。(3)不断加强工会工作者的理论水平和业务能力、工作创新能力,在工会工作者中开展工研征文活动。围绕改革开放30年成就、工会工作体会、解放思想大讨论活动体会以及新形势给工会工作及职工队伍带来的新情况、新问题进行实践探索和理论思考撰写论文86篇,1人次获中国钢铁企业工会生活保障工作研究会第21年会优秀论文奖。重钢股份公司工会推荐2个基层工会为"重庆市模范职工之家"创建单位,指导4个基层工会、职代会的换届改选;对各单位申报的61个"模范职工之家"、38个"先进职工之家"进行检查验收,评定重钢股份公司2007年度"模范职工之家"37个、"先进职工之家"37个;评比表彰"2007年度工会同业务竞赛"先进集体6个、先进分工会18个、先进工会小组27个和40名先进工会工作者。

◆赵东旭

【抗震救灾捐赠】 重钢股份公司在"5·12"汶川大地震后,组织职工开展抗震捐款和捐赠过冬衣物活动,共有13326名职工、捐款744966.48元,重钢股份公司捐款100万元;重钢股份公司共计捐款174.50万元。职工捐赠棉被、毛毯、冬衣4631件;13个工会以各种方式参与志愿者活动对所承担在重钢股份公司就医的灾区伤病员进行探望、慰问、寻找亲人、心理安抚、购买衣物等义务活动。

◆赵东旭

团委

【概况】 2008年,重庆钢铁股份有限公司团委下属18个二级团委(总支)、直属团支部,基层团支部92个,团员831人,35岁以下青年2617人;专职团干部12人,兼职团干部7人。团委设书记1人,办公室主任1人。重钢股份公司团委继续保持重庆市国有资产监督管理委员会"五四红旗团委"称号。

◆刘凌鸥

【股份公司"五四红旗团委"创建活动】 (1)运输部、型钢厂、中板厂、焦化厂等单位2008年按照"随缺随补、先后衔接"的原则,"配齐配强"团的各级班子。(2)重钢股份公司团委围绕2008年绕生产经营重点,全年开展"精细管理促发展,节能减排增效益"等团内主题活动。(3)2008年重钢股份公司团委结合"四合一"检查,在92个基层团支部中开展"五四红旗团支部"创建竞赛活动,各团支部按照团支部建设的19项量化竞赛指标开展工作,全年共开展基层调研两次。(4)重钢股份公司团委2008年继续加强团委网站建设,两级团组织利用《重钢报》、重钢电视台等作为宣传阵地,加大宣传力度。

◆刘凌鸥

【股份公司"青"字号活动】 (1)青年创新创效活动。重钢股份公司团委2008年继续以"青年项目领办"制的工作模式,开展以技术创新为重点的青年创新创效活动;签订攻关项目书86份,实现经济效益1000万元。继续开展"青知"创新项目攻关活动,活动收到申报项目82个,立项40个,年终评选出一等奖6个,2等奖10个,三等奖24个。各单位团组织开展团支部"五小"QC活动,83个基层团支部签订215个"五小"QC项目,实现经济效益1000万元。(2)"青安杯"竞赛活动。重钢股份公司各级团组织2008年履行"青安岗"的"查、促、反、保"职能,共查隐患347起,整改311起;青工安全宣传教育96起;新设置标识牌225块。年初,对"查隐患、促整改、反违章、保安全"主题竞赛活动进行全面总结表彰。7月,与重钢股份公司安全环保处联合举办"迎奥运、保安全"主题演讲比赛。(3)"青年文明号"活动。2008年,重钢股份公司团委要求各单位继续摸清青年班组状况,结合"青年文明号承诺服务"开展创建活动,特别是窗口服务班组要完善创管结合工作机制,切实服务生产经营。全年,各单位申报创建2008年度的"重钢股份公司青年文明号"的青年班组10个。"五四"期间,重钢股份公司团委评比表彰2007年度重钢股份公司"青年文明号"5个。(4)青年突击队活动。各单位青年突击队围绕本单位及车间生产急、难、险、重、新的任务开展的各类突击活动;在日常的生产现场,各单位青年突击队开展定置整理、油漆设备、修旧利废等突击活动;在围绕环境整治、治安巡逻、打击偷盗等新兴突击项目中,各单位青年突击队也发挥作用。

◆刘凌鸥

【股份公司"党建带团建"工作】 2008年,重钢股份公司党委发20号文件《2008年"党建带团建"活动安排意见》,在"党建带团建"工作中始终坚持"五带一优化"的工作机制,在"一个党支部带一个团支部""一个党员带一个团员"活动中,各单位在"带"上探索新的活动载体。2008年,各单位共推荐90名青年作为发展对象,被党组织吸纳45名。

◆刘凌鸥

【股份公司"青年职业生涯设计"活动】 2008年,重钢股份公司各级团组织继续把"岗位学习、岗位发展、岗位成才、岗位奉献"作为突破口,探索青年职业生涯设计的方法和模式。各单位着手实施青年职业生涯设计动态管理,利用网络、跟踪调查等方式建立青年职业生涯设计个人档案，随时掌握青年的培训需求、进度情况、思想状况等情况，并有针对性地开展工作。全年各单位开展围绕职业生涯设计交流活动20次。

◆刘凌鸥

【开展抗震救灾志愿服务活动】 重钢股份公司团委在“5·12”四川汶川大地震后，向各级团组织及团员青年发出抗震救灾志愿服务活动总动员，参与抗震救灾工作。通过各种方式为灾区捐款捐物，上缴特别团费24486元，衣物1760件；按照重钢集团团委要求，组织各单位团组织参与重钢总医院收治的37名灾区伤病员及家属进行接对帮扶活动，参与志愿帮扶活动的团员青年达到数百人。

◆刘凌鸥

焦化厂

【概况】 重庆钢铁股份有限公司焦化厂是重钢股份公司下属生产厂，始建于1958年。主要产品为冶金焦炭，供下工序炼铁用，生产工业萘、硫铵、粗苯等10多种化工产品。2008年焦化厂生产焦炭136.7万吨，超出重钢股份公司下达年计划1.7万吨。有A类设备30台套，B类设备17台套，C类设备371台套；固定资产原值8.96亿元，净值5.58亿元。在册职工929人，在岗职工912人。职工中具有大专以上文化程度者共134人，管理技术人员占全厂职工总数的8.77%，具有高级职称者9人。2008年焦化厂行政设4科1室1站7个车间：生产科、安全环保科、机动能源科、技术质量科、厂办公室、点检站、原料车间、配煤车间、一炼焦车间、二炼焦车间、回收车间、焦油车间、理化车间；党群系统设厂党委办公室、工会、团委。

2008年焦化厂仍以生产经营工作为中心，以足额的产量和可靠的质量保证下工序的需要。克服两方面的主要困难：一是来煤质量较差，品种多而杂。采取的措施：及时掌握来煤情况，加大对来煤的厂内抽样力度，制定适时的堆取煤制度，对葛老溪所存质量波动较大的1/3焦煤实行单独的配用，开展小焦炉试验，动态调整配合比，提高配煤准确度，严格焦炉温度压力控制，按时正点推焦。另一个困难是安全和环保工作难度大，措施：开展安全环保意识教育，突出工作中的“严、细、实”，把安全管理落实到每一个具体环节上，重点对厂皮带机、煤气、危化品、重大危险源等进行安全督查，完善安全环保设施，及时整改安全隐患。2008年，焦化厂抓废水处理与中水回用的稳定运行，保证了不外排废水；继续开展好对焦炉跑火冒烟的检查和考核；开好各类环保设施，保证随机运行率达到要求。全年，焦化厂发生轻伤3人（重钢股份公司下达的计划小于5人），比去年同期减少3人，环保设施随主机运行率达95.6%（重钢股份公司下达的计划为95%）。

2008年，焦化厂产品质量全部满足了下工序和社会用户的需求，等级设备管理继续保持“A”级目标。

2008年7月25日，焦化厂召开了第七次党代会。

◆吴大河

【实施桐梓煤与地方小煤窑煤单存单配】 2008年，重钢股份公司焦化厂为解决葛老溪原有库存1/3焦煤地方煤的使用及桐梓煤与南桐质量差异，减少其质量对焦炭质量的影响，对部分煤种采用精细化配煤技术进行单独配用。全年实施3次单配生产，共计配用桐梓煤1.2万吨，地方1/3焦煤小煤窑煤种1.8万吨，产生直接经济效益210万元。改变煤资源采购方式，在以后的煤资源采购时，可以根据全年用煤量计划，引进一定量的低质、低价的地方1/3焦煤小煤窑煤种，从而达到扩大炼焦煤资源目的。

◆邓波

【颁布新版操作规程】 焦化厂1#、2#焦炉原地重建后，配套了无烟加煤、炼焦除尘、回收硫铵喷淋饱和等新工艺，同时对原料翻车机换型改造、原料PLC改造等。原执行的2004年版《焦化厂操作规程》，已不能适应新生产需求，同时国家新政策对危化品生产企业提出新要求。2008年，焦化厂在试生产顺利的基础上，编制新的操作规程。新版操作规程继承了2004版规程的操作、技术、安全综合并重的特点，对新工艺的有关暂行规定及生产实际操作特点进行合并吸纳，满足危化品生产企业政策要求，保证了工艺的连贯性，操作的指导性，使2008版操作规程更加符合质量体系贯标要求。2008年5月焦化厂新版操作规程修订完毕，同月报批；6月初，受控手册发至岗位操作人员，人手一册；在操作规程发放后进行了逐级培训。至2008年年底，全厂职工已能熟练按照新版《焦化厂操作规程》进行操作。

◆邓波

【重新修订安全技术规程】 2008年，焦化厂按照安全生产管理坚持“安全第一，预防为主，综合治理”的方针，在原有《焦化安全技术规程与防火规程》的基础上，重新制定《重钢焦化厂安全技术规程》。新修订的安全技术规程于2008年6月开始策划，成立编写委员会，新修订安全技术规程于2008年12月经过重钢股份公司标准化办公室和重钢股份公司副总经理孙毅杰批准成书。新修订安全技术规程共分为煤焦、化产、检修等3个片区，每个片区又按照职能不同把各个工种分开介绍，其中煤焦片区有30个工种，化产片区有35个工种，检修片区有24个工种，针对各工种的特殊性制定出适合不同岗位的安全技术规程。除此之外，还对每个片区增加了专项作业安全技术规程。

◆郭仕海

【焦炉推焦装煤除尘项目通过验收】 3#、4#、5#焦炉推焦装煤除尘项目是根据渝财建〔2005〕476号文件立项，项目采用工程设计，施工总承包方式，通过招标由中国冶金建设集团鞍山焦化耐火材料设计研究总院总承包，重钢建设公司承担建设，重庆三环建设监理咨询有限公司负责施工监理，重钢股份公司技改办公室和焦化技改项目部负责建设管理。工程总投资2947.44万元，其中重庆市环保补助500万元。自筹资金2447.44万元。工程于2000年6月15日安装完毕进入试生产。2006年11月完成装煤除尘系统调试。2006年12月4日3#、4#、5#焦炉除尘工程通过交工验收，交付生产。2007年11月27日通过重庆市环境监测中心进行限期治理运行监测合格，2008年8月25日，通过重庆市环保局、重庆市财政局环保验收。

◆黄其祥

【规范管理程序】 2008年焦化厂针对外委工程、备品配件、设备配件修复管理等存在的问题，提出完善管理制度，规范管理程序，杜绝管理漏洞的工作目标。根据工作目标制定3个管理工作程序：(1)外委工程管理工作程序。明确外委工程申时间及内容，外委工程项目及项量审核程序，外委工程材料及配件申报审核程序，外委工程施工手续办理、施工方案审核及施工过程管理程序，外委工程验收签证管理工作程序。(2)设备配件计划申报审核零星采购及入库验收管理程序。明确设备配件申报时间、项量审核评审程序，设备配件交货验收、入库规定及办理程序，零星采购审批、报账、验收及入库办理程序。(3)设备配件修复管理工作程序。明确设备配件修复申报时间、申报内容、修复内容项量审核程序，修复厂家选择及价格评审程序，设备配件修复验收入库办理程序。

◆张兴华

【"解放思想扩大开放"大讨论活动】 2008年4月底，焦化厂进行"解放思想、扩大开放"大讨论活动，要求活动体现"六个到位"。一是对大讨论活动重要意义的认识要到位；二是对大讨论活动的周密部署、精心组织要到位；三是党员全员参与，保证学习讨论全覆盖要到位；四是结合党的十七大精神和"314"总体部署，查找问题和差距，认识到位；五是切实加强指导检查，督促到位；六是活动不走过场，力求实效要到位。

(1)通过召开大讨论动员大会、中心组学习、各党支部召开大讨论活动会等方式，把学习活动从管理层面逐步推向全体党员干部，扩大活动的思想基础和群众基础。其间购买《坚持改革开放教育读本》《解放思想问答》各50本发放到各车间、科室，加强大讨论宣传学习的理论基础。焦化厂不断创新大讨论活动方式，扩大宣传面。一是举办"解放思想扩大开放"征文比赛，号召职工为解放思想、扩大开放建言献策，收到征文12篇并进行评比奖励；二是6月30日举办"解放思想谋发展、立足岗位作奉献"演讲比赛，8个单位选手参赛；三是进行"改革创新好点子"党员提好点子活动，征求党员职工对生产经营、环保搬迁、节能降耗等多方面的意见和建议，全厂党员提"好点子"共计241条。(2)7月，焦化厂领导班子和9个党支部开展"党员带头解放思想、带头查找问题"为主题的专题组织生活会，参与专题组织生活会党员137人，列席群众3人，各党支部在党员中开展大讨论，查找自身和一些党员干部存在的问题。从"查"与"看"的对比中，剖析自身在思想观念、工作作风、工作方式与要求的差距；征求党员职工意见，各党支部分别就厂党委提出的9方面问题组织党员职工进行专题讨论，共查出11处存在的问题和不足，提出处理和改进意见，落实整改措施和长效机制。

◆方晓燕

【"遵纪守法爱岗敬业"专题活动】 2008年9月，焦化厂开展"遵纪守法、爱岗敬业、严于律己、忠于职守"专题学习教育讨论。(1)在第一阶段中，按照4个层面来推进宣。①在焦化厂中心组重点对《重钢报》连载的"预防职务犯罪"进行专题重点学习讨论。②10月14日组织重点、关键岗位人员36人召开专题座谈会，把重钢股份公司出现的一些损害重钢利益的情况向职工进行讲解，同时学习《重庆钢铁(集团)有限责任公司关于职工在经济方面违法违纪行政处分暂行规定》。③各车间利用职工学习和党员学习时间，集中职工和党员进行专题教育动员学习讨论；各班组班前会着重学习《重庆钢铁股份有限公司劳动纪律管理办法》。④利用板报、内部简报等宣传工具，对本次活动宣传，使职工自觉接受并参与到此次活动中。(2)在二阶段中，焦化厂从6个方面有针对性地来开展：明确开展讨论活动的目的和意义；结合重钢股份公司近期发生的案例进行讨论；查找自身岗位和环节有无漏洞；如何整改存在的问题；怎样发挥自身和群体监督作用；提出切实可行的意见、建议推进企业做好防范工作。

各党支部采取召开座谈会、发行调查表、个别谈话等查找存在的问题和漏洞；针对查出的问题和漏洞，制订针对性措施，落实责任人，整改和公示，接受职工监督，剖析问题原因，建立长效机制。在查找整改问题中，加强制度执行力，进一步完善《焦化厂治安保卫管理办法》；对《设备备件修复管理流程》《设备备件计划申报审核零星采购及入库验收管理流程》重新补充、完善和修订；对厂各单位申报的外委工程项目进行了管理，填写"外委工程报建表"报焦化厂外委工程评审领导小组确定外委项目，抽查项量，审核预算，材料，配件等；焦油、回收品发放的班组易出现问题，要求车间在每个班指定1~2名党员职工专人负责对外发放产品，并要求每次发放的产品情况必须如实及时作好原始记录，以便随时备查；针对个别化工产品用户有先装车后开交提货单的不规范情况，规定发货班组必须见有车间主任签字的提货单后才能装车发货。同时在几个外发产品装车点安装摄像监控头，在车间办公室可随时监控掌握产品发放情况。

◆方晓燕

炼铁厂

【概况】 重庆钢铁股份有限公司炼铁厂系重钢股份公司下属二级非法人生产厂。主要产品为炼钢用生铁，供炼钢厂使用，具有年产生铁300万吨的生产规模。重钢股份公司炼铁厂为"重庆市文明单位"、重庆市总工会授予的"模范职工之家"。

炼铁厂的主要生产设备有：750立方米高炉1座，1200立方米高炉1座，1350立方米高炉1座。浓相喷煤系统设备一套，滚筒式水渣转鼓2台套，嘉恒法炉渣系统设备2套。固定资产原值12.91亿元，净值7.72亿元。截至2008年末，在岗职工1195人，其中管理技术人员138人，生产操作人员1057人。具有初级技术职称62人，中级技术职称45人，高级技术职称12人。2008年炼铁厂设厂行政办公室、党委办公室、生产科、安全环保科、机动能源科、技术质量科6个科室和三高炉车间、四高炉车间、五高炉车间、喷煤车间、供料车间、铸铁车间、检修车间年7个车间以及既有管理职能又有车间性质的点检站。

2008年，炼铁厂以生产经营为中心，强化精细化管理，围绕一新、二精、三优化、四确保（实现产能新突破，推行成本精准控制、加强企业精细管理，优化入炉配矿结构、优化综合能耗的控制、优化人力资源的配置，确保实现安全环保指标、确保无重大生产设备事故、确保产品质量合格率100%、确保实现全年利润目标的工作方针）促进发展。

◆周邦林

条目另见部目

【改进喷吹工艺】:《科学研究与应用》

【"嘉恒"法渣处理系统在1350立方米高炉应用】:《科学研究与应用》

2008年炼铁厂主要经济技术指标完成情况表

项目	单位	上年	当年	与上年比	与目标比	备注
生铁产量	万吨	295.07	292.49	-2.58	-3.51（与超目标比）	四季度限产
利用系数	吨/立方米日	2.572	2.586	0.014	0.186	
合格率	%	100	100			
产品综合能耗	千克/吨	417.85	416.42	-1.43	-0.58	
一级铁比	%	60.33	57.77	-2.56		
综合焦比	千克/吨	519	516	-3	-4	
喷煤比	千克/吨	116	121	5	-1	
入炉品位	%	55.17	55.20	0.03		
休风率	%	1.64	2.22	0.58	0.42	
优质铁比	%	90.25	89.73	-0.52	1.73	
生铁成本	元/吨	1900.50	2912.88		-2.12	

◆周邦林

【五高炉中后期生产】 重钢炼铁厂五高炉已投产19年，高炉炉型破损严重，出现炉喉钢砖变形、上翘、炉喉砖衬脱落、侵蚀严重、冷却水管脱裂、冷却壁相继烧坏，高炉抗干扰能力减弱，操作风压范围缩小，风温水平低，单环布料缺陷多，综合煤气利用差等问题。

2008年炼铁厂采取措施：（1）将梳齿筛全部改造为筛分效率高的棒条筛。（2）利用遥控喷涂机，把YGP—150喷涂料对炉喉侵蚀、破损部分进行喷涂造衬，使钢砖下沿4.0米形成规则的炉墙，同时与钢砖平滑过度，所形成的炉衬在1450摄氏度条件下，强度高、耐磨性好，新旧炉衬结合良好，能满足高炉正常生产的需要。（3）为了增加高炉本体冷却强度，五高炉将冷却水总量提高到3500吨，有利于延缓冷却壁烧坏。对于损坏严重的已断水的冷却壁，利用休风在炉皮上开孔加装点式冷却铜冷却棒，修复已破损的冷却壁，起到一定的冷却及保护炉壳的效果。对外漏的冷却壁，主要通过安装膨胀节，来控制和缓解进、出水导管脱裂问题。五号高炉利用检修机会，分阶段对5~7段全部及部分8、9段冷却壁进水管、出水管接头处安装膨胀节，总共288个。解决了因冷却壁移位、变形、锈蚀等造成水管脱裂后，外漏水的问题。（4）将树脂作为结合剂的泥浆材料更换为高强度硬质材料作为压浆造衬的材料灌浆。（5）采取多环加中焦的布料模式，保留了单环布料的中焦以保证中心的透气性。装料制度由单环时改为多环，适当增大矿石批重，逐渐把矿石批重提到29吨/批。（6）在操作方针上强制工长采用"定温调煤"操作，优化热风炉烧换炉，通过采用提供风温能力最强的1号热风炉与较弱的4号热风炉并送，2号热风炉和3号热风炉并送，缩短燃烧和送风周期，减少送风周期风温的降低，提高风温到1200摄氏度。

◆魏功亮　王永贵　幸晓均

【四高炉节能减排】 四高炉由于综合焦比偏高,炉体冷却水量偏大,嘉恒法渣处理系统不正常,热风炉煤气未富化等,造成四高炉能耗高,排放量较大:入炉焦比415千克/吨,煤比108千克/吨,综合焦比514千克/吨,二氧化碳排放量大,由于嘉恒法渣处理系统作业率在85%,排放干渣200吨/天存放在渣场,除尘灰只有80%利用,其余存放在渣场。

重钢股份公司炼铁厂采取措施降减少了单位生铁的二氧化碳排放和液体、固体灰尘的排放:(1)提高拱顶温度和废气温度,使用7%的转炉煤气,热风炉拱顶温度达1350摄氏度,可供热风1200摄氏度以上。(2)提高炉顶压力,顶压157千帕,风量2822立方米/分,综合冶强平均1.28吨/立方米日。(3)适当富氧,提高煤比降低综合焦比,富氧0.8%～1.2%,喷煤量达125千克/吨,入炉焦比397千克/吨,综合焦比509千克/吨。(4)降低生铁含硅量,2008年炼铁厂生铁硅平均量为0.47%。(5)冷却水从3600吨/时减至2500吨/时。(6)提高嘉恒法渣处理系统作业率,从85%提高到99.65%。(7)搞好除尘减少粉尘排放,除尘灰送外加工成为冷固球用于烧结的铺底料。

◆王永贵　幸晓均

【四高炉优化操作制度】 2008年,重钢股份公司炼铁厂四高炉在原燃料质量不断劣化的条件下主要指标居国内同类先进水平,利用系数2.593吨/立方米日,综合焦比509千克/吨。因国内煤和矿石资源日趋紧张,原料条件不断下降,为了适应不利条件,重钢股份公司炼铁厂采取优化高炉基本操作的制度。

(1)风口面积由0.246平方米调至0.2322平方米,风速达到205米/秒。(2)大小直径风口及长风口搭配使用,靠热风总管连接方向换成ф120毫米风口,远离该方向的一边换成ф110毫米和ф115毫米风口,铁口上方换成长风口。(3)安装斜8度的风口小套消除炉缸边沿和中心堆积现象。(4)使用多环加中焦的装料制度,再适当减小矿焦角,矿批由28吨增至34.5吨。(5)冷却水减至2500吨/时,第5层铜冷壁温度40～45摄氏度,第7层铜冷壁温度35摄氏。(6)硅控制在0.40%～0.5%,钛<0.25%。(7)采取不定期的酸料洗炉方法,每次集中加入取消烧结矿的炉料,形成酸性物稀释碱性炉渣。(8)放铁炉数由12炉增为15炉,加强铁口维护,保持铁口深度2.2～2.4米,铁口角度逐渐提至15度。

◆蒲军　幸晓均

【工艺技术攻关】 (1)2008年,重钢股份公司炼铁厂对工艺纪律、工艺规程进行修订完善,修订工艺纪律及规程更改25件、修订工艺技术质量管理文件4个。每月组织工艺纪律集中检查一次,按照《工艺纪律及考核标准》进行考核。(2)建立原燃料质量监控体系。加强与烧结厂、焦化厂、原材料处、质管处、钢研所等单位的信息与技术交流,了解烧结、球团、焦炭、块矿、煤粉的质量变化情况,为高炉稳定顺行提供保障。结合原燃料的变化情况,加大对原燃料的分析、化验力度,重点是加强对焦炭水分、烧结矿质量、煤粉质量等的跟踪检验,促进焦化厂对焦炭质量,烧结厂对烧结矿质量的控制,同时也促进原材料处对煤粉质量的重视。(3)通过加强工艺技术攻关、改进技术措施,各项技术经济指标进一步改善。全年产生铁292.49万吨、高炉风温水平达1145摄氏度、优质铁比达89.73%。进一步优化上部装料制度,坚持使用多环布料,改善煤气流分布,改进操作,保证高风温的使用,稳定高炉顺行。通过对"提高喷煤比,降低综合焦比"进行立项攻关,降低了入炉焦比,节约了焦炭。全年高炉入炉焦比仅402千克/吨,比去年同期的409千克/吨降低7千克/吨,节约焦炭20234吨;入炉综合焦比516千克/吨,比去年同期519千/吨,降低3千克/吨。

◆周邦林

【文化建设】 1.实施安全文化建设,强化职工安全意识、提升职工安全文化素质。炼铁厂党委2008年抓"共尽一共享"理论导入,全厂职工在正确的安全心态支配下,在安全文化的机、物、环境系统中,自觉地遵守安全规章规程,规范自身的行为,有效地保护自己和他人安全与健康。(1)形成学习制度,以理服人,组织编写《炼铁厂安全文化手册》;开展"重温一次安全制度"主题学习活动。(2)形成"共

重钢股份公司炼铁厂四高炉计控室　李清荣　摄影

尽—共享"："共尽安全责任，共享安全成果"安全理念，提出"安全就是一种责任"的安全责任观；制定《炼铁厂关于加强情感安全文化建设的实施方案》《炼铁厂班组安全文化建设实施意见》。(3)抓管理者垂范，由领导抓起，规范着装，做好"两穿一戴"；以身作则，推行安全价值观。(4)营造安全文化氛围，让职工时时心里都装着"安全"二字；成立5人组"青年安全宣讲团"。(5)全员参与，共建班组安全文化；开展安全文明班组劳动竞赛、安全之星大家评、安全教训大家谈、安全隐患大家查等活动。

2. 造就和培养"爱岗立学、爱岗立志、爱岗敬业、爱岗精业、爱岗立德"的"五爱岗"型职工。(1)在青工中推行学分制。(2)推行职业规划，明确"爱岗立志"；建立规划档案，建立党员学习卡。(3)实施"双培养"模式，把骨干培养成党员，把党员培养成模范；营造"向模范学习，向骨干看齐"的爱岗敬业氛围。(4)引入精细化思想，抓"八个对待"(对待制度，重在执行；对待执行，拒绝借口；对待问题，水落石出；对待数据，准确无误；对待分析，力求定量；对待技术，没有最好，只有更好；对待质量，除了100分就是零分；对待工作，精到点上，细到实处)。(5)培养职工忠于职守，推行"士气"工作，培养职工爱岗敬业意识。

◆衡逸

烧结厂

【概况】 重庆钢铁股份有限公司烧结厂是重钢股份公司下属生产厂，地处重庆市大渡口区李子林，与炼铁厂、炼钢厂、焦化厂相邻，承担为高炉炼铁提供烧结矿和球团矿供应的任务。烧结厂主要生产设备有堆取料机5台，混匀取料机2台，混匀堆料机1台，翻车机1台套，240平方米烧结机1台套，105平方米烧结机2台套，8平方米球团竖炉2台套，具备年产550万吨烧结矿、80万吨球团矿的生产能力。截至2008年12月31日，烧结厂设备总吨位27771.63吨，1587台套，固定资产原值989431860.19元，净值556626479.67元。

2008年烧结厂设办公室、党委办公室、工会、调度室、安全环保组、原料管理组、生产部、设备部、技质部等9个科。年末在册职工911人，在岗职工888人，在岗职工中管理技术人员93人，生产操作人员795人；具有初中文化201人，高中文化335人，中技126人，中专51人，大专139人，大学33人，硕士3人；其中高级技师1人，技师21人，高级工187人，中级工207人，初级工34人；具有高级职称9人，中级职称28人，初级职称49人。另有在线劳务工293人。

2008年，烧结厂以推进对标挖潜为动力，促进了技术经济指标不断刷新；以强化设备管理为保证，促使生产稳定运行；以职工素质提升为着力点，奠定烧结发展后劲；以建立工厂安全文化为突破口，扭转了安全事故频发局面；以强化精细程序执行为重点，规范了各项标准操作；以推进科技创新为突破，确保了节能减排取得实效。2008年，完成烧结矿入炉量411.04万吨，球团矿生产量38.57万吨，烧结矿成本1230.83元/吨，球团矿成本1579.67元/吨，实现利润2710万元，完成全年的生产经营任务。

2008年，烧结厂继续巩固重庆市文明单位称号，获重钢股份公司"红旗党委""先进四好班子""厂情教育优秀单位""党风廉洁宣传教育先进单位""效能监察工作优秀单位"等荣誉，并成为重钢股份公司首家等级设备管理达到"AA"的单位。

◆刘云

【"连续稳定低耗高效"组织生产】 2008年，重钢股份公司烧结厂依托"连续、稳定、低耗、高效"方针组织生产，以精细化思想贯穿生产全过程。(1)执行生产的"日清日查"制度，对生产指标、技术经济指标以及消耗指标进行日清日查，每天"早调会"各主要生产作业区通报指标的完成情况。(2)细化生产的精细操作制度，各作业区将操作程序总结、完善、固化后张贴上墙，时刻督促职工按规操作。(3)强化生产的精细控制制度，收缩指标参数的调整权限，规定操作工、班长、工长、作业区主任等对指标的不同调整权限和调整幅度，减少轮班操作的随意性；控制轮班消耗极差和产量极差，增强轮班均衡、稳定生产的意识，减少生产的波动。(4)优化生产的精细组织，以烧结能力略有富余为契机，优化生产组织，确立以一烧结生产为主，三烧结稳定生产为支撑、球团单炉连续稳定生产的生产组织模式；同时利用生产间隙，合理安排检修项目，精细控制检修过程和检修时间。

2008年烧结厂主要技术经济指标完成情况表

序号	名称	单位	目标	实际完成	比较
1	烧结矿入炉量	吨	410000	4110420	10420
2	烧结矿合格率	%	95	96.49	1.49
3	烧结矿一级品率	%	85	90.11	5.11
4	烧结矿入炉品位±0.5%稳定率	%	90	94.31	4.31
5	烧结矿碱±0.08%稳定率	%	90	92.27	2.27
6	烧结矿返矿率	%	13.5	11.96	-1.54
7	烧结固体燃料消耗	千克/吨	50	47.41	-2.59
8	球团矿膨润土消耗	千克/吨	25	21	-4
9	球团矿入炉品位±0.5稳定率	%	92	96.26	4.26

◆龚艺杰　李海燕　王天雄

2008年,烧结厂主要技术经济指标得到明显改善,烧结矿合格率、烧结矿一级品率、烧结矿入炉品位±0.5%稳定率、烧结矿固体燃料消耗、烧结工序能耗、烧结矿高炉返矿率、球团矿一级品率、球团矿入炉品位±0.5%稳定率、球团膨润土消耗等指标刷新历史最高水平;其中烧结矿合格率在全国73家行业中排名29位,与2007年同比提升1位;烧结矿固体燃料消耗在全国73家行业中排名39位,与2007年同比提升8位;烧结矿高炉返矿率在全国73家行业中排名16位,与2007年同比提升10位。

◆龚艺杰　李海燕　王天雄

【技术经济指标刷新历史水平】 2008年,烧结厂按照"配矿保铁、优化生产"的生产方针,在执行重钢股份公司优化配矿方案的同时,抓好含铁原料的混匀工作,建立混匀矿氧化钙内部控制体系,减少混均矿氧化钙波动;以稳定烧结矿的碱度和全铁为中心,有效控制烧结矿有害成分,全面提高烧结矿的质量;球团生产围绕润磨新工艺,强化竖炉焙烧操作,优化造球工序和各项过程控制,提高球团各项技术指标。2008年重钢股份公司烧结厂烧结矿合格率达96.49%,烧结矿一级品率90.11%,烧结矿入炉品位±0.5%达94.31%,烧结矿固体燃料消耗为47.41千克/吨、烧结工序能耗54.30千克/吨、烧结矿高炉返矿率11.96%,球团矿一级品率达95.88%,球团矿入炉品位±0.5%达96.26%,球团膨润土消耗降至21千克/吨。全部指标刷新历史最高水平。

◆龚艺杰　王天雄

【降低成本工作】 (1)2008年,烧结厂面临备件材料的不断上涨,加强内部控制管理,将修理费分解到相关部门,并制定专业责任制进行管理和考核;主动、有预见性地开展工作,在生产检修前将备件材料供应的各种问题提前解决,促进检修效率的提高;加强备件材料的全过程管理,执行备件材料的申请、领用、进出库等程序;开展内部修复,减少外委项目。全年备件采购额、全年备件消耗额、库存备件资金占用3大指标均下降。(2)从科技进步、提升管理水平和营造良好氛围等方面入手,2008年烧结厂综合能耗54.19千克/吨,较2007年下降3.10千克/吨。(3)继续精细化管理,强化职工的精细操作、按规操作,确保了生产秩序的稳定,确保成本的降低;继续推进"降低固体燃料消耗""降低烧结返矿消耗"两个精细化管理项目,2008年烧结固体燃料消耗实际完成47.43千克/吨,较2007年下降1.83千克/吨;烧结返矿消耗实际完成90千克/吨,较2007年下降20千克/吨。(4)2008年,烧结方面消化涨价因素1471万元,实际降本1130万元;球团方面全年降本321万元。累计完成降本1451万元,并实现利润2710万元,超额1010万元。

◆刘云

【节能减排工作】 2008年,烧结厂全厂综合能耗实际完成54.19千克/吨,较2007年下降3.10千克/吨;烧结工序能耗实际完成54.30千克/吨,较2007年下降1.70千克/吨;烧结固体燃料消耗实际完成47.41千克/吨,较2007年下降1.85千克/吨;污染物综合排放合格率和除尘设施与主机同步运行率达95%,达到国家要求。(1)依靠科技进步。①巩固包括污泥消化生石灰、环冷余热回收产生蒸气预热混合料、热风烧结、冷固球的使用和冷却水回收利用等经实践证明有良好效果的创新作法。②采用新工艺新技术推动节能减排工作。(2)提升管理水平。①利用报表自动生成平台建立烧结矿、球团矿生产能源消耗在线监控系统,继续开展作业区轮班动力消耗控制工作,将能耗指标纳入轮班考核之中。②细化能源消耗和排放控制工作,开展大型耗能设备单机能源消耗控制工作,加强环保设备运行管理,确保各类除尘设备工艺参数达最佳状态,做好水处理系统水量平衡工作,确保废水全部循环使用实现工业废水"零排放"。③加强岗位散排现象和二次扬尘的督查管理力度,确保岗位粉尘达国家标准,对存在二次扬尘的区域,因地制宜采用技术改造或增添设施解决;强化原辅料的现场清扫回收和运输车辆的清理,防止了物料流失。④加强对外单位用能管理,对外委项目施工用能管理。(3)营造节能

烧结厂厂务公开活动　余强　摄影

减排良好氛围。①加强对全厂能源消耗、环境污染情况的检查,发动职工监督、举报、制止违章用能和违反环境保护的行为、现象。②建立健全规章制度和台账记录,加强节能减排的考核力度。

◆戴顺清

【建立原燃料及生产质量双预警机制】 2008 年,重钢股份公司烧结厂强化入厂原料质量管理,建立入厂原料质量预警信息传递制度。入厂原料质量预警信息传递包括进口矿预警预报、国内矿预警预报、熔剂质量预警预报、燃料质量预警预报、膨润土质量预警预报以及入厂原料质量信息传递流程。为确保烧结矿有害元素及成分的波动处于控制状态,保证烧结矿质量的稳定,建立烧结矿有害元素及成分控制四级预警机制,将烧结矿有害元素磷、硫、钛、氧化铁、氧化镁、碱性等成分按照重钢股份公司质量标准分成控制区间,制定四级预警,超上限一次为四级预警、超上限二次为三级预警、超上限三次为二级预警、超上限四次为一级预警;并建立烧结矿碱度预警处理流程。

◆李剑

【建立实验研究管理体系】 2008 年,烧结厂建立实验研究管理体系。一是明确实验室职能,实验室负责烧结、球团科研项目的研究及实施,负责生产现场主要工艺参数的检测并指导烧结、球团标准化作业,以及“三新”推广运用和工艺技术改进指导。二是明确实验研究重点,明确要结合行业先进生产工艺技术或环保搬迁后的工艺技术进行研究。三是明确实验研究程序和步骤,对调查研究、文献资料查阅、研究课题选定、试验方案和试验计划制订、试验准备和实施、数据分析及补充试验、实验报告或论文编写等进行规范。为保障实验研究体系的有效运行,完善实验室实验工艺、操作以及设备使用规程,明确实验费用、涉外实验的管理以及研究人员的工作分工等。2008 年,烧结厂依托实验研究管理体系,先后进行“烧结精粉率生产研究”“重钢烧结矿适宜氧化铁研究”“烧结配矿结构研究”“同兴垃圾飞灰冷固球烧结实验”“高品位北方精球团实验”“不同生产工艺球团实验”“烧结特殊矿试验研究”“高磷矿烧结实验”等实验研究。

◆王天雄　龚艺杰

【党建工作】 2008 年,烧结厂党委围绕年初确立的四大目标,以“完成任务、降低成本、带好队伍”的工作思路开展党建工作。以“学习好、团结好、勤政好、廉洁好”为标准,抓厂两级班子的思想、作风教育,开展“先进四好班子”创建活动。在民主测评中,职工对厂级管理人员“良好”以上的认可率达 96.96%。2008 年烧结厂继续获得重钢股份公司“红旗党委”称号和重钢集团“先进四好领导班子”称号,并在重钢集团首次表彰二级单位中成为 10 个受表彰的“红旗党委”单位之一。利用党员轮训的机会,对全厂 265 名在岗党员进行党的十七大精神集中学习;利用每周职工政治学习时间,组织职工学习党的十七大精神;组织中心组成员开展党的十七大和十七届三中全会精神的专题座谈讨论。遵循“三级协同、全员保证”的工作格局,开展以“烧结管理求精细,节能减排促发展”为主题的党内活动,组织党员开展生产攻关,确立攻关项目 15 项,创经济效益 133.69 万元。重新调整“党员安全岗”,对职责进行补充和完善,设置党员安全岗 81 名。利用党员轮训开展集中学习,为每个党支部购买《十七大报告辅导读本》《十七大文件汇编》,修订后的《党章》等书籍:每位党员与党支部签订“党员承诺书”,2008 年全厂党员共选择承诺事项计 1184 条;开展各种慰问活动 25 次,发放慰问金 5200 元;“5·12”汶川大地震发生后,全厂共收到 1155 名职工的捐款 99284.28 元,全厂 264 名党员还缴纳特殊党费 11400 元。开展效能监察,2008 参与外委工程项目评审 37 次,涉及金额 1642.3 万元,参与招标议标项目评审 8 次,涉及金额 326.7 万元;退货 4 船和 1 车匹,按低品位结算 3065.62 吨,扣重 3603 吨,收取处置费 45000 元,挽回经济损失 531 万元。

◆侯兴莲

【创新工厂民主管理】 2008 年,烧结厂以整合系统资源,建立和完善科学合理的民主管理运行机制和维权实现方式为突破点,创造性地将其贯穿于企业生产经营和改革发展稳定的各项工作之中。将厂务公开民主管理与烧结厂党委工作、行政工作、工会工作年度目标相结合,与每职代会召开相结合,与职工月思想动态收集整理相结合,与效能监察推进相结合,与日常性的考核奖励相结合,与实施责任追究相结合,创新职工代表专项议事方式,吸收具备专业水平的职工代表组成专项议事小组议事,由职工代表全过程参与监督。2008 年,实施多部门参与工厂事项决策制,对包括工资奖励设计、创建的奖励设计、后备干部选拔任用程序等 7 个涉及工厂发展的重大事项进行决策。推行参评人员部与部交叉、部与室交叉的作法,提高评议的真实性,2008 年科级管理人员称职以上的平均得票率为 97.54%,在举行的职工代表大会上,吸纳具有较强代表性的劳务工作为列席代表参会,提高劳务工生日费等福利待遇,将劳务工一视同仁的纳入各类“评先争优”的范围内。2008 年,烧结厂被重钢集团授予“厂务公开民主管理”先进单位。

◆余强

【后备干部储备工作】 2008 年 7 月烧结厂首次进行后备科级干部直选工作的尝试和探索。成立以厂长为组长的领导小组和以党委书记牵头多部门参与的工作小组,明确报名、初审、选拔、审定等 4 个选拔程序,符合条件的职工可直接志愿报名或由部门推荐报名参加选拔;用 3 个工作日公示科级后备干部候选人情况,由厂党政联席会最终确定科级干部后备人员名单。通过此次公开选拔,最终确定 6 名管理人员为烧结厂科级后备干部。

◆胡华

炼钢厂

【概况】 重庆钢铁股份有限公司炼钢厂位于重庆市大渡口区李子林石槽门,厂区占地面积12.92公顷。截至2008年12月31日,在册职工1985人,在岗职工1961人(其中管理技术人员131人,生产操作人员1830人)。具有高级职称者15人,中级职称者62人,高级技师5人,技师36人。2008年设1室(办公室)1部(新区炼钢项目部)、8科(企管科、劳人科、技术科、物资科、生安科、工会、团委、机动科)、15个车间(炼钢车间、六厂管理站、点检站、理化室、连一车间、连二车间、炉检车间、连检车间、运转车间、动环车间、精一车间、精二车间、供运车间、精炼车间、机修车间)。2008年按机动科统计口径分类设备共计1452台套,固定资产原值10.17亿元,净值5.55亿元。主要大型生产设备有50吨转炉4座、弧型连铸机5台(方坯连铸机3台、板坯连铸机2台)、LF精炼炉3座、900吨混铁炉2座、铁水脱硫装置2套、多功能吹氩站4套、铁合金烘烤炉8座、大型布袋除尘器6台、125吨行车10台、其他行车59台、转炉净浊环、连铸净浊环水处理设施等。

◆康忠

条目另见部目

【碳质发热剂开发与应用】:《科学研究与应用》

【LF炉热态渣循环利用技术】:《科学研究与应用》

【具备350万吨生产能力】 2008年重钢股份公司炼钢厂累计生产合格钢坯3338313.87吨,累计交库合格钢坯3357628.14吨。2008年,炼钢厂生产经历1~8月的极限生产、稳产与9~12月的减产两个过程;9~12月因市场因素影响而限产导致全年未能完成350万吨钢的超目标生产任务,但在2008年1~8月,炼钢厂抓住有利市场形势,克服多种困难,交库合格钢坯量达到234万吨,使炼钢厂在2008年具备350万吨钢的生产能力。

2008年1~8月期间,炼钢厂先后受电力紧张、冷料及合金保供困难、高炉检修、石灰质量恶化(回转窑检修)等因素影响,通过合理搭配冷料、优化装入制度、运用新型发热剂、改进废钢行车、强化辅助操作等措施,克服冷料紧张给冶炼操作和转炉炉况带来的困难,努力降低热铁水消耗,实现产能最大化。1~8月累计热铁水消耗863.347千克/吨,比2007年下降9.371千克/吨。在钢价最高位时期,仅此一项就使1~8月节铁21776.07吨,多产钢25222.85吨。1~8月,在重钢股份公司炼铁厂日产铁水量达8217.1吨/日以及炼钢厂日均"节铁"89.25吨的双重压力下,炼钢厂通过优化生产组织,合理提高转炉"四吹"比及实施"2对3"生产组织模式、执行生产计划、压缩准备时间、控制生产事故等措施,在增产3.15%的基础上日均产钢9523.7吨,均衡生产比率达88.11%,完成增产要求,而且做到稳定均衡增产。

◆蒲胜亮

【创造8个历史第一】 重钢股份公司炼钢厂2008年创造8个"历史第一"。(1)实现1个月生产、交库量双双突破30万吨。(2)连铸收得率达98.96%。(3)日产达到138炉,日产量达到1万吨。(4)2008年8月2号铸机板坯产量达83933.15吨,再次刷新历史纪录。(5)炼钢厂11月综合能耗指标达到-1.77千克/吨,刷新历史纪录。(6)炼钢厂9月煤气回收量达到69.097立方米/吨,刷新历史纪录。(7)2008年10月,4号铸机板坯产量达54597.184吨,再次刷新历史纪录。(8)2008年1吨炉炉役检修期间,3座转炉生产日均钢产量9761吨,创历史纪录。

◆蒲胜亮

【节能减排】 2008年,重钢股份公司炼钢厂通过采用节能新技术、节能小改革和加强用能管理等系列节能措施,开展节能减排工作。煤气回收由2007年的42.78立方米/吨上升到2008年的63.04立方米/吨,创经济效益400万元;低压氮消耗由2007年的15立方米/吨下降到2008年的14立方米/吨,创经济效益100万元。达到节能减排和降低全厂综合能耗的目的。2008年炼钢厂综合能耗实际完成1.37千克/吨,比2007年降低4.97千克/吨,共有4个月实现负能炼钢,创下综合能耗历史最高水平。煤气回收最高月达77立方米/吨,蒸气回收最高月达62千克/吨,实现3个月的负能炼钢。

◆张燎

【设备维护保生产】 2008年重钢股份公司炼钢厂在设备长期处于极限负荷运行、设备疲劳和磨损加快及设备维修费投入逐年减少的情况下,设备保持的完好功能及良好的运行状态,保证了生产顺行。(1)开展设备精细化管理。保持设备的完好功能及良好的运行状态,全年无重大、特大设备事故,故障停机率为历史最低,仅为0.02‰。(2)设备攻关成果突出。成立烟罩寿命攻关组、2号机稳定性攻关组、出坯系统无故障攻关组等,改变这些设备的技术状况,消除了这些关键设备制约生产的瓶颈环节。(3)维护点检工作通过加强管理,针对性地制定措施,2号转炉特别维护、125吨行车关键部位特别维护、压力容器特别维护等,并制定相应的考核办法,使得点检定和修维护工作更加量化,全年未出现设备因点检维护不到位而引发设备事故的现象。

◆张燎

【技术质量提高】 2008年1月,重钢股份公司炼钢厂3号机生产的20号及45号等钢轧制成$\phi \geq 110$毫米大规格圆钢后,产品质量不稳定、波动大,$\phi \geq 110$毫米大规格圆钢低倍合格率较低仅为55.28%，造成无法兑现合同。重钢股份公司成立攻关组，针对3号机的铸机状况组织攻关，对炼钢的生产工艺进行优化。攻关组发现主要是裂纹和偏析所致，采取措施：优化生产组织模式，制定大规格圆钢的基本生产条件，只有在铸机状况良好，钢坯低倍质量得到保证的情况下，才能安排大圆钢生产；优化3号机温度制度，降低浇注目标温度，实现低过热度浇铸，减轻铸坯的偏析，达到大规格圆钢的控制要求；优化二冷工艺制度，采用弱冷工艺，铸坯内裂等缺陷得到有效控制；抓恒速浇铸，通过操作技能培训和细化管理，提高恒速浇铸率，恒速率由攻关前的76%提高到85%，确保连铸生产的稳定性；加强净环水和浊环水的水质和水温管理，合理控制进水温度。通过措施，连铸工艺控制更为合理，工序操作更加稳定，铸坯质量提高，大圆钢低倍质量大幅度提高。2008年3～12月低倍合格率高达99.59%且稳定，完成94.5%的攻关目标，比攻关前提高44.31%。

◆汤兴隆

【群众性技术质量活动】 2008年，炼钢厂登记QC课题626个，完成课题626个，取得在提高钢种兑现率、吹成率、降低铸机钢溢漏率、保证设备正常运行方面的5个QC成果。群众性经济技术创新项目共立项19项，向重钢集团申报创新项目19项，“低铁耗下碳质发热剂开发应用”获重钢集团群众性经济技术创新一等奖。群众创新活动实现经济效益1000万元。炼钢厂被评为重钢集团群众性经济技术创新工程先进单位。“860千克/吨铁耗下工艺技术开发及质量控制”获重钢集团2008年度科技进步二等奖，“精炼功能开发改善钢水可浇性”获三等奖。全年职工提交合理化建议1263条，被采纳1081条，实施973条，创效益136万元。

◆康忠

【精细化管理】 （1）炼钢厂2008年领导带头学习精细化管理的知识，举办4期科级以上管理人员参加的精细化管理知识电视讲座，购买安全精细化管理书籍《第一管理》，组织全体科干进行精细化管理知识理论考试，平均分数81.3分。（2）确定精细化管理项目25个，制定措施，按月开展工作，并对完成目标任务、现状分析、完成时限等进行有效管理；23项得以实现，与其相关的经济技术指标得到改善与提高。（3）生产管理精细化，提高现场控制能力，以《炼钢厂生产组织管理办法》为基础，细化生产组织管理模式，以强化现场自控、互控、他控为重点，探索炼钢生产工艺流程及各环节之间的关系，重点对现场车间、班组的管理流程、生产组织方式进行优化；2008年各类工艺事故与上年相比减少45次。（4）安全管理精细化，对全厂安全骨干人员、行车指挥人员和调入、实习、转岗、劳务工人员954人次进行培训考试，排查、整改厂级安全环保隐患71项，车间安全隐患362项；查处违规141人次，实现工亡事故为零、重大污染事故为零、重大火灾事故为零、重大交通事故为零的目标。（5）质量管理精细化，对各项经济技术指标进行分析、细化，确定较为准确的挖潜目标，对各项影响质量的限制性环节进行攻关。2008年炼钢厂吨钢质量异议损失为0.1元/吨，比去年降低0.14元/吨，用户质量异议损失降低。（6）设备管理精细化，进一步细化和完善“点检定修”，强化等级设备管理与设备综合检查相结合，坚持每月一次从设备的指标完成情况、原始记录、管理台账、设备技术状况、设备跑冒滴漏以及设备本体和周边清洁等多方面进行综合检查，对主要生产设备进行打分，形成每月的《设备检查通报》。全年发出设备缺陷、隐患整改通知书191项，完成191项，整改率100%。

◆杨培德

【党内主题活动】 2008年，炼钢厂党委开展“精细管理促发展降耗增钢创效益”主题活动。“精细管理”，就是要求全体党员立足本职岗位，把生产、工作做得精密细致、精明细心，达到细节完美。“促发展”，就是要求全体党员在实现年产钢350万吨的目标上以高效率的工作态度，高效率的工作责任心，高效的责任感，带领身边职工全面完成各项生产工作任务，确保年钢产量目标的实现。“降耗增钢”，即是要求全体党员充分树立“成本是第一竞争力”的理念，精打细算，从自身做起，分级负责，降低各种消耗，减少成本，从而增加钢产量。“创效益”，就是要求全体党员，在各项工作中以创效益为前提，不出任何质量差错，杜绝生产、工艺、安全、操作、设备维护中的质量缺陷，保证产品质量、工作质量的提升，从而增加经济效益。炼钢厂党委做到组织、人员、职责“三落实”，成立竞赛活动工作小组，建立健全党委、车间党支部、班组党小组三级工作网络。以各党支部所在车间（单位）存在的潜力，工作难点，薄弱环节为重点，确定了缩短冶炼周期、板坯内裂率等43个攻关项目，与党支部签订“精细管理促发展降耗增钢创效益”竞赛活动承包书。厂党委按季召开政工例会，检查通报进展情况，编发简报上网通报，并实施动态管理，分阶段、有重点推进，各党支部开展每月“三个一”活动（每月一次学新知识、查找一次各种因素、解决一个问题），进行“成本质量分析控制”“提高素质，推进技术进步主题教育”“党员质量安全监督岗”专题活动。党员每月一次学习岗位业务、技术新知识；查找一次本车间、本班组、本岗位影响质量、影响成本的各种因素；解决一个影响本岗位生产工作的问题。

◆杨培德

高速线材轧钢厂

【概况】 重庆钢铁股份有限公司高速线材轧钢厂地处重庆市大渡口区李

子林三岗门，占地面积4.71公顷。2008年固定资产原值2.82亿元，净值2.08亿元。拥有一条现代化的控冷控轧高速线材轧钢生产线，可生产φ5.5～φ16毫米的光面盘条，钢种有碳素结构钢、优质碳素钢、低合金钢、焊条钢、焊丝钢、铆螺钢等。全厂按"扁平化"管理模式设置机构设"二部一室"：生产技术部、设备部和办公室。2008年末，在岗职工228人，其中具有高级专业技术职称11人，具有中级专业技术职称19人，具有高级技师职业资格证4人，技师职业资格证18人，具有高级工职业资格证人84人。

2008年，高线厂面对超过设计生产能力的生产任务，继续以"制度到位、管理到位、准备到位、观察到位、检查到位、点检到位、思考到位、日检到位、定修到位、调整到位"的"十个到位"活动为载体，开展精细化管理，贯彻"抓紧每一秒钟，轧好每一条钢"的轧钢生产理念；围绕作业率和轧机机时产量，开展劳动竞赛和专项奖，以降低停机时间、提高轧钢节奏。全年日历作业率达77.27%，扣除年初冰雪压电限运，受动力厂5万立方米煤气柜检修影响，年修被迫延长；"5·12"汶川大地震成品发运受限，金融危机影响3个月限产等外部影响，作业率达到88.22%，比去年提高10.27个百分点；全年平均机时产量达76.05吨，比去年提高0.19吨；全年生产合格钢材51.5万吨，比去年增产0.5万吨，超过年设计生产能力47.1%，再创建厂最高纪录。参与并推动重钢股份公司的"钢坯热送热装"节能减排攻关项目，综合能耗为49.584千克/吨，比去年降低0.919千克/吨。全年产品综合合格率99.78%，比去年提高0.04个百分点；线材综合成材率达98.45%，保持全国同行业先进水平。

高线厂2008年跟踪新技术、新工艺的发展，开展技术攻关和技术创新及管理创新，提升工厂的技术和管理水平。为提高了轧辊的使用奉命，对减少轧辊消耗节约生产成本，减少换辊换槽时间提高作业率，增强生产经营能力，推进粗中轧无孔型轧制新工艺；探索连轧机组无孔型轧制各架次料形控制，设计适应无孔型轧制的导卫装置并尽量利用原有导卫装置进行改进；根据无孔型轧制工艺的需要，对飞剪等设备进行适应性改造，进行轧辊车削加工装配成辊系并利用加工旧轧辊先行进行试验。到2008年底，实现前12架粗中轧无孔型轧制。高线厂主研的"工厂典型事故案例库的构建与应用"管理课题，获2008年度重庆市企业管理现代化创新成果三等奖，高线厂生产技术部技术组QC小组"提高普碳钢提速轧制加热能力"课题获2008年全国"优秀质量管理小组"称号。

◆杨淑礼

条目另见部目

【高线厂新产品开发】:《科学研究与应用》

【经济技术创新工作】 (1)2008年高线厂组织职工开展经济技术创新活动，做好职工的宣传发动工作，两级工会组织引导职工开展创新活动；对职工创新项目的立项实行动态管理，主张跨部门开展创新活动，最大范围地发挥技术力量的作用。(2)力求把经济技术和生产工作相结合，整个创新活动坚持跟踪检查：检查项目内容，检查活动实施进度，督促创新活动项目的完成和成果评价，有效推广应用成果。(3)贯彻"自我管理，自主创新"思想，采取措施，制定办法，营造良好的工作氛围，把"知识型职工"活动进一步深化，并且把创新活动与提高职工技术素质相结合。(4)2008年高线厂在经济技术创新活动中职工创新项目立项15个，实施完成项目13个，年内经财务审核的经济效益近百万元。"优化CP2轧制张力系数提高一次过钢率"创新成果获得重钢公司2008年创新成果三等奖。(5)合理化建议坚持按"生产技术、设备改进、安全环保、经济技术管理"进行季度分析，通报合理化建议执行情况。2008年职工提合理化建议112条，被采纳93条，采纳率83%。(6)围绕生产工作重点和难点，组织50名职工参加技能竞赛活动，推动职工学习技能的自觉性。

◆郭世模

【推进精细化管理】 (1)2008年年初，高线厂以"从细节入手抓作业优化，从环节入手抓程序优化，从专业入手抓管理优化，从数据入手抓指标优化，从人本入手抓制度优化，从责任入手抓落实强化，从观念入手抓团队文化"为工作方针，以进一步落实岗位作业标准为主线，推进"制度到位、管理到位、准备到位、观察到位、检查到位、点检到位、思考到位、日检到位、定修到位、调整到位""十个到位"精细化管理工作。(2)为落实精细化管理要求，促进各项工作到位。一是以会议决定事项督办、每周综合检查、专业管理日常动态检查及中夜班突发故障挂号销号制度执行等手段为载体，全面强化执行。二是以"精细点检、精心维护、精准操作、精益生产"为总体要求，以优化完善管理制度、落实"十个到位"岗位工作职责、清理修订工艺设备事故、生产准备及设备的抢修检修定额标准为主要内容，以作业区为基本单元，以自查和检查的方式围绕岗位工作（作业）标准职责履行情况、案例培训管理及效果评价、定额标准管理、部门及作业区的重点工作等方面开展精细化管理检查评价活动，对"检查的基本情况、存在的问题、下一步工作建议"三方面的内容并进行总结。(3)高线厂确立以"工厂典型事故案例库的构建与应用"为突破口，推进企业管理精细化的工作思路。典型事故案例分析与培训及网络集成工作形成制度。(4)成果：①2008年，高线厂在产量、综合成材率、综合合格率和日历作业率等16项技术经济指标创历史最高成绩。②由高线厂主研的"工厂典型事故案例库的构建与应用"管理课题获2008年度重庆市企业管理现代化创新成果三等奖。

◆陈贵

【党建工作】 2008年,高线厂党总支以"着力提升领导班子和干部队伍综合素质"、"着力打造优秀团队"、"着力推进安全文化建设"、"着力加强职工思想政治工作"为工作重点,抓好党建工作。(1)通过中心组学习、党员轮训、专题学习研讨、组织生活、职工政治学习等方式开展形势任务教育活动。(2)以"四好"班子建设为载体,深化建设学习型领导班子活动,进一步加强党风廉政建设,职工代表对厂领导干部清正廉洁认可率达98%,对高线厂"两部一室"负责人清正廉洁认可率达91%。(3)按每季一个主题开展,开展厂情教育活动。结合不同阶段的生产经营工作重点,二、三、四季度,结合不同阶段的生产经营重点,分别围绕"精细管理促发展、节能减排增效益"、"落实十个到位,奋战三季度"和"冲刺一百天,实现全年目标"3个主题,开展厂情教育活动。开展"节能减排大家谈"征文比赛,征文12篇。在《青春高线》网络杂志中开辟专栏,报道先进典型,营造浓厚的降本增效氛围。(4)开展"解放思想、扩大开放"大讨论活动,围绕"解放思想、查找差距",分层次讨论。高线厂党总支以总支、基层支部为单位分别组织召开"党员带头解放思想、带头查找问题"专题组织生活会,77名在岗党员分别参加支部专题组织生活会。(5)开展"遵纪守法、爱岗敬业"专题教育活动。定期组织两级班子成员学习讨论,两级班子成员从管理岗位及管理责任出发,带头做到爱岗敬业,每周组织一次讨论。各支部、党小组开展学习讨论,以爱岗敬业为主题,开一次专题组织生活会。(6)围绕"监督控制设备备件工模具的采购使用过程"项目实施效能监察,节约设备、备件、工模具资金19.4万元。(7)清理在建工程项目。2008年9月,高线厂对在建工程项目进行专项清理,全厂共8个在建工程项目,全部符合工程管理规定,无违规操作行为发生。(8)在党员中开展"精细管理促发展节能减排增效益"党内主题活动,在每个党小组中设立一个攻关小组,把党员、入党积极分子、生产技术骨干作纳入到攻关小组中,党员参与主题活动面达到100%。将攻关工程纳入《党建责任书》目标内容,对攻关工程完成情况实施动态管理。各党支部把提升技术经济指标、降低成本作为攻关工程的核心内容,2008年全年共设立党支部、小组攻关工程项目12项,完成攻关工程12项,取得经济效益239.09万元。(9)开展支部达标晋级、"走在前列党支部"竞赛及创建学习型党支部活动,每月开展支部谈心活动和"入党日谈话"活动,建立支部谈心和入党日谈话记录本,厂党总支按月检查一次。3个党支部全部达标,达标率为100%。(10)开展"党员承诺制"活动。按照"党员有什么能力办什么事,能做到什么就承诺什么"的原则开展活动,参与"塑造党员先锋形象工程"活动,开展"自主管理、自我创新"活动,参与和谐高效团队文化建设,推进"十个到位"(制度到位、管理到位、准备到位、观察到位、检查到位、点检到位、思考到位、日检到位、定修到位、调整到位),将"和谐高效团队文化建设"纳入承诺内容。全厂79名党员(含退休返聘党员2名)均签订党员承诺书,全年党员共同承诺事项4项,个人承诺事项136项,已全部完成。(11)执行组织发展公示制、票决制和责任追究制,2名入党积极分子入党和1名预备党员转正均执行了该项制度。(12)以安全文化建设为重点,努力建设和谐高效团队文化。开展打造"安全零风险"的和谐高效团队文化活动,初步形成"安全生产、安全人生"、"安全零风险"等核心价值观,对"预防为主"、"全员参与"、"综合治理"、"风险管理"、"纪律约束"等5个方面安全管理理念进行宣传贯彻,修订完善"安全提示卡"和《检修操作牌制度》。(13)"5·12"特大地震后,高线厂党总支动员党员职工向灾区伸出援助之手,捐款18100元,党员交纳特别党费5914元,冬季组织职工捐物121件。

◆吴小芳

型钢厂

【概况】 重庆钢铁股份有限公司型钢厂是重钢股份公司下属轧钢生产厂,位于重庆市大渡口区李子林三岗门;占地面积10.59公顷,厂区建筑面积10.2万平方米,绿化面积4.11万平方米。2008年末固定资产原值4.59亿元,净值2.08亿元。2008年,型钢厂设安全环保科、生产计划科、技术质量科、机动能源科、调度室、厂办公室、点检站、大型轧钢车间、中型轧钢车间、棒材轧钢车间、成品车间、维检车间(9月由原大维车间与中维车间合并而成)等12个科室、车间。2008年底在册职工1043人,其中在岗职工1020人,在岗生产操作人员891人(技师29人、高级技师3人、技术业务尖5人、高级工147人);在岗管理技术人员129人(其中高级职称15人、中级职称22人)。不在岗23人(居家休息18人、其他5人。)型钢厂有大型轧机生产线、中型轧机生产线和棒材轧机生产线等3条生产线。主要产品:工字钢、槽钢、角钢、矿用钢、优扁钢、电极扁钢、汽车轮辋钢、圆钢、锚链钢、垫板钢、方钢、球扁钢、螺纹钢等13大系列100多个规格的钢材、品种。产能规模100万吨以上,可根据用户需求开发型材新产品。

◆陈维斌

条目另见部目

【型钢厂新产品开发】:《科学研究与应用》

【产量再次突破130万吨】 (1)型钢厂在2008年度生产经营工作中,合理组织利用库存钢坯保产,全年生产钢材1304511吨,其中球扁钢完成

172654 吨，比 2007 年增产 45565 吨。(2)以有效生产为前提，加强生产计划的管理，提高计划品种完成率，计划品种完成率全年达 99.80%，比目标提高 0.80%。(3)合理有效利用库存钢坯 66951 吨，降低资金占用。(4)有效组织整理入库和发运，及时兑现销售合同，全年累计销售合同完成兑现率达到 99.58%，比目标提高 0.58%。

◆周刚

【质量管理工作】 (1)2008 年，型钢厂全年两次组织质量体系运行检查，并根据管理程序的变化情况，对程序文件作相应的修改、完善。(2)型钢厂大型车间减少胶木轴瓦发烧攻关 QC 小组获“2008 年度冶金行业优秀质量管理小组”称号。(3)全年组织两次 QC 成果发表会，共发表成果 749 个。(4)入库产品质量抽查合格率≥95.5%。(5)开展“产品质量安全专项整治”，经重钢股份公司、大渡口区等组织的多次检查都达到要求。

◆张毅

【精细化管理工作】 (1)2008 年，型钢厂按照“结合实际、分级推行、逐年推进、不走过场”的总体思路和以“精准细严”的工作思路，持之以恒推进精细化管理工作。制定《型钢厂精细化管理成果管理办法》，促进厂、车间、班组三级精细化工作制度化、规范化。(2)坚持推行精细化管理重点项目申报、实施、奖励制度，2008 年向重钢股份公司申报“提高轧机作业率确保实现双过半”厂级成果 1 个，立项实施车间重点项目 20 个，班组重点项目 12 个；建立健全原始记录台账，每月动态分析每个项目的运行状况。(3)举行精细化管理成果发布，棒材车间“提高产品综合成材率”成果获发布一等奖，大型车间“加强生产过程控制实现球扁钢轧制稳产顺行”和型钢厂机动科“落实节能减排工作确保综合能耗指标完成”两个成果分别获得发布二等奖，维检车间“大型轧机辊道电控装置应急措施方案”和点检站“轧钢设备故障控制”两个成果分别获得三等奖。(4)编印《型钢厂精细化简报》，共 7 期。(5)培训精细化管理骨干 24 人，撰写心得体会 24 篇；班组长培训 115 人，全部考试合格。

◆冯忠来

2008 年型钢厂成材率完成情况表

单位	目标值（%）	上年完成（%）	当年完成（%）	与目标值比较（%）	与上年比较（%）
大型车间	92.40	93.26	92.89	0.49	-0.37
中型车间	95.40	96.01	96	0.60	-0.01
棒材车间	96.20	96.53	97.06	0.86	0.53

2008 年型钢厂考核品种合格率完成情况表

单位	目标值（%）	上年完成（%）	当年完成（%）	与目标值比较（%）	与上年比较（%）
大型车间	98.00	98.75	98.78	0.78	0.03
中型车间	98.50	99.36	99.29	0.79	-0.07
棒材车间	98.50	99.38	99.33	0.83	-0.05

2008 年型钢厂吨钢废品分析表

单位	合格量(吨)	废品总量（吨）	全年吨钢废品量(千克/吨)		
			上年	当年	与上年比较
大型车间	357642.93	4232.90	12.73	11.84	↓0.89
中型车间	434166.56	2819.90	6.47	6.49	↑0.02
棒材车间	510866.55	2560.48	6.27	5.01	↓1.26
全厂	1302676.03	10901.50	8.12	8.37	↑0.25

◆张毅

【设备管理工作】 (1)型钢厂 2008 年大型生产线高压水除鳞系统整体更新，消除了安全隐患，系统能有效顺利运行。(2)大型生产线加热炉等循环水管道更新，节约工业水，节能降耗。(3)型钢厂全年 3 条生产线的设备故障停机率为 5.61‰，比计划指标 10‰少 4.39‰。(4)全年综合能耗指标完成，全厂累计完成 53.75 千克/吨，比目标 54 千克/吨有结余，达到历史较高水平。

◆曾德棋

【群众经济技术创新工程】 (1)2008 年，型钢厂结合生产经营的关键点和薄弱环节展开群众经济技术创新工程活动。立项 19 个，上报重钢集团 19 个，获奖 9 个。其中一等奖 1 个，二等奖 2 个，创造经济效益 726.31 万元，是型钢厂开展创新活动以来取得的最好成绩，型钢厂被重钢集团评为“群众经济技术创新工程先进单位”。(2)发动职工开展提合理化建议活动，全年提合理化建议 803 条，被采纳 614 条，创效益 356 万元。(3)组织 123 人次参加重钢股份公司第十届技术竞赛和重钢集团第七届职工技术竞赛，型钢厂在参加的 9 个工种的比赛项目中，有 35 人进入实作决赛。(4)型钢厂工会与重钢集团工会、重钢股份公司工会联合开展型钢厂“球扁钢产量冠军班组”劳动竞赛。

◆徐鹏

【发挥党组织作用】 2008 年，重钢股份公司型钢厂党委会同行政，按照“三驾马车保目标，四大创新促发展，以人为本建和谐”的治企方针，加强党组织建设，发挥党员先锋模范作用。型钢厂党委获重钢集团 2007～2008 年度党内创先争优活动“红旗党委”称号，型钢厂获重钢集团 2008 年度“厂务公开民主管理先进单位”。

(1)加强学习,适应发展,把厂、科两级干部的思想引领到贯彻落实科学发展观之中。通过中心组学习、班子民主生活会、科干会、支部书记例会、党训班等,启发思路,开阔眼界,澄清发展的片面认识,强化解放思想的重要性,科学发展的时代性,自觉地站在历史新起点,瞄准高目标,干好新工作。同时,依据科学发展观的要求,确立型钢厂发展战略。(2)围绕中心,有效探索发挥党组织作用的方式和途径。一是抓好以"精细管理促发展,节能减排增效益"为主要内容的党内主题活动。按照"党委抓规划、支部抓实施、党员创业绩"的要求,各党支部选准切入点,把党建工作目标与完成车间生产经营任务、降本目标及提升技术经济指标有机结合,组织党员开展重点项目攻关,全年共完成攻关项目9项,节约和创效益达2540万元。二是深化"党员示范岗"活动。为落实党员"四带头"和"两个前列",型钢厂党委重新修订完善"党员示范岗"活动实施办法,确立"党员示范岗"的5项新标准,以党支部推荐、厂党委审核、张榜公布的方式,评选"党员示范岗岗员",并实行每天挂牌上岗,自觉接受党组织和群众监督。全年评出15名"优秀示范岗岗员"。三是型钢厂党委牵头与行政共同深化精细化管理活动。精细化管理坚持以人为本,强调制度创新,强化责任到人;每年都有明确的工作思路及重点工作要求,搭设职工全员参与的广阔舞台,抓住关键,激励职工在软件(制度和管理)和硬件(工艺技术)上突破和创新。全年实施精细化管理重点项目20项。四是开展党员身边无事故活动。型钢厂党委下发文件,提出要求,把"党员身边无事故"与"党员责任区"、"党员安全岗"、"青安岗"、"安全提示卡"活动结合,发动党员查隐患、反违章、保安全,全年党员安全岗共查处并整改安全隐患348起,杜绝了人身伤害事故。(3)实施固本强基工程,增强党组织吸引力。通过抓好领导干部和党员思想作风建设强根本,抓基层"四合一"达标晋级强基础。坚持厂级班子中心组学习制度,并通过定期的班子民主生活会、党委会、党政联席会等,提高党性修养和理论知识,主动查找班子及其成员在思想、作风、勤政廉洁等方面存在的差距,制定措施及时整改。型钢厂班子成员群众认可率98.89%。推进"党支部建设工程"和"党员先锋工程",修订完善《党员联系群众制度》《党支部工作和党员业绩评价制度》等12个。坚持抓好每年一度的全体党员半脱产轮训,开展"党员承诺制"活动,强化党员组织观念,责任意识,将党员承诺书内容进行公示或上墙,为职工办好实事。(4)广泛开展"创先争优"活动。型钢厂党政大规模地开展评选"三十佳明星""十佳劳务工""十佳班组"的创一流业绩活动。

◆龙学明

冷轧薄板厂

【概况】 重庆钢铁股份有限公司冷轧薄板厂位于重庆长寿晏家工业园,占地面积10.86公顷,厂房建筑面积43153平方米;2008年末固定资产3.87亿元。按照产、供、销"一体化"管理模式,设置办公室、市场部、生产技术部、设备部、酸洗作业区、轧钢作业区、退火作业区、检修作业区等8个部门。2008年末在岗职工192人,平均年龄35岁,大专及以上文化107人;高级职称6人,工程师15人,高级技师5人,技师11人;61人获高级工职业资格证。

主要产品:厚0.5~2毫米,宽870~1250毫米的薄规格钢板,并分为SPCC/ST12/Q195(普通碳素钢)、SPCD/ST13(深冲钢)、SPCE/ST14(特深冲钢)3种钢质系列。冷轧薄板厂产品以普通碳素钢为主,产品规格厚0.5~2毫米、宽1000~1250毫米,应用于汽车、摩托车及其零部件、门业、机械加工、包装材料、建筑等行业。

冷轧薄板厂有5套生产机组及配套设施。主要设备:.250″×72″×72000HCl三段推拉式酸洗机组一套;ф431.8毫米/ф1117.6毫米×1727.2毫米单机架四辊可逆式冷轧机一台;ф431.8毫米/ф1117.6毫米×1727.2毫米四辊不可逆式平整机一台;全氢罩式退火炉24座;1700毫米重卷机组一套。整个生产工序间的计划发布、数据采集、数据分析和产品流转均是通过MES物流系统完成。主要辅助系统及装备:废乳化液处理装置、含酸废水处理装置;SAXWS450-25×6500高精度轧辊磨床一台、GNK7165×35数控激光毛化机床一台。

2008年,冷轧薄板厂坚持"持续顺行、持续稳产、持续改进、持续增效"的生产经营方针,坚持"阶段性满负荷"生产的生产组织模式,突出抓好"轧机功能保障",提升装备保障程度;以深化"精细化管理"为载体,启动"个性化服务"工程。技术经济指标持续改善,其中合格率、成材率分别达99.86%、91.54%,分别比2007年上升0.2、0.47个百分点,全年产量累计完成7.34万吨,销售7.69万吨,实现销售收入3.96亿元。

◆姚晓红

【以精细化管理保生产顺行】 2008年,冷轧薄板厂坚持"顺行、稳产、高效、安全"的生产运行方针,坚持"阶段性满负荷生产"的生产组织方式,坚持"持续改进,以精细化管理保生产"的原则,完成万吨生产计划以及重钢股份公司下达的各项技术经济指标。优质品成材率88.44%,优质品率96.54%,BC品率35.81%,成材率91.88%,均创新高。

重钢公司为汶川地震灾区提供活动板房的生产线设在冷轧薄板厂,冷轧薄板厂向活动板房生产线提供所需的场地和公辅保障。在原料库位紧张的情况下,尽量减少原料库存量,缩减原料钢卷堆放空间,腾出场地保证活动板房的生产,确保生产顺行,圆满完成了当月生产任务。

◆何亮

【市场营销推行"个性化"服务】 2008年冷轧薄板厂按照"围绕一条主线,抓好三个环节,完成九大项目,实现一个目标"的要求,正式启动"个性化"服务工程。在营销工作中围绕"个性化"服务,抓好产品"售前、售中和售后"三个环节。针对重点客户的产品需求,从原料采购、生产计划安排、生产实施过程、成品入库发货等各个环节进行实时跟踪控制;及时向客户提供相关信息,并收集客户对产品的意见;及时把客户的需求向相关部门进行反馈,以确保产品的质量、力学性能等各方面都满足用户的需求。

◆唐建华

【设备等级管理达C级】 2008年,冷轧薄板厂制定《冷轧薄板厂等级设备管理工作推进计划》《冷轧厂等级设备管理工作方案》,厂设备部、检修作业区及各生产部门三方共同签订《年设备维护保养"TPM"分工协议》,制定《操作方、维修方、管理方分工协议表》。按照《等级设备管理评定标准》,对全厂A、B、C类设备分类进行清理及确认,制定《等级设备管理工作流程》,建立设备《技术档案》《运行履历》,编制《点检标准》《给油脂标准》《维修技术标准》《设备使用规程》。每个工作日开点检例会,每个月开设备例会。2008年冷轧薄板厂获重钢股份公司等级设备管理C级。

◆张勇

【"三个"管理体系有效运行】 冷轧薄板厂质量、环境、职业健康安全"三个"管理体系从2005年开始运行,以"精细管理、持续改进、打造精品、顾客满意"为质量方针,以"节约能源、清洁生产、防治污染、友好环境"为环境保护方针,以"以人为本、安全第一、关爱健康、回报社会"为职业健康安全方针。通过管理体系的良好运行,细化了职责和各类规章制度,工作流程也得到进一步细化,使每个可能影响质量的环节都得到控制,确保生产的产品合格;建立与各相关方的沟通渠道,采集各种建议;不断完善安全防护设施和装置的配备,最大限度地减少了安全事故隐患发生率。

2008年12月18日,冷轧薄板厂召开2008年度管理评审会议,通过评审,认为冷轧薄板厂管理体系运行效果良好,是适宜的、有效的、充分的,符合管理体系的要求。

◆姚晓红

【群众经济技术创新工程】 (1)2008年冷轧薄板厂将开展群众经济技术创新工程活动作为一项重要工作,针对工艺技术的优化、设备改进、辅料消耗等问题进行调研、立项,组织实施。(2)号召职工立足本职岗位,大胆进行技术创新,增强创新意识和创新能力。2008年群众经济技术创新工程立项12个,全部实施完成,创经济效益764.66万元,其中获重钢集团群众经济技术创新三等奖的"优化配酸方法采用连续精细操作降低酸耗",创效益15.9万元;"轧辊磨床涡流探伤国产化",创效益62万元;"优化涟钢卷退火工艺提高性能合格率",创效益12.93万元。(3)发动职工提合理化建议,全年共提合理化建议62条,采纳54条,其中"优化酸洗工艺提高酸洗质量降低消耗""消除酸洗机组CPC1纠偏装置安全隐患恢复纠偏功能"分别获得重钢集团合理化建议二、三等奖。

◆姚晓红

【党员立项攻关】 (1)2008年重钢股份公司冷轧薄板厂党总支围绕党内主题活动,开展"精细管理促发展,节能减排增效益"党内主题竞赛活。开展党支部攻关活动,坚持"紧、实、新、严、细"的工作原则,全厂4个党支部立项21个,完成21个攻关项目,实现经济效益195.96万元。(2)在推进精细化管理活动中,发挥了党组织和广大党员在生产经营、精细化管理、降本增效、节能减排和安全环保等工作中的作用,充分释放产能,实现有效生产。(3)开展"党员身边无事故"活动,查隐患175项,整改175项。开展"党员承诺制"活动,承诺473项,兑现467项。

◆李杰

中板厂

【概况】 重庆钢铁股份有限公司中板厂位于重庆市大渡口区车家坪58号,是中厚钢板生产厂。重钢股份公司中板厂的前身是原鞍钢第二中板厂,1965年响应国家"三线建设"号召,整体搬迁至重庆市大渡口区。曾名重庆钢铁公司五厂,1998年更改为重庆钢铁股份有限公司五厂,2001年6月11日更名为重庆钢铁股份有限公司中板厂。

重庆钢铁股份有限公司中板厂2008年设1室4科1站8个车间:办公室、生产科、技术科、机动科、安全环保科、点检站、原料车间、热轧车间、精整车间、热处理车间、成品库车间、机修车间、动力车间、行车车间。截至2008年12月31日,在册职工1072人,在岗职工1041人,其中管理技术人员109人,操作人员932人,专业技术人员45人(高级职称6人、中级职称15人、初级职称19人),高级技师8人,技师39人,主任工程师3人,技能尖子6人。2008年,工业总产值19.81亿元,同比增加2.11亿元。固定资产原值7.91亿元,净值5.39亿元,全员劳动生产率194.54万元/人。

重钢股份公司中板厂具有生产6~50毫米厚度、500个品种规格、年产120万吨中厚钢板的能力,成品宽度可达2500毫米。主要产品有造船钢板、锅炉钢板、压力容器钢板、桥梁钢板、汽车大梁钢板、高层建筑和工程机械用结构钢板、低合金钢板、优碳钢板及其他特殊要求产品等,实物质量达到国内、国际先进水平。中板厂主要设备有30吨板坯升降台2台,85吨推钢机6台，三段连续推钢式加热炉2座，蓄热式加热炉1座，2700毫米粗、精轧机组各1套，轧后水冷系统1套，十一辊热矫直机1台，十一辊冷矫直机1台，七辊冷矫直机1台，热分段液压剪1台，3米横切剪5台，双边滚切剪机列1套，圆盘剪1套，辊底式常化炉2座，淬火机1台，轧辊磨床2台，剪刃磨床1台。

2008年，在年修113个小时的情况下，重钢股份公司中板厂全年轧制量127.87万吨，同比增加10.98万吨；剪切量127.47万吨，同比增加9.69万吨；入库量129.29万吨，同比增加13.27万吨；出库量128.43万吨，同比增加12.27万吨，全年产量第一次突破120万吨。全年小时产量达162.18吨，同比提高3.85吨/时，第一次突破160吨/时大关。综合成材率89.82%，同比提高0.12%；热轧性能合格率99.34%，持续稳定在高水平；块品种合格率97.88%，同比提高1.04%；热处理一次正火性能合格率99.81%，同比提高0.09%；设备日历作业率89.76%，同比提高5.48%；综合能耗64.54千克/吨，同比降低3.79千克/吨；加热炉能耗45.69千克/吨，同比降低1.02千克/吨。

2008年12月10日，重庆钢铁股份有限公司中板厂召开第八次党员代表大会，选举产生重庆钢铁股份有限公司中板厂第八届党委委员和纪律检查委员会委员。2008年，重庆钢铁股份有限公司中板厂超声波自动探伤班组和热处理生产二班双双获"全国质量信得过班组"称号。

◆丁建华

条目另见部目

【中板厂为奥运会场馆建设提供钢材】:《生产经营》

【钢板雾化冷却工艺应用】:《科学研究与应用》

【中板厂精轧AGC二级系统调试】《科学研究与应用》

【中板厂新产品开发】《科学研究与应用》

【中板厂全年产量突破120万吨】 2008年，中板厂热轧产量稳定增长，月产量迈上11万吨大关，全年产量首次突破120万吨。(1)生产部门加强生产全过程的动态管理，对影响小时产量提升的薄弱环节进行分析和攻关，研究科学安排生产计划，优化生产组织方式，提高多倍尺轧制比例，合理控制轧机节奏，加快精整工序剪切、流通速度，有效确保了热轧产量进一步增长。(2)原料车间按照"裕量保产，精料进炉"的工作理念强化坯料切割计划的优化搭配，力求切割尺寸最大化，有效提高坯料切割精度和断面质量，减少了尾段利用。2008年坯料切割尺寸目标公差达标率90.02%，比2007年提高0.04%。2008年尾段利用率0.95%，比2007年降低0.14%。(3)设备系统推行"精心检修、精密组装、精细检查"的精细化管理思路，逐步完善设备承包机制和设备检修质量跟踪控制机制，进一步明确岗位职责。2008年设备日作业率达89.76%，比2007年提高5.48%。(4)根据重钢环保搬迁工程需要，中板厂开展"创金牌产品，做金牌职工"大讨论活动、"星级班组"竞赛活动。引导职工学习新技术，钻研新工艺，不断提升职工岗位操作技能，2008年操作原因非计划品率2.09%，比上年减少1.3%。(5)2008年船用钢板需求旺盛，中板厂船用钢板产量首次突破100万吨大关，达到100.02万吨，比2007年增加20.16万吨，居国内单条生产线船用钢板生产量第一，迈入国内船用钢板生产基地的行列。

2008年，中板厂在年修4天16小时的情况下，完成热轧量127.87万吨、剪切量127.47万吨、入库量129.29万吨、出库量128.43万吨，均超历史水平。中板厂生产专优钢板比例达92.12%，比2007年提高0.83%，其中普船钢板54.11万吨，比上年增产8.14万吨；高船钢板45.91万吨，比上年增产12.02万吨；容器钢板7.89万吨；小时产量达162.18吨，比上年提高3.85吨；双倍尺生产比例达91.25%；多倍尺生产比例达55.49%。完成合同39454份，总量123.6万吨，合同完成率95%。

◆肖红兵

【中板厂合同兑现率创新高】 2008年，重钢股份公司中板厂有10个月合同兑现率都在95%以上，最高达96.27%，创历史最高水平。中板厂确保合同按时完成，通过提升各项经济技术指标，努力使轧制产品块块成材；对已有生产及合同管理程序完善补充；及时跟踪产品生产的整个过程，协调处理各生产环节中出现的各种问题。2008年，重钢股份公司中板厂合同兑现率比2007年提高94.7%，合同完成率达95%，全年完成合同39454份，总量123.6万吨。

◆王善芳

【造船用钢板突破100万吨】 重钢股份公司中板厂2008年根据重钢集团董事长董林"把重钢建设成国内船板生产基地"的指导思想，调整产品结构，开发和生产拳头产品，造船用钢板在取得9个国家船级社(CCS、ABS、LR、GL、BV、NK、KR、DNV、RINA)工厂认证的基础上，不断地扩大产品钢号和产品规格，韩国(NK)船级社新增E、E32、E36等3个钢号，产品生产规格由6~32毫米扩大到6~40毫米。2008年中板厂产生船板钢1000202.69吨，比2007年增产201564.84吨，占中板厂总产量的77.36%。其中按照中国船级社产生的产量为83533.41吨，占总产量的8.35%；按照外国船级社产生的产量为916666.28吨，占总产量的91.65%。其中高强度船板生产量459355.65吨，占船板钢产量的45.93%。

◆聂晓辉

【2项技改项目】 (1)十一辊辊系改造成功。十一辊矫直机直接决定钢板的表面质量，由于工况恶劣，一直以来辊系运行极不稳定，主要损坏形式表现为支撑辊轴承损坏，导致支撑辊卡

死产生压痕，从而在钢板表面产生压痕，影响钢板表面质量，同时辊系更换频繁，造成检修工作量和备件装配量增加，成为困扰中板厂的一大技术难关。2008 年 3 ~ 7 月，重钢股份公司中板厂通过技术创新和技术攻关，将支撑辊改成花辊结构，增强其承载能力，并选用承载能力更强的轴承，提升整个辊系的承载力，避免在矫直钢板过程中因负荷过大造成辊系卡死产生压痕，影响钢板质量。（2）粗轧 920 滑块式连杆改造成功。2006 年至 2008 年，重钢股份公司中板压迫粗轧连杆运行不稳定，事故频发，主要表现为是十字包轴承座叉头根部产生裂纹、压盖螺栓断裂、端面齿间隙过大等，特别是粗轧下连杆平均使用周期不到 2 个月。2008 年，中板厂对粗轧联杆进行改造，将原 800SWP 型增强为 920 滑块式连杆，并同时对下抱紧进行适应性改造，改造后连杆的平均使用周期可达到 6 个月以上，确保生产顺行。

◆王波

【精轧机工作辊轴承座修复再利用】 重钢股份公司中板厂 2008 年年产 128 万吨钢板，随着产能的不断释放，轧机工作频繁，而轧机的相关设备设计却存在缺陷，导致精轧机工作辊轴承座自 2008 年开始有较大损坏。2008 年共损坏 12 个工作辊轴承座，仅传动侧就有 9 个。2008 年 8 月开始，由中板厂机动科承担设计、中板厂热轧车间承担实施，对已损坏的轴承座（主要是传动侧）采用去除衬板、局部堆焊修复的方法进行修复性改造；轴承座修复费用不到加工新备件的五分之一。2008 年 10 月修复性改造完成后投入使用，之后未发现损坏现象，成功地解决了轴承座由于受力不均导致的局部破裂而影响其使用的问题，提高使用寿命。

◆刘华

【小块板和待定品比例控制在 5% 以内】 2008 年，重钢股份公司中板厂共计新增小块板和待定品量 62025 吨，小块板和待定品比例实现 4.79%，比 2007 年的 5.11% 减少 0.313%，刷新了中板厂新增小块板和待定品历史纪录。中板厂成立了降低中板厂小块板和待定品攻关小组，制定和实施提高钢板入库量，成品库待定品调入合同以及稳定和提高中板厂经济指标等措施，实现中板厂小块板和待定品比例新突破：2008 年中板厂钢板入库量 129.292 万吨，比 2007 年的 116.017 万吨增加 13.275 万吨；2008 年成品库待定品调入合同量 29363 吨，共计 13806 块钢板，有效地减少了成品库待定品的积压。2008 年中板厂在专优钢比例达 92.12%，船板比例达 74.15%，定尺比例达 91.25%。钢板轧制难度明显增大的情况下，通过对钢板质量设计尺寸的优化，计划安排的优化，原料切割精度的保证，利用 AGC 动态调整板形，钢板实时反映厚度和长度信息微调厚度，后工序剪坏较大幅度的减少以及加强对外形不合钢板的挽救工作，最终实现 97.88% 轧制块品种率指标，比 2007 年的 96.84% 提高 1.04%。2008 年中板厂降低小块板和待定品攻关直接创造经济效益 130.14 万元。

◆黄法

【QC 成果转化为多项国家专利】 2008 年，中板厂 QC 小组全年共产生创新型 QC 成果 20 个，成果转化为专利申报项目共 9 项，并全部通过专利申报程序。其中 4 项获得专利授权：（1）桥式吊车小车轮预装平台（专利号：200720188087.5），（2）电工巡检手电筒（专利号：200820098142.6），（3）行车滑轮片拆卸工具（专利号：200820098143.0），（4）电机风扇拆卸工具（专利：200820098164.2）。另外 5 项分别进入专利受理和实审程序。

◆张翔

【创新档案工作】 （1）2008 年 3 月 27 日中板厂学习贯彻《档案法》，举办科技人员档案知识培训班，72 名科技人员参加培训。（2）2008 年 4 月 8 日至 6 月 30 日组织 22 名工程技术人员就 2004 年以来中板厂进行扩宽增能改造工程还有 3 套正在施工中的档案资料尚未归档开展科技档案鉴定销毁工作；待工程完工后，就按时归档。经过工程技术人员对中板厂 1985 年以来的科技档案资料鉴定，提出销毁 13 个专业 245 卷科技档案。经过中板厂研究，提出暂不销毁，作为资料保存，待环保搬迁后再作处理的意见，重钢集团档案鉴定领导小组批复同意中板厂意见。（3）2008 年 7 月 1 日至 9 月 30 日开展以拍摄中板厂容厂貌和生产设备工艺流程为主题的“档案杯”摄影比赛。10 个车间 4 个科室、21 名职工 200 幅作品参赛，分别评选出组照和个照一、二、三等奖。2008 年 11 月 26 日，在中板厂召开由各单位厂办主任参加的“老区声像摄影现场交流会”，推广中板厂的做法。（4）2008 年 10 月 30 日中板厂开展青工“家庭档案”制作竞赛活动，60 名青工参加培训和竞赛，竞赛评选出一等奖 2 名，二等奖 3 名。

2008 年 1 ~ 11 月，中板厂科技人员借阅利用科技档案 1543 卷次，借阅利用人次 1074 人次；晒制兰图 4356 张，催还档案 496 卷，查阅行政文件 214 卷、51 人次；查阅会计档案 60 卷、25 人次。档案利用效果典型事例 112 例，其中利用目的按经济效益起凭证作用 57 例，设计复用 48 例，转让推广 7 例；直接或间接创经济效益 1234396 元。

◆吴德书

【首创“班长论坛”】 2008 年，重钢股份公司中板厂在班组长中开展“班长论坛”活动。按照“立足厂内，围绕重点，针对话题，互动交流”的原则，以全厂班组长为主，并欢迎其他职工参加，针对生产、工作中的热点问题，班组管理中大家感兴趣的问题，怎样规范思想意识和日常行为，如何形成良好的行为习惯等方面内容，发表自己的观点、提出自己的看法，对别人的观点提出不同意见。可由厂里、车间指定话题，也可以由班组长提出话题，还可以通过在职工中征集话题来进行。

通过在班组长双月会上发表、专题会进行座谈以及书面文字并在厂内刊物《五彩路》上选登等形式进行互动；各车间还设立分论坛。2008 年围绕“操作室的环境卫生”“工伤光荣吗”“如何防偷盗”“班长如何抓安全”“我说爱岗敬业”等进行讨论。

◆张开平

【开展“星级班组”竞赛】 2008 年重钢股份公司中板厂以开展“星级班组”竞赛活动为载体加强企业团队文化建设，坚持“建家就是建企业”“建家就是建队伍”的思想，按照建设“安全之家、效益之家、民主之家、温暖之家、文明之家”的要求，制定“星级班组”竞赛活动管理办法和考核措施。“星级班组”竞赛活动评比的对象包括 8 个生产车间、68 个基层生产班组以及 5 个职能科（站）室，竞赛评比的内容包括职工思想文化建设、生产安全管理、作业现场定置管理和环境卫生整治、职工之家建设、“班组园地”上墙、各类工作台账记录等方面，竞赛评比的办法采取每季度日常检查和集中检查相结合，中板厂综合检查组汇总评定，最后由中板厂文明创建领导小组审定并表彰奖励。围绕“星级班组”竞赛活动主题，每季度坚持开展活动，做到赛前培训动员、赛中民主评比、赛后总结交流。“星级班组”竞赛共表彰一类班组 18 个，二类班组 40 次，三类班组 73 次。

◆肖红兵

【评选“金牌职工五十佳”】 重钢铁股份公司中板厂为推进“创金牌产品，做金牌职工”活动，2008 年在全厂开展“金牌职工五十佳”评选表彰活动，对 10 名班组长、10 名党员、10 名科技工作者、10 职工、10 名团员青年进行通报表彰和奖励，分别授予“十佳班组长”“十佳党员”“十佳科技工作者”“十佳职工”“十佳团员青年”等称号。中板厂将“金牌职工五十佳”之荣誉作为参加上级评比先进的先决条件。

◆张开平

动力厂

【概况】 重庆钢铁股份有限公司动力厂是重钢股份公司的二级单位，位于重庆市大渡口区李子林钢铁路 41 号（中山堂）。动力厂负责重钢公司生产能源供应和大渡口部分地区的生活用能供应任务。主要能源产品有：电、工业水、软水、生活水、工业风、煤气（高炉煤气、焦炉煤气、转炉煤气）、天然气、蒸气、压缩空气。2008 年末动力厂设 6 个科室：生产部、安全环保科、技术设备科、点检站、厂办公室、党群工作部；8 个车间：供水车间、供电车间、燃气储运车间、燃气净化车间、燃机车间、热力车间、热电车间、动力车间；全厂共有 83 个班（科）组。在册职工 1019 人，在岗职工 986 人，其中管理技术人员 104 人，生产操作人员 872 人；固定资产原值 13.14 亿元，净值 8.96 亿元。主要工艺及设备：（1）供水系统。源水站 3 个（1#生活水起水站、15#工业水起水站、刘家坝起水站），起水水泵机组 18 套，起水能力 16896 立方米/时；工业水净化站一座，日供水能力 9.6 万立方米；生活水净化站一座，日供水能力 7.2 万立方米。（2）供电系统。35 千伏以上高压变电站 10 座，其中 110 千伏变电站 3 座，35 千伏变电站 7 座，110 千伏变电站主变装机容量为 29.5×10^4 千伏安。（3）热力系统。汽轮鼓风机 2 台，电动风机 4 台，工业风生产规模每分 10940 立方米；中温中压燃气锅炉 7 台，其中 35 吨/时锅炉 3 台，40 吨/时锅炉 2 台，75 吨/时锅炉 1 台，130 吨/时锅炉 1 台，蒸气生产规模每小时 425 吨；汽轮发电机组 4 套，其中 3 兆瓦热电机组 1 套，6 兆瓦凝汽式发电机组 1 套，12 兆瓦可调抽气式发电机组 1 套，12 兆瓦凝汽式发电机组 1 套。（4）燃气系统。高炉煤气净化系统 3 套（一套湿式除尘系统，二套干式除尘系统）；10 万立方米高炉煤气柜 1 座，5 万立方米转炉煤气柜 1 座；转炉煤气加压站一座，焦炉煤气加压站两座；压缩空气站一座，供气能力达 5.4 万标立方米/时；4.5 兆瓦 TRT 发电机组 2 套，10 兆瓦 TRT 发电机组 1 套。（5）燃机系统。50 兆瓦燃气－蒸气联合循环发电机组由 1 套 PG66581B－L 型燃气轮机组及配套 74.5 吨每小时余热蒸气锅炉和 1 台蒸气发电机组及 1 台 17 兆瓦煤气压缩机等组成。燃气轮机采用高参数、高效机组，燃气轮发电机装机容量 50 兆瓦，蒸气发电机组装机容量 18 兆瓦。

◆谢家林

【以自发电支撑雪灾期间生产能源供应】 在 2008 年一季度全国面临大面积雪灾造成能源供应极端困难时期，重钢股份公司动力厂根据重钢股份公司生产要求，成立自发电特维攻关小组，发动职工，制定措施，全体工作人员轮流值班，精心调节，协调组织，完成日发电 200 万千瓦时的特殊任务。2008 年一季度限电期间外购电量 11913 万千瓦时，自发电量 8005 万千瓦时，自发电量达到总用电量的 40.19%，在极端困难的外部电力短缺情况下支撑了重钢股份公司的生产。

◆谢家林

【煤气防护保安全】 动力厂生产工艺涉及高压电、煤气、蒸气、压缩空气和氯气等能源介质及锅炉、煤气净化、储存和高速旋转设备以及高空、野外、井下、邻近带电作业等作业危险区域。强化煤气专业安全管理，抓好煤气系统的安全运行，杜绝事故重演，是动力厂安全工作的重中之重。2008 年动力厂参与由重钢股份公司安全环保处牵头的煤气防护考察组对同行业先进单位进行考察并提出了整改意见，对煤防人员进行充实，新增 32 台新式正压式氧气呼吸器并对使用人员进行培训。进一步完善各类应急预案，对所有的煤气区域和站所开展煤气呼吸器的培训和考试。增强大型煤气作业安全监控力度，细化预案、措施，落实分片监管责任,安排专人值守。2008年动力厂共抽堵盲板930块,签发动火证超2000份,全年全面保证了煤防作业没有发生一起轻伤以上的安全事故。

◆谢家林

【通过重庆市模范职工之家验收】 动力厂把"建立模范之家"就是建企业、建家就是建效益的思想贯穿于工作的始终,以服务于生产经营、服务于职工群众的"两个服务"为建家的出发点,推进"模范之家建设"。2008年动力厂坚持创建重庆市模范职工之家的工作目标不放松,制定建家规划,开展车间、班组建家活动的季度检查、抽查。2008年9月23日,动力厂工会接受重庆市总工会对建家工作的检查,检查组给予肯定:一是领导重视,认识到位,齐抓共管,全员参与;二是充分发挥工会的建设、参与、维护、教育职能;三是在安全生产上发挥了作用。重钢股份公司动力厂创建重庆市模范职工之家通过检查组验收。

◆姜蔓玲

运输部

【概况】 重庆钢铁股份有限公司运输部主要承担重钢股份公司大渡口地区各厂的原材料、燃料、半成品、成品的铁路运输任务和矿石、煤炭、水渣等的码头装卸作业任务;代表重钢股份公司行使对外运输协调管理职能。运输部管辖的厂内铁路,成都端至刘家坝中板厂;重庆端至渔秋浩渣场;整个铁路通过原料站编组区与铁路局大渡口火车站衔接。2008年末,运输部厂房、办公用房等建筑面积为36081平方米。主要生产设备:各型内燃机车22台,铁路公路两用内燃机车1台,100吨内燃吊车1台,铁路内燃轨道车1台,各种型号铁道车辆429辆,码头2座(其中四码头装备有2台20吨浮吊机,年卸船能力为250万吨;七码头装备有2台10吨浮吊机,年卸船能力为150万吨);铁路线路单线61.15千米,铁路道岔296组;固定资产原值4.404亿元,净值2.267亿元。2008年,运输部行政系统设2科1室(运输安全科、设备点检科、行政办公室)和8个生产车间、车站(装卸机械检修车间、机车车辆检修车间、机务车间、电务车间、原料车站、炼铁车站、葛老溪车站、刘家坝车站),党群系统设党委办公室(含工会、团委)。截至2008年底运输部在册职工973人,在岗职工962人,分别比去年减少77人、39人。在岗职工中生产操作人员876人,管理技术人员86人。

2008年运输部践行"以修保运、以运保产、优质安全、创新发展"的工作宗旨。推进设备自主改造和技术进步,在进一步完善内燃机车自主中修的基础上,于年底完成首台内燃机车的自主大修工作,弥补了重钢股份公司内燃机车的检修空白;设备等级管理保持重钢股份公司A级。运输生产始终坚持为重钢股份公司生产提供优良的运输保证这一基本宗旨,运用精细化管理手段对运输生产的关键环节实施系列精细管理,保证了重钢股份公司生产的运输需求。一是为适应重钢股份公司增铁增钢要求,实施铁水快送精准化,解决了高炉生产量增加后的运输难题,有效防范了1350立方米高炉炉底煤气泄露对操作人员的伤害,确保了高炉铁水的安全快速运输。二是节能减排,降低生产成本,实施钢坯热送攻关,为型钢厂提高热轧产量,降低能耗,提供优质的运输保证,同时减轻了炼钢厂炉后钢坯料场压力。三是持续开展用户挂钩的评价工程,从选车、配车等细小环节开展点滴服务,做到精细周到,保证中板厂、型钢厂产品发运无后顾之忧,全年未发生一件投诉事件。四是实施四码头特别维护,精细组织卸船作业,确保四码头满负荷生产,在七码头因长江枯水期停止作业期间,保证了重钢股份公司生产用料的需要。五是为克服春运、年初南方冰雪灾害和"5·12"汶川大地震等不利因素对运输生产的影响,协调生产,平衡运输能力,精细组织车辆装卸作业,力保外部运输通畅,保证了重钢股份公司产品发运和原材料供应需求。全年累计完成铁路运输量1609.83万吨,完成码头卸矿量353.34万吨(其中四码头291.42万吨、七码头61.92万吨),钢材铁路发运量87.9万吨,码头卸矿量创造了新水平。

2008年运输部获重钢集团"创建学习型企业,争做知识型职工"先进单位,保持重庆市文明单位和重庆市"模范职工之家"称号。

◆曾勇

2008年运输部主要生产经营指标完成情况表

指标	单位	年目标	上年完成	当年完成	完成		备注
					比年目标	比同期	
1. 保产率	%	100	100	100			
2. 四码头卸矿量	万吨	250.0	285.22	291.42	+41.42	+6.2	历史水平
3. 备件及工模具资金占用	万元	340.00	316.42		-23.86	-4.44	
4. 设备修理费	万元	460.00	492.68		+5.34	+1.98	
5. 控制路车延时费	万元	130.0	81.59	139.32	+9.32	+57.73	
6. 高炉铁水正点摆罐率	%	99.0	99.6	99.6	+0.6		

续表

指标	单位	年目标	上年完成	当年完成	完成		备注
					比年目标	比同期	
7. 炼钢厂铁水正点率	%	99.0	99.7	99.8	+0.8	+0.1	
8. 安全环保	%	100		100			
1. 路运输量	万吨	1500.00	1648.59	1609.83	+109.83	-38.76	
2. 七码头卸矿量	万吨	90.00	52.12	61.92	-28.08	+9.8	
3. 路车停时	小时	18.00	11.5	9.64	-8.36	-1.86	
4. 重钢股份公司车停时	天	0.65	0.58	0.59	-0.06	-0.01	
5. 路车装车计划兑现率	%	100	100	100			
6. 钢材铁路发运量	万吨	85	90.40	87.9	+2.90	-2.50	

◆曾勇

【加速N型运输车辆周转】 2008年重钢股份公司钢产量在2007年基础上增长6.3%，铁路运输钢坯的技术装备却没有与钢坯产能扩大得到同等比例的补充，其运输保产能力与重钢股份公司实现有效生产后的递增存在很大差距。等待重钢股份公司全面改造铁路运输站场和外购车辆，在重钢环保搬迁及长寿新区厂内未规划钢坯铁路运输方式，再投入资金外购铁道车辆显然不可行。重钢股份公司运输部以现投用的钢坯车辆为基础寻求保产的切入点，分析每年日平均运输车流量达610辆、其中钢坯车流日均占总车流的34%的情况，根据《钢铁厂总图运输设计手册》规定普通车辆计算应投入N100型车119辆，实有效N型车96辆保产（运用的仅有107辆，其中N100型车辆60辆，其余47辆为N60型车辆的有效利用仅能作36辆使用）尚差51辆，无法按照15%～20%留有应备检修车辆数。并且钢坯运输距离远，空重车流历经数公里、跨多站区的运行和所经车站解编作业繁多；炼钢厂和轧钢厂均无固定规模的储存料场，钢坯卸车线路短、行车下货位欠缺，“以车代库”现象严重；钢坯生产量大于轧钢能力时，钢坯品种、钢号等质量问题，变更卸车地点产生“落地”以及在储料场落地后再装车运到轧机生产地（本车站的“内转”）。重钢股份公司炼钢厂部分品种采取铁路运送高温钢坯，要求分炉、分品种且车辆配备有专用隔热装置需独成专列的运输，待配位时间最长超过普通钢坯待配位时间，增加了车辆使用、调车作业和列车运行困难。运输部进行调整使用N型车辆和运输技术组织、车辆周转等项攻关，一是控制车辆车型使用和站内“内转”数量使用；二是列车开行计划重点掌握，优先放行热坯列车，同方向车流整列编组，调配机车按牵引定数开行“满轴”列车；三是车站调度按空车回送到站调整、集结，为技术列车到站快速编挂车辆出站创造条件；四是加强与接货单位联系，提前预报重车到达计划，通知接货单位做好接卸工作，并随时关注卸车进度，与厂方协调，解决卸车过程中出现的问题，保证卸车进度；五是强化车辆送检作业组织，仍然推行“小故障站修、大故障进库修”，控制进库车辆为车型总数的5%，减少车辆为等待检修的时间，缩短车辆在站停留时间；六是运输部调度、车站调度、作业区调度、车站以及与机务、车辆、列检、电务各部门之间信息横纵沟通协作，优化作业，提高作业效率，竭力以铁路运输安全生产满足炼钢厂钢坯运输需要。全年车辆工作量达50474.1吨/辆，较2007年增长1251.4吨/辆，厂车平均周转时间完成0.57天，比计划缩短0.08天，以重钢股份公司产能应配备车数与时支配车数相比较所节约的51辆钢坯车辆计算节省投资1795.2万元（按平均每辆车35万元计算，计1785万元；车辆检修费用平均按每辆车0.2万元计算，计10.2万元。）。

◆左蓉玲

【安全工作】 2008年，重钢股份公司运输部遵循“安全第一，预防为主，综合治理”的工作方针，一是围绕“以修保运，以运保产”中心工作，党政工团齐抓共管安全生产，建立安全文化视觉识别体系，编写《运输部职业安全教育读本》，开通安全文化网页，补充安全警语宣传牌300块。二是抓好危险源工作，针对炼铁厂四高炉炉基煤气泄漏隐患，制订控制措施，投入10万元资金，迁出待令室，安装报警装置和摄像视频对位系统。三是抓隐患排查工作，消除危险因素，全年查出隐患115项，整改115项，整改率100%。四是切实做好“迎奥运、保安全”的各项防范工作，奥运会和残奥会期间，重钢股份公司运输部未发生重大事故和重大社会不稳定事件。五是坚持现场安全执法检查工作，全年查处违章违纪40人次，罚款金额3420元。六是重视劳动保护和职业卫生工作，对47名新工人进行三级安全教育；配发便携式煤气监测仪8台；增发劳保用品，职工每人一件棉背心；为职工发放4.8万元防暑降温药品；组织259名职工进行职业卫生体检。2008年，运输部安全生产势态保持平稳发展，工亡事故、重伤事故、重大行车和重大设备事故、重大交通事故和火灾事故、环境污染事故均为零,发生轻伤事故2件(下达指标≤10件)。

◆李兴建

【内燃机车自主大修】 运输部现有内燃机车22台,过去只能对其进行中检、大定修修程,而中修只能依靠外委检修来完成。GK1C型机车7台,GK0型机车3台于1999~2004年间投入生产运用,期间运输部也只能对其进行中检、小定修修程,而大定修以上修程也只能依靠外委检修来完成。2007年开始,重钢股份公司运输部相继完成7台东方红(5B)机车自主中修,8台GK型机车自主大定修任务,为重钢股份公司节约资金180万元。

为了确保运输部内燃机车自主大修的顺利实施,2008年10月,运输部成立内燃机车大修攻关小组,制定《内燃机车大修规程(试行)》及实施网络;对将实施的东方红(5B)3016内燃机车自主大修进行了先期解体和技术分析,新增部分大修专用设备。10月27日,运输部正式实施东方红(5B)3016内燃机车自主大修,主要对燃油消耗高、机油耗用多、润滑油压低、传动无惰力等4个方面进行重点攻关,2008年12月31日检修完毕。检修质量完全达到内燃机车技术标准,满足了安全运输要求。内燃机车自主大修,比外委工期缩短三分之二;控制了检修成本,节约外委费用50万元,按每年需要大修机车3台计算,仅此一项,每年就可为重钢股份公司节约外委费用150万元。

◆董志安

【设备基础管理】 2008年运输部设备工作以设备保产为中心,以设备等级管理为重点。(1)加强设备基础管理,把等级设备管理工作摆在各项管理工作的首位。修定《运输部等级设备管理工作实施管理办法》,制定等级设备管理工作确保A级的工作目标;加强基础管理,进一步完善各项规程、标准、制度、职责及办法,年初对机动系统所有管理文件重新修订翻版,共修订和翻版运输部"TPM"9项制度和点检定修管理办法等22个文件;制定《内燃机车大修规程(试行)》《铁道起重机司机岗位作业标准》《铁道起重机副司机岗位作业标准》3个规程和标准;修订内燃机车、四码头皮带机(车)、浮式起重机、铁路信号设备、100吨内燃起重机、GK1C型、GK0内燃机车维修技术标准、点检标准、给油脂等3大标准;修定点检管理考核办法和各专业作业长、点检员的岗位职责;修订点检业务日志和部分点检作业卡。组织各单位的操作方、维护方、点检方,签订2008年TPM分工协议;制定运输部A、B类设备2008年定修模型。(2)在运输部主任现场办公会,对每次现场办公会中各单位提出的问题,组织协调各单位逐项进行处理和解决。(3)每月召开一次设备工作会议,集中反映当月设备工作存在的问题,统一协调,落实解决。(4)加强设备动态过程管理,完成各项检修工作任务,做好设备月检修计划的平衡、调整、对设备检修进行全过程质量管理,使每月的检修任务得以保质保量完成,检修计划兑现率达99%。

◆董志安

【成立"职工学习大本营"】 重钢股份公司运输部作为重钢集团企业文化建设和创学习型企业的4家试点单位之一。为了深化"创学习型企业,争做知识型职工"活动,2008年初,运输部党委成立"职工学习大本营",以"星期四班后一小时开展学习"为学习形式,将各个系统开展的职工多能工技术培训,技能技术竞赛,岗位练兵和职工的职业生涯设计、励志,文化知识写作,摄影艺术,文娱情趣爱好及各种协会等一并纳入,归属运输部"创争"活动内容。

(1)运输部党委编印《每周一学》43期,出版内部学习刊物资料《火车头》12期,编印《火车头》增刊5期。新编写《每周一学导读》,下发车间(站),组织职工学习;运输部图书室新购有关励志、故事、文学、写作知识及计算机操作应用、内燃机车检修等车钳铆焊电等技术书籍共计2000元。(2)运输部先后开展计算机排难、征文活动、论文写作,艺术摄影、黑板报美化书写等5个学习兴趣组活动,开展20次活动,400人次参加学习。利用职工学习大本营这个平台,完成重钢股份公司和运输部举办的岗位培训、职工技能升级培训和适应性培训计划100%,自办调度工业务培训班、新职工新岗位的岗培训等;开展年度职工技术竞赛,竞赛项目7项,238人次选手参加重钢股份公司、重钢集团的技能竞赛;罗四海获重钢集团技术竞赛调度工"技术明星"称号,颜涛获得兼会钳工第二名。(3)运输部党委针对职工重实干、轻写作情况,开展"解放思想与创新发展""遵纪守法爱岗敬业"大家谈、"好书好文我来品"等3项征文活动,举办"论文、征文讲评""怎样写小言论和读书心得"专题辅导讲座等6次讲评,发动职工撰写调研文章,参加运输部年度管理、科技、党建政研研讨会,组织交流研讨评奖。(4)开设"职工学习大本营"后,102名职工参加通讯报道写作,向《重钢报》投稿622篇,刊用341篇;征文7篇,其中1篇获一等奖;17篇文学作品被《钢花》杂志刊用,部分文学作品获2006年至2008年度"钢花文学奖"一、二、三等奖;1篇歌曲填词《我爱我的新重钢》获重钢股份公司一等奖;6幅职工摄影作品在重钢股份公司、大渡口区等组织的活动中获奖;1篇论文获重钢集团党建二等奖,数篇论文分别被《重钢》《重庆市工人运动研究会》《重钢机动能源》《冶金设备管理与维修》等刊物刊用。(5)2008年,运输部获重钢集团首次表彰的"创学习型企业、争做知识型职工"活动先进单位称号;运输部"职工学习大本营"获重钢集团第六届思想政治工作创新奖,运输部党委获2008年"红旗党委"称号。

◆杨海峰

重庆钢铁集团朵力房地产股份有限公司

【概况】 重庆钢铁集团朵力房地产股份有限公司（简称：朵力房地产公司）是国家一级开发企业，重钢集团的控股子公司，主要从事房地产开发、销售、租赁、房屋维修等；注册资金33218万元，2008年末总资产9.46亿元；在册职工226人，各类专业技术人员85人，具有高中级技术职称人员38人。设办公室、人事综合管理部、计划合同管理部、财务部、物资采购供应部、产品发展研究部、项目开发部、工程质量管理部、市场营销部、房产管理部、长寿（新区）项目部、长寿江南项目部12个部门和1个控股子公司重庆朵力物业管理有限责任公司。2008年实现销售收入25588万元，利润7433万元。2008年重钢朵力房地产公司房屋维修5016处，完成计划的100.32%。

◆龚东梅

条目另见部目

【朵力·尚美国际楼盘开发】：《职工生活》

【开发建设新城职工商品房】：《职工生活》

【重钢朵力诚信建设】 重庆钢铁集团朵力房地产股份有限公司首创信息六公开、客户参与公证监督选房、商品房分户验收、业主预验房、成建制交房交证、“持续改进”形成长效机制的诚信经营“六步法”体系。2008年获重庆市消费者维权贡献奖，为重庆市消费者信得过企业，获中国房地产业协会授予的“2007～2008年度中国房地产诚信企业”称号。

◆刘钢

【承担江南新区项目】 朵力房地产公司2008年承担重钢环保搬迁长寿新区建设，代建项目有“职工倒班房”、“大学生宿舍”、“管控大楼”、“中心食堂”及4100毫米宽厚板工程、1780毫米热连轧、焦化、烧结、炼钢、炼铁等分厂办公楼以及维检中心、物流中心等项目。

◆张长华

重庆钢铁集团三峰科技有限公司

【概况】 重庆钢铁集团三峰科技有限公司（简称：三峰科技公司）于2007年8月成立，由重庆远达水处理工程有限公司、重庆康达环保股份有限公司、重庆中冶迈克机电有限公司共同参股组建，为重钢集团控股子公司；主要致力于固废、废水、废气等领域的环保治理和资源化利用；参与冶金行业和垃圾焚烧发电行业的相关环保服务及其产业链的延伸，为用户提供固废、废水、废气等专业环保技术的集成服务以及成套设备供应。

三峰科技公司秉承“绿色环保，科技领先”的发展理念，建立并全面实施质量、安全、合同、财务、人事、考核等系列管理制度。2007年底通过ISO9001质量管理体系认证并获得质量认证书，2008年底通过质量体系复审。2007年下半年三峰科技公司获得重庆市建委颁发的环保工程专项承包二级资质和机电设备安装工程专业承包三级资质；取得重庆市环保局颁发的环境污染治理甲级证书；获得ISO9001：2000质量管理体系认证证书；2008年10月，获建设部颁发的环境工程（废水、废气）专项乙级设计资质；11月，获重庆市建委颁发的安全生产许可证。

2008年设职能部门7个：综合部、设计部、市场部、工程部、运营部、环保搬迁项目部和筹备组；职工69人，工平均年龄41岁，具有初级技术职称的5人，具有中级技术职称的14人，具有高级技术职称的7人；大专以上学历的48人，占员工总数的69.5%，其中硕士4名。

2008年，三峰科技公司按照“争取集团的支持，进一步扩大老区的项目范围，开展产品的设计制造，承接同兴的灰渣、渗滤液处理运营管理，树立运营样板，努力承接新区环保搬迁项目，做好项目实施管理和新技术的消化掌握”的经营指导思想，坚持“质量为本、互利双赢，共谋发展，树造三峰品质”的工作思路，全年完成销售收入2711.83万元，利润121.5万元，分别完成目标任务的135.59%、101.25%。

◆陈居明

重庆三峰卡万塔环境产业有限公司

【概况】 重庆三峰卡万塔环境产业有限公司（简称：三峰卡万塔公司）其前身为成立于1998年的重庆三峰环境产业有限公司，位于重庆市大渡口区大堰二村重钢科技馆内。2007年4月26日，三峰卡万塔公司吸收美国卡万塔控股集团注入的资本，变更为中美合资企业，注册资金1.300亿元人民币，其中母公司重庆钢铁（集团）有限责任公司持有股权60%，美国卡万塔控股集团持有股权40%。三峰卡万塔公司实现了垃圾焚烧和烟气净化技术和设备的国产化，开创了适合中国国情的城市生活垃圾无害化、减量化、资源化处理的新模式。2008年年底，三峰卡万塔公司员工93人；设市场开发部、技术部、制造部、安全环保标准部、财务部、计划投资部、人力资源部、行政部、项目管理、采购部、运营管理部等11个部门。

三峰卡万塔公司是国内唯一家能生产制造大型国产垃圾焚烧炉成套设备的企业。以垃圾焚烧发电的专业运营管理经验和投资实力于一体的三峰卡万塔公司，先后投资、建成、运营重庆同兴1200吨/日垃圾发电厂、福州红庙岭1200吨/日垃圾发电厂，成功取得成都九江1800吨/日垃圾发电厂项目、江苏泰兴600吨/日垃圾发电厂、重庆二期1800吨/日垃圾发电厂的EPC等3个项目,并为浦东1000吨/日垃圾电厂提供核心部件,为河北保定和广东东莞项目分别提供两套和3套600吨/日的垃圾焚烧炉成套设备等。

三峰卡万塔公司为中国环保产业协会副会长单位,国家环保产业固废处理牵头单位,并先后被评为国家优秀环保骨干企业、环境保护先进单位和重庆市高新技术企业,持有商务部颁发的对外承包工程经营资格证书、建设部颁发的环境工程(固体废物处理处置工程)专业甲级资质证书,国家环保总局颁发的环境污染治理设施运营(生活垃圾)甲级等多项资质证书等。

◆唐国华　张万琳

条目另见部目

【同兴垃圾发电厂生产运营】:《生产经营》

【福州红庙岭垃圾发电厂生产运营】:《生产经营》

【成都九江环保发电项目建设】:《生产经营》

【为河北保定垃圾发电厂提供焚烧炉】:《生产经营》

【建立焚烧炉模拟平台】:《科学研究与应用》

【主编《生活垃圾焚烧炉及余热锅炉》国家标准】 2008年,重庆三峰卡万塔公司作为主编单位完成的《生活垃圾焚烧炉及余热锅炉》GB/T17850－2008国家标准通过国家标准委员会审查,并在国家标准化管理委员会网站公告,将在2009年6月1日正式颁布实施。

◆张万琳

【重庆二期垃圾焚烧发电项目前期工作】 2008年,重庆市政府《关于主城区城市生活垃圾处理有关问题的会议纪要》(2008－174)提出重庆市第二座垃圾焚烧发电厂由重庆钢铁集团作为项目业主负责投资建设,并委托其开展前期工作,授予重钢集团主城区生活垃圾处理特许经营权。重钢集团根据《重庆市发展和改革委员会关于同意开展主城区第二座垃圾焚烧发电厂工程前期工作的函》(渝发改环函〔2008〕340号),成立重庆市第二座垃圾焚烧发电厂项目前期工作组,办理规划、国土、环境评价、地灾评估等手续,并委托重庆三峰卡万塔公司环境产业公司及重庆市投资咨询公司编制工程可行性研究报告,报送重庆市发展和改革委员会审批。

重庆市第二座垃圾焚烧发电厂项目预计总投资8.94亿元,占地面14.344公顷(215.16亩),日处理生活垃圾1800吨,年均处理生活垃圾60万吨,年上网电量为2.1888×10^{8}千瓦时。重庆市第二座垃圾焚烧发电厂项目采用机械排炉型焚烧炉系统,烟气采取半干法+布袋除尘器设施,采用在喷雾塔之前的烟道内喷射活性炭对二恶英和重金属进行去除,采用SNCR工艺去除氮氧化物,炉渣进行综合利用;飞灰采用水泥固化后运至指定地点填埋处理。重钢集团委托重庆市规划设计研究院、勘测院、市环科院等单位完成项目选址的论证、勘测和环评等工作。工作是在依据《重庆市城乡总体规划》对都市区垃圾处理场的规划布局,现场踏勘和对基础资料分析,按照重庆市第二座垃圾焚烧发电厂拟建规模、占地面积,对用地、交通、气象、周边规划情况、垃圾运输、水电供应等方面综合评价与分析的基础上进行的。重钢集团在巴南区规划局办理了项目选址,重庆市巴南区国土局办理了项目建设用地预审等相关手续。

◆黄明

【技术研发中心基地建设】 三峰卡万塔公司技术研发中心为三峰卡万塔公司的垃圾焚烧炉制造、技术研发基地,项目地址位于大渡口区建桥工业园A区,占地4.13公顷,总建筑面积13566平方米,主要包括研发中心大楼、联合厂房等。项目于2007年年底动工建设,2008年年中对原设计方案重新优化设计。按现设计方案,完成场平工程施工、桩基础施工、联合厂房主体钢结构以及研发中心大楼主体结构的施工,设备安装、维护结构施工等工作正在进行。

◆何羽

【科技成果】 (1)2008年三峰卡万塔公司在向重钢集团提交合理化成果2项,提交并立项的科技攻关项目4项,科技进步奖2项。向大渡口区科委提交并立项的科技计划1项。向重庆市科委提交的"垃圾渗滤液处理关键技术研究与示范"项目获得重庆市科委80万资金支持。完成"750吨垃圾焚烧炉成套设备"产业化资金项目的结题工作。提交专利申请6项,其中发明专利3项,实用新型3项,都已获受理。10月份有2项实用新型专利获得授权。2008年申报的大渡口区、重庆市和国家级的科技项目获得的资助资金已到账的金额共122万元,为历年最高。(2)2008年,三峰卡万塔公司在完成INC365垃圾焚烧炉产品设计、INC300垃圾焚烧炉产品设计、INC600垃圾焚烧炉设计的改进完善存档、焚烧炉除渣机改进,焚烧炉及余热锅炉数值模拟研究等。(3)三峰卡万塔公司与重庆科技学院、重庆市科委联合组建的重庆垃圾焚烧发电技术研究院2007年申请的专利在2008年已有21项实用新型专利获得授权,10项发明专利进入实质审查程序。焚烧炉的中试与美国卡万塔集团的二次气化燃烧技术中试合并进行,按照签订的合作协议,美方出资167万美元,项目计划于2009年7月完成中试,2009年年底启动示范工程建设。(4)三峰卡万塔公司作为飞灰处理研究的牵头单位,联合重庆大学、同兴垃圾处理有限公司、金科再生资源公司、三峰科技公司等完成实验室研究阶段的工作,计划2009年5月完成生产试验阶段工作。三峰卡万塔公司作为垃圾渗滤液的处理研究的牵头单位,联合重庆大学、重庆科技学院、重庆市固体废弃物处理有限公司、重庆同兴垃圾处理有限公司、三峰科技公司等在2008年对渗滤液浓缩回喷燃烧和作为农用化肥的原料进行研究，垃圾渗滤液的处理探索出一条经济高效和资源化利用的新路子。

◆易咏梅

重庆三钢钢业有限责任公司（中兴公司）

【概况】 重庆三钢钢业有限责任公司（简称：三钢公司）位于重庆市大渡口区茄子溪刘家坝电业村68号，距重钢集团本部9千米。三钢公司于2004年9月由重钢出资和中兴公司所属子公司及部分科室组成，是重钢集团的控股子公司。三钢公司前身是始建于1937年的中国兴业股份有限公司，胡子昂先生为第一任总经理。建国后曾名为重庆第三钢铁厂、重钢三厂和重钢集团中兴实业公司。三钢公司是以生产和销售冷拔无缝钢管为主，以货运物流和机电安装为辅的企业，其生产品种有：高、中、低压锅炉管，合金结构管和结构用冷拔管及汽车、摩托车零配件用无缝钢管，生产直径为8～120毫米。

2008年，中兴公司钢管产销量达5.2万吨，加上渝汉钢管公司销售量2.9万吨，总量为8.1万吨，再次刷新历史纪录。三钢公司（中兴公司）全面完成重钢集团下达的合并利润经营目标，计划亏损1600万元，目标亏损1400万元，超目标控亏1000万元，全年实际亏损643万元，比计划减亏957万元，比超目标减亏357万元。“城市印象”（绿湾二期）于2008年7月30日交房，销售率99.3%。

2008年，三钢公司开展ISO9001:2000质量管理体系的复评认证工作，获得复评认证证书。全年验收合格管坯51538吨，产品一检合格率86.88%，检验重量合格率99.99%，探伤合格率93.64%，质量异议损失率控制在重钢集团下达的指标范围内。

2008年，三钢公司撤销亏损严重的职工医院，其医疗卫生管理职能划归生活服务公司；撤销具有法人资格的子公司钢州总厂，其债权债务转移到中兴公司；科级机构由25个减至此3个，设行政职能科室10个，党群职能科室4个，子公司9个。在岗科级管理人员由45人减至41人。2008年三钢公司在册职工747人，比2007年减少118人，在岗人数由2008年初的606人减至566人；共有93名职工办理重钢环保搬迁提前退休手续。职工学历结构为研究生4人，本科生63人，专科生109人。2008年三钢公司职工年平均收入24193元，比2007年增长23%；中兴公司职工年平均收入19056元，比2007年增长35%。

2008年，三钢公司进行劳务工、新工人和外借工等上岗前培训224人次；全年整改安全隐患158项；全年未发生重大安全环保责任事故，完成重钢集团下达的考核指标。

◆李懋林

条目另见部目

【绿湾·城市印象出售】:《职工生活》

【钢业技改】 2008年，三钢公司科技项目立项25项，在重钢集团立项2项。主要实施的项目：(1)优化定径机方机架在线自动润滑系统，保证了方机架内的轴承、螺旋伞齿等润滑良好，全年节约11万元。(2)对定径机孔型进行优化设计，提高生产效率，降低生产成本。(3)重新设计ϕ60～ϕ76热轧毛管定径工艺，减少冷拔生产道次。(4)热轧导板采用新的热处理技术，使材质性能的稳定性得到改善。(5)自行设计并制造的涡流探伤设备通过国家认证。(6)提高热轧无缝钢管综合成材率，其综合成材率由92.09%提升到92.80%。(7)淘汰活塞式空压机，新增螺杆式空压机，每年节约90万元。(8)改造穿孔机后台架及小车，每年节约8万元。(9)改造精整工序布局，使冷、热管的生产彻底分离，每年节约资金1万元。

◆李懋林

【企业文化建设】 2008年，重庆三钢公司数易其稿，初步构建并确定新三钢企业文化。新三钢企业文化由4个核心内容组成：以人为本、效益为根、和谐发展、求精图强的企业核心价值观；创新才有突破、突破才能发展的企业理念；追求和谐、追求成长的企业追求及企业生产经营方针、员工意识、企业愿景、工作格言和职工语录；员工行为规范、道德规范等。将三钢公司70年的历史积淀中最优秀的文化提炼、概括，使职工认同、认知并共同奉行。

◆李懋林

重庆四钢钢业有限责任公司

【概况】 重庆四钢钢业有限责任公司（简称：四钢公司）是由重庆钢铁（集团）有限责任公司控股90%的控股子公司，位于綦江县城东南17公里的三江街道西侧，毗邻210国道、渝湘公路、渝黔高速公路及渝黔铁路；厂区的铁路专用线与渝黔铁路连接，经高速公路到重庆主城52公里。四钢公司前身是创办于1937年的私营“东原实业股份有限公司”，1958年并入新建的地方国营重庆三江钢铁厂；1962年，三江钢铁厂下马。1964年初，在原三江钢铁厂厂址筹建“三江薄板厂”，1965年4月三江薄板厂划归重庆钢铁公司领导，1965年7月更名为重庆钢铁公司第四钢铁厂。1986年，重钢四厂进行股份制改革，将重钢四厂划分为重庆东源钢业股份有限公司（主系统）、重庆鑫源物业有限公司（后勤系统）、多种经营系统三大块，其中重庆东源钢业有限责任公司于1996年11月28日在深圳证券交易所上市。1999年，重钢公司将所持东源公司部分股权转让；2003年5月，东源公司钢业资产置换回归重钢四厂。2003年7月，重钢四厂改制为重钢公司、重钢四厂工会持股（代表职工个人出资股东）作为股东的多元化投资主体的有限责任公司。2003年8月

19日重钢四厂改制更名为“重庆四钢钢业有限责任公司”。

四钢公司占地52.27公顷，主要生产热轧硅钢片、连续热镀锌钢带、彩涂钢带、单张热镀铅板、交通安全产品系列等5大主导产品。2008年末总资产49193.76万元，原值38142.6万元，净值11810.78万元。在册职工1634人（含在职职工、“直通车”人员、劳务工），离休退休职工2030人，各类专业工程技术人员207人，中高级职称62人。主要生产设备有800×1200毫米2辊不可逆式热叠机薄板机4台、10万吨连续热镀锌钢带生产线1条、10万吨彩色涂层钢带生产线1条、单张热镀铅钢板机组1台及交安产品生产线。四钢公司生产的热轧硅钢片获冶金部优质产品称号，热镀铅板获国家银奖。

2008年四钢公司组织机构分为行政系统和党群系统。行政系统分为职能部门、主要生产部门、辅助生产部门、后勤部门和3家代管集体企业。党群系统分为党委办公室、纪委、工会、团委。职能管理部门：总经理办公室、企业管理部、人事培训部、财务部、清欠办公室、审计监察室、机动工程部、生产部、技术开发部、营销部、供应部、质量检验部、计控部、保卫部14个部室；主要生产单位：硅钢片厂、镀层厂、科源钢带厂、交通公司、彩钢厂；辅助生产单位：动力厂、机电修造厂、运输部、汽车运输公司；后勤部门：生活服务部、离退休职工管理部、职工医院；代管集体企业：綦江金属冲压力，綦江冶金电器厂、劳动服务公司。

2008年，四钢公司全年营业收入72518万元，钢材总产量104970吨，钢材销量106980吨；清收欠款1000.3万元，货款回笼率102.82%；亏损4958万元；职工年平均收入19780元。

◆李晓秋

条目另见部目

【四钢公司生产彩钢原卷】:《特载》

【抓控亏减亏工作】 2008年，四钢公司围绕年初提出的工作目标，抓控亏减亏、产品结构调整、改革改制和分流安置3大战略任务，克服上半年特大地震、资源紧缺、原燃材料价格上涨等不利因素，全年出现4958万元亏损，与年工作目标1500万元相比均有很大差距。主要原因一是三季度爆发的金融危机对生产经营工作影响极大，热轧电工钢由盈变亏，1～8月吨钢营业利润在220元以上，9月以后，吨钢营业利润亏损达1010元；二是涂镀产品“两头在外”的矛盾十分突出，运作无边际效益，自身的固定费用难以消化；三是四钢公司期间费用十分庞大，全年达9136万元。从资金运行看，企业连续亏损、银行收贷造成公司资金周转异常紧张，严重限制了生产经营工作的正常开展。全年实现销售收入72518万元；应收货款81334万元，实收货款83624万元，货款回笼率达102.82%；清收欠款1000.3万元，全面完成全年清收欠款工作目标。四钢公司2008年全年可比成本下降2.58%，超额完成重钢集团下达的考核任务。

◆牟炎田

【项目建设】 （1）2008年，四钢公司项目主体设备1450毫米冷轧机于2008年4月进行公开招标，6月10日开标，9月2日正式同供应商签订技术协议和商务合同；1450毫米冷轧项目计划投资1.3亿元，到2008年底完成投资1692万元，预计于2009年年底或2010年一季度投产。（2）2008年10月，四钢公司对酸洗、酸再生、数控轧辊磨床等3个主要配套项目进行公开招标，11月6日开标，并于2008年底完成评标工作。（3）冷轧项目一级网络计划图的制定、初步设计（初稿）的编制、地质勘察、旧设备的拆迁和场地的清理、各相关子项目招标要求的拟定等。

◆黄云

【对标挖潜】 2008年四钢公司继续开展对标挖潜工作，11项指标在2007年基础上再创效益301.5万元，其中6项指标再创历史最高水平。到2008年底，彩涂板成材率和优等品率、镀锌板FC表面比例、冷轧钢带成材率、大件镀合金消耗、铅锡合金消耗等6项指标均再创历史最高水平。（1）继续推进热轧电工钢坯料的减薄工作，从9.6毫米减薄至9.5毫米，在初分正尺率和未改尺比率变化不大的情况下提高电工钢成材率；（2）对镀锌线、彩涂线的生产工艺进一步优化，调整机组中心线，确保产品质量提高；（3）对脱脂设备、固化炉、纠偏装置、压毛刺机等设备进行技术改造；（4）对镀铅生产线铅锅改造，根据改造情况对镀铅工艺参数进行改进，消除或大幅度减少“尾瘤”这一长期存在的缺陷。

◆黄云

【分流安置】 2008年，四钢公司实施人力资源优化和调整工作，全年分流安置675人。一是制订购实施方案，确定基本原则，即“政策保障、主辅分离、精干主体、分流安置、增效稳定”。二是加强宣传解释，提高职工参与分流安置工作的主动性和积极性，推进分流工作。

◆罗开龙

【党组织建设】 （1）2008年，四钢公司巩固和发展先进性教育活动成果，落实党组织工作机制。2008年四钢公司彩钢厂、动力厂、营销部等11个党支部被评为先进党支部，硅钢片厂党总支、机修厂党支部、冲压厂党支部获得重钢集团“红旗党支部”称号。（2）开展“党员先锋工程”活动。2008年四钢公司硅钢片厂党总支组织党员开展降耗降成本和党员攻难关活动，使硅钢成材率大幅提高，全年创造经济效益200万元。（3）落实党建各项工作。开展“解放思想扩大开放”大讨论活动，党建及思想政治工作得到深化和加强；接受并做好抗震救灾活动板房彩钢板的组织生产工作，组织党员向四川汶川“5·12”地震灾区人民捐款，476名党员捐款3.7万元。

◆蒲军

重庆新港装卸运输有限公司

【概况】 重庆新港装卸运输有限公司(简称:新港公司)是重钢集团的控股子公司,是一个以港口装卸、仓储及水路运输代理为主营业务的国有公司制企业。办公地址:重庆市大渡口区李子林钢铁路58号。1998年由重钢公司和中国长江航运集团总公司共同出资2900万元组建,其中重钢公司出资额占总额的55%,中国长江航运集团总公司出资额占总额的45%。1999年1月新港公司正式投入营运,坚持"保障重钢、服务社会"的基本经营原则,在重钢钢铁主业营销环节中,提供水路销售钢材的堆存、装卸及发运的全程承运服务。在面对社会的经营业务中,主要以集装箱、钢材、机电设备、水泥以及散装料装卸作业为主。资产总额7937万元,净资产7193万元,资产负债率0.9%,资产保值增值率118%。2008年新港公司设办公室、财务部、调度室、集装箱营运部、生产部及货运代理分公司。至2008年末,新港公司从业人员148人;其中生产操作人员占80%,管理技术人员占20%。

新港港区位于长江北岸重庆市大渡口区大渡村,邻近大渡口火车站。新港公司港区有码头泊位4个,其中3号码头泊位为多功能滚装式码头,配置一艘起吊能力分别为40吨、20吨的双浮吊趸船。2号码头泊位为直立式预应力码头,配置一台起吊能力为100吨的桥式行车。1号泊位配置一艘起吊能力为5吨的单浮吊趸船,作为提供煤炭、铁矿和其他散装料装卸的专用泊位。○号泊位配置一台水泥吸附装卸设备,年装卸能力80万吨。港区货物堆场总面积23500平方米,其中集装箱堆场11000平方米,配置40吨的桥式行车2台。件杂货、机电设备、汽车等货物的堆场4个,面积共计10500平方米,配置起吊能力为40吨的门式行车2台;20吨的门式行车1台,15吨的门式行车2台。用于集装箱掏、装箱及存储忌日晒雨淋货物的室内货场2000平方米。

◆柳纲

【利润增长0.7%】 (1)件杂货物装卸。2008年新港公司件杂货物吞吐量120.2万吨,计划完成率126%,与上年同比持平,其中发运重钢钢材85.3万吨,占件杂货总量的71%,同比增长10%,创历史新高。同时开拓和承揽各类社会货源。2008年重钢外件杂货吞吐量完成34.9万吨,占件杂货总量29%,同比下降17%。其中大宗社会货源主要有眉山车辆厂的出口矿车和棚车、成都无缝钢管厂的钢管、攀钢的卷钢、方坯等。(2)集装箱装卸。全年完成吞吐量9165标箱,计划完成率43%,同比下降62%。(3)继续与重钢集团矿业公司綦江铁矿签订合作协议,将1号、○号泊位作为提供煤、矿和水泥等散装料装卸的专用泊位。(4)2008年,新港公司营业收入完成3834万元,计划完成率120%,同比增长5%。利润总额完成1211万元,目标完成率151%,同比增长0.7%。

◆柳纲

【长龙公司成品码头工程建设】 2008年,重庆新港长龙公司工程建设从银行贷款1.185亿元资金。2008年11月,5号泊位双40吨浮吊趸船完成安装调试,水下工程部分完工。5号泊位满足试运行要求,打通了重钢环保搬迁水路运输装卸通道,创造了长江上游港口修建不到一年就投入使用的新纪录。

◆柳纲

重庆朝阳气体有限公司

【概况】 重庆朝阳公司气体有限公司(简称:朝阳公司)是重钢集团的控股子公司,由重庆钢铁(集团)有限责任公司与重庆钢铁(香港)有限公司及重庆钢铁集团朵力房地产股份有限公司合资组建的合资企业。办公地址:重庆市大渡口区钢铁路1号。其前身系1987年8月重庆钢铁公司将重钢动力厂氧气车间和重钢六厂氧气车间合并成立的重钢氧气厂。1993年7月重庆钢铁(集团)公司与法国液化空气国际公司签署合资经营合同,于11月合资组建重庆液化空气有限公司;1999年2月,重钢收购法国液化空气国际公司在重庆液化空气有限公司的股权,重庆液化空气有限公司更名为重庆朝阳气体有限公司。

重庆朝阳气体有限公司属高新技术生产经营企业,注册资本12,553万元。2008年资产总额114843万元,实现总产值37756万元,销售收入32550万元,其中重钢外销售收入7575万元,利润3620万元。朝阳公司2008年有大型制氧机组4台套,制氢机组两台套,液化装置两台套,生产能力为52000立方米氧气/时,64立方氢气/时,250千升/天液体。朝阳公司液体贮存能力达3100立方米,液体运输能力20万立方米/年,拥有30辆以低温槽车为主体的运输车辆。朝阳公司主要产品有工业氧气、氮气、氩气、氢气,医用氧(含便携式瓶装医用氧),高纯度氧气、氮气、氩气、氢气、氦气,焊接用混合气和液态氧气、氮气、氩气等气体产品。产品除管道输送保证重钢冶炼用气外,还以气态、液态产品供给重庆及西南地区400家大中型冶金、机械、汽车、摩托车、化工、电子、医疗、科研等企事业单位使用。2008年朝阳公司设2部1室2公司:人力资源部、财务部、办公室、管道公司、营销公司;职工336人,其中大专以上学历131人,专业技术人员63人,中高级技术人员43人。

2008年朝阳公司获重庆市最佳诚信企业、重庆市安全标准二级企业;继续保持重庆市环境友好企业、重庆市文明单位标兵、重庆市用户满意企业、重庆市高新技术企业称号；获重钢集团红旗党委、安全生产先进单位、宣传思想工作先进单位、厂务公开民主管理先进单位等称号。

◆彭俊喜

条目另见部目

【高纯氢开发】：《科学研究与应用》

直属单位

重钢总医院

【**概况**】 重钢总医院为重钢集团的直属单位，位于重庆市大渡口区双山路大堰三村特1号，距重庆市零公里18千米，与二号轻轨线平安站100米。医院占地面积4.15公顷，建筑面积69108平方米，绿化面积15000平方米。是一所集医疗、预防、科研、教学、社区卫生服务为一体的国家二级甲等综合性医院和重庆市城镇职工基本医疗保险、大渡口区城乡合作医疗保险定点医疗机构。承担重钢集团职工、家属和大渡口区及周边地区社会的医疗、预防、健康教育、创伤抢救、突发公共卫生事件处置和社区卫生服务任务。设置开放病床578张。设院党政办公室、团委、医教科、护理部、医疗质量控制办公室、医疗保险办公室、人事科、财务科、信息科、总务设备科和基建维修科等职能科室11个；心内科、肾内科、呼吸内科、消化内科、神经内科、老年科、内分泌科、儿科、肿瘤科、骨科、普外科、烧伤科、胸外科、神经外科、泌尿外科、妇产科、眼科、耳鼻喉头颈外科、麻醉科、感染科、精神科、急诊科、口腔科、皮肤科、中医科、康复科、手术室、高压氧舱及放射线治疗等临床专业科室及科组30个。对原隶属心肾科的CCU和胸脑泌尿外科的ICU监护病房进行了整合改造，成立重症监护室，集中治疗监护全院危重症病人，使医院临床专业科室及班组增至31个；检验科、放射科、功能检查科、检验科、病理科、药剂科及消毒供应室等医技科室6个；门诊部1个，社区卫生服务中心和社区卫生服务站各2个，以及8个保健站分布在大渡口区各社区、重钢股份公司厂区和重钢集团长寿新区。开展有介入治疗、断臂、断腕、断肢移植手术、血管移植、神经移植术、全髋关节置换术、关节镜手术、角膜移植术、超声乳化术、腹腔镜系列手术、血液净化、内窥镜治疗、高压氧治疗、肿瘤化学治疗、肿瘤放射治疗、大面积心肌梗死救治、急性出血性坏死性胰腺炎救治、经输尿管镜气压弹道碎石、内镜下食道支架植入、心脏血管造影、计算机线断层扫描（CT）、B型超声检查、彩色多普勒检查、纤维支气管镜检查、上消化道内镜检查、特殊活组织病理检查及临床检验、生化、微生物检查等较为成熟的诊断治疗技术。

2008年，重钢总医院在岗人员669人，有卫生技术人员568人，其中主任医师8人，副主任医师70人，中级技术职称技术人员172人。在岗人员硕士研究生21人，占3.14%；大学本科生200人，占29.89%；大专生学历249人，占37.22%。拥有螺旋CT、GE OEC C臂数字减影机、日本岛津全数控化多功能X线机、日本富士数字化摄影系统（CR）、瑞士ERTLI超声乳化仪、彩色多普勒、模块式全自动生化分析仪、高压氧舱、直线加速器、模拟定位机、多道电生理记录仪、日本SYSME血球计算仪、泪道激光治疗仪、裂隙灯显微镜、电脑温控微波治疗仪、无创颅内压监护仪、脉动真空压力灭菌器、日本日机装血透机、江铃合顺高顶级救护车等万元以上医疗设备、仪器338台。2000年，投资412.2万元更换或购置前列腺体外短波治疗系统、便携式彩超、鼻窦内窥镜、计算机网络数据在线备份恢复系统等设备仪器计82台件。医疗设备、仪器总值5288.4万元。投资350万元完成对ICU、CCU病房的整合改造以及因大渡口区双山路拓宽改造工程致三号病房楼拆除后精神科、感染科、康复科过渡病房建设和敬老院食堂改建工程。2008年，固定资产总值1.28亿元。

2008年，重钢总医院继续开展“以病人为中心、以提高医疗服务质量”为主题的医院管理年活动。对照国家三级医院标准，对医疗、护理、预防、科研、教学各项指标内容进行自查，找出差距，制定整改措施，开展“无差错无事故无投诉”竞赛活动。参加和承办重庆市厂矿医院首届护理技能竞赛并取得成绩。2008年，诊治住院病人14895人次，门诊诊治病人295100人次，病床使用率95.5%，平均住院天数12.3天，危重病人抢救成功率87.4%，治愈好转率96.4%，住院手术3530台，门诊手术3923台，圆满完成收治四川汶川“5·12”大地震

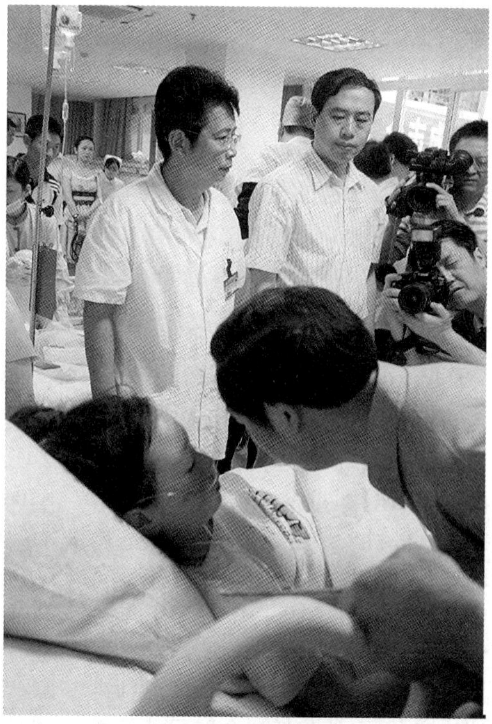

重钢总医院救治“5·12”地震伤员　田协会　摄影

伤员28名，接待伤员家属53名的任务，得到重庆市人事局、卫生局、大渡口区、重钢公司的赞誉。筛查食用问题奶粉儿童2645人次，确诊患儿52人，门诊收治3人。开展健康教育讲座16次，发放健康教育资料4000份，儿童保健、70岁以上老人免费体检6251人次，社区基线调查34850人次。全面完成重庆医科大学、川北医院等7所医学院校315名实习学生的教学任务，顺利通过重庆医科大学教学评估专家组对重钢总医院的教学评估。

2008年，进一步完善《重钢总医院科研项目管理办法》《重钢总医院学科建设管理办法》《重钢总医院科技监督管理办法》。申报科研项目7项，新技术8项。

2008年，继续保持"爱婴医院""重庆市文明单位""重庆市优秀卫生单位"等称号，重钢总医院被重庆市人事局、卫生局评选为重庆市卫生系统"抗震救灾先进集体"。

◆叶相木

条目另见部目

【救治汶川大地震灾区伤员】:《特载》

【医疗工作】:《职工生活》

【跃进村社区卫生服务中心】:《职工生活》

【九宫庙社区卫生服务中心】:《职工生活》

【食用"含三聚氰胺问题奶粉"患病儿童筛查工作】:《职工生活》

【科技人员体验】:《职工生活》

【重钢总医院教学医院评估符合标准】:《职工生活》

【三号病房楼拆迁】:《职工生活》

【教学工作】 重钢总医院2008年承担重庆医科大学生物工程系内、外、诊断、超声诊断学临床小课示教共265学时。2008年召开临床教学工作会议7次，评选优秀带教老师15名。选派2名教师参加重庆医科大学教师讲课比赛，组织外院教授全院示范教学查房14次，组织全院教学专题讲座15次；全年接受实习学生共315名。组织召开学生座谈会4次，组织教学工作监督检查5次，各科室按规定每周1次教学查房、每月1次教学小讲座、1次疑难典型病例讨论，全院各科组织小讲座120次，病例讨论150次，教学查房500次。制定《实习学生技能考试考核实施办法》，学生实习优良率达80%以上，学生对教学工作满意度达95%。2008年11月26日，通过重庆医科大学教学评估专家组对重钢总医院教学工作评估。选派中青年医师带任务到上级医院进修13人次，选拔青年技术人员带项目外出考察学习、短训65人次。全年共举办各类学术专题讲座13次，其中重庆市继续医学教育项目8项，1100人次听讲。开展医护人员急诊抢救技能，对全院医护人员"心肺复苏"规范化专题培训6次。开展重钢总医院第三届医师职业技能竞赛，20个科室80名选手参加比赛。全年共发表学术论文29篇，其中国家级14篇、省级15篇。获得重钢集团创新技术三等奖1项、鼓励奖1项。

◆赵庆

【承办重庆市厂矿医院首届护理技能竞赛】 2008年9月26日，由重庆市厂矿卫生管理协会主办，重钢总医院承办，西南铝医院、建设医院、江陵医院协办的重庆市厂矿医院首届护理技能竞赛在重钢总医院举行。19家单位、58名选手参赛，参赛选手平均年龄28.4岁；重钢总医院派出9名选手。护理技能竞赛内容：徒手心肺复苏、密闭式静脉输液、鼻导管吸氧、无菌技术，分必考项目1项和抽考项目2项。以重庆市《护理技术操作规程》(2003年版)及人民军医出版社出版《护士岗位技能训练50项考评指导》为实作竞赛标准。聘请重庆护理学会理事长、主任护师、西南医院培训中心主任伍素华，重庆市护理学会副理事长、大坪医院护理部主任余瑞英，重庆市护理学会副理事长、主任护师、重庆市三院护理部主任李保兰等重庆市护理界专家和承办单位护理部主任担任裁判。重钢总医院9名选手全部获奖，获一等奖3名，二等奖4名，三等奖2名。

◆汪渝

重庆钢铁集团三峰传媒公司

【概况】 重庆钢铁集团三峰传媒公司(简称：三峰传媒公司)是重钢集团的自负盈亏的直属单位。主要服务于重钢集团和大渡口区，同时对外经营报纸、电视广告，有线电视，宽带网服务等多种业务。2008年三峰传媒公司设6个部门：报刊工作部、电视工作部、网络技术部、数字技术部、综合部、市场发展部；职工68人。

2008年，三峰传媒公司按照"以经济工作为中心，宣传工作为灵魂，网络建设为保障"的工作思路全年实现经营性收入890万元，实现利润20万元，超额完成全年目标计划。实现全年网络安全事故为零。主要完成工作：(1)宣传工作：全年重钢电视共播出图像新闻950条，其中简讯1072条、信息361条；共播出系列报道10个；完成现场录像10次，1条外送新闻在中央电视台播出，6条外送新闻在重庆电视台播出。《重钢报》共计出报252期，刊发重点稿件313篇，生产经营稿件111篇，社会新闻279篇，开办栏目41个。(2)质量工作稳步推进。2008年《重钢报》在重庆市报刊编校质量评比中排名日报类第4名，在中国冶金企业报协会、全国企业电视学会、重庆市企业报协会举办的评比中，重钢电视台、《重钢报》获得多项好新闻奖，多个版面获得优秀版面奖；重钢电视台再次蝉联"全国优秀企业电视台"称号。(3)继续落实网络安全工作。三峰传媒公司坚持完善实施《传媒公司网络安全应急预警机制》，运用技术手段，进一步增强有线电视网络的安全防范能力；坚持实施有线电视播出24小时值班制度；坚持实施主管领导对网络重点区域的抽查制度；在“奥运会”、国庆节和党的十七届三中全会召开期间，加强防范，对5万户重钢有线电视网络进行巡查、维护，特别是对未改造片区坚持实施24小时的监控巡查，确保重钢有线电视网络的平安运行。同时加强与安保部门、公安保卫部门、街道社区等各单位联手，确保了网络安全措施的有效实施。2008年全年共紧急处理网络播出安全突发事件20次，得到重庆市有关部门和重钢集团领导的肯定和表彰。(4)坚持创新工作，实施环保搬迁形势下发展战略转移。2008年，三峰传媒公司以重钢环保搬迁和现实生产经营，进一步解放思想，创新发展观念。按三峰传媒公司〔2008〕13号文件《三峰传媒公司在重钢长寿新区发展的工作计划》，抓好《重钢报》、重钢电视在长寿新区的广告、宣传服务等6项工作。重钢长寿江南新区记者站已经建立，《重钢报》电子版前期发行工作和重钢电视台视频网站的筹备工作已经全面启动。(5)确保网络系统稳定。①2008年重钢三峰传媒公司有线电视收视维护费到位率达95%以上，集体用户的交费合同签订率、执行率达100%。②系统的正常运行率和故障排除率在95%以上，保证收视维护费用和宽带服务费的及时到位。③坚持对宽带网络优化调整，提高网络运行质量；坚持开展让利促销活动，抓好与合作方的责任服务协调工作，技术维护人员的上门服务责任等，使在线用户一直保持上升趋势。④稳妥实施数字电视推广工作，完成数字电视工程所有的技术准备工作并进行试点推广。

◆李成富

条目另见部目

【重钢报社工作】:《文化教育》

【《重钢报》年审获第四名】:《文化教育》

【《重钢报周末》改版】:《文化教育》

【重钢电视台工作】:《文化教育》

【《重钢新闻》系列报道12个】:《文化教育》

【重钢电视台专题栏目】:《文化教育》

【聚焦环保搬迁】:《文化教育》

【电视专题片《钢铁魂》制作】:《文化教育》

【电视技术工作】 (1)2008年三峰传媒公司在全面完成网络系统运行安全技术保障工作基础上，各项指标均达历史好成绩；网络安全工作作为全年工作的头等大事，全年安全责任事故为零。(2)三峰传媒公司将提高用户服务质量，提倡用户至上，角色转换意识作为职工市场观念更新的培养，全年用户满意率和故障处理及时率明显提高。(3)发展数字电视，增加业务投入，提高技术装备水平，淘汰落后生产力。(4)技术工作为宣传工作保驾护航，为重钢长寿新区建设提供支援，长寿记者工作站配备完整的摄、录、编、采等报纸、电视的专用设备，并且对工作人员进行设备适应性培训。(5)2008年三峰传媒公司还进行有线电视系统干线入地、宽带系统技术扩容、光纤节点延伸以及重钢长寿新区有线电视信息系统规划建设等工作。

◆杨昌年

2008年重庆钢铁集团子公司通信录

单位	电话	传真	地址	邮编
重钢进出口公司	023－68846326	023－68849181	重庆市大渡口区大堰三村2幢2号	400080
重庆东华特殊钢有限责任公司	023－65138989	023－65156167	重庆市沙坪坝区双碑团结坝155号	400032
重庆钢铁(香港)有限公司	00852－28386193	00852－28386973	香港湾仔壮士敦道181号大有大厦13字楼1313室	
重庆钢铁集团产业有限公司	023－68846131	023－68845262	重庆市大渡口区钢花路8号钢城大厦门1102室	400080
重庆钢铁集团电子有限责任公司	023－68846179	023－68846178	重庆市大渡口区钢花路5号	400080
重庆钢铁集团钢管有限责任公司	023－62590618	023－62590757	重庆市巴南区土桥王家坝新溪村1号	400054
重庆钢铁集团机械制造有限责任公司	023－68846762	023－68843246	重庆市大渡口区石槽门	400084
重庆钢铁集团建设工程有限公司	023－68840138	023－68841703	重庆市大渡口区三岗门	400084
重庆钢铁集团矿业有限公司	023－68846964	023－68844119	重庆市大渡口区大堰一村81幢	400080
重庆钢铁集团三峰工业有限公司	023－40711619	023－40713306	重庆市长寿晏家重钢三峰工业园区	401221
重庆钢铁集团设计院	023－68846623	023－68846623	重庆市大渡口区大堰三村1幢1号6楼	400080
重庆钢铁集团生活服务有限责任公司	023－68845085	023－68876028	重庆市大渡口区大堰二村路口电信大楼3楼	400080

续表

单位	电话	传真	地址	邮编
重庆钢铁集团铁业有限责任公司	023－47681712	023－47681045	重庆市江津区夏坝镇	402268
重庆钢铁集团运输有限责任公司	023－68845615	023－68840061	重庆市大渡口区建设村71号	400080
重庆钢铁研究所	023－86689911	023－86689910	重庆市大渡口建桥工业园A区镁桥路线号	400084
重庆三环建设监理咨询有限公司	023－68876815	023－68845544	重庆市大渡口区大堰二村电信大楼5楼	400080
重庆钢铁股份有限公司	023－68845030	023－68876788	重庆市大渡口区钢铁路30号	400084
重庆钢铁集团朵力房地产股份有限公司	023－68846215	023－68846215	重庆市大渡口区钢花路8号钢城大厦1902室	400080
重庆钢铁集团三峰科技公司	023－68845239	023－68845220	重庆市大渡口区钢花路8号钢城大厦20楼	400080
重庆三峰卡万塔环境产业有限公司	023－68843686	023－68843686	重庆市大渡口区大堰二村重钢科技馆二楼	400080
重庆三钢钢业有限责任公司(中兴实业公司)	023－67854377	023－67855989	重庆市江北区中兴段1号	400020
重庆四钢钢业有限责任公司	023－48249442	023－48241010	重庆市綦江县三江镇磨滩	401431
重庆新港装卸运输有限公司	023－68843133	023－68843593	重庆市大渡口钢铁路38号	400084
重庆朝阳气体有限公司	023－68843504	023－68429551	重庆市大渡口区钢铁路1号	400084
重钢总医院	023－68846213	023－68846213	重庆市大渡口区大堰三村特1号	400081
重钢集团三峰传媒公司	023－68843309	023－68843228	重庆市大渡口区大堰二村三峰传媒公司大楼	400080

◆张蓉

本部目责任编辑　刘光军
本部目责任校对　刘光军

14

人物

重钢年鉴

2009

党委常委

中共重钢第十一届委员会常委

董林

张再坤

刘加才

朱建派

潘向宇

董荣华

郭德勇

李岚峰

袁进夫

谭亚夫

王洪展

董林 男,汉族,1950年9月出生,重庆人,1969年9月参加工作,1987年11月加入中国共产党,大学文化程度,教授级高级工程师、国家注册电气工程师、国家注册咨询工程师,重庆钢铁(集团)有限责任公司董事长,中共重庆市第三届委员会候补委员。1969年9月至1972年3月四川省资中县大洪公社知青,1972年3月至1974年9月在重钢四厂工作,1974年9月至1977年9月在东北工学院工业企业电气自动化专业读书,1977年9月至1984年9月在重钢设计院工作,1984年9月至1986年3月任重钢设计院电气科科长,1986年3月至1995年1月任重钢设计院副院长,1995年1月至1999年11月任重钢设计院院长,1999年11月至2000年1月任重钢公司总经理助理兼设计院院长,2000年2月至2003年11月任重钢公司副总经理、总工程师,2003年11月至2006年2月任重钢公司总经理(其间2003年11月至2007年4月兼任重庆三峰环境公司董事长),2006年2月任重钢集团董事长,2003年11月增补为中共重庆钢铁(集团)有限责任公司第十届委员会委员、常委。2008年6月当选中共重庆钢铁(集团)有限责任公司第十一届委员会委员、常委。

张再坤 男,汉族,1952年1月出生,甘肃康县人,1969年2月参加工作,1970年3月加入中国共产党,大学本科学历,高级审计师,重庆钢铁(集团)有限责任公司党委书记、副董事长,中共重庆市第三次代表大会代表。1969年2月至1984年4月在中国人民解放军13军39师服役，曾任战士、司务长、后勤助理员、司令部管理员、政治处干事、团组织股长等职务，1984年5月至1999年5月在重庆市审计局工作，任重庆市审计局农业审计处主任科员、办公室副主任，驻农委审计处副处长（主持工作）、人事处处长（其间1998年9月至2000年12月在重庆市委党校金融专业函授本科学习毕业），1999年5月至2000年9月在重庆市人事局工作，任局长助理、党组成员，重庆市稽查特派员署办公室副主任，2000年9月至2003年9月任重庆市企业工委委员、重庆市企业纪工委书记，2003年9月至2006年2月任中共重庆市国有资产监督管理委员会党委副书记、纪委书记，2006年2月任重钢集团党委书记、副董事长。2008年6月当选中共重庆钢铁（集团）有限责任公司第十一届委员会委员、常委、党委书记。

刘加才 男，汉族，1964年11月出生，四川自贡人，1988年7月参加工作，1987年3月加入中国共产党，研究生文化，工学硕士，高级工程师，重庆钢铁（集团）有限责任公司董事、总经理，重庆市第二届人大代表。1981年9月至1985年8月在重庆大学机械工程锻压专业读书，1985年8月至1988年7月在重庆大学压力加工专业攻读研究生，1988年7月至1994年1月在重钢钢研所工作，1994年1月至1995年2月任重钢钢研所所长助理，1995年2月至1996年7月任重钢型钢厂厂长助理、副厂长，1996年7月至2001年11月任重钢钢研所副所长（主持全面工作）、所长，2001年11月至2003年5月任重钢股份公司副总经理、总工程师兼重钢钢研所所长，2003年5月至2003年11月任重钢股份公司总经理（兼重钢钢研所所长至2003年7月），2003年11月至2006年2月任重钢公司副总经理、总工程师（2004年1月至2006年2月兼重钢技术中心主任、重钢博士后科研工作站站长），2006年2月任重钢集团总经理、增补为中共重庆钢铁（集团）有限责任公司第十届委员会委员、常委（其间2006年3月兼任重钢香港公司董事长）。2008年6月当选中共重庆钢铁（集团）有限责任公司第十一届委员会委员、常委。

朱建派 男，汉族，1957年7月出生，四川仁寿人，1982年1月参加工作，1987年11月加入中国共产党，大学本科学历，高级工程师，重庆钢铁（集团）有限责任公司董事、党委常委、党委副书记、纪委书记。1978年3月至1982年1月在重庆大学冶金及材料工程系轧钢专业读书，1982年1月至1984年11月在重钢五厂工作，1984年12月至1988年12月在重钢经理办秘书科任秘书、副科长、科长，1988年12月至1995年1月任重钢劳人处副处长（1993年10月 主持全面工作），1995年1月至1996年2月任重钢劳人处处长，1996年2月1999年10月任重钢人事部部长，1997年8月至2000年1月任重钢股份有限公司党委书记，2000年1月任重钢集团党委副书记、纪委书记（2006年5月兼任重钢股份公司党委、纪委书记、工会主席）。先后任中共重庆钢铁（集团）有限责任公司第九届、第十届委员会委员、常委。2008年6月当选中共重庆钢铁（集团）有限责任公司第十一届委员会委员、常委。

潘向宇 男，汉族，1955年2月出生，上海虹口人，1970年12月参加工作，1973年10月加入中国共产党，大学本科学历，高级政工师，重庆钢铁（集团）有限责任公司董事、党委常委、党委副书记、工会主席。1970年12月至1976年9月在中国人民解放军80504部队服役，1976年9月至1979年2月在重铁分局九龙坡车辆段工作，1979年2月至1982年1月在重庆钢铁工业学校数学专业读书，1982年1月至1983年5月在重钢一子中工作，曾任教师、团总支书记，1983年5月至1987年4月任重钢公司团委副书记、书记，1987年4月至1987年10月任重钢工会宣教文体委员会主任，1987年10月至1992年10月任重钢公司工会副主席，1992年6月至1995年1月任重钢型钢厂党委书记、纪委书记（其间1991年9月至1994年1月中央党校函授学院政治专业本科毕业），1995年1月至2000年1月任重钢公司党委宣传部、统战部部长，2000年1月至2003年4月任重钢公司工会主席（2000年1月至2003年5月兼任重钢公司党委宣传部、统战部部长），2003年4月任重钢集团党委副书记、工会主席。先后任中共重庆钢铁（集团）有限责任公司第六届、第七届、第八届、第九届、第十届委员会委员、常委，政协重庆市大渡口区第三届委员会常委、第五届委员会委员。2008年6月当选中共重庆钢铁（集团）有限责任公司第十一届委员会委员、常委。

董荣华 男，汉族，1952年9月出生，四川乐山人，1969年3月参加工作，1985年2月加入中国共产党，大学本科学历，教授级高级工程师，重庆钢铁（集团）有限责任公司副总经理。1969年3月至1971年1月四川省资阳县中和公社知青，1971年1月至1987年6月在重钢第二炼钢厂工作，曾任机动科、设备检修科科长（其间1972年3月至1975年9月在昆明工学院机械系机械制造专业读书），1987年6月至1991年10月任重钢六厂副厂长，1991年10月至1994年8月任重钢七厂副厂长兼转炉建设指挥部副指挥长，1994年8月至1997年8月任重庆恒达公司总经理，1997年8月至2001年5月任重钢股份公司副总经理（其间1997年9月至2001年6月兼任重庆恒达公司董事长，1997年9月至1999年12月中央党校函授学院经济管理专业本科毕业，1998年1月至1999年11月兼任重庆新港公司董事长），2001年5月任重钢集团副总经理（其间2003年12月至2007年3月兼任重钢三峰工业公司总经理，

2003年12月至2009年2月兼任重钢三峰工业公司董事长)。2008年6月当选中共重庆钢铁(集团)有限责任公司第十一届委员会委员、常委。

郭德勇 男,汉族,1956年8月出生,四川自贡人,1982年1月参加工作,1987年11月加入中国共产党,大学本科学历,高级工程师,重庆钢铁(集团)有限责任公司副总经理。1978年2月至1982年1月在重庆大学冶金系炼铁专业读书,1982年1月至1984年12月在云南昆明钢铁公司炼铁厂工作,1984年12月至1994年4月在重钢设计院工作(其间1992年2月至1995年2月任设计院工艺科副科长、科长,1995年2月至1996年3月任设计院院长助理,1996年3月至1999年4月任设计院副院长),1999年4月至1999年10月任重钢规划处处长,1999年10月至2001年5月任重钢股份公司副总经理,2001年5月任重钢集团副总经理(其间2008年6月兼任重庆巫峡矿业股份有限公司董事长)。2008年6月当选中共重庆钢铁(集团)有限责任公司第十一届委员会委员、常委。

李岚峰 男,汉族,1953年12月出生,四川武胜人,1969年12月参加工作,1980年4月加入中国共产党,大学本科学历,高级经济师,重庆钢铁(集团)有限责任公司副总经理。1969年12月至1972年4月四川奉节新民区尖峰公社知青,1972年4月至1979年12月在重钢修建部工作,1979年12月至1992年9月在重钢劳资处、劳动人事处工作,曾任调配科、统计科干事、调配科副科长、科长(其间1984年9月至1986年8月在成都电讯工程学院企业管理工程专业读书),1992年9月至1996年4月任重钢产业公司劳资部副主任、主任,1996年4月至1997年9月任重钢商贸部综合处处长,1997年9月至1998年6月任重庆特钢公司总经理助理、副总经理,1998年8月至2006年11月任重庆建工集团公司副总经理(其间1998年8月至2000年12月中央党校函授学院经济管理专业本科学习毕业),2006年11月任重钢集团副总经理,增补为中共重庆钢铁(集团)有限责任公司第十届委员会委员。2008年6月当选中共重庆钢铁(集团)有限责任公司第十一届委员会委员、常委。

袁进夫 男,汉族,1962年10月出生,重庆长寿人,1981年8月参加工作,1987年4月加入中国共产党,大学本科学历,高级会计师,重庆钢铁(集团)有限责任公司总会计师、副总经理。1978年10月至1981年7月在浙江冶金经济专科学校财务会计系读书,1981年8月至1982年10月在重钢企业公司财务科工作,1982年10月至1988年12月任重钢财务处综合科副科长、会计科科长,1988年12月至1998年2月任重钢财务处副处长(其间1992年8月至1994年12月中央党校函授学院经济管理专业本科毕业,1996年3月主持全面工作),1998年2月至2000年7月任重钢财务处处长,2000年7月至2002年8月任重钢集团副总会计师兼财务处处长,2002年8月任重钢集团总会计师,2008年7月任重钢集团副总经理。2008年6月当选中共重庆钢铁(集团)有限责任公司第十一届委员会委员、常委。

谭亚夫 男,汉族,1954年5月出生,重庆人,1971年12月参加工作,1978年7月加入中国共产党,大学本科学历,高级政工师,重庆钢铁(集团)有限责任公司党委常委、党委组织部部长、人事处处长。1971年12月至1974年12月四川省安岳县知青,1974年12月至1976年2月宁夏军区84636部队战士,1976年2月至1985年9月宁夏军区政治部电影队放映员、副队长、队长、宣传处干事,1985年9月至1987年8月在宁夏广播电视大学党政管理干部专业读书,1987年8月至1987年12月任宁夏军区政治部宣传处干事,1987年12月至1990年5月任重钢党委组织部干事,1990年5月至1996年2月任重钢党委组织部组织科副科长、科长(其间1991年9月至1993年12月中央党校函授学院政治专业本科学习毕业),1996年2月至1998年2月任重钢公司运输部党委副书记、纪委书记,1998年2月至2000年4月任重钢股份公司党委组织处处长、纪委副书记,2000年4月至2003年5月任重钢公司党委宣传部副部长(正处级)兼《重钢报》社总编,2003年5月至2003年7月任重钢公司党委宣传部部长、统战部部长,2003年7月任重钢党委组织部部长,2004年2月任重钢党委组织部部长、人事处处长,中共重庆钢铁(集团)有限责任公司第十届委员会委员、常委。2008年6月当选中共重庆钢铁(集团)有限责任公司第十一届委员会委员、常委。

王洪展 男,汉族,1952年11月出生,四川省宣汉人,1972年3月参加工作,1986年1月加入中国共产党,大学本科学历,高级讲师,重庆钢铁(集团)有限责任公司党委常委、党委宣传部部长、统战部部长。1972年3月至1982年11月在重钢四厂工作,1982年11月至1984年2月重钢党校第二期青年理论班学员,1984年2月至1984年8月在重钢党校工作,1984年9月至1986年7月在四川师范大学政教系读书,1986年7月至1989年1月任重钢党干校教师,1989年1月至1993年4月任重钢党干校副科长、科长,1993年4月至1995年2月任重钢党干校党总支书记(副处级),1993年5月任重钢党干校副校长(其间1991年9月至1993年12月中央党校函授学院政治专业本科学习毕业),1995年2月至1996年4月任重钢党干校党总支书记、副校长(主持全面工作),1996年4月至1996年10月任重钢党干校校长、党总支书记,1996年10月至1999年5月任重钢职工大学校长、党委书记,重钢党干校校长、党总支书记,1999年5月至2000年1

月任重钢培训中心党委书记，2000 年 1 月至 2003 年 7 月任重钢培训中心主任，2003 年 7 月任重钢党委宣传部部长、统战部部长（其间 2004 年 5 月兼任重钢三峰传媒公司执行董事、2006 年 5 月兼任党总支书记、总编），中共重庆钢铁（集团）有限责任公司第十届委员会委员、常委。2008 年 6 月当选中共重庆钢铁（集团）有限责任公司第十一届委员会委员、常委。

◆廖玉兰

先进人物

“振兴重庆争光贡献奖”获得者

董林 男，汉族，1950 年 9 月出生，重庆人，1969 年 9 月参加工作，1987 年 11 月加入中国共产党，大学学历，教授级高级工程师、国家注册电气工程师、国家注册咨询工程师，重庆钢铁（集团）有限责任公司董事长，中共重庆市第三届委员会候补委员。2008 年 6 月当选中共重庆钢铁（集团）有限责任公司第十一届委员会委员、常委。获 2008 年度“振兴重庆争光贡献奖”。

董林自 2006 年 2 月担任重钢集团董事长以来，带领新一届领导班子冲破阻碍重钢发展的思想桎梏，承担使命、凝聚共识，制定“自主创新、开发资源、环保搬迁、优化结构、做精做强”的发展战略新思路，在“现实生产”和“环保搬迁”两条战线上取得成绩。董林大力推进科技创新，建立健全科技体系，仅 2008 年利用自主创新技术开发生产新品种钢材 74.64 万吨，实现产值 36.69 亿元。大力倡导时不我待、加快发展的“危机意识”和登高涉远、先人力行的“超越意识”，提倡全面开展和深入推进精细化管理工作，增强了企业软实力，提升了企业核心竞争力。2008 年，在钢铁行业普遍亏损的情况下，重钢创造了历史最好业绩，全年利润逾 9 亿元、利税逾 21 亿元，成为重庆市首家资产总额和销售收入双双突破 200 亿元的“两百亿集团”。在钢铁主业逆势发力的同时，重钢投资 50 亿元布局开发 5 个矿山，为实现自有铁矿石比例达 50% 奠定基础。坚持企业改革发展成果与职工共享，全年职工收入同比增长 22%。

董林始终将企业发展作为第一要务，着力解决长期困扰重钢生存和发展的深层次问题，启动了重钢环保搬迁改造工程。借搬迁之机，对产品结构进行了科学定位，确立新重钢为国内最大的船舶用钢精品基地战略方向，努力把重钢环保搬迁建设成为落实科学发展观的典范工程。作为重庆市 2008 年工业投资的一号工程，重钢环保搬迁工程正按计划如期推进，工程建设进入全面立体施工阶段。董林在重钢集团推进资源减量、废物资源化循环利用，建成了具有自主知识产权的中国西部首座垃圾焚烧发电 BOT 示范项目—重庆同兴垃圾焚烧发电厂，成为重庆市环保“名片”；在董林的开拓和奠基下，重钢集团牵头制定了国家垃圾焚烧发电技术标准。

◆陈伟

重庆市五一劳动奖章获得者

董林 男，汉族，1950 年 9 月出生，重庆人，1969 年 9 月参加工作，1987 年 11 月加入中国共产党，大学学历，教授级高级工程师、国家注册电气工程师、国家注册咨询工程师，重庆钢铁（集团）有限责任公司董事长，中共重庆市第三届委员会候补委员。

2008 年 6 月当选中共重庆钢铁（集团）有限责任公司第十一届委员会委员、常委；2007 年 5 月当选为中共重庆市第三届委员会候补委员，2006 年 12 月获“重庆市职工信赖的好经理”称号，20007 年 1 月获“重庆市国企贡献奖先进个人”称号，2007 年 6 月获“重庆市直辖 10 年建设功臣”奖，2007 年被评为“重庆直辖十年建设功臣”；2008 年度当选为“振兴重庆争光贡献奖”、获重庆市五一劳动奖章。

董林自 2006 年 2 月担任重钢集团董事长以来，带领新一届领导班子冲破阻碍重钢发展的思想桎梏，承担使命、凝聚共识，制定“自主创新、开发资源、环保搬迁、优化结构、做精做强”的发展战略新思路，在“现实生产”和“环保搬迁”两条战线上取得成绩。董林大力推进科技创新，建立健全科技体系，仅 2008 年利用自主创新技术开发生产新品种钢材 74.64 万吨，实现产值 36.69 亿元。大力倡导时不我待、加快发展的“危机意识”和登高涉远、先人力行的“超越意识”，提倡全面开展和深入推进精细化管理工作，增强了企业软实力，提升了企业核心竞争力。2008年，在钢铁行业普遍亏损的情况下，重钢创造了历史最好业绩，全年利润逾9亿元、利税逾21亿元，成为重庆市首家资产总额和销售收入双双突破200亿元的“两百亿集团”。在钢铁主业逆势发力的同时，重钢投资50亿元布局开发5个矿山，为实现自有铁矿石比例达50%奠定基础。坚持企业改革发展成果与职工共享，全年职工收入同比增长22%。

董林始终将企业发展作为第一要务，着力解决长期困扰重钢生存和发展的深层次问题，启动了重钢环保搬迁改造工程。借搬迁之机，对产品结构进行了科学定位，确立新重钢为国内最大的船舶用钢精品基地战略方向，努力把重钢环保搬迁建设成为落实科学发展观的典范工程。作为重庆市2008年工业投资的一号工程，重钢环保搬迁工程正按计划如期推进，工程建设进入全面立体施工阶段。董林在重钢集团推进资源减量、废物资源化循环利用，建成了具有自主知识产权的中国西部首座垃圾焚烧发电BOT示范项目—重庆同兴垃圾焚烧发电厂，成为重庆市环保“名片”；在董林的开拓和奠基下，重钢集团牵头制定了国家垃圾焚烧发电技术标准。

◆陈伟

文秋 汉族，1963年8月出生，高中文化，重庆钢铁股份有限公司炼钢厂1号机机长，负责该连铸机铸坯浇铸生产管理及质量控制。曾获1997年至2000年度重钢集团技术业务尖子、2005年至2006年度重钢集团劳动模范，2008年获重庆市五一劳动奖章。

文秋为了解决生产小方坯接痕漏钢事故的频发问题、针对钢种的不同特性等问题，提出解决办法。从此，班组再没发生过接痕漏钢事故，操作法在车间得到推广应用。利用自己技能特长对粘结、卷渣漏钢摸索提出“控制中包下水口的潜入深度稳定铸机拉速”的操作方法。该操作法在车间推广后，漏钢事故大大降低，铸机浇成率大幅提高，同时钢水的收得率得到了极大的改善，针对钢种的不同特性他提出在发生接痕时采用停车搅拌和中间包下水口钢液敞浇再搅拌的方法，使新老坯壳能在结晶器内充分凝固得以牢固衔接，很好地解决了因接痕漏钢事故。并在该车间推广应用。多年来，文秋所在大班严格推行精细化管理，连续3年班各项指标名列前茅，仅2006年提高钢水收得率一项就创效591109元，2007年又实现节能降耗创效益112万元。所带领的班组一直坚持以“安全第一，预防为主”的生产组织观念，以安全促生产，时刻把安全生产放在首位，取得了较好的效果。2005年至2007年，文秋共提出合理化建议48条，其中32条被采纳，累计创效益18万元。配合车间完成并推广结晶器快速更换，提高中间包的使用寿命，节约耐材辅料40万元。2007年他所在班组的中间包使用寿命为13.8个/炉，比控制目标10.5个/炉多1炉，节约耐材成本69万元。

◆陈伟

参政人物

中华全国总工会执行委员

潘向宇 男，汉族，1955年2月出生，上海虹口人，1970年12月参加工作，1973年10月加入中国共产党，大学本科学历，高级政工师，重庆钢铁（集团）有限责任公司董事、党委常委、党委副书记、工会主席。先后任中共重庆钢铁（集团）有限责任公司第六届、第七届、第八届、第九届、第十届委员会委员、常委，政协重庆市大渡口区第三届委员会常委、第五届委员会委员。2008年6月当选中共重庆钢铁（集团）有限责任公司第十一届委员会委员、常委。2001年当选为中华全国总工会执行委员，2008年10月当选为中华全国总工会第十五届执行委员会委员。

◆罗丽霞

新闻人物

健康老人

袁家麟 男，汉族，1915年12月1日出生，河南省正阳县人，大学学历；家庭地址：重庆市大渡口区春晖路18号-4-2-4-3。1943年至1945年任钢铁厂迁建委员会綦江大建分厂助理工程师，1943年至1949年任钢铁厂迁建委员会助理工程师。历任重钢公司三级工程师、四川省冶金工业厅工程师、重钢总炼铁师；1965年任大渡口区人大代表，1975年至1982年为重庆市政协委员、大渡口区九三学社社员。1980年12月于重钢技术处退休。袁家麟生活习惯良好，智力思维清楚。每天早晨7时30分左右起床，晚上8时左右睡觉，每天必看书看报，每天临睡前都要在床上做自我保健操。坚持每天因地制宜步行锻炼，坚持自我调节生活节奏。2008年9月，重庆市老年人体育协会、重庆市老龄委员会办公室、重庆市妇女联合会发渝老体〔2008〕22号文件《关于授予吕紫等96人重庆市健康老人称号的决定》，93岁的袁家麟获"重庆市健康老人"称号。

◆邓开富

逝世人物

2008年逝世的离休干部

王清福　男，1931年9月16日出生，山东省胶南人，1948年10月参加革命，1953年11月加入中国共产党。曾任重钢焦化厂备煤工段工长、生产副主任、支部书记、人事副厂长等。1983年11月离休，离休前为焦化厂行政科副科长，离休后享受副处（县）级政治、生活待遇。2008年2月25日病逝。

桑炳炎　男，1928年3月11日出生，浙江省余姚人，1949年9月参加革命，1952年12月加入中国共产党。1981年12月退休，1982年4月改离休。退休前为重钢歌乐山矿干部，离休后享受处（县）级政治、生活待遇。2008年4月10日病逝。

李新贵　男，1929年1月6日出生，河南省尉县人，1948年6月参加革命，1949年4月加入中国共产党。曾任重钢消防队队长、重钢废金属车间副主任、重钢原材料处原料科科长、重钢物资处人事科科长等。1989年1月离休，离休后享受副处（县）级政治、生活待遇。2008年4月13日病逝。

马恒安　男，1930年3月24日出生，河北省冀县人，1947年8月参加革命，1949年6月加入中国共产党。1991年6月离休，离休前为重钢四厂工会副主席，离休后享受副处（县）级政治、生活待遇。2008年4月18日病逝。

孙金霞　男，1921年8月3日出生，河北省清河人，1948年12月参加革命，1949年4月加入中国共产党。1984年5月离休，离休前为重钢綦江铁矿家属委员会副主任，离休后享受副处（县）级政治、生活待遇。2008年7月19日病逝。

贾勤儒　女，1923年1月2日出生，河北省丰润人，1949年4月参加革命，1995年4月加入中国共产党。1977年2月退休，1985年12月改离休。退休前为重钢物资处干部，离休后享受副处（县）级政治、生活待遇。2008年8月7日病逝。

康世铭　男，1934年1月13日出生，辽宁省辽阳人，1949年5月参加革命，1985年11月加入中国共产党。曾任重庆市冶金局汽车队队长，重钢汽车大队调度室主任、中队长、生产科科长等。1994年2月离休，离休后享受副处（县）级政治、生活待遇。2008年8月21日病逝。

李来锁　男，1927年9月16日出生，山东省汾城人，1945年1月参加革命，1949年1月加入中国共产党。1980年9月退休，1982年4月改离休。退休前为重钢四厂干部，离休后享受处（县）级政治、生活待遇。2008年9月3日病逝。

王安静　男，1922年2月22日出生，河北省涉县人，1945年2月参加革命，1948年1月加入中国共产党。1980年10月退休，1982年8月改离休。退休前为重钢三厂干部，离休后享受处（县）级政治、生活待遇。2008年12月16日病逝。

王鼎彝　男，1925年1月28日出生，江苏省南京人，1949年6月参加革命，1985年6月离休。离休前为重钢总调度室干部，离休后享受副处（县）级政治、生活待遇。2008年12月23日病逝。

◆吴建霞

本部目责任编辑　王素兰
本部目责任校对　张思庆

15

媒体看重钢

630万吨产能获批 重钢搬迁今年安设备
长寿新重钢谋建西南钢铁“老二”

唐小涛

昨天从重钢集团传出消息：新重钢630万吨产能近日获批，有望坐上西南钢铁行业第二把“交椅”，仅次于攀钢。该集团总经理刘加才说，今年，长寿江南镇的重钢环保搬迁项目将进入厂房建设和设备安装阶段。

万吨炸药平场
下半年调试设备

目前，重钢新厂址的征地拆迁业已结束，平场工程也完成挖填方总量的65%。刘加才介绍，仅平场挖工需要的炸药，就多达1万多吨。春节前，平场工作就将结束，进入设备安装高峰期。按照计划，部分新炼钢设备将在上半年安装，下半年调试。据悉，去年重钢有23个设备招标项目，金额高达33.5亿元。年内，这些设备将陆续运抵江南镇。

3年后年产630万吨

去年，重钢产钢350万吨，同比增长10%，销售收入达到150亿元。搬迁至长寿后，这一产能将增长近一倍，达到630万吨。重钢搬迁完成时间是2010年，“约2011年能够实现年产钢600多万吨。”刘加才说。据悉，重钢新的产能规划目前已经在国家发改委备案。按照国家产业政策，重钢将吸纳全市12家落后钢厂的淘汰产能395万吨，形成前述规模。

按目前产能计算，未来重钢钢产量将位列攀钢集团（800万吨/年）之后，成为西南“老二”。

（原载《重庆时报》2008年1月16日·重钢图书馆供稿）

国际铁矿石猛涨价 重钢自建5大矿石基地
重钢千万吨铁矿需求一半要自采

唐小涛

国际铁矿石价格猛涨，重钢正在谋求“自力更生”之道——到2011年，新重钢的铁矿石需求量将突破1000万吨，其中有一半要靠自有铁矿“输血”。刘加才说，他们要借此摆脱对进口铁矿石的依赖。

重钢目前自采矿主要来源于位于西昌的太和铁矿。刘加才说，太和铁矿正在进行630万吨产量扩能，征地、设计工作已基本完成，其中将生产230万吨精矿，未来重钢可从中分得100多万吨。

巫山铁矿拥有几十亿吨铁矿石储量，大多为高磷铁矿石。2012年，重钢将从此地获得150万吨精矿石，“算上脱磷成本，成本也比进口矿石便宜。”刘加才透露。

此外，重钢已与陕西安康铁矿签署协议，每年从当地输入150万吨～200万吨精矿。2009年，首期可产铁矿石30多万吨，2010年全部投产。

如此算来，未来重钢的自采矿用量将超过500万吨，占全部用量的50%。

刘加才：铁矿涨价对重钢影响不大

宝钢集团与三大铁矿石巨头的价

格谈判陷入僵局，对国内和重庆市场影响几何？刘加才的分析是，高价矿石会削减国内钢厂700亿元～800亿元的利润。

他说，今年国家将限制钢材出口，供求关系基本处于平衡。进口铁矿石涨的是协议价，而不是现货价。对于重钢而言，进口的铁矿石主要是现货，所以此轮矿石涨价对重钢影响不大。

（原载《重庆时报》2008年1月18日·重钢图书馆供稿）

重钢建成全国最大板房生产线 80万平方米抗震房8月10日完工可解决12万受灾群众住房问题

杨道兵

“抗震房早日送到灾区，受灾同胞就早一天得到温暖。”昨日重钢集团总经理刘加才介绍，近日建设部向我市下达100万平方米彩钢抗震活动板房任务后，重钢主动承担打造全国最大彩钢抗震活动板房生产线的重任。预计6月底完成14万平方米板房生产量，8月10日前将完成80万平方米板房总任务。

3亿贷款支援抗震房生产

刘加才说，接到任务当天，重钢就组织技术人员前往渝洲宾馆观摩板房样品，并派14名专业技术人员前往上海相关单位现场学习。资金方面，工商银行贷款3亿元，利率较国内标准下浮10%。场地、原料、设备均已协调到位，市级相关部门和重钢打响了“夹芯板”战役。

赶工期成本超出100元

据了解，由于原料存放所占面积较大，重钢已暂停所属冷轧薄板厂作业，将其改为库房。此外，物流公司、钢格板厂、冶金设备公司等单位大力配合，抽调精兵强将200多人，全身投入这场战役中。为了赶工期抢时间，完成任务也是不计成本的。由于原料紧张，要寻找0.30×1200毫米的彩涂卷要花大量时间，重钢转而购买0.50×1200毫米型，价格高了60%左右。据计算，生产后的夹芯板实际成本将达到450元/平方米，比地震前高出100元左右，超出部分由政府与企业共同承担。

建全国最大抗震板房生产线

经过多部门的努力，夹芯板的建设终于迈上正轨。据了解，已基本落实的6条生产线和1万平方米的生产、库房场地，将成为全国最大的彩钢抗震活动板房生产线。

刘加才告诉记者，80万平方米夹芯板，经过搭建将形成一间间简易的活动板房，按每间住房20平方米，供三口之家使用，可解决灾区12万群众的住房问题。它作为受灾群众临时住房使用时间可长达三至五年，并能随时拆卸组装，不仅可以抵抗6级地震、5级大风，还可以起到隔热、隔音的效果。

（原载《重庆商报》2008年5月31日·重钢图书馆供稿）

铁矿石进口价涨96.5%重钢加速开发巫山铁矿

孙黎明

本月23日，宝钢集团宣布与力拓公司达成2008年度铁矿石价格协议，进口铁矿石价格最高涨幅达96.5%。“进口铁矿石价格涨价，必然拉高国家钢铁价格，预计影响将从8月开始凸显。”昨日，市发改委下属的重庆综合经济研究院专家丁瑶分析。我市房地产、汽摩、造船行业人士均认为，铁矿石价格猛涨将使渝企经营困难加剧。至于房价、汽车销售价格是否会做调整，业内人士已开始观望。

昨日来自重钢集团的消息称，为应对国际铁矿石价格暴涨，该公司联合重钢能源集团旗下中梁山煤电气公司等4家企业共同开发巫山抱龙桃花铁矿，力争早日增加重钢自采原料供应。

据介绍，重钢集团、中梁山煤电气公司、重庆汇通矿业投资公司、重庆中经高新技术产业有限公司、重庆融捷经济信息咨询有限公司5家企业近日达成协议，共同出资2亿元组建重庆钢铁资源股份有限公司，开发巫山县抱龙桃花铁矿。在新公司中，重钢持股33%，中梁山煤电气持股17%。

桃花铁矿位于巫山县与湖北省建始县交界的抱龙镇桃花村，经过详细的地质勘探，铁矿石资源量在1亿吨以上。照计划，桃花铁矿项目将建设300万吨/年的采矿场、配套的300万吨/年选矿场，160万吨/年球团加工厂，一座年产30万吨的煤矿，总投资约14亿元，预计2012年建成投产。

"项目已完成勘测，近期动工。"中梁山煤电气公司龚智强透露，按2008年1月份铁矿石的市场销售价格保守预测，可实现年销售收入11.2亿元(不含税)以上，年利润2.5亿元(不含税)，投资年回报率将达18%以上。

据悉，除了巫山抱龙桃花铁矿，重钢还与陕西安康铁矿签署协议，每年从当地输入150万至200万吨精矿。2009年，首期可产铁矿石30多万吨，2010年全部投产。同时加快重庆綦江铁矿和巴南接龙铁矿。未来几年内，重钢的自采矿用量将超过500多万吨，占全部用量的50%以上。

(原载《重庆商报》2008年6月25日·重钢图书馆供稿)

"鸟巢"用材重钢制造

莫景皓

重庆为北京奥运会献上的第一份礼物，就是支撑"鸟巢"的Q460钢材。由于"鸟巢"的特殊制造对支撑它的钢材提出异于普通体育场的要求，因此整个"鸟巢"内部都采用了为其量身打造的Q460钢材。这种低合金高强度钢，在受力强度达到460兆帕时才会发生塑性变形。

在以往，Q460主要依赖从卢森堡、韩国、日本进口。但这次"鸟巢"采用的全是由国内6大重点钢材生产企业生产的Q460钢材，其生产工艺超过了以上几个国家的产品，而重钢就是这6大钢材生产企业之一。

2006年8月，重钢中板厂调度室接到生产Q460钢材的任务。虽然当年夏天重庆的天气十分炎热，锻造车间里的温度更是高得吓人，但重钢工人一听是为了北京奥运会的需要，立即表示"没问题"。在去年召开十七大的时候，重钢中板厂调度室主任、人大代表周亚平还特地跑到"鸟巢"施工现场，与自己亲手锻造的Q460钢材留影记念。

如今，"鸟巢"经过一系列的测试后已交付使用，重庆制造的Q460钢材将伴随这个"第四代体育馆"的伟大建筑作品度过每一个夜晚。而没有用使用完的Q460，将很有可能被重新使用，作为原材料制造"鸟巢"的模型，以后，我们也许在奥运会纪念商品店就可以看到由重庆钢铁工人为奥运提供的这些坚实耐用的Q460钢材。这是中国的骄傲，也是重庆的骄傲。

(原载《重庆商报》2008年7月13日·重钢图书馆供稿)

重钢环保搬迁配套项目望招商合作外资民企均可

重钢集团环保搬迁，外资和民营企业也可参与其中。昨日，重钢(集团)有限责任公司对外发布10大招商项目，引资27.9亿元共建位于长寿的"新家"。据悉，在全国一系列启动搬迁工程的钢铁企业中，重钢是首个对外抛出招商大单的企业。

外资民企均可参股

照计划，重钢搬迁至长寿将于2010年底完成。与老厂不同，新厂将更为环保。除了蒸汽回收发电设备，新厂还将配备钢渣综合利用、给排水处理、冷轧薄板等"清洁"设施。为此，重钢向全球抛出绣球，拟吸引有技术和资金实力的企业与之"联姻"。

列入招商盘子的10个项目中，投资额最高的是120万吨冷轧薄板项目，预计总投资需15亿元。来自重钢的消息称，招亲没有"国籍和身份"区别，国企、外企、中外合资企业、民企等，均可与该集团商谈合作，合作的方式包括独资、合资等。

重钢(集团)有限责任公司总会计师袁进夫表示，引入其他投资者进入，目前是多渠道筹集资金，减轻重钢资金压力和风险，加速推进新厂建设。"我们的思路是，钢铁板块由重钢自己投资，其余的配套项目可引进外来资本合作。"

引技术"变废为宝"

"事实上，即便不引入外来投资者，很多项目我们也可以自己投资，但这样做太花时间，也不一定能成功。”重钢环保搬迁指挥部规划设计管理部谢朝忠表示，重钢寻找合作伙伴，为的是引进技术型、或是擅长管理的企业，在搬迁过程中降低运作成本、提高管理和技术水平。

以钢渣为例，目前重钢集团的钢渣常年堆积如山，不仅占地盘还不环保。因此，重钢集团计划引入一家企业，投资2亿元建钢渣复合水泥生产线，对废物进行技改再利用。合作条件是，选出的含铁物归重钢所有，作为投资回报，选铁后的尾渣将无偿提供给合作方。

“我们的新厂一年可产生50万吨钢渣，如果外来企业拥有好技术，就能生产出强度高的建筑材料，8～9年就可回收成本。当然，投资也有风险，如果这家企业的技术能力不足，生产出的产品将一钱不值。”谢朝忠称。

10多家企业有意向

谢朝忠透露，重钢发布的10个招商项目，最快的4～5年就可回收投资成本，最慢的则需8～9年。“此次招商，重钢的基本原则是实现共赢。”

“此次招商截至今年9月15日，待集团高层确定合作对象后，将报市国资委审批。”重钢环保搬迁指挥部规划设计管理部谢朝忠透露，目前正在与10多家意向合作伙伴接触。这些企业中，有外企和民企，也有类似于宝钢、攀钢的大型钢铁企业。

（原载腾讯·大渝网2008年8月26日·重钢图书馆供稿）

2008年报刊网站有关重钢的部分报道索引

标题	作者	报刊	刊载日期
长寿新重钢谋建西南钢铁“老二”	唐小涛	重庆时报	2008－01－16
重钢千万吨矿石需求一半要自采	唐小涛	重庆时报	2008－01－18
重钢年产量将达630万吨	王德利	重庆晚报	2008－01－18
巫山发现亿吨铁矿重钢可解决口粮25%	黄显章	重庆晨报	2008－02－18
重钢举行迁渝建厂70周年庆典	郭晓静	重庆日报	2008－03－29
重钢退休职工将自己创作作品捐献重钢档案馆	张　兵	中国档案报	2008－03－31
百年重钢	杨　娟	重庆晚报	2008－04－03
重钢燃气调度综合平衡管理信息系统节能创效	余新庆　汪　涛	中国冶金报	2008－04－05
重钢集团档案创新成果首获国家大奖	黄二卫　温勇耀	中国档案报	2008－04－07
重钢环保搬迁获技术支撑	李志峰	重庆日报	2008－04－17
重钢集团厂情馆隆重开馆	黄二卫　温勇耀　王素兰	中国档案报	2008－04－17
青年建议保护重钢老厂区修复马王老街	罗　强　涂　源	重庆晨报	2008－04－17
一切为了灾区群众重钢抗震救灾工作记		机冶建材网	2008－05－29
搞好生产支援灾区	陈　伟	机冶建材网	2008－05－29
重钢建全国最大板房生产线	杨道兵	重庆商报	2008－05－31
重钢集团积极做好好抗震救灾各项工作		机冶建材网	2008－06－04
铁矿石进口价涨96.5%重钢加速开发巫山铁矿	孙黎明	重庆商报	2008－06－25
钢材每吨成本涨123元重钢暂无调价计划	孙黎明	重庆商报	2008－06－25
“鸟巢”用材重钢制造	莫景皓	重庆商报	2008－07－13
重钢搬迁抛28亿元项目全球找婆家	孙黎明	重庆商报	2008－08－26
重钢环保搬迁配套项目望招商合作外资民企均可		腾讯·大渝网	2008－08－26
金融资本看好重钢环保搬迁后的盈利前景		兰格钢铁网	2008－08－27
新重钢四大措施治污	刘邦云	重庆晚报	2008－09－10
本月内重钢推行职工工间操	段旭业	重庆时报	2008－09－11
重庆市委常委宣传部长何事忠到重钢厂情馆视察	王素兰　郑玉明	中国档案报	2008－08－29
重钢环保搬迁工程项目受专家好评	招商局	商务部网站	2008－10－08
重钢浴火重生30年	温勇耀	中国档案	2008年第10期
精美艺术成果为企业文化锦上添花重钢又一部手抄本影印制版	刘光军	中国钢铁企业网	2008－12－12

◆张红海　何志群

本部目责任编辑　刘光军
本部目责任校对　张思庆

16

统计资料

重钢年鉴

2009

2008 年重钢集团主要指标完成统计

名称	单位	完成	增减（%）
一、工业产值			
1. 工业总产值（当年价格）	万元	2242089. 7	31. 52
新产品产值	万元	428452	41. 73
2. 销售产值（当年价格）	万元	2235695. 7	32. 73
出口交货值	万元	0. 00	－100. 00
二、主要产品产量			
1. 铁矿石原矿	万吨	204. 84	3. 61
2. 铁矿石成品矿	万吨	98. 27	8. 83
3. 烧结矿	万吨	508. 46	－4. 44
4. 球团矿	万吨	132. 19	47. 2
5. 生铁	万吨	319. 73	－0. 93
6. 粗钢	万吨	345. 91	－0. 4
7. 钢材	万吨	309. 28	3. 15
8. 焦炭	万吨	155. 14	－0. 88
9. 耐火材料制品	万吨	3. 49	10. 09
10. 企业自发电量	万千瓦小时	0. 00	－100. 00
11. 钢丝	万吨	0. 00	－100. 00
三、销售及库存			
1. 钢材销售量	吨	3040533	0. 98
2. 钢材库存量	吨	63687	50. 56
3. 钢坯销售量	吨	304378	－17. 36
4. 钢坯库存量	吨	150372	－25. 90
5. 产品销售率（实物）	%	98. 31	－2. 11
6. 产品销售率（价值）	%	99. 74	0. 84
四、产品质量及物耗			
1. 生铁一级品率	%	53. 56	－2. 7
2. 炼铁原料矿石消耗	千克/吨	1755. 07	－1. 12
3. 综合焦比	千克/吨	526. 92	－0. 35
4. 喷煤比	千克/吨	113. 7	－1. 92
5. 粗钢钢铁料消耗	千克/吨	1097. 6	－1. 27
6. 生铁消耗	千克/吨	976. 92	－2. 62
7. 废钢消耗	千克/吨	120. 68	11. 22

名称	单位	完成	增减（%）
8. 转炉炉衬寿命	炉	9211. 75	－23. 08
9. 钢材质量等级品率	%	117. 19	22. 33
10. 钢材质量优等品率	%	59. 54	21. 93
11. 锭坯至材综合成材率	%	92. 27	0. 13
五、能耗			
1. 能源消耗总量	吨标煤	2112560	－3. 72
2. 万元产值能耗	吨标煤/万元	1. 27	－29. 05
3. 万元增加值能耗	吨标煤/万元	6. 08	－31. 84
4. 吨钢综合能耗	千克标煤/吨	629. 18	－3. 93
5. 吨钢可比能耗	千克标煤/吨	542. 77	－6. 12
6. 吨钢耗新水	立方米/吨	7. 97	4. 59
六、财务			
1. 主营业务收入	万元	2036756. 68	36. 73
2. 主营业务税金及附加	万元	10041. 16	3. 26
3. 实现利税总额	万元	219942	41. 45
利润总额	万元	95803	86. 07
4. 应交税金	万元	146288	33. 9
5. 管理费用	万元	143716. 62	15. 46
6. 财务费用	万元	43034. 57	21. 84
7. 营业费用	万元	36729. 63	3. 78
8. 净利润	万元	86175. 18	81. 7
9. 资产合计	万元	2607034	32. 25
10. 负债合计	万元	1808082	43. 02
11. 总资产贡献率	%	11. 90	1. 14
12. 成本费用利润率	%	5. 14	1. 55
13. 资本保值增值率	%	113. 14	－13. 32
14. 资产负债率	%	69. 35	5. 22
15. 流动比率	%	129. 37	25. 65
16. 速动比率	%	80. 04	17. 61
17. 息税后资产收益率	%	3. 77	1. 1
18. 流动资金周转次数	次	1. 82	－1. 62
19. 应收账款周转次数	次	60. 87	25. 4

续表

名称	单位	完成	增减（%）	名称	单位	完成	增减（%）
七、劳动工资及安全环保指标				9. 工业废水排放处理率	%	100	3.49
				10. 工业废气排放处理率	%	100	3.65
1. 全员劳动生产率（现价总产值）	元/人年	821218	29.93	11. 污染物综合排放合格率	%	88.58	0.05
2. 全员劳动生产率（工业增加值）	元/人年	172067	24.35	八、本年固定资产投资完成额	万元	59353	94.05
3. 年末全部从业人员	人	25983	4				
4. 全部从业人员平均人数	人	26231	4	九、外经外贸			
				1. 出口创汇率	%	0.00	-0.02
5. 全部从业人员工资总额	万元	107378.9	29.54	2. 钢铁产品出口额	万美元	0.00	-100.00
6. 千人负伤率	‰	1.4	-2.4	钢材	万美元	0.00	-100.00
7. 千人工亡率	‰	0.1	-0.12	3. 钢铁产品出口量	吨	0.00	-100.00
8. 死亡人数	人	3	-57	钢材	吨	0.00	-100.00

◆重钢经济运行处供稿

2008年重钢集团钢铁工业主要产品生产能力统计

产品名称	单位	年初生产能力	年末生产能力	产品名称	单位	年初生产能力	年末生产能力
1. 黑色金属矿采选				厚板	万吨/年	33.00	33.00
铁矿石开采能力	万吨/年	220.00	220.00	热轧中板	万吨/年	80.30	80.30
铁矿石选矿处理原矿能力	万吨/年	220.00	220.00	热轧薄板	万吨/年	2.00	2.00
烧结铁矿	万吨/年	575.00	575.00	热轧电工钢板	万吨/年	8.00	8.00
球团铁矿	万吨/年	186.00	186.00	冷轧（拔）钢材	万吨/年	47.50	47.50
2. 生铁	万吨/年	303.70	303.70	冷轧薄宽钢带	万吨/年	32.00	32.00
3. 粗钢	万吨/年	348.95	348.95	冷轧窄钢带	万吨/年	2.50	2.50
转炉钢	万吨/年	320.00	320.00	冷轧（拔）无缝钢管	万吨/年	8.50	8.50
电炉钢	万吨/年	28.95	28.95	焊接钢管	万吨/年	2.00	2.00
4. 连铸坯	万吨/年	312.00	312.00	冷弯型钢	万吨/年	2.50	2.50
方坯	万吨/年	182.00	182.00	镀涂层板（带）	万吨/年	20.00	20.00
矩形坯	万吨/年	20.00	20.00	镀层板（带）	万吨/年	10.00	10.00
板坯	万吨/年	110.00	110.00	其中：镀锌板（带）	万吨/年	10.00	10.00
5. 钢材生产能力	万吨/年	311.40	311.40	其中：电镀锌板（带）	万吨/年	10.00	10.00
热轧钢材	万吨/年	239.75	239.75	涂层板（带）	万吨/年	10.00	10.00
热轧大型型钢	万吨/年	8.00	8.00	其他加工工艺钢材	万吨/年	4.15	4.15
热轧中小型型钢	万吨/年	13.00	13.00	6. 焦炭	万吨/年	164.00	164.00
热轧棒材	万吨/年	27.25	27.25	机焦	万吨/年	164.00	164.00
热轧钢筋	万吨/年	31.00	31.00	7. 耐火材料制品总计	吨/年	39800.00	39800.00
线材（盘条）	万吨/年	37.00	37.00	致密定型耐火制品	吨/年	27800.00	27800.00
其中：高速线材	万吨/年	35.00	35.00	隔热耐火制品	吨/年	1500.00	1500.00
特厚板	万吨/年	0.20	0.20	不定型耐火制品	吨/年	10500.00	10500.00

◆重钢经济运行处供稿

2008年重钢集团钢铁工业主要产品产量统计

（单位：吨）

名称	产量
一、矿石采选产品	
(一)铁矿	
1. 铁矿采剥掘总量	8693231
掌子出矿量	2107950
露天	2107950
剥离量	6585281
2. 铁矿石原矿量	2107950
露天原矿	2107950
入选原矿(不含外购原矿)	2107950
磁铁矿	2107950
3. 铁矿石成品矿	982782
铁精矿	982782
磁选	982782
磁精矿	982782
(二)石灰石矿	
1. 石灰石矿采剥(掘)总量	1160920
掌子出矿量	470672
露天	470672
剥离量	690248
2. 石灰石原矿量	470672
3. 石灰石成品矿	468988
4. 冶金用石灰石	468988
(三)白云石矿	
1. 白云石矿采剥(掘)量	543940
掌子出矿量	333474
露天出矿量	333474
剥离量	210466
2. 白云石原矿量	382250
白云石成品矿	382250
白云石块矿	124312
白云石粉矿	257938
(四)人造块矿产品	
人造富铁矿	6406548
1. 烧结铁矿	5084606
普通烧结矿	4668759
高碱度烧结矿	415847
2. 球团铁矿	1321942
高炉用球团铁矿	1321942
二、炼铁产品	
1. 生铁	3197364
炼钢生铁	3190094
铸造生铁	7270
其他铸造生铁	7270
2. 高炉炼铁副产品	
出格生铁	163
炼铁水渣	1786010
三、炼钢产品(粗钢)	3459183
(一)按化学成分分类	
1. 非合金钢	1954404
普通质量非合金钢	398931
一般用途碳素结构钢	398931
优质非合金钢	1359098
优质碳素结构钢	1358074
易切削非合金结构钢	1024
特殊质量非合金钢	196375
特殊碳素结构钢	190133
碳素弹簧钢	4806
碳素工具钢和中空钢	1436
2. 低合金钢	1134040
普通质量低合金钢	593334
一般低合金结构钢	188601
低合金钢筋钢	404733
优质低合金钢	529832
优质低合金结构钢	529832
特殊质量低合金钢	10874
特殊低合金结构钢	10874
3. 合金钢(不含不锈钢)	361278
优质合金钢	277522
一般结构用合金钢	1123
电工用硅(铝)钢	276399
特殊质量合金钢	83756
合金结构钢	78320
合金弹簧钢	3461
合金工具钢	1195
高合金工具钢	358
高速工具钢	364
轴承钢	58
4. 不锈钢	9461
铬系不锈钢	6738
铬镍系不锈钢	585
耐热不锈钢	2138
按状态分类	
连铸坯	3358226
(二)连铸坯按形状分类	
方坯	1408556
大方坯	1408556

续表

名称	产量	名称	产量
矩形坯	511194	特殊质量合金钢	57292
大矩形坯	511194	合金结构钢	52025
板坯	1438476	合金弹簧钢	3292
厚板坯	1438476	合金工具钢	1195
(三)连铸坯按化学成分分类		高合金工具钢	358
1. 非合金钢	1921969	高速工具钢	364
普通质量非合金钢	398880	轴承钢	58
一般用途碳素结构钢	398880	不锈钢	9461
优质非合金钢	1332549	铬系不锈钢	6738
优质碳素结构钢	1332549	铬镍系不锈钢	585
特殊质量非合金钢	190540	耐热不锈钢	2138
特殊碳素结构钢	190111	铸造用液态钢	186
碳素弹簧钢	429	非合金钢	20
2. 低合金钢	1133394	优质非合金钢	20
普通质量低合金钢	593324	优质碳素结构钢	20
一般低合金结构钢	188601	合金钢(不含不锈钢)	166
低合金钢筋钢	404723	优质合金钢	166
优质低合金钢	529196	一般结构用合金钢	166
优质低合金结构钢	529196	按脱氧程度分类	
特殊质量低合金钢	10874	镇静钢	3458997
特殊低合金结构钢	10874	按冶炼方法分类	
3. 合金钢(不含不锈钢)	302863	转炉钢	3357628
优质合金钢	276399	转炉钢按转炉类型分类	
电工用硅(铝)钢	276399	顶吹转炉钢	3357628
特殊质量合金钢	26464	(一)转炉钢按化学成分分类	
合金结构钢	26295	非合金钢	1921540
合金弹簧钢	169	普通质量非合金钢	398880
四、模铸钢锭	100771	一般用途碳素结构钢	398880
1. 非合金钢	32415	优质非合金钢	1332549
普通质量非合金钢	51	优质碳素结构钢	1332549
一般用途碳素结构钢	51	特殊质量非合金钢	190111
优质非合金钢	26529	特殊碳素结构钢	190111
优质碳素结构钢	25505	低合金钢	1133394
易切削非合金结构钢	1024	普通质量低合金钢	593324
特殊质量非合金钢	5835	一般低合金结构钢	188601
特殊碳素结构钢	22	低合金钢筋钢	404723
碳素弹簧钢	4377	优质低合金钢	529196
碳素工具钢和中空钢	1436	优质低合金结构钢	529196
低合金钢	646	特殊质量低合金钢	10874
普通质量低合金钢	10	特殊低合金结构钢	10874
低合金钢筋钢	10	合金钢(不含不锈钢)	302694
2. 优质低合金钢	636	优质合金钢	276399
优质低合金结构钢	636	电工用硅(铝)钢	276399
3. 合金钢(不含不锈钢)	58249	特殊质量合金钢	26295
优质合金钢	957	合金结构钢	26295
一般结构用合金钢	957	(二)转炉钢按产品状态分类	

续表

名称	产量	名称	产量
连铸坯	3357628	合金结构钢	36078
方坯	1408556	合金弹簧钢	3358
大方坯	1408556	合金工具钢	935
矩形坯	510596	高合金工具钢	55
大矩形坯	510596	高速工具钢	249
板坯	1438476	轴承钢	61
厚板坯	1438476	不锈钢	7996
五、钢加工产品		铬系不锈钢	4748
(一)商品连铸轧制锻造钢坯	304755	铬镍系不锈钢	164
按加工工艺分类		耐热不锈钢	3084
轧制坯	282957	按加工工艺分类	
连铸坯	21798	热轧钢材	2884361
按形状及用途分类		冷轧(拔)钢材	175201
方坯	15028	镀层、涂层钢材	17243
大方坯	14651	锻压挤压旋压钢材	16050
小方坯	377	按品种细分类	
矩形坯	7106	(1)大型型钢	79385
大矩形坯	7106	按化学成分分类	
板坯	161773	非合金钢	17555
厚板坯	41	普通质量非合金钢	17555
薄板坯	161732	一般用途碳素结构钢	17555
管坯	120848	低合金钢	61830
(二)钢材	3092855	普通质量低合金钢	61830
按化学成分分类		一般低合金结构钢	61830
非合金钢	1663712	按加工工艺分类	
普通质量非合金钢	464422	热轧大型型钢	79385
一般用途碳素结构钢	464422	按品种分类	
优质非合金钢	1002368	大型 I 型钢(大型工字钢)	23901
优质碳素结构钢	1001735	大型角钢	44376
易切削非合金钢	633	其他品种大型型钢	11108
特殊质量非合金钢	196922	(2)中小型型钢	185789
特殊碳素结构钢	192894	按化学成分分类	
碳素弹簧钢	3028	非合金钢	92195
碳素工具钢和中空钢	1000	优质非合金钢	92195
低合金钢	1286332	优质碳素结构钢	92195
普通质量低合金钢	623044	低合金钢	93594
一般低合金结构钢	232262	普通质量低合金钢	2612
低合金钢筋钢	390782	一般低合金结构钢	2612
优质低合金钢	663288	优质低合金钢	90982
优质低合金结构钢	663288	优质低合金结构钢	90982
合金钢(不含不锈钢)	134815	按加工工艺分类	
优质合金钢	94079	热轧中小型型钢	185789
一般结构用合金钢	11543	按品种分类	
电工用硅(铝)钢	80008	矿用刮板钢	2612
地质石油钻探用合金钢	2528	特殊中小型型钢	183177
特殊质量合金钢	40736	(3)棒材	311352

续表

名称	产量
按化学成分分类	
非合金钢	241597
普通质量非合金钢	30105
一般用途碳素结构钢	30105
优质非合金钢	211326
优质碳素结构钢	210693
易切削非合金钢	633
特殊质量非合金钢	166
碳素工具钢和中空钢	166
低合金钢	38337
普通质量低合金钢	916
一般低合金结构钢	916
优质低合金钢	37421
优质低合金结构钢	37421
合金钢(不含不锈钢)	26043
特殊质量合金钢	26043
合金结构钢	25646
合金弹簧钢	42
合金工具钢	123
高速工具钢	184
轴承钢	48
不锈钢	5375
铬系不锈钢	3559
铬镍系不锈钢	153
耐热不锈钢	1663
按加工工艺分类	
热轧棒材	294823
冷轧(拔)棒材	520
锻压挤压棒材	16009
其中:锻压棒材	16009
按品种(形状)分类	
圆钢	289848
大型圆钢	82797
小型圆钢	207051
扁钢	21504
大型扁钢	12902
小型扁钢	8602
(4)钢筋	387817
按化学成分分类	
低合金钢	387817
普通质量低合金钢	387817
低合金钢筋钢	387817
按加工工艺分类	
热轧钢筋	387817
按品种分类	
带肋钢筋	387817
按规格分类	
直径≥12 毫米	387817
按强度等级分类	
二级钢筋	387817
(5)线材(盘条)	516334
按化学成分分类	
非合金钢	512041
普通质量非合金钢	265718
一般用途碳素结构钢	265718
优质非合金钢	53429
优质碳素结构钢	53429
特殊质量非合金钢	192894
特殊碳素结构钢	192894
低合金钢	2965
普通质量低合金钢	2965
低合金钢筋钢	2965
合金钢(不含不锈钢)	4
特殊质量合金钢	4
合金结构钢	4
不锈钢	1324
耐热不锈钢	1324
按生产设备分类	
高速无扭轧机产线材(盘条)	516334
12 毫米≤直径<18 毫米	33
6.5 毫米≤直径<12 毫米	516301
工程及建筑结构用线材	254146
制品原料用高碳钢线材(硬线)	246303
拉拔用线材(软线)	15885
(6)特厚板	2171
按化学成分分类	
非合金钢	1996
普通质量非合金钢	1696
一般用途碳素结构钢	1696
优质非合金钢	300
优质碳素结构钢	300
低合金钢	175
普通质量低合金钢	71
一般低合金结构钢	71
优质低合金钢	104
优质低合金结构钢	104
按用途分类	
(7)厚钢板	375082
按化学成分分类	
非合金钢	80210
普通质量非合金钢	22735
一般用途碳素结构钢	22735

续表

名称	产量	名称	产量
优质非合金钢	57475	3 毫米≤厚度＜4.75 毫米	4573
优质碳素结构钢	57475	非合金钢中板	1418
低合金钢	294040	合金钢中板	2773
普通质量低合金钢	101434	不锈钢中板	382
一般低合金结构钢	101434	4.75 毫米≤厚度＜10 毫米	198086
优质低合金钢	192606	非合金钢中板	104747
优质低合金结构钢	192606	低合金钢中板	86227
合金钢(不含不锈钢)	832	合金钢中板	6333
特殊质量合金钢	832	不锈钢中板	779
合金结构钢	832	厚度≥10 毫米	729900
按用途分类		非合金钢中板	404496
锅炉及火箱用厚钢板	4964	低合金钢中板	321347
造船及舰艇用厚钢板	224507	合金钢中板	3969
容器用厚钢板	40063	不锈钢中板	88
桥梁用厚钢板	1802	按用途分类	
(8)中板	932559	锅炉及火箱用中板	3348
按化学成分分类		造船用中板	775695
非合金钢	510661	汽车用中板	18731
普通质量非合金钢	38325	容器用中板	40781
一般用途碳素结构钢	38325	桥梁用中板	11315
优质非合金钢	468900	(9)热轧薄板	1367
优质碳素结构钢	468900	按化学成分分类	
特殊质量非合金钢	3436	非合金钢	548
碳素弹簧钢	2612	优质非合金钢	122
碳素工具钢和中空钢	824	优质碳素结构钢	122
低合金钢	407574	特殊质量非合金钢	426
普通质量低合金钢	65399	碳素弹簧钢	416
一般低合金结构钢	65399	碳素工具钢和中空钢	10
优质低合金钢	342175	合金钢(不含不锈钢)	782
优质低合金结构钢	342175	特殊质量合金钢	782
合金钢(不含不锈钢)	13075	合金结构钢	77
特殊质量合金钢	13075	合金弹簧钢	229
合金结构钢	9519	合金工具钢	408
合金弹簧钢	3087	高合金工具钢	16
合金工具钢	404	高速工具钢	52
高合金工具钢	39	不锈钢	37
高速工具钢	13	铬系不锈钢	31
轴承钢	13	耐热不锈钢	6
不锈钢	1249	按生产设备分类	
铬系不锈钢	1158	其他轧机生产的热轧薄板	1367
耐热不锈钢	91	按规格分类	
按加工工艺分类		宽度≥600 毫米	1367
热轧中板	932559	1 毫米≤厚度＜2 毫米	516
按生产设备分类		2 毫米≤厚度＜3 毫米	851
其他轧机生产的中板	932559	按用途分类	
按规格分类		汽车用热轧薄板	1367

续表

名称	产量	名称	产量
容器用热轧薄板		非合金钢镀层板(带)	30
工程机械用热轧薄板		1毫米≤厚度<3毫米	2273
热轧薄板中		非合金钢镀层板(带)	2273
未经酸洗热轧薄板	1367	按用途分类	
(10)冷轧薄宽钢带	71987	建筑用镀锌板(带)	103
按化学成分分类		(13)涂层板(带)	14837
非合金钢	71987	按化学成分分类	
普通质量非合金钢	71987	非合金钢	14837
一般用途碳素结构钢	71987	普通质量非合金钢	14837
按规格分类		一般用途碳素结构钢	14837
0.5毫米≤厚度<1毫米	18702	按形状分类	
非合金钢冷轧薄宽钢带	18702	涂层板	14837
1毫米≤厚度<3毫米	53285	按规格分类	
非合金钢冷轧薄宽钢带	53285	宽度≥600毫米	14837
按用途分类		其中:厚度<0.3毫米	847
(11)冷轧窄钢带	1361	非合金钢涂层板(带)	847
按化学成分分类		0.3毫米≤厚度<0.5毫米	13971
非合金钢	1361	非合金钢涂层板(带)	13971
普通质量非合金钢	1361	0.5毫米≤厚度<1毫米	19
一般用途碳素结构钢	1361	非合金钢涂层板(带)	19
按规格分类		建筑用涂层板(带)	14837
0.5毫米≤厚度<1毫米	1361	(14)电工钢板(带)	80008
非合金钢冷轧窄钢带	1361	按化学成分分	
按用途分类		合金钢(不含不锈钢)	80008
打包用冷轧窄钢带	1361	优质合金钢	80008
(12)镀层板(带)	2406	电工用硅(铝)钢	80008
按化学成分分类		按加工工艺分类	
非合金钢	2406	热轧电工钢板	80008
普通质量非合金钢	103	按品种分类	
一般用途碳素结构钢	103	无取向电工钢板(带)	80008
优质非合金钢	2303	按形状分类	
优质碳素结构钢	2303	电工钢板	80008
按镀层金属分类		按规格分类	
镀锌板(带)	103	宽度≥600毫米	80008
热镀锌板(带)	103	(15)无缝钢管	122337
镀铅板(带)	2303	按化学成分分类	
按形状分类		非合金钢	108255
镀层板	2303	优质非合金钢	108255
镀层带	103	优质碳素结构钢	108255
按规格分类		合金钢(不含不锈钢)	14071
宽度≥600毫米	2406	优质合金钢	14071
其中厚度<0.3毫米	8	一般结构用合金钢	11543
非合金钢镀层板(带)	8	地质石油钻探用合金钢	2528
0.3毫米≤厚度<0.5毫米	95	不锈钢	11
非合金钢镀层板(带)	95	铬镍系不锈钢	11
0.5毫米≤厚度<1毫米	30	按生产工艺分类	

续表

名称	产量
热轧无缝钢管	29026
冷轧(拔)无缝钢管	93311
按规格分类	
直径<76毫米	70151
76毫米≤直径<114毫米	52186
按用途分类	
地质专用无缝钢管	2528
其中:合金钢无缝钢管	2528
高压锅炉用无缝钢管	29588
低中压锅炉用无缝钢管	17660
结构用无缝钢管	34165
无缝钢管中:	
异型无缝钢管	310
薄壁无缝钢管	11
其他类型无缝钢管	122016
(16)焊接钢管	8022
按化学成分分类	
非合金钢	8022
优质非合金钢	8022
优质碳素结构钢	8022
按加工工艺分类	
电焊焊接钢管	8022
按品种分类	
直缝焊接钢管	8022
按表面处理方式分类	
无镀层涂层焊接钢管	8022
按规格分类	
直径<76毫米	8022
按用途分类	
汽车自由轴用焊接钢管	834
输送用焊接钢管	2139
结构用焊接钢管	5049
六、焦炭及煤制品	
(一)焦炭	1551496
机械化焦炉生产的焦炭	1551496
冶金焦	1504358
小块焦	9570
粉焦	37568
(二)煤气	
煤气总计	29384739
焦炉煤气	9387182
高炉煤气	18667528
转炉煤气	1330029
附:商品煤气	717700
煤气总计	6086283000
焦炉煤气	590742000
高炉煤气	5283890000
转炉煤气	211651000
附:商品煤气	148480060
(三)煤化工产品	
煤焦油	57283
粗(轻)苯重苯	17936
粗苯(折合量)	16857
粗苯(实物量)	17936
氮肥	15843
硫酸铵	15843
硫酸铵优质品	15843
(四)煤焦油粗加工产品	
煤焦油	48700
洗油	3168
脱酚油	735
蒽油	5334
煤沥青	18190
工业萘	4166
酚类焦化副产品	
粗酚	272
七、耐火材料制品总计	34940
(一)致密定型耐火制品	31818
黏土质砖	11806
一般砖	8613
高炉、热风炉砖	196
其他黏土砖	2997
高铝质砖	4323
其他特种耐火制品	1206
炼钢电炉顶用砖	379
盛钢桶、浇注用砖	493
高炉、热风炉砖	89
其他高铝砖	761
镁质砖	504
镁铝砖	504
其他砖	11
特种耐火制品	15174
含碳制品	13968
(二)隔热耐火制品	155
黏土质砖	130
高铝质砖	22
耐火纤维制品	3
(三)不定型耐火制品	2967
浇注料	1917
捣打料	13
耐火泥浆	756
其他不定型耐火制品	281

◆重钢经济运行处供稿

2008 年重钢集团劳动统计

名称	人数	名称	人数
1. 单位从业人员年末人数	25983	(5)调入	1725
女性	6485	由外省、自治区、直辖市调入	2
2. 在岗职工	25983	(6)其他	1
3. 离开本单位仍保留劳动关系的职工年末人数	859	7. 减少人数	1671
4. 单位从业人员年平均人数	26231	(1)离休、退休、退职	1202
5. 离开本单位仍保留劳动关系的职工年平均人数	1071	(2)开除、除名、辞退	9
6. 单位从业人员增加人数	2448	(3)终止、解除劳动合同	329
(1)从农村招收	36	(4)离开本单位仍保留劳动关系的职工	60
(2)从城镇招收	200	(5)死亡	52
(3)录用的退伍军人	144	(6)调出	16
(4)录用的大、中专、技工学校毕业生	342		

◆重钢人力资源处供稿

2008 年重钢集团劳动报酬统计

名称	金额
1. 单位从业人员劳动报酬	1073789 千元
2. 在岗职工工资总额	1073789 千元
3. 离开本单位仍保留劳动关系的职工生活费	8579 千元

◆重钢人力资源处供稿

2008 年重钢集团科技活动情况统计

名称	单位	年度情况	名称	单位	年度情况
一、科技活动情况			研究与试验发展(R&D)项目数	项	47
1. 科技活动人员合计	人	1080	2. 全部科技项目经费内部支出合计	千元	441000
(1)参加科技项目人员	人	999	研究与试验发展(R&D)项目经费支出	千元	441000
(2)科技管理和服务人员	人	81	三、企业办科技机构情况		
合计中:女性	人	203	1. 企业办科技机构数	个	2
全时人员	人	67	2. 机构科技活动人员	人	420
高中级技术职称人员	人	729	博士毕业	人	7
无高中级技术职称的大学本科及以上学历人员	人	84	硕士毕业	人	15
(3)研究与试验发展(R&D)人员	人	932	3. 机构内部开展科技活动经费支出	千元	29500
2. 科技活动经费筹集总额	千元	621000	4. 仪器设备原价	千元	14347
(1)企业资金	千元	617800	四、科技活动产出情况		
(2)政府资金	千元	3200	1. 新产品产值	千元	4284520
3. 科技活动经费支出总额	千元	621000	2. 新产品销售收入	千元	4284520
(1)企业内部开展科技活动经费支出合计	千元	441000	其中:出口	千元	2557
①劳务费(含工资)	千元	102020	3. 专利申请数	件	76
②原材料费	千元	231450	发明专利	件	30
③购买和自制设备的支出	千元	53050	4. 拥有发明专利数	件	13
④其他	千元	54480	五、技术改造和技术获取情况		
(2)研究与试验发展(R&D)经费支出	千元	441000	1. 技术改造经费支出	千元	160903
(3)新产品开发经费支出	千元	308400	2. 引进技术的消化吸收经费支出	千元	1870
(4)委托外单位开展科技活动经费支出	千元	180000	六、其他情况		
对研究院所及高等学校的支出	千元	80000	1. 当年用于科研的基建经费支出	千元	37942
对其他企业支出	千元	100000	土建工程支出	千元	37942
二、本年度全部科技项目情况			2. 生产经营用机器设备原价	千元	7390200
1. 全部科技项目数	项	47	微电子控制设备	千元	465827
新产品开发项目数	项	20			

◆重钢经济运行处供稿

2008年重钢集团工业企业能源购进消费及库存统计

能源名称	计量单位	年初库存量	购进量		本年消费量			年末库存量	工业生产消费量	能源加工转换产出
			实物量	金额（千元）	合计	工业生产消费	非工业生产消费			
原煤	吨	3593	544590	362343	535940	535940		8653	535940	
洗精煤	吨	48638	1874807	1770830	1861109	1861109	13698	1861109		
焦炭	吨	3243			1337880	1337880		16014	1337880	1367086.00
其他焦化产品	吨									65299.00
焦炉煤气	万立方米				58211	58211			58211.00	58211.00
高炉煤气	万立方米				517558	517558			517558.00	517558.00
其他煤气	万立方米				18011	18011			18011.00	18011.00
天然气	万立方米		2566.80	32845.00	2566.80	2187.43	379.37		2187.43	
汽油	吨		97.29	393.64	97.29	97.29			97.29	
煤油	吨	6.64	29.32	225.73	34.93	34.93			34.93	
柴油	吨	52.80	0.60	13287.00	2428.60	2428.60			2428.60	
其他石油制品	吨	390.50	1711.69	21666.23	1767.75	1767.75			1767.75	
电力	万千瓦时		104780.00	555334.00	124485.00	120286.16	4198.84		120286.16	58.027
能源合计	吨标准煤				4553154.78	4543702.21	9452.57		4543702.21	243588.53

◆重钢经济运行处供稿

2008年重钢集团固定资产投资统计

（单位：万元）

项目	开工年月	建成投产年月	计划总投资	自开始建设至本年底累计		本年计划投资	本年完成投资合计	按构成分				按投资方向										房屋面积（平方米）		本年新增固定资产	自筹资金
				完成投资	新增固定资产			建筑工程	安装工程	设备购置	其他费用	铁矿采选	烧结	球团	炼铁	炼钢	转炉	轧材	焦化	金属制品	其他	施工面积	竣工面积		
太和铁矿钴硫矿深加工工程	2007－01－17		8854	1337		1100	1000			1000											1000				1000
太和铁矿630万吨/年采选工程	2007－01－17		157251	12706		12500	12232			5567	6665	12232													12232
接龙铁矿建设	2006－09－17		25833	3153		3200	3153	1000	38	95	2020	3153													3153
钢结构基地	2008－02－17	2008－12－17	5474	5594	5594	5474	5594	3305	120	2022	147									5594		23503	23503	5594	5594
长寿新区成品码头一期工程	2008－01－17		23000	12471		15000	12471	8392		2479	1600										12471				8000
太和铁矿300万吨原矿扩建	2006－01－17		76069	3574		1900	1849	1123		525	201	1849													1849
綦江铁矿恢复36万吨/年焙烧磁选矿厂	2008－07－17		4951	3000		3000	3000	800	550	1650		3000													3000
1450冷轧硅钢生产线	2008－09－17		39750	1660		2194	1660	8	1652									1660							1660
3000万元以下项目			43518	18395	16217	24779	18395	1676	655	12826	3238	8547	143	622	668	387	387	740	292		6996	6150	210	16217	18477
合计			384700	60637	21811	69147	59354	16304	1363	27816	13871	28781	143	622	688	387	387	2400	292	5594	20467	29653	23713	21811	54965

◆重钢经济运行处供稿

2008年重钢国有经济企业经营管理人员统计

项目	总数	合计			学历							年龄					
		女	少数民族	中共党员	博士	硕士	研究生	大学本科	大学专科	中专	高中及以下	35岁及以下	36岁至40岁	41岁至45岁	46岁至50岁	51岁至54岁	55岁及以上
总计	5368	1627	43	3144	4	155	168	1897	2416	573	314	1284	863	1379	722	672	448
1. 出资人代表	71	8		68		10	14	43	14			2	2	21	11	18	17
董事	49	2		48		8	12	31	6			1		15	6	12	15
监事	22	6		20		2	2	12	8			1	2	6	5	6	2
2. 经营管理人才	4935	1501	40	2747	4	141	149	1693	2265	529	299	1227	813	1277	666	572	380
经理人	61	3	1	60		6	10	34	16		1		3	26	9	10	13
部门负责人	355	64	2	276	1	24	19	159	152	19	6	41	72	124	53	40	25
其他	4518	1435	37	2411	3	111	120	1500	2097	510	292	1186	738	1127	604	522	342
3. 党群工作者	362	118	3	329		4	5	161	137	44	15	55	48	81	45	82	51
党委(党组)负责人	23	2		22		1	1	15	5	2			1	2		13	7
部门负责人	45	8		43		2	2	34	7	1	1	7	5	13	5	10	5
其他	294	108	3	264		1	2	112	125	41	14	48	42	66	40	59	39

◆重钢人力资源处供稿

2008年重钢国有经济企业专业技术人员统计

项目	合计	合计			学历							年龄					
		女	少数民族	中共党员	博士	硕士	研究生	大学本科	大学专科	中专	高中及以下	35岁及以下	36岁至40岁	41岁至45岁	46岁至50岁	51岁至54岁	55岁及以上
1. 总计	5980	1980	53	3213	4	179	195	2230	2640	651	264	1594	1021	1448	755	697	465
其中:在管理岗位工作的	4895	1465	36	2797	4	150	160	1790	2198	489	258	1165	777	1264	645	622	422
其中具有职业资格的	3347	1101	19	1880	1	87	109	1202	1530	410	96	723	582	876	433	451	282

续表

项目	合计	合计			学历							年龄					
		女	少数民族	中共党员	博士	硕士	研究生	大学本科	大学专科	中专	高中及以下	35岁及以下	36岁至40岁	41岁至45岁	46岁至50岁	51岁至54岁	55岁及以上
2. 专业技术职务																	
高级职务	769	156	5	563	3	103	112	454	198	5		5	118	267	123	138	118
其中:正高级职务	19	5		15	1	7	7	12					1	7	3	3	5
中级职务	1930	613	14	1190		43	46	795	922	143	24	311	439	521	231	242	186
初级职务	2582	946	26	1238		20	21	799	1161	425	176	907	375	556	329	270	145
未聘任专业技术职务	699	265	8	222	1	13	16	182	359	78	64	371	89	104	72	47	16
3. 专业类别																	
(1)工程技术人员	2887	563	33	1372	2	133	142	1305	1123	195	122	1044	494	720	274	209	146
(2)科学研究人员	9	3		4	1	4	5	4					1	4	1	1	2
(3)卫生技术人员	596	396	7	225		22	23	191	234	141	7	189	146	93	84	55	29
(4)教学人员	121	55		63	1	1	2	44	43	20	12	9	19	40	20	19	14
(5)经济人员	1378	446	7	917		12	15	342	754	186	81	173	195	342	227	265	176
(6)会计人员	451	296	3	189		2	3	143	244	42	19	109	87	123	67	47	18
(7)统计人员	60	44		29				17	32	8	3	6	7	30	10	4	3
(8)翻译人员	4	2		1				4				3		1			
(9)图书档案、文博人员	60	39		40		1	1	15	35	7	2	10	9	13	10	12	6
(10)新闻、出版人员	29	13		19		1	1	15	11	1	1	7	4	4	6	2	6
(11)律师、公证人员	6	1		4		2	2	2	2			1	1	2		1	1
(12)播音人员	1	1		1				1				1					
(13)政工人员	378	121	3	349		1	1	147	162	51	17	42	58	76	56	82	64

◆重钢人力资源处供稿

本部目责任编辑 张 蓉
本部目责任校对 张思庆

17

拾遗与补正

重钢年鉴

2009

中国汉阳铁厂煤焦铁矿制钢记略

美国印度阿纳省阿脱兰脱城钢铁锡板公司总理　马尔根

自上海六百英里，在扬子江上游，汉阳铁厂在焉。中国全国只有此一厂。襟江带河，河即汉河也，而又在江河汇流之区。大江在此处有一英里之阔，是以世界各国吃水颇深之轮船可达此焉。初时，该厂唯铸铁而已，时西历1888年也。当时有熟铁炉20具，铁货厂一座。现尚存拉熟铁坯旧机两座，双轴，可拉18英寸之货，现改为拉铁货之用。此厂本为南皮张中堂所创设，原议设于沪江，嗣帅节督两湖，故铁厂亦改建于汉阳。厂地本一沼泽，填土而成基，及至1893年，该厂始制钢焉。设卑色马变化炉两座，每日可制钢5吨；酸法炉一座，每日可制钢10吨；又建拉钢坯机、拉钢板机、翻砂厂各一座，此扩充各举成于一年之内者也。继又添建每日每座可出60吨之化铁炉两座。然厂尚不能奏功达利，其故因所制之钢，磷质太多，几含有0.2分之度。于是，当局者舍卑色马炉而改用碱法，以减钢中之磷。今除每日每座可出120吨生铁之化铁炉两座外，又新建每日每座可出250吨生铁之化铁炉两座。每日每座可出30吨钢之碱法钢炉6座；同化废铁炉一座，每日可化废铁10吨。流铁由调和铁汁炉运达钢炉，而用二重之法，将铁在碱法炉内洗涤，以去其磷。余游铁厂时，曾闻该厂拟添设15吨量之卑色马变化炉两座，以化已洗之铁。建成而施用之，调和铁汁炉已有一座，不久拟重购一座。

钢坯机能倒转，而拉40英寸之钢坯。拉钢板机亦能倒转，而拉36寸之钢板；拉铁货机有能拉16英寸同18英寸之货者，稍小之机，即昔日之旧式拉熟铁坯机也。钢坯与钢板二机，皆由大力之三气筒气机致动。气筒对径系46英寸，一冲有60英寸。另有新设新式能拉12英寸小钢料三轴机一座。再有能拉30英寸之拉铁轨机与能拉34英寸条轴机各一座；俱能倒转反拉。且均配以电力起重机与电力地辊轴。较大之各机，皆配以煤气接续炉，此等炉即毛根君所新发明者也。拉钢坯机另设地坑炉，以烘钢坯。此钢坯之成，先放流钢汁，由钢炉流入钢坯筒内，同时可成两个，再用钢坯车运至拉

钢处。至于钢筒,则用塞子两个,而用50吨力之超重机吊动,使指挥自由,真良便也。碱法炉另用慧而门所发明之上钢筒机,汉厂目下之拉钢轨机,每日能拉65英尺长、85磅重之钢轨250吨。此机正在改良,以冀能拉180尺长之轨750吨。如是出轨可三倍于前矣,条轴机亦在改良,以便拉成较长之条料,而每日所拉,可由250条增至350条矣。

因此改易,是以余在厂时,有数处暂停工作。虽系如此,然全厂之势,仍有隆盛之状,而所制之钢,其质极佳,钢轨化分后,其原质如下:炭精0.43~0.47分,矽0.066~0.085分,镁0.81~0.85分,磷0.06~0.069分,硫0.016~0.020分。

余游厂之时,在1908年秋冬之间,时该厂正在为粤汉铁路拉轨,而该路之副总工师美人哥特而君适在厂验收。哥君云,验所拉之轨,百分中有瑕疵者,惟五分而已,且其致病之因,在工作而不在钢质,试验之法甚严,先将85磅轨之二端,置于3英尺、6英寸相离之二架上。若轨能支持40吨之重、压有五分钟之久,而不弯歪一英寸之十六分之三,则可作为良美之轨矣。然后再将2200磅之锤由25英尺之高处任其自行掷于轨上,倘受掷之轨,弯曲不外2英寸半,则可作为可纳收之轨矣,哥君云,如此严试,而断者竟无。

厂矿工作与转运,共雇2万人。其每月之薪工:拉铜匠墨西哥洋8~16元,生火匠墨西哥洋12元,帮生火匠墨西哥洋8~10元,炼钢匠墨西哥洋12元,长工墨西哥洋9元,短工墨西哥洋8元,铁匠墨西哥洋15~40元,锅炉匠墨西哥洋15~20元。平常小工,每日工洋一角半,女工只需一角;此等小工,均每日给工价,至明晨复雇。中国匠目,工价45~60元不等,小工由亦包工头雇用。盖包工头常包作厂内之工程,故所需之匠工,皆由其自用也。中国之匠目,颇以自己之职业为荣。内有一人告余云,余在香港30年,充匠目之职,所成工程甚多云云。此人工作甚勤。据云,此等匠目,稍获技能,光景稍好,即留其指甲,不愿躬作此等之工矣。

厂之机械工师杜社耳君,颇赞许华人机械之技能,所用之轴承,俱华人所自造,唯聘欧洲人一人,为之布置而已。华工之天性,善于使用西国之工具,用之于罕有受损者。而锻炼之工,无有出其右者。电机处为华人之专管。修理驶机等事,皆其所掌,毫无错误。杜君将其亲历之事告余,以证华人之灵敏。前汉厂由美国购到火车头一部,到厂后,尚须一小分装配,以成一体。然而当时细图尚未到华。某华匠目不知,杜君亦未能提及,乃不久车头已装成,而在厂中之铁道上行驶,系该匠目之功。杜君甚为诧异。余问杜君云,此非奇能乎。杜君云,若细图未到,余亦不能装配。杜君又述及华人做事之准确详细。只观绘图房学习绘图之少年,当摹仿图样时,见原稿上有偶然之墨迹污点,即仿抄之。

厂中工程归德工程师掌理,内有美籍之工师一人,即杜社君耳,工程厂之工师也。洋总监工为吕柏君,钢厂工师系沙松君。此外各股皆有西人为匠目。督办即盛宫保,总办即李部郎,提调系章观察。李总办未到厂之前,曾广游欧美两洲,研究著名各大厂,故深悉办厂之底蕴。

(原载《东方》杂志第九卷第九号上海商务印书馆1912年9月25日发行·重钢档案馆供稿)

本部目责任编辑　刘光军
本部目责任校对　张思庆

18

附录

重钢年鉴

2009

文件选编

重庆钢铁(集团)有限责任公司
关于职工在经济方面违法违纪行政处分暂行规定

重钢监察发〔2008〕20号

第一章　总则

第一条　为了维护重庆钢铁(集团)有限责任公司(以下简称“集团公司”)正常的生产经营秩序,严肃政纪,惩处集团公司职工在经济方面的违法违纪行为,根据《企业职工奖惩条例》,并参照国家颁布的《刑法》《公司法》《劳动法》《公务员法》以及中纪委《党员纪律处分条例》等有关法律法规,结合集团公司的实际,制定本规定。

第二条　本规定适用于与集团公司所属各单位建立了劳动合同关系的职工(以下简称“职工”)。

第三条　行政处分分为七类:警告、记过、记大过、降级、撤职、留用察看、开除。在给予上述行政处分的同时,对涉案的违法违纪金额以及不当所得要予以收缴和退回,并处以相应的经济处罚。

第四条　本规定中的经济处罚,以本人受处分前12个月工资总额为基数,在行政监察部门作出处分决定后,由人资部门按不同的处分档次分别对应给予5%～30%的经济处罚。

第五条　职工涉嫌违法犯罪的,案发单位要向集团公司监察处报告,并移交司法机关追究其刑事责任。

第六条　职工在经济方面违法犯罪,被处以劳动教养一年以上处罚的;被司法机关依法追究刑事责任,判处有期徒刑(含缓刑)及其以上的,一律给予开除处分。

第七条　职工在经济方面违法犯罪情节轻微者,被司法机关作出不起诉或被管制、拘役、劳动教养不满一年处罚的,按照本规定给予相应的行政处分。

第八条　职工在受处分考察期间不得晋升职务和工资。受留用察看处分的,有职务者应免除一切职务。

第九条　本规定处分的考察期限为:警告、记过、记大过为6个月;降级、撤职、留用察看为12个月。

第十条　职工受开除以外的处分,在受处分考察期间有悔改表现,并且没有再发生违法违纪行为者,处分考察期满,由处分决定机关研究决定解除其处分(集团公司下属单位决定的需报集团公司监察处备案)并以书面形式通知本人。解除处分后,增加工资收入和晋升职务不再受原处分的影响,但解除降级、撤职处分的,不视为恢复原级别、原职务。留用察看期间,没有发生新的违法违纪行为者,按照集团公司人力资源部门规定的程序,重新评定工资;受留用察看处分期间又发生违法违纪的,予以开除。

第二章　贪污、职务侵占和非法所得

第十一条　由集团公司管理、任命的工作人员以及受集团公司委托管理、经营国有财产的工作人员,利用职务和工作上的便利,侵吞、窃取、骗取或者以其他手段非法占有公共财物的,以贪污论处,根据情节轻重,分别依照下列规定处理:(1)数额在2000元至5000元的,给予行政警告至记大过处分,并给予5%～15%经济处罚;(2)数额在5000元以上至2万元的,给予行政降级或撤职处分,并给予20%～30%经济处罚;(3)数额在2万元以上的,给予行政留用察看或开除处分。二人以上共同贪污的,按照个人所得数额及其实施贪污行为中所起作用,分别处分。对共同实施贪污行为的首要分子，按照共同贪污的总数额处分；对共同贪污中的为首者，情节严重的，按照共同贪污的总数额处分；共同贪污中的其他人员，按照实际所得贪污数额处分。多次贪污的，按照累计贪污数额处分。

第十二条 不具备前款所指工作人员身份的职工，利用职务或工作上的便利，以占有或其他方式侵占国家、集体财物，以职务侵占论处，根据情节轻重，分别依照下列规定处理：(1)数额在2000元至5000元的，给予行政警告至记大过处分，并给予5%～15%经济处罚；(2)数额在5000元以上至2万元的，给予行政降级或撤职处分，并给予20%～30%经济处罚；(3)数额在2万元以上的，给予行政留用察看或开除处分。职工占有或侵占国家、集体财物，除给予纪律处分和经济处罚外，还应全部退还占有或侵占的财物。二人以上共同侵占的，按照个人所得数额和情节，分别处分。

第十三条 按照国家和集团公司的规定应当交公的礼品、礼金而不交公的，根据数额、情节及危害后果，依照下列规定处理：(1)数额在3000元至6000元的，给予行政警告至记大过处分，并给予5%～15%经济处罚；(2)数额在6000元以上至3万元的，给予行政降级或撤职处分，并给予20%～30%经济处罚；(3)数额在3万元以上的，给予行政留用察看或开除处分。

第十四条 职工利用职务或工作上的便利，未经批准以借用、试用等名义占用公共财物，时间超过6个月的，根据情节轻重，分别依照下列规定处理：(1)数额在1万元至4万元的，给予行政警告至记大过处分，并给予5%～15%经济处罚；(2)数额在4万元以上至10万元的，给予行政降级或撤职处分，并给予20%～30%经济处罚；(3)数额在10万元以上的，给予行政留用察看或开除处分。占有公共财物按规定和时限不退还的，依照本规定第十一、十二条处分。

第十五条 职工利用职务或工作上的便利，自己经营或者为亲友和他人经营与其本职工作同类的营业，或者违反规定，将法人企业、分支机构整体承包、租赁给个人或集团公司以外的单位，或者出租、出借企业法人营业执照和分支机构营业执照和开户账号，获取利益的，根据所获利益数额的大小，依照下列规定处理：(1)数额在2万元至6万元的，给予行政警告至记大过处分，并给予5%～15%经济处罚，情节轻微的，可免予处分；(2)数额在6万元以上至15万元的，给予行政降级或撤职处分，并给予20%～30%经济处罚；(3)数额在15万元以上的，给予行政留用察看或开除处分。

第十六条 职工对其财产或者支出明显超过其合法收入，差额较大的，对差额部分本人不能说明其来源是合法的，或者违反国家法律法规和集团公司规定进行经济活动以及其他活动而获得的财物，属尚不构成其他错误的，在受审查期间，监察部门可以告知被审查对象在组织没作出处理之前，不得转移、隐匿其财产；或由监察部门向司法机关提出财产保全。对违反集团公司规定所获取的收入不上交的，或被司法机关认定为非法所得的，根据情节的轻重，给予行政警告直至开除处分，并给予相应的经济处罚。

第三章 行贿、受贿和索要钱物

第十七条 职工利用职务或工作上的便利，为他人(或单位)谋取利益，收受贿赂的，应当根据其个人所得数额、情节及危害后果，依照下列规定处理：(1)数额在2000元至8000元的，给予行政警告至记大过处分，并给予5%～15%经济处罚；(2)数额在8000元以上至2万元的，给予行政降级或撤职处分，并给予20%～30%经济处罚；(3)数额在2万元以上的，给予行政留用察看或开除处分。

第十八条 职工进行索贿的，从重或加重处分。因索取钱物未遂而刁难报复对方，情节较重的，给予降级直至留用察看处分；情节严重的，给予开除处分。

第十九条 集团公司所属单位，索取财物，或者非法收受财物，为他人(单位)谋取利益，或者违反财经纪律在账外暗中收受对方各种名义的回扣、手续费的，集团公司应追缴其所索取的全部财物，并追究负直接责任的主管人员和其他直接责任人员的责任，根据情节轻重，分别依照下列规定处理：(1)数额在5万元至15万元的，给予行政警告至记大过处分，并给予5%～15%经济处罚，情节轻微的，可免予处分；(2)数额在15万元以上至30万元的，给予行政降级或撤职处分，并给予20%～30%经济处罚；(3)数额在30万元以上的，给予行政留用察看或开除处分。为他人谋取非法利益，或因索取财物未遂而对对方刁难报复造成损失的，加重处分。将索取、非法收受的财物，或账外暗中收受各种名义的回扣、手续费合伙私分的，以个人受贿论处，根据个人所起作用和个人所得数额及危害后果，依照本规定第十七条处理。

第二十条 职工在单位业务往来中，违反国家和集团公司的规定，收受各种名义的回扣、手续费、有价证券、信用卡、股票等，归个人所有的，以受贿论处，根据其数额、情节及危害后果，依照本规定第十七条处理。

第二十一条 职工利用职务和工作上的便利，为他人(或单位)谋取利益，其父母、配偶、子女及配偶以及特定关系的人，接受对方钱物，虽未能证实本人知道，也要追究其本人的责任，根据数额、情节及危害后果，给予行政警告直至撤职处分，并给予5%～30%经济处罚。情节严重的，给予留用察看处分直至开除处分。

第二十二条 职工在集团公司内的业务和经济往来中，违反国家和集团公司规定介绍贿赂或给对方钱物和回扣、手续费等财物的，以行贿论处，依照本规定第十七条处理。

第四章 挪用、隐瞒、截留

第二十三条 职工利用职务和工

作上的便利，挪用公款归个人使用（包括借给他人使用），时间超过3个月，或者挪用公款进行营利活动（无时间限制），根据数额、情节及危害后果，依照下列规定处理：（1）挪用数额在2万元至10万元的，给予行政警告至记大过处分，并给予5%～15%经济处罚，情节轻微的，可免予处分；（2）挪用数额在10万元以上至20万元的，给予降级或撤职处分，并给予20%～30%经济处罚；（3）挪用数额在20万元以上的，给予留用察看或开除处分。

第二十四条 挪用公款进行非法活动的，根据数额、情节和危害后果，依照下列规定处理：（1）挪用数额在1000元至5000元的，给予行政警告至记大过处分，并给予5%～15%经济处罚；（2）挪用数额在5000元以上至2万元的，给予降级或撤职处分，并给予20%～30%经济处罚；（3）挪用数额在2万元以上的，给予行政留用察看或开除处分。

第二十五条 挪用公款归个人用于营利活动或者非法活动，其所获利润及非法所得，均应予以追缴。挪用公款进行非法活动，构成其他违法违纪行为的，合并处理。挪用公款不退还的，以贪污侵占公共财产论处，根据其数额、情节及危害后果，分别依照本规定第十一条、十二条处理。

第二十六条 多次挪用公款归个人使用，用后次挪用的公款偿还前次挪用的公款，每次挪用均不超过3个月的，其挪用时间应从第一次算起，连续累计至挪用行为终止，计算挪用的数额应按最后未还的实际金额认定。

第二十七条 职工利用职务和工作上的便利，隐瞒、截留应交单位财务的资金和采取虚报冒领等手段侵吞公物合伙私分的，以贪污侵占公共财物论处，根据个人所得数额、情节及危害后果，分别依照本规定第十一条、十二条处理。

第五章 诈骗、走私及其他

第二十八条 职工因诈骗财物，或者违反有关《治安管理处罚法》以及海关法规进行走私活动和其他非法活动，被有关部门追究责任的，根据其数额、情节及危害后果，给予行政警告直至撤职处分，并给予5%～30%经济处罚。情节严重的，给予留用察看处分直至开除处分。

第二十九条 单位进行诈骗财物或违反海关法规走私或其他非法活动的，追究负直接责任的主管人员和其他直接责任人员的责任，情节较轻的，给予行政警告至记过处分，并给予5%～10%经济处罚；情节较重的，给予记大过至撤职处分，并给予15%～30%经济处罚；情节严重的，给予留用察看处分直至开除处分。

第六章 从重加重和从轻减轻处分

第三十条 有下列情节之一的，可以从重或者加重处分：（1）伪造、藏匿、销毁证据的；（2）对揭发、检举人打击报复的；（3）强迫、唆使下属工作人员违法违纪的；（4）屡犯不改的；（5）贪污或挪用救灾、抢险、防汛、抚恤、救济、党团费或其他专用款物的；（6）拒不承认错误或拒不退清赃款赃物的；（7）执法执纪者违法违纪的。

第三十一条 有下列情节之一的，可以从轻或者减轻处分：（1）立案前或者组织未发现前主动交代，积极退还赃款赃物的；（2）组织已经掌握，但在规定期限内主动并积极谈清问题退还赃款赃物的；（3）检举、揭发他人的违法违纪行为的；（4）主动自查并及时纠正、积极挽回损失的。

第七章 监察部门的查处权限

第三十二条 在查处职工经济方面违法违纪行为时，集团公司监察部门依照国家《行政监察法》赋予的权限，对被审查对象进行调查处理，因案情需要，监察部门有权采取下列必要措施：（1）建议主管部门暂停其职务或工作；（2）查阅、复制或者提取与涉嫌违法违纪行为有关的合同、发票、账册、单据、记录、业务函件和其他资料，有关人员和单位应予提供；（3）对其与涉嫌违法违纪行为有关的财物提请司法机关给予冻结。

第八章 附则

第三十三条 本规定中的“以上”不包括本数。

第三十四条 职工在经济方面多次违法违纪未经处理的，按其违法违纪金额累计计算给予行政处分。

第三十五条 本规定施行前处理的案件，复查复议时不适用本规定。尚未处理的案件，依照本规定执行。

第三十六条 集团公司颁发的重集综监发〔1996〕第339号文件同时废止，本规定未涉及的其他经济方面违法违纪行为的处理，仍按有关规定执行。

第三十七条 本规定若与国家有关法律法规相抵触的，则按国家有关法律法规执行。

第三十八条 本规定由集团公司监察处负责解释。

第三十九条 本规定自下发之日起施行。

重钢集团公司关于环保搬迁工作中失职渎职行为的责任追究暂行办法

重钢监察发〔2008〕71号

第一章 总则

第一条 为了严肃处理在重钢环保搬迁工作中不履行或不认真履行职责，因失职、渎职而造成经济损失或不良影响的违规违纪行为，促使重钢广大从业人员在环保搬迁工作中遵章守纪，恪尽职守，根据国家法律法规和企业规章制度，结合重钢环保搬迁工作实际，制定本办法。

第二条 本办法所称失职渎职行为是指：重钢集团公司各单位从业人员在重钢环保搬迁工作中，不履行或不认真履行工作职责，以及违反环保搬迁相关制度规定等，给企业造成经济损失或不良影响的行为。

构成贪污、受贿、挪用公款等经济类错误的，按照《重庆钢铁（集团）有限责任公司关于职工在经济方面违法违纪行政处分暂行规定》（重钢监察发〔2008〕20号）执行。

安全责任事故的责任追究按照《关于印发加重安全事故考核和实行行政问责制规定的通知》（重钢安环发〔2007〕31号）以及《关于进一步加大安全事故责任追究的决定》（重钢安环发〔2007〕88号）严格执行。

第三条 重钢环保搬迁失职渎职责任追究的原则：（1）责任清晰原则。依据责任事实以及造成的后果、影响，实事求是、公平公正地确定责任，分清集体责任与个人责任、主要（领导）责任与次要（领导）责任；（2）"谁主管，谁负责"的原则。所管理的下属单位和人员发生严重违法违纪问题的，需追究分管领导和主管领导责任；（3）失职渎职必究原则。对承担失职渎职责任的直接责任人和领导干部，按承担责任大小追究其责任。

第四条 重钢环保搬迁责任追究的种类为：（1）警诫。含批评教育、诫勉谈话、责令检查、通报批评。（2）组织处理。含降职、降岗使用、免职等。（3）党纪政纪处分。对承担失职渎职责任者给予党纪政纪处分。党纪处分有：警告、严重警告、撤销党内职务、留党察看、开除党籍；政纪处分有：警告、记过、记大过、降级、撤职、留用察看、开除。（4）经济处罚。根据所负责任大小与损失金额给予承担失职渎职责任者一定的经济处罚。

上述4种责任追究种类可单独使用，也可以合并使用。

第五条 在环保搬迁工作中因工作失职、渎职构成犯罪的，移送司法机关处理。

第六条 由于不可抗力或不可预见的因素造成经济损失的，不适用本办法。

第二章 责任追究

第七条 在环保搬迁招投标工作中有下列行为之一的，应受到责任追究：（1）违反《重钢环保搬迁工程招投标管理办法》规定的程序和原则进行工程设计、施工、设备材料采购招投标的；（2）违反招投标的报批、审定程序，而实施招投标的；（3）邀请招标单位没有达到规定数量而实施招投标的；（4）违反《重钢环保搬迁监督工作实施办法》规定以及有关纪律规定的违规违纪行为者；（5）发生其他严重失职、渎职行为的。

第八条 在环保搬迁工程建设工作中，有下列行为之一的，应当受到责任追究：（1）违反工程管理规定，盲目批准工程立项，或不按照有关程序和规定进行工程报建的；（2）违反规定进行工程设计和设计变更的，或设计出现重大差错的；（3）不按照工程资质等级分、发包或擅自将工程进行肢解发包，或发包给挂靠人员，以及违规转包的；（4）违反规定开工建设的；（5）不按照设计或者技术规范要求进行施工；或不合理组织工程建设、施工，造成浪费的；（6）不按照设计或者技术规范进行工程监理、检查验收的；（7）工作不负责任，导致施工单位虚报工程项、量，多结算工程款，给企业造成经济损失的；（8）不按照国家安全环保"三同时"规定和污染治理等级资格进行设计、发包、建设、验收的；（9）工程决算超出工程投资（审定后的施工图预算）巨大的；（10）工作不负责任，不认真履行工作职责，造成工程质量、安全事故的；（11）发生其他严重失职、渎职行为的。

第九条 在环保搬迁工程综合管理工作中，有下列行为之一的，应当受到责任追究：（1）计划安排失误或不按照计划安排推进，影响工程建设或重大节点无法按期实现的；（2）管理制度不健全，或有章不循、管理不严，或监督不力，导致环保搬迁工作中出现重大经济损失的；（3）政令不畅通，发生有令不行、有禁不止行为的；（4）重要合同资料、会议记录、原始档案（含电子文档）丢失、毁损的；（5）发生其他严重失职、渎职行为的。

第十条 在环保搬迁工程合同管理工作中，有下列行为之一的，应当受到责任追究：（1）工作不负责任，不签订合同或签订合同不规范，责任约定不清，或未按照经审查后的意见签订并履行合同，导致承担违约责任或造成经济损失的；（2）工作不负责任，不了解对方资信情况，盲目与之签订合同，或未签订合同即支付预付款，或擅自改变合同而导致承担违约责任或造成经济损失的；（3）不按照规定将合同送集团公司法律事务室审查，造成法律纠纷或者经济损失的；（4）发生其他严重失职、渎职行为的。

第十一条 在环保搬迁工程设备与材料采购工作中，有下列行为之一的，应当受到责任追究：（1）轻信对方履约能力，以及以其他形式交易被骗造成经济损失的；（2）不按照规定验收、检验购进的设备、备件或物资，致使购进的设备、备件或物资质量不合格或达不到合同规定的标准，不采取措施，或采取措施不当，导致索赔期限延误或无法索赔的；（3）不认真做市场调查、寻厂询价、货比3家，导致购进质次价高的设备、备件或物资，或以高于市场的价格从自己亲友经营的单位购进设备、备件或物资的；（4）盲目采购或超合同采购，导致设备、备件或物资积压、变质，或闲置、损坏的；（5）工作不负责任，延误设备、备件或物资采购供应时间，造成重大影响或经济损失的；（6）在接收所订购的各种工程设备与物资的过程中，因疏于管理或严重违反规章制度，导致工程设备与物资丢失、损坏、变质的；（7）发生其他严重失职、渎职行为的。

第十二条 在环保搬迁财务、资金与资产管理工作中，有下列行为之一的，应当受到责任追究：(1)违反会计法规或会计制度，导致会计凭证、会计账簿、会计报表和其他会计资料不真实、准确、完整，造成不良影响或严重后果的；(2)没有建立环保搬迁必要的财务管理制度的；(3)不按照规定，擅自处理土地、房屋、机器设备等实物资产的；(4)违反规定使用资金，导致资金失去监控，造成经济损失的；(5)违反财务制度规定，不认真审查付款凭证，造成资金被骗的；(6)工作不负责任，造成现金、外汇、支票等丢失的；(7)管理不善或监督不力，造成单位资金被贪污、挪用、侵占的；(8)对本单位或下属单位违反会计法规、财务制度和财经纪律的行为长期失察，或发现后不纠正、不抵制、不报告的；(9)发生其他严重失职、渎职行为的。

第十三条 在环保搬迁审计事务相关工作中，有下列行为之一的，应当受到责任追究：(1)没有建立必要的环保搬迁审计制度的；(2)对应当进行审计的项目不进行审计，或应当备案的项目没有要求备案的；(3)对应当审计和备案的项目，不备案、不送审的；(4)发生其他严重失职、渎职行为的。

第十四条 在环保搬迁法律事务相关工作中，有下列行为之一的，应当受到责任追究：(1)没有建立必要的环保搬迁法律监督制度或规定的；(2)对送审的对外合同没有进行认真审查，造成重大法律纠纷和经济损失的；(3)在签订经济合同、技术合同过程中，不认真履行职责，出现重大遗漏，造成法律纠纷和经济损失的；(4)发生其他严重失职、渎职行为的。

第十五条 在环保搬迁工程档案管理工作中，有下列行为之一的，应当受到责任追究：(1)损毁、丢失或擅自销毁属于国家所有的档案或公司重要技术资料、图纸以及秘密文件、资料等，造成不良影响或严重后果的；(2)擅自提供、抄录档案资料、秘密文件、资料，造成不良影响或严重后果的；(3)涂改、伪造档案、造成不良影响或严重后果的；(4)违反保密规定，泄露秘密，造成不良影响或严重后果的；(5)发生其他严重失职、渎职行为的。

第十六条 在环保搬迁监督工作中有下列行为之一的，应当受到责任追究：(1)不履行或不认真履行监督工作职责的；(2)发现工作职责范围内的问题，对监督领导小组隐瞒不报的；(3)对群众和有关部门反映的有关环保搬迁工作中存在的问题，推诿或不及时办理的；(4)没有建立必要的监督制度的；(5)执行制度不坚决，不认真履行监督职责，对发现的问题不进行追究的；(6)监督人员玩忽职守、徇私舞弊的；(7)发生其他严重失职、渎职行为的。

第三章 责任人员的区分与经济损失的确定

第十七条 责任人员区分。(1)直接责任者，是指在其职责范围内，不履行或不正确履行自己的职责，对造成的经济损失起决定性作用的人员。根据其应负责任的大小，可分为主要责任者、次要责任者和一般责任者；(2)主要领导责任者，是指在其职责范围内，对其直接主管的工作不负责任，不履行或不正确履行职责，对造成的经济损失负直接领导责任的人员；(3)次要领导责任者，是指在其职责范围内，对应管的工作或参与决定的工作，不履行或不正确履行职责，对造成的损失负次要领导责任的人员。

第十八条 损失标准的确定。(1)直接经济损失，是指与直接责任者的行为有直接关系而造成的财产损失的实际价值。计算经济损失主要计算直接经济损失。(2)直接经济损失数额，是指案发时的实际损失数额。通过办案挽回的经济损失部分仍要计算为直接经济损失，在量纪时可作为从轻情节。(3)直接经济损失划分为较大损失、重大损失、特别重大损失、巨大损失4种。①较大损失是指：一次性直接经济损失5万元以上10万元以下；②重大损失是指：一次性直接经济损失10万元以上50万元以下；③特别重大损失是指：一次性直接经济损失50万元以上100万元以下；④巨大损失是指：一次性直接经济损失100万元以上。多次造成损失，累计后按上述档次确定损失金额。

第四章 处罚标准

第十九条 按照本办法应当给予责任追究，情节轻微、后果不严重的，给予警诫处理。

第二十条 按照本办法应当给予责任追究，情节较重、造成了不良影响，但没有造成经济损失或者责任事故等后果不严重的，给予组织处理。

第二十一条 按照本办法应当给予责任追究的，对构成责任追究的直接责任人员处分标准：(1)造成较大损失的，根据情节轻重，给予警告、记过、记大过的行政处分，是党员者，同时给予党内警告或严重警告处分；(2)造成重大损失的，根据情节轻重，给予记大过直至留用察看的行政处分，是党员者，同时给予党内严重警告或撤销党内职务处分；(3)造成特别重大损失的，根据情节轻重，给予撤职直至开除的行政处分，是党员者，同时给予撤销党内职务直至开除党籍处分；(4)造成巨大损失的，给予开除的行政处分，是党员者，同时给予开除党籍的处分。

第二十二条 按照本办法应当给予责任追究的，对构成责任追究的主要领导责任人员的处分标准：(1)造成重大损失的，根据情节轻重，给予警告或记过的行政处分，是党员者，同时给予党内警告或者党内严重警告处分；(2)造成特别重大损失的，根据情节轻重，给予记大过或撤职的行政处分，是党员者，同时给予撤销党内职务直至开除党籍处分；(3)造成巨大损失的，给予撤职或开除的行政处分，是党员者，同时给予开除党籍的处分。

第二十三条 按照本办法应当给予责任追究的，对构成责任追究的次要领导责任人员的处分标准:(1)造成重大损失的,根据情节轻重,给予行政警告处分,是党员者,同时给予党内警告处分;(2)造成特别重大损失的,根据情节轻重,给予记大过的行政处分,是党员者,同时给予党内严重警告或撤销党内职务处分;(3)造成巨大损失的,给予撤职或留用察看的行政处分,是党员者,同时给予撤销党内职务直至开除党籍的处分。

第五章　经济处罚

第二十四条　在环保搬迁工作中,因工作失职、渎职,在给予警诫处理、组织处理或纪律处分的同时,可以视其直接经济损失的大小,依照下列标准单处或并处经济处罚。

损失金额5万~10万元,直接(主要责任者)经济处罚0.5万~1万元,主要领导责任者0.25万~0.5万元,次要领导责任者0.1万~0.25万元;损失金额10万~50万元,直接(主要责任者)经济处罚1万~2.5万元,主要领导责任者0.5万~1万元,次要领导责任者0.25万~0.5万元;损失金额50万~100万元,直接(主要责任者)经济处罚2.5万~5万元,主要领导责任者1万~2.5万元,次要领导责任者0.5万~1万元;损失金额100万元以上,直接(主要责任者)经济处罚5万~10万元,主要领导责任者2.5万~5万元,次要领导责任者1万~2万元。

以上损失金额包括起数,不包括止数。损失金额在5万元以下者,按1%~5%进行经济处罚。

第二十五条　直接责任者中负次要责任和一般责任的处罚金额按负主要责任的处罚酌减,但不低于主要领导责任的处罚。

第二十六条　处罚金由责任人上缴集团公司纪检监察部门,由纪检监察部门按规定处理。

第二十七条　处罚金由责任人一次缴纳。一次缴纳有困难的,由纪委监察处确定期限限期缴纳,首次缴纳应在50%以上。经纪委监察处认定责任人当期无力缴纳的,由所在单位负责从以后的工资中扣缴,至扣完为止。

第六章　责任追究程序

第二十八条　责任追究启动程序:(1)上级机关及领导转办的;(2)环保搬迁监督领导小组转办的;(3)环保搬迁领导小组成员单位向纪委监察处移送的线索来源;(4)环保搬迁特邀监督员反映的问题线索;(5)群众举报的线索来源;(6)纪委监察处按照监督职责直接启动;(7)其他线索来源。

第二十九条　责任追究处理程序:纪委监察处按照本办法启动责任追究程序后,单独或会同有关部门组成调查组,进行责任事实的调查并提出处理意见,报集团公司环保搬迁监督领导小组审查,并经集团公司党政联席会审批后,实施责任追究。

第七章　附则

第三十条　有下列情节之一的,可以从轻或减轻处分:(1)组织尚未调查前向有关组织谈清自己的问题,或在组织调查其问题期间谈清尚未掌握的问题的;(2)主动挽回经济损失或有效阻止危害发生的;(3)有其他立功表现的。

第三十一条　有下列行为之一的,可以从重或加重处分:(1)在证据确凿情况下,拒不承认错误的;(2)干扰妨碍责任追究案件查处的;(3)屡次违反有关环保搬迁责任追究规定的;(4)为谋取私利造成失职错误的。

第三十二条　本办法中的"以上"均包含本数,"以下"均不包含本数。

第三十三条　本办法由重钢环保搬迁监督领导小组授权纪委监察处负责解释。

第三十四条　本办法自颁布之日起执行。

文件编目

·国家·

1.《关于重庆钢铁(集团)有限责任公司实施节能减排环保搬迁项目建设用地预审意见的复函》,中华人民共和国国土资源部国土资预审字〔2008〕270号,2008年9月18日

2.《关于重庆钢铁(集团)有限责任公司节能减排及实施环保搬迁工程环境影响报告书的批复》,中华人民共和国环境保护部环审〔2008〕472号,2008年11月27日

3.《关于研究推进重庆钢铁(集团)有限责任公司环保搬迁工程有关工作的会议纪要》,重庆市人民政府办公厅市政府专题会议纪要2008-32,2008年1月24日

4.《关于下达2008年重庆钢铁(集团)有限责任公司民事纠纷积案处置目标的通知》,重庆市国有资产监督管理委员会渝国资法〔2008〕10号,2008年1月28日

5.《关于同意重庆钢铁(集团)有

限责任公司合资开发巫山抱龙桃花铁矿的批复》,重庆市国有资产监督管理委员会渝国资〔2008〕14 号,2008 年 2 月 20 日

6.《关于推进重庆钢铁(集团)有限责任公司环保搬迁工程有关工作的会议纪要》,重庆市人民政府办公厅市政府专题会议纪要 2008 - 90,2008 年 4 月 17 日

7.《关于同意重庆钢铁(集团)矿业有限公司出资设立陕西三金矿业股份有限公司的批复》,重庆市国有资产监督管理委员会渝国资〔2008〕114 号,2008 年 5 月 23 日

8.《关于推进重庆钢铁(集团)搬迁有关工作的会议纪要》,重庆市人民政府办公厅市政府专题会议纪要 2008 - 131,2008 年 6 月 3 日

9.《关于同意将重庆钢铁(集团)热陶瓷有限责任公司列入市计划破产的通知》,重庆市企业兼并破产职工再就业工作协调小组渝协办发〔2008〕2 号,2008 年 6 月 13 日

10.《关于同意将重钢(集团)所属铁合金公司职工医院资产无偿划转重庆长寿化工总厂的批复》,重庆市国有资产监督管理委员会渝国资〔2008〕184 号,2008 年 6 月 20 日

11.《关于拨付 2007 年度重钢环保搬迁税收返还款的通知》,重庆市财政局渝财企〔2008〕283 号,2008 年 7 月 7 日

12.《关于重钢(集团)环保搬迁项目水资源论证报告书审查意见批复》,重庆市水利局渝水许可〔2008〕59 号,2008 年 8 月 12 日

13.《关于对重庆钢铁(集团)有限责任公司及所属企业承受土地房屋权属减征契税的批复》,重庆市财政局渝财农税〔2008〕43 号,2008 年 8 月 20 日

14.《关于重庆钢铁(集团)有限责任公司巫山桃花~邓家铁矿开发水土保持方案报批事项的函》,重庆市水利局,2008 年 9 月 3 日

15.《关于协调重庆钢铁(集团)环保搬迁及桃花铁矿开发工作的会议纪要》,重庆市人民政府办公厅市政府专题会议纪要 2008 - 214,2008 年 9 月 8 日

16.《关于研究重庆钢铁(集团)环保搬迁工程交通运输保障有关事宜的会议纪要》,重庆市人民政府办公厅市政府专题会议纪要 2008 - 246,2008 年 10 月 13 日

17.《关于同意重钢(集团)为重钢股份再融资提供承诺的批复》,重庆市国有资产监督管理委员会渝国资〔2008〕498 号,2008 年 11 月 27 日

18.《关于原重庆钢铁(集团)铁合金有限责任公司非破产财产处置的批复》,重庆市国有资产监督管理委员会渝国资〔2008〕515 号,2008 年 12 月 4 日

·重钢行政·

1.《关于 2008 年效能监察的实施意见》,重钢监察发〔2008〕4 号,2008 年 1 月 3 日

2.《关于印发 < 重庆钢铁(集团)有限责任公司科级人员管理指导意见 > 的通知》,重钢人资发〔2008〕9 号,2008 年 1 月 10 日

3.《关于印发 2008 年重钢(集团)公司 < 安全环保目标风险承包办法 > 的通知》,重钢安环发〔2008〕19 号,2008 年 1 月 16 日

4.《关于印发 < 重庆钢铁(集团)有限责任公司关于职工在经济方面违法违纪行政处分暂行规定 > 的通知》,重钢监察发〔2008〕20 号,2008 年 1 月 22 日

5.《关于印发 < 重庆钢铁(集团)有限责任公司安全生产事故隐患排查整改管理办法 > 的通知》,重钢安环发〔2008〕21 号,2008 年 1 月 22 日

6.《关于印发 < 重庆钢铁(集团)有限责任公司环保搬迁工程项目固定资产投资管理办法 > 的通知》,重钢技发〔2008〕24 号,2008 年 1 月 28 日

7.《关于(集团)公司领导带队进行安全检查的通知》,重钢安环发〔2008〕30 号,2008 年 2 月 4 日

8.《关于印发 < 职工教育培训经费提取与使用管理办法 > 的通知》,重钢人资发〔2008〕34 号,2008 年 2 月 15 日

9.《关于下达 2008 年重钢下属子公司民事纠纷积案处置目标的通知》,重钢法律发〔2008〕39 号,2008 年 2 月 22 日

10.《关于印发 < 重庆钢铁(集团)有限责任公司安全生产责任制通则 > 的通知》,重钢安环发〔2008〕40 号,2008 年 2 月 22 日

11.《关于执行 < 职工带薪年休假条例 > 的通知》,重钢人资发〔2008〕43 号,2008 年 2 月 28 日

12.《关于研发费用财务会计管理的意见》,重钢财务发〔2008〕54 号,2008 年 3 月 14 日

13.《关于印发 < 重钢(集团)公司厂处管理人员兼职和退休返聘管理规定 > 的通知》,重钢人事发〔2008〕56 号,2008 年 3 月 18 日

14.《关于印发 < 重庆钢铁(集团)有限责任公司聘用退休人员管理办法 > 的通知》,重钢人资发〔2008〕68 号,2008 年 4 月 7 日

15.《关于印发 < 重钢(集团)公司关于环保搬迁工作中失职渎职行为的责任追究暂行办法 > 的通知》,重钢监察发〔2008〕71 号,2008 年 4 月 14 日

16.《关于调整重钢单身职工宿舍住宿费的通知》,重钢行管发〔2008〕

80 号,2008 年 4 月 29 日

17.《关于开展重钢(集团)重信重访专项治理工作的通知》,重钢行管发〔2008〕82 号,2008 年 4 月 30 日

18.《关于印发 < 重庆钢铁(集团)有限责任公司重大危险源和应急救援预案管理程序 > 的通知》,重钢安环发〔2008〕85 号,2008 年 5 月 9 日

19.《关于全力做好抗震救灾工作的通知》,重钢经办发〔2008〕87 号,2008 年 5 月 14 日

20.《关于颁发 < 重庆钢铁(集团)有限责任公司科技项目管理办法 > 的通知》,重钢技发发〔2008〕88 号,2008 年 5 月 14 日

21.《关于印发 < 重钢(集团)放射性同位素与射线装置防护管理办法 > 的通知》,重钢安环发〔2008〕93 号,2008 年 5 月 15 日

22.《关于印发"2008 年子公司经营班子生产经营增效奖励办法"的通知》,重钢人资发〔2008〕112 号,2008 年 6 月 17 日

23.《关于赴长寿区重钢江南新区建设人员伙食补助费的通知》,重钢财务发〔2008〕120 号,2008 年 6 月 30 日

24.《关于印发 < 重钢(集团)反"三违"和安全事故隐患举报奖励办法 > 的通知》,重钢安环发〔2008〕131 号,2008 年 7 月 18 日

25.《关于调整机关职工工资结构及有关问题的通知》,重钢经办发〔2008〕144 号,2008 年 8 月 2 日

26.《关于印发重钢(集团)反恐防暴应急预案的通知》,重钢保卫发〔2008〕149 号,2008 年 8 月 8 日

27.《关于清理法人企业和挂靠企业的通知》,重钢监察发〔2008〕153 号,2008 年 8 月 19 日

28.《关于印发 < 重庆钢铁(集团)有限责任公司差旅费管理办法 > 的通知》,重钢财务发〔2008〕155 号,2008 年 8 月 24 日

29.《关于表彰重钢(集团)2008 年合理化建议和技术改进成果的决定》,重钢技发发〔2008〕179 号,2008 年 9 月 27 日

30.《关于印发重钢(集团)科技项目管理补充规定的通知》,重钢技发发〔2008〕182 号,2008 年 10 月 6 日

31.《关于印发重钢(集团)2009 年度 < 安全环保目标风险承包办法 > 的通知》,重钢安环发〔2008〕221 号,2008 年 12 月 3 日

32.《关于印发 < 重庆钢铁(集团)有限责任公司安全生产事故应急救援预案 > 的通知》,重钢安环发〔2008〕222 号,2008 年 12 月 3 日

33.《关于组织开展涉密载体清理工作的通知》,重钢技发发〔2008〕226 号,2008 年 12 月 4 日

34.《关于印发 < 重钢(集团)有限责任公司经济责任制考核办法 > 的通知》,重钢经运发〔2008〕235 号,2008 年 12 月 19 日

35.《关于 2008 年度子公司利润分配方案的通知》,重钢财务发〔2008〕236 号,2008 年 12 月 22 日

36.《关于调整企业社会保险费费率的通知》,重钢财务发〔2008〕239 号,2008 年 12 月 22 日

37.《关于印发 < 重庆钢铁(集团)有限责任公司职工带薪年休假实施办法 > 的通知》,重钢人资发〔2008〕241 号,2008 年 12 月 24 日

·重钢党委·

1.《关于开展纪念重钢迁渝建厂 70 周年活动的通知》,重钢党发〔2008〕4 号,2008 年 1 月 11 日

2.《关于召开中国共产党重钢(集团)有限责任公司第十一次代表大会的请示》,重钢党委〔2008〕4 号,2008 年 2 月 21 日

3.《关于印发 < 重钢(集团)2008 年党风建设和反腐倡廉分工责任制 > 的通知》,重钢党发〔2008〕8 号,2008 年 2 月 22 日

4.《关于召开中共重钢(集团)公司第十一次代表大会的决定》,重钢党委〔2008〕5 号,2008 年 3 月 6 日

5.《关于印发 < 重钢(集团)公司 2008 年厂务公开工作要点 > 的通知》,重钢党发〔2008〕11 号,2008 年 3 月 20 日

6.《重钢(集团)公司关于开展党员承诺制活动的实施意见》,重钢党发〔2008〕13 号,2008 年 3 月 28 日

7.《关于贯彻落实重庆市委、市政府"解放思想、扩大开放"大讨论活动实施意见》,重钢党发〔2008〕14 号,2008 年 4 月 8 日

8.《关于转发 < 中共重庆市国资委委员会关于做好在农民工中发展党员工作的意见(试行) > 的通知》,重钢党发〔2008〕16 号,2008 年 4 月 24 日

9.《重钢(集团)公司党委关于在组织人事部门开展"讲党性、重品行、作表率"活动的实施意见》,重钢党发〔2008〕18 号,2008 年 4 月 30 日

10.《中共重钢(集团)公司委员会关于开展改革开放 30 周年纪念活动的通知》,重钢党发〔2008〕19 号,2008 年 5 月 6 日

11.《关于迅速组织动员公司广大团员青年为抗震救灾交纳特别团费的紧急通知》,重钢团发〔2008〕5 号,2008 年 5 月 13 日

12.《关于开展抗震救灾募捐活动的紧急通知》,重钢党发〔2008〕21 号,2008 年 5 月 15 日

13.《中共重钢(集团)公司委员会关于做好部分党员交纳“特殊党费”用于支援抗震救灾工作的通知》,重钢党委〔2008〕16 号,2008 年 5 月 22 日

14.《关于中共重钢集团有限责任公司第十一次代表大会选举结果的报告》,重钢党委〔2008〕17 号,2008 年 5 月 30 日

15.《关于认真学习宣传贯彻(集团)公司十一次党代会精神的通知》,重钢党发〔2008〕25 号,2008 年 6 月 3 日

16.《关于开展建党 87 周年纪念活动的通知》,重钢党发〔2008〕28 号,2008 年 6 月 16 日

17.《关于表彰重钢(集团)公司 2007 年度先进“四好”领导班子的决定》,重钢党发〔2008〕31 号,2008 年 6 月 25 日

18.《关于表彰抗震救灾先进党组织优秀共产党员的决定》,重钢党发〔2008〕32 号,2008 年 6 月 25 日

19.《重钢(集团)“向灾区人民献爱心捐款”活动情况通报》,重钢党发〔2008〕33 号,2008 年 7 月 8 日

20.《关于推荐重庆钢铁(集团)有限责任公司本部为“全国文明单位”的报告》,重钢党委〔2008〕20 号,2008 年 7 月 18 日

21.《关于印发重钢(集团)公司党委实施“固本强基”战略纲要的通知》,重钢党发〔2008〕34 号,2008 年 7 月 30 日

22.《重钢(集团)“五五”普法和依法治理工作中期自查报告》,重钢党委〔2008〕28 号,2008 年 8 月 28 日

23.《中共重钢(集团)公司委员会关于印发 < 重钢(集团)公司党委关于实行党代表大会代表任期制实施办法 > 试行的通知》,重钢党发〔2008〕40 号,2008 年 9 月 16 日

24.《关于印发 < 重钢(集团)公司厂处级管理人员后备人选管理办法 > 的通知》,重钢党发〔2008〕41 号,2008 年 9 月 16 日

25.《关于开展民主推荐厂处级管理人员后备人选工作的通知》,重钢党发〔2008〕42 号,2008 年 9 月 17 日

26.《关于在全公司开展“遵纪守法 爱岗敬业”专题教育活动的通知》,重钢党发〔2008〕43 号,2008 年 9 月 18 日

27.《关于印发 < 重钢(集团)公司建立健全惩治和预防腐败体系 2008 ~ 2012 年工作规划 > 的通知》,重钢党发〔2008〕44 号,2008 年 9 月 18 日

28.《关于开展“送温暖、献爱心”向汶川地震灾区捐赠衣被活动的紧急通知》,重钢党发〔2008〕45 号,2008 年 11 月 3 日

29.《关于 2008 年度“导师带徒”活动安排的通知》,重钢团发〔2008〕21 号,2008 年 11 月 26 日

30.《关于 2008 年党建检查情况的通报》,重钢党发〔2008〕49 号,2008 年 12 月 17 日

31.《关于表彰重钢(集团)公司厂务公开民主管理工作先进单位的决定》,重钢党发〔2008〕51 号,2008 年 12 月 25 日

32.《关于印发 < 重钢(集团)公司党委 2008 年工作总结 > 的通知》,重钢党发〔2008〕52 号,2008 年 12 月 23 日

33.《关于印发 < 重钢(集团)公司党委中心组学习制度 > 的通知》,重钢党发〔2008〕53 号,2008 年 12 月 23 日

·重钢工会·

1.《重钢(集团)有限责任公司工会 2008 年工作要点》,重集工发〔2008〕1 号,2008 年 1 月 3 日

2.《关于表彰 2006 ~ 2007 年度模范,先进,职工之家的决定》,重集工发〔2008〕10 号,2008 年 2 月 19 日

3.《关于开展签订夫妻安全共保协议活动的通知》,重集女职发〔2008〕4 号,2008 年 1 月 20 日

4.《关于在全公司开展创建“工人先锋号”活动的实施意见》,重集工发〔2008〕19 号,2008 年 5 月 9 日

5.《关于在全公司开展“万众一心众志成城 抗震救灾夺损失”劳动竞赛活动的通知》,重集工发〔2008〕21 号,2008 年 6 月 3 日

6.《关于表彰“生产抗震救灾过渡安置房”劳动竞赛先进集体的决定》,重集劳赛发〔2008〕5 号,2008 年 7 月 22 日

7.《关于在职工中广泛开展工间操活动的通知》,重集工发〔2008〕30 号,2008 年 9 月 4 日

8.《关于表彰重钢 2008 年“创新能手”“创新示范班科组”及优秀创新项目名单》,重集工发〔2008〕40 号,2008 年 10 月 23 日

9.《关于对困难职工进行摸底调查的通知》,重集工发〔2008〕41 号,2008 年 10 月 29 日

10.《重庆钢铁(集团)有限责任公司职工医疗互助基金管理使用办法》,重集工发〔2008〕48 号,2008 年 12 月 17 日

11.《关于命名重钢(集团)公司“工人先锋号”的决定》,重集工发〔2008〕51 号,2008 年 12 月 22 日

◆方小容

荣誉

2008年重钢获国家、部、市荣誉称号

名称	授予部门	获奖单位
全国内部审计先进单位	中华人民共和国审计署	重钢公司
钢铁统计工作先进集体(2007～2008年)	中国钢铁工业协会	重钢公司
全国质量信得过班组	中国质量协会、中华全国总工会、中国科学技术协会、共青团中央、中华全国妇女联合会	中板厂热处理生产二班 中板厂探伤班 炼钢厂精炼车间1#LF炉丙班
全国质量管理小组活动优秀企业特别奖	中国质量协会、中华全国总工会、中国科学技术协会、共青团中央、中华全国妇女联合会	股份公司
全国企业员工质量知识竞赛优秀组织单位	中国质量协会、中华全国总工会	股份公司
全国优秀质量管理小组	中国质量协会、中华全国总工会、中国科学技术协会、共青团中央、中华全国妇女联合会	炼铁厂五高炉值班室QC小组
全国机械冶金建材系统"先进班组"	中国机冶建材工会全国委员会	烧结厂维修作业区电工三班
全国大钢赛区"青年安全杯"竞赛先进集体	共青团中央青工部企业处	矿业公司团委 中板厂团委
全国大钢赛区"青年安全杯"竞赛最佳青安岗	共青团中央青工部企业处	焦化厂回收车间 炼钢厂动环车间 原材料处机动科 电子公司炼铁维护站 电子公司冷轧维护站 景星矿团总支
冶金行业技能鉴定先进单位	冶金工业技能鉴定指导中心	重钢集团职业技能鉴定站
重庆工业企业50强(2007年度)	重庆市人民政府	重钢公司
劳动统计工作先进单位	重庆市劳动和社会保障局	重钢公司
重庆市工业系统经济运行工作先进单位	重庆市经济委员会	重钢公司
重庆市节能减排先进单位(2007年度)	重庆市人民政府办公厅	重钢公司
重庆市职工节能减排十佳企业	重庆市劳动竞赛委员会、重庆市总工会	重钢公司
重庆市国企贡献奖－先进集体	中共重庆市国有资产监督管理委员会委员会、重庆市国有资产监督管理委员会	股份公司党委 销售处党总支
重庆市宣传思想工作先进单位	中共重庆市委宣传部	宣传部
重庆市统战工作先进单位	中共重庆市委统战部	重钢党委统战部
重庆市质量管理小组活动优秀企业	重庆市质量技术监督局、重庆市经济委员会、重庆市国有资产监督管理委员会、重庆市总工会、共青团重庆市委员会、重庆市科学技术协会、重庆市工商联合会	股份公司

续表

名称	授予部门	获奖单位
重庆市质量管理小组活动优秀组织单位	重庆市质量技术监督局、重庆市经济委员会、重庆市国有资产监督管理委员会、重庆市总工会、共青团重庆市委员会、重庆市科学技术协会、重庆市工商联合会	股份公司
重庆市质量效益型企业	重庆市质量技术监督局、重庆市经济委员会、重庆市国有资产监督管理委员会、重庆市总工会、共青团重庆市委员会、重庆市科学技术协会、重庆市工商联合会	股份公司
重庆市质量信得过班组	重庆市质量技术监督局、重庆市经济委员会、重庆市国有资产监督管理委员会、重庆市总工会、共青团重庆市委员会、重庆市科学技术协会、重庆市工商联合会	动力厂供水车间软水站
发展开放型经济先进单位(2007 年度)	重庆市人民政府	股份公司
重庆市统计工作先进集体(2004～2008 年)	重庆市人事局、重庆市统计局、国家统计局重庆调查总队	股份公司
企业调查先进单位	国家统计局重庆调查总队	股份公司
重庆市劳动保障守法诚信示范企业(2006 年度)	重庆市劳动和社会保障局	股份公司
全市人事工作先进单位	重庆市人事局	人力资源处
重庆市档案工作优秀集体	重庆市档案局	档案处
重庆市工人先锋号	重庆市总工会	中板厂 2700 毫米轧机生产线、重钢建设公司环保搬迁工程平场项目部
重庆市设备管理优秀单位(2007 年度)	重庆市设备管理协会	股份公司
重庆市取用水管理工作先进单位(2007 年度)	重庆市节约用水办公室	股份公司
重庆市企业技术创新工作先进单位	重庆市经济委员会	股份公司
重庆市著名商标	重庆市工商行政管理局	股份公司
主城区对口支援三峡库区先进单位	重庆市三峡库区对口支援办公室	股份公司
重庆市产业安全数据库报送工作先进单位	重庆市经济委员会	股份公司
重庆市价格监测工作先进单位	重庆市物价局	股份公司
抗震救灾先进集体	中共重庆市委、重庆市人民政府	重钢公司
重庆市卫生系统抗震救灾先进集体	重庆市人事局、重庆市卫生局	重钢总医院
重庆市抗震救灾先进单位	重庆市人事局、重庆市经济委员会	三峰工业公司
重庆市卫生系统人事代理先进单位(2007 年度)	重庆市卫生局	重钢总医院
重庆市“巾帼文明示范岗”	重庆市妇联	动力厂供水车间生活水净化站
巾帼文明示范岗	重庆市国有资产监督管理委员会	中板厂行车车间行车四班
机械冶金产业系统工会信息工作先进集体	重庆市机械冶金工会	三钢公司工会
重庆市先进基层文联	重庆市文联	重钢文联
重庆市先进团委	共青团重庆市委员会	重钢团委
五四红旗团支部	共青团重庆市委员会	钢管公司团总支 股份公司中板厂热轧团支部

2008年重钢产品获奖

产品名称及规格	奖项	颁奖单位	获奖者	颁奖时间
路路通输送流体用无缝钢管	重庆市名牌产品	重庆市人民政府办公厅	钢管公司	2008年11月19日
三峰优质碳素钢热轧盘条	重庆市名牌产品	重庆市人民政府办公厅	股份公司	2008年11月19日
三峰工业结构型钢	重庆市名牌产品	重庆市人民政府办公厅	股份公司	2008年11月19日
朝阳工业气(液)体氧	重庆市名牌产品	重庆市人民政府办公厅	朝阳公司	2008年11月19日

2008年重钢获市(省)以上科技进步奖

项目	完成单位	主研人员	等级	授予部门
流程工业生产过程综合控制技术及其应用	重庆邮电大学 重钢电子公司	李银国 李建中 卜文锐 石 勇 王 平 陈和平 石为人 景 伟 邓 龚 蒋畅江 罗 蓉	一等奖	重庆市人民政府
重钢高炉节能降耗新技术的研究及应用	炼铁厂	鲁德昌 雷有高 贺 镇 魏功亮 刘孝华 赵仕清 王永贵 罗小兵 陈永忠	三等奖	重庆市人民政府
垃圾焚烧发电厂液压及控制系统	重庆科技学院 重庆三峰卡万塔环境产业公司	周 雄 朱新才 胡文金 王定国 刘思明 丁又青 李长江	三等奖	重庆市人民政府

2008年重钢获市(省)以上优质工程设计(勘察)奖

项目	完成单位	主研人员	等级	授予部门
重钢股份有限公司50MW燃气~蒸汽联合循环发电机组	设计院	何秀明 曾贤琼 张 佩 雷 虹 吕少伟 周 伟 刘 军 程福伟 何 力 唐 俊 孙晋诚 陈旭东 童轶翾 严 静	二等奖	中国冶金建设协会
福州红庙岭垃圾焚烧发电厂电力发电并网设计	设计院	何 力 万明勇 徐洪峰 刘思明 华祥贵 熊 伟 江 洪 康大友 吕少伟 黄河清 佘中华 何秀明	二等奖	中国冶金建设协会
重庆市丰都滨江景区景观工程设计	设计院	肖秋华 张 佩 周 彬 黄建辉 江 军 江宗权 彭 隽 谷道川 刘 亚 万明勇 陈 波 张渝康 陈汝琼 梁子建	二等奖	中国冶金建设协会
重庆平安时代经典岩土工程勘察	设计院	向纪双 宋大永 江 涛 欧汶鑫 朱如渝 刘素碧 尹祖华 陶秋生 徐恩海 邱 虎 周绪健 朱 华 杜 兴 赵少勇 马渝翔 刘恪志 吴小屏	二等奖	中国冶金建设协会
重庆市大渡口区迎宾大道西段及支干道工程设计	设计院	侯 力 饶 彬 蒋 理 佘中华 周 伟 刘 峰 罗朝珍 刘 鸥 陈 波 赵 雷	三等奖	中国冶金建设协会

2008 年重钢获市(省)以上优秀成果奖

项目	类别及等级	完成单位	主研人员
《重钢志》	中国档案学会第六次档案学优秀成果档案文献史料汇编类三等奖	档案处	黄二卫 刘光军 王素兰 张 兵 温勇耀 陈光云 张红海 郝高潮 龙志敏 陈雪梅 方小容 周 力 彭地富 王永全 唐克洪 梁星全
大型(集团)对投资主体多元化企业档案的管控	重庆市企业管理现代化创新成果二等奖	档案处	吴自生 黄二卫 温勇耀 王素兰 彭地富 张 蓉 张 兵
大力开展节能减排积极构建循环经济体系	重庆市企业管理现代化创新成果二等奖	股份公司	徐 刚 姚小虎 傅 丹 刘卫兵 王又耘 彭德明 张家香
依靠体系建设推进精细管理	重庆市企业管理现代化创新成果三等奖	烧结厂	张理全 窦 辉 朱忠荣 陆 霞 张 静 刘 云

2008 年重钢获市(省)以上优秀 QC 成果奖

项目	类别及等级	完成单位
提高普碳钢提速轧制加热能力	中国质量协会优秀 QC 小组(成果)奖、重庆市优秀 QC 小组(成果)奖	高线厂生产技术 QC 小组
提高喷煤比实践	中国质量协会优秀 QC 小组(成果)奖、重庆市优秀 QC 小组(成果)奖	炼铁厂五高炉值班室 QC 小组
寻求电机定位新方法	中国质量协会优秀 QC 小组(成果)奖、中国质量协会冶金工业分会优秀 QC 小组(成果)奖	中板厂行车吊钳班创新 QC 小组
降低质量事故	中国质量协会冶金工业分会优秀 QC 小组(成果)奖	炼钢厂炼钢车间技术 QC 小组
提高消火车电车的稳定性	中国质量协会冶金工业分会优秀 QC 小组(成果)奖	焦化厂点检站技术攻关 QC 小组
降低外购耐火材料采购价格	中国质量协会冶金工业分会优秀 QC 小组(成果)奖	原材料处合金耐火科 QC 小组
减少胶木轴瓦发烧	中国质量协会冶金工业分会优秀 QC 小组(成果)奖	型钢厂大型车间胶木轴瓦 QC 小组
防止锅炉焦炉煤气燃烧器结焦	中国质量协会冶金工业分会优秀 QC 小组(成果)奖	动力厂热力车间锅炉站 QC 小组
提高中板质证书一次准确率	中国质量协会冶金工业分会优秀 QC 小组(成果)奖	质量管理处中板站判定室 QC 小组
提高 S355J2G3 钢板性能合格率	中国质量协会冶金工业分会优秀 QC 小组(成果)奖	重钢钢研所轧钢科 QC 小组
降低公务车使用费用	中国质量协会冶金工业分会优秀 QC 小组(成果)奖	经理办公室公务车管理 QC 小组
自主安装 7 码头皮带机电气设备	重庆市优秀 QC 小组(成果)奖	运输部装机车间电气维护 QC 小组
提高烧结矿碱度稳定率	重庆市优秀 QC 小组(成果)奖	烧结厂一烧作业区中控室 QC 小组
降低冷轧薄钢带屈服平台钢卷比	重庆市优秀 QC 小组(成果)奖	冷轧薄板厂技术质量 QC 小组
降低 $\phi12\sim\phi18$ 螺纹钢轧废	重庆市优秀 QC 小组(成果)奖	质量管理处型钢站棒材质检 QC 小组
建立重钢环保搬迁档案管理体系	重庆市优秀 QC 小组(成果)奖	档案处业务指导 QC 小组
规范设备审计管理台账	重庆市优秀 QC 小组(成果)奖	装备处设备 101 库 QC 小组
降低型钢大、中型钢边切头流失	重庆市优秀 QC 小组(成果)奖	保卫处巡逻中队 QC 小组
杜绝伪劣原辅料入司	重庆市优秀 QC 小组(成果)奖	纪监处组织(纪监)QC 小组

2008年重钢获国家、部、市先进个人

姓名	单位	奖项
董　林	经理办公室	振兴重庆争光贡献奖、重庆市五一劳动奖章、重庆市国企贡献奖－先进个人
文　秋	炼钢厂	重庆市五一劳动奖章
刘加才	经理办公室	重庆市工业系统经济运行工作先进个人
董荣华	经理办公室	重庆市国企贡献奖－先进个人、重庆市节能减排先进个人(2007年度)
孙毅杰	股份公司经理办	重庆市国企贡献奖－先进个人
李　利	钢研所	重庆市国企贡献奖－先进个人
刘文玥	人力资源处	冶金行业技能鉴定工作先进个人
孙中华	培训中心	冶金行业技能鉴定工作先进个人
周远华	钢研所	冶金行业技能鉴定工作先进个人
赵衍毅	动力厂	冶金行业技能鉴定先工作进个人
周　智	股份公司	钢铁统计工作先进个人
程正芳	电子公司	全国大钢赛区“青年安全杯”竞赛先进个人
宋丽娜	动力厂	全国大钢赛区“青年安全杯”竞赛先进个人
郑玉明	档案处	《中国档案报社》优秀特约记者(2006～2008年)
管朝晖	中板厂	重庆市第六届优秀青年企业家
王锡萍	三环监理公司	重庆市建设工程造价管理协会先进个人
王永全	档案处	重庆市档案工作优秀工作者
陈光云	档案处	重庆市档案系统先进工作者
张　翔	中板厂	重庆市质量管理小组活动优秀推进者
江　河	三峰工业公司	重庆市人事局、重庆市经济委员会抗震救灾先进个人
李　伟	三峰工业公司	重庆市人事局、重庆市经济委员会抗震救灾先进个人
黄　健	三峰工业公司	中共重庆市委、重庆市人民政府抗震救灾先进个人
孙　健	重钢总医院	中共重庆市委、重庆市人民政府重庆市抗震救灾优秀共产党员
张建红	重钢总医院	中共重庆市委、重庆市人民政府重庆市卫生系统抗震救灾先进个人
廖　萍	重钢总医院	重庆市卫生局优秀护士(2005～2007年度)
王从容	重钢总医院	重庆市卫生局优秀护士(2005～2007年度)
来玉兵	重钢总医院	重庆市卫生局优秀护士(2005～2007年度)
杜恒英	重钢总医院	重庆市卫生系统人事代理先进工作者(2007年度)
胡　建	安全环保管理处	重庆市安全生产先进个人(2005～2007年度)
余　沛	安全环保管理处	重庆市持久性有机污染物调查工作先进个人
郭　明	技改处	重庆市工业技术改造工作优秀个人
章金楠	技术发展办公室	重庆市技术创新工作先进工作者
吴　冬	团委	重庆市优秀团委书记
刘　畅	团委	重庆市第三次团代会筹备工作先进个人
马　涛	建设公司	重庆市优秀团干部
周　波	焦化厂	重庆市优秀团员

2008 年重钢获市(省)以上优秀论文奖

题目	获奖类别及等级	作者单位	作者
履行维护职能共享发展成果构建和谐企业	中国钢铁企业工会生活保障工作研究会第 21 届年会优秀论文奖	股份工会	赵东旭
实施“三控一推进”效能监察工作的探索	重庆市国有资产监督管理委员会纪委反腐倡廉理论调研论文三等奖	朵力房地产公司	朵力房地产公司纪委
建立重钢大宗原材料(矿石)采购验收环节监督管理体系的探索与实践	重庆市质量技术监督局全面质量管理 30 周年质量管理优秀论文奖	股份公司	王云飞
高档铁沟预制件的开发与应用	重庆市金属协会重庆钢铁年会优秀论文奖	矿业公司	陶 权
通过环保搬迁实施节能减排走可持续发展之路	重庆市金属协会重庆钢铁年会优秀论文奖	安全环保管理处	余 佩 廖 军

2008 年重钢文体获市(省)以上奖

·文化教育·

名称	类别	奖项	获奖者	获奖时间
《重钢年鉴》(2007)	编纂	第四届全国年鉴编校质量检查二等奖	重钢年鉴	2008 年 7 月
乐耐厂破除正式工与农民工称谓	消息	中国工业报第 4 届好新闻一等奖、冶金记协第 22 届好新闻二等奖、重庆市企业报协会好新闻一等奖	易巨淳	2008 年 4、5、6 月
乐耐厂破除正式工与农民工称谓	消息	中国工业报第 4 届好新闻一等奖(编辑)	潘 明	2008 年 6 月
同兴公司一石二鸟降本又环保	消息	重庆市企业报协会好新闻二等奖	吴 琼	2008 年 5 月
在那梦想起航的地方	策划	中国工业报第 4 届好新闻二等奖	张凌燕	2008 年 6 月
妙手仁心	通讯	冶金记协第 22 届好新闻二等奖	吴 琼	2008 年 4 月
除净尘染显芳泽	通讯	冶金记协第 22 届好新闻三等奖	潘 明	2008 年 4 月
彩练漫舞笑寒冬	通讯	重庆市企业报协会好新闻二等奖	潘 明	2008 年 5 月
《重钢报》二版(2007 年 4 月 3 日)	新闻	冶金记协第 22 届好新闻二等奖、重庆市企业报协会好新闻好版面奖	周吉琼	2008 年 4 月
《重钢报》一版(2007 年 8 月 10 日)	新闻	冶金记协第 22 届好新闻三等奖、重庆市企业报协会好新闻好版面奖	刘 南	2008 年 4、5 月
《榴实图》	绘画	“柳钢杯”全国冶金职工书法绘画摄影展评铜奖	蹇文波	2008 年 6 月
《角逐》	摄影	“柳钢杯”全国冶金职工书法绘画摄影展评铜奖	王 钢	2008 年 6 月
《讲话》	摄影	重庆市安全在我心中摄影、书法、美术作品大赛金奖	王 钢	2008 年 6 月
《工地协奏曲》	摄影	重庆市档案局、江津区政府“江津渝西半岛杯”记录重庆—改革开放 30 年摄影比赛一等奖	郑玉明	2008 年 12 月
《团年饭,一家亲;心连心,创和谐》	摄影	重庆市档案局、江津区政府“江津渝西半岛杯”记录重庆—改革开放 30 年摄影比赛二等奖	张 兵	2008 年 12 月

续表

名称	类别	奖项	获奖者	获奖时间
《家》	摄影	重庆市档案局、江津区政府“江津渝西半岛杯”记录重庆—改革开放30年摄影比赛三等奖	王素兰	2008年12月
《中山古镇》	摄影	重庆市档案局、江津区政府“江津渝西半岛杯”记录重庆—改革开放30年摄影比赛优秀奖	彭地富	2008年12月
《改革促发展》(组照)	摄影	中国档案报社、深圳市档案局“深圳杯”全国档案人摄影大赛三等奖	张　兵　郑玉明	2008年10月
《2008》		“柳钢杯”全国冶金职工歌手比赛银奖	杨　溢	2008年6月
《等待》		“柳钢杯”全国冶金职工歌手比赛银奖	范开韵	2008年6月

·体育·

名称	颁奖单位	获奖者	获奖时间
2008年全国亿万职工迎奥运健身活动月先进单位	中华全国总工会	重钢集团	2008年10月
2008年全民健身先进单位	国家体育总局	重钢集团	2008年12月
全国拔河锦标赛重庆赛区选拔赛女子组480公斤级冠军		重钢女子拔河队	2008年5月
全国拔河锦标赛重庆赛区选拔赛男子组600公斤级冠军		烧结厂拔河队	2008年5月
“健康重庆体彩添彩”2008年重庆市广播体操比赛一等奖		炼铁厂工会	2008年10月
重庆市卫生系统职工运动会体操比赛二等奖		重钢总医院	2008年11月
重庆市第25届“山城杯”桥牌甲级队比赛第二名		重钢桥牌队	2008年6月
“全民健身与奥运同行渝永建设(集团)杯”重庆市老年太极拳(剑)比赛一等奖		重钢太极拳队	2008年6月
“全民健身与奥运同行渝永建设(集团)杯”重庆市老年太极拳(剑)比赛42式太极拳一等奖		刘小萍	2008年6月
“全民健身与奥运同行渝永建设(集团)杯”重庆市老年太极拳(剑)比赛42式太极剑一等奖		王鸿民	2008年6月
重庆市卫生系统职工运动会体育道德风尚奖		重钢总医院	2008年11月

2008年重钢技能竞赛获市(省)以上奖

名称	奖项	获奖者
全国“讲理想比贡献”活动	科技标兵	袁方蓉
“太钢杯”第四届全国钢铁行业职业技能竞赛	技术能手	赵仕清
重庆市青工技能大赛(钳工)	三等奖	朱晓华　李　鹏　柯真义　龚　建
重庆市青工技能大赛(车工)	三等奖	余祥富　王达斌
重庆市厂矿卫生系统护理技能竞赛	第一名	吴国英　何　柳　蔡　玉
重庆市厂矿卫生系统法律知识竞赛	第一名	重钢总医院

◆方小容

本部目责任编辑　方小容
本部目责任校对　张思庆

索引

·说明·

1. 本索引采用条目主题词索引,按主题词首字汉语拼音顺序排列
2. 括号里的字系本书部目名称的第一个字,表示主题词反映的条目在此部目
3. 页码后面标注的"左""中""右"系说明此条目在页码的左栏、中栏、右栏,无标注则为通栏
4. 部目相同相似的条目用互见参见形式表示
5. "专文专论""大事记""媒体看重钢""附录""子公司""统计资料"等部目作部分索引
6. 为方便检索,冠以"重钢"两字的单位名称除易产生歧义外均予省略

M

N

P

Q

R

S

T

W

X

Y

◆刘光军

《重钢年鉴》(2009)条目截稿日期交稿单位名单

(2009年2月28日)

1. 中板厂、2. 技改处、3. 重钢武装部、4. 炼铁厂、5. 设计院、6. 景星矿、7. 歌乐山矿、8. 生活服务公司、9. 东华特殊钢公司、10. 冷轧薄板公司、11. 离休干部办公室、12. 产业公司、13. 党委办公室、14. 审计处、15. 重庆钢研所、16. 乐山耐火材料厂、17. 重钢总医院、18. 三峰传媒公司、19. 法律事务室、20. 三钢公司、21. 人力资源处、22. 运输公司、23. 股份公司工会、24. 环保搬迁指挥部、25. 退工处、26. 纪委监察处、27. 綦江铁矿、28. 太和铁矿、29. 矿业公司、30. 保卫处、31. 行政管理处、32. 高线厂、33. 股份公司经理办公室、34. 型钢厂、35. 四钢公司、36. 质量管理处、37. 销售处、38. 生产处、39. 机制公司、40. 建设公司、41. 组织部、42. 大宝坡矿、43. 机动处、44. 培训中心

《重钢年鉴》(2009)组稿人员名录

(按来稿先后)

1. 陈晓玲 中板厂 68871500-2137	3. 许明光 重钢武装部 68847733	5. 刘卫国 设计院 68846193
2. 张 娟 技改处 40726524	4. 周邦林 炼铁厂 68849384	6. 文自联 景星白云石矿 48246271

7. 胡　玲　歌乐山矿　86274193
8. 陈昌国　生活服务公司　68845085
9. 樊向东　东华特殊钢公司 65136509
10. 姚晓红　冷轧薄板厂　40711457
11. 张美海　离休干部办公室　68845264
12. 张　丽　产业公司　68846131
13. 程　隽　党委办公室　68846218
14. 涂江涛　审计处　68842469
15. 曹　静　重庆钢研所　86689911
16. 刘长佳　乐山耐火材料厂　0823－3441205
17. 叶相木　重钢总医院　68846213
18. 许继红　三峰传媒公司　68843351
19. 罗永华　法律事务室　68846155
20. 李懋林　三钢公司　67735217
21. 刘文玥　人力资源处　68846228
22. 曾礼玲　运输公司　68840061
23. 赵东旭　股份公司工会　68844176
24. 张　辉　环保搬迁指挥部　40726542
25. 何小川　退工处　68841806
26. 邓春春　纪委监察处　68846098
27. 王国春　綦江铁矿　48794048
28. 何　平　太和铁矿 0834－3651003
29. 张国平　矿业公司　68846964
30. 左玉兰　保卫处　68876953
31. 何　娟　行政管理处　68843214
32. 吴小芳　高线厂　68840473
33. 梁星全　股份公司经理办公室　68843292
34. 陈维斌　型钢厂　68843786
35. 李晓秋　四钢公司　48242513
36. 叶国华　质量管理处　68846464
37. 何耀东　销售处　68840363
38. 杨红艳　生产管理处　68843812
39. 胡　巍　机制公司　68846762
40. 李　刚　建设公司　68845043
41. 刘　勇　组织部　68845222
42. 周利琴　大宝坡矿　68530930
43. 吴　辉　机动处　68846198
44. 吴　娟　培训中心　68843126
45. 于良玉　装备处　68842715
46. 康　忠　炼钢厂　68842450
47. 吴弘华　耐火材料厂　65154849
48. 金　岚　原材料处　68840203
49. 吴大河　焦化厂　68843323
50. 刘凌鸥　股份公司团委　68841584
51. 伍　彬　国土办公室　68843304
52. 黄紫群　经济运行处　68842281
53. 谢家林　动力厂　68846750
54. 裴　伟　安全环保处　68846310
55. 谢晓玲　铁业公司　47681712
56. 吴明利　股份公司党委办公室　68842803
57. 梅　化　技术发展办公室　68845964
58. 马云峰　三峰工业公司　40711619
59. 李春海　重钢工会　68844486
60. 刘　云　烧结厂　68845088
61. 王桂荣　钢管公司　62590618
62. 刘　畅　重钢团委　68842216
63. 张万琳　三峰卡万塔公司　68843686
64. 龚　洋　宣传部　68846149
65. 曾　勇　运输部　68849700
66. 李朝钢　重钢钢研所　68845235
67. 陈祖田　组织处　68843713
68. 柳　纲　新港公司　68843176
69. 郑亚丽　电子公司　68847223
70. 周式庆　进出口公司　68849141
71. 刘　钢　朵力房地产公司　68846215
72. 彭俊喜　朝阳公司　68423824
73. 罗晓南　董事会秘书室　68845430
74. 李建业　经理办公室　68845616
75. 夏小平　财会处　68849267
76. 王泽利　三环监理公司　68841445
77. 胡增文　股份公司人力资源处　68846443
78. 方小容　档案处　68846570
79. 何昌礼　财务处　68846486
80. 陈居明　三峰科技公司　68845220

◆方小容